중국의 지혜

천년 동안 전해져온 영원한 지혜

중국의 지혜

렁청진 지음 | 김인지 옮김

시그마북스
Sigma Books

중국의 지혜

발행일 2014년 2월 5일 초판 1쇄 발행
　　　　 2015년 1월 6일 초판 2쇄 발행
지은이 렁청진
옮긴이 김인지
발행인 강학경
발행처 시그마북스
마케팅 정제용, 신경혜
에디터 권경자, 양정희 최윤정
디자인 홍선희, 최미영, 최지애
등록번호 제10-965호
주소 서울특별시 영등포구 양평로 22길 21 선유도코오롱디지털타워 404호
전자우편 sigma@spress.co.kr
홈페이지 http://www.sigmabooks.co.kr
전화 (02) 2062-5288~9
팩시밀리 (02) 323-4197
ISBN 978-89-8445-561-0 (03910)

《读懂中国智慧》

作者: 冷成金

* 시그마북스는 (주)시그마프레스의 자매회사로 일반 단행본 전문 출판사입니다.

배우고 때로 익히면 또한 기쁘지 아니한가.

— 공자 —

진정한 지혜를 찾아서

역사란 무엇인가? 역사는 우리가 알고 있는 당나라나 송나라가 아니며 진나라의 시황제나 한나라의 무제도 아니다. 역사는 강한 권력과 폭력도 아니며 음모와 속임수는 더더욱 아니다. 무릇 진정한 역사는 일종의 문화이며 진정한 지혜다. 바로 이 문화와 지혜를 정확하게 파악하는 사람이 역사를 장악할 수 있다.

흔히 중국인은 타고난 정치가라고 한다. 정치는 나라를 다스리는 것인데 전통 문화의 정치에서 중요하게 생각하는 것은 바로 사람을 다스리는 것이었다. 이런 이유 때문에 고대 중국 사람들은 모두 지략가가 되었다. 세상사에 통달하고 그것을 이해하는 것 모두가 학문이며 사람의 감정을 다스리는 경지에 도달하는 것이 바로 진정한 문장이라는 말이 있다. 사람을 다스리는 것이 얼마나 중요한지를 잘 설명해주는 말이다. 중국인들은 머릿속으로 무언가를 궁리하거나 다른 사람의 생각을 알아맞히기 위해 많은 시간을 허비한다. 이는 사회적으로도 큰 손실일 뿐만 아니라 이것이 점차 처세의 방법과 인생관이 되어 더 많은 문제를 야기한다. 게다가 이는 이미 단순한 '술術'을 넘어서 중국인들의 인생의 '도道'가 되었으며 중국인들의 처세 철학과 쉽게 변하지 않은 문화 정신이 되어버리고 말았다.

그러나 '지략의 뿌리는 문화'이며 '지혜는 일종의 문화의 표현 방식'이다. 만약 지략이 단순한 수단이나 기술이라면 누구든 제왕의 도를 따라 하기만 하면 금세 왕이 되고 황제가 되지 않겠는가. 그런 의미에서 볼 때 지략은 단순한 기술이 아니며 중국의 지혜는 깊은 뜻을 내포한 문화라 하겠다. 누구든 이러한 문화가 가슴 속 깊이 투영되어 있으면, 자연적으로 위대한 지략을 갖출 수 있으며 진정한 지략가가 될 수 있다.

사람은 지략의 동물이 아니라 문화의 동물이다. 문화적 소양이 없는 사람이 지략을 구사하면 자신이 지른 불에 타버리는 결과를 초래하기도 한다. 내적으로 성인의 경지에 도달하면 굳이 지략을 이용하지 않더라도 나와 타인에게 이익을 주면서 제왕의 업적을 달성할 수 있다.

이렇게 보면 중국의 지혜는 단순히 배울 수 있는 것이 아닌 인생의 경험을 통해 깨달아야만 알 수 있는 것이다. 자신의 인생을 걸어 열심히 연마한다면 살아 있는 중국의 지혜를 얻을 수 있고 그것을 통해 높은 인격은 물론 위대한 업적도 쌓을 수 있을 것이다.

역사는 문화적인 이상 없이 지략만 타고났던 '신산자神算子, 본명은 장경(蔣敬)으로 수호전의 등장인물로서 무예에는 뛰어나지 않았지만 숫자를 계산하는 능력이 뛰어나 신산자로 불렸다-옮긴이'나 '지다성智多星, 수호전에 나오는 군사 오용(吳用), 지혜가 뛰어나서 지다성으로 불렸다-옮긴이', '간웅奸雄'이나 '효웅梟雄, 주인을 배신하고 그 자리를 빼앗는 사람을 일컬음-옮긴이'에게 냉담했다. 전통 문화의 정수는 장강의 물처럼 쉬지 않고 흐르면서 끊임없이 역사의 찌꺼기를 골라낸다. 그렇게 하면 우리는 깨끗하고 맑은 역사의 장강을 대할 수 있고 그 속에서 진정한 지혜를 찾을 수 있다.

이 책의 내용 대부분은 필자가 쓴 것이지만 쌍웨이末偉는 책에 필요한 방대한 자료들을 찾는 데 큰 도움을 주었다. 『지전』을 출판할 때부터 필자는 앞에서 말한 내용을 피력해 왔지만 여러 가지 원인으로 지금에서야 이 사실을 밝히는 바이다. 이 책에서는 당사자들과 출판사의 의견을 구해 그간 알려지지 않았던 두 작가의 이름을 넣었다. 그리고 서명 및 필자의 이름과 같은 일부 저작물은 필자가 편찬한 것이 아니며, 어떤 것은 필자의 동의를 거치지 않은 것도 있다. 그 밖에도 책 내용의 오탈자에 대해서 본인의 능력으로는 수정에 한계가 있었음을 밝히며 이번 기회를 빌려 독자들에게 죄송한 마음을 전하는 바이다.

렁청진冷成金

차례

제1부 유가의 지혜

"힘으로 사람을 굴복시키는 자는 마음으로 복종하게 하는 것이 아니니 힘이 넉넉하지 않은 것이요, 덕으로 사람을 굴복시키는 자는 진심으로 기뻐 참으로 복종하게 하는 것이다.以力服人者, 非心服也, 力不贍也, 以德服人者, 中心悅而誠服也"

유가의 지혜는 실로 참된 지혜라고 할 수 있다. 유가의 지략은 모략을 꾸미는 것이 아니라 사람의 마음을 움직이는 데서 시작된다.

새 왕조의 황제는 거의 건달이나 지역 유지 출신이었다.

예禮란 무엇인가? · 63

'예'는 옛 선인들이 사람을 교화시키기 위해 만든 일종의 문화 의식이다. 사람이라면 어떻게 하면 사람다울 수 있는지를 생각해야만 한다. 오늘날의 말로 바꿔보면 사람은 사람됨의 정신적인 가치를 가져야 한다는 것이다. 하지만 숙손통은 예를 봉건 질서를 유지하기 위한 하나의 도구로 삼고 그 속에 내재된 문화적 가치와 긍정적인 요소들은 무시했다.

정권의 존망을 결정하는 인심의 향배 · 67

강한 권력만이 살 길이라 여겼던 지씨 가문은 권모술수를 이용해 진나라의 정권을 빼앗았다. 하지만 인성을 중시하는 조씨 가문은 어질고 덕이 있으며 성실하고 믿음직한 자식을 후계자로 선정했다. 이는 두 가문의 운명을 갈라놓은 결정적인 원인이었다.

똑똑하게 조언하는 유학자 · 76

입에 발린 아첨을 좋아하는 것은 인간의 본성이다. 타인의 비판을 고마워하는 사람은 아마 수양의 최고 경지에 오른 인물일 것이다. 평범한 사람은 쓴소리를 싫어할 뿐 아니라 비판에 마음이 상하고 심지어 화를 내기도 한다.

문인의 덕성 · 87

문인 관료와 학자들은 언제나 목을 길게 늘이고 살펴보며 사회 곳곳에 박혀 있는 가시를 뽑으려 애썼다. 어쩌면 그들이 목을 길게 늘인 이유는 바로 죽음을 각오한 것인지도 모른다. 이렇게 그들이 결코 굽히지 않고 머리를 꼿꼿이 세우고 살핀 덕분에 중국의 고대 사회가 발전을 거듭한 것이 아닐까?

한 치 앞도 예측할 수 없는 관료 사회에서 늘 승승장구할 수 있는 비결은 세 가지다. 첫째, 높은 공을 세워 주인을 불안하게 해서는 안 된다. 둘째, 강한 권력을 가져 주인을 기만해서는 안 된다. 셋째, 뛰어난 재능을 과시해 주인을 압도해서는 안 된다.

관중이 말했다. "내 생각은 다르오. 신하는 주군의 명령을 받들어 나라를 지키는 자요. 그런데 어찌 개인을 위해 죽는단 말이오? 만약 나라가 망하고 종묘사직이 훼손되며 더 이상 조상의 제사를 지낼 자가 없다면 그때 나는 목숨을 끊을 것이오. 그렇지 않다면 반드시 살아야지요."

중국인들은 '전진을 위한 후퇴'의 처세 방법을 매우 중요하게 생각한다. 객관적인 조건이 충분히 마련되지 않은 상황에서 무턱대고 전진하는 것만큼 경솔한 일도 없다. 사서 고생하는 꼴이니 말이다. 반대로 현실을 인정하고 전략적으로 후퇴한다면 한숨 돌리고 쉬면서 힘을 비축하게 되니 더 좋은 결과를 기대할 수 있다.

양신과 충신은 완전히 다르다. 양신은 훌륭한 이름을 남기고 군주 역시 명성을 얻을 수 있어 자손 대대로 전해지고 아름다운 이야기로 남는다. 하지만 충신은 죄를 얻어 죽임을 당하고 나라와 집안도 망하며 군주 역시 어리석다는 오명을 얻게 된다.

"싸우지 않고 이기는 것이 최선의 방책이다不戰而屈人之兵, 善之善者也"라는 말이 있다. 뜻인즉, 전쟁이 아니라 외교적인 방법 혹은 나라를 잘 다스려 국가의 위엄을 높이고 다른 나라들이 저절로 따르게 하는 것이야말로 전쟁의 최고 경지라는 것이다.

제2부 법가의 지혜

"현명한 군주가 신하를 다스리는 데는 두 개의 칼자루만 있으면 된다. 하나는 형벌이고 나머지 하나는 덕이다明主之所導制其臣者, 二柄而已矣. 二柄者, 刑, 德也."
법가의 지혜는 법法, 술術, 세勢가 그 핵심을 이룬다. 법은 강력한 통제를, 세는 막강한 권세를, 술은 술수를 의미한다.

막돼먹은 건달, 그러나 천하를 얻다 · 189

무뢰배 건달은 어떻게 천하를 얻었을까? 인재를 얻으면 천하를 손에 넣는 것도 어렵지 않은 법이다. 무조건 덕이 있는 사람을 쓰는 것은 현실에 맞지 않다. 하지만 재능이 뛰어난 인재를 쓰면 금방 효과를 볼 수 있다. 그래서 위급한 상황일수록 덕보다는 재능을 중요하게 따지는 것이다. 건달이라도 상관없다. 다른 사람의 재능을 잘 쓸 수만 있다면 천하의 주인이 되는 것도 어려운 일이 아니다.

중국의 '법' · 195

극단적인 권력 집중은 민주를 사라지게 한다. 그러면 국민은 두려워 입을 닫아버리고, 결국 여론도 사라지게 된다. 여론이 없어지면 사회는 나아갈 방향을 잃게 되는 것이다. 이렇듯 국가를 멸망에 이르게 하는 것은 독서와 자유가 아니라 바로 사상과 자유에 대한 탄압이다.

'법가'의 결말 · 198

중국 고대 사회에서 개혁자의 마지막은 대부분 비참했다. 사실 중국의 개혁은 대부분 백성이 아닌 궁정 내부의 권력 투쟁으로 실패한 경우가 많았다.

제3부 도가의 지혜

"장차 취하고자 한다면 먼저 주어라. 將欲取之, 必固與之" "성인에게는 오직 다툼이란 없으므로 이세상에서 다툴 수 있는 일이란 아무것도 없다. 夫唯不爭, 故天下莫能與之爭"

황로도술黃老道術의 가장 큰 특징은 마음과 지혜로 천하를 다스리는 것이다. 때문에 도가는 길한 것은 추구하고 흉한 것은 피하며, 모든 일을 원만하게 처리하고 방해물이 없도록 만드는 처세의 지혜이기도 하다.

소규조수蕭規曹隨 · 446

조참의 '소규조수' 정책은 당시의 사회에 매우 필요한 것이었다. 즉 무능한 황제를 대신해 여 황후가 정권을 잡고 있던 상황에 딱 맞아떨어지는 정책이었던 것이다. 물론 이 모든 것이 온전히 조참의 공으로 이루어진 것은 아니었다. 더 자세히 말하면 이미 유방과 소하의 뛰어난 재능과 지혜가 바탕이 되었기에 가능한 일이었다.

'부드러움'으로 나라를 세우는 것과 나라를 다스리는 것 · 450

부드러움으로 강함을 이기는 것은 중국인이 생각하는 가장 이상적인 처세의 경지다. 부드러움이 강함을 극복할 수 있다는 것은 처세에 대한 중국인의 강한 신념이다. 부드러움 속에 강함이 있고 강함 속에 부드러움이 있으며 강함과 부드러움이 조화를 이루는 것은 중국인이 생각하는 진정한 처세의 방법이다.

신하의 도리 · 460

중국의 전통사회에서 신하의 도리는 매우 다양하다. 그중 가장 중요한 것은 강한 권력으로 주인을 압도해서는 안 되며 군주의 의심과 공포를 불러일으켜서는 안 된다는 점이다. 조심하지 않으면 생명이 위험하기 때문이다.

편안하고 고요하면 멀리 이른다 · 514

"담박한 마음으로 뜻을 밝히고 고요한 마음으로 멀리 내다보라淡泊以明志, 寧靜以致遠"라는 말이 있다. 꽤 그럴듯한 말이다. 하지만 정말로 이를 실행한다면 '뜻을 밝히는 것'은 몰라도 '멀리 내다보는 것'은 힘들지도 모르겠다. 특히 사방에 위험이 도사리고 있고 곳곳에 질투와 음모가 숨어 있는 황궁 안이라면 더 그렇다.

박수칠 때 떠나라 · 517

중국 사람은 무슨 일을 하던 끝까지 가지 않는다. 봉건 관료 사회에서 '성공한 후 물러나는 것成功身退', 전장에서 '궁한 적을 추적하지 않는 것窮寇勿追' 그리고 상계에서 '적당한 때 물러나는 것見好就收'이 모두 이를 설명해주는 말이다. 이렇게 보면 중국인들은 중용을 잘 아는 것 같다.

다스리지 않고 다스리는 법 · 520

'작위적으로 하지 않지만 이루지 않는 것이 없다無爲而无不爲'는 결코 아무것도 하지 말라고 가르치는 것이 아니다. 오히려 그것은 사소한 일에 얽매이지 않고 모든 것을 원만하고 포용력 있게 해결할 수 있는 진정한 지혜다. 죽고 죽이는 강경한 도와 비교해볼 때 '무위이치'는 비록 대단한 위엄과 명성은 없지만 가장 총명하고 깊이가 있으며 오랫동안 안정을 유지할 수 있는 진정한 도라고 할 수 있다.

최고의 선은 물과 같다 · 524

현명한 군주는 고생스럽게 인재를 찾지만 일단 그 인재를 임용하게 되면 오랫동안 편안할 수 있다. 그것은 우나라 순 임금이 청정무위로 나라를 다스린 것과 같다.

소식 이야기 · 527

소식의 뱃속에는 속세에 맞지 않는 것이 가득했다. 신당이 정권을 장악하자 신당을 반대하고 구당이 집정을 할 때는 구당에 반기를 들었는데 양 당은 번갈아가며 그를 공격했다. 그래서 소식의 운명은 평탄하지 않았다. 그것은 결코 그의 운명이 얄궂거나 그가 세상사를 몰라서가 아니었다. 오히려 그의 정직함과 강인함이 문제였던 것이다.

제4부 종횡가의 지혜

소진蘇秦, 장의張儀는 깊은 역사적 지식과 남다른 배포, 그리고 거침없는 언변으로 남북의 합종合縱과 동서의 연횡連橫을 주장했다. 두 사람은 말 그대로 천하를 손바닥 안에서 마음껏 가지고 놀았다.

'동서남북' 어디든 관직만 있으면 된다 · 553

전통적으로 중국인의 이상은 영웅이 아닌 관리가 되는 것이었다. 관리가 되면 권력이 생기고 권력을 얻으면 부귀영화가 따라오기 때문이었다. 부귀영화만큼 관리가 되는 것의 매력을 잘 나타내는 말도 없을 것이다. 반면에 영웅은 그렇지 못하다. 중국 역사 속의 대부분 영웅은 비참한 결말을 맞았다. '부귀'를 누리지 못한 것은 물론이고 명예도 타인에 의해서 겨우 얻을 수 있었다.

천하를 손바닥 안에 · 565

합종은 6국에 대한 진나라의 태도를 바꾸는 계기가 되었다. 그런데 이 6국 합종을 성사시킨 사람은 다름 아닌 예전 진나라 왕에게 연횡설 설득을 실패한 소진이었다.

안영의 간언의 이치 · 571

안영 같은 훌륭한 대신이 대놓고 말하지 못하고 마치 배우처럼 어설픈 연기로 왕을 깨우쳐야 했던 답답한 당시의 현실 때문에 가슴이 답답할지도 모르겠다.

세 치 혀로 다섯 개의 성을 얻은 소년 영웅 · 577

진나라의 감라甘羅는 소년 영웅으로 열두 살에 사자로 파견되어 타고난 입담을 무기로 진나라에 큰 이익을 가져다주었다. 열두 살밖에 안 된 소년이 이토록 세상사의 이해관계에 정통하다니 정말 감탄이 절로 나오지 않을 수 없다.

진나라로 간 범저, 원교근공책을 시행하다 · 580

'원교근공'은 진나라의 군사정책에서 가장 중요한 부분이었다. 이 정책을 시행한 후부터 진나라는 그동안의 곤경에서 벗어나 빠르게 군사상의 교착 상태에서 벗어나서 발전의 시기에 접어들 수 있었다.

선비 하나를 잃어 나라가 망하다 · 586

춘추 전국 시대에 인재는 매우 중요한 역할을 했다. 심지어 이들은 나라의 존망을 결정하기도 했다. 실제로 이 시기에는 '선비 하나를 얻으면 나라가 흥하고, 잃으면 망한다'는 예를 심심치 않게 볼 수 있었다.

노중련의 기개 · 591

훗날 사람들은 두 가지 이유를 들며 노중련을 칭송했다. 첫째는 도도한 기개로 진나라 왕을 천자로 섬기지 않은 것이다. 둘째는 다른 사람의 걱정거리를 해결해주고도 보답을 바라지 않은 것이다. 그것은 중국 전통 문화에서도 높은 가치와 의미를 지니는 이상적인 인격의 모습이라 할 수 있다.

요새를 무너뜨리려면 내부를 공략하라 · 597

한나라 건국 이후부터 무제 시절까지 가장 골치 아픈 문제 중 하나는 바로 이씨 성의 제후들의 세력이 너무 커서 통제가 어려웠다는 점이다. 이를 해결하기 위해 한나라 경제 시절에 삭번을 실시했지만 실패로 끝났다. 그러다가 한나라 무제 때 주부언이 새로운 해결 방안을 제시했는데 이 방법으로 아주 절묘하게 문제를 해결할 수 있었다.

의미심장한 정책 분석의 변론 · 599

하나의 지략은 여러 가지 상황으로 변화할 수 있다. 때문에 각종 발전의 가능성을 충분히 고려하지 않으면 수시로 출현하는 여러 상황에 효과적으로 대처할 수 없다.

나라와 백성을 다스리는 것 · 603

나라와 백성을 다스리는 것은 사냥과 같다. 사냥을 할 줄 모르는 사람이 무슨 마음의 여유가 있어 사냥감을 잡을 수 있단 말인가! 결국 수레가 뒤집혀 죽거나 맹수에게 해를 당할 수밖에 없다.

지략으로 사람을 살린 추양 · 606

어떤 문제는 직접적으로 간언해서는 안 된다. 그렇게 하다가는 정반대의 결과를 야기할 수도 있으니 우회적인 책략을 써야 한다. 문제의 관건은 진언을 할 사람을 선택하는 것이다. 그것은 일의 이해와도 밀접한 관련이 있다.

소대의 합종 · 608

우리는 역사의 '규칙'을 즐겨 말한다. 하지만 역사를 살펴보면 이들 '규칙'이 매우 탄력적이라는 사실을 쉽게 발견할 수 있다. 때로는 술수가들이 역사를 손바닥 안의 떡 주무르듯 하기 때문이다.

합종을 깬 장의 · 612

세객들은 다음과 같은 자질을 갖추어야 한다. 첫째, 방대한 역사적 지식을 갖추어야 하는데 특히 각국의 사정을 손바닥 보듯 훤히 꿰뚫어야 한다. 둘째, 독자적인 견해를 갖고 있어 다른 사람들이 보지 못한 것을 보고 말하지 않은 것을 말해야 하며 어떤 문제에 대해서 깊은 분석을 함으로써 군주를 일깨워야 한다. 셋째, 남보다 큰 배짱과 기개가 있어야 하며 어떤 상황에도 주눅 들지 않는 자신감과 거침없는 언변을 갖추어야 한다.

이필의 간언 · 619

이필은 중국 역사상 매우 독특한 인물이라 할 수 있다. 초야에 묻혀 지냈던 그는 때가 아니라고 생각하면 절대 벼슬 자리에 나서지 않았는데 황제의 부름도 그를 움직일 수는 없었다. 그는 또 관료 사회의 예술가이기도 했다. 자신이 생각하기에 때가 되었다 싶으면 주저 없이 황제에게 자신을 내던졌다.

남의 것을 가져다 내 것으로 만들기 · 624

진나라는 이름도 전해지지 않는 작은 나라에서 결국 천하의 패자가 되었다. 가장 중요한 시기, 타국 출신의 인재들이 결정적인 역할을 한 덕분이었다.

자신을 추천한 모수 · 629

쓰려고 들면 보이는 것이 모두 뛰어난 인재이지만 버리려 들면 천지가 똥이다. 어떤 인재는 처음부터 모든 재능을 드러내지만 대부분은 주머니 속에 고이 숨겨 두었다가 때가 되면 재능을 펼친다. 어떤 사람을 주머니 속에 넣을 것인가? 누구를 선택하는가에서도 그 사람의 수준을 알 수 있는 법이다.

말 한마디로 열 개의 성을 받아낸 소진 · 632

종횡가는 단순한 사기꾼이나 강호의 술사가 아니다. 그들은 실질적인 재능을 갖춘 뛰어난 인재다. 루쉰은 "아첨도 능력이라 절대 아무렇게나 해서는 안 된다"라고 말했다.

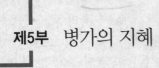

제5부 병가의 지혜

병가는 "싸우지 않고 적을 굴복시키는 것이 최선이다不戰而屈人之兵"라고 말했으며 "적을 알고 나를 아는 것知彼知己" 또 "주력을 피하고 약한 곳을 공격하는 것避實就虛"을 중요하게 여긴다. 병가의 지혜를 잘 이용하면 군사적으로 승리를 거둘 수 있을 뿐 아니라 정치와 사업에서도 성공할 수 있다.

손빈과 방연 · 641

손빈과 방연의 이야기 속에서 우리는 질투는 결국 자기 자신을 망하게 할 뿐이라는 진리를 깨달을 수 있다.

왜 배수일전이라 하는가? · 655

배수일전은 병법에서 말하는 "사지에 빠져야만 살아남게 되고, 멸망할 처지가 되어야만 존재하게 된다陷之死地而後生,投之亡地而後存"라는 전법에서 나온 것으로 아군의 퇴로를 끊는 전술이다. 이 전술은 살아남고 싶은 병사들의 강한 욕구를 이용하여 잠재적인 전투력을 높이는 장점을 가지고 있다.

기인을 기이하다고 하는 것은 속세에 얽매이지 않지만 천하를 다스리기에 충분하고 세상에 나오면 '천지의 정신과 홀로 왕래하며與天地精神往來' 가난함을 걱정하지 않고 명성을 쫓지 않기 때문이다. 또 그들은 빈곤과 부귀를 따지지 않고 어느 것에도 구속되지 않아 늘 거리낌 없이 행동한다.

임금을 섬기는 것은 호랑이를 모시는 것과 같다는 말이 있다. 마치 마른하늘에 날벼락처럼 느닷없이 화를 내는 군주의 성격은 좀처럼 가늠할 수 없으니 임금을 모시는 것은 고도의 예술이라고도 할 수 있다. 관료 사회에서 성공한 사람이라면 누구든지, 그가 뛰어난 정치가인가 아닌가를 논하기 전에 뛰어난 술수가라고 불러도 절대 틀린 말은 아니다.

역사서에서도 비수 전투는 매우 재미있게 묘사되어 있다. 모든 전투처럼 칼과 검이 등장하는 것이 아니라 명사들의 생활 모습이 그대로 드러나 있기 때문이다. 아슬아슬한 전쟁 상황에서도 풍부한 시적 의미를 그대로 드러내는 이 전투는 마치 시인이 시를 짓는 것과 같은 장면을 연출한다.

유방과 비교해보면 항우는 분명 영웅에 더 가까운 인물이었다. 용맹하고 전쟁에 능했으며 고난을 두려워하지 않고 솔직한 데다 의리가 있었고 부하를 아꼈다. 그는 산을 뽑을 만한 힘과 천하를 덮을 만한 기개를 가진 인물이었지만 그러한 성격과 소양은 오히려 황제가 되는 데는 방해물이 되었다.

반간계란 상대방이 직접 방어막을 허물게 하는 계책이다. 헛소문이나 날조된 정보를 이용해 상대방을 혼란에 빠지게 만드는 것이 반간계의 구체적인 방법이다.

제1부

유가의 지혜

"힘으로 사람을 굴복시키는 자는 마음으로 복종하게 하는 것이 아니니 힘이 넉넉하지 않은 것이요, 덕으로 사람을 굴복시키는 자는 진심으로 기뻐 참으로 복종하게 하는 것이다 以力服人者, 非心服也, 力不贍也. 以德服人者, 中心悅而誠服也."
유가의 지혜는 실로 참된 지혜라고 할 수 있다. 유가의 지략은 모략을 꾸미는 것이 아니라 사람의 마음을 움직이는 데서 시작한다.

유가의 지혜란?

중국의 지략 역사에서 도가道家의 지략이 가장 지혜로운 한 페이지라고 한다면, 법가法家는 가장 독하고 병가兵家는 제일 냉혹한 페이지다. 종횡가縱橫家는 뻔뻔하기 그지없는 페이지다. 그 가운데 가장 심오하고 진정한 지혜의 보고라고 할 수 있는 것은 바로 '유가儒家'다.

줄곧 이상적인 왕도王道를 추구한 유가의 지략은 심오하고도 복잡하다. 여기에서 우리가 이야기하고자 하는 것은 바로 그 유가의 지략이다. 다시 말하면, 왕도의 이상이 어떻게 지략과 인으로 나라를 다스리고자 한 유가 지략의 특징이 되었는지를 다룬다.

공자孔子는 이런 말을 했다. "소송을 들을 때 나도 남과 다르지 않다. 그러나 나는 반드시 송사가 없게 할 것이다." 그 뜻을 풀어보면 이렇다. 공자 역시 보통사람들처럼 법을 기준으로 송사를 처리하지만, 남들과 달리 먼저 예의와 교화로써 불필요한 소송이 근본적으로 일어나지 않도록 한다는 뜻이다.

〈행단강학도(杏壇講學圖)〉 가운데 앉은 사람이 공자다.

이는 공자가 예로써 나라를 다스리려 했다는 의지의 표현이다. 사마천司馬遷의 말은 이 점을 더욱 분명하게 해준다. "예란 어떤 일이 일어나기 전에 막는 것이고, 법은 일이 일어난 후에 적용하는 것이다." 예의와 교화는 백성과 나라를 다스리는 가장 기본이고, 법률은 사후 약방문에 불과하다는 이야기다.

중국에서 나라를 다스리고 백성을 다스리는 방법은 크게 두 가지로 나눌 수 있다. 겉으로 드러나는 문제만을 다스리는 치표治表와 근본을 다스리는 치본治本이다. 유가는 '치본'의, 법가는 '치표'의 대표 학파다.

유가는 백성과 나라를 다스리는 데 지략을 사용하는 걸 반대한다. 적어도 특정한 목적을 위해 지략을 사용하는 걸 공개적으로 알리지 않았다. 하지만 중국 문화와 그 속에 스며 있는 지략 문화의 특징을 살펴보면 유가 사상이 지략으로 이용되는 것을 부인할 수 없다. 실제로 중국의 지략 역사에서 유가와 관련된 내용들을 심심치 않게 찾아볼 수 있다.

간단하게 말하자면, 유가가 주장하는 이상적인 왕도는 개인이 아닌 사회 전체의 이익을 먼저 생각한다. 개인과 사회의 관계에서도 이상적인 왕도는 사회의 이익을 먼저 지향한다. 사회의 이익은 반드시 개인의 이익을 희생해야만 얻을 수 있다. 이렇게 보면 이상적인 왕도를 실현하는 데서 개인과 사회

간의 이해관계가 생긴다. 이런 이유로 유가는 이상적인 왕도를 실현하기 위해 온갖 방법을 통해 좋은 것은 얻고, 나쁜 것은 버리고자 한다. 그 과정에서 지략이 사용된다.

가치 관념의 측면에서 봐도 마찬가지다. 중국인의 가치 관념은 외재적 가치 관념에서 벗어나지 않는다. 이상적인 왕도의 가치 관념은 바로 현실 사회에서 비롯한다. 좀 더 세속적으로 말하면, 유가에서 '인생의 가치를 얼마나 많이 실현했는가'라고 말하는 것은 곧 '얼마나 많은 업적을 세웠는가'라는 의미다. 이처럼 유가에서 말하는 개인의 가치 관념은 세속적인 명예와 이익에서 크게 벗어나지 않는다. 아무리 고상하게 도덕의 신성함과 초월에 관해 이야기해도 그 본질은 여전히 현실의 명예와 이익을 추구하는 것이다. 여기에서 말하는 신성한 도덕과 현실적인 명예, 이익의 근본에는 별 차이가 없다. 양쪽이 갈망하는 것 모두 이익이며, 단지 그 크고 작음이 다를 뿐이다. 하지만 그 크고 작은 이익의 차이가 현저하기 때문에 사람들은 도덕이 이익을 추구하는 점을 알지 못하고 그것을 초월한다고 오해한다.

이렇듯 유가에서 늘 강조하는 의리지변義利之辨, 즉 공적 가치와 사적 이익을 분명히 구분해야 한다는 주장은 어떻게 하면 신성한 도덕을 현실적인 이익으로 바꾸느냐 하는 문제로 탈바꿈하게 되었다. 이 문제를 처리하는 데서 유가는 다른 학파보다 뛰어나고 합리적이라고 할 수 있다.

이런 차이는 유가의 지략이 단순한 수준을 넘어서는 데서 비롯된다. 유가는 법가나 병가처럼 강경한 방법이 아닌 지혜로 상대방을 굴복시킨다. 먼저 사람의 마음을 움직여 스스로 수양에 힘쓰게 하고 일종의 심미審美적인 태도로 이상적인 왕도를 실현하는 데 헌신하게 하는 것이다.

지금의 현실에 유가의 지략을 대입하면 이렇게 말할 수 있다. 유가는 사람들에게 법률의 존엄과 권위를 선전하거나 억지로 이를 집행하지 않고, 대신 마음을 움직이는 데 공을 들인다. 먼저 매혹적인 청사진을 보여주며 그들의 이상이 전해지도록 노력한다. 이렇게 먼저 사람의 마음을 얻음으로써 유가의 가치 관념이 사람들의 정신에 자연스레 자리매김하게 하는 것이다. 유가에서 주장하는 이상적인 왕도는 인정과 온정이 넘쳐 사람을 감동하게 하는 힘이 가장 크다. 이것이 바로 자신이 상대방의 지략에 이용당한다는 사실을 알지라도 기꺼운 마음으로 받아들일 수 있는 이유다. 이것이 가능한 까닭은 유가의 지략이 월등하거나 다른 학파보다 간교해서가 아니다. 유가의 지략이 인간성을 따르고 인간의 도리에 부합하기 때문이다. 이런 현실은 유가의 지략이 인간성과 인간의 도리에 들어맞는다는 것을 설명하며, 바로 이것이 유가의 지략이 합리적이고 참된 지혜인 이유라고 할 수 있다.

공자

유가의 지략이 가장 구체적으로 드러나는 방법은 바로 인을 펼치는 인술仁術이다. 우리가 잘 아는 수신修身, 제가齊家, 치국治國, 평천하平天下가 인술의 주요 내용이다. 인술의 핵심은 당연히 백성과 나라를 다스리는 데 있다. 이를 구체적으로 실현할 방법은 무엇일까? 법가와 병가는 강력한 힘으로 사람을 굴복시키고 사회를 변화시켜 그에 속한 개인을 바꿀 수 있다고 주장한다. 유가는 그와 반대로 개인의 인격 수양이 다른 사람, 나아가 사회 전체에 영향을 미친다고 말한다. 즉 사회에 속한 개인을 바꾸어 사회 전체를 변화시킬 수 있다는 이야기다. 이렇듯 유가와 법가, 병가는 출발점이 완전히 반대편에 있다. 유가는 개인의 인격 수양을 이상적인 왕도를 실현하는 기본 출발점으로 보았다. 수신제가치국평천하에서 '수신'이 가장 먼저 자리하는 이유다. 이렇듯 개인의 인격 수양을 중심으로 차츰 더 큰 범위로 나아간다고 본다. 이론적으로 보면 그 확대 범위는 개인이 얻을 수 있는 현실적인 명예의 크기와 같고, 이는 완전히 개인의 수양 정도에 따라 결정된다. 이와 관련해 유가는 사람들에게 더할 나위 없이 매력적인 청사진을 제시했다. 계층의 차별이 없고 출신 성분에 따른 제한이 없으며 권력의 간섭이 없는 세상, 다시 말해 외부로부터의 모든 속박이 사라지고 오직 인간의 내면세계만이 진실이 되며 개인적인 수양에 힘쓰면 세상에 이루지 못할 것이 아무것도 없는 세상이다. 유가는 인간을 위한 무한하고 광활한 발전의 공간과 아름다운 비전을 이론적으로 확실히 제시했다. 바로 이 점이 유가의 지략이 가장 사랑받고 다른 학파와 비교할 수 없는 큰 지혜로 자리매김한 이유다.

백성과 나라를 다스리는 계책에서 유가가 가장 강조하는 점은 바로 '사람의 마음을 얻는 것'이다. 여기에 인용하는 선현의 이야기들이 이를 잘 뒷받침한다.

> 덕으로 정치한다는 것은 북극성은 제자리에 가만히 있어도 모든 별이 그것을 중심으로 도는 것과 같다. 爲政以德, 譬如北辰, 居其所而衆星拱之. 『논어·위정論語·爲政』

> 힘으로 사람을 굴복시키는 자는 마음으로 복종하게 하는 것이 아니니 힘이 넉넉하지 않은 것이요, 덕으로 사람을 굴복시키는 자는 진심으로 기뻐 참으로 복종하게 하는 것이다. 以力服人者, 非心服也, 力不贍也. 以德服人者, 中心悅而誠服也. 『맹

자·공손추상孟子·公孫丑上』

걸 임금과 주 임금이 천하를 잃은 것은 백성을 잃었기 때문이다. 백성을 잃었
다 함은 백성의 마음을 잃은 것이다. 천하를 얻는 데는 도가 있으니, 백성을 얻
어야 천하를 얻을 수 있다. 그 백성을 얻는 데는 도가 있으니, 그 마음을 얻어야
백성을 얻을 수 있다. 桀, 紂之失天下也, 失其民也. 失其民者, 失其心也. 得天下有道, 得其
民, 斯得天下矣. 得其民有道, 得其心, 斯得民矣. 『맹자·이루상孟子·離婁上』

사람의 마음을 얻는 데는 여러 가지 방법이 있다. 유가는 사람의 마음을 얻
기 위한 지략이 풍부하며, 오랜 역사에서 그것을 실천한 경험을 통해 완벽해
졌다. 일일이 열거하기는 어려우므로 한마디로 말한다면 이렇다.

'관리는 늘 백성의 이익을 먼저 생각하고, 대세와 도의를 볼 줄 알아야 한
다. 모든 일에 자신을 아끼지 않고 적극적으로 임하며 필요하다면 목숨도 희
생해야 한다.'

훗날 많은 유학자가 황제에게 나라와 백성을 다스리고 신하를 적절하게
다루며 참된 군주가 되는 데 적용할 수 있는 유가사상을 건의했다. 이렇듯 그
들이 유가사상을 일종의 지략으로 보았다고 할지라도, 그 속에 일관되게 흐
르는 어떤 합리적인 요인은 결코 사라지지 않는다. 그런 이유로 현대사회에
서도 유가의 지략이 영향력을 발휘하는 것이다.

비범한 유가의 지략은 아무리 써도 줄어들지 않는 지혜와 역량이 원천이
다. 설령 이 사실을 모른다고 할지라도, 이제는 적어도 지략이 음흉하고 비열
한 사기나 속임수라는 편협한 사고방식은 어느 정도 바뀌지 않았는가.

지식과 덕망을 겸비한 현명한 재상 증국번

최근 들어 중국에는 명나라와 청나라 시대를 배경으로 한 소설이나 드라마 혹은 그 시절의 지략을 깊이 있게 다룬 책들이 물밀 듯이 쏟아져 나오고 있다. 그 이유는 무엇일까?

단순한 호기심도 있겠지만 더 큰 이유는 바로 현실성이다. 매회 시청률이 고공행진을 한 드라마 〈옹정왕조擁正王朝〉[1]나 〈주향공화走向共和〉[2]를 보면 알 수 있다. 그중에 증국번 신드롬은 중국인의 깊고 오묘한 문화 심리를 보여주는 현상이다.

증국번曾國藩은 중국 역사에서 지식과 덕망을 겸비한 마지막 재상이자 이상적인 인생을 산 인물이다. 물론 그 후에도 비슷한 평가를 받은 사람은 많지만, 그처럼 인격적 매력까지 있는 이는 찾아보기 어렵다.

현대의 중국인은 어째서 증국번에게 이토록 열광하는 것일까? 몇 년 전에 출간된 책 『증국번가서曾國藩家書』[3]나 최근에 나온 소설 『증국번』을 보면 그 열기가 여전히 사그라지지 않았음을 알 수 있다. 설마 오늘날 사람들이 그가 바로 태평천국 운동[4]을 진압하는 데 앞장선 인물이라는 사실을 잊은 것일까? 이런 문제는 아무래도 정치보다는 문화적인 관점에서 분석해야 더 정확할 것이다. 사람들이 증국번을 사랑하는 이유를 알려면, 먼저 '성공'에 대한 사

---

1) 2000년에 중국 CCTV에서 방영된 드라마로 강희제의 뒤를 이어 즉위한 옹정제의 일대기를 그린 역사극이다.
2) 중국 근현대사 30년의 정치적 격동을 그린 CCTV 방영 드라마다.
3) 증국번이 전장에서 자식들에게 보낸 편지를 책으로 엮은 책이다.
4) 청나라 말기에 홍수전(洪秀全)이 창시한 그리스도교 비밀 결사를 토대로 1851년에서 1864년까지 청나라 타도와 새 왕조 건설을 목적으로 일어난 농민 운동을 말한다.

람들의 전통 관념을 살펴봐야 한다.

중국변상

옛날 사람들은 벼슬하는 것과 명성을 얻는 것을 삶의 이상으로 삼았다. 관직이 실질적인 이익이라면 명성은 영원히 사라지지 않는 가치다. 그 두 가지를 모두 얻는 것은 더할 나위 없이 좋은 일이다.

옛날 사람들은 꿈에서도 벼슬 자리를 얻길 간절히 바랐다. '부귀영화'만큼 관직의 최대 혜택을 잘 나타내는 말도 없다. 실질적인 이익을 중시하는 옛 사람들은 높은 관직에 올라 녹봉을 두둑하게 받는 것을 인생에서 얻을 수 있는 가장 큰 보람으로 여긴다. 그래서 예나 지금이나 관리들을 경외와 숭배의 시선으로 바라본다.

하지만 관직만으로는 충분하지 않다. 여기에 보태어 현인賢人이나 내친김에 성인聖人의 대열에 낀다면 무엇을 더 바라겠는가? 중국인은 성현의 신성한 철학을 존경하고 심지어 그들을 하늘의 대변인이자 신령함의 상징으로 생각했는데, 지식인들은 더욱 그랬다. 그래서 과거부터 중국의 지식인들은 황제보다 황제의 스승이 되고자 했다.

명예와 이익은 떼려야 뗄 수 없는 관계다. 관직과 명예를 얻으면 실질적인 이익도 챙길 수 있기 때문이다. 물론 공자처럼 후세 사람들에게는 공성인孔聖人으로 떠받들어지지만 살아평생 가난하고 의지할 데 없이 떠돌아다닌 이도 있다. 하지만 이는 극소수였고, 대개는 과거에 급제해서 관직을 얻기만 하면 어마어마한 부를 얻었다. 그래서 옛 사람들은 명성과 실리를 하나로 보았다.

물론 둘 사이에 차이점은 있다. 옛날에는 장사치나 지주가 돈을 버는 것을 무시하고 업신여겼다. 그래서 증국번 같은 인물이 사랑받는 것이다. 청나라 말기의 통치 집단에서 위대한 세력가이자 나라 안팎으로 이름을 떨친 어진 재상이며 학계의 지도자로서 높은 관직과 명성, 그리고 엄청난 부까지 모두 가진 증국번은 자연스럽게 중국인이 가장 닮고 싶어 하는 이상적인 인물로 자리매김하게 되었다.

증국번은 명성과 실리를 동시에 보여준 인물이다. 그는 평생 단 한순간도 헛되게 보낸 적이 없다. 사람들과 어울리는 자리에서는 음주가무에도 능했고, 싸움터에서는 매우 뛰어난 통솔력을 보여주었다. 대단한 권력자였으며 처세에도 능했던 그는 글재주도 뛰어났다. 게다가 천수를 다하고 조용히 죽음을 맞는 복까지 누렸다. 한마디로 평생 이름을 드날리고 위엄과 권위를 누린 그는 사람들이 부러워 마지않는 모든 것을 가진 인물이다.

이것이 바로 백 년이 넘은 지금에 와서 새삼스럽게 증국번을 재조명하는 것이 조금도 이상하지 않은 이유다. 보통사람이라면 그중 하나도 이루기 어려울 텐데, 증국번은 어떻게 그 전부를 가졌을까?

역사 속의 증국번은 실제로 어떤 인물일까? 이에 대한 의견은 매우 다양하다. 증국번은 전통적인 중국 관료의 특성과 함께 문인의 품격도 갖추었다. 어떤 이는 증국번을 이렇게 평가했다. "좋게 보면 성상聖相이라고 할 수 있지만, 그 죄를 심판한다면 태평천국의 난을 진압한 원흉이라고 할 것이다." 사실 그에 대한 정의는 훨씬 복잡하다. '원흉'이라는 평가는 그렇다 쳐도, '성상'이라고 부르기에는 무리가 있다. 하지만 대부분이 그를 이렇게 평가하니, 이를 바탕으로 증국번을 파헤쳐 보자.

증국번은 처음에 태평천국 운동을 진압한 이유로 '원흉'으로 불렸지만, 훗날 '성상'으로 추앙받았다. 먼저 그가 '원흉'이 된 내력을 살펴보자.

호남湖南의 상湘 지역 출신인 증국번은 1811년에 태어나 1872년에 세상을 떠났다. 늘 자신이 '주경야독'한 것을 자랑스럽게 여긴 그의 가문은 지주 집안도 학자 집안도 아니었다. 그는 중국인이 전통적으로 이상이라 여기는, 즉 많은 전답을 소유하여 살림이 풍족하고 마음만 먹으면 언제든지 글을 읽으며 공부만 할 수 있는 집안에서 태어났다. 이런 이상적인 가정환경이 중국 문화와 중국인의 정신에 어떤 영향을 미치는지에 관해서는 본격적으로 이야기하지 않겠다. 하지만 그런 환경이 농사를 짓는 실實과 학문을 닦는 허虛가 이상적으로 결합된 가정환경이라는 점은 의심할 여지가 없다. 이 점은 증국번의 인생에 큰 영향을 미쳤다. 증국번의 할아버지는 무식했지만 가산을 불리는 재주만큼은 뛰어났다. 덕분에 증국번의 아버지도 학문을 닦았지만 겨우 수재秀才, 과거에서 가장 낮은 등급의 시험-옮긴이에 합격하는 데 그쳤다. 그러다가 증국번의 관운이 탄탄대로를 달리자 그의 가문에도 점차 서광이 비추었다.

여섯 살부터 서당에서 글공부를 시작한 증국번은 여덟 살에 오경五經, 다섯 가지 경서로 『시경詩經』, 『서경書經』, 『주역周易』, 『예기禮記』, 『춘추春秋』를 아울러 이름-옮긴이을 배우고 팔고문八股文[5]을 읽었다. 열네 살이 되던 해에는 장사長沙로 가서 동자시童子試[6]에 응시해 가장 높은 성적을 받았다. 스물두 살에는 수재에 합격했으며, 2년 후에는 중국의 유명한 학부인 악록서원岳麓書院에서 공부했다. 그해에 북

---

5) 중국 명·청 시대에 과거 시험에 사용된 문체로 경서의 구, 절, 단을 뽑아 주제로 하고 그 뜻을 부연하여 팔고의 형식으로 문장 한 편을 짓는 문체를 말한다. 반드시 4단 구성으로 된 대구법을 순서에 따라 배열하여 모두 팔고(八股)를 포함하기 때문에 팔고문이라 한다. 파제(破題)·승제(承題)·기강(起講)·입수(入手)·기고(起股)·중고(中股)·후고(後股)·속고(束股)의 여덟 부분으로 구성되며 격식이 엄격하다.

6) 동시(童試)라고도 한다. 중국 명·청 시대의 지방 학교인 유학(儒學)의 입학시험으로, 원래는 열네 살 이하가 응시하는 것이 원칙이지만 사실상 나이의 제한이 없었다. 과거 시험의 예비 시험과 같은 양상을 띠기도 했다.

경으로 가서 회시會試, 문·무과 과거의 1차 시험 급제자가 수도에 모여 보는 2차 시험–옮긴이에 응시했지만 낙방했다. 포기하지 않고 더욱 노력한 그는 스물여덟 살에 시험에 다시 도전해서 진사가 되었다.

조정의 주목을 한 몸에 받은 그는 승진을 거듭하여 서른일곱 살에 이미 2품 관원이 되었다. 그는 호남에서 서른일곱 살에 2품 관원이 된 사람은 조정 대신 전체를 통틀어 자신뿐이라는 점을 매우 자랑스럽게 여겼다. 그가 높은 관직에 오르는 것을 인생의 가장 큰 가치로 여겼다는 사실을 알 수 있는 대목이다. 이후 차례로 공부工部, 형부刑部, 이부吏部의 시랑을 역임한 증국번은 그야말로 의기양양했다. 그러나 특별한 역사적 기회가 아니었다면 현재의 증국번은 없었을 것이다. 그랬다면 그 역시 역사 속의 수많은 봉건 관료처럼 세상에 이름을 알리지도 못하고 일생을 보냈을 것이다. 태평천국 농민 봉기군의 출현은 그가 넓은 역사의 무대 한가운데로 나가는 기회가 되었다.

1851년에 중국 역사 최후의 대규모 농민 봉기가 일어났다. 홍수전이 이끄는 농민 봉기군은 광서廣西 계평桂平 현 산기슭에서 겹겹의 포위망을 뚫고 마치 도도하고 거센 물줄기처럼 거칠 것 없는 기세로 북쪽으로 돌진했다. 그들은 불과 2년 만에 남쪽의 중요 지역인 강녕江寧, 현재의 난징(南京)을 점령하고, 그곳을 천경天京이라 이름을 바꾸어 수도로 삼았다.

관군은 태평군의 거센 기세에 밀려 맥도 추지 못하고 뿔뿔이 흩어져버렸다. 상황이 이렇게 되자 청나라 조정이 새로이 군대를 조직해서 봉기군을 진압하는 것은 거의 불가능해 보였다. 어쩔 수 없이 청나라 조정은 동한東漢[7]

---

7) 후한(後漢)의 별칭으로, 왕망에게 빼앗긴 한나라 왕조를 광무제 유수가 되찾아 부흥시킨 나라를 말한다.

말기에 황건적의 난을 진압했을 때처럼 각 지역에서 자체로 의병을 조직하도록 하고, 이를 단련團練이라고 불렀다. 이 의병들은 현지의 관료와 지주가 연합하여 조직된 무장 세력으로, 구체적인 지휘권은 단련을 조직한 사람이 맡았다.

1853년에 함풍제咸豊帝가 장강 남북 지역의 관료와 지역 유지들에게 단련을 조직하라고 명했다. 이에 호남의 상 지역 출신인 증국번도 바로 고향으로 돌아가 호남의 순무巡撫 장량기張亮基와 함께 단련을 조직했다. 이때부터 증국번은 서서히 '원흉'의 길에 들어섰다.

같은 고향 출신의 유생 나택남羅澤南과 함께 수천만 병력의 단련을 조직한 증국번은 점차 세력을 늘려갔다. 청나라 조정의 팔기병八旗兵[8]과 녹영병綠營兵[9]의 부정부패를 누구보다 잘 알았던 그는 관료의 자제가 아닌 평민 출신 병사만 모집하는 것을 고집했다. 핏줄 간의 결속력에 착안하여 군대 조직을 혈연관계 위주로 편성해 전투력을 높이기도 했다.

증국번의 군대는 관군이나 다른 단련 조직과는 다른 특징이 있었다.

첫째, 병사 대부분이 소박하고 건강한 호남 지역 농민이었다. 이들은 쉽게 훈련시킬 수 있을 뿐만 아니라 전쟁에서 용맹함을 떨쳤다. 조직의 결속력 강화를 위해 도시 출신의 영악한 자나 잔꾀가 많은 노병은 일절 뽑지 않았다. 군관 대부분은 증국번의 친구나 친척으로, 모두 학문을 닦은 이들이었다. 증국번은 그들에게 전통사상을 지키고 황제에게 충성을 맹세하도록 요구했다. 또 이들이 조정의 군관들처럼 권력과 이익을 다투지 않도록 철저하게 단속

---

8) 청나라가 중원을 차지하기 전부터 존재한 부대로 청나라의 건국에 주도적인 역할을 수행했다.
9) 청나라가 중원을 차지한 후 주력 부대인 팔기병을 보조하기 위해 증설된 부대이다.

했다.

둘째, 패배 없는 전투를 위해 부자, 형제 및 그 밖의 혈연관계의 병사들을 하나의 조직으로 편성해 결속력을 높였다. 아울러 전투에서 지면 한 가문이 모두 목숨을 잃게 된다는 점을 강조했다. 과연 이러한 전략은 매우 큰 효과가 있었다. 전쟁에서 형제, 부자가 함께 싸우게 되니 전투력이 크게 상승할 수밖에 없었던 것이다. 이러한 시도는 중국 근대 군벌軍閥, 강대한 군사력을 등에 업고 정치적 특권을 장악한 군인 집단—옮긴이의 시초가 되기도 했다.

셋째, 한 영에 속한 병사는 반드시 소속 군관에게만 복종하고, 전군은 증국번 한 사람의 명령을 따르도록 했다. 이를 통해 증국번은 군대 전체를 효과적으로 통솔하는 동시에 조직의 결속력을 높일 수 있었다. 증국번은 전투력에 영향을 끼치는 만주족을 군관으로 채용해서는 안 된다고 소리 높여 주장했다. 하지만 한편으로 조정의 신임을 얻기 위해 만주족 출신의 탑제포塔齊布를 상군 대장으로, 다룽아多隆阿를 호북 장군으로 추천하기도 했다. 이렇게 만반의 준비를 한 증국번은 상 지역에서 조직한 단련을 이끌고 태평군과 전투를 치르기 위해 호남으로 출발했다.

1854년 5월, 증국번은 상 지역 단련을 이끌고 악주岳州에서 태평군과 결전을 벌였다. 하지만 예상밖으로 태평군에 패하고 말았다. 전투에 나설 당시 보병 5천과 수군 5천, 그리고 기타 병력을 합친 1만 5천 병력이 이 전투에서 거의 전멸했다. 살면서 한 번도 실패의 쓴맛을 본 적이 없던 증국번은 이 패배로 충격을 이기지 못하고 강물에 몸을 던지려 했다. 그러나 우두머리가 죽는 것을 보고만 있을 수 없던 부하들이 황급히 그를 말렸다.

참담하고 분한 마음을 다잡은 증국번은 온 힘을 기울여 자신이 이끄는 단련을 재정비했다. 3개월 후 다시 악주에서 태평군과 전투를 벌였고, 그해 6월

「증문정공서찰(曾文正公書札)」 단련에 대한 일을 언급했다.

에 적진을 함락했다. 그리고 10월에는 단련을 이끌고 치열한 전투를 벌여 무한武漢까지 손에 넣었다. 그제야 지난 악주 전투의 패배에 대한 복수를 했다고 생각한 그는 한결 나아진 기분으로 태평천국의 수도인 천경까지 돌격하라고 명령했다.

1855년에 증국번은 구강九江으로 진격했다. 그 무렵 이미 증국번을 주목하기 시작한 태평군은 명장 석달개石達開를 보내 맞서게 했다. 지략과 용맹을 두루 갖춘 석달개는 증국번의 수군을 파양호鄱陽湖로 유인했다. 그러고는 호수의 입구를 막고 대대적으로 공격을 퍼부어 상군 수군의 전함을 모두 불태워버렸다. 엄청난 노력을 기울여 훈련시킨 수군이 몰살되고 자신이 탄 전함도 불타버리자 증국번은 다급히 도망쳐야만 했다. 분노와 수치심을 견디지 못한 그는 또 한번 차가운 물에 몸을 던지려 했다. 이번에도 부하가 말려서 그는 목숨을 부지했다. 이렇게 증국번은 두 번이나 스스로 목숨을 끊으려 했는데, 이는 어쩌면 병사들의 해이해진 마음을 다잡기 위한 연기였을지도 모른다. 어쨌든 이 전투로 석달개는 증국번 군대의 사기를 완전히 꺾었고, 이어서 강의 남쪽과 북쪽에 각각 진을 치고 있던 관군을 크게 물리쳤다. 연달아 큰 승리를 거둔 태평군의 사기는 천지를 뒤흔들 정도로 높아졌다. 바로 그때, 태평군 내부에 심각한 분열이 일어났다. 태평군의 수장들이 권력과 이익을 다투느라 서로의 목숨을 노린 것이다. 이 일로 양수청楊秀淸, 위창휘韋昌輝, 진일강秦日綱 등 명장들이 잇달아 죽었고, 이로 말미암은 내전으로 정예병이 2만 명 이상 목숨을 잃었다. 엎친 데 덮친 격으로 명장 석달개가 정예병 10만 명을 이끌고 태평군을 떠났다. 이렇게 태평군은 전성기를 지나 점차 쇠락하기 시작했다.

증국번은 이 기회를 놓치지 않고 다시 한 번 무한에서 진수성陳秀成과 격전을 벌여 안경安慶을 되찾았다. 1860년 8월에 양강兩江 총독이 된 증국번은 강남 지역의 군대를 관리하는 더 큰 지휘권을 손에 쥐었다. 그는 군대를 세 갈래로 나누어 태평군을 공격했다. 이홍장李鴻章은 회군淮軍을 이끌고 상해를 지원하면서 소남蘇南을 공격했다. 증국전曾國荃은 주력 부대를 이끌고 천경 함락을 시도했고, 좌종당左宗棠은 절강浙江을 공격했다. 사기가 떨어진 태평천국군의 전투력은 형편없었다. 게다가 영국 장군이 이끄는 상승군常勝軍이 관군을 지원하자 태평군은 무석無錫, 상주常州, 소주蘇州 등지에서 연이어 패했다. 그러던 1864년 6월 3일, 절망을 이기지 못한 태평천국의 우두머리 홍수전이 스스로 목숨을 끊었다.

증국번의 상군은 천경에서 닥치는 대로 사람을 죽이고 집을 불태웠다. 그래서 진회하秦淮河 유역에 나뒹구는 시신의 머리가 발에 채일 정도였다. 그뿐만 아니라 성안의 여자와 재물을 눈에 띄는 대로 약탈했다. 이렇게 상군을 지휘해 태평천국 봉기군을 처리하는 '원흉'의 사명을 다한 증국번은 타고난 지략가의 모습으로 한발 한발 '성상'의 자리로 올라갔다.

12년에 걸친 증국번과 태평군의 싸움은 결코 순조롭지 않았다. 증국번은 여러 차례 태평군과의 전투에서 패했고, 두 번이나 목숨을 끊으려 했다. 태평천국의 장군 이수성李秀成이 언제 대군을 이끌고 습격해 올까 하는 두려움으로 차마 칼을 손에서 놓지 못한 적도 있으며, 태평군에 패하면 세상을 등질 결심을 하기도 했다. 또 누구보다 충직한 그였지만, 여러 번 조정의 의심을 받기도 했다. 처음에 무한을 성공적으로 탈환했다는 소식을 들은 함풍제는 누구보다 기뻐하며 증국번의 공을 치하했다. 그때 옆에서 신하들이 의미심장한 표정으로 말했다. "일개 백면서생인 그의 호령 한 번이면 모두가 따르는 데다 이제 무한까지 얻었으니, 조정의 입장에서 보면 복이 아닐 수도 있습니다." 그러자 함풍제는 입을 꾹 다물었다.

조정의 일부 무리가 자신을 비방한다는 것을 알게 된 증국번은 부친상을 핑계로 관직에서 물러나 두 동생^{상군의 장령}을 데리고 고향으로 돌아갔다. 1년 후, 태평군이 쌀과 직물의 주요 생산지인 절강을 공격했다. 이에 겁에 질린 청나라 조정은 다시 증국번을 병부상서에 임명하고 군대에 관한 실질적인 권한을 모두 주었다. 그리고 얼마 후 정권을 잡은 자희태후^{慈禧太后}는 만주족의 무능함을 탓하며 한족을 중용했다. 이로써 증국번은 대권을 장악하게 되었다.

1862년에 양강 총독으로 임명된 증국번은 4개 성의 군사와 정치 실권을 장악했다. 그리하여 해당 성의 순무, 제독 이하 장령들이 모두 그의 명령을 따랐다. 더불어 얼마 후 태자태보와 협력태학이 된 증국번은 그 일거수일투족이 조정에 큰 영향을 미칠 만큼 대단한 인물이 되었다.

예전 증국번이 미련 없이 벼슬을 포기한 것도 조정의 신임을 얻는 데 큰 역할을 했다. 그는 이 일로 더 큰 권력을 손에 쥘 수 있었다. 태평군과의 싸움에서 이긴 후 그는 매사에 조심하고 또 조심했다.

당시 조정에서는 '금은과 온갖 재물이 차고 넘친다'던 천경의 창고를 텅 비게 할 만큼 약탈을 일삼은 상군을 비판하는 사람이 많았다. 좌종당과 같은 이들은 이 점을 빌미로 증국번을 탄핵하기도 했다. 약탈한 재물을 내놓고 싶지도, 내놓을 수도 없었던 증국번은 이 문제를 해결하기 위해 서둘러 네 가지 조치를 취했다.

첫째, 엄청나게 커진 권력이 오히려 자신의 발목을 잡을까 봐 스스로 몇몇 관직에서 물러났다. 둘째, 상군의 존재 때문에 자신이 정권에 야망이 있다고 의심받을까 봐 병력 4만 명을 줄였다. 셋째, 조정의 의심을 사지 않기 위해 천경에 관군 팔기병이 주둔할 수 있는 병영을 설치했을 뿐만 아니라 그들의 녹봉도 대신 지급했다. 넷째, 공원貢院, 중국에서 과거 시험을 치르기 위해 각 성과 수도에 만든 시험장-옮긴이을 설치해 강남 지역의 인재들을 선발했다.

이러한 조치의 결과 덕분인지 조정에서는 지위고하를 막론하고 모두 입을 모아 증국번을 칭송하고 공을 높이 평가했다. 더 이상 그를 의심하거나 추궁하는 일은 없었다. 또 증국번은 원래 성격이 겸손하고 조심스러워서 청나라 조정은 더욱 그를 신임했다. 조정은 증국번을 태자태보로 임명하고, 쌍안화령雙眼花翎, 황제가 관리들에게 내리는 모자에 다는 장식-옮긴이을 상으로 주었다. 또 자손 대대로 세습할 수 있는 일등 후작공작, 후작, 백작, 자작, 남작의 다섯 가지 작위는 다시 1등, 2등, 3등으로 분류된다-옮긴이의 지위도 내렸다.

증국번은 염군捻軍[10]을 소탕하기도 했다. 회북淮北 여기저기에 흩어져 있던 염군은 태평군과 손을 잡고 점점 세력을 키워 갔다. 이때 증국번 같은 한족 인재가 자꾸 공을 세우자 조바심이 난 청나라 조정은 몽고 귀족 승격임심僧格林沁에게 염군을 진압하라고 명령했다. 그러나 승격임심이 실패하자 어쩔 수 없이 또 증국번의 도움을 빌려야만 했다. 증국번은 승격임심처럼 무리하게 염군을 쫓지 않고, 염군의 물자 수송로를 차단하고 그들이 있는 성을 에워쌌다. 하지만 뜻밖에 염군이 포위망을 뚫어 증국번도 속수무책으로 당하고 말았다. 이후 염군을 진압한 사람은 증국번의 제자 이홍장이었다.

---

10) 19세기 중엽에 중국의 하남(河南), 안휘(安徽), 산동(山東) 지역을 중심으로 폭동을 일으킨 농민 반란군이다.

증국번은 양무운동洋務運動[11]을 이끈 핵심 인물 중 한 명이다. 그는 서양의 군함과 화약을 들여오자고 주장하고, 이홍장에게 서양의 학문과 기술을 배우게 했다. 또 과학자들을 양성해 무기 산업을 육성하고 채굴 사업도 장려했다. 또한 증국번은 인재를 외국으로 유학 보내거나 국내에 학교를 세워 인재를 길러내는 데도 노력을 쏟았다. 증국번이 '성상'으로 불리는 것은 그가 성리학의 이론가이자 실천가였기 때문이다. 정주程朱[12]의 이학理學을 따르고 깊이 연구한 그는 이 분야의 새로운 이론을 만들기도 했다. 그가 주장하는 학문의 목적은 인간성을 되찾는 것이었다. 다시 말해 천지의 이치와 기운을 회복하고 그 결과가 봉건사회의 도덕성에 자연스레 녹아들게 하는 것이다. 정주의 이학 사상과 완벽하게 일치하는 그의 이론은 봉건사회의 도덕을 옹호하는 사상이기도 하다.

  또 증국번은 춘추 전국 시대의 '내성외왕內聖外王'[13] 이론을 따랐다. 올바른 사상과 인격을 갖추어 개인적으로는 성인의 반열에 오르고자 노력하고 국가적으로는 올바른 왕이 되어 위기에 빠진 나라와 백성을 구한다는 것이 '내성외왕' 이론의 핵심 내용이다. 증국번은 이 이론을 몸소 실천했다.

  증국번은 훈고학訓詁學[14]에서도 많은 업적을 남겼다. 학문의 성취도 높았거니와 높은 사회적 지위에 오른 증국번은 당시 학계에 커다란 반향을 일으켰다. 그는 직접 제자를 가르치고 학자를 선발하기도 했다. 그래서 많은 사람이

---

11) 19세기 후반에 청나라에서 일어난 근대화 운동으로 서양의 문물을 수용하여 부국강병을 이루는 것이 목적이었다.
12) 중국 송나라의 유학자 정호(程顥), 정이(程頤), 주희(朱熹)를 통틀어 일컫는다.
13) 안으로는 인격적으로 최고의 경지에 도달하며 밖으로는 임금의 덕을 갖추는 것, 즉 학식과 덕행을 겸비하는 것으로 유가와 도가가 추구한 궁극적인 목적이기도 하다.
14) 언어를 연구함으로써 문장을 바로 해석하고 고전의 원래 의미를 이해하는 학문

그를 '성상'이라 치켜세웠다. 그는 고향에서 단련을 조직하기 전에도 자신이 추구하는 학문의 이론을 실천하기 위해 노력했다. 또 관직에 있을 때도 '고요함靜'을 목표로 삼고 인격 수양을 게을리하지 않았다.

증국번은 매일 규칙적으로 생활했다. 잠자리에서 일어나면 먼저 바른 자세로 앉아 묵상하고, 독서와 서예를 즐기고, 매일 일기를 썼다. 그의 이런 바른 생활은 스승과 황제도 칭찬할 정도였다. 어쩌면 이런 바른 생활을 지속했기에 그의 관운이 탄탄대로를 달렸는지도 모르겠다.

그는 전장에 나가서도 수양에 힘썼다. 또 한번 세운 뜻은 굽히지 않았으며, 언제나 배우기를 좋아하고, 늘 공손하고 관대했으며, 충성스러웠다. 늘 자신을 반성하고, 도덕을 따르고, 함부로 말하지 않고, 부지런하고 겸손하기까지 했다. 그의 일생은 이런 자기 수양에서 시작해 세상을 구하는 데서 끝맺었다고 해도 과언이 아닐 것이다.

증국번은 '주경야독'했다. 주경야독은 허와 실이 적당히 어우러진 생활로, 나아감과 물러섬이 모두 가능한 생활이기도 했다. 이것이야말로 가장 이상적인 삶이라고 생각한 증국번은 늘 가족에게 농사를 근본으로 삼고 아울러 학문을 닦을 것을 강조했다. 이런 원칙을 지켰기에 그는 처음부터 끝까지 좋은 평가를 받을 수 있었다. 후손도 그의 가르침을 자손 대대로 전했으며, 증국번이 자식들에게 남긴 편지는 『안씨가훈顔氏家訓』[15]처럼 세상을 살아가는 데 하나의 지침서가 되었다.

1872년 2월, 정원을 산책하던 증국번의 다리에 갑자기 쥐가 났다. 아들의 부축을 받아 방에 돌아온 그는 잠시 쉬다가 조용히 숨을 거두었다.

---

15) 중국 남북조(南北朝) 시대에 귀족 안지추(顔之推)가 가족을 위해 쓴 교훈서

「증문정공집(曾文正公集)」

아마 증국번은 자신이 백 년 후 후손에게 이토록 많은 사랑을 받으리라고는 생각도 못했을 것이다. 그는 정호나 정이, 주희와 같이 훌륭한 정신적 유산을 남기지도 않았고 제갈량처럼 나라와 백성을 사랑한 어진 재상도 아니었기 때문이다. 바로 이 점 때문에 사람들은 중국 봉건사회 말기에 증국번 같은 인물이 높은 지위에 올라 엄청난 영향력을 미치고 후대에도 이토록 사랑받는 까닭을 궁금해한다.

이미 성인의 반열에 오른 정호, 정이, 주희는 가까이하기에는 너무 먼 사람들이다. 공자를 황제와 비교할 수 없듯이 그들 역시 감히 비교 대상이 없는 인물들이다. 제갈량도 마찬가지다. 하지만 증국번은 다르다. 누구도 그를 성현이라고 하지 않고 신처럼 받들지도 않는다. 그는 명예와 이익을 모두 가진 사람, 누구나 따라 할 수 있는 세속적인 사람이었기 때문이다.

어쩌면 고된 역사의 풍파를 겪은 사람들은 자신이 추구하던 이상을 찾지 못해 심한 갈증과 근심에 몸부림쳤을 것이다. 그때 문득 고개를 든 그들은 그동안 포기했던 것을 떠올리며 정신적으로 자신을 지탱해줄 무언가를 찾고 싶었을 것이다. 마침 그곳에서 증국번을 발견한 사람들이 그에게 무한한 애정을 느낀 것은 어쩌면 당연한 일일지도 모른다. 지금 당장 그에 대한 이런 애정이 좋고 나쁜지는 평가하기 어렵다.

『청사고·증국번전 清史稿·曾國藩傳』 참고

백면서생 황제의 승리와 실패

중국에 "남쪽에서는 문인이 나오고 북쪽에서는 황제가 난다南方出文人, 北方出皇帝"라는 말이 있다. 굴원屈原, 중국 전국 시대의 정치가이자 비극시인-옮긴이을 비롯한 시인이나 문학가, 화가 대다수가 남쪽 지역 출신인데 이는 현대에도 마찬가지다. 현대 문학가인 루쉰魯迅, 궈모뤄郭沫若, 마오둔茅盾, 바진巴金, 라오셔老舍, 차오위曹禺도 모두 남쪽 출신이다.

봉건 시대 황제들의 출신 지역을 살펴보면 더 재미있다. 진나라 시황제는 물론이고, 한나라 고조 유방은 현재의 장쑤 성江蘇省 페이沛 현 지역인 패현 풍읍豐邑 출신이다. 동한의 개국 황제 유수劉秀는 현재 후베이 성湖北省 쟈오양棗陽 현 변경 지대에 있던 남양南陽 출신이다. 비록 남북의 교차점이긴 하지만 통상 이곳을 북쪽으로 분류한다. 송나라 태조 조광윤趙匡胤은 현재의 허난 성河南省 뤄양洛陽 출신의 군관 가정에서 태어났고, 칭기즈 칸成吉思汗 및 원나라 세조 쿠빌라이忽必烈가 북쪽 출신이라는 것은 모르는 사람이 없다. 명나라 태조 주원장朱元璋은 현재의 안후이 성安徽省 펑양鳳陽 현에 있던 호주濠洲 종리鐘離 현 출신이다. 봉건 시대 최후의 왕조인 청나라의 통치자들 역시 원나라와 마찬가지로 북방 출신이었다. 지금 언급한 이들은 모두 주요 왕조의 개국 황제인데, 이 밖에도 전란 시기에 우후죽순으로 탄생한 황제나 그 조상들 대부분이 북방 출신이다.

과연 이는 풍수지리와 연관이 있는 것일까? 만약 풍수지리를 봉건 시대의 미신쯤으로 치부한다면 대답은 당연히 '아니오'다. 하지만 이를 좀 더 넓은 의미, 즉 일종의 문화 지리적인 것으로 본다면 대답은 '예'다. 고대사회에서 비교적 빠르게 개발된 북방은 다른 지역보다 사회·문화적으로 성숙했으며 제도와 법률도 엄격했다. 그래서 북방 지역은 꽤 오랫동안 정치·문화·경제 중심지가 되었다. 또 용맹한 북방 지역 사람들은 전쟁에도 뛰어났다. 바로 이런 점 때문에 역대 왕조의 교체는 모두 북방 지역에서 이루어졌고, 그 과정에서 수많은 북방 출신 황제가 배출되었다. 반대로 남쪽 지역은 북쪽에 비해 정치적 구속력이 약했다. 그래서 사람들의 사상과 관념이 개방적이었고 더욱 활발하게 교류할 수 있었다. 쉽게 말하면 상대적으로 느슨한 정치 환경이 대문호와 대작들을 탄생시킨 토대가 된 것이다.

이것 말고도 중요한 이유가 있다. 공자는 "어진 사람은 산을 좋아하고 지혜로운 사람은 물을 좋아한다"라고 말했다. 이 말에서는 문자적인 의미가 아니라 그 속에 숨어 있는 이치를 살펴볼 필요가 있다. 표면적으로 보면 이 말은 어진 사람은 산을 좋아하고 지혜로운 사람은 물, 즉 강과 시내를 좋아한다는 뜻이다. 여기에는 두 종류의 사람이 등장한다. 어진 사람과 지혜로운 사람이다. 공자의 말은 또 어진 사람은 높은 산봉우리처럼 듬직하고 쉽게 변하지 않으며, 지혜로운 사람은 흐르는 물처럼 유연하다고 풀이할 수 있다. 그리고 한번 더 뒤집어 생각해보면 강과 하천이 많은 지역에서는 지혜로운 인재가 나오고, 높은 산봉우리나 평원이 많은 지역에서는 어진 인재가 많이 나온다고도 풀이할 수 있다. 현대의 과학자들도 지리적 환경이 사람의 인격이나 지능에 미치는 영향을 인정했다. 어진 사람은 정치에 소질을 보이고 지혜로운 사람은 문학과 예술에서 두각을 나타낸다. 이런 점을 보면 남쪽에서는 문인이 나오고 북쪽에서는 황제가 난다는 말이 사회적 필연성뿐만 아니라 지리적 필연성에서 생겨났다는 것을 알 수 있다.

어진 사람과 지혜로운 사람은 서로 다른 사람이므로 누가 더 낫다고 할 수는 없다. 예술가와 황제도 서로 사회적 역할이 다르므로 중요성을 따질 수가 없다. 단지 사람들은 관념적으로 절대 권력을 가진 황제를 대단하다고 여기고, 한편으로 사회의 정신적인 것을 담당하는 학자와 예술가를 별 볼 일 없는 존재라 무시하는 것뿐이다. 여기에서 반드시 짚고 넘어갈 것이 있다. 학자나 예술가는 황제와 전혀 어울리지 않는다는 점이다. 학자는 절대 개국 황제가 될 수 없다. 그 이유는 무엇일까?

첫째, 문인과 학자는 나라를 세우는 것이 아닌 나라를 잘 다스리는 데 관한 성현의 가르침을 배운다. 인격 수양을 강조하는 성현의 가르침은 새로운 나라를 세우는, 즉 기존의 체제에 대한 모반을 필사적으로 반대한다.

둘째, 문인과 학자가 주장하는 도덕적 이상은 당대의 현실 사회를 앞서 간다. 현실에 앞서는 그들은 뒤따르는 사회를 안타깝게 여긴다. 그런 그들은 현실에서 반란을 일으키거나 다른 사람을 희생시키며 새 왕조를 세우지는 않는다.

셋째, 문인과 학자는 평생 책을 읽으며 귀에 못이 박이도록 성현의 가르침을 듣지만 실제 사회 경험이 부족하다. 그런 그들에게 개국 황제가 반드시 갖춰야 하는 야심, 교활함, 임기응변 능력, 무례함, 뻔뻔함, 독기가 부족한 것은 당연하다.

넷째, 중국에서는 역사적으로 학자와 황제, 그리고 지식인과 관리가 분리되었다. 학자가 황제가 되는 것은 물론이거니와 관리가 되는 것조차 지식인의 양심을 저버리는 수치라고 생각했다. 관리가 되면 백성을 다스리는 이상적인 도덕에서 멀어져 오직 자기 자리 지키는 데만 급급한 벼슬아치가 되고 만다고 여겼기 때문이다.

다섯째, 고대 중국에서는 학자의 지위가 매우 높았다. 구태여 반란에 따르는 위험을 감수할 필요가 없었다. 바로 이런 까닭에 고대 중국에서는 이상한

서한 시대의 옥봉패(玉鳳佩)

현상이 일어났다. 정말 인자하고 지혜로우며 덕과 재능을 모두 갖춘 사람은 황제가 되지 않은 것이다. 새 왕조의 황제는 거의 건달 출신이다. 거리낌 없이 무슨 짓이든 할 수 있는 건달 말이다.

물론 중국 역사에서 문인 출신 황제가 한 명도 없는 것은 아니다. 문인과 황제라는 아주 다른 인격을 합친 '괴물'이 있긴 했다. 그의 실패와 성공은 우리에게 많은 점을 알려준다.

서한西漢16)과 동한東漢 사이에 아주 잠시 존재한 왕조가 있다. 바로 왕망王莽이 세운 18년 역사의 신新나라다. 신나라를 자세히 언급한 역사서는 매우 드물다. 사학자들은 대부분 신나라를 서한과 동한의 과도기에 잠깐 나타난 왕조로 여기기 때문이다. 하지만 신나라는 분명히 독립 왕조였다. 새 나라를 세운 왕망이 정식으로 황제로 즉위했고, 연호를 사용했으며, 수많은 정책과 법령을 반포했기 때문이다. 왕망은 중국 역사상 유일무이한 학자 출신 황제다. 황제의 외척이었던 그는 피 한 방울 흘리지 않고 정권을 찬탈했다.

16년, 한나라 성제成帝 영시永始 원년에 왕 태후의 조카 왕망이 서른 살의 나이에 신도후新都侯에 봉해졌다. 그로부터 7년 후 왕망은 왕장王長과 왕융王融이 꾸민 폐비 허 황후 복위 계획을 밝혀내고 사전에 그 시도를 막았다. 이 일로

---

16) 전한(前漢)의 별칭. 전한은 진(秦)나라를 멸망시킨 고조 유방이 항우를 쓰러뜨리고 장안에서 황제에 오른 후 왕망에게 정권을 빼앗기기 전까지의 한나라를 가리키는 칭호다.

공을 인정받은 그는 원래 대사마大司馬였던 왕근王根의 추천으로 대사마가 되었다. 이때부터 왕망은 명예와 이익을 얻기 위해 수단 방법을 가리지 않았다.

대사마가 된 왕망은 덕망을 갖춘 이들을 공손하게 대하며 자신의 편으로 만들어 명성을 쌓아갔다. 또 청렴결백함을 보이기 위해 나라에서 내린 상을 주변 사람들에게 나누어 주었다. 낡은 옷을 입고 거친 음식을 먹으며 검소한 척하기도 했다.

어느 날, 왕망의 어머니가 병이 났다는 소식을 듣고 고관대작의 부인들이 병문안을 왔다. 비단옷을 입고 머리에 보석 장식을 한 부인들이 도착하자 무릎까지 오는 허름한 치마를 입은 왕망의 부인이 황급히 달려나가 맞이했다. 당연히 시종이라 생각한 허름한 차림의 여인이 왕망의 부인인 것을 알게 된 손님들은 깜짝 놀랐다. 내놓은 것이라고는 맑은 차 한 잔뿐이었지만, 왕망의 가족은 정성껏 손님을 대접했다. 그때부터 사람들은 입을 모아 왕망의 검소함을 칭찬했다.

왕망은 강직한 성품으로도 유명했다. 어느 날 태황태후 왕씨가 연회를 열고 부傅 태후, 조趙 태후, 정丁 태후를 초대한 적이 있다. 이때 담당 관리가 한가운데에 태황태후의 의자를 놓고 그 옆에 부 태후의 의자를 놓았다. 그때 연회장에 들어온 왕망이 물었다. "어찌 한가운데에 의자 두 개를 놓았는가?" 관리가 대답했다. "하나는 태황태후 마마의 의자이고 하나는 부 태후 마마의 의자입니다." 그러자 왕망이 성난 목소리로 말했다. "후궁 출신인 부 태후가 어찌 감히 태황태후 마마와 나란히 앉는단 말인가! 어서 치우지 못할까!" 이 소식을 전해 들은 부 태후는 화가 나서 연회에 참석하지도 않았다. 그리고 훗날 애제哀帝에게 왕망을 파면하라고 부추겼다. 이 소식을 들은 왕망은 먼저 관직에서 물러났고, 애제도 굳이 말리지 않았다. 왕망은 이 사건을 계기로 조정을 떠나 자신의 영지로 돌아왔다. 이 일로 비록 관직을 잃긴 했지만 왕망의 명성은 더욱 높아졌다. 사람들은 왕망이야말로 훌륭한 대신이라고 입을 모아 칭찬했다.

서한 말기에 사회 곳곳이 부패로 신음했다. 애제가 동성연애를 했다는 사실만 보더라도 사회 기강이 얼마나 심각하게 무너졌는지 알 수 있을 것이다. 동현董賢은 어사御史직에 있는 아버지 덕분에 태자사인太子舍人, 태자를 가까이서 모시는 시관-옮긴이이 되었다. 그때 그의 나이는 한창 꽃다운 열다섯, 열여섯 살 정도였다. 대전에서 가끔 한 번씩 동현을 본 애제는 부드럽고 상냥한 그의 모습에 마음을 빼앗기고 말았다. 곧 두 사람은 같이 먹고 자며 잠시도 떨어지지 않는 사이가 되었다. 급기야 동현의 누이동생과 아내까지도 돌아가며 애제와 동침했다. 그러면서 동현 일가의 권세는 하늘을 찌를 듯 높아졌다. 동현에 대한 애제의 사랑은 병적이었다. 어느 날, 낮잠에서 깬 애제는 자신의 옆에 잠든 동현을 물끄러미 쳐다보았다. 천천히 몸을 일으키려던 그는 자신의 옷을 깔고 누운 동현을 차마 깨울 수 없어 옷소매를 잘라냈다. 이런 군주가 통치자의 자리에 있으니, 나라가 얼마나 무법천지였을지는 말하지 않아도 알 수 있을 것이다. 이런 상황에서 왕망은 점차 황제가 되려는 야심을 드러냈다.

무절제한 생활을 일삼던 애제는 스물여섯 살의 젊은 나이에 세상을 떠났다. 애제의 사랑을 한 몸에 받던 동현이지만 국상 같은 큰일을 처리할 능력이 있을 리 없었다. 이에 태왕태후 왕씨는 왕망을 불러들여 동현을 돕게 했다. 정치적인 야망을 숨기고 있던 왕망에게는 절호의 기회였다. 서둘러 조정으로 돌아온 왕망은 동현을 몰아붙여 자살하게 만들고 그의 가족을 모두 변경으로 내쫓아 가산을 몰수한 후에야 애제의 국상을 치렀다.

대권을 장악한 왕망은 태황태후와 손을 잡고 중산왕中山王 기자箕子를 후계자로 세웠다. 또 왕망은 평소 태황태후가 눈엣가시로 여기던 부 태후와 조 태후를 폐위시켰는데 이 과정에서 수많은 사람이 목숨을 잃었다. 태황태후는 자신을 위해 악역을 자처한 왕망에게 고마워했지만, 사실

서한 시대의 착금은동서준(錯金銀銅犀樽)

그것은 훗날 정권을 찬탈하기 위한 왕망의 준비 작업에 불과했다.

기자는 한나라의 평제平帝가 되었다. 왕망은 겨우 아홉 살이던 평제를 대신해 정사를 돌보았는데, 태황태후도 이미 왕망의 꼭두각시에 불과했다. 강직한 대신들은 왕망이 조금씩 야심을 드러내자 하나둘 관직에서 물러났다. 하지만 그에게 빌붙어 아첨을 일삼는 관리들도 있었다. 무려 3대 왕조에서 대사직을 지낸 공광孔光은 일찌감치 왕망의 야심을 알아채고 온갖 수단을 동원해 그에게 잘 보이려 노력했다. 왕망도 만만한 인물은 아니었다. 그는 태황태후의 신임을 받아 엄청난 권력을 손에 넣었지만 민심이 온전히 자신을 따르지 않는다는 것을 누구보다 잘 알고 있었다. 하지만 나라와 백성을 다스리는 법도, 민심을 수습하는 법도 알지 못한 왕망은 속임수를 쓸 수밖에 없었다.

왕망은 고심 끝에 한 가지 묘책을 생각해냈다. 몰래 익주益州의 지방 관리에게 명하여 변방의 이민족을 매수하고 그들이 월상씨越裳氏라는 이름으로 조정에 흰 꿩을 바치게 한 것이다. 얼마 후 월상씨가 흰 꿩을 진상하자 왕망은 태연한 얼굴로 태황태후에게 이 일을 보고했다. 그리고 흰 꿩을 종묘로 보냈다. 왕망이 이런 방법을 쓴 것은 그가 지식인 출신이기 때문이다. 주周나라 성왕成王 시절에 월상씨가 중원에 흰 꿩을 진상한 역사를 배운 왕망은 자신을

성왕을 보좌한 주공에 견주기 위해 이런 일을 꾸민 것이었다. 사실은 이 모든 일이 왕망의 농간이라는 것을 알았지만, 아무도 진실을 입에 올리지 않았다. 오히려 그에게 잘 보이려 혈안이 된 자들이 왕망이야말로 한나라를 안정시킬 영웅이니 안한공安漢公의 작위를 하사해야 한다고 호들갑을 떨었다. 이에 태왕태후가 서둘러 조서를 내리자 왕망은 짐짓 겸손한 태도로 관직을 사양했다. 한술 더 떠서 평제를 옹립한 공을 공광 등에게 돌리기까지 했다. 결국에는 작위를 받았지만 그는 끝내 조정에서 함께 내린 땅은 사양했다.

왕망은 유씨 종실에 우호적이었다. 그는 자식을 낳은 유씨 왕후에게 작위를 내렸고, 벼슬이 있는 사대부나 그 자녀들에게도 녹봉을 주었다. 사람들은 과부와 고아에게도 관심을 아끼지 않는 그를 칭찬했다. 얼마 후, 왕망은 연로한 태황태후를 대신해 나라의 귀찮은 일은 모두 자신이 처리하겠다는 상소를 올렸다. 태황태후는 왕망의 속셈을 뻔히 알면서도 어쩔 수 없이 허락해야 했다. 이제 백성 중에 왕망을 모르는 사람은 한 명도 없을 정도였다.

하지만 그 정도로 만족하지 못한 왕망은 또 한번 꼼수를 썼다. 이듬해에 황지국黃支國에서 뜬금없이 물소를 바쳤다. 조정 대신들은 그동안 왕래가 없던 황지국이 갑자기 물소를 바치자 어리둥절했다. 설마 안한공 왕망의 덕망이 바다 멀리 황지국까지 전해졌다는 말인가? 얼마 후, 남쪽 어느 지역의 강에서 누런 용이 헤엄치는 것을 목격했다는 소식이 들어왔다. 계속해서 길조가 나타나자 사람들은 왕망의 덕망을 입이 마르도록 칭송했다.

하지만 그해 여름에 예기치 않게 메뚜기 떼가 나타났다. 아무리 머리가 좋은 왕망이라도 메뚜기 떼의 출현을 길조라고 우길 수는 없었다. 그러나 그는 이런 상황에서도 기지를 발휘했다. 재난을 수습하는 과정에서 자신의 명성을 높이기로 한 것이다. 왕망은 서둘러 관리를 보내 재난 구호에 힘쓰는 한편, 태황태후에게 음식과 의복을 간소화해 백성에게 모범을 보일 것을 간언했다. 그리고 자신도 고기를 먹지 않고 가산을 털어 피해 입은 백성을 돕는 데 힘썼다. 왕망이 먼저 나서자 200명이 넘는 조정 대신들도 어쩔 수 없이 재산을 내놓았다. 그로부터 얼마 후 며칠 동안 비가 내리더니 저절로 메뚜기 떼가 줄어들었다. 그러자 사람들은 모두 안한공 왕망의 정성에 하늘이 감동한 것이라고 말했다. 이 일로 왕망의 명성은 더욱 높아졌다. 평제가 열두 살이 되던 해에 왕망이 황후 간택을 건의했다. 규정에 따르면 열두 명의 후보자를 뽑아야 했다. 왕망은 명문 세도가의 규수들을 뽑아 명단을 만들게 했다. 이렇게 뽑힌 좋은 집안의 딸 중에 왕씨 성의 처녀가 절반이 넘었다. 명단에는 왕망의 딸도 끼어 있었다. 왕망은 내심 황제의 장인이 되고 싶었지만, 오히려 명단에서 왕씨 규수들을 빼야 한다고 주장했다. 이에 태후는 도무지 그의 속셈을 알 수 없었는데, 조정 대신들은 이구동성으로 왕망의 딸이 황후에 가장 적합하다고 말했다. 왕망은 계속해서 열두 명의 처자를 뽑아 달라고 요청했지만, 조정 대신들은 끝내 왕망의 딸을 황후로 간택했다. 이렇게 해서 황제의 장인이 된 왕망은 조정에서 내린 선물을 또 주변 사람들에게 나누어 주었다. 그러자 사람들은 더욱 그의 덕망을 칭송했다.

그런 왕망 때문에 그의 아들 왕우王宇는 하루도 마음 편할 날이 없었다. 이렇게 가다가는 곧 큰 화가 닥치리라 생각한 왕우는 여러 번 아버지에게 바른소리를 했다. 하지만 왕망은 늘 들은 체도 하지 않았다. 뾰족한 수가 없던 왕우는 사람을 시켜 아버지의 집 대문에 피를 뿌리게 했다. 미신을 믿는 왕망이 그것을 하늘의 계시로 여기고 어느 정도 자중하리라 생각했기 때문이다. 하지만 피를 뿌리던 자가 병사들에게 잡혀버렸고 심문을 받다가 왕우의 이름을 대고 말았다. 왕망은 고작 그 일로 친아들과 그의 무리는 물론 평제의 생

오주전(五銖錢) 왕망이 화폐 제도를 개혁하면서 사용을 중단시켰다.

모인 위衛 황후를 제외한 그 일가를 모조리 죽였다.

딸이 황후가 된 후에도 왕망은 태황태후의 환심을 사기 위해 온갖 노력을 했다. 연로한 태황태후에게 적적한 궁궐을 떠나 여행하는 것이 어떠냐고 권한 것도 그였다. 마침 무료해하던 태후는 흔쾌히 여행을 떠났다. 왕망이 미리 여행지의 백성에게 재물과 음식을 나누어준 덕분에 태후의 행렬은 어디를 가나 환대를 받았다. 게다가 온갖 볼거리가 가득한 명승고적만 돌다 보니 나이 많은 태후는 아이처럼 들떴다.

왕망은 태황태후뿐만 아니라 그 주변 사람들에게도 지극정성이었다. 한번은 태황태후의 시종이 병이 나자 직접 병문안을 가기도 했다. 왕망의 정성에 감동한 시종은 병이 낫자마자 태후에게 달려가 입이 마르도록 그를 칭찬했다. 이 일로 태황태후는 친아들보다 조카인 왕망을 더 아꼈다.

왕망의 행동에는 두 가지 원칙이 있었다. 옛 법도를 따르고, 그런 한편 미신을 믿었다. 이 두 가지 원칙은 모두 민심을 얻기 위한 수단으로, 그가 실제로 이를 원했는지는 알 도리가 없다. 왕망은 주나라의 사례를 바탕으로 명당明堂, 임금이 정사에 대해 묻고 나라의 제사를 지내는 곳─옮긴이과 영대靈臺, 주나라 문왕이 세운 누각─옮긴이를 짓고 만 개에 이르는 학사를 지어 유학자와 명사들을 뽑았다.

얼마 후, 동쪽 지방에서 특산물을 진상하고 서쪽 지역에서는 청해靑海 지역을 바쳤다. 모두 왕망이 꾸민 짓이었다. 왕망은 짐짓 아무것도 모르는 척하며 죄수와 유민들을 그 지역으로 보내 땅을 일구고 정착하도록 했다.

신하들은 이런 왕망의 환심을 사기 위해 너 나 할 것 없이 태황태후에게 상소를 올렸다. 옛날 주공은 정사를 돌본 지 7년 만에 혼란한 나라를 안정시켰는데 안한공은 불과 4년 만에 주공에 비길 만한 공을 세웠으니, 당연히 그를 재상으로 임명하고 제왕의 반열에 세우며 후한 상을 내려야 한다는 내용이었다. 태황태후는 이번에도 상소의 내용을 받아들였다. 같은 내용의 상소가 이미 50건이 넘었기 때문이다. 그렇게 많은 사람이 입을 모아 왕망을 칭찬하자 태황태후는 무엇이 진실인지도 모른 채 왕망에게 후한 상과 구석九錫을 하사했다. 구석이란 황제가 공을 세운 신하에게 내리는 아홉 가지 특전으로 그 내용은 다음과 같다.

첫째, 이동할 때 수레와 말을 이용할 수 있다. 둘째, 곤룡포와 면류관, 붉은 신발을 신을 수 있다. 셋째, 조정이나 집 안에서 음악이나 가무를 감상할 수 있다. 넷째, 집 대문과 기둥에 붉은색을 칠할 수 있다. 다섯째, 신발을 신고 궁전의 전각에 오를 수 있다. 여섯째, 호위병을 300명가량 대동할 수 있다. 일곱째, 도끼를 몸에 지니고 다닐 수 있다. 여덟째, 붉은 활 한 벌과 붉은 화살, 검은 활 열 벌과 화살 3천 개를 지닐 수 있다. 아홉째, 옥 제기로 술을 빚을 수 있다. 이렇게 황제만 누릴 수 있는 특권을 하사받자 그의 권세는 하늘을 찌를 정도였다.

평제는 열네 살이 되자 점차 세상 물정에 눈을 떴다. 왕망의 손에 외가의 친척을 모두 잃고 하나 남은 어머니와도 생이별하게 되자 평제는 왕망에 대한 복수심을 숨기지 않았다. "내가 어른이 되면 왕망을 가만두지 않겠다!" 심복을 통해 이 말을 전해 들은 왕망은 평제가 정권을 잡게 된 후 자신의 처지가 걱정되기 시작했다. 결국, 그는 평제를 독살했다.

왕망은 조정 대신들의 의견을 무시하고 선제宣帝의 고손인 유영劉嬰을 황제로 옹립할 것을 주장했다. 이때 장안長安의 한 우물에서 "안한공 망이 황제가 된다安漢公莽爲皇帝"라는 붉은 글자가 새겨진 돌이 발견되었다. 왕망은 즉시 사람을 시켜 태황태후에게 이 일을 알렸다. 그동안 왕망의 아첨에 정신을 차리지 못하던 태황태후는 그제야 왕망의 속셈을 알아차렸다. "그 모든 것이 사람을 현혹하는 말이니, 입단속을 하라!"라고 불호령을 내렸지만, 이미 왕망의 야심을 막기에는 역부족이었다. 태황태후는 울며 겨자 먹기로 왕망을 가황제假皇帝, 임시로 황제를 대행하는 이를 가리킴로 봉했다.

왕망이 가황제가 되고 채 한 달이 안 되어 유씨 세력이 농민군과 힘을 합쳐 장안을 공격했다. 하지만 왕망은 무력으로 이들을 완벽하게 진압했고, 전보다 더욱 기세등등해졌다. 그때 재동梓潼 사람 애장哀章이 왕망의 야망을 더욱 부채질했다. 간사하고 음흉한 애장은 왕망의 비위를 맞춰 벼슬 자리를 하나 잇고자 나쁜 꾀를 냈다. 도사로 변장한 애상은 해실 무렵 고조의 사당을 지키는 관리에게 접근해 동으로 만든 궤짝을 건넸다. 궤짝의 뚜껑을 여니 한가운데에 "왕망이 진천자眞天子가 된다王莽當做眞天子"라는 글과 함께 왕순王舜, 평안平晏, 유흠劉歆, 애장, 견감甄邯, 왕심王尋, 왕읍王邑, 견풍甄豊, 왕흥王興, 손건孫建, 왕성王盛 등 열한 명의 이름이 적혀 있었다.

딱 봐도 의심스러웠지만 왕망은 이를 자신이 황제가 되어야 한다는 하늘의 계시라고 주장했다. 8년거섭 3년 12월 1일에 왕망은 조정 대신들을 대동하고 고조의 사당을 찾아가 동 궤짝을 건네받았다. 그리고 그대로 태황태후를 찾아갔다. 태황태후도 이제 왕망을 막을 수 없었다. 왕망은 멋대로 천자의 옷을 입고 미앙궁未央宮에 있는 황제의 옥좌에 앉았다. 그러자 조정의 문무 관원이 모두 예를 갖추어 새로운 황제를 맞았다.

왕망은 국호를 신이라 하고, 12월 초하루를 건국 원년으로 삼았다. 황제의 복장을 모두 갖춰 입은 그는 몸이 하얀 가축을 제물로 삼아 하늘에 제사를 지냈다.

옥새는 황제가 되지 못한 태자 유영 대신 처음부터 태황태후가 보관하고 있었다. 황제가 된 왕망은 왕순을 시켜 태황태후에게서 옥새를 찾아오게 했다. 더 이상 버틸 수 없었던 태황태후는 옥새를 내팽개치며 분한 마음을 표현할 수밖에 없었다. 이 일로 진나라 때부터 전해 내려오던 옥새의 한 귀퉁이가 떨어져 나가고 말았다.

옥새를 손에 넣은 왕망은 곧 궤짝 안에 이름이 적혀 있던 사람들을 찾아 높은 관직을 주었다. 하지만 그중에 왕흥과 왕성은 애장이 만들어낸 인물이었다. 나라의 흥성을 상징하기 위해 억지로 만들어낸 인물이니 찾아내는 것은 불가능했다. 다행히 나라 안에 이름이 같은 사람이 여럿 있었다. 왕망은 성문을 지키는 관리 왕흥과 빵 장수 왕성을 찾아내어 관직을 주고 일을 마무리했다. 왕망은 미천한 출신 성분을 숨기기 위해 자신을 황제黃帝, 고대 중국 전설 속의 제왕. 민간 전설에서는 오방신장의 하나로 중앙을 맡은 신이다-옮긴이와 우虞 나라 순舜 임금의 후예라고 말했다. 그는 황제를 시조로 삼고 순 임금을 조상이라 했으며 요姚, 규嬀, 진陳, 전田, 왕씨를 자신과 같은 본이라고 속였다.

이렇게 출신 성분과 가문을 모두 위조하고, 왕망은 천명에 따라 진짜 황제의 자리에 올랐다. 황제가 된 왕망은 서둘러 법률을 제정했다. 신나라를 건국한 이듬해에 왕망은 『주례周禮』와 『악어樂語』의 내용을 바탕으로 물가 조절을 담당하는 오균五均을 설치하고, 빈민에게 돈을 빌려주고 이자를 받는 사대賖貸를 시행했으며, 귀족의 토지 소유를 통제했다. 그는 땅을 소유하면서 농사를 짓지 않거나 성 안에 거주하여 밭을 일구지 못하는 사람, 그리고 유랑민에게서도 세금을 거두었다.

채굴, 수렵, 어업, 목축, 양잠, 방직, 공예, 의학, 무속, 점술, 상업에 종사하는 사람들에게도 이익의 10분의 1을 세금으로 내게 했다. 이 밖에 여러 차례 새로운 화폐를 제조했고, 툭하면 지명과 관명을 바꿔 백성을 헷갈리게 했다. 이 때문에 공문을 쓸 때면 옆에 원래의 이름을 함께 표기해야 할 정도였다.

당시 관리들은 녹봉을 따로 받지 않았기 때문에 온갖 나쁜 짓을 해서 재산을 모았다. 그래서 왕망은 기원전 32년부터 부정한 방법으로 재물을 모은 자들을 조사하고 가산의 5분의 4를 몰수했다. 또 부하에게 상사를 고발하게 하고, 하인에게는 주인의 잘못을 일러바치게 했다. 그러나 이런 제도는 부정부패를 근절하기는커녕 오히려 더욱 부채질했다. 19년에 왕망은 6년에 한 번 연호를 바꿀 것을 선포했다. 옛날에 황제黃帝가 용을 타고 하늘로 올라간 것처럼 자신도 6년에 한 번씩 환생한다고 백성을 속일 속셈이었던 것이다. 하지만 이제 그의 말을 믿는 사람은 아무도 없었다. 이듬해인 20년에 왕망은 자신이 황제의 후손임을 강조하며 구묘九廟를 짓고 황제의 사당을 세웠다. 이 공사로 나랏돈 수백만 전이 낭비되고, 고된 노동을 이기지 못하고 죽어나간 병사와 노예가 수두룩했다.

이미 썩을 대로 썩은 정치 환경 때문에 왕망이 제정한 법령들은 실제로 효과를 발휘할 수 없었다. 귀족은 물론 일반 백성도 왕망의 통치에 반기를 들었다. 이런 분위기 속에서 신나라가 건국된 지 10년 후부터 한나라 왕조의 유씨 종친과 함께 각 지역의 세력가들이 끊임없이 군대를 일으켜 왕망에게 저항했다. 엎친 데 덮친 격으로 온갖 자연재해도 계속되었다. 저항 세력 가운데 가장 규모가 큰 것은 녹림綠林과 적미赤眉 세력이었다. 23년, 왕망은 왕읍과 왕심에게 병사 42만 명을 주어 이들을 공격하게 했다. 한나라 왕조의 종친으로 용맹함과 지략을 겸비한 유수는 곤양昆陽에서 겨우 수천 병사를 이끌어 수십만 관군을 크게 무찔렀다. 의병 세력은 왕망의 주력 부대를 무찌른 후 사기가 하늘을 찌를 듯했다.

의병이 장안을 공격하는 위기의 순간에도 미신을 믿은 왕망은 신하들과 함께 목 놓아 울며 제사를 지냈다. 왕망은 더 큰 소리로 목 놓아 우는 신하에게 높은 관직을 하사했는데 이때 벼슬 자리를 얻은 사람이 수천 명이 넘었다. 기원후 23년 9월, 왕읍 등이 전사하자 왕망은 대신들을 대동하고 천문대에 숨었다. 그러나 얼마 후 겹겹의 포위망에 갇힌 왕망은 상인 두오杜吳에게 목숨을 잃었다.

중국 역사에서 유일한 학자 출신인 황제는 예순아홉 살의 나이로 생을 마감했고, 옛 시인은 이런 시를 남겼다.

주공은 소문을 두려워하고 왕망은 겸손하여 아직 왕위를 찬탈하지 않았을 때,

만약 그때 죽었더라면, 평생 무엇이 진실이고 거짓인지 누가 알까?

周公恐懼流言日, 王莽謙恭未簒時, 向使當初身便死, 一生眞僞復誰知?

왕망이 서한의 정권을 빼앗으려 혈안이 되었을 때, 그는 이미 권력의 달콤함에 빠졌을 것이다. 그것은 절대 부인할 수 없는 사실이다. 왕망은 태황태후의 환심을 이용해 권력을 얻고, 명성을 쌓기 위해 노력했다. 그 과정에서 그는 거짓 수단을 동원해 인심을 자신의 것으로 만들었다. 오늘 우리는 그의 정권 찬탈이 정당한지, 그가 정통성을 갖추었는지, 또 그에게 도덕성이 있었는지를 따질 필요는 없다. 우리에게 큰 의미가 없는 문제이기 때문이다. 우리가 생각해 볼 것은 그가 단순한 사기꾼이나 야심가인지, 그에게 조금이라도 학자의 기풍이 있었는가 하는 점이다. 분명히 왕망에게는 학자의 기풍이 있었

다. 옛 법도에 맞추어 제도를 제정하고 시행한 것이나 무슨 일을 하든지 먼저 사람의 마음을 얻으려 한 것이 그 근거다. 그는 늘 옛것에 큰 의미를 두고 갈망했다. 그렇지 않다면 실제로 큰 효과가 없는데도 옛것을 고집했을 리 없다. 미신과 천명을 믿은 것도 마찬가지다. 황제가 되기 위한 수단이기는 했으나 어쩌면 그의 마음속 깊은 곳에서는 그것을 정말로 믿고 싶어 했는지도 모른다. 그렇지 않다면 위기에 부딪힐 때마다 필사적으로 저항하기보다 신에게 간절히 제사를 지내지는 않았을 테니 말이다. 왕망은 분명히 잔인하고 교활한 인물이었다. 하지만 한편으로는 선량하고 진실하며 완고한 학자의 모습을 보여주기도 했다. 단지 황위를 빼앗고 그 정권을 유지하는 데 실패한 인물이기에 전해지는 역사 기록에 이런 모습이 잘 드러나지 않았을 뿐이다.

그는 정책과 법령을 만들고 의병에 맞서는 데서 학자의 면모를 드러냈다. 그는 예로써 백성을 다스리면 통치에 큰 도움이 될 것이라고 기대했다. 그래서 주나라처럼 자신의 나라를 이상적인 도덕 사회로 만들려 한 것이다. 그러나 이런 학자의 이상은 나라를 더욱 어지럽혔으며 그 자신은 오히려 폭군으로 낙인찍히게 되었다. 의병 세력을 진압하는 과정에서 그는 유치한 서생의 모습을 유감없이 보여주기도 했다.

중국의 학자들은 언제나 같은 모습이었고, 학문은 늘 같은 방법으로 사람들을 가르쳤다. 누군가 학자는 사기를 북돋울 수는 있어도 새 나라의 황제가 될 수는 없다고 말했다. 도덕적인 세상을 만들고 조용히 사람들을 바꿀 수는 있어도 앞에 나서서 지휘하고 명령하지는 않는다고 말이다. 그것이 바로 학자의 모습이다. 이런 모습을 잃어버린 학자는 더 이상 학자가 아닌 관료나 정치가로 변해버리고 만다.

학자와 황제는 결코 함께할 수 없다. 기어코 그 둘을 모두 이루려 한 왕망은 시대의 괴물이 되고 말았다. 그래서 왕망에 대한 지식인들의 평가는 냉정하기 그지없다. 하지만 왕망에게는 분명히 지식인의 피가 흘렀다는 점은 부정할 수 없다. 그토록 뒤엉킨 역사는 도대체 어떻게 풀어야 하는 것일까?

『한서漢書』, 『자치통감資治通鑑』 참고

예禮란 무엇인가?

멍청한 질문이다. 하지만 정작 이 문제를 심각하게 생각해 본 사람도 얼마 없을 것이다. 우리가 일반적으로 알고 사용하는 예의와 예절은 사실 한漢나라에서 시작되어 정형화되었고 변화를 거듭해 오늘에 이른다.

진나라 말기, 끊임없이 농민 봉기가 일어나 천하는 몹시 어지러웠다. 당시 유명한 학자 숙손통叔孫通은 제자들과 함께 한나라 왕 유방劉邦에게 몸을 맡겼다. 유방의 신임을 얻은 그는 100여 명이 넘는 제자는 제쳐놓고 건달이나 힘깨나 쓰는 한량들만 한나라 왕에게 추천했다. 그러자 제자들은 저마다 불만을 쏟아내기 시작했다. "몇 년 동안 스승님을 따라 돌아다니다가 이제 겨우 한나라에 왔습니다. 그런데 어찌 저희는 내팽개치시고 저런 되먹지 못한 자들만 왕에게 추천하십니까?" 그러자 숙손통이 대답했다. "한나라 왕은 지금 활과 돌 같은 무기로 천하를 얻으려 한다. 너희 같은 학자들이 무기를 들고 전쟁에 나설 수 있겠느냐? 지금 필요한 것은 적진으로 돌진해 적장의 머리를 베고 깃발을 뽑아올 수 있는 용맹한 자들이다. 오랫동안 나를 따른 너희를 버리는 일은 절대 없을 테니 걱정하지 말거라."

유방은 숙손통을 박사로 임명하고 직사군(稷嗣君)에 봉했다.

유방이 난을 평정하자 제후들은 정도(定陶)에 모여 유방을 황제로 추대하고 한나라 고조라 불렀다. 숙손통은 한나라의 각종 의식과 제도를 만들었지만 곧바로 시행하지는 않았다. 고조는 진나라의 의식과 법령을 전부 없애고 간소화했다. 그 때문인지 대신들의 기강이 매우 해이해졌다. 황제가 있는 자리에서도 서로 공을 뽐내는가 하면 술에 취해 소리를 지르거나 심지어 검을 뽑아 기둥을 베는 사람도 있었다. 고조 유방은 그 모습이 못마땅해 견딜 수가 없었다. 이런 일이 계속되자 숙손통이 먼저 황제를 찾아가 말했다. "학자는 비록 무력으로 천하를 얻지는 못하지만 천하를 지킬 수는 있습니다. 예가 없으면 천하를 다스릴 수 없습니다. 그러니 신은 노나라의 지식인들과 함께 조정의 의식을 제정해 기강을 바로잡으려 합니다."

고조가 고개를 끄덕이며 물었다. "예를 제정하는 것이 어렵지 않겠소?" 숙손통이 대답했다. "오제(五帝, 중국 고대의 다섯 성군. 소호(少昊), 전욱(顓頊), 제곡(帝嚳), 요(堯), 순(舜)을 가리킴-옮긴이)의 음악이 다르고 삼왕(三王, 중국 고대의 세 임금. 하(夏)나라 우왕(禹王), 은(殷)나라 탕왕(湯王), 주(周)나라 문왕(文王)을 가리킴-옮긴이)의 예절도 모두 다릅니다. 예절이라는 것은 시대와 사회 현실에 맞게 제정하여 사람의 행동을 규제하는 것입니다. 그래서 하나라, 은나라, 주나라 시대의 예절은 어떤 때는 복잡했다가 어떤 때는 간소해지기도 했지요. 그래서 신은 고대의 예절과 진나라의 의식을 결합해 새로운 예절 의식을 제정하고자 합니다."

고조가 말했다. "한번 해보시오. 하지만 배우고 시행하기 쉬워야 하오." 명을 받고 바로 노나라로 달려간 숙손통은 금세 지식인 서른 명 정도를 모았다. 그런데 유독 두 사람이 숙손통의 요청을 거절하며 비난을 퍼부었다. "당신은 벌써 주인을 열 번이나 바꾸었고 그때마다 탁월한 아부 근성으로 높은 지위를 얻었소. 막 천하의 난이 평정되어 죽은 자의 장례도 치르지 못하고 다친 자들도 자리를 털고 일어나지 못했는데, 어찌 예의와 법도를 논할 수 있단 말이오? 100년 넘게 덕으로 정치를 해야만 비로소 세워지는 것이 예절이오. 우리는 옛 법도에 어긋나는 당신의 일에 동참할 수 없소. 더 이상 우리를 욕되게 하지 말고 그냥 가시오!"

그러자 숙손통은 차갑게 웃으며 말했다. "정말로 고루한 유생들이군. 세상이 이미 변한 것을 어찌 모르는가!" 그는 지식인 서른 명을 데리고 서쪽 함곡관函谷關으로 갔다. 그곳에서 그는 짚으로 만든 인형을 이용해 자신의 제자와 신하들에게 새로 만든 예식을 연습시켰다. 한 달 후 숙손통이 고조를 찾아와 말했다. "폐하, 준비가 끝났으니 이제 한번 보셔도 될 것 같습니다."

숙손통이 제정한 의식을 모두 본 고조는 감탄을 금치 못했다. "저 정도면 나도 따라 할 수 있겠구나!" 새 의식은 곧 있을 10월 조회 때부터 시행하기로 했다.

기원전 200년, 장락궁長樂宮의 완공을 축하하는 10월 의식이 거행되었다. 모든 의식은 숙손통이 제정한 대로 진행되었다.

어슴푸레 날이 밝아오자 행사를 주관하는 관리가 참가자들을 궁 안으로 들어오게 했다. 궁전의 한가운데에는 무기와 깃발을 든 기병, 호위병들이 늘어서 있었다. 황제가 정사를 의논하는 대전 아래의 계단 양쪽에는 낭중郎中들이 줄을 섰는데 한 열에 수백 명이 늘어섰다. 공이 있는 신하나 제후, 장군, 군관은 서열에 따라 동쪽을 바라보고 서쪽에 줄을 섰다. 문관과 승상 이하 관리들은 반대로 동쪽에 서서 서쪽을 바라보았다. 가장 긴 줄에는 사신을 접대하는 대신 아홉 명을 배치해 황제의 명령을 전달하게 했다. 이어서 황제가 탄수레가 나타나자 깃발을 들어 정숙하게 하고 제후왕 이하 녹봉 600석을 받

서한 시대의 유금용문용종(鎏金龍紋甬鐘)

는 관리들이 순서대로 나아가 황제에게 축하 인사를 했다. 성대한 의식이 법도에 맞게 착착 진행되니 문무백관 모두 그 위세에 압도되었다. 이후 술이 나오자 대신들은 모두 무릎을 꿇고 머리를 조아렸고, 한 명씩 앞으로 나가 황제에게 장수를 기원했다. 술잔이 아홉 번 돌자 의식을 관장하는 관리가 "잔을 거두라" 하고 명령했다. 이 명령을 지키지 않으면 바로 끌려 나가 벌을 받아야 했다. 그래서인지 술을 마셨지만 실수하는 사람은 한 명도 없었다.

의식을 직접 경험한 한나라 고조 유방은 매우 감격한 나머지 체통을 지키지 못하고 경박하게 말했다. "오늘에야 천자가 귀함을 알았구나!"

고조는 숙손통의 공을 치하하며 금 500근을 내렸다. 그러자 숙손통이 말했다. "오랫동안 저를 따른 제자들과 함께 이 예식을 만들었습니다. 부디 그들에게도 관직을 내려주십시오." 고조는 숙손통의 제자를 모두 낭중으로 임명했다. 대전에서 물러난 숙손통은 하사받은 금을 제자들에게 아낌없이 나누어주었다. 제자들은 기뻐하며 입을 모아 스승 숙손통을 칭송했다. "선생은 이 세상의 이치를 누구보다 잘 아시니 성인이라고 할 수 있지!" 숙손통은 누구보다 세상의 변화에 민감하고 임기응변에 강한 '성인'이었다.

그럼 예의란 무엇일까? 유방은 예를 강조하는 것은 시대의 흐름에 뒤떨어진다고 생각했다. 또 노나라 유생들은 수백 년 동안 덕 있는 정치를 펼쳐야만 자연스레 예의가 세워진다고 말했다. 그들의 판단은 정확하다. 예의는 사람을 가르치기 위해 선인들이 만든 일종의 문화 의식이다. 사람이 사람답고 동물과 구별되도록 가르치는 의식이다. 사람은 동물과 달리 정신적 가치를 갖추어야 한다. 바로 이런 점 때문에 유방은 예의가 시대에 맞지 않다고 했고, 노나라의 유생은 오랜 시간이 지나야 비로소 예의가 세워진다고 한 것이다. 이렇듯 예의의 원래 뜻을 보면 그들의 말이 맞다.

그럼에도 숙손통이 짧은 시간 안에 예의를 자리 잡게 할 수 있었던 까닭은 무엇일까? 이치는 간단하다. 숙손통은 예의를 봉건 시대의 통치를 유지하기 위한 수단으로 보았기 때문이다. 그는 예의 안에 녹아 있는 문화적 가치는 쏙 빼고 마치 군대의 규율처럼 예의를 제정하고 훈련시켰다. 그러했기에 짧은 시간 안에 시대에 맞는 예의를 자리 잡게 할 수 있었던 것이다.

숙손통, 그는 정말로 통通하는 사람이었다. 하지만 예의 문화적 의미에서 본다면 그는 분명히 죄인이었다.

『사기史記』, 『한서漢書』 참고

정권의 존망을 결정하는 인심의 향배

전통적으로 황제는 왕좌가 대대손손 이어지기를 원한다. 하지만 아무리 황제의 씨라고 해도 벼룩과 같이 보잘것없는 인물이 태어날 수도 있다. 그렇게 되면 문제는 심각해진다. 이는 단지 천하를 개인의 소유로 생각하는 봉건 제도에서 기인하는 문제일 뿐만 아니라 후계자 선택과도 밀접한 관계가 있다.

이런 문제를 잘 풀 수 있다면 아마 위대한 예언가로 불릴 수도 있을 것이다.

1972년 4월에 산둥 성山東省 린이臨沂 지역에 있는 서한 시대 무덤에서 병법이 쓰인 죽간종이가 발명되기 전에 대나무 글자를 기록하던 대나무 조각-옮긴이이 대량으로 출토되었다. 이 죽간에는 손무孫武와 오吳나라 왕이 주고받은 이야기가 간략하게 쓰여 있었다. 오나라 왕이 진晉나라의 육경六卿 중에 가장 먼저 멸망할 세력이 누구인지 묻자 손무가 범范씨, 중행中行씨, 지智, 한韓, 위魏의 순서로 망하고 조趙씨가 진을 통일한다고 답했다는 내용이다.

과연 손무의 예언은 정확했다. 손무는 무슨 예지력이라도 있었던 것일까? 사실 그의 예언은 철저한 현실 분석을 통해 나온 것이다. 손무는 오나라 왕에게 그 판단의 근거를 자세히 설명해주었다.

"범씨, 중행씨는 160평방보를 한 무畝, 중국의 면적 단위 약 666.7제곱미터-옮긴이로 보는데, 이렇게 되면 토지 단위가 상대적으로 작아져 수입은 늘어나게 됩니다. 수입이 늘어나면 가신이나 무사를 더욱 많이 키워낼 수 있지요. 그러면 두 가문은 점점 사치스럽고 오만해지며 무력으로 공을 세우는 데 혈안이 될 테니 민심도 그들을 떠날 것입니다. 그러니 가장 먼저 멸망하겠지요. 지씨의 상황은 범씨나 중행씨보다는 조금 낫습니다만 사실 본질은 같습니다. 그러니 범씨, 중행씨 다음으로 망할 것입니다. 한씨와 위씨도 크게 다르지는 않습니다. 마지막으로 진나라를 통일할 수 있는 조씨는 토지 단위가 커서 세금을 줄일 수 있습니다. 군사가 적어 작은 역경은 겪겠지만 검소한 성품에 민심을 잘 수습하니 틀림없이 진나라를 통일할 수 있습니다."

민심을 얻느냐 그렇지 못하느냐는 한 나라 혹은 정권의 존망을 결정한다. 특히 전란 시기에는 더욱 그렇다. 다른 인위적인 요소를 제외한다면 전쟁의 승리는 모두 군인의 마음가짐에 달렸다. 춘추 전국 시대도 마찬가지다. 당시 제후들이 소유한 토지는 면적이 적었기 때문에 군주와 신하, 백성의 관계는 더욱 밀접하고 직접적이었다. 군주가 제정하는 정책, 법령 및 개인적인 행위는 더 빠르고 직접적으로 백성의 생활에 영향을 주었다. 그래서 국가와 군주에 대한 백성의 호불호도 분명했다. 노래를 만들어 폭군을 저주하는가 하면, 전쟁이 나면 돕기는커녕 도망치거나 심지어 전쟁터에서 무기를 버리고 투항하는

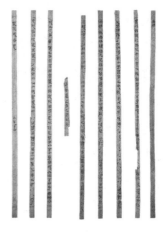

『오문(吳問)』 죽간

일도 비일비재했다. 하지만 백성을 사랑하는 군주에게는 충성을 다했다. 군주를 지키는 것이 곧 자신을 지키는 것이라고 생각했기 때문이다. 춘추 전국시대 사람들이 가장 중요하게 생각한 것은 바로 '어진 정치'였다. 어진 정치로 민심을 얻으면 국가를 안정시킬 수 있고 전란으로 어지러운 시기에도 세력을 키울 수 있었다.

조나라는 길고 복잡한 과정을 거쳐 다른 나라들을 멸망시키고 진나라를 통일했다. 이 과정에서 조나라는 백성을 사랑하는 어진 정치를 유감없이 보여주었다. 그 길고 복잡한 과정은 조나라가 세력을 키울 수 있었던 필연의, 그리고 결코 역행할 수 없는 여정이다.

춘추 시대 중엽 이후 진나라의 대권은 사대부들의 수중으로 넘어갔다. 사대부들이 정권을 거머쥐자 임금은 더 이상 신하들을 통제할 수 없었다. 난서欒書가 진나라 여공厲公을 죽이자 도공悼公이 즉위했다. 이미 이름뿐인 무능한 조정에서 난서는 여전히 중요한 관직을 맡았다. 이렇게 막강한 힘을 가진 귀

족 중에서도 특히 범씨, 중행씨, 한씨, 위씨, 조씨 세력이 강했다. 하지만 오만하고 폭력적인 범씨와 중행씨는 도성에서 쫓겨나고 말았다. 이후 나머지 네 가문 사이에 분열이 끊이지 않았는데, 역사는 이 시기를 전국 시대의 시작으로 본다.

네 가문 중에 세력이 가장 강한 지씨는 거만하고 잔인했지만 상대적으로 세력이 약한 조씨는 특유의 성실함과 인자함으로 백성을 사랑하고 아꼈다. 이렇듯 네 가문의 서로 다른 특성은 훗날 성공과 실패를 결정짓는 중요한 씨앗이 되었다. 진양晉陽 전투에서 지씨는 멸망했다.

애초에 지선자智宣子는 아들 요를 후계자로 삼으려 했다. 그때 지과智果가 그를 말리며 말했다. "요瑤는 소宵만 못합니다. 그는 다섯 가지 장점과 한 가지 단점이 있지요. 첫째, 아름답고 긴 수염에 용모가 뛰어납니다. 둘째, 활을 잘 쏘고 수레를 잘 몰며 용감합니다. 셋째, 예술에도 조예가 깊습니다. 넷째, 글 짓기에 뛰어나며 임기응변에 강합니다. 다섯째, 강직하고 과감합니다. 실로 뛰어난 장점이지요. 다만, 어질지 못하다는 점이 바로 그의 유일한 단점입니다. 아무리 뛰어난 다섯 가지 장점이 있다고 한들 어질지 못한 군주를 누가 원하겠습니까? 요를 계승자로 삼으시면 지씨 가문은 분명히 멸망할 것입니다." 하지만 지선자는 지과의 말을 한 귀로 흘려버렸다. 그러자 지과는 태사 소太史召에 가서 자신의 이름을 호적에서 빼고 성을 보輔씨로 바꾸었다. 이렇게 하면 지씨 가문이 화를 입더라도 무사할 수 있기 때문이다.

조간자趙簡子에게는 백노伯魯와 무휼撫恤이라는 두 아들이 있었다. 마침 그도 후계자 선정으로 고민하고 있었다. 고심 끝에 조간자는 죽간에 몇 가지 가르침을 써서 두 아들에게 주고 열심히 외우도록 당부했다.

3년 후, 조간자가 두 아들을 불러 죽간에 쓴 내용을 물어보았다. 첫째 백노는 멈칫거리며 아무 말도 하지 못했다. 이미 오래전에 죽간을 잃어버렸기 때문이었다. 하지만 둘째 무휼은 거침없이 아버지가 써준 내용을 암송했다. 게다가 죽간을 아직도 소매에 넣어 다니고 있었다. 조간자는 무휼을 후계자로 선택했다.

방포(方苞)가 지은 「춘추통론(春秋通論)」

조간자는 윤탁尹鐸에게 진양晉陽이라는 지역을 다스리게 했다. 진양으로 떠나기 전에 윤탁이 조간자에게 물었다. "그곳을 부유하게 만들어 많은 세금을 걷어 들이고 싶으십니까, 아니면 든든한 요새로 만들고 싶으십니까?" 조간자가 대답했다. "나는 진양을 탄탄한 요새로 만들려고 하네." 곧 진양에 도착한 윤탁은 성에 거주하는 가구 수를 줄여 잡았다. 이렇게 하면 세금 징수의 부담을 줄일 수 있어 백성에게 유리하기 때문이다. 그런 윤탁을 신임한 조간자는 후계자 무휼에게 이렇게 말했다. "만약 나라에 재난이 닥치면 너는 사람이 적다거나 진양성이 멀다는 핑계를 대지 말고 반드시 윤탁에게로 도망쳐야 한다."

지선자가 죽고 지백智伯, 요를 가리킴-옮긴이이 정권을 잡았다. 어느 날 한강자韓康子, 위환자魏桓子와 술을 마시던 지백이 한강자를 놀리고 단규段規에게 모욕을 주었다. 이 소식을 들은 지국智國이 걱정스러운 얼굴로 지백에게 말했다. "미리 준비해 두지 않으면 큰 화를 면치 못할 것입니다."

그러자 지백이 오만하게 말했다. "재난이 일어나고 안 나고는 내가 결정한다. 내가 재난을 일으키지 않는데 감히 누가 말썽을 피운단 말이냐?" 지국이 말했다. "『하서夏書』에서는 한 사람이 여러 번 잘못을 하면 분명히 원한을 사게 된다고 했습니다. 아직도 군주께서 명백하게 잘못을 해야만 사람들이 원망할 것이라 생각하십니까? 제발 더 많은 사람이 알기 전에 잘못을 고치십시오. 옛말에 군자는 작은 일일수록 더 신중해야 한다고 했습니다. 그래야 큰 재난을 막을 수 있기 때문이지요. 지금은 다른 가문의 군주와 신하를 모욕했을 뿐이니 일을 바로잡을 여지가 있습니다. 하지만 미리 준비해 두지 않고 그런 태평한 소리만 하시면 정말 곤란합니다. 진드기나 개미, 벌 같은 미물도 사람을 상하게 하는데 하물며 한 세력의 우두머리와 신하는 오죽하겠습니까?" 하지만 지백에게는 여전히 소귀에 경 읽기였다.

지백이 한술 더 떠 땅을 달라고 하자 한강자는 당연히 이를 거절하려 했다. 하지만 단규가 말리며 말했다. "지백은 탐욕스럽고 독선적인 자입니다. 땅을 주지 않으면 분명히 우리를 공격할 것입니다. 그러니 우선은 그의 요구에 따르십시오. 그는 우리 말고 다른 가문에게도 땅을 요구할 것입니다. 그때 거절당하면 분을 참지 못하고 그들을 공격하겠지요. 그러면 우리는 화를 면할 수 있을 뿐 아니라 사태의 변화를 지켜보며 더 큰 기회를 찾을 수도 있습니다." 이 말에 한강자는 즉시 지백에게 1만 명이 사는 성을 넘겨주었다.

신이 난 지백은 위환자에게도 땅을 달라고 억지를 부렸다. 거절하려는 위환자를 임장任章이 말리며 말했다. "왜 땅을 주지 않으십니까?" 위환자가 당연하다는 표정으로 대답했다. "아무 이유도 없이 땅을 달라고 하니 그럴 수밖에요." 임장이 말했다. "아무 이유 없이 땅을 달라는 것은 이전에 그들의 세력을 겁낸 자들이 순순히 요구를 들어준 적이 있기 때문입니다. 지금 우리가 땅을 주면 지백은 자만하며 우리를 얕볼 겁니다. 그 틈을 타 지백을 미워하는 다른 세력과 손을 잡아야 합니다. 서로 힘을 합쳐 적을 얕보는 지백에게 맞선다면, 그의 운명도 그리 길지는 않을 것입니다. 『주서周書』에서도 '적을 이기려면 먼저 그를 돕고, 적에게서 무엇을 얻으려면 먼저 주어라打算戰勝他, 一定先暫時輔助他, 打算從他那里獲得, 一定暫時給予他'라고 하지 않습니까? 그러니 먼저 땅을 주어 그를 교만하게 한 다음, 다른 이들과 손을 잡고 지백을 쳐야 합니다. 이렇게 좋은 방법이 있는데 구태여 지금 그의 심기를 건드릴 필요가 있겠습니까?" 위환자는 고개를 끄덕이며 1만 명이 사는 성을 내주었다.

지백은 이번에는 조양자趙襄子 무휼에게 채蔡와 고랑皐狼 일대의 땅을 달라고 했다. 조양자가 거절하자 잔뜩 화가 난 지백은 한, 위 두 가문의 군대까지 동원해 조양자를 공격했다. 다급해진 조양자가 짐을 꾸리며 측근들에게 물었다. "어디로 도망쳐야겠는가?" 측근들이 약속이나 한 듯 말했다. "형님이 계신 성은 여기에서 가까운 데다 크고 견고하니 그쪽으로 가시지요." 그러자 조양자가 고개를 저으며 말했다. "온 힘을 다해 성벽을 쌓아놓았는데 지금은 또 죽을 각오로 지키라 한다면 백성이 나와 함께 적에게 맞서려 하겠는가?" 그러나 누군가가 말했다. "한단邯鄲은 어떻습니까? 그곳 창고에 물자가 풍부하다고 들었습니다." 조양자는 이번에도 심각한 표정으로 말했다. "백성이 피땀 흘려 창고를 채웠는데 이제 또 목숨을 걸고 싸우라 한다면 과연 나를 따르겠는가? 진양으로 가세. 생전에 아버님께서 특별히 당부한 곳이니 분명히 큰 힘이 되어줄 것일세." 조양자 일행은 즉시 진양으로 갔다.

지, 한, 위 세 가문의 병사들은 신속하게 진양을 포위하고 성 안에 물을 퍼부었다. 그 결과 성 안의 집이란 집은 모두 물에 잠기고 부뚜막에서 개구리가 튀어나올 정도였지만, 백성은 한결같이 조양자를 따르고 지지했다.

지루한 대치가 이어지던 어느 날, 위환자와 한강자가 모는 수레를 타고 물길을 건너던 지백이 말했다. "내 오늘에야 물의 기묘한 쓰임새를 알았소." 속으로 뜨끔한 위환자가 팔꿈치로 한강자의 옆구리를 찌르자 한강자는 슬며시 위환자의 발가락을 밟았다. 분수汾水, 산시 성(山西省)을 남북으로 흐르는 강-옮긴이는 위나라의 수도 안읍安邑을, 강수絳水, 산시 성 동남부를 흐르는 강-옮긴이는 한나라의 수도 평양平陽을 물바다로 만들 수 있기 때문이었다.

그 모습을 본 희자希疵가 몰래 지백을 찾아가 말했다. "위환자와 한강자는 분명히 우리를 배신할 것입니다." 지백이 물었다. "무슨 근거로 그리 말하는 것인가?" 희자가 대답했다. "인간사를 보면 알 수 있는 사실입니다. 지금 우리는 한과 위 가문을 끌어들여 조씨를 공격하고 있지요. 조씨를 무너뜨리면 다음 화살은 한, 위 가문으로 향하게 되어 있습니다. 당초 우리는 조씨를 멸하고 공평하게 그 땅을 나누자고 약속했습니다. 지금 진양성은 모두 물에 잠겼고 성 안에서는 사람을 잡아먹는 현상까지 나타났다고 합니다. 그러니 곧 성을 손에 넣을 수 있을 텐데도 두 사람은 오히려 근심 가득한 표정이지 않습니까? 이것이 배신의 조짐이 아니고 무엇이겠습니까?"

다음 날, 지백은 희자가 했던 말을 그대로 위환자와 한강자에게 전해 주었다. 두 사람은 펄쩍 뛰며 말했다. "그자가 저희를 모함한 것입니다. 분명히 이 간계를 써서 진양성의 포위를 풀려는 속셈이지요. 저희가 곧 얻게 될 부귀영화를 버리고 성공이 불분명한 일을 도모할 리가 없지 않습니까?" 두 사람이 자리를 떠난 후, 곧 희자가 지백을 찾아와 따졌다. "제 이야기를 두 사람에게 전하셨더군요." 그 말에 지백이 놀라서 물었다. "어찌 알았는가?" 희자가 대답했다. "저를 본 두 사람이 갑자기 몸을 꼿꼿하게 펴고 잰 걸음으로 걸어갔습니다. 분명히 제가 그들의 속셈을 눈치챈 것을 알았기 때문이지요." 하지만 지백은 여전히 그의 말을 듣지 않았다. 그러자 희자는 제나라로 도망쳐버렸다.

조양자는 몰래 장맹담張孟談에게 한강자와 위환자를 만나게 했다. "자고로 입술이 없으면 이가 시린 법이라 했습니다. 지금 지백이 한, 위 두 가문 병사를 대동해 조씨 가문을 공격하지만, 조씨가 망하고 나면 한, 위 세력도 반드시 화를 당할 것입니다." 두 사람이 말했다. "우리도 그 생각을 하고 있었소. 단지 일을 시작하기도 전에 들통이 날까 두려울 뿐이오. 발각되면 당장 큰 화를 입을 테니 말이오." 장맹담이 말했다. "걱정하지 마십시오. 두 분의 입에서 나온 말은 제 귀로 들어갔으니 아무도 듣지 못할 것입니다." 세 사람은 비밀리에 지씨를 배반할 계획을 세웠다. 구체적인 계획이 정해지자 장맹담은 성으로 돌아갔다.

조양자는 깊은 밤을 틈타 강둑을 지키던 병사를 죽이고 둑의 물길을 지백의 군영 쪽으로 돌렸다. 갑작스러운 물난리에 병영은 아수라장이 되었다. 그때 한씨, 위씨의 군대가 측면에서 공격을 퍼부었고 조양자는 정면으로 돌격했다. 세 가문의 연합 세력은 지백의 병사와 말을 닥치는 대로 죽였다. 이 싸움에서 지백을 비롯한 지씨 가문 사람들은 모두 목숨을 잃었다. 다행히 미리 성을 바꾼 보과만이 무사할 수 있었다.

지씨와 조씨 가문이 후계자를 선택하는 기준은 완전히 달랐는데 이는 훗날 승리와 실패의 복선이 되기도 했다. 강한 권력을 중시했던 지씨 가문은 온갖 나쁜 짓을 일삼으며 백성을 괴롭혔다. 반면 사람을 중요하게 생각했던 조씨 가문은 어질고 성실하며 믿음직한 사람을 후계자로 선정했다.

이는 윤탁이 진양을 다스린 일화에서도 잘 나타난다. 한 나라의 후계자는 무엇보다 어진 정치를 근간으로 삼아 백성에게 너그러워야 한다. 그래야만 백성이 든든한 방패가 되어줄 것이기 때문이다. 강한 권력만을 중시한 지요를 후계자로 삼은 지씨 가문과 성실하고 믿음직한 무휼을 선택한 조씨 가문의 정치 방식은 완전히 달랐다. 이는 두 가문의 운명을 갈라놓은 결정적인 원인이 되었다. 지씨 가문의 멸망 과정은 춘추 전국 시대에 빈번했던 정치 투쟁을 잘 보여준다. 이런 정치 투쟁의 승리자는 결국 민심을 얻는 쪽이다. 막강한 권력을 가졌던 지백은 오만하고 탐욕스러우며 잔인했다. 이런 그가 민심을 제대로 돌볼 리 없다. 그리하여 결국 그의 군대는 전멸하고 가족도 모두 목숨을 잃었다. 이렇게 지백과 조양자는 민심은 어진 자를 따르고 그렇지 못한 자에게는 등을 돌리고 만다는 교훈을 생생하게 보여준다.

근본적인 의미에서 보면 그들의 운명은 예정되어 있었다. 두 가문의 승패는 후계자를 결정하는 데서부터 이미 판가름이 났다. 이를 잘 분석할 수 있다면 역사 예언가가 되는 것도 어렵지는 않을 것이다. 하지만 문제는 역사가 앞서 말한 '규칙'대로 흐르는 것은 아니라는 점이다. 그것은 보통사람은 결코 풀 수 없는 문제이기도 하다.

『자치통감』 참고

똑똑하게 조언하는 유학자

중국 속담 중에 "사람을 때려도 얼굴은 손대지 말고, 욕을 해도 단점은 말하지 말라"라는 말이 있다. 하지만 중국 역사 속에는 때려도 얼굴만 때리고 욕을 해도 결점만 들춰내는 사람이 있었다.

춘추 전국 시대에 제나라에 유명한 재상 두 명이 있다. 제나라 환공桓公 시절의 관중管仲과 경공景公 시절의 안영晏婴이다. 관중은 적당한 시기에 좋은 주군을 만난 운 좋은 인물이다. 그는 제나라 환공을 도와 큰 업적을 이루어낼수 있었다. 보통사람들은 그 공이 안영과 비교할 바가 못 된다고 한다. 관중만큼 지혜로웠던 안영은 시기와 군주를 모두 잘못 만나 제나라를 멸망의 운명에서 구해내지 못했고, 자신의 뜻도 이루지 못한 인물이다. 하지만 안영도관중처럼 훌륭한 인물이었음을 부인할 수는 없다. 특히 하고 싶은 말은 속 시원하게 하고 마는 강직한 성격은 타의 추종을 불허할 정도였다.

안영이 하루에 세 번이나 제나라 경공의 잘못을 지적한 '일일삼과一日三過'가 그 예다.

어느 날, 공부公阜로 여행을 간 제나라 경공이 북쪽의 제나라를 보며 탄식하듯 말했다. "아! 만약 옛사람이 모두 죽지 않고 살아 있다면 어떻게 되었을까?" 그러자 안영이 말했다. "상제께서는 사람이 죽는 것을 좋은 일이라 여겼습니다. 어질고 의리를 아는 자는 영원한 안식을 얻을 수 있고 불의한 자는 영원히 제재를 받기 때문이지요. 만약 옛사람들이 모두 죽지 않았다면 제나라의 정공丁公, 태공太公이 나라를 다스리고 환공, 양공, 문공은 그들을 보좌하고 있을 것입니다. 그러면 대왕께서는 삿갓을 쓰고 남루한 옷을 입은 채 허리가 휘도록 밭을 갈 수밖에요. 그러면 이렇게 한가롭게 죽을 걱정이나 할 수있겠습니까?" 왕의 체면을 조금도 생각하지 않은 안영의 말에 경공의 얼굴빛이 싹 바뀌었다.

잠시 후, 누군가가 말 여섯 필이 모는 수레를 타고 나는 듯이 달려왔다. 경공이 좌우의 시종들에게 물었다. "누가 온 것이냐?" 안영이 대답했다. "양구거梁丘據입니다." 경공이 고개를 갸우뚱하며 물었다. "보지도 않고 어찌 아시오?" 그러자 안영이 태연하게 대답했다. "뙤약볕에 저리도 급하게 말을 몰면자칫 말이 죽거나 다칠 수도 있습니다. 양구거 말고 감히 그리할 수 있는 자

가 또 누가 있겠습니까?" 당시 경공의 총애를 받던 양구거의 오만한 행동을
꼬집은 것이다.

"양구거는 나와 마음이 가장 잘 통하는 자요." 경공의 말에 안영이 표정을
굳히며 말했다. "같을 뿐이지 조화를 이루는 경지는 아닙니다. 이른바 조화
라는 것은 임금이 단맛을 느낄 때 신하는 신맛을 느끼고 임금이 싱겁다 할 때
신하는 짠 맛을 감지해내는 것입니다. 이렇게 서로 보완하게 되면 완벽에 가
까워지지요. 하지만 양구거는 폐하가 달다 하면 자기도 달다고 말하며 아첨
만을 일삼는데 어찌 조화롭다 하겠습니까?" 경공은 안영이 또 자신의 잘못
을 지적하자 단단히 마음이 상했다.

잠시 후 날이 저물었다. 서쪽 하늘에서 혜성을 발견한 경공이 대신 백상(伯
常)을 불러 제사를 지내게 했다. 당시에는 혜성을 재난의 전조라고 생각했기
때문이다. 그러자 안영이 나서며 말했다. "안 됩니다. 그것은 하늘의 계시입
니다. 해와 달 주변에 있는 구름의 변화, 비바람의 이상, 혜성 등은 모두 하늘
이 인간 세상의 변화를 먼저 알고 그 위험성을 경고하기 위해 보여주는 것입
니다. 대왕께서 학문과 교육을 장려하고 충신들의 간언을 받아들이며 덕으
로 정치한다면 제사를 지내지 않아도 혜성은 저절로 사라질 것입니다. 그런
데 폐하께서는 술과 음악에 빠져 정사를 돌보지 않고 소인배를 가까이하는
데다 여색을 좋아하고 예악과 법도를 무시한 채 어질고 현명한 자들을 내치
기만 하시니, 어디 혜성까지 돌볼 시간이나 있겠습니까?" 화가 나서 말문이
막힌 경공은 더 이상 화가 난 표정을 감추지 못했다.

그러나 훗날 안영이 세상을 떠나자 경공은 회한이 가득한 표정으로 눈물
을 흘리며 탄식했다고 한다. "아! 내가 선생과 공부로 여행을 떠났을 때 선생
은 하루에도 세 번이나 내 과오를 지적해주었소. 이제 누가 그렇게 해준단 말

이오!"

제나라 경공은 결코 용서받
지 못할 잘못을 저지르기도 했
지만, 후대 왕들보다 훨씬 뛰어
난 장점이 하나 있다. 안영이
어떤 격한 방법으로 충고를 하

춘추 시대 제나라의 주기(酒器)

더라도 그를 죽이지 않고 기본적으로 모두 받아들였다는 것이다. 이렇게 보면
전통 사회에서 강조하는 '덕 있는 정치'가 좋은 점이 아예 없는 것도 아니다.

어느 날, 진탕 술에 취해서 삼 일 밤낮을 침상에 쓰러져 있던 제나라 경공
이 겨우 몸을 추스르자 안영이 걱정 가득한 얼굴로 찾아와 물었다. "폐하, 술
이 너무 과해 병이 나셨습니까?" 경공이 겸연쩍게 말했다. "그렇다오." 그 모
습을 본 안영이 심각한 얼굴로 말했다. "옛사람들이 이르기를 술은 마음이
시원하게 뚫릴 정도만 마시면 된다고 했습니다. 무릇 대장부는 그 흥을 이기
지 못해 정사를 돌보지 못할 정도로 술을 마셔서는 안 되고, 아녀자도 집안일
에 지장을 줄 정도로 술을 마셔서는 안 된다고 했습니다. 또 옛 법도에 따르
면 남녀가 함께 모여 술을 마실 때는 술잔이 다섯 번 이상 돌아서는 안 되며
이를 어기면 벌을 받았습니다. 군주는 이를 몸소 지켜 백성에게 모범이 되어
야 합니다. 그래야만 백성이 정치에 불만을 품어 함부로 행동하는 일이 없기
때문입니다. 하지만 폐하가 술에 잔뜩 취해 사흘이나 침상에서 일어나지 못
하면 분명히 폐하의 통치를 원망하는 무리가 생기고 그 틈을 타 나쁜 짓을 일
삼는 자들이 나타나게 마련입니다. 폐하의 행동은 예의와 법도를 따라온 이
들에게 경거망동하라고 부추기는 것과 같고, 상과 칭찬을 받기 위해 노력하
는 자들에게 나쁜 짓을 하라고 하는 것과 같습니다. 이런 일이 계속되면 군주

는 덕에서 멀어지고 백성은 상벌을 무시하게 됩니다. 이는 곧 나라의 근본을 잃는 것과 같습니다. 그러니 제발 절제하십시오."

어느 날 경공이 노나라의 장인을 불러 멋진 신발을 만들게 했다. 황금으로 만든 신발에 은방울과 각종 보석을 달고 줄을 꿰는 구멍은 최상급의 옥으로 만들어 매우 아름다웠다.

음력 10월, 경공이 이 신발을 신고 조회에 참석했다. 마침 안영이 들어오자 경공이 몸을 일으켜 맞으려 했는데 신발이 너무 무거워서 몇 발자국 뗄 수조차 없었다. 겸연쩍어진 경공이 안영에게 물었다. "바깥 날씨가 춥습니까?" 안영은 그때를 놓치지 않고 경공에게 간언을 했다. "대왕은 어찌 날씨가 춥고 더운지를 물으십니까? 옛 성인들은 겨울에는 가볍고 따뜻한 옷을 입고 여름에는 가볍고 시원한 옷을 지어 입었습니다. 그런데 대왕의 신발은 겨울에도 따뜻하지 않은 데다 보통사람이 감당하지 못할 정도로 무거우니 일상생활에는 맞지 않습니다. 신의 생각에 신발이 너무 과한 듯합니다. 대왕의 신을 만든 자는 춥고 더움의 이치와 가볍고 무거움의 상식을 모르는 자로 정상적인 관념을 무시했으니 이를 첫 번째 죄라 하겠습니다. 우스꽝스러운 신발을 만들어 군주를 웃음거리로 만들었으니 그것이 두 번째 죄입니다. 쓸데없이 재물을 낭비해 백성이 대왕을 원망하게 했으니 이는 세 번째 죄입니다. 부디 그에게 벌을 내리십시오."

안영의 말이 틀리지는 않았지만 장인의 재주가 아까웠던 경공은 선뜻 결정을 내리지 못했다. 하지만 안영도 고집을 꺾지 않았다. "좋은 일을 한 자는 후한 상을 받아야 하고 나쁜 짓을 한 자는 당연히 벌을 받아야 합니다." 안영을 이길 수 없었던 경공은 입을 꾹 다물고 말았다.

그 길로 대전에서 나온 안영은 서둘러 신발을 만든 장인을 잡아들여 국경으로 압송하고, 그가 다시는 제나라 땅을 밟지 못하게 했다. 경공은 감히 그 신발을 다시 신을 엄두를 내지 않았다.

향락에 빠져 지내던 경공은 서곡西曲이라는 큰 연못을 손보라는 명령을 내리고 그 옆에 높다란 누각을 짓게 했다. 용과 뱀을 아로새긴 대들보와 날짐승의 모습을 조각한 기둥은 무척 화려했다.

누각이 완성되자 경공은 화려한 윗옷과 꽃이 새겨진 하얀 치마를 입었다. 옷이 어찌나 화려한지 몸 전체에서 광채가 비칠 정도였다. 옥돌을 촘촘히 엮은 허리띠를 매고 헤친 머리카락 위로 모자를 쓴 경공은 오만한 표정으로 남쪽을 바라보고 섰다. 그때 안영이 오자 경공이 물었다. "그대는 관중이 환공을 보좌하여 천하를 얻었을 때 어떤 모습이었는지 아시오?" 고개를 빳빳이 든 안영이 아무 말도 하지 않자 경공이 되물었다. "관중이 천하를 얻었을 때 그 모습이 어땠소?" 안영은 그제야 입을 열었다. "물의 성질을 잘 아는 이는 뱀이나 용과 한 패가 될 수 있다고 합니다. 대왕께서는 화려한 누각의 기둥에 뱀과 용, 날짐승을 아로새겼지만 이는 단지 건물을 장식하기 위한 것일 뿐 천하를 얻고자 하는 포부는 전혀 없지요. 비록 화려한 건물을 짓고 찬란한 옷과 옥 허리띠로 치장하지만 고작 방 하나에 다 넣을 수 있는 보잘것없는 물건들입니다. 한 나라의 왕이자 만인의 주인이신 대왕께서 바른 일에 힘쓰지 않고 쓸데없는 것에만 정신을 쏟으시니 군왕의 혼은 이미 없어진 지 오래입니다. 그러니 천하를 얻을 공덕을 논할 필요나 있겠습니까?"

그의 말에 부끄러워 고개를 들 수 없던 경공은 황급히 누각에서 내려와 말했다. "양구거와 예관裔款이 누각이 완성되었다 하기에 그냥 의복을 갖추고 장난을 쳐보려던 것이었소. 마침 선생도 불러와 함께 즐기고자 한 것이오. 어느 정도 된 것 같으니 자리를 옮겨 옷을 갈아입고 선생의 가르침을 듣고자 하는데 어떠시오?"

안영이 대답했다. "양구거와 예관은 대왕을 현혹하여 나쁜 일을 하도록 부추기는 자들이라는 것을 어찌 모르십니까? 뿌리를 베지 않으면 가지는 다시 자라게 마련입니다. 대왕께서는 그 둘을 반드시 없애야만 합니다."

어느 날 경공이 큰 모자를 쓰고 긴 두루마기를 입었는데 모양새가 매우 우스꽝스러웠다. 그 모습으로 조회에 참석한 경공은 시종일관 오만한 표정으로 신하들을 휙 둘러볼 뿐 날이 저물도록 조회를 끝내려 하지 않았다. 그때 안영이 앞으로 나와 말했다. "성인의 의복은 모두 몸에 딱 맞고 분에 넘치게 화려하지 않았습니다. 그런 성인의 모습이 백성에게 모범이 되어 좋은 영향력을 미쳐 올바르게 인도할 수 있기 때문이지요. 성인의 행동은 도덕과 예의에 부합하며 백성을 다스리는 데 도움이 됩니다. 그래서 백성은 앞다투어 성인의 행동과 용모를 본받으려 하지요. 그런데 대왕께서 지금 입으신 옷은 지나치게 화려해 백성을 바른길로 인도할 수 없습니다. 또 오만한 표정으로 신하들을 대하는 것 역시 다스림에 불리합니다. 날이 저물었는데도 조회를 물리지 않는 것은 예절에 어긋나니 어서 빨리 들어가 휴식하시는 것이 좋겠습니다." 경공이 겸연쩍은 표정으로 말했다. "그대의 충고를 듣겠소." 바로 조회를 끝낸 경공은 화려한 옷을 두 번 다시 입지 않았다.

어느 날, 경공과 안영이 한가롭게 치수淄水변을 거닐며 경치를 감상했다. 갑자기 경공이 깊은 한숨을 내쉬며 말했다. "아, 오랫동안 나라를 보존해 자손 대대로 물려줄 수 있다면 얼마나 좋을까?"

잠자코 듣고 있던 안영이 말했다. "신이 알기로 현명한 군주는 결코 무탈하게 왕좌에 오르기를 기대하지 않는다고 합니다. 백성 역시 까닭 없이 군주에게 몸을 맡기지는 않습니다. 대왕께서는 정치를 돌보지 않고 모든 일을 불공정하게 처리해 도리에 어긋나는 일을 하신 지 오랩니다. 그런데 오랫동안 나라를 보전하는 것이 가능하겠습니까? 나라를 오랫동안 지킬 수 있는 사람은 어떤 일이든 끝까지 할 수 있는 사람이라 들었습니다. 여러 제후가 공존하는 가운데 끝까지 살아남을 수 있는 자는 아마도 선을 행하는 자일 것입니다. 학문도 마찬가지입니다. 수많은 선비가 함께 학문에 뜻을 두고 공부를 시작해도 결국 스승이 되는 자는 처음부터 끝까지 한결같은 자입니다. 선왕이신 환공이 어진 인재를 임용하고 덕으로 정치를 하자 멸망의 기로에 섰던 나라가 되살아났습니다. 패색이 만연하던 나라는 부활하고, 위기에 빠진 백성은 안정을 찾았습니다. 그래서 백성은 왕을 옹호하고 천하 사람들이 그 공덕을 찬양했습니다. 환공이 군대를 이끌고 포악한 자들을 토벌하러 갈 때 백성은 아무리 고되고 힘들어도 불평하지 않았습니다. 그러던 환공이 덕행과 수양을 게을리하고 향락에 빠져 아부하는 말만 듣자 나라는 점차 쇠락했습니다. 그러자 백성은 그의 통치를 고통스러워했고, 온 세상 사람이 그의 행실을 질책했습니다. 그래서 그가 궁에서 죽어도 아무도 그 사실을 알리는 자가 없었고 시신이 썩어 구더기가 득실해도 누구 하나 나서서 수습하는 자가 없었지요. 그의 말년은 폭군인 주왕이나 걸왕보다 비참했습니다. 『시경詩經』에서는 시작이 없는 일이나 사람은 없지만 그것을 끝까지 해내는 사람은 아주 적다고 말했습니다. 처음부터 끝까지 한결같지 못한 자는 군주가 될 수 없지요. 오늘날 대왕께서는 백성을 원수처럼 대하고 어진 이를 함부로 해치십니다. 이는 분명히 백성의 반발을 살 것입니다. 마음대로 백성을 부리고 마음대로 신하를 죽이니 조만간 큰 화가 닥칠까 두렵습니다. 저는 이제 늙었으니 더 이상 대왕의 명을 들을 수가 없습니다. 대왕께서 잘못을 고치지 않으시면 저는 관직에서 물러나 절개를 지키며 살 수밖에 없습니다."

안영이 죽고 십여 년이 지난 어느 날, 경공이 신하들을 초대해 연회를 열었다. 잔뜩 흥이 오른 경공이 자리에서 일어나 활을 쏘았는데 화살이 과녁을 빗나갔다. 하지만 술자리에 있던 신하들은 마치 약속이나 한 듯 환호성을 질렀다. 갑자기 흥이 깨진 경공은 한숨을 내쉬며 손에 든 활을 던져버렸다.

그때 현장弦章이 찾아오자 경공이 탄식하며 말했다. "현장! 안영이 죽은 후 그 누구도 내 잘못을 지적하지 않는구려." 현장이 대답했다. "지금 대신들은 모두 대왕을 찬양하기에만 급급합니다. 대왕께서 좋아하는 옷을 따라 입고 대왕께서 좋아하는 음식을 따라 먹는 것이 마치 투명한 자벌레와 같습니다. 노란 것을 먹으면 몸이 노랗게 변하고 녹색을 먹으면 몸 전체가 녹색으로 바뀌듯 말입니다." 그의 말을 들은 경공이 감격한 목소리로 말했다. "그대의 말이 맞소. 이제 다시는 아부하는 자들의 입에 발린 소리를 듣지 않을 것이오." 그 후 경공은 현장에게 수레 50대의 생선을 하사했다.

궁에서 나온 현장은 하사받은 생선을 실은 마차가 길을 막은 것을 보고 마부의 손을 잡아당기며 말했다. "안영은 늘 군주가 내린 상을 거절했는데 그것은 모두 군주를 위함이었네. 그래서 그는 군주의 잘못을 거리낌 없이 지적할 수 있었지. 현재의 대신들은 자신의 이익을 위해 앞다투어 군주에게 잘 보이려고만 하네. 내가 이 선물을 받는 것은 안영의 원칙에 위배되는 것이며 아부하는 자들의 욕망에 영합하는 것이지." 그러면서 한사코 경공이 하사한 생선을 거절했다. 훗날 누군가는 현장을 이렇게 평가했다. "현장의 청렴결백은 안영이 남긴 덕과 품성을 그대로 이은 것임이 틀림없다!"

안영은 때와 장소를 가리지 않고 제나라 경공에게 간언했다. 그로 인해 경공의 신임을 얻은 그는 다른 대신들처럼 간언으로 목숨을 잃은 것이 아니라 오히려 천수를 다하고, 또 죽어서는 큰 명예를 얻었다. 분명히 안영은 입

한번 잘못 놀려 목이 날아가고 가문이 몰살된 대신들에 비하면 운이 좋은 인물이었다. 그러니 무엇을 더 바랄 수 있을까? 물론 경공 말고도 많은 황제가 대신들의 직언을 받아들였다. 비록 경공처럼 관대하지는 않았을지라도, 직언을 받아들여 자신의 잘못을 고치는 것도 쉬운 일은 아니다.

중국의 고대 관직에 '급사중給事中'이라는 것이 있다. 황제가 내린 명령이 적합한지를 심사하는 관직으로, 문제가 있는 명령이라면 기각할 권리도 있었다. 송나라 고종高宗 시절, 강직하기로 이름난 왕거정王居正이 바로 이 자리에 있었다.

어느 날, 황제는 자신의 병을 고친 태의 왕계선王繼先에게 상을 내리려 했다. 왕의 종지를 받은 왕거정은 단칼에 이를 기각했다. 잔뜩 화가 난 고종이 재상들을 불러 물었다. "그대들은 병이 나면 의원을 불러 치료하지 않는가?" 재상들이 대답했다. "그렇게 합니다. 신들 모두 의원을 불러 병을 치료합니다." 고종이 다시 물었다. "그렇다면 그대들은 어떻게 사례를 하는가?"

신하들은 어리둥절하였지만 사실대로 고했다. "술이나 돈을 보내기도 하며 어떤 때는 좋은 비단을 선물합니다. 병자의 지위 고하, 치료의 효과 여부에 따라 그에 맞는 보답을 하지요." 그러자 고종이 큰 소리로 말했다. "내 궁에서 부리는 의원에게도 마음대로 보답할 수 없단 말인가? 다시 명령을 내릴 필요도 없다. 당장 왕거정에게 내 명령을 따르도록 하라."

조심스럽게 물러난 재상이 즉시 왕거정을 찾아가 설득했다. "성상의 뜻이 그러하니 고집은 그만 부리게나. 보아하니 큰일도 아닌 것 같네만." 왕거정은 별말 하지 않고 황제를 찾아갔다. 왕거정과 대면한 고종은 노한 기색을 숨기지 않고 있었다. 하지만 왕거정은 표정 하나 변하지 않고 말했다. "의원에게 신하가 치르는 보수와 황제가 치르는 보수는 다릅니다. 보통사람은 의원

송나라 고종

의 공로가 크고 작음에 따라 보수를 주지요. 하지만 궁 안은 다릅니다. 왕계선은 미천한 기술로 황제의 녹봉을 받고 관리가 되는 영예를 얻었습니다. 녹봉과 관직을 주는 것 모두 그의 의술을 이용하기 위함이 아닙니까? 그가 직분을 다하지 못하면 쫓겨나거나 벌을 받겠지요. 치료를 잘했다 하더라도 자신의 자리를 보전할 수 있으면 그것으로도 충분합니다. 그에게 주는 재물은 지금도 적지 않습니다. 그런데 아무 이유 없이 또 다른 관직을 하시하는 것은 부당합니다. 저는 폐하께서 옳지 못한 길로 빠지는 것을 두고 볼 수 없습니다."

고종은 그제야 고개를 끄덕이며 말했다. "그대의 말이 맞다."

앞서 한 이야기에 나오는 황제들은 모두 아랫사람의 이야기를 흐르는 물처럼 자연스럽게 받아들였다. 사실 입에 발린 아첨을 좋아하는 것은 인간의 본성이다. 타인의 비판을 고마워하는 사람은 아마 수양의 최고 경지에 오른 인물일 것이다. 평범한 사람은 쓴소리를 싫어할 뿐만 아니라 비판에 마음이 상하고 심지어 화를 내기도 한다. 앞서 소개한 이야기들은 어쩌면 우리의 염원과 이상을 잘 보여주는 것일지도 모른다. 그래서 이 책에서 소개한 것이기도 하지만 말이다.

『안자춘추晏子春秋』, 홍매洪邁의 『용재수필容齋隨筆』 참고

문인의 덕성

루쉰 선생은 『중국인은 자신감을 잃어버렸는가?中國人失掉了自信力了嗎?』에서 이렇게 말했다.

"중국의 역사에는 예부터 몰두하여 열심히 하는 사람, 필사적이지만 억지로 하는 사람, 백성을 대표해 청원하는 사람, 몸을 던져 진실을 추구하는 사람이 있었다. 왕후장상을 위한 족보라 할 수 있는 '정사正史'에서도 종종 그들의 영광스러운 모습을 숨길 수는 없다. 그들이 바로 중국의 척추이기 때문이다. 루쉰 선생이 여기에서 말했던 '중국의 척추'는 의심할 여지없이 바로 우수한 지식인이다.

문인들은 쉽게 고개를 숙이지 않는다고 했다. 중국의 역사 속에서 어떤 부류의 사람들이 가장 강한 기개를 보였을까? 역사서를 뒤적여보면 그들이 바로 문인임을 쉽게 알 수 있다.

우리 관념 속의 문인은 어떤 '덕德'을 갖추었을까? 사람들은 보통 문인을 책만 읽어 오곡을 구분할 줄도 모르는 한심한 사람으로 이야기한다. 농사가 얼마나 힘든지 모르면서 하찮은 일에 탄식하고 시큼하고 구린 입으로 시시콜콜한 이야기만을 늘어놓는다는 둥 뱃속 가득 쓸모없는 학문만 담고 있다는 둥 평가하기도 한다. 이런 평가는 그나마 낫다.

일부 지위가 높은 문인들은 자신의 인품이 남들보다 고결하다고 착각하고 늘 누군가를 가르치려고 든다. 겉으로는 인정이 넘치지만 그 가증스러운 모습에 사람들은 속이 메슥거리기도 한다. 더한 문인들은 거위깃털 부채를 흔들며 통치 계층을 위한 책략을 내면서 멍청이 참모 노릇을 해 백성의 적이 되기도 한다. 원나라 시대에 몽고인 사이에서 중국의 문인은 겨우 '구유십개九儒

十丐'[17] 의 위치에 불과했다. 이를 보면 당시 중국의 문인들이 어떤 대접을 받았는지 충분히 알 수 있다.

하지만 역사 속의 문인 대부분은 그들과 달랐다. 비록 이러저러한 결점이 있었고 수많은 역사적 제약으로 때로는 사회 발전의 방해물이 되기도 했지만, 전체적으로 보면 그중 우수한 문인들은 분명히 사회의 양심이자 민족의 척추였다. 매번 빛 하나 보이지 않는 어둠 속에서도 그들은 의연하게 일어나 싸웠고, 민족이 위기에 맞닥뜨릴 때마다 그 상황에서 벗어나기 위해 힘을 보탰다. 고대에 문인들이 없었다면 중국의 전통문화는 물론 중화민족도 없었을 것이라 감히 말할 수 있을 정도다. 물론 이런 문인이 유학자나 작가 혹은 시인만을 가리키는 것은 아니다. 일부 자격 미달의 유학자는 문인 전체의 특징과 공헌에 큰 영향을 끼치지 못했다.

강직한 성격과 나라를 긱정하는 마음은 중국 문인의 특징이다. 그 유명한 동한의 '당고지화黨錮之禍'[18]가 그 증거다.

사실 중국 역사에서 지식인 운동이 중단된 적은 없었다. 실제 지식인 운동은 '5.4운동'[19]이 아니라 동한 시대에 시작되었다. 153년에 기주冀州 자사 주목朱穆이 탐관오리들을 대대적으로 처벌했다. 이 일로 환관들의 미움을 산 주목은 결국 모함을 당해 감옥에 갇히고 말았다. 이 소식을 듣고 분노한 수도의 태학생 유도劉陶 등은 전국 각지의 태학생 수천 명을 모아 궁 밖에서 상소를 올리고 주목의 석방을 요구했다. 당시 수도의 태학생들은 3천 명 정도였다.

---

17) 원나라의 계급 제도. 한인 관료의 계급은 열 번째인 거지 바로 위였다. 한인 관료가 얼마나 천대받았는지 알 수 있는 증거다.

18) 중국 후한의 환제, 영제 때 환관들이 전횡을 일삼자 진번(陳蕃), 이응(李膺) 등 학자들이 이들을 탄핵했으나 오히려 환관들이 이들을 종신금고에 처한 일

19) 1919년 5월 4일 중국 베이징의 학생들이 일으킨 반제국주의, 반봉건주의 혁명운동

시위의 규모가 점점 커지자 환제는 어쩔 수 없이 주목을 풀어주었다. 이를 중국 학생 운동의 시작이라고 봐도 무방할 것이다. 그사이에 일어난 '당고지화'나 청나라 말기의 '공거상서公車上書'[20]를 봐도 중국의 학생 운동은 끊이지 않고 그 명맥을 이어왔음을 알 수 있다.

동한 시대에 올곧은 기개가 있었던 관리를 비롯한 우수한 문인 집단은 나라와 백성에게 해악을 끼친 조정의 환관 무리와 끝없는 싸움을 벌였다. 이때야말로 중국의 지식인 운동이 가장 활발하게 꽃피운 시기이기도 하다. 이 과

한나라 환제 시절의 서간(書簡)

정에서 환관들은 황제를 구슬려 두 번이나 문인 관료들을 박해했는데, 역사는 이를 당고지화라 한다. 두 번에 걸친 선악의 대결에서 문인들이 보여준 모습은 감동을 주기에 충분하다.

한나라의 환제는 환관 다섯 명의 도움을 받아 20년 넘게 정권을 장악한 대장군 양기梁冀를 없앴다. 무려 20년 동안이나 권력의 핵심이었던 양기였기에 조정 어디에나 그의 눈과 귀가 있었다. 일거수일투족을 모두 감시당한 환제는 양기를 없애기 위해 어쩔 수 없이 가장 가까이에 있는 환관들을 이용해야 했다. 그래서 환관들이 큰 공을 세운 것이었다. 그들의 도움을 받아 외척을

---

20) 청나라 말기 캉유웨이(康有爲)가 낸 두 번째 정치개혁 건의서

없애자 이번에는 환관 세력이 기승을 부리기 시작했다. 동한 시대는 그야말로 외척 아니면 환관들이 정권을 장악한 비정상적이고 고통스러운 시기였다.

환제는 양기를 없애는 데 공을 세운 환관 다섯 명을 '오후五侯'로 삼았다.

단초單超는 신풍후新豊侯로 봉해져 식읍[21] 2만 호를 하사받았고, 서황徐璜은 무원후武原侯, 구원具瑗은 동무양후東陽侯가 되어 식읍 1만 5천 호를 받았다. 좌관左悺은 상채후上蔡侯, 당형唐衡은 여양후汝陽侯가 되어 각각 식읍 1만 3천 호를 받았다. 한날한시 후로 봉해진 다섯 사람은 금세 대권을 장악했다.

이 일은 당시에도 큰 영향을 미쳤지만 후대인들 역시 이 사건을 더욱 중요하게 생각했다. 당나라 시인 한굉韓翃은 '한식寒食'이라는 시를 통해 그때의 일을 이야기했다.

봄이 오니 성 곳곳에 꽃잎이 날아와 떨어지고,
한식 동풍으로 궁 안의 버드나무만 비스듬하다.
해질녘이면 궁에서 촛불을 전해주니,
그 연기 흩어져 오후의 집으로 들어간다.
春城無處不飛花, 寒食東風御柳斜.
日暮漢宮傳蠟燭, 輕烟散入五侯家

오후의 가족, 제자, 친구들은 모두 하루아침에 높은 벼슬 자리를 꿰찼다. 권력을 가진 그들은 세상에 무서운 것이 없는 듯 온갖 나쁜 짓을 일삼았다. 기르던 개까지 금장식을 하고 비싼 담요와 화려한 옷을 입었으니 그들의 사

---

21) 국가에서 공신에게 하사하여 조세를 거두어 개인이 쓰게 한 고을

치가 얼마나 심했는지는 말할 필요조차 없을 것이다. 앞다투어 첩을 들여 정실 부인이 셋에 첩이 넷인 자도 있었다. 또 툭하면 양자를 두는 통에 족보가 엉망진창이었다. 그뿐만이 아니었다. 외출할 때도 감히 황제의 의장을 사용했는데 행렬을 따르는 시종과 말조차 안하무인이었다. 조정에서도 그들의 권력은 막강했다. 어질고 현명한 이들은 내치고 소인배들만 가득하다 보니 정치는 썩어 갔고 나라는 혼란스러워졌다.

양기가 대권을 장악했을 때도 문인 관료들의 투쟁은 멈출 날이 없었다. 이 과정에서 이고李固, 두교杜喬 등이 목숨을 잃었다. 하지만 양기가 죽은 후에도 문인들은 투쟁을 끝내지 않고 환관 집단과 길고 긴 싸움을 시작했다.

초창기 투쟁의 가장 대표적인 인물은 이응李膺이다. 자는 원례元禮로 영천潁川 양성襄城 출신인 그는 관료 지주 집안에서 태어났다. 이응은 성격이 도도해 사람들과 어울리는 것을 좋아하지 않았다. 하지만 학문적 성취가 탁월하고 권력에 아첨하지 않는 고고한 성격 때문에 그의 명성은 아주 높았다. 많은 사람의 존경을 받는 그였기에 보통 선비들은 얼굴 한 번 보는 것도 쉽지 않았다. 운 좋게 그와 몇 마디 나눈 사람은 이후 몸값이 금세 몇 배로 뛰었다. 그래서 당시 사람들은 이응의 집 대문을 '용문龍門'이라고 부르기도 했다. 선비들은 이응의 집 문턱을 넘는 것을 '마치 잉어가 용문에 오르는 것'과 같다고 말할 정도였다. 그 유명한 '등용문登龍門'이 바로 여기에서 탄생한 것이다. 순숙荀淑은 이응의 벗이었다. 그 덕분에 그의 여섯째 아들 상爽은 자주 이응을 만날 수 있었다. 어느 날 집에 돌아온 상이 감격에 겨워하며 말했다. "오늘 내 손으로 선생의 수레를 몰았으니 이보다 큰 영광이 어디 있는가!" 이응의 명성이 얼마나 높았는지 알 수 있는 말이다.

이응은 『시경』과 『서경』에 통달했는데 그야말로 나라를 안정시킬 정도의 학문과 나라를 세울 정도의 무예를 겸비했다. 그는 제자를 양성하는 데 힘쓰고 경서와 역사서, 제자백가의 사상, 시문 등을 연구한 한편 전장에서도 용맹한 장수였다. 청주자사靑州刺史와 어양태수漁陽太守를 지낸 그는 오환교위烏桓校尉로 재직할 당시 선비족의 침입을 막아내기도 했다. 전장에서 그는 손수 무기를 들고 병사들보다 빨리 적진을 파고들었다. 그의 위엄은 적국인 선비족마저 두려워할 정도였다. 훗날 면직당해 고향으로 돌아간 그는 학교를 열었는데 많을 때는 학생이 천 명도 넘었다. 얼마 후 선비족이 또다시 운중군雲中郡을 공격해오자 다급해진 환제는 이응을 불러들여 도요度遼장군으로 봉하고 출병시켰다. 이응의 위세에 겁을 먹은 선비족은 다시는 침범할 엄두를 내지 못했다.

159년에 하남윤河南尹으로 임명된 이응은 강직한 성품의 여정위如廷尉 풍곤馮緄과 대사농大司農 류우劉佑 등과 손을 잡고 환관 세력에 맞섰다. 당시 북해北海에서 파면당한 양원군羊元群은 관직에 있을 당시 모은 재물을 모두 고향으로 가져갔다. 탐욕스러운 그는 뒷간에 있던 물건까지 빼놓지 않고 챙겼다. 이응은 환제에게 양원군을 처벌해야 한다고 상소를 올렸다. 그러자 양원군이 오히려 환관을 매수해 이응, 풍곤, 류우 및 지방 관원들을 잡아들였다. 진번陳蕃과 사예교위司隸校尉 응봉應奉의 간청으로 이응을 비롯한 세 사람은 부역형을 받았는데, 결국 이를 감면받고 고향으로 돌아왔다.

하지만 명성이 높은 이응은 다시 사예교위로 발탁되었다. 사예교위란 수도의 군사와 치안을 담당하는 관직이었다. 이응은 재임 기간에 가차 없이 환관들을 응징했다. 야왕野王 현령 장삭張朔은 환관 장양張讓의 아우였다. 장삭은 형님의 권세를 등에 업고 임산부까지 죽이는 등 극악무도한 일도 서슴지 않았다. 이응이 사예교위가 되자 제 발이 저린 장삭은 장양의 집으로 도망쳤다.

이 소식을 들은 이응은 서둘러 장삭을 잡아들이게 했다. 놀란 장삭은 당황한 나머지 기둥 안에 숨었다. 곧 장양의 집에 들이닥친 이응은 기둥 속에 숨은 장삭을 끌어내어 자백을 받아내고 그날 죽여버렸다.

장양은 환제에게 달려가 울며 억울함을 호소했다. 그러자 환제는 이응을 불러 상부의 지시를 기다리지 않고 급히 죄인을 처벌한 것을 질책했다. 학식이 높고 경륜이 있는 이응은 한 치의 흐트러짐 없이 말했다. "공자는 『춘추春秋』에서 진나라 문공文公이 위나라 성공成公을 처벌한 것을 옳다고 했습니다. 또 공자는 노나라의 사구司寇, 법무장관-옮긴이가 된 지 7일 만에 소정묘少正卯를 죽였습니다. 저는 부임한 지 열흘 만에 죄인을 잡아들여 혹시 황제께서 너무 늦었다 질책하시지 않을까 걱정하였는데, 오히려 죄인을 너무 빨리 죽였다 하실 줄은 몰랐습니다. 직무에 과실이 있었으니 더욱 열심히 일해야겠지요. 저에게 5일 정도 시간을 주시면 이번 기회에 나쁜 무리를 깨끗이 없애겠습니다. 그 후 폐하의 처분을 들을 터이니 부디 들어주십시오."

이응의 말에 꿀 먹은 벙어리가 된 환제는 고개를 돌려 장양을 바라보며 말했다. "모두 그대 아우의 죄이니 사예교위 탓은 하지 마시오." 그 후로 환관들은 더욱 이응을 두려워했다. 한 번은 환제가 알 수 없다는 표정으로 환관들에게 물었다. "그대들은 왜 쉬는 날에도 집에 돌아가지 않는가?" 그러자 환관들은 머리를 조아리고 눈물을 흘리며 말했다. "사예교위가 무서워서입니다." 환제는 그제야 그동안 나쁜 짓을 일삼던 환관들이 궁문을 나서자마자 이응에게 목이 달아날까 봐 집에도 가지 못한다는 것을 알았다.

당시의 문인 관료 집단은 대부분이 환관 세력에 적극적으로 맞섰다. 동해상東海相 황부黃浮가 서선徐宣을 죽인 이야기가 그중 하나다. 오후의 한 명인 서황은 아우 서선에게 하비下邳현 현령 자리를 주었다. 과거에 서선은 여남汝南

태수 이고李膺의 딸에게 청혼했다가 거절당한 적이 있었다. 그런데 공교롭게도 이고의 고향이 바로 하비였다. 서선이 하비로 갔을 때 이고는 이미 세상을 떠난 후였다. 부임 첫날, 서선은 이고의 딸을 관아로 잡아와 온갖 모욕을 주며 활로 쏴 죽여버렸다. 그래도 분이 가시지 않은 그는 시신을 관아의 정원에 아무렇게나 묻어버렸다. 이 소식을 전해 들은 황부는 즉시 서선을 체포해 처형했다. 서황이 이 일을 그냥 넘길 리 없었다. 환제를 찾아가 울며 고한 결과, 황부는 파면되고 말았다.

문인 관료 집단을 눈엣가시처럼 생각한 환관들은 호시탐탐 일격의 기회를 노렸다. 회심의 일격을 통해 이응뿐만 아니라 백성을 선동하며 공리공담이나 늘어놓은 조정의 '당인黨人'들을 쓸어버릴 심산이었다. 그리고 그들이 노리던 기회가 드디어 찾아왔다.

재간이 뛰어난 데다 신통력까지 있었던 장성張成은 환관과 손잡고 온갖 나쁜 짓을 일삼았다. 그는 이미 황제도 그 이름을 알 정도로 유명한 인물이었다. 환관들을 통해 곧 황제의 대사면령이 내릴 것이라는 소식을 들은 그는 아들을 시켜 사람을 죽이게 했다. 이응은 곧 장성의 아들을 잡아들였고, 바로 그때 대사면령이 발표되었다. 하지만 일의 배후를 모두 알게 된 이응은 황제의 명을 거역하고 장성의 아들을 죽여버렸다. 환관 집단은 이를 꼬투리로 삼아 장성의 제자를 부추겨서 황제에게 상소를 올리게 했다. 이응이 황명을 따르지 않았으며 도성의 태학생, 지방의 학자들과 비밀리에 결탁해서 조정을 비방하고 풍기를 문란하게 했다고 모함하는 내용이었다.

환관들의 종용으로 환제는 이른바 '당인'들을 잡아들이게 했다. 이에 이응을 비롯한 문인 관료와 태학생 200여 명이 붙잡혀 왔다. 칼을 쓰고 옥에 갇힌 학자들은 모진 고문을 당했다. 임기응변에도 강했던 이응은 고문을 당하자 일부러 환관의 이름을 댔다. 이응이 자백할수록 자신들에게 불리해지자 환관들은 감히 더 추궁할 수 없게 되었다.

당시 '당인'에 대한 핍박을 결사반대한 태위 진번이 환제에게 상소를 올렸다. "지금 옥에 갇혀 고된 형벌을 견디는 자들은 모두 나라 안팎으로 명성이 높은 인물들입니다. 뜨거운 충심으로 나라를 걱정하는 그들에게 자손 대대로 두터운 예우를 해주어도 모자랄 텐데 어찌 마구 잡아다 심문을 하십니까?" 진번은 환관 세력으로부터 이응 등을 처벌하는 문서에 서명할 것을 강요당했지만 단칼에 거절했다.

환제의 장인인 두무竇武는 평소 태학생들과 친분이 두터웠다. 그는 문인들을 구하기 위해 장인의 입장으로 상소를 올렸다. 그럼에도 황제가 거절하자 그는 병을 핑계로 관직에서 물러나겠다며 으름장을 놓았다.

이렇게 각계에서 압력을 가하자 자칫 민심을 잃을까 두려워진 환제는 어쩔 수 없이 이응 등을 석방했다. 하지만 이들을 금고에 처하고 다시는 관직에 오르지 못하게 했다. 이것이 바로 동한 시대의 첫 번째 '당고지화'다.

첫 번째 당고지화가 끝나고 얼마 후 환제가 세상을 떠났다. 뒤를 이어 어린 영제靈帝가 즉위하자 두 태후가 대신 정사를 돌보았다. 당초에 두 태후가 황후가 되는 데 가장 큰 힘을 보탠 것이 바로 문인 관료였다. 그래서 대권을 장악한 두 태후는 진번, 두무 등을 더욱 중용했다. 진번은 대장군 두무와 함께 정사를 돌보며 이응 등을 중용했다. 이렇게 진번, 이응, 두무로 대표되는 문인 관료와 외척 세력은 더욱 긴밀한 관계를 유지했다.

혼란한 정치를 바로잡기 위해 진번, 두무 등은 환관 세력 숙청을 주장했고, 이를 위한 구체적인 행동에 돌입했다. 그들은 우선 뜻을 같이하는 윤훈尹勳을 상서령으로 삼고 류유劉瑜를 시중으로, 풍술馮述을 둔기교위屯騎校尉로 임명했다. 이때 이응을 비롯한 90여 명이 관직을 하사받았다. 이듬해 5월, 진번이 두무를 찾아가 말했다. "그 옛날 소망지蕭望之는 환관 석현石顯의 손에 죽었고 얼마 전에는 이고, 두교의 가족이 환관 때문에 비명횡사했습니다. 지금은 영제의 유모 조요趙嬈와 궁녀들이 환관과 내통하며 두 태후를 현혹하고 있습니다. 이 모두 대장군을 위해서 하는 말이니 그들을 속히 없애야 합니다."

두무는 즉시 태후를 찾아가 말했다. "환관은 본래 궁궐의 잡다한 일을 관장하는 자들로 결코 조정의 일에 참견할 수 없습니다. 그러나 현재의 환관들은 권력을 마구 주무르는 데다 조정은 물론 민간 곳곳에 끄나풀을 심어 간섭하지 않는 일이 없습니다. 그로 인해 천하 사람들의 원망이 하늘을 찌릅니다. 부디 그들을 없애버리십시오." 태후가 꿈쩍도 하지 않자 이번에는 진번이 직접 태후를 설득했다. "말이 곧지 못하면 행동이 바르지 못하다 했습니다. 위로는 하늘을 속이고 아래로는 백성의 바람을 저버리는 일이라 도저히 말하지 않고 넘어갈 수 없습니다. 본래 바른 말을 하면 화가 닥친다고 했지만, 목이 잘리더라도 할 말은 해야겠습니다. 지금 도성 안은 환관 조절曹節과 왕보王甫 등이 궁녀들과 함께 정사를 어지럽히고 있다는 소문으로 떠들썩합니다. 이미 그들의 편에 서면 흥하지만 거스르면 망한다는 말까지 나돌고 있습니다. 얼마 전 태후께서 환관 소강蘇康과 관패管覇를 죽이시자 천하 사람들이 모두 환호했습니다. 하지만 조절 등을 용서하신 것은 정말 이해할 수 없습니다." 하지만 두 태후는 여전히 묵묵부답이었다.

진번과 두무는 결국 무력을 동원해서 환관 세력을 없애기로 했다. 두 사람은 먼저 정삽鄭颯을 고문해서 조절을 잡아들일 빌미를 만들었다. 그리고 나서 두무는 조절과 왕보의 죄상을 밝히는 상소를 썼다. 한편, 황제에게 상소문을 전달하는 환관 주우朱瑀는 그 내용을 보고 놀라고 화난 마음을 진정시킬 수 없었다. 그는 일부러 목청껏 소리를 질렀다. "죄가 있는 환관의 목을 베어야지 왜 우리 같은 사람들의 재산을 몰수하고 참수하려 하는가?" 그는 사람들에게 이렇게 말했다. "진번과 두무가 태후에게 상소를 올려 영제를 폐위하고 환관을 죽여 모반하려 한다." 그리고 건장한 환관 열일곱

동한 시대의 배우용(俳優俑)

명을 모아서 피를 나눠 마시며 진번과 두무를 죽일 것을 맹세했다. 영제를 꼬드긴 조절은 병사들에게 궁을 포위할 것을 명령했다. 또 중서성中書省을 위협해서 거짓으로 황제의 칙서를 쓰게 했다. 이어서 정삽을 구해낸 그들은 태후를 가두고 옥새를 빼앗은 후, 두무를 잡아들이게 했다. 사태가 점점 심각해지자 군영으로 돌아온 두무는 황급히 병사들을 불러 모았다. "환관들이 반란을 일으켰다. 그들을 잡아오면 누구든 제후로 봉할 것이다!" 병사 수천을 모은 두무는 자신을 잡으러 온 자들을 죽이고 저항을 준비했다.

날이 밝자 양군이 팽팽하게 대치했다. 왕보는 황제의 거짓 칙서를 흔들며 병사들에게 소리쳤다. "두무는 모반을 일으켰다. 너희는 황제를 보호하는 금군이니 그의 명령을 따라서는 안 된다. 누구든 먼저 투항하는 자에게 상을 내릴 것이다!" 평소 왕보를 두려워하던 병사들은 그의 손에 들린 칙서를 보자 너 나 할 것 없이 진영을 이탈했다. 아침을 먹을 때쯤 되자 두무의 진영에는 단 한명의 병사도 남아 있지 않았다. 황망히 말을 타고 도망친 두무는 막다른 길에 이르자 목숨을 끊고 말았다.

너무 늦게 소식을 들은 진번은 80여 명의 학자와 부하들을 모아 무기를 들고 승명문承明門으로 향했다. 곧 진번 일행과 마주친 왕보는 당장 그를 잡아들이라고 명령했지만, 병사들은 감히 앞으로 나서지 못했다. 일흔 살이 넘었지만 여전히 기개가 넘치는 진번을 사로잡는 일은 쉽지 않았다. 결국 왕보는 진번을 열 겹으로 포위한 후에야 겨우 사로잡아 죽일 수 있었다.

두무와 진번의 가족과 제자는 물론 그들과 조금이라도 관련이 있는 사람은 죽거나 신분이 강등되었다. 막다른 골목에 몰린 문인 관료 집단은 철저하게 패했고 환관 세력은 더욱 활개를 쳤다.

핍박은 여기에서 끝난 것이 아니었다. 환관들이 진번과 두무를 죽이기 전부터 조정은 물론 민간의 당시에는 명사를 비롯한 일부 뜻 있는 태학생들이 각기 무리를 지어 지식을 뽐내며 국정을 논하기도 했는데, 이들이 사회에 미치는 영향력은 매우 컸다. 이 가운데 이응, 순익荀翌, 두밀杜密, 왕창王暢, 류우劉佑, 위랑魏朗, 조전趙典, 주우는 팔준八俊이라 했고 곽태郭泰, 종자宗慈, 파숙巴肅, 하복夏馥, 범방范滂, 윤훈, 채연蔡衍, 양척羊陟은 팔고八顧라 했다. 또 장검張儉, 잠질岑晊, 유표劉表, 진상陳翔, 공욱孔昱, 원강苑康, 단부檀敷, 적초翟超를 팔급八及이라고 했으며 도상度尚, 장막張邈, 왕고王考, 류유劉儒, 호모반胡母班, 진주秦周, 번향蕃向, 왕장王章을 팔주八廚라 했다. '팔준'은 뛰어난 인재였고 '팔고'는 덕으로 사람을 인도하는 자였으며 '팔급'은 사람을 인도하여 세상이 추종하게 만드는 인물, 그리고 '팔주'는 재물로 세상을 구하는 사람이란 뜻이었다.

이 가운데 가장 명성이 높은 사람은 이응이었는데 두무, 유숙, 진번을 아우르는 이른바 '삼군三君'을 제외하면 이응은 가히 그 가운데 최고봉이라고 할 수 있었다.

두 번째 당고지화는 주병朱竝이 '팔급'의 한 명인 장검을 고발한 데서 시작되었다. 장검은 산양山陽 고평高平 출신으로 산양 독우督郵에 임명된 적이 있었다. 엄청난 권세를 가진 환관 후람侯覽의 고향이 바로 산양 방동防東이었다. 그의 가족은 후람의 권력을 믿고 온갖 나쁜 짓을 저질렀다. 이를 보다 못한 장검은 상소를 올려 그중 극악무도한 짓을 한 자 몇 명을 죽이려 했다. 하지만 후람이 중간에서 상소를 가로챘다. 겉으로 표를 내지 않았지만 후람은 이후 장검에게 앙심을 품기 시작했다. 주병은 오래전 같은 고향 사람인 장검에게 버림받은 일이 있었다. 마침 환관 세력에 의해 철저하게 짓밟힌 문인 관료 집단을 본 주병은 이 기회를 빌려 장검에게 복수하려고 했다. 운이 좋으면 벼슬 자리도 하나 얻을 수 있었다. 주병은 장검이 24명의 무리와 사당을 결성하고 팔준, 팔고와 내통하며 반란을 계획한다고 모함했다. 과연 그의 예상은 틀리지 않았다. 영제는 즉시 장검을 체포하라고 명령했고, 환관 조절은 그런 영제를 더욱 부채질해서 수많은 관련자를 잡아들이게 했다. 이 일로 이응, 범방, 두밀 등이 잡혀 처형당했는데 당시 감옥에서 죽은 사람만 100명이 넘었다. 이뿐만 아니라 600~700명에 이르는 문인 관료와 학자들이 갇혔으며 1천 명이 넘는 태학생이 체포되었다.

환관들은 문인들이 손을 잡고 저항하지 못하도록 신속하게 조사 범위를 확대해 갔다. 핍박은 15년이나 계속되었고 184년에 이르러서야 중단되었다. 이것이 바로 동한 시대의 두 번째 '당고지화'다. 두 번째 당고지화에서는 명사뿐만 아니라 정사에 기록되지 않은 인물도 화를 당했다. 그들이 남긴 이야기는 우리에게 감동을 주기에 충분했다.

이응이 당고지화로 감옥에서 죽을 당시 그의 제자와 부하, 관리 모두 처벌을 받았다. 관리들은 평민으로 강등되고 종신 금고에 처해져 다시는 관직에 오를 수 없었다. 당시 시어사侍御史 경의景毅의 아들은 이응의 제자였지만 명단에 이름이 없어 다행히 화를 입지 않았다. 하지만 경의는 단호한 목소리로 말했다. "나는 일찍이 이응 선생의 재능과 덕을 흠모해 내 아들을 제자로 보냈다. 그런데 명단에 이름이 빠졌다고 하여 구차하게 목숨을 구걸할 수 있겠는가?" 그는 상소를 올려 아들도 함께 잡아가도록 했다.

고성高城, 현재의 허베이 성(河北省) 옌산(鹽山) 출신인 파숙은 당인 사건에 연루되자 자진해서 마차를 관아로 돌려 자수를 했다. 이에 감동한 현령이 관인을 버리고 파숙과 함께 도망치려 했지만 파숙은 단호히 이를 거절했다.

정강征羌, 현재의 허난 성(河南省) 위안청(圓城) 동남쪽 출신의 범방은 사건이 있기 전에 이미 면직 처분을 받고 고향에 있었다. 훗날 조정에서 체포 명령이 떨어지자 현지의 독우향과 현을 감찰하고 조정의 명령을 전달하며 도망자를 잡아들이는 관리 오도吳導가 범방의 고향으로 찾아왔다. 역관에 도착한 오도는 황제의 명령서를 끌어안고 목 놓아 울기만 했다. 그러자 범방은 아무 말 없이 자진해시 감옥으로 들어갔다. 이 이야기를 듣고 허둥지둥 달려나온 현령 곽읍郭揖은 인수를 버리고 범방과 함께 도망가려 했다. 하지만 범방은 단호하게 말했다. "나만 죽으면 되는 일인데 어찌 그대까지 화를 입게 둔다 말이요?"이 이야기는 『후한서後漢書』와 『범방전』이라는 정사에 기록되어 있다.

화를 피해 도망친 장검은 온갖 고난을 겪었다. 하지만 가는 곳마다 만난 사람들이 목숨을 걸고 그를 숨겨주었다. 이 일로 목숨을 잃은 사람이 십여 명이 넘을 정도였다. 장검이 동래東萊, 현재의 둥징(東境)에서 이독李篤의 집에 숨어 있을 때였다. 외황外黃, 현재의 허난 성 민취안(民權) 현령 모흠毛欽이 병기를 들고 이독의 집으로 쳐들어왔다. 그러자 이독이 모흠을 막아서며 말했다. "장검이 도망을 다니는 것은 그가 죄를 지어서가 아니오. 설령 그를 찾아낸다 한들 잡을 수 있으시오?" 그러자 모흠은 이독의 어깨를 잡으며 말했다. "그대는 어찌 혼자서 인과 의를 말하고 다른 이는 군자가 되지 못하게 하는 것이오?" 그리고 말을 마친 후 긴 한숨을 내쉬고는 그냥 가버렸다. 이렇게 해서 장검은 위기를 넘길 수 있었다.

당고지화에서 이응, 범방, 장검을 비롯한 수많은 문인 관료와 학자들이 보여준 기개는 매우 감동적이었다. 그들의 행동은 후대에도 큰 영향을 미쳤다. 간사한 무리가 권력을 장악한 정권의 암흑기에도 그들은 언제나 모범이 되었으며 후대 사람들을 격려해 암흑의 세력에 맞서게 하는 힘의 원천이 되기도 했다.

문인 관료 집단을 제거한 후 환관들은 천하가 제 세상인 듯 날뛰었다. 영제 시절에 장양, 조충趙忠을 우두머리로 하던 '십상시十常侍'가 탄생했다. '십상시'는 사실 열두 명의 환관을 가리키는데 조정의 모든 권력을 장악한 그들에게 황제는 아무것도 아니었다. 영제는 "장상시장양-옮긴이는 나의 아버지요, 조상시조충-옮긴이는 나의 어머니다"라고 말하기도 했다. 황제마저 십상시를 두려워할 정도니 관리들이 얼마나 그들에게 아첨했을지는 보지 않아도 뻔하다.

부풍扶風 지역에 맹타孟佗라는 사람이 있었다. 부유했던 그는 벼슬 자리나 하나 얻어볼 심산으로 장양의 집사에게 온갖 아첨을 다했다. 많은 뇌물을 받고 배를 불린 장양의 집사는 맹타가 아무런 요구도 하지 않자 오히려 몸이 달았다. "어려운 일이 있거든 말씀만 하시오. 내가 도와주겠소." 그러자 맹타는 대수롭지 않다는 듯 말했다. "별일은 아닙니다만, 그저 다음에 나를 만나거든 절이나 한번 해주시오." 장양의 집사는 흔쾌히 수락했다. 다음 날, 맹타는 일부러 약속 시간보다 늦게 장양을 만나러 갔다. 그때 장양의 집 문 앞에는 족히 천 명이 넘는 사람들이 장양을 만나려고 줄을 서 있었다. 멀리서 맹타의 모습을 본 장양의 집사는 시종들을 이끌고 맹타에게로 달려가 무릎을 꿇고 고개를 숙였다. 이 광경에 깜짝 놀란 사람들은 분명히 맹타가 장양의 총애를 받는 인물이라 생각하고, 앞다투어 그에게 선물을 보냈다. 맹타는 자신이 받은 선물 중 일부를 장양에게 보냈다. 그러자 장양은 크게 기뻐하며 그를 양주涼州자사로 임명했다.

훗날 십상시 때문에 정치가 더욱 혼란스러워지자 사회 각계에서 저항이 일어났다. 하진何進, 원소袁紹 등은 비밀리에 환관 집단을 없애려고 했지만 이 과정에서 하진이 먼저 장양에게 목숨을 잃고 말았다. 그러자 원소는 병사를 이끌고 궁으로 쳐들어가 닥치는 대로 환관을 죽였다. 수염이 없는 남자는 모두 죽이다 보니 이때 목숨을 잃은 자가 2천 명이 넘었다. 헌제獻帝를 몰아붙여서 함께 도망 길에 올랐던 십상시는 황하까지 쫓기자, 결국 강물에 몸을 던져 목숨을 끊었다. 이때부터 동한은 여러 세력이 권력을 다투는 혼란기에 들어섰다.

계속되는 환관 세력의 억압 속에서도 문인 관료들은 결코 신념을 꺾지 않고 어떤 어려움이 닥쳐도 강직하고 올곧은 인격을 잃지 않았다. 바로 이러한 정신 덕분에 중화 민족은 역사상 가장 어두운 시기에도 양심을 잃지 않고 앞으로 나아갔고 저속함이나 평범함, 뻔뻔스러움에 물들지 않을 수 있었다. 문인 관료와 학자들은 늘 손을 잡고 통치 집단에 저항했다.

진나라 시황제가 일으킨 '분서갱유'부터 청나라의 '변법자강운동' 실패에 이르기까지 중국의 역대 통치자들은 끊임없이 문인 관료를 핍박했다. 환관 세력이든 외척 세력이든 심지어 왕족들조차 모두 문인 관료를 미워하고 박해했다. 단지 진나라 시황제나 한나라의 환관 세력처럼 노골적이지 않았을 뿐이지 그 방법은 더욱 치밀하고 교묘해졌다. 2천 년이나 계속된 '문자옥文字

獄[22]이 그 대표적인 예다.

문인 관료나 학자들은 왜 봉건 통치자의 사랑을 받지 못했을까? 그 답은 간단하다. 이상을 외치는 그들은 현실 사회에서는 결코 만족할 수 없는 요구를 하기 때문이다. 그들은 늘 지금의 현실보다 더 좋은 사회가 나타나기를 바라고 부르짖는다. 그들은 시대를 막론하고 냉철한 현실 사회의 비평가였다. 통치자들이 그런 그들을 마음에 들어 할 리가 없었다. 만약 그들이 현실과 발을 맞추어 함께 나아갔다면 사회는 앞으로 나아갈 방향과 정신적인 동력을 잃게 된다. 그렇게 되면 사회는 지극히 평범해지거나 혹은 뻔뻔해지거나 그것도 아니면 도태될 수밖에 없다.

문인 관료와 학자들은 언제나 목을 길게 늘이고 살펴보며 사회 곳곳에 박혀 있는 가시를 뽑으려 애썼다. 어쩌면 그들이 목을 길게 늘인 이유는 바로 죽음을 각오한 것인지도 모른다. 이렇게 그들이 결코 굽히지 않고 머리를 꼿꼿이 세우고 살핀 덕분에 중국의 고대 사회가 발전을 거듭한 것이 아닐까?

『후한서』,『자치통감』참고

충성심과 성실함을 겸비한 근면한 재상

한 치 앞도 예측할 수 없는 관료 사회에서 늘 승승장구할 수 있는 비결은 무

---

22) 중국 왕조 시대에 시행된 사상 통제 정책으로, 자기가 쓴 문장이 황제나 통치 집단을 비판한 것이라고 모함을 받아 화를 당함을 일컫는다.

엇일까?

예부터 신하는 반드시 세 가지 금기를 지켜야 한다고 했다. 첫째, 높은 공을 세워 주인을 불안하게 해서는 안 된다. 둘째, 강한 권력을 가져 주인을 기만해서는 안 된다. 셋째, 뛰어난 재능을 과시해 주인을 압도해서는 안 된다. 이것은 관료 사회를 경험한 많은 사람이 내린 결론이다. 누구든 이 금기를 깨면 관직을 잃고 평민이 되거나 평생 노역을 하게 되는 것은 그나마 나은 정도이고, 심하면 목이 잘리거나 심지어는 가문이 몰살되기도 한다. 이 세 가지 금기는 지금 봐도 너무나 이치에 맞는 말이다. 예를 들어 황제의 업적보다 훨씬 큰 공을 세웠다고 생각해보자. 어떤 상을 내려도 모자란 것 같고, 어떤 관직을 주어도 만족할 수 없을 정도다. 이런 상황은 위험하다. 천하는 황제의 것이기 때문이다. 그렇다고 나에게 황제의 자리를 내어줄 수는 없지 않은가? 내가 황제가 되고 황제가 신하가 된다거나 내기 황제의 모든 깃을 가질 수는 없다. 그러니 이렇게 되면 상황은 자연히 극단으로 치닫게 된다. 황제는 온갖 구실을 찾아 나를 없애려 할 것이다. 비록 내가 겸손하고 충성한다고 할지라도 결과는 같다. 황제는 항상 큰 돌을 머리에 이고 있는 것처럼 불안하고 답답할 것이다. 내가 몰래 사람들의 마음을 얻고 있는 것은 아닌지, 속으로 모반을 꿈꾸지는 않는지 전전긍긍하게 된다. 결국 마음 편히 잘 수도 먹을 수도 없게 된 황제는 반드시 나를 없애야만 마음이 놓이게 마련이다.

첫 번째 금기에 대한 이야기를 알아보자. 서한의 개국 공신인 한신韓信은 뛰어난 지략을 발휘하여 큰 공을 세웠지만, 결국 유방劉邦의 아내에게 죽임을 당했다. 초나라와 한나라가 싸울 때 한신이 항우項羽를 도왔다면, 천하를 차지한 사람은 바로 항우였을 것이다. 또 만약 한신이 유방을 배반하고 독자적으로 세력을 형성했다면 항우, 유방과 함께 천하를 셋으로 나누고 왕이 될 수도 있었을 것이다. 당시 한신은 홀로 설 기회가 여러 번 있었다. 많은 사람이 한신에게 왕이 되라고 권했지만 한신은 심사숙고 끝에 유방을 따랐다. 한신은 유방이 서한을 세우는 데 가장 큰 공을 세운 인물이다. 공을 따진다면 왕후王侯에 봉해지거나 유방과 같은 황제의 자리에 앉아도 전혀 지나치지 않다. 하지만 봉건 사회의 법도에서는 한 나라에 두 주인이 있을 수 없다. 절대 한신과 지존의 자리를 나눠 가질 수 없었던 유방은 그나마 그를 왕후로 봉했다. 그러나 유방의 처사에 이미 굴욕을 느낀 한신은 마음속 가득 원망을 품었다. 이런 감정이 계속되면 분명히 반역을 꿈꾸게 마련이다. 유방은 후환을 막기 위해 선수를 쳤다. 한신의 작위를 낮추고 권력 대부분을 빼앗아서 그를 도성 안에 묶어둔 것이다. 얼마 후 유방의 아내인 여몸 황후가 소하蕭何와 계략을 짜서 한신을 궁궐로 불러들인 다음 모반죄로 그 자리에서 죽여버렸다. 한신처럼 역사에 이름을 떨친 걸출한 장수도 관료 사회에서의 첫 번째 금기에서 자유로울 수 없었다.

중국 역사에서 이러한 예는 셀 수 없이 많다. "토끼가 죽으면 사냥개를 삶는다"라던가, "새를 잡으면 활은 치운다" 혹은 "적국을 물리치면 모신이 죽는다"라는 속담도 다 같은 이야기다.

일단 나라가 안정되고 나면 어떤 왕이든 "맷돌질이 끝난 후 당나귀를 잡아먹는다"는 원칙을 지킬 수밖에 없다. 화가 나지만 그 이치는 간단하다. 태평성대가 되면 개국 공신들은 어떻게 처리해야 할까? 그냥 둔다면 언제 모반을 일으킬지 모르고, 그렇지 않더라도 적어도 그들의 권력과 명성으로 다른 골치 아픈 일을 만들 수도 있다. 특히 개국 황제가 세상을 떠나고 어린 아들이 뒤를 이어 황제의 자리에 올랐다고 치자. 어린 황제는 산전수전 다 겪은 그들을 여간해서는 통제하기가 어려울 것이다. 그것이 바로 명망이 높고 권세도 대단한 노장들을 깨끗이 처리해야 하는 이유다. 더욱이 어린 황제가 막 즉위한 상황에서는 공이 높지 않고 주인을 두렵게 하지 않는 신하들이라 해도 안심할 수 없다.

두 번째 금기는 너무 큰 권력으로 주인을 기만하는 것은 더 위험하다. 그 이유는 말하지 않아도 알 것이다. 권력은 정권과 군권 두 가지로 나눌 수 있다. 내 손에 들어온 정권이 너무 커지면 사람들은 먼 황제보다 가까운 존재인 나를 더욱 따르게 된다. 이렇게 시간이 지나면 사적인 세력이 형성되어 황제를 위협하게 된다. 더군다나 정권은 어떤 상황에서는 매우 쉽게 군권과 통합된다. 군권은 한 나라의 명맥을 좌우하는 권력이다. 누구든 군권을 장악하면 국가를 장악할 수 있기 때문이다. 그래서 황제는 보통 신하에게 군권을 지나치게 많이 나눠주지 않는다. 만약 나에게 부여된 군권이 점점 커진다면, 반드시 조심해야 한다. 황제에게 자진해서 군권을 돌려주거나, 아니면 순식간에 군권을 장악하여 황제에게 저항할 힘을 만들어야 한다. 권력이 강하지만 황제에게 맞설 정도는 아니거나, 권력이 작지만 황제에게 위협이 될 정도라면 나를 기다리는 것은 죽음뿐이다.

중국 역사에는 손에 들어온 군권이 너무 커진 탓에 그것이 오히려 독이 되어 목숨을 잃은 사람이 너무나 많다. 춘추 전국 시대에 연燕나라의 소昭왕은 제나라에 복수하기 위해서 궁전을 짓고 그 안을 황금으로 채운 다음, 현사들을 초빙했다. 사람들은 그 궁전을 황금대黃金臺라고 불렀다. 곧 천하의 인재들이 앞다투어 소왕을 찾아왔고 그중에는 위나라의 악의樂毅도 있었다. 악의는 자신을 중용하는 소왕에게 충성을 맹세했다. 소왕은 악의에게 병사를 주어 제나라를 공격하게 했다. 이 싸움에서 악의는 탁월한 군사적 재능을 유감없이 발휘했다. 파죽지세로 제나라 성 칠십여 곳을 함락하고, 마침내 제나라의 수도 임치臨淄, 현재의 산동 성 쯔보(淄博)까지 손에 넣었다. 제나라 왕은 황급히 거성莒城으로 피신했다. 악의는 사력을 다해 거성과 즉묵卽墨을 공격했지만, 두 성의 방어가 워낙 견고해서 3년이 지나도록 함락할 수 없었다. 그 무렵 소왕이 죽고 그의 아들 혜惠왕이 즉위했다. 혜왕은 오래전부터 악의를 싫어했다. 그는 큰 공을 세우며 세력이 커진 악의가 어느 순간 회군해서 자신의 왕위를 빼앗지는 않을까 노심초사했다. 혜왕은 결국 서둘러 악의를 불러들이고, 기겁騎劫에게

왕희지의 『악의론(樂毅論)』

그의 직무를 대신하게 했다. 전투 중에 갑자기 장수를 불러들이는 것은 분명 불길한 일이었다. 악의는 연나라로 돌아가지 않고 조나라로 도망쳐 목숨을 건질 수 있었다.

세 번째 금기에 대해서 알아보자. 문인들 사이에는 서로 자신의 재능을 뽐내며 상대방을 무시하거나 조롱하는 일이 비일비재하다. 보통사람 사이에서도 그러한데 군신 관계에서는 더 말할 것도 없다. 사실 중국 역사에서 황제의 자리는 대개 조상 대대로 이어져 내려왔고 자신의 힘으로 황제가 된 사람은 극히 드물었다. 그중 재능과 지략이 뛰어난 개국 황제도 대부분이 건달이나 지역 유지 출신이었다. 그런 그들의 학문적 재능이 남보다 뛰어날 리 없다. 그리고 질투는 사람의 본능이다. 신하가 겸손과 사양을 모르고 툭하면 자신의 재능을 뽐내며 군주나 상사를 난감하게 한다면, 좋은 날은 머지않아 끝날

것이라고 봐도 좋다.

관도官渡 전투에서 원소袁紹가 전풍田豐을 죽인 사건도 그런 사례다. 당시 원소는 기주, 청주, 유주, 병주 등 지역의 병사와 말 70만 필을 이끌고 관도를 지나 허창許昌을 공격하려고 했다. 당시 감옥에 있던 원소의 모사 전풍이 그 소식을 듣고 상소를 올렸다. "지금은 조용히 지켜야 할 때입니다. 때가 우리에게 유리해지도록 기다려야지 함부로 병사를 일으켜서는 안 됩니다. 그렇지 않으면 분명 나쁜 일이 생길 것입니다." 전풍의 분석은 정확했다. 원소의 대군은 사실 그 수만 많을 뿐이지 기율이 제대로 잡히지 않아 오합지졸에 불과했다. 그런 상황에서 군량 보급로가 차단되기라도 한다면 상황이 극단으로 치달을 수 있었기 때문이다. 원소의 또 다른 모사 저수沮授도 전풍의 주장에 동의했지만, 거만한 원소는 듣지 않았다. 전풍과 원수지간이던 봉기逢紀는 이 기회를 놓치지 않았다. "주공이 조조를 정벌하시려는 것은 인의를 따른 것인데, 전풍은 어찌 그런 불길한 말을 한답니까?" 봉기의 부추김에 더욱 화가 치솟은 원소는 전풍을 죽이려 했다. 대신들이 애걸복걸해서 겨우 명령을 거두었지만 아직 분이 풀리지 않은 원소가 이렇게 말했다. "조조를 없애고 나면 반드시 전풍의 죄를 물을 것이다."

하지만 전풍의 말은 틀리지 않았다. 오소烏巢의 군량 창고가 조조에 의해 잿더미가 된 것이다. 조조의 계책에 보기 좋게 당하고 살아 돌아온 그의 병력은 겨우 800기 정도였다. 전풍의 감옥을 지키던 옥리가 이 소식을 전해 듣고는 호들갑을 떨며 말했다. "원소 장군께서 대패하고 돌아오시니 분명히 그대를 중용하실 것이오." 그러나 전풍은 쓴웃음을 지으며 말했다. "나는 이제 죽은 몸이오." 옥리가 어리둥절해서 물었다. "모두 그대가 풀려날 것이라고 기뻐하는데 어찌 죽는다는 말을 하시오?" 전풍이 대답했다. "원소는 겉으로는 너그러워 보이지만 사실 속은 시샘이 많고 냉정한 사람이라, 다른 사람의 충심은 안중에도 없고 은혜를 베풀려는 마음은 더더욱 없소. 이번 전투에서 승리했다면 내가 틀린 것이 증명되었으니 기분이 좋아서 살려줄 수도 있었을 거요. 하지만 패해서 심기가 불편한 데다 내 말이 맞는 것이 드러났으니, 그 성격에 나를 살려두겠소?" 그래도 옥리들은 선뜻 그의 말을 믿지 않았다.

방현령

얼마 후, 감옥에 원소의 사자가 왔다. 원소의 검과 서신을 들고 와서 전풍의 목을 가져가겠다는 사자들을 보고 옥리들은 그제야 전풍의 말을 믿을 수밖에 없었다. 전풍이 말했다. "대장부로 태어나 주인을 알아보지 못하고 섬겼으니 그것은 내가 무지한 죄다. 이제 죽게 되었으니 새삼 무엇이 애석할까!" 말을 마친 그는 스스로 목숨을 끊었다.

역사 속에서 이 세 가지 금기를 깬 충신과 어진 장수는 셀 수 없을 정도로 많았다. 하지만 현명한 군주를 만나거나 자신과 군주의 관계를 적절히 유지하면 좋은 결과를 얻을 수도 있다. 이런 사람들도 물론 적지 않으며, 당나라 시대 초기의 재상 방현령房玄齡이 그 전형적인 예다.

방현령은 무려 20년 동안이나 재상을 지내다가 일흔 살에 병으로 세상을 떠났다. 그는 시종일관 충직하고 근면한 재상이었는데 이는 결코 쉬운 일이 아니다. 방현령은 579년에 제주齊州 임치에서 태어났다. 증조부와 조부는 모두 북위北魏와 북제北齊에서 관직에 몸담았고, 아버지 방언겸房彦謙은 당시 저명한 학자로 조정은 물론 민간의 재주가 뛰어난 이들과 두루 교류했다. 수隋나라에서 관직에 몸담았던 그는 날카로운 정치적 감각으로 머지않아 수나라의 운명이 다할 것을 예감하고 관직에서 물러났다. 임기 중에는 백성의 살림살이를 위해 힘써 현지 백성의 두터운 사랑을 받았다.

이런 분위기의 집안에서 태어난 방현령은 자연스럽게 어린 시절부터 나라를 다스리고 백성을 보살피는 것을 뜻으로 삼았다. 아울러 뛰어난 정치적 통찰력을 익혔다. 수나라 문제文帝 시기에 대부분 사람은 수나라의 공덕을 찬양했지만, 방현령은 그 뒤에 숨어 있는 위기를 간파했다. "수나라는 본래 왕권을 찬탈해 세운 왕조로 백성에게 덕을 쌓지도 않았을 뿐만 아니라 단지 백성을 기만하고 있다. 지금 형제간에는 또다시 황위를 놓고 싸움을 벌이고 귀족들은 향락에 빠져 아귀 다툼을 하고 있으니 이런 왕조는 오래지 않아 멸망할 것이다." 과연 방현령의 예언은 적중했다.

방현령은 훌륭한 인격도 갖췄다. 효자였던 그는 계모에게도 효심이 지극했다. 계모가 병이 나서 의원을 불러와 약을 짓는 날이 많았는데, 의원이 집에 오면 눈물을 흘리며 극진히 대접했다. 계모가 죽자 상심하여 식음을 전폐한 나머지 몸이 장작처럼 비쩍 마르기도 했다. 아버지에게는 더 말할 필요도 없다. 아버지가 몸져누운 지 백 일이 되었다. 긴 병에 효자 없다는 말도 있지만 방현령은 시종 극진하게 병시중을 들었다. 밤중에라도 언제든지 재빨리 아버지에게 가볼 수 있게 늘 옷을 입은 채로 잠자리에 들었으니, 그 효심이 얼마나 지극했는지 상상할 수 있을 것이다. 이러한 성품은 훗날 그가 큰 업적을 이루는 데 중요한 역할을 했다.

당시 수나라의 사부시랑史部侍郎, 관리의 선발과 인사를 관리하는 직책 고효기高孝基는 그를 이렇게 평가했다. "나는 많은 젊은이를 만나보았지만 방현령 같은 이는 처음이었다. 그는 분명히 위대한 사람이 될 것이다."

이연李淵이 태원太原에서 수나라에 반기를 들었을 때, 방현령은 습현隰縣, 현재의 산시 성(山西省) 편양(汾陽)에서 현위縣尉를 지내고 있었다. 이연은 둘째 아들 이세민李世民, 훗날의 당나라 태종을 보내 위수渭水 이북 지역을 평정하게 했다. 수나라의 멸망이 머지않은 때, 방현령은 수많은 세력 가운데 특히 이세민이 뒷받침하는 이연의 세력을 눈여겨보았다. 그리고 대의를 지키며 민심을 얻은 그들은 언제나 어진 인재들을 예로써 대하니 반드시 천하를 얻을 것이라 판단했다. 그래서 방현령은 수나라의 관직을 버리고 이세민에게 갔다. 당시 그는 가슴속 가득 원대한 계획을 품고 800리 떨어져 있는 이세민을 찾아갔다. 이야기를 시작하자마자 두 사람은 금세 의기투합했다. 이세민은 즉시 그에게 위북도渭北道 행군기실참군行軍記室參軍의 중책을 맡기고 중요한 모사로 대했다. 이렇게 갈라놓을 수 없는 인연을 맺은 이세민과 방현령은 그때부터 30년 동안 긴밀하게 협조하며 각각 명군과 명재상이 될 수 있었다.

방현령은 이세민과 함께 수많은 전투에 참여했다. 그는 대장 이세충李世充이 수나라를 평정하는 데 적극적으로 책략을 냈고, 결국 전투를 승리로 이끄는 데 큰 공을 세웠다. 전투 기간에 방현령은 이세민과 함께 왕원지王遠知라는 도사를 만나러 갔다. 천 년 전의 일이나 500년 전의 일을 내다볼 수 있을 만큼 용한 도인이라는 소문이 있었기 때문이다. 평민 차림을 한 이세민을 보고 왕원지는 황송한 표정으로 말했다. "곧 태평 천자가 될 것이니, 부디 자중하십시오." 이때부터 방현령은 흔들림 없이 이세민을 따르며 그가 천하의 주인이 되도록 더욱더 힘써 보좌했다.

당나라가 세워진 후 이세민은 전쟁에서 세운 혁혁한 공을 인정받아 진왕秦王에 봉해졌고, 당나라 왕조에서 특별히 만들어진 천책상장天策上將에 임명되어 세력이 더욱 강해졌다. 그는 또 인재들을 불러 모으는 일도 게을리하지 않아 자기 휘하에 이른바 십팔학사十八學士을 두었다. 그중 방현령, 두여회杜如晦, 육덕명陸德明, 공영달孔穎達은 경학經學에 정통했으며 요사렴姚思廉, 우세남虞世南은 서예로 이름을 떨쳤고, 나머지 10여 명도 모두 당대의 걸출한 인재로 이름을 날렸다. 십팔학사 가운데 제일로 꼽힌 이가 바로 방현령이다. 진왕부秦王府가 세력을 키운 수년 동안 진왕 이세민을 위해 인재를 모으는 것이 방현령이 맡은 중요한 임무 중 하나이기도 했다.

『구당서·두여회전舊唐書·杜如晦傳』에 따르면, 처음에 두여회는 병사의 훈련을 돕는 병조참군으로 별 볼 일 없는 직책을 맡고 있었다. 훗날 진왕부가 각지에 인재들을 파견하자 두여회도 다른 지역으로 갈 것을 청했다. 이 소식을 들은 방현령이 바로 이세민에게 달려가 말했다. "왕부의 많은 인재가 다른 지역으로 빠져나가고 있습니다. 다른 이들은 별로 아깝지 않으나, 두여회는 보내서는 안 됩니다. 그는 대세를 보고 천하를 안정시킬 수 있는 대단한 인재입니다. 그러니 사방을 다스리고 천하를 얻고자 하신다면 반드시 그가 있어야 합니다."

그의 말을 들은 이세민이 감사를 표하며 말했다. "그대가 알려주지 않았다면 인재를 놓칠 뻔했소." 이세민은 즉시 명령을 거두어들이고 두여회를 중용했다. 과연 방현령의 판단은 틀리지 않았다. 두여회는 큰일을 판단하는 데 탁월한 재능을 보여 후에 '방현령의 지략과 두여회의 결단'이라는 뜻의 방모두단房謀杜斷이라는 말도 생겨났다.

두 사람은 긴밀하게 협조하며 당나라의 안정과 번영을 위해 큰 공을 세웠다. 방현령은 동과 서를 가리지 않고 전쟁터를 휩쓴 이세민을 따라다니며 각 지역의 풍속과 옛 문헌 자료를 수집하는 데도 심혈을 기울였다. 훗날 정책을 결정하는 데 참고하기 위해서였다. 각 지역의 봉기군을 평정한 후 방현령은 이세민의 명으로 임치후臨淄侯에 봉해졌고, 또 진왕부기실秦王附紀室로 승진해 모든 군사와 정치 문서를 관리했다. 그는 많은 문서의 초안을 손수 작성했다. 역사는 예리한 사고력과 뛰어난 문장력, 그리고 올곧은 기개를 갖춘 그를 이렇게 평가했다.

"진왕부에 있던 10여 년 동안 모든 공문을 관리한 그는 단 한 치의 망설임 없이 타고 가던 말을 멈추고라도 상소를 썼다. 문장은 간단하지만 그 내용은 풍부하여 초고를 쓸 필요도 없을 정도였다.

태자 이건성李建成은 당나라 고조 이연의 총애를 받았다. 그는 이를 무기로 아우인 제왕 이원길李元吉과 함께 이세민을 핍박했다. 어느 날, 이건성이 초대한 연회에 참석해서 술을 마신 이세민은 갑자기 심한 복통을 느꼈다. 겨우 집으로 돌아간 그는 피를 한 말이나 토한 후 겨우 목숨을 건질 수 있었다. 그리고 며칠이 지나 세 부자가 사냥을 나가게 되었다. 웬일인지 이건성이 이세민에게 특별히 준비했다며 말 한 필을 주었다. 그런데 이세민이 말을 타고 사슴을 쫓으려 하자 갑자기 말이 발작을 일으켰다. 미쳐 날뛰는 말의 등에서 떨어진 이세민은 거의 죽을 뻔했다. 이건성은 여기에서 멈추지 않았다. 또 며칠 후 이원길의 출정식에서 이세민을 죽일 계획을 세운 것이다. 이쯤 되면 이 형제는 이미 한 하늘을 함께 이고 살지 못하는 원수라고 해도 무방했다. 이를 알아차린 방현령은 이세민에게 먼저 이건성과 이원길을 죽이자고 했다. 방현령의 재촉에 이세민은 긴급 군사 회의를 열었다. 그들은 현무문玄武門에 병사들과 함께 숨어 있다가 이건성이 대전에 오르자 기습했다.

이 현무문 정변에서 이건성과 이원길을 죽인 이세민은 태자 자리에 올랐고 얼마 후 황제가 되었다. 이세민은 황위에 오른 후에 공을 세운 신하들에게 벼슬과 상을 내렸는데 이에 관해 아주 재미있는 기록이 있다.

9월 24일, 황제는 직접 장손무기長孫無忌 등의 작위와 봉읍을 정하고 진숙달陳叔達을 시켜 대전 아래에서 발표하게 했다. 발표에 앞서 황제가 말했다. "그대들의 공에 따라 순서대로 상을 정했지만 어쩌면 부적절한 부분이 있을지도 모르겠소. 그러니 의심의 여지가 있다면 거리낌 없이 말하도록 하시오." 그러자 서로 공을 다투는 장수들의 목소리로 한순간에 와자지껄해졌다. 그때 회안왕淮安王 이신통李神通, 이세민의 숙부이 앞으로 나서며 말했다. "신은 가장 먼저 폐하의 부름에 응답해 관서에서 병사를 일으켰습니다. 하지만 방현령, 두여회 등은 고작 붓 놀리는 재주로 저보다 큰 공을 세웠다 하시니, 도저히 받아들일 수 없습니다." 그러자 황제가 대답했다. "숙부께서는 가장 먼저 거병에 동참하셨습니다만 그것은 화를 피하기 위해서였습니다. 훗날 두건더竇建德이 산동을 삼키려 할 때 숙부의 군대는 전멸했습니다. 또 유흑달劉黑闥이 반란을 일으키자 숙부는 그 소문만 듣고 달아나셨지요. 하지만 방현령 등은 장량張良, 유방이 서한을 세우는 데 큰 공을 세운 개국 공신의 한 명으로 탁월한 지략가로 꼽힌다 – 옮긴이처럼 장막 안에서 지략을 내며 가만히 자리에 앉아서도 사직을 평안케 할 정도의 능력을 보였으니, 그 공이 숙부를 앞서는 것이 당연하지요. 제가 어찌 친족인 숙부에게 인색할 수 있겠습니까? 다만 사적인 정에 이끌려 함부로 논공행상을 하지 않을 뿐입니다." 그 말을 듣고 장수들이 입을 모아 말했다. "황제는 실로 공명정대한 분이십니다. 회안왕에게조차 사사로운 감정이 없으시니 우리가 어찌 감히 그 분부를 따르지 않겠습니까?" 신하들은 모두 진심으로 황제의 말을 따랐다.

630년, 즉 당나라 태종 이세민이 즉위한 지 사 년째 되던 해에 방현령은 상서좌부사尚書左仆射로 임명되어 재상의 자리에 올랐다. 그리고 일흔 살에 병으로 죽기 전까지 무려 20년 동안이나 충실하게 재상직을 수행했다.

재임 기간에 남다른 근면함과 충성심으로 많은 공을 세운 방현령은 훌륭한 재상으로 칭송받았다. 역사서는 그를 이렇게 평가하기도 했다. "밤이나 낮이나 수많은 관아를 관리하며 모든 문제를 신중하게 처리하고 어떤 일도 부당하게 처리하는 법이 없었다."

방현령은 누구보다 신중하게 인재를 선발했고, 당나라 태종도 인재 선발의 중요성을 늘 강조했다. "관리를 뽑고 쓰는 것은 소홀히 할 수 없는 일이다. 군자 한 명을 뽑으면 수많은 군자가 그를 흠모하여 찾아오고, 소인배를 임용하면 수많은 소인배가 줄을 대기 위해 찾아오기 때문이다." 방현령은 사람의 능력을 정확히 판단하고 적재적소에 쓸 줄 알았다. 그래서 늘 당나라 태종에게 알맞은 인재를 추천해 중용할 수 있게 했다.

태종의 태자 이치李治의 아래서 태자우위솔太子右衛率, 태자의 경호를 담당하는 직책 직을 맡은 이대량李大亮이라는 인물이 있었다. 방현령은 심지가 곧은 이대량을 서한의 충신인 왕릉王陵과 주발周勃에 비교하며 중용할 것을 건의했다. 얼마 후 이대량은 방현령의 보좌인이 되었다. 방현령은 인재를 융통성 있게 이용할 줄 알았다. 그는 결코 완벽한 인재를 원하지 않았다. 오히려 모든 단점을 덮을 수 있는 장점 한 가지가 있다면 주저하지 않고 등용했다. 하지만 확실히 마음에 드는 인재가 없으면 아무리 급하고 중요한 자리라 할지라도 차라리 공석으로 비워둘지언정 아무나 뽑지 않았다. 특히 국가의 재정을 담당하는 관리는 더욱 신중하게 뽑았다. 나라의 이익 및 민생과 직결되는 자리이므로 반드시 인재 선발 기준을 충족해야 했기 때문이다.

두여회

이런 고집 때문에 험담을 듣는 일
도 종종 있었다. 또 그가 권력을 나
눠 가지기 싫어서 일부러 고집을 피
우는 것이라고 비난하는 이도 있었
다. 하지만 무엇보다 나라의 이익을
먼저 생각하는 방현령에게 그런 험
담쯤은 아무것도 아니었다. 방현령
은 나랏일이라면 작은 일도 하찮게
여기지 않고 무엇이든 꼼꼼하게 살
피며 처리했다. 궐 안의 물품 재고 조사나 건물 축조, 군수 물자 관리 혹은 사
법 문제에 이르기까지 그가 관여하지 않는 분야가 없을 정도였다. 그래서 역
사서에는 그가 "일의 크고 작음을 가리지 않고 모두 중히 여겼다"라는 평가
가 기록되어 있다. 덕분에 많은 사람들이 그의 행동을 칭송했다.

방현령은 이세민에게 충언을 아끼지 않았다. 당나라의 재상 위징魏徵처럼
무례하기까지 한 정도는 아니었지만 언제나 자신의 의견을 솔직하게 이야기
했다. 위징조차 그런 방현령을 존경하며 이렇게 말했다. "무슨 일이든 몸소
행하며 할 말은 모두 하고 마는 점에서는 나는 방현령만 못하다."

이를 알 수 있는 일화를 하나 살펴보자. 어느 날, 당나라 태종이 대신들에
게 물었다. "예부터 개국 황제가 자손에게 왕좌를 물려줄 때 반란이 끊이지
않은 이유는 무엇인가?" 방현령이 거침없는 말투로 대답했다. "황상은 자손
을 총애하지만 그 자손은 부유한 궁궐에서 자라 세상 물정을 모르고 국가의
안위에는 관심이 없으며 재능을 단련할 기회도 없었기 때문입니다."

중국의 대표적 명군明君으로 꼽히는 당나라 태종도 황당한 일을 적지 않게

했다. 그중 하나가 고려와의 전쟁이다. 전쟁은 고려 백성에게 큰 재난이기도 했지만 당나라 백성도 이 때문에 막대한 손실을 입었다. 일례로 몇 년 동안 계속된 전쟁으로 당나라에는 말이 열에 일고여덟 마리씩 줄어들었다. 648년에 당나라 태종은 두 번째로 고려를 침범했다. 당시 병이 깊어 자리에서 일어나지도 못하던 방현령은 그 소식을 듣자마자 지체 없이 당나라 태종에게 상소를 올렸다. 그리고 아들들을 불러놓고 이렇게 말했다. "오늘날 천하가 안정되고 모든 것은 제자리를 찾았지만 동쪽의 고려를 공격하는 것은 장차 나라에 큰 화가 될 것이다. 살날이 얼마 남지 않았지만 이를 알면서도 입을 다문다면 죽어서도 눈을 감을 수 없을 것이다." 방현령의 상소를 읽은 태종은 감격의 눈물을 흘리며 이렇게 말했다. "위독한 중에도 나와 나라를 걱정하니 실로 대단한 충심이구나!"

충성심이 뜨거웠던 방현령은 또한 심성이 너그러워 많은 사람이 따랐다. 사람들과도 거리낌 없이 잘 어울린 그는 상대방의 장점을 잘 간파했다. 그 능력으로 가장 덕을 본 사람은 아마도 두여회일 것이다. 역사서에서는 두여회가 이렇게 평가된다. "당시 나라와 군사에 관련된 일이 매우 많았지만 두여회는 마치 물 흐르듯 거침없이 모든 일을 처리했다." 과감한 결단력을 갖춘 두여회를 눈여겨본 방현령은 태종이 지략을 세울 때 적극적으로 두여회를 참여시켰다. 그처럼 방현령은 "두여회가 아니라면 누가 계책을 내고 결정하겠는가!"라고 말하며 그에게 무한한 신뢰를 보냈다. 두 사람은 어떤 일에서든 의기투합했다. 방모두단, 즉 '방현령의 지략과 두여회의 결단'이라는 말처럼 두 사람은 언제나 상호 보완하며 긴밀하게 협조했다. 이들은 서로 이익을 차지하려고 아귀 다툼을 벌이는 보통의 관리들과 대조되는 모습을 보이며 역사 속 아름다운 이야기의 주인공이 되었다.

어려서부터 방현령은 과거 왕조들의 몰락에서 교훈을 찾아내고는 했다. 그는 이를 바탕으로 서적을 편찬하기도 했는데 그중 하나가 『진서晉書』다.

648년에 방현령의 병이 위독해지자 태종은 계속해서 사람을 보내 그의 건강을 살폈다. 그리고 마침내 방현령은 이세민의 손을 꼭 잡고 세상을 떠났다. 그가 떠나자 가슴 아프게 우는 당나라 태종의 모습은 그동안 두 사람의 정이 얼마나 깊었는지를 보여주기에 충분했다.

방현령이 늘 좋은 평가를 받은 이유는 세 가지가 있다. 첫째, 당시 상황을 정확히 판단해 재빨리 이세민의 편에 섰다. 둘째, 근면함과 충성심으로 이세민을 사로잡았다. 셋째, 권력을 잡아 이세민을 위협하는 금기를 범하지 않았다. 그는 자신에게 부여된 권력을 대부분 이세민을 보좌하는 데 사용했다. 폭정이 이루어진 시기를 제외하고는 누구나 이 세 가지를 지킨다면 높은 관직에 올라 오랫동안 자리를 지킬 수 있다. 운이 좋아 시대의 명군을 만난다면 천하 통일을 이루게 할 수도 있다.

태평한 시대에는 천자는 쉽게 자리를 보존할 수 있으나 재상은 그 반대다. 군주를 보좌하는 것은 호랑이 옆에 있는 것과 같이 위험하기 때문이다. 그럼에도 방현령은 무려 20년 동안이나 당나라의 재상을 맡았으며, 살아생전이나 죽은 후에나 한결같이 최고의 평가를 받고 있다. 이는 절대 아무나 할 수 있는 일은 아니다.

누군가는 사람을 속이는 가장 좋은 방법은 바로 진실과 성실이라고 했다. 그 말에 완전히 동의할 수는 없지만, 좋은 사람이 되는 가장 좋은 방법이 그것이라면 아마 누구도 반박하지 못할 것이다. 하지만 여기에도 원칙은 있다. 바로 '책략'이다. '책략' 없는 진실과 성실은 바보짓에 불과하다.

대업을 이루는 인의도덕仁義道德

세상에 태어났다고 해서 세상사의 모든 이치를 아는 것은 아니라는 말이 있다. 어쩌면 실패의 원인은 엇비슷할지도 모른다. 하지만 모든 성공 스토리 뒤에는 저만의 특징과 성공 비결이 숨어 있게 마련이다.

　이것은 역사 이야기다. 이 이야기를 듣고 가슴속 깊은 곳부터 시작되는 변화를 느낄 수 있을지 모르겠다.

　춘추 전국 시대, 제나라 희공僖公에게는 제아諸兒, 규糾, 소백小白이라는 아들 셋이 있었다. 희공이 포숙鮑叔에게 소백을 가르치게 했는데 포숙은 병을 핑계로 거절했다. 이 일을 전해 들은 관중이 소홀召忽과 함께 포숙을 찾아가 물었다. "어찌 군주의 명령을 거절한 것이오?" 포숙이 대답했다. "선인들은 아들을 가장 잘 아는 사람은 아버지요, 신하를 가장 잘 아는 이는 임금이라 했소. 군주는 제 능력이 모자란 것을 알고 소백이나 가르치라 한 것이오. 이를 알면서도 어찌 응할 수 있겠소?" 그의 말을 듣고 소홀이 말했다. "그 결심을 끝까지 지키도록 하시오. 그대가 병으로 금방 죽을 것 같다고 전해주겠소. 그러면 주군께서도 명령을 거둘 것이오." 이에 포숙이 대답했다. "참으로 고맙소." 그런 두 사람에게 관중이 강경하게 말했다. "아니 되오. 나랏일을 하는 사람은 군주의 명을 거역해서는 안 되고 편안함을 탐해서도 안 되오. 장래에 누가 왕위를 계승할지는 아무도 모르니 일단 명을 따르시오." 그러자 소홀이 반박했다. "아니 되오. 지금 우리 세 사람은 마치 솥발처럼 제나라를 받치고 있소. 하나가 없어지면 바로 서기 어렵단 말이오. 아무리 생각해도 소백이 왕이 될 리는 없으니 나 역시 그대가 소백을 가르치는 것을 반대하오." 관중은 고개를 저으며 말했다. "그렇지 않소. 규의 어머니를 미워하는 백성의 마음이 이제 규에게까지 향하고 있소. 반면에 어머니를 잃은 소백을 동정하는 자가 많은 것도 사실이오. 장자 제아는 성품이 천박하여 왕의 재목은 아니라고 생각하오. 아마 규 아니면 소백이 왕위를 이을 것이오. 소백은 성격이 급하지만 멀리 내다볼 줄 아는 인물이오. 지금은 나 외에는 누구도 그 점을 발견하지 못했을 뿐이오. 장차 소백이 왕이 되었을 때 그대가 아니라면 누가 나라를 안정시킬 수 있겠소?" 이 말은 훗날 소백에게 투항한 관중의 태도를 어느 정도 정당화해 주기도 한다.

그의 말을 듣고 소홀이 말했다. "주군이 세상을 떠나신 후 누군가가 주군께서 세우신 후계자를 내치고 왕위를 빼앗는다면 더 이상 살아 무엇하겠소? 주군의 명령을 지켜 그분이 세운 왕을 보좌하는 것이 바로 내가 할 일인데 말이오." 관중이 말했다. "내 생각은 다르오. 신하는 주군의 명령을 받들어 나라를 지키는 자요. 그런데 어찌 개인을 위해 죽는단 말이오? 만약 나라가 망하고 종묘사직이 훼손되고 더 이상 조상의 제사를 지낼 자가 없다면, 나는 그때 목숨을 끊을 것이오. 그렇지 않다면 반드시 살아야지요. 내가 사는 것이 제나라에는 이득인데 어찌 스스로 죽는단 말이오?"

포숙이 고개를 끄덕이며 물었다. "그렇다면 어떻게 하는 것이 좋겠소?" 관중이 대답했다. "이제 자리를 털고 일어나 주군의 명령을 받으시오. 다시 말하지만 나라와 주군에게 두 마음을 품어서는 아니 되오."

희공이 가장 아낀 세 사람은 각기 소신을 밝히고 제나라를 위한 큰 계획을 세웠다.

희공은 조카 공손무지公孫無知를 누구보다 아꼈다. 그런 희공이 죽은 후 뒤를 이어 즉위한 제아, 즉 양공襄公은 그동안 공손무지가 누리던 모든 특혜를 거두어들였다. 공손무지는 이 일로 양공에게 깊은 앙심을 품었다.

훗날 제나라 양공은 관지부管至父와 연칭連稱의 군대를 변경에 보내 주둔시켰다. 처음에 양공은 두 사람에게 일 년 후 박이 익을 때쯤 불러들이겠다고 약속했는데, 때가 되어도 날짜를 자꾸 미루기만 했다. 초조해진 두 사람은 계속 사람을 보내 돌아갈 것을 청했지만 양공은 끝내 받아들이지 않았다. 화가 난 관지부와 연칭은 반란을 일으키기로 했다.

그러던 어느 날, 노나라 환공桓公이 제나라를 방문하기로 했다. 그가 제나라 출신인 부인 문강文姜을 데려가려고 하자 신유申兪가 말리며 말했다. "가정이 있는 여인과 아내가 있는 사내는 서로 가벼이 여기지 않는 것이 예의입니다." 하지만 노나라 환공은 신유의 말을 대수롭게 여기지 않았다.

제나라 희공의 딸 문강은 얼굴도 아름다웠을 뿐만 아니라 경서에도 두루 통달했다. 배다른 오빠 제아는 이런 문강을 몰래 마음에 두고 있었는데, 결국 두 사람은 애인 사이가 되었다. 훗날 문강은 환공에게 시집을 갔고 제아는 즉위하여 제나라의 양공이 되었다. 15년 후, 환공이 문강을 대동하고 제나라에 온다는 소식을 들은 양공은 흥분을 감출 수 없었다. 그는 국사를 팽개치고 당장 문강을 맞으러 갔다. 환공에게 방을 내어준 양공은 여동생 문강만 궁으로 데려와 밤을 보냈다. 양공은 다음 날 아침 해가 중천에 떴을 즈음에야 겨우 노나라 환공을 만나러 갔다. 그때 이미 어젯밤 일을 전해 들은 환공은 문강을 호되게 질책했다. 하지만 문강은 부끄러워하기는커녕 오히려 발악하며 대들었다. 제나라 땅이라 어쩔 도리가 없던 환공은 양공에게 작별 인사를 하고 서둘러 노나라로 돌아가려 했다. 그런데 이미 두 사람이 싸운 사실을 전해 들은 양공이 아무런 내색도 하지 않고 환공에게 우산牛山으로 놀이나 가자고 청했다. 홧김에 술을 마시고 잔뜩 취한 환공은 인사불성이 되어버렸다. 그러자 양공은 공자 팽생彭生을 시켜서 환공을 수레에 태워 데려다 주게 했다. 이때 미리 양공의 지시를 받은 팽생은 수레 안에서 환공을 압사시켜 버렸다. 일을 마친 그는 환공이 술을 너무 많이 마신 탓에 중풍으로 죽었다고 헛소문을 퍼뜨렸다.

제나라 양공과 문강의 추문은 금세 제나라와 노나라에 퍼졌다. 이에 두 아들을 볼 낯이 없었던 문강은 꾸물거리며 노나라로 향했다. 그러나 결국 국경에 도착해서는 더 이상 걸음을 떼지 못했다.

대신 한 명이 양공에게 말했다. "공자 팽생은 이 나라에서 주군 다음으로 지위가 높습니다. 하지만 신들의 충고를 듣지 않고 주군의 얼굴에 먹칠을 했지요. 이제 이 일로 가족을 잃고 두 나라가 원수지간이 되었으니 반드시 그 죄를 물어야 합니다. 신이 보기에 화의 원인은 모두 팽생입니다. 대왕께서는 이미 한순간의 분노를 참지 못하시고 더 큰 화를 부르셨습니다. 이제 어리석은 팽생을 용서하신다면 그야말로 부끄러움을 모르는 처사요, 팽생 하나로는 해결할 수 없는 지경이 됩니다. 노나라가 병사를 일으켜 우리의 죄를 묻는다면 분명히 팽생을 핑계로 댈 것입니다."

2월에 노나라 사신이 제나라를 찾아와 말했다. "우리 주군께서는 제나라 군주의 명망을 존경하여 직접 제나라를 방문한 것입니다. 그런데 외교의 예를 행하고도 살아 돌아오지 못했으니 그 죄를 누구에게 물어야 합니까? 아마 이 문제를 풀 수 있는 사람은 팽생뿐인 것 같습니다." 이에 제나라는 팽생을 죽여 사죄를 대신하고 화를 피했다.

5월에 제나라 양공이 패구貝丘로 사냥을 떠났다. 풀숲에서 사람처럼 두 발로 꼿꼿하게 선 멧돼지를 발견한 시종들이 소리쳤다. "공자 팽생이다." 그 말을 들은 양공이 버럭 화를 냈다. "팽생이 무슨 낯으로 나를 만나러 왔단 말이냐?" 그는 바로 활을 쏘았다. 그러자 멧돼지는 사람처럼 두 발로 서서 울었다. 깜짝 놀란 양공은 그만 수레에서 떨어져 다리가 부러졌고, 그 와중에 신발까지 잃어버렸다. 숙소로 돌아온 그는 비費라는 시종에게 신발을 찾아오게 했다. 비가 신발 한 짝을 끝내 찾아오지 못하자 양공은 분풀이라도 하듯 채찍으로 흠씬 두들겨 팼다. 온몸이 피투성이가 되어 겨우 도망친 비는 우연히 반란을 준비하던 무리와 마주쳤다. 그 무리는 계획이 새어나가지 않도록 비를 죽이려 했다. 하지만 비는 기지를 발휘해 몸에 난 상처를 보여주며 자신도 양공에게 원한이 있다고 말했다. 그 말을 믿은 반란군은 비를 먼저 들여보내 양공을 포박하게 했다. 하지만 비는 결국 양공을 숨기고 다시 나와서 이들과 싸우다가 죽었다. 시종 석지분여石之紛如 역시 온힘을 다해서 싸우다가 섬돌 위에서 최후를 맞았다. 또 다른 시종 맹양孟陽은 양공으로 변장하고 침상에 누워 있다가 반란군에게 죽임을 당했다. 얼마 후 그의 생김새가 양공과 다른 것을 알아챈 반란군은 진짜 양공을 찾기 위해 사방을 헤집고 다녔다. 그때 침대 아래로 보이는 다리를 잡아 끌어내서 보니 바로 제나라 양공이었다. 반란군은 가차 없이 단칼에 그를 죽였다. 그리고 뒤를 이어 공손무지가 왕이 되었다.

일이 이렇게 되자 다른 공자들은 제나라에 남아 있을 수 없었다. 포숙아는 공자 소백을 데리고 영莒나라로 도망쳤고, 관중과 소홀은 공자 규와 함께 노나라로 갔다.

기원전 685년에 공손무지가 살해당하고, 제나라는 잠시나마 안정을 되찾았다. 얼마 후 제나라 조정은 다른 나라로 몸을 피한 공자들에게 사신을 보냈다. 하루빨리 제나라로 돌아와 국상을 치르라는 것이었다. 이제는 누가 먼저 제나라에 도착하느냐가 문제였다. 먼저 도착하는 사람이 왕이 되는 것이었다. 물론 손윗사람인 규가 왕위를 잇는 것이 당연했다. 제나라의 대신들도 당연한 듯 공자 규를 왕으로 옹립할 준비를 하고 있었다. 하지만 소백이 있는 영나라는 제나라와 가까웠다. 만약 소백이 먼저 제나라에 도착한다면 상황은 예기치 않은 방향으로 흘러가게 되었다. 이런 모든 것을 염두에 둔 노나라 장공莊公은 직접 말을 준비시키고 조말曹沫을 대장으로 삼아 공자 규를 호송하도록 했다. 왕위를 뺏기지 않겠다는 심산이었다. 군대가 출발을 알릴 때쯤 관중이 장공에게 말했다. "공자 소백이 먼저 당도하면 골치 아파집니다. 신이 가벼운 말을 타고 앞서 가 그들을 막아보겠습니다." 장공의 허락을 받은 관중은 겨우 병사 수십 명만 이끌고 나는 듯이 달렸다. 곧 날이 어둑해졌다. 공자 소백의 행렬이 막 근처를 지났다는 소식을 들은 관중은 더욱 속도를 높여 드디어 그들을 따라잡을 수 있었다. 소백의 군대를 마주한 관중이 먼저 소리 쳤다. "공자께서 제나라의 왕이 되고 싶어 제나라로 가신다면 잘못된 생각입니다. 국상을 위해 제나라로 돌아가려고 한다면 그러실 필요도 없습니다. 곧 공자의 형님인 규 공자께서 제나라에 도착할 것이기 때문입니다." 그의 말을 들은 포숙은 화를 참을 수가 없었다. 둘도 없는 친구 사이였지만 주인이 다르

니 어쩔 수 없는 일이기도 했다. 포숙이 관중을 엄하게 꾸짖자 그 주위를 둘러싼 병사들도 일제히 소리를 지르며 위협했다. 형편없이 모자란 병력으로 싸울 수는 없는 노릇이었다. 관중은 대신에 몰래 소백에게 화살을 쏘았다. 관중의 화살은 소백의 허리를 맞췄다. 말에서 떨어진 소백은 입에서 피를 토하며 쓰러졌다. 한눈에도 생명이 위태로워 보였다. 화살 하나로 공자 소백을 죽인 관중은 병사들과 함께 재빨리 도망쳤다. 곧 공

자 규의 진영으로 돌아온 관중은 느긋하게 행군하라고 명했다.

그런데 사실 관중이 맞힌 것은 소백의 허리띠였다. 옛날 사람들의 허리띠는 길고 넓었는데, 철이나 동으로 고리를 만들었다. 화살은 공교롭게도 이 고리에 박혀 소백이 목숨을 건졌고, 임기응변에 타고난 소백은 적군을 완전히 속여 넘기기 위해 아군도 깜빡 속을 만큼 피를 토하고 쓰러지는 연기를 한 것이다. 소백은 포숙을 비롯한 신하들의 눈물 콧물을 다 빼놓은 다음에야 눈을 떴다. 이후 죽었다 살아난 소백은 일행을 이끌고 지름길로 쉬지 않고 달려 곧 제나라의 도읍 임치에 도착했다.

포숙은 공자 소백을 군주로 옹립하려 했지만 대신들의 반대에 부딪혔다. 장자는 공자 규이고 이미 그를 영접하기 위해 사람을 보냈다는 것이었다. 포숙은 조목조목 이유를 대며 대신들을 설득했다. 이미 두 번에 걸쳐 내란을 겪은 제나라는 국고가 텅 비고 국력도 약해져 있었다. 이런 위기 상황에 필요한 것은 현명하고 능력 있는 군주인데 공자 소백이 바로 그런 인재라는 것이었다. 그리고 공자 규가 왕이 된다면 결정적인 도움을 준 노나라에 보답해야 한다. 하지만 이미 텅 빈 국고로 그들의 요구를 만족시키기는 어려웠다. 과거에 정鄭나라는 송나라의 도움으로 공자 돌突을 즉위시켰다. 그 후 송나라는 이 일을 빌미로 매년 뇌물을 요구했고, 정나라의 살림살이는 점점 궁핍해졌다. 이런 정나라의 전철을 밟아서는 안 된다는 것이 포숙의 요지였다. 제나라 대신들은 저마다 고개를 끄덕이며 포숙의 의견에 동의했다. 이렇게 해서 소백이 왕위에 올랐다. 그가 제나라 환공이다.

새 군주를 옹립한 후 포숙이 노나라에 사람을 보냈다. "제나라에 새 군주가 즉위했으니 이제 공자 규를 내놓으시오." 화가 잔뜩 난 노나라 장공은 곰곰이 생각에 잠겼다. 노나라 군대가 이미 제나라 국경에 도착했으니 그대로 밀어 붙여도 괜찮을 것 같았다. 결국 두 나라의 군대가 건시乾時, 임치 부근에서 결전을 벌였고, 노나라가 크게 패했다. 이 전투로 노나라는 문양汶陽 등지를 잃었다. 제나라 군대는 승리를 만끽하지도 않고 재빨리 노나라에 공자 규를 죽이고 관중을 내놓으라고 으름장을 놓았다.

　제나라 환공이 포숙에게 물었다. "어찌하면 나라를 안정시킬 수 있소?" 포숙이 대답했다. "관중과 소홀을 얻으면 나라는 저절로 안정을 찾게 될 것입니다." 환공이 물었다. "관중과 소홀은 나의 적이지 않소?" 그러자 포숙이 과거에 세 사람이 나눈 이야기를 들려주었다. 환공은 고개를 끄덕이며 되물었다. "어찌하면 그들을 얻을 수 있겠소?" 포숙이 말했다. "서두르면 얻을 수 있으나, 그렇지 않으면 어렵습니다. 노나라의 시백施伯이 이미 관중의 재능을 눈여겨보고 있었습니다. 그는 분명히 노나라 장공을 설득해 관중에게 큰 권력을 주려고 할 것입니다. 관중이 제안을 받아들인다면 노나라는 쉽게 우리를 이길 수 있습니다. 하지만 거절한다면 장차 노나라에 큰 위협이 될 인물이니 살려두지 않겠지요." 환공이 근심 가득한 표정으로 입을 열었다. "관중이 노나라의 제안을 수락하겠소?" 포숙은 확신에 찬 목소리로 대답했다. "저는 관중을 잘 압니다. 그는 분명히 그들의 제안을 거절할 것입니다. 관중은 공자 규를 위해 죽지 않습니다. 그 누구보다 제나라의 안정을 위하는 인물이기 때문입니다. 그가 노나라의 제안을 받아들인다면 분명히 제나라가 약해지겠지요. 관중은 제나라를 배신하지 않습니다. 설령 자신이 죽을지언정 노나라의 제안을 받아들이지 않을 것입니다." 환공이 되물었다. "그가 나에게도 그럴 수 있겠소?" 포숙은 고개를 저으며 말했다. "그가 그리한다는 것은 대왕이 아닌 선대의 왕을 위해서입니다. 대왕과 공자 규 중에 관중과 더 친밀한 쪽은 공자 규입니다. 공자 규를 위해서도 희생하지 않는 그가 어찌 대왕을 위해 일한단 말입니까? 하지만 대왕께서 나라의 안정을 위해 힘쓴다면 분명히 그의 마음을 움직일 수 있습니다." 환공은 그 말에 고개를 끄덕이며 말했다. "이미 늦은 것이 아닌가 걱정이오. 어떻게 하면 좋겠소?" 포숙이 대답했다. "시백은 총명하지만 우유부단합니다. 우리가 선수를 친다면, 제나라의 미움을 살까 두려워 감히 관중을 죽이지 못할 것입니다."

　과연 시백은 노나라 장공을 찾아가 이렇게 말했다. "관중은 뛰어난 지략가입니다. 이제 그가 하려던 일이 실패했으니 큰 권력을 미끼로 그를 우리 편으로 끌어들여야 합니다. 그리하면 제나라의 힘을 약화시킬 수 있습니다. 그리하지 않으신다면 지금 그를 죽여 후환을 없애야 합니다. 마침 제나라는 관중의 죄를 묻는 데 혈안이 되어 있으니 이참에 그를 대신 죽여서 생색을 내는 것도 나쁘지 않습니다." 장공은 시백의 말을 따르기로 했다. 그런데 채 손을 쓰기도 전에 제나라 환공이 보낸 사신이 도착했다. "관중과 소홀은 제나라의 죄인입니다. 노나라가 그를 포섭하기 위해 애쓴다는 사실은 들었습니다. 그러나 사적인 욕심으로 그들을 내놓지 않는 것은 노나라가 죄인과 한패가 되는 것과 다름없습니다." 장공이 이러지도 저러지도 못하자 시백이 말했다. "관중을 저들에게 넘겨주십시오. 제나라의 군주는 성격이 급하고 오만하다고 하니 어진 인재를 얻은들 제대로 쓸 수나 있겠습니까? 그러나 만에 하나라도 제나라가 그를 중용한다면 관중은 분명 큰일을 해낼 것입니다. 관중은 좀처럼 보기 어려운 인재입니다. 그런 그가 제나라의 정치에 힘쓴다면 천하의 인심이 그에게 돌아서는 것은 시간문제입니다. 하지만 그렇다고 지금 그를 죽일 수도 없습니다. 그의 벗인 포숙이 그것을 빌미로 전쟁을 일으키려 할 것이기 때문입니다. 우리는 절대 그들을 이길 수 없습니다. 그러니 지금은 그냥 관중을 저들에게 넘겨주십시오." 노나라 장공은 관중과 소홀을 포박해서 사신에게 넘겨주었다. 제나라로 끌려가면서 관중이 소홀에게 물었다. "두려우시오?" 소홀이 대답했다. "두려울 것이 뭐가 있겠소? 내가 일찌감치 목숨을 끊지 않은 것은 모든 일이 마무리되는 것을 보려고 했기 때문이오. 이제 대강 큰 틀이 정해진 것 같으니, 만약 그대를 제나라의 좌상으로 삼고 나를 우상으로 삼는다면 대업을 이루는 것도 어렵지 않을 것이오. 하지만 주인을 죽인 자를 위해 일하는 것은 참을 수 없는 모욕이오. 나는 죽은 신하가 될 테니 그대는 살아 있는 신하가 되시오."

관중은 죄수를 호송하는 수레에 앉아 조용히 생각에 잠겼다. 제나라 환공을 설득해 자신의 목숨을 구한 사람은 분명히 포숙이었을 것이다. 하지만 노나라 장공도 바보가 아니니 분명히 뒤늦게 후회하고 자신들을 쫓아올 것이 뻔했다. 궁리 끝에 그는 노래를 지어 병사들에게 그것을 부르며 행군하게 했다. 그러자 병사들은 노래를 부르며 피곤을 잊은 채 더 빠른 길음으로 제나라로 향했다. 과연 장공은 사람을 보내 관중 일행을 추격했다. 하지만 그들이 도착했을 때 관중은 막 국경을 넘은 후였다. 관중 일행이 당부堂阜에 도착하자 포숙은 관중을 수레에서 꺼내준 후 도성으로 안내했다. 환공은 관중을 만나기 삼 일 전부터 금식하고 목욕재계를 했다. 관중에게 예를 표하기 위해서였다. 제나라 환공은 관중을 극진히 대접한 후 상국으로 임명했다. 그렇다면 소홀은 어떻게 되었을까?

제나라에 도착할 즈음, 내내 아무 말이 없던 소홀이 입을 열었다. "나는 곧 큰 권력을 얻게 될 것이오. 하지만 그전에 세상을 떠나려 하오. 내가 죽으면 공자 규에게도 죽음을 두려워하지 않은 충신이 생길 것이오. 그대는 살아서 제나라를 위한 대업을 이루어 공자 규의 살아 있는 충신이 되시오. 죽은 자는 덕을 쌓고 산 자는 공명을 이루니 삶과 죽음이 다 각기 쓰임이 있는 것이 아니겠소? 그러니 부디 힘써 일하시오."

말을 마친 그는 스스로 목숨을 끊었다. 사람들은 살아남은 관중과 죽은 소홀에 대해 이렇게 이야기한다. "소홀이 죽은 것은 살아남은 것보다 현명하고, 관중이 살아남은 것은 주인을 위해 죽은 것보다 현명하다."

기원전 711년, 제나라 환공이 관중에게 물었다. "도대체 이 나라를 안정시킬 수는 있는 것이오?" 관중이 대답했다. "대왕께서 천하를 얻으려 하신다면 나라는 절로 안정될 것입니다. 하지만 그렇지 않으시다면 안정되리라 보장할 수는 없습니다." 환공이 물었다. "내 어찌 그리 큰 뜻을 품을 수 있단 말이오? 그저 나라가 평안하면 그것으로 족하오." 관중이 아무리 설득해도 환공은 고개를 저었다. "아니 되오." 그러자 관중이 갑작스럽게 환공에게 작별을 고하며 말했다. "왕께서 제 목숨을 살려주신 것은 큰 행운이었습니다. 제가 공자 규를 위해 죽지 않은 것은 국가의 안녕 때문이었습니다. 나라를 안정시키지 못했는데도 큰 권력을 손에 쥐고 주인을 따라 죽지 않은 것은 용서받지 못할 죄입니다." 말을 마치고 막 문을 나서려는 찰나, 환공이 관중을 잡았다. 관중이 못이기는 척 돌아오자 환공은 눈물을 흘리며 말했다. "그대가 그토록 강경하게 나오니 대업을 이루기 위해 힘써 보도록 하겠소."

얼마 후 환공이 관중에게 말했다. "지금 제후들 사이의 다툼이 잠시 줄어든 듯하니 이때를 이용해 군사력을 강화시키겠소." 관중이 말했다. "안 됩니다. 지금 백성은 가장 힘든 시기를 보내고 있습니다. 그러니 먼저 백성을 돌보고 나서 군대를 강화해야 합니다. 군대를 키우는 데 힘을 쏟는 것은 백성을 사랑하는 것만 못합니다. 백성이 안정되어야만 군대가 바로 설 수 있습니다. 백성을 먼저 생각하지 않고 군대를 정비하는 데만 혈안이 된다면 밖으로는 제후들의 의심을 사고 안으로는 백성의 원망을 듣게 됩니다." 환공은 고개를 끄덕이며 말했다. "그대의 말을 따르겠소."

그래도 여전히 혼란함이 다스려지지 않자 환공이 또 관중에게 말했다. "아무래도 군사력을 강화해야겠소." 관중이 말했다. "아니 됩니다." 환공은 이번에는 그의 말을 무시하고 서둘러 군대를 정비했다. 그러던 어느 날 환공이 송 부인과 함께 배 위에서 술을 마셨다. 송 부인이 장난으로 배를 흔들어대자 깜짝 놀란 환공은 화가 난 나머지 부인을 친정으로 보내버렸다. 송 부인을 받아들인 송나라는 그녀를 채나라 왕에게 시집보냈다.

그 이듬해에 환공이 잔뜩 화가 난 목소리로 관중에게 말했다. "송나라를 쳐야겠소." 관중이 고개를 저으며 말했다. "아니 됩니다. 아직 제나라는 내정이 완전히 안정되지 않았습니다. 그런 상황에서 전쟁을 벌이면 이길 수 없습니다." 하지만 환공은 관중의 충고를 듣지 않고 송나라에 전쟁을 선포했다. 이에 주변국들이 송나라를 지원하고 나서서 제나라는 크게 패하고 말았다. 전쟁에서 돌아온 환공이 화를 억누르지 못하고 관중에게 소리쳤다. "그대가 나를 대신해 군대를 훈련시키도록 하시오. 내 병사들이 훈련이 부족하고 병력도 충분하지 않아 제후국들이 송나라를 도운 것이오." 이에 관중이 대답했다. "아니 됩니다. 그리하면 더 큰 위험을 초래할 뿐입니다. 안으로 백성의 생필품을 빼앗아 군수 물자로 쓰고 농사지을 장정들을 전쟁에 동원하는 것은 더 큰 혼란을 일으키는 원인이 됩니다. 대외적으로도 군사력을 강화하여 제후국을 공격하면 그들의 노여움을 살 수밖에 없습니다. 그리 되면 의를 중요시하는 현명한 인재들은 제나라로 오는 것을 망설이게 됩니다. 이런 상황에 어찌 나라가 어지럽지 않을 수 있습니까" 포숙도 그를 도우며 말했다. "대왕께서는 반드시 관중의 간언을 따르셔야 합니다."

하지만 환공은 이번에도 관중의 말을 듣지 않고 무리하게 세금을 거두어 군비를 마련했다. 포숙이 관중을 찾아와 의논했다. "전에 우리는 함께 대업을 꿈꾸었소. 그런데 지금 나라가 이리 혼란하니 어찌하면 좋겠소?" 관중이 대답했다. "군주께서 성격이 급하고 변덕이 심하긴 하지만 아직 어리지 않소. 스스로 깨달을 때까지 참고 기다려봅시다." 이에 포숙이 다시 물었다. "이런 상황이 계속된다면 나라에 큰 손실이 생기지 않겠소?" 관중은 포숙을 보며 힘주어 말했다. "걱정 마시오. 나라의 일이라면 내가 이미 손을 써두었소. 그러니 기다려봅시다. 다른 제후국에는 우리만큼 현명한 재상이 없으니 한동안은 그들의 공격을 걱정하지 않아도 될 것이오."

일 년 후, 제나라의 궁에는 정권을 쟁탈하려는 피바람이 불었다. 이 일로 많은 사람이 목숨을 잃자 포숙이 근심 가득한 표정으로 관중에게 말했다. "이것이야말로 제나라의 손실이 아니오?" 관중이 대답했다. "이것이 어찌 제나라의 손실이오? 그들은 모두 이익만을 따르는 무리이니 죽는 것이 더 낫소. 내가 정말 걱정하는 것은 의로운 인재들이 제나라로 오기를 꺼리는 것이오. 게다가 제나라의 현명한 인재들도 쓰지 못하게 될까 두렵소."

그들의 이런 근심을 아는지 모르는지 환공은 또 군대를 정비했다. 즉위한 지 삼 년이 되던 해에 환공은 노나라 정벌을 준비하며 말했다. "노나라는 본래 우리의 이웃이었소. 그런데 송나라를 도와 우리와 맞섰으니 반드시 토벌해야 하지 않겠소?" 이에 관중이 말했다. "아니 됩니다. 뜻이 있는 자는 싸움을 자주 벌이지 않아 잘못을 더하지 않는다고 들었습니다. 그렇게 하면 나라는 안정되지요. 반대로 늘 싸움을 하면 작은 원한으로 큰 화를 부르는 것이 되어 상황은 위급해지게 마련입니다." 그러나 이번에도 환공은 고집을 꺾지 않고 노나라를 정벌하기 위해 장작長勺으로 갔다. 이곳에서 노나라 장공의 군대와 싸움을 벌인 환공은 또 크게 패했다.

여전히 자신의 잘못을 인정하지 못하고 환공은 분한 듯 말했다. "지금보다 병력이 3배만 많았더라도 어찌 적이 포위를 뚫었겠는가?"

그 이듬해에 환공은 또다시 군대를 정비했다. 10만 대군과 전차 5천 대를 갖춘 환공이 말했다. "병사들은 모든 훈련을 마쳤고 병력도 확충되었으니 노나라를 쳐야겠소." 관중이 한숨을 쉬며 말했다. "그렇게 하시면 제나라는 위험에 빠지게 됩니다. 대왕께서는 지금 전쟁에만 힘쓰고 계십니다. 천하에 10만 병력을 가진 나라가 결코 적지 않습니다. 그런데 우리가 적은 병력으로 대국을 치면 나라 안으로는 민심을 잃고 나라 밖으로는 제후들에게 경계심을 갖게 할 뿐입니다. 인과 예는 행하지 않고 속임수만 쓰는 나라가 어찌 위험에 빠지지 않겠습니까?"

하지만 환공은 이번에도 관중의 충고를 듣지 않고 노나라를 치러 나섰다. 노나라는 감히 맛서지 못하고 수도에서 오십 리 떨어진 곳에서 수비만 했다. 그러다 결국 노나라가 화평을 청하자 제나라도 못 이기는 척 승낙했다. 노나라는 회맹會盟. 중국에서 국가나 제후 간에 맺는 맹약 혹은 이를 거행하는 의식―옮긴이을 청하며 말했다. "노나라는 작아서 힘도 없습니다. 무기를 지니지 않고 회맹에 참석할 것이니 귀국도 그리해주시길 바랍니다. 그렇지 않으면 각 제후국은 제나라가 여전히 전쟁을 포기하지 않았다고 여길 것입니다." 환공이 승낙하자 관중이 그를 말리며 말했다. "아니 됩니다. 각 제후국은 대왕을 미워하고 있습니다. 그러니 지금 물러나는 것이 맞습니다. 만약 대왕께서 기어이 노나라를 삼키려 하시면 제후국들은 대왕을 탐욕스럽다 할 것입니다. 사단이 나면 작은 나라는 끝까지 저항하고 큰 나라는 방비를 강화할 것이니 모든 것이 제나라에 불리해집니다." 환공이 들으려 하지 않자 관중이 다시 말했다. "노나라와의 회맹에는 절대 참석하셔서는 아니 됩니다. 무기를 지니지 않겠다는 말을 설마 믿으십니까? 노나라의 조귀曹劌는 음흉한 자입니다. 맹약에는 분명히 속임수가 있을 것입니다." 하지만 환공은 끝내 무기를 지니지 않은 채 노나라 장공을 만나러 갔다.

장공과 조귀는 관중이 예상한 대로 이미 검을 준비해 가슴속 깊이 품고 있었다. 의식이 시작

춘추 시대 초의 유엽형쌍호루공문검(柳葉形雙虎鏤空紋劍)

되기 전, 장공이 품에서 검을 꺼내 들고 소리쳤다. "여기에서 수도까지는 겨우 오십 리다. 나는 일이 잘못되면 죽을 각오를 하고 여기로 왔다." 노나라 장공은 검을 든 오른손으로 제나라 환공을 겨누고 왼손으로는 자신을 가리키며 말했다. "차라리 여기에서 같이 죽자! 내가 기필코 너를 죽이리라!" 이 광경을 본 관중이 허겁지겁 달려오자 조귀는 재빨리 검을 빼들고 그를 막아서며 말했다. "두 분 군주 사이의 일이니 누구도 방해해서는 안 된다." 관중이 다급하게 말했다. "대왕, 부디 노나라의 땅을 돌려주십시오. 문수汶水를 경계로 삼으심이 좋겠습니다." 환공은 관중의 말대로 노나라에 약속한 후에야 겨우 제나라로 돌아올 수 있었다.

제나라로 돌아온 환공은 전혀 다른 사람이 되었다. 그는 관중이 말하지 않아도 먼저 나라 살림을 돌보고, 그 후에 군비를 확충하고 변방의 수비를 강화했다. 또 전처럼 툭하면 다른 나라를 침범하지도 않았다. 경거망동을 삼가고 더 이상 전쟁을 일으키지 않은 것도 이때부터였다.

일 년 후, 송나라가 기杞나라를 침범했다. 환공이 관중과 포숙에게 물었다.

"당초 내가 송나라를 토벌하려 하자 제후국들이 앞다투어 송나라를 지원했소. 그런 송나라가 기나라를 치려고 하니 당연히 나는 기나라를 도와야 하지 않겠소?" 그러자 관중이 대답했다. "자기 나라의 내정도 정비하지 않은 상태에서 바깥으로 인과 의를 행하는 것은 설득력이 없습니다. 지금 기나라에 지원군을 보내는 방법으로 인과 의를 행한다면 과연 제후국들이 대왕을 따르려 하겠습니까?" 환공이 말했다. "지금이 아니면 나중에는 송나라를 칠 기회가 없을지도 모르오." 관중이 말했다. "군주는 땅을 탐해서는 안 됩니다. 땅을 탐하면 전쟁을 해야 하며, 전쟁을 위해 병력을 모으려면 백성을 고생시켜야 하는데, 이를 위해서 군주는 거짓말로 백성을 속여야 합니다. 적에게는 비밀리에 속임수를 쓰는 것이 효과가 있을지는 모르나 백성을 속이면 절대 성공할 수 없습니다. 성공하지 못할 뿐만 아니라 혼란이 일어납니다. 일단 난이 일어나면 군주의 생명은 위험해집니다. 그래서 역대 명군들은 모두 병력을 정비하는 데 큰 힘을 쓰지 않았습니다." 그의 말을 잠자코 듣던 환공이 말했다. "그럼 어떻게 해야 하오?" 관중이 말했다. "대왕은 먼저 송나라에 사신을 보내 교섭을 시도하십시오. 그 교섭이 실패하면 기나라에 많은 재물과 높은 작위를 내리십시오. 그렇게 하시면 대외적으로 인과 의를 행하실 수 있습니다." 환공이 포숙아에게 물었다. "그대의 생각은 어떻소?" 포숙아가 대답했다. "그의 의견에 따르시는 것이 좋겠습니다."

환공이 송나라에 사신 손숙孫宿을 보내자 송나라는 교섭을 거절했다. 그러자 환공은 이번에는 기나라에 전차 1천 대와 병사 1천 명을 보냈다. 그 이듬해에 적狄나라가 형邢나라를 공격하자 형나라의 군주가 난을 피해 제나라로 왔다. 그러자 환공은 형나라 군주가 이의夷儀 땅에 성을 짓는 것을 허락하고, 전차 500대와 병사 1천 명을 보내주었다. 다시 일 년이 지나고, 적나라가 위

衛나라를 공격하자 위나라 군주가 제나라로 도망쳐왔다. 이번에도 환공이 영지와 작위를 하사하려 하자 대신들이 말렸다. "안 됩니다. 기나라, 형나라, 위나라는 모두 작은 나라라 힘이 없어 망했습니다. 그런데 대왕께서 그들에게 땅을 나누어주기만 하시면 장차 제나라 영토가 얼마나 줄어들겠습니까?" 난처해진 환공이 관중에게 물었다. "어떻게 하면 좋겠소?" 관중이 대답했다. "대왕께서는 이미 인과 의를 행한다는 명성을 얻고 계십니다. 게다가 실질적인 이득도 얻고 있으니 멈출 필요가 없습니다." 환공이 다시 포숙에게 묻자 포숙이 대답했다. "그의 말대로 하십시오." 환공은 위나라 군주에게 구성丘城과 전차 500대, 병사 5천 명을 내렸다.

이듬해에 환공이 관중에게 다음 할 일을 묻자 관중이 대답했다. "이제 나라 안의 정사를 바로잡고 백성에게 신경 쓰면 각국 제후의 믿음을 살 수 있습니다." 제나라 환공은 세금을 줄이고 시장 거래가 활발해지게 했으며 세금 제도와 상벌 제도를 정비했다. 제도를 시행한 후 관중이 또 건의했다. "병자를 돌보는 제도를 만들어야 합니다. 또 상은 있되 벌은 없는 제도를 오 년만 시행하시면 각국의 제후들이 앞다투어 대왕께 올 것입니다." 환공이 대답했다. "좋소."

오 년 후 관중이 또다시 이렇게 요청했다. "제후국들을 예로 대해야 합니다. 우리가 표범 가죽을 선물하면 제후국은 사슴 가죽을 보내고 우리가 말을 보내면 그들은 개를 보내 보답하면 된다고 규정해 주십시오." 환공은 그의 말을 따랐다. 관중은 제나라와 제후국 모두 포상 제도를 시행하게 했다. 그리고 관중은 제나라, 환공은 제후국의 포상 제도를 각각 책임졌다.

제후국의 군주가 옳은 일을 하면 예를 갖춰 축하 인사를 했고, 제나라의 명사나 백성이 훌륭한 일을 하면 상으로 옷과 음식을 내렸다. 제후국 대신들의 건의 사항도 귀담아듣고 그들의 제안이 정확하고 나라에 도움이 되면 감사의 뜻으로 인장을 보냈다.

정책을 시행한 후 환공은 또다시 관중에게 물었다. "이제 무엇을 해야 하오?" 관중이 대답했다. "총명하고 민첩한 습붕隰朋에게 동쪽의 각국을 맡기십시오. 영리한 빈서무賓胥無에게는 서쪽 나라가 좋겠습니다. 위나라는 천박하고 실리만 추구합니다. 공자 개방開方은 영민한 데다 무슨 일이든 질질 끄는 법이 없고 새로운 것을 좋아하니 위나라로 보내십시오. 노나라는 예술을 좋아하고 예를 따릅니다. 똑똑한 계우季友는 문학을 좋아하고 예의가 바르며 신용이 있으니 노나라로 보내면 됩니다. 초나라는 기교가 뛰어나고 겉치레를 좋아하며 이익을 따릅니다. 이런 나라는 도덕을 강조하기는 어려우나 작은 신용에는 목숨을 걸지요. 몽손蒙孫은 정치와 법에 밝으며 문장을 잘 꾸밉니다. 또 큰 도는 따르지 않으나 신용은 있는 자이니 초나라로 보내셔야 합니다. 그렇게 작은 나라들이 복종해오고 대국의 제후들이 가까워지기를 기다려 그들에게 그곳의 정사를 맡기면 됩니다." 환공은 관중의 말대로 각 제후국에 인재들을 보냈다. 오 년 후, 관중의 예상대로 각국의 제후들은 앞다투어 제나라를 따랐다.

얼마 후, 적나라가 또다시 이웃 국가를 침범했다. 환공은 서둘러 각 제후국에게 연락을 취했다. "즉시 병사를 보내 공격당한 나라를 도와야 하오. 큰 나라는 전차 200대와 병졸 2천 명을, 작은 나라는 전차 100대와 병사 1천 명을 보내주시오." 제후들은 기꺼이 그의 명령을 따랐다. 가장 먼저 연릉緣陵에 도착한 것은 제나라의 군대와 전차 1천 대였다. 곧이어 속속 모여든 제후국의 군대는 힘을 합쳐 적나라를 무찔렀다. 이 전쟁으로 제나라의 국제적인 명성은 더욱 높아졌다.

제나라는 작은 제후국에는 전리품을, 큰 제후국에는 영토를 나누어주었다. 하지만 수도는 그대로 남겨두었다. 이렇게 모든 일을 마무리한 환공은 전쟁에 참여하지 않은 북주北州의 제후를 비난했다.

"적나라는 감히 전차의 명을 어기고 약소국을 정벌하려고 했소. 우리는 천자의 부름을 받아 적나라와 전쟁을 벌인 것이오. 그런데도 북주의 제후가 나서지 않은 것은 천자의 명을 어긴 것이 아니고 무엇이겠소? 이는 또한 우리에 대한 예를 저버린 것이기도 하니 당연히 응징해야 하오." 제후들은 이번에도 제나라 환공의 의견에 전적으로 동의했다. 힘을 얻은 환공은 영지국令支國, 고죽국孤竹國, 산융국山戎國을 차례로 정벌했다.

이 모든 일을 마친 후, 환공이 또다시 관중에게 물었다. "이제 무엇을 해야 하오?" 관중이 대답했다. "각 제후국에 백성을 위한 식량을 비축하도록 하고, 부족한 군비는 우리가 채워줘야 합니다. 그렇게 하면 곧 그들에게 우리의 법령을 내릴 수 있습니다." 환공은 관중의 말대로 각 제후국 백성이 삼 년 동안 먹을 수 있는 양식을 비축한 후, 나머지로 군대를 정비하게 했다. 군비가 부족하다고 보고하면 제나라의 군대를 보내 도와주었다.

얼마 후 환공이 다시 물었다. "이제 무엇을 해야 하오?" 관중이 대답했다. "제후국의 군신 관계를 잘 살펴보면 그들에게 우리의 법령을 시행할 수 있습니다." 환공이 물었다. "어떤 방법으로 살펴봐야 하오?" 관중이 말했다. "첩을 아내로 삼거나 대신들을 함부로 죽이지 못하게 하십시오. 공이 없는 자들에게는 녹봉을 주지 않고, 백성이 함부로 가정을 버리지 못하게 해야 합니다. 무턱대고 건물과 제방을 짓거나 식량을 비축하지 못하게 하십시오. 땅을 마음대로 개간해서도 안 됩니다. 이렇게 일 년이 지난 후 명령을 따르지 않는 자에게 벌을 내리십시오." 제나라 환공이 법령을 공표하자 제후국은 기꺼이 따랐다.

딱 일 년이 지났을 때 오나라가 제나라의 곡성谷城을 침범했다. 그러자 환공이 지원을 요청하기도 전에 제후국의 군대들이 속속 제나라를 도우러 왔다. 환공은 전차 1천 대를 이끌고 변경으로 나가 제후들과 합류했다. 상황이 매우 불리하게 돌아가자 오나라는 전쟁을 시작도 하지 않고 꽁무니를 뺐다.

제나라로 돌아온 환공이 관중에게 물었다. "이제 무엇을 해야 하오?" 관중이 대답했다. "이제 각 제후국에 법령을 시행하십시오." 그리고 이렇게 덧붙였다. "지금부터 이 년 동안 제후들의 첫째 아들 가운데 부모에게 불효하거나 형제를 괴롭히는 자, 나라의 어진 신하를 존중하지 않는 자를 죽이십시오. 제후국의 대신들은 나라의 대사를 관장하는 자들입니다. 그런 그들이 삼 년 동안 훌륭한 정책을 내지 못했다면 벌하셔도 됩니다. 군주의 잘못을 막지 않는 대부도 벌해야 합니다. 선비나 가난한 자가 좋은 일을 했는데도 알리지 않은 관리는 반드시 처벌해야 합니다. 반대로 재능이 뛰어난 학자나 효심이 지극한 백성에게는 상을 주어야 합니다." 환공은 이번도 관중의 말을 들었다.

그때부터 제나라는 명실상부한 제후국의 우두머리가 되었다.

전쟁에 맞서기 위해 제후들끼리 연합 세력을 형성한 것이 여섯 번이요, 평화 협약을 맺기 위해 모인 것이 세 번이었는데, 모두 제나라가 중심이 되었다. 환공은 무려 42년 동안이나 나라를 다스렸다.

공자는 관중을 이렇게 평가했다. "관중이 아니었으면 우리는 오랑캐처럼 머리를 풀어헤치고 옷깃을 왼쪽으로 여몄을 것이니 누가 그 어짊만 하겠는가! 그 누가 그 어짊만 하겠는가?" 공자는 자신에게도 감히 '어질다'라고 하지 못했다. 『논어』에서 그가 '어질다'고 한 인물도 손에 꼽을 정도다. 그런 그가 『논어』에서 두 번이나 관중의 '어짊'을 칭송했다. 공자가 관중을 얼마나 높이 평가했는지 알 수 있는 대목이다.

　주인을 따라 죽지도 않았고 어떤 면에서는 분명히 모자란 부분도 있었지만, 관중은 당시 제나라가 발전하는 데 큰 공헌을 한 인물이다. 당대에 관중에 대한 평가는 두 가지로 엇갈렸다. 공자의 제자들은 관중이 의를 저버리고 인을 따르지 않았다고 비판했다. 하지만 공자는 늘 수양을 목적으로 하는 '군자다운 유학자君子儒'가 되어야 하며 지식을 얻는 데만 급급한 '소인배와 같은 유학자小人儒'가 되어서는 안 된다고 강조했다. 그러했기에 관중을 '어질다'고 평가한 것이다. 그의 평가는 틀리지 않았다.

　춘추오패春秋五覇[23]의 우두머리였던 제나라 환공이 혼란한 천하를 안정시키고 제후들의 힘을 한데 모을 수 있었던 것은 전적으로 관중의 힘이었다. 그러한 관중의 힘은 의심할 여지없이 인과 의에서 비롯된 것이다. 이처럼 인과 의로 무장한 민족의 영혼은 무엇으로도 더럽혀지지 않는다. 다만 혼란한 역사속에서는 잠시 그 모습을 감출 뿐. 적당한 시기가 오면 그것은 또 새로운 모습으로 역사의 무대에 모습을 드러낸다. 시대와 장소를 불문하고 민족의 운명을 좌우하는 것, 바로 민족의 영혼이다.

『관자管子』 참고

---

[23] 춘추 시대의 다섯 패자(覇者). 제나라의 환공, 진(秦)나라의 문왕, 초나라의 장왕(莊王), 오나라의 부차(夫差), 월(越)나라의 구천(句踐)을 가리킨다.

하늘이 사람에게 큰 임무를 맡기려 할 때

"하늘이 사람에게 큰 임무를 맡기려 할 때는 반드시 그 마음과 뜻을 먼저 힘들게 한다."

맹자가 남긴 유명한 말이다. 하늘이 누군가에게 천하를 다스리는 중대한 책임을 맡기려면 먼저 정신적·육체적으로 시련을 준다는 이야기다. 그래야만 지혜를 쌓고 재능을 키울 수 있기 때문이다. 이 말은 유가의 대표적 명언이 되었으며, 역경을 딛고 강해지고자 하는 많은 사람에게 정신적 힘이 되었다.

하지만 이 말은 비교적 특수한 역사적 상황에서 나온 것이다. 당시 맹자는 학문적으로 높은 성취를 거두고 사회적으로 큰 영향력을 미쳤기에 따르는 제자도 많았다. 하지만 아무리 노력해도 이상을 이룰 수 없었다. 맹자는 하늘이 한 왕조에 허락하는 국운이 500년이라고 주장했다. 아무리 덕이 있는 왕조라도 500년이 지나면 멸망할 수밖에 없다는 것이다. 이 이론을 증명하기 위해 맹자는 역사 사실을 근거로 들었다. 하나라의 요 임금과 순 임금 때부터 상나라 탕왕 때까지가 500여 년이었고, 상나라 탕왕 때부터 주周나라 문왕文 王 때까지가 또 500년이었다. 주나라 문왕 때부터 공자가 활동하던 때까지도 500년 정도가 걸렸는데, 공자가 아무리 하늘의 명을 받은 인물이라는 칭송을 받아도 끝내 왕좌에 앉지는 못했다. 하지만 사람들은 공자의 학설을 법처럼 받들었고, 왕의 덕을 갖추었다는 뜻에서 그를 소왕素王으로 부르기도 했다.

하지만 맹자가 살았던 시기에 주나라는 이미 700년의 역사를 이어가고 있었다. 맹자는 500년이 지나도 왕조가 바뀌지 않은 현실을 어떻게 설명해야만 할까? 이에 대해 맹자는 간단하게 설명했다. 주나라 왕조는 이미 500년의 기한을 넘겼지만, 하늘은 아직 인간 세상을 정비할 마음이 없다는 것이었다. 맹자는 하늘이 인간 세상을 위해 도덕 의식이 높은 새 왕조를 탄생시키려 한다면 그 역할을 할 사람은 자신밖에 없다고 자신했다.

맹자

맹자의 주장은 어쩌면 스스로 강해지기 위한 주문 또는 비웃음을 견디기 위한 자기 위안이었을지도 모른다. 그것이 무엇이든 상관없다. 여기서 눈여겨볼 점은 어떤 사람이든 고난과 좌절을 겪지 않고는 강해질 수 없다는 사실이다. 다른 점이 있다면 자신을 단련하는 방법의 차이다. 춘추 시대의 오패를 예로 들어보자. 춘추오패의 우두머리였던 제나라 환공은 몇 년 동안이나 실패를 겪고 나서야 비로소 관중의 건의를 귀담아들었다. 그 덕분에 대업을 향해서 한 걸음씩 나아갈 수 있었다. 진晉나라 문공은 불우한 시절을 잘 견뎌낸 결과 마침내 왕위에 올라 성숙한 정치가의 모습을 보여주었다. 이들의 이야기는 맹자의 명언을 뒷받침한다.

먼저 진나라 문공의 성공 이야기를 살펴보자. 춘추오패 가운데 가장 독특한 이력을 자랑하는 사람이 바로 진나라 문공이다. 나라가 어려운 시기에 황제가 된 그는 세상의 이치를 한눈에 파악하는 혜안慧眼이 있었다. 그래서 예순 살이라는 많은 나이에 왕위에 올랐음에도 짧은 기간 안에 진나라를 강국으로 만들었다.

춘추 시대에 자타공인 최강자이던 제나라의 세력이 점점 기울고 천하를 차지하려던 송나라 양공의 꿈이 철저하게 무너진 때, 진나라의 공자 중이重耳가 왕위에 올랐다. 그가 진나라 문공이다. 그 후 곧 제나라 환공의 뒤를 이어

2대 패주가 되었지만, 그가 그 자리에 오르기까지의 여정은 말로 다할 수 없는 고난의 연속이었다.

중이가 그처럼 빠르게 대업을 이룰 수 있었던 것은 곡절 많은 그의 인생 경험과 깊은 관련이 있다. 그의 성공 비결은 바로 '전진을 위한 후퇴'였다. 첫 번째 후퇴는 난을 피해 무려 19년 동안이나 떠돌이 생활을 한 것이다. 그는 결국 진나라로 돌아와 왕위에 올랐다. 두 번째는 초나라와 벌인 성복城濮 전투에서 삼 일 동안 구십 리를 물러난 것이다. 그러나 마지막 전투에서 승리하며 그는 패주의 지위를 굳건히 했다. 중이는 이렇듯 '전진을 위한 후퇴' 전략으로 패업을 달성했는데, 이는 기나긴 중국 역사에서도 좀처럼 찾아보기 어려운 사례다.

진나라 문공의 아버지인 헌공 이전에 진나라는 70년 가까이 전란을 겪었다. 문공의 할아버지, 즉 헌공의 아비지인 무공은 진나라를 통일하고 적장자의 혈통을 이은 이들을 후로 봉했다. 헌공은 즉위하기 전에 아버지를 따라 수많은 전투에 참여했고, 그 과정에서 형제간의 치열한 왕위 다툼을 여러 번 목격했다. 그래서 왕이 된 후에 그는 과감하게 방계 혈족을 제거하여 자신의 지위를 다졌다. 그렇게 나라 안에서 입지를 튼튼히 한 다음, 나라 밖으로 눈을 돌려 영토를 확장하는 데 힘썼다. 기원전 672년에 헌공은 여융驪戎을 공격했고, 기원전 661년에는 군대를 상군과 하군으로 편성했다. 그리고 상군은 자신이 직접 통솔하고 하군은 태자 신생申生에게 맡겨 군사력을 배로 키웠다. 곧이어 진나라 헌공은 곽虢나라와 우虞나라도 손에 넣었다. 이때 진나라는 영토가 서쪽으로는 황하와 진秦나라의 경계에 맞닿았고, 서남쪽으로는 삼문협三門峽에 이르렀다. 남쪽으로는 진晉나라와 예虢나라의 국경까지 확장했으며, 동쪽으로는 태행산太行山 자락, 북쪽으로는 오랑캐인 융, 적과 국경을 맞대었다. 이렇게 진나라는 북쪽에서 명실상부한 강대국이 되었다.

계속 이렇게 발전했다면 진나라는 쉽게 춘추오패의 우두머리가 되었을 것이다. 그런데 헌공은 나이가 들어 큰 실수를 했다. 부인의 말을 너무 믿은 것이다. 역사에서 그와 같은 실수를 한 군주는 많지만, 그 결과 진나라에는 엄청난 재난이 닥쳤다. 그때부터 진나라에는 무려 20년 동안이나 혼란이 끊이지 않았다. 그 혼란을 잠재운 중이, 즉 문공이 아니었다면 진나라는 아마 그대로 역사 속으로 사라질 뻔했을 것이다.

진나라 헌공에게는 모두 다섯 명의 아들이 있었다. 헌공의 아내 중 제강齊姜은 태자 신생과 딸을 한 명 낳았는데 나중에 이 딸은 진秦나라 목공穆公의 부인이 되었다. 훗날 헌공은 융을 멸하면서 융족의 여인 두 명을 데려와 첩으로 삼았다. 그중 호희狐姬가 중이를 낳았고, 다른 한 명이 이오夷吾를 낳았다. 또 얼마 후에 맞아들인 융의 여인 중 여희驪姬가 훗날의 해제奚齊를 낳고, 여희의 동생이 탁자卓子를 낳았다. 나이가 든 헌공은 여희를 무척 사랑해서 왕후로 삼았다. 그러자 여희는 헌공의 충신인 양오梁五, 동관폐오東關嬖五 등과 손을 잡고 자신의 아들을 태자로 만들려고 했다.

여희는 헌공을 부추겨서 태자 신생과 중이, 이오를 각각 곡옥曲沃, 포蒲, 굴屈 지역으로 내쫓았다. 국경 수비를 강화한다는 명목에서였다. 졸지에 권력의 한가운데에서 쫓겨난 공자들은 아무런 힘도 쓸 수 없었다. 이제 헌공 옆에 남은 아들은 해제와 탁자뿐이었다. 여희는 국경에 보낸 공자들을 죽여서 후환을 깨끗이 없애려고 했다.

그들을 없애기 위해서는 준비 작업이 필요했다. 어느 날, 여희가 울며 헌공을 찾아가 신생이 자신을 희롱했다고 고자질을 했다. 헌공은 여희의 말을 믿지 않았다. 아들이 아버지의 여인을 희롱하는 것이 당시로선 드문 일도 아니었지만 충성스럽고 온순한 신생만은 그럴 리가 없다고 믿었기 때문이었다. 그러자 여희는 헌공에서 직접 화원에 나와 사실을 확인해보라고 호언장담을 했다. 다음 날 여희는 신생을 화원으로 불러냈다. 착한 신생은 아무 의심 없이 여희의 말을 들었다. 미리 머리에 꿀을 발라 둔 여희는 신생을 벌이 많은 곳으로 유인했다. 단내를 맡은 벌들이 달려들자 여희는 신생에게 옷소매로 벌을 쫓아달라고 부탁했다. 그리고 자신은 벌을 피해 이리저리 도망을 다녔다. 나이가 들어 눈이 침침한 헌공이 먼 곳에서 바라보니 두 사람의 모습은 여희가 말한 그대로였다. 화가 난 헌공은 그 자리에서 신생을 죽이려 했지만 여희의 간청으로 겨우 분을 가라앉혔다. 하지만 이때부터 헌공은 신생을 의심하기 시작했다.

어느 날, 헌공의 꿈에 나타난 신생의 어머니가 아들에게 제사를 지내게 해달라고 간청했다. 헌공은 즉시 신생에서 어머니의 제사를 지내게 했다. 관례에 따르면 제사가 끝난 후 아버지에게 가장 먼저 음식을 바치게 되어 있었다. 그런데 신생이 제사에 쓴 고기를 보내왔을 때 마침 헌공은 사냥을 나가고 없었다. 고기를 대신 받은 사람은 여희였다. 엿새가 지나고 궁으로 돌아온 헌공이 고기를 먹으려 하자 여희가 황급히 말리며 말했다. "외부에서 가져온 고기를 바로 드시면 안 됩니다. 먼저 시험을 해보셔야지요." 말을 마치자마자 여희는 고기를 냅다 개한테 던졌다. 잠시 후, 게걸스럽게 고기를 먹던 개가 입에 거품을 물고 쓰러졌다. 여희는 깜짝 놀라는 척하며 이번에는 시녀에게 억지로 고기를 먹였다. 시녀마저 거품을 물고 죽어버리자 여희는 울면서 헌공의 품에 안기며 말했다. "태자가 대왕을 해치려는 것이 분명합니다."

뻔히 보이는 속임수였다. 하지만 마음 약한 신생은 아무런 변명도 하지 않았다. 이미 여희를 아끼는 아버지의 마음을 돌릴 수 없다고 생각했기 때문이다. 어떤 반항과 변명도 하지 않았던 그는 곡옥으로 돌아가 목숨을 끊었다. 일찌감치 태자를 의심하고 있던 헌공은 여희의 말을 철석같이 믿었다.

태자가 악랄한 여희에게 목숨을 잃자 중이와 이오는 목숨을 부지하기 위해 재빨리 나라 밖으로 도망쳤다. 그러자 여희의 말을 믿고 나머지 두 아들도 의심했던 헌공은 급히 중이와 이오를 추격했다. 죽기 살기로 도망치던 중이를 쫓아간 자객은 결국 중이를 죽이지 못하고 옷소매를 베는 것으로 만족해야만 했다. 중이는 외할머니의 나라인 적나라까지 도망갔고 이오는 양梁나라로 피신했다.

얼마 후, 헌공이 병으로 죽고 해제가 왕좌에 올랐다. 하지만 대신 이극裏剋과 비정邳鄭이 국상을 틈타 열한 살 난 해제를 죽였다. 해제를 옹립했던 대신 순식苟息은 탁자를 황제로 만들어 헌공의 뜻을 잇고자 했다. 하지만 이극은 탁자와 순식도 살려두지 않았다. 그동안의 모든 노력이 허사로 돌아가자 여희는 절망을 이기지 못하고 목숨을 끊었다. 진나라 헌공의 다섯 아들 가운데 셋이 죽고 둘은 나라 밖으로 도망쳐버렸으니 나라는 그야말로 엉망진창이 되었다.

진나라 목공의 부인은 태자 신생의 동생이었다. 친정이 그 지경이 되자 그는 매일 목공을 붙들고 진나라에 새로운 군주를 세워달라고 호소했다. 진나라 목공은 야심을 숨기고 중이와 이오에게 공자 집縶을 보내 상황을 살펴보게 했다. 먼저 중이를 찾아간 집이 말했다. "하루빨리 진나라로 돌아가 왕위를 이으셔야 합니다. 꾸물대다가는 이오에게 왕위를 빼앗길지도 모릅니다. 제가 도와드리지요." 그러자 중이가 눈물을 흘리며 말했다. "아버지를 잃은 슬픔이 아직 가시지 않았는데 어찌 권력을 욕심내어 선인의 얼굴에 먹칠을 할 수 있겠습니까?" 중이는 정중하게 진나라의 제안을 거절했다. 그런 다음,

공자 집은 이오를 찾아갔다. 눈물 한 방울 흘리지 않던 이오는 오히려 집에게 은근한 제안을 했다. "이미 이극과 비정이 나를 돕겠다고 나섰습니다. 일이 성공하면 그들에게 각각 밭 100만 무와 70만 무를 하사하겠다고 약속도 했지요. 만약 진나라가 나를 도와준다면 강 밖의 성 5개를 감사의 선물로 드리겠습니다." 진나라로 돌아온 공자 집은 목공에게 두 사람의 이야기를 자세히 전했다. 대신들은 모두 이오를 군주로 삼아야 한다고 주장했다. 어질고 현명한 중이 대신 욕심 많은 이오가 왕이 되면 진晉나라는 더욱 혼란해지고 그 속에서 적지 않은 이득을 챙길 수 있다는 계산 때문이었다. 목공의 생각도 다르지 않았다. 마침 제나라 환공도 이오를 군주로 옹립하는 데 찬성했다. 두 나라는 양나라에 병사를 보내 이오를 맞아들이도록 했다. 이렇게 즉위한 이오는 혜공惠公이 되었다.

이오는 교활하고 탐욕스러운 왕이었다. 그는 당초의 약속을 지키지 않고 이극과 비정을 무참히 살해했다. 나라 안을 평정한 혜공은 장차 자신에게 위협이 될 중이를 없애기로 했다. 혜공은 예전 중이를 뒤쫓은 적이 있던 자객을 다시 보냈다.

적나라에서 12년을 보내면서 중이는 많은 인재를 만날 수 있었다. 그중 유명한 인물은 호모狐毛, 호언狐偃, 조쇠趙衰, 서신胥臣, 호사고狐射姑, 선진先軫, 개자추介子推, 전힐顚頡 정도였다. 보통사람처럼 결혼을 하고 자식을 낳은 그들은 마치 적나라에 정착한 듯 보였다.

어느 날, 호모와 호언은 진나라에서 관직을 지내던 부친 호돌狐突의 편지를 받았다. 예전 중이를 죽이려 했던 자객 발제勃鞮가 사흘 안에 중이를 죽이러 올 것이라는 긴박한 소식이었다. 이 소식을 들은 중이는 황급히 짐을 꾸려 도망 길에 올랐다. 길을 떠나기 전 중이는 아내 계외季隗를 불러 놓고 이렇게 말

〈진문공복국도(晉文公復國圖)〉

했다. "만약 25년이 지나도 내가 돌아오지 않거든 재가하시오." 계외는 고개를 저으며 말했다. "사내대장부는 큰 뜻을 품어야 합니다. 그러니 걱정 말고 떠나십시오. 지금 제 나이 스물다섯. 25년이 지나면 오십 먹은 할머니인데 누가 저를 데려가려고나 하겠습니까? 제 걱정은 하지 말고 어서 가십시오." 그때 자객 발제가 하루 먼저 적나라에 도착했다는 전갈이 도착했다. 당황한 중이는 허둥지둥 도망을 쳤다. 너무 놀라 짐 보따리도 챙겨오지 못한 중이 일행은 구걸하며 끼니를 해결해야 했다.

중이 일행이 정한 목적지는 제나라였는데 그곳으로 가려면 반드시 위나라를 거쳐야 했다. 그런데 위나라는 예전에 자신들이 초구楚丘 성을 쌓을 때 도와주지 않은 일로 진나라를 미워하고 있었다. 더군다나 이제 별 볼일 없어진 중이를 도와줄 리는 더욱 없어 보였다. 과연 위나라 왕은 중이 일행을 문전박대했다. 어쩔 수 없이 그들은 위나라의 성을 빙 돌아서 제나라로 가야 했다. 그렇게 오록五鹿을 지날 때쯤 저 멀리서 농부들이 참을 먹는 모습이 보였다. 허기를 참을 수 없었던 중이는 호언에게 먹을 것을 얻어오게 했다. 그들의 복장을 보고 관리들이라 생각한 농부들이 아니꼬운 표정으로 말했다. "온종일 굶고 이제야 겨우 참을 먹는데 당신들한테 줄 것이 어디 있단 말이오? 이거나 드시오!" 말을 마친 농부는 땅에서 흙을 한 움큼 파내 호언에게 뿌렸다. 무례한 행동에 화가 난 수행 무사들이 칼을 뽑으려 하자 호언이 말리며 말했다. "백성이 땅을 주는 것은 우리가 곧 진나라로 돌아가 영토를 얻을 것을 의미하니 길조로 받아들입시다." 중이도 그제야 화를 풀고 일행과 갈 길을 재촉했다.

심한 허기로 눈앞에 별이 보일 때쯤 개자추가 고깃국 한 사발을 얻어왔다. 중이는 앞뒤 가리지 않고 다짜고짜 국 한 그릇을 쓱싹 비웠다. 국을 다 먹은 중이는 그제야 그것이 개자추의 허벅지 살로 끓인 것임을 알게 되었다. 감격한 마음에 할 말을 잃은 중이를 보며 개자추가 말했다. "공께서 진나라로 돌아가 대업을 이루실 수만 있다면 제 다리가 아픈 것쯤은 아무렇지도 않습니다."

배고픔과 싸우던 중이 일행은 드디어 제나라에 도착했다. 반갑게 그들을 맞은 제나라 환공은 수레 20대와 말 18필, 살 집을 나눠주고 편히 지낼 수 있게 해주었다. 게다가 중이에게는 집안 처녀를 시집보내기도 했다. 중이 일행은 그제야 두 다리 뻗고 편하게 살 수 있었다. 하지만 평화도 잠시였다.

환공이 죽은 후 다섯 아들이 왕위를 다투자 나라는 혼란에 빠졌다. 패주의 자리를 잃은 제나라는 오히려 초나라의 속국이 되고 말았다. 제나라의 도움을 받아 진나라로 돌아가려던 중이는 이제 다른 방법을 찾아야 했다. 하지만 중이는 제나라에서 부부의 연을 맺은 제강齊姜과 차마 헤어질 수가 없었다. 좀처럼 중이를 설득하지 못한 부하들은 어쩔 수 없이 강제로 그를 데려가기로 했다. 사냥을 핑계로 일단 성을 나간 후, 중이를 억지로 떼다 메고서라도 제나라를 떠나기로 한 것이다. 그런데 이 이야기는 시녀를 통해 제강의 귀에 먼저 들어가고 말았다. 진작부터 중이가 큰 인물이 될 것이라 생각했던 제강은 오히려 중이의 신하들을 도와주기로 했다. 그는 중이를 잔뜩 취하게 만들어 궁을 나가게 했다. 나중에 움직이는 수레에서 술이 깬 중이는 그제야 무슨 일이 벌어졌는지 알았지만 어쩔 도리가 없었다. 그렇게 중이는 억지로 조^曹나라로 갔다.

조나라의 군주는 중이 일행에게 단 하룻밤만을 허락하며 인색하게 굴었다. 그는 중이에게 예를 갖추기는커녕 큰 무례를 범했다. 예전부터 중이의 갈비뼈가 하나로 이어져 있다는 이야기를 듣고 몰래 중이의 벗은 몸을 훔쳐보려 한 것이다. 그런 한편 중이의 비범함을 한눈에 알아본 조나라의 대부 중 한 명이 몰래 음식과 재물을 가져다주어 중이 일행은 송나라로 향했다. 송나라 양공은 막 전쟁에서 패했지만 다행히도 중이 일행을 환영했다. 하지만 송나라도 그들을 진나라로 보내줄 만한 힘은 없었다. 어쩔 수 없이 중이 일행은 초나라로 갔다. 초나라 성왕成王도 중이를 극진하게 대접했고 중이도 그런 성왕을 존경하여 두 사람은 금방 친해질 수 있었다. 하지만 초나라 대신 자옥子玉의 눈 밖에 난 중이는 목숨을 잃을 뻔했는데 다행히 초나라 왕의 도움으로 목숨을 건질 수 있었다.

어느 날, 술자리를 벌인 초나라 왕이 중이에게 농담 반 진담 반으로 이런 말을 했다. "공자가 진나라로 돌아간다면 무엇으로 나에게 보답을 해주겠소?" 곰곰이 생각에 잠겼던 중이가 대답했다. "초나라에는 이미 옥이나 비단, 미녀는 차고 넘칩니다. 귀한 상아나 진기한 짐승과 새들도 모두 귀국에서 생산되어 진나라로 오지요. 초나라에서 쓰고 남은 것이 진으로 온다고 해도 과언이 아닙니다. 그러니 이들 물건으로 은혜에 보답하는 것은 힘들지요. 만약 대왕 덕분에 진나라에 돌아간 후 혹시 두 나라가 전쟁을 벌이게 된다면 저는 구십 리를 물러나 대왕의 은혜에 보답할 것입니다. 만약 그때도 대왕께서 모자란다 하시면 어쩔 수 없이 싸워야겠지요."

얼마 후, 진나라 목공이 중이를 진秦나라로 초청했다. 그를 진晉의 왕으로 옹립하기 위해서였다. 목공이 생각을 바꾼 이유는 무엇일까?

그동안 혜공은 여러 번 진나라와의 약속을 깼다. 당초 목공은 자격미달의 군주를 옹립해 이익을 얻으려 했지만 결과는 그의 생각과 정반대였다. 혜공은 왕위에 오른 지 얼마 지나지 않아 진나라를 공격했다. 하지만 막강한 병력을 자랑하던 진秦나라는 혜공을 포로로 잡았다. 훗날 진나라는 혜공을 돌려보내는 대신 그의 아들인 공자 어圉를 인질로 삼았다. 진나라 목공은 자신의 딸을 공자 어에게 시집보내며 진나라와의 관계를 개선하고자 했다. 훗날 진秦나라는 공자 어의 외할아버지 나라인 양나라를 멸망시켰다. 이렇게 든든한 기댈 곳을 잃은 공자 어는 부친이 병이 나자 몰래 진晉나라로 가서 왕좌를 차지했다. 화가 머리끝까지 난 진나라 목공은 이참에 공자 어를 죽이고 중이를 왕으로 추대하려 한 것이다.

중이의 중요성을 절실히 느낀 목공은 공자 어에게 주었던 딸을 다시 중이에게 시집보냈다. 당시에는 시아버지가 며느리와 결혼하고 아들이 계모와 부부가 되는 일이 비일비재했으니 큰아버지가 조카의 부인을 아내로 맞는 것쯤은 아무 일도 아니었다. 게다가 중이로서도 진나라의 심기를 건드릴 필요는 없었으니 당연히 혼사를 받아들였다. 이미 왕좌에 오른 공자 어는 외국을 떠돌고 있는 큰아버지 중이를 죽여 후환을 없애려고 했다. 그는 중이를 따르는 측근의 가족들에게 그들을 유인하는 편지를 쓰도록 했다. 만약 편지를 받고 3개월이 지나도 돌아오지 않으면 대신 가족들을 죽이겠다는 엄포도 잊지 않았다. 호언과 호모의 아버지인 호돌은 편지를 쓰지 않겠다고 버티다 죽임을 당했다.

공자 어는 대신들을 마구 죽이고 민심을 어지럽혔다. 이 소식을 들은 진나라 목공은 드디어 때가 되었다고 생각했다. 그는 중이에게 병사를 주어 진나라로 돌아가도록 했다.

기원전 636년, 진나라의 대군이 두 나라의 경계선인 황하에 도착했다. 황하를 건너기 전 중이는 시종을 시켜 떠돌던 시절에 쓰던 짐을 강물에 버리게 했다. 그 모습을 보고 심장이 덜컥 내려앉은 호언이 황급히 무릎을 꿇고 말했다. "진나라의 군대와 대신들이 공자를 지키고 있으니 이제 안심할 수 있습니다. 이 늙은이는 돌아갈 필요가 없을 것 같습니다. 지금 막 공자께서 강에 버린 낡은 옷과 신발처럼 말입니다. 저희들은 황하 강변에 남겠습니다."

그 말을 듣고 번쩍 정신이든 중이는 사람을 시켜 강에 버린 물건들을 건져 올리게 했다. 그리고 옥고리를 강에 던진 후 제사를 지내면서 이렇게 맹세했다. "나 중이는 따뜻할 때도 추웠던 시절을 잊지 않을 것이며 배부를 때도 배고픈 시절을 기억할 것이다. 절대 나를 도와준 옛 신하들을 잊는 일은 없을 것이다." 호언 등은 그제야 중이를 따라 강을 건넜다.

황하를 건넌 중이는 쉽게 진나라 성을 손에 넣을 수 있었다. 공자 어에게 시달릴 만큼 시달렸던 백성과 대신들이 아무 저항도 하지 않았기 때문이다. 중이는 곧 문공이 되었다.

마흔세 살에 적나라로 도망갔던 진나라 문공은 쉰다섯 살에는 제나라로 갔고 예순한 살에는 진泰으로 향했다. 진晉나라로 돌아와 즉위했을 당시 그의 나이는 이미 예순두 살이었다. 떠돌이 생활 19년 동안 비록 잠시 좋은 시절도 있었지만 대부분은 남에게 의지하거나 곳곳을 떠돌며 세상사의 쓴맛과 단맛은 다 보았다. 그 기간에 각국의 정치 풍속을 익히며 재능을 닦았던 문공은 즉위 당시엔 이미 성숙한 정치가로 태어날 수 있었다.

20년 동안 고통을 겪은 진나라는 그때서야 겨우 민심이 안정되었다. 헌공의 다섯 아들 가운데 유일하게 남은 중이가 왕이 된 데다 그간 쌓았던 명성도 높아 그의 즉위는 당연하게 받아들여졌다.

즉위 후 중이가 가장 첫 번째로 한 일은 민심을 수습하는 것이었다. 그는 혜공과 회공懷公 시절 역당의 우두머리들을 모조리 잡아 없앤 후 나머지 사람들은 너그럽게 용서해주어 백성의 믿음을 샀다. 두 번째로 한 일은 공신들에게 상을 내렸다. 먼저 적나라와 제나라, 진나라에서 계외와 제강, 문영文嬴을 불러들인 그는 자신과 함께 도피생활을 하던 대신들의 공로를 칭찬하고 후한 상을 내렸다. 그런데 문공은 깜빡하고 허벅지 살로 자신을 봉양했던 개자추를 잊고 말았다. 하지만 개자추는 이를 원망하지 않고 조용히 어머니를 모시고 개산介山으로 들어가 숨어 지냈다.

중이가 세 번째로 한 일은 주나라 왕실을 안정시킨 것이다. 적나라를 공격해 왕자 대帶를 죽인 그는 주나라 양공襄公을 데려왔다. 이로써 큰 공을 세운 중이는 제후들 사이에서 명망이 높아졌다. 천자를 가까이 두고 제후를 호령했던 그는 많은 일에서 이득을 볼 수 있었다.

다음 그가 한 일은 춘추오패의 패자가 되는 것이었다. 먼저 군사력을 강화하고 군사와 정치를 일치시키는 제도를 실행했으며 군법을 만들어 군대를 엄하게 다스렸다. 내심 패자의 자리를 노리고 있었던 초나라는 진나라의 영토가 점점 넓어지는 것을 두고 볼 수 없어 대장 자옥을 시켜 진나라를 공격했다. 그러자 진나라 문공은 당초 약속했던 것처럼 진나라 병사들에게 구십 리 후퇴를 명령했다. 호언은 어리둥절한 병사들에게 그 옛날 진나라 문공이 초나라 군주와 했던 약속을 들려주었다. 그러자 이상한 일이 일어났다. 진나라 병사들의 사기가 더 높아진 것이다. 사실 후퇴 명령은 병사들을 자극하기 위한 계책이었다. 문공은 이 방법을 통해 신의의 대명사가 되었으며 병사들의 전투력도 더욱 높아진 것이다. 군사학적인 관점에서 보더라도 매우 적절한 계책이었다. 진나라 군대가 후퇴하자 그들을 쫓게 된 초나라의 군대는 더 피로해졌고 날카로운 기세도 한 풀 꺾일 수밖에 없었다. 그야말로 일석이조였다. 결국 초나라가 대패하자 책임을 감당할 수 없었던 자옥은 자살하고 말았다. 이 소식을 들은 진나라 문공은 그제야 홀가분한 한숨을 내쉬며 말했다. "이제 나를 방해할 자는 아무도 없다!" 이 전쟁 후 문공은 명실상부한 춘추오패의 우두머리가 되었다.

극도의 혼란에서 문공 시절의 번영기까지, 그동안 진나라가 겪었던 과정을 살펴보면 정말 많은 생각이 드는 것도 사실이다. 문공과 그의 측근들이 무려 19년 동안이나 떠돌이 생활을 하며 겪었던 역경은 훗날 패업을 달성하는 데 아주 좋은 밑거름이 되었다. 문공이 춘추오패의 우두머리가 된 것은 결코 우연이 아닌 각 과정의 요소들이 누적된 필연의 결과였던 것이다.

진나라 문공의 '전진을 위한 후퇴' 정책은 중요한 의미가 있다. 이는 중국인들이 오랜 세월에 걸쳐 중요하게 여겨온 처세 방법의 하나이기도 하다. 객관적인 조건이 충분히 마련되지 않은 상황에서 무턱대고 전진하는 것만큼 경솔한 일도 없다. 사서 고생하는 꼴이니 말이다. 반대로 현실을 인정하고 전략적으로 후퇴한다면 한숨 돌리고 쉬면서 힘을 비축하게 되니 더 좋은 결과를 기대할 수 있다. 물론 부드러움으로 강함을 이기는 목적은 바로 '이기는 것'이지 '부드러워지는 것'은 아니다. 마찬가지로 물러섬으로 전진하는 목적 역시 '전진하는 것'이지 '물러서는 것'은 아니다. '부드러움'과 '물러섬'만을 강조하는 것은 도피주의나 실패주의일 뿐이다. 중이는 떠도는 중에도 시종일관 기회를 엿보고 뜻을 이루기 위해 열심히 노력했다. 성복 전투에서 후퇴 명령을 내려 병사들의 사기를 북돋우고 여론을 조성하여 적이 긴장을 풀게 한 것도 모두 어려움을 '극복'하고 '전진'하기 위한 것이었다. 그야말로 뛰어난 승리의 비결이었다.

물론 이 정도의 경지가 되려면 맹자가 말했던 정신적·육체적 시련을 모두 견뎌내야만 한다.

『사기』 참고

충신이 아닌 양신 위징

중국의 고사성어 중에 "충신은 두 임금을 모시지 않고 열녀는 두 지아비를 섬기지 않는다"라는 말이 있다. 그럴듯한 말이다. 하지만 그와 정반대의 고사성어도 많다. "좋은 새는 나무를 가려 둥지를 틀고 현명한 신하는 주인을 가려 섬긴다"처럼 말이다. 어떤 것이 옳다고 말하기는 어렵다. 무슨 일이든 절대적인 것은 없기 때문이다. 삼국 시대의 관우關羽는 의리의 상징이다. 조조는 화려한 재물과 아름다운 여인을 미끼로 관우의 마음을 사려고 했다. 하지만 관우는 조금도 흔들리지 않고 오직 의형제 유비劉備를 만나기 위해 형수님을 모시고 먼 길을 떠나는 것도 마다하지 않았다. 결국 관우는 천신만고 끝에 유비를 다시 만날 수 있었다. 후대 사람들이 관우를 존경하고 칭송하는 것은 그를 도덕적인 영웅이나 의리의 화신으로 보기 때문이다. 이 의리는 바로 "약속을 천금같이 지키고 한 번 손 댄 일은 끝까지 해내는" 것이다. 개인의 인격 수양 차원에서 보면 의리나 의협심은 일종의 미덕이다. 약속과 정의를 지키는 사람은 자기가 한 말을 손바닥 뒤집듯 바꾸고 이익만을 좇는 사람보다 낫기 때문이다. 하지만 모든 일에서 '의리'만을 따지고 상황에 따라 융통성 있게 움직이지 못하는 것이나 '대의'는 팽개치고 개인의 '의리'만 강조하는 것 역시 마냥 좋다고 할 수만은 없다.

그래서 맹자는 "자신이 한 말을 반드시 지켜야 하는 것은 아니요, 일할 때 반드시 결과가 있어야 하는 것도 아니다"라고 반박했던 것이다. 맹자의 말이 조금 터무니없게 들릴 수도 있겠지만 그의 말을 '대의'를 위해서라면 때로는 신용과 결과는 포기할 수 있다는 뜻으로 해석해도 좋다. 바꾸어 말하면 원칙은 지키되 상황에 따라 구체적인 방법을 모색하라는 말이다.

중국 역사 속에서도 이러한 예를 무수히 많이 찾을 수 있는데 가장 좋은 예를 꼽으라면 당대의 명장 위징을 빼놓을 수 없다. 위징은 580년에 태어났는데 당시 천하는 매우 어지러웠다. 박학다식한 위징의 아버지는 수나라의 지방 관리를 지냈지만 젊은 나이에 세상을 떠나고 말았다. 찢어지게 가난한 생활 속에서도 포부만은 컸던 위징은 열심히 책을 읽으면서 한편으로 정치적 역량을 쌓아갔다.

당시는 수나라 양제煬帝의 폭정을 참다못한 천하의 영웅호걸들이 여기저기서 들고일어나 저항하던 어지러운 시기였다. 위징도 처음에 원보장元寶藏의 의병 세력에 가담했다. 하지만 곧 자신의 안목에 실망한 그는 출가해서 도인이 되기도 했다. 훗날 다른 의병 집단의 우두머리인 이밀李密의 눈에 들어 문서를 담당하는 직책을 맡았는데 그때 위징의 나이가 벌써 서른여덟 살이었다.

이밀의 아래에서도 보잘것없는 직책을 맡았던 위징은 어떠한 발언권도 없었다. 당시 이밀의 와강군瓦崗軍의 세력은 무시할 수 없을 만큼 강했다. 와강군은 수나라 최대의 곡식창고인 하남의 낙구창洛口倉, 회락창回洛倉, 여양창黎陽倉을 빼앗은 후 창고의 문을 활짝 열어 백성에게 먹을 것을 나누어주었다. 이렇게 백성의 지지를 얻은 그들은 더 큰 세력을 형성할 수 있었다. 하지만 수나라 조정은 대장 왕세충王世充을 지휘관으로 임명해 와강군과 팽팽하게 맞섰다. 그때, 평소 의군의 문제점을 잘 알고 있었던 위징이 이밀을 찾아가 말했다.

"의군이 큰 승리를 거두었다고는 하지만 싸움 중에 죽거나 다친 자가 셀 수 없을 정도로 많습니다. 게다가 식량과

〈구성궁예천명(九成宮醴泉銘)〉 위징이 지음

물자가 넉넉하지 않고 상벌 제도가 분명하지 않은 것은 우리에게 매우 불리합니다. 이런 상황에서는 차라리 방어벽을 더 높이 쌓고 적의 군량이 떨어져 스스로 후퇴하기를 기다려야 합니다. 그때 적을 추격하면 큰 승리를 거둘 수 있습니다." 하지만 속전속결을 주장했던 이밀은 평소 군내의 방어에 무심했기 때문에 결국 왕세충의 화공에 대패하고 말았다. 이 전투에서 와강군 세력은 완전히 무너졌다.

궁지에 몰린 이밀은 남은 부대원을 이끌고 이연에게 투항했다. 이연은 처음에는 이밀을 중용했지만 시간이 지날수록 점점 냉담해졌다. 이에 불만이 생긴 이밀은 몰래 낙양 일대에 흩어져 있던 옛 부대원들을 모아 이연에게 저항했으나 결국 실패해 목숨을 잃었다.

한편, 이연의 정권이 크게 성공하리라 확신한 위징은 직접 이연을 찾아가서 이밀을 따르던 무리를 한데 모을 것을 건의했다. 이연의 허락을 받은 위징은 와강군의 잔여 세력을 성공적으로 모을 수 있었다.

모든 일을 끝낸 위징은 이밀의 장례를 국상으로 치러주었다. 또 이밀을 위해 '당고형국공이밀묘지명唐故邢國公李密墓誌銘'이라는 제문을 짓기도 했다. 위징은 이밀을 해하垓下에서 패한 항우에 비교하며 싸움에서는 패했지만 위대한 영웅이라고 칭송했다. 위징은 현재 자신의 주인인 이연의 눈치를 전혀 보지 않고 늘 자신의 의견을 무시한 옛 주인 이밀을 원망하기는커녕 객관적으로 그의 삶을 묘사했다. 이 점은 많은 사람의 칭송을 받기에 충분했다. 그 누구도 위징이 이밀을 배반하고 이연과 손을 잡은 것을 비판하지 않았다. 훗날 또 다른 의군 수령 두건덕의 눈에 띈 위징은 일 년 반 동안 억지로 그를 모셔야 했다. 그 후 두건덕과 왕세충이 이세민에게 패하자 위징은 겨우 이연에게 돌아갈 수 있었다.

와강군의 잔여 세력을 흡수해 큰 공을 세웠음에도 중도에 다른 의군에 가담했다는 이유로 위징은 좀처럼 이연의 중용을 받을 수가 없었다. 위징의 재능이 남다르다는 것을 들은 태자 이건성이 도서를 관리하는 세마洗馬라는 작은 관직을 주었을 뿐이었다. 이 기간에 위징은 학문적으로는 이름을 날렸지만 실제로 큰 역할을 하지는 못했다. 위징은 당시 보잘것없는 세력을 자랑하던 유흑달을 공격할 것을 건의했다. 비록 크지는 않지만 그들의 세력을 흡수하는 과정에서 영웅호걸들과 안면을 틀 수 있다는 것이 위징의 주장이었다. 결과는 어느 정도는 성공이었다.

이연의 정권이 천하를 장악한 후 이세민은 '현무문 정변'을 일으켰다. 형인 태자 이건성과 아우인 제나라 왕 이원길을 죽이고 태자가 된 것이다. 일을 끝낸 후 이세민은 이건성의 심복인 위징을 불러다 놓고 호되게 꾸짖었다. "너는 어째서 우리 형제 사이를 이간질한 것이냐?" 위징은 구차한 변명을 늘어놓는 대신 차분하게 말했다. "신하는 주인을 위하는 법입니다. 태자께서 제 말을 들었더라면 오늘과 같은 화를 당하지는 않으셨을 텐데. 제가 저의 주인인 태자께 충성한 것이 어찌 잘못이라고 할 수 있습니까? 관중도 제 주인을 위해 제나라 환공의 허리띠에 활을 쏘지 않았습니까?"

위징의 말은 하나도 틀린 것이 없었다. 위징이 관중과 소백 이야기까지 꺼낸 마당에 더 이상 속 좁게 굴 수 없었던 이세민은 위징을 사면하고 주부主簿로 임명했다. 위징은 이제야 제대로 된 주인을 만나게 되었다.

황제가 된 이세민은 위징을 간의대부諫議大夫로 임명했다. 황제에게 간언하는 벼슬은 위징에게 딱 어울리는 자리였다. 태종은 신하의 충고를 귀담아듣는 황제였기 때문에 위징의 명성은 더욱 높아졌다. 위징의 기침없는 충고 덕분에 태종은 예전보다 더 겸손한 태도로 신하의 간언을 귀담아들었다. 거침없이 간언을 하는 위징과 겸손하게 받아들이는 태종은 역사적으로 유명한 명재상과 명군으로 이름을 남길 수 있었다.

간의대부는 매우 특수한 관직이었다. 하찮게 보면 아무것도 아니었지만 단번에 막대한 권한을 얻어 조정에서 아주 중요한 위치를 차지할 수도 있었다. 그것을 결정하는 것은 바로 황제가 간의대부의 말을 귀담아듣는지 여부다. 당나라 태종이 위징을 간의대부로 임명한 것은 그의 재능을 인정한 것이자 그에 대한 믿음의 표현이기도 했다. 훗날 태종은 위징을 상서승尙書丞으로 봉해 늘 황제의 곁을 지키며 자신도 모르게 범할 수 있는 잘못들을 일깨워 달라고 당부했다.

정치판에서 위징은 채찍 대신 당근을 즐겨 썼다. 당시 전국 각지에 퍼져 있던 태자 이건성의 부하들은 현무문 정변 후 민심이 흉흉해진 틈을 타 반란을 계획했다. 그러자 위징은 태종에게 이렇게 건의했다. "개인적인 원한으로 그들에게 벌을 주는 대신 관대하게 대해 주십시오. 그러지 않고 그들을 모두 죽이라 명하시면 엄청난 화가 따를 것입니다." 이세민은 위징을 특사로 임명하고 임의결정권을 준 뒤 이건성의 세력이 비교적 집중된 하북 지역으로 보냈다. 막 하북에 도착한 위징은 장안으로 향하는 죄인 호송 수레와 마주쳤다. 수레에는 현무문 정변을 피해 도망쳤던 이건성의 부하들이 갇혀 있었다. 그 모습을 본 위징이 깜짝 놀라며 소리쳤다. "내가 장안을 떠나기 전 조정은 이미 이건성과 이원길 부하들을 사면하라는 명령을 내렸다. 그런데도 그들을 잡아들이는 것은 황제가 자신이 한 말을 뒤엎고 신의를 저버리는 것이 아닌가? 이곳의 민심을 얻기 위해 먼 곳에서 달려왔지만 이런 일이 버젓이 자행된다면 아무도 내 말을 믿지 않을 것이다. 그러니 어찌 그들을 장안까지 압송할 수 있겠는가? 길을 떠나기 전 황제는 나에게 모든 일을 임의로 처리할 수 있는 권한을 주셨다. 이제 명령하노니 그대들은 어서 이치안李治安과 이사행李思行을 풀어주고 나와 함께 민심을 수습하도록 하라!" 위징은 두 사람을 풀어준 뒤 이 사실을 태종에게 보고했다. 위징은 정확한 판단력으로 하북 일대의 민심을 모두 추스르며 임무를 성공적으로 마쳤다. 태종 역시 그런 위징을 칭찬하며 예전보다 더욱 중용했다.

　위징은 부역을 가볍게 하고 전쟁을 쉬며 인구를 늘려야 한다고 주장했다. 그는 수나라의 멸망 원인을 가혹한 정치 탓으로 돌렸다. 수나라의 무거운 세금과 빈번한 부역 때문에 백성은 단 하루도 편할 날이 없었다. 위징은 "백성이 평안하면 나라가 안정되고 자꾸 못살게 하면 난이 일어난다"라는 말을 믿었다. 덕분에 당나라 태종의 재위 시절 전체를 통틀어 세금이나 부역은 꽤 가벼운 편이었다. 이는 당시 사회의 안정과 경제 발전의 기본 조건 중 하나였다.

위징은 어지러운 세상의 안정을 찾는 치국의 방법 중 '느리지 않고 빠르며, 느긋하지 않고 급할 것'을 주장했다. 당나라 태종이 즉위하자 막 안정을 찾은 천하에는 그동안 방치되거나 지체된 일들이 산더미처럼 쌓여 있었다. 어느 날, 태종이 위징에게 물었다. "현명한 군주가 나라를 잘 다스리려면 적어도 100년은 걸려야 하지 않겠소?" 그러자 위징은 고개를 저으며 말했다. "현명한 사람이 나라를 다스리는 것은 마치 소리가 메아리가 되어오는 것 같이 일 년 안에 즉시 효과가 나타납니다. 삼 년이면 너무 늦은 것인데 어찌 100년을 기다린단 말입니까?" 그러자 상서복야尚書僕射 봉덕이封德彝가 반박하고 나섰다. "사람의 마음은 시간이 갈수록 간사해졌습니다. 진나라는 법으로 나라를 다스렸고 한나라도 무력과 권력으로 백성을 교화했지만 민심을 바로잡을 수는 없었습니다. 그러니 지금은 오죽하겠습니까? 책만 읽은 위징의 말처럼 나라를 다스린다면 망할게 뻔합니다." 그러자 위징이 매섭게 반박했다. "큰 혼란 후에 나라를 다스리는 것은 마치 배고픈 자가 음식을 먹는 것과 같아 모든 것을 빠르게 이룰 수 있습니다. 인심은 물과 같이 위에서 아래로 타락하기 마련입니다. 그러니 사람들은 모두 악당이 될 수 있지요. 그런데 어떤 인의도덕으로 치국을 논할 수 있겠습니까? 황제의 도를 행하면 황제가 되고 왕의 도를 행하면 왕이 된다는 말이 있습니다. 모든 일은 사람하기에 달려 있으니 민심을 교화할 수 있는지 여부는 결코 중요하지 않습니다." 태종은 위징의 말에 고개를 끄덕였다. 그리고 위징이 건의한 정책을 시행한 지 채 삼 년이 지나지 않아 당나라는 '정관의 치貞觀一治, 당나라 태종 이세민 재위 시절의 태평성대를 가리킨다-옮긴이'를 맞이할 수 있었다.

위징은 명확하게 법을 집행하면서도 최대한 온화한 방법을 썼다. 그는 진

秦나라처럼 백성을 짐승 취급하며 잔혹한 형벌을 남발하는 것을 반대했다. 또 개인적인 욕심에 눈이 멀어 법을 왜곡하지 않도록 명확한 법 규정을 만들어야 한다고 주장했다.

당나라 태종이 노조상盧祖尙을 교주자사로 임명한 적이 있었다. 관직을 수락했던 노조상은 갑자기 마음을 바꾸어 병을 핑계 대며 처음 한 말을 번복했다. 태종은 황제의 설득에도 꿈쩍하지 않는 노조상에게 화가 난 나머지 그를 죽여버리고 말았다. 하지만 곧 성급한 자신의 태도를 후회했다. 위징은 그 기회를 놓치지 않고 북제北齊의 황제 고양高洋의 예를 들며 태종의 행동을 나무랐다. "고양은 자신이 한 일이 옳지 않다고 여기면 즉시 타인에게 잘못을 인정했습니다. 그것이 바로 그의 장점이었지요." 그러자 태종도 신하들을 불러 자신의 잘못을 솔직히 인정했다.

복주자사 방상수龐相壽는 태종이 진왕秦王이었던 시절 부하였다. 재임 기간에 지나친 욕심을 부리던 그는 결국 누군가에게 고발을 당하고 말았다. 방상수는 그동안 받았던 뇌물을 도로 토해내고 관직에서도 파면당했다. 하지만 방상수가 울며 매달리자 태종도 마음이 약해지고 말았다. 결국 태종은 다시는 뇌물을 받지 않기로 방상수와 약속하고 비단 100필을 하사한 후 관직도 도로 회복시켜 주었다. 이 사실을 안 위징이 태종에게 따졌다. "황제께서는 어찌 사적인 정에 의해 마음대로 법을 행하십니까? 죄를 지은 방상수에게 오히려 후한 재물을 주고 관직을 준다는 것이 가당키나 합니까? 폐하께서 진왕이었던 시절 따르던 부하들이 모두 죄를 짓는다면 그땐 어떻게 하시겠습니까?" 잠시 숨을 고른 위징이 다시 입을 열었다. "상을 줄 때는 멀리 있는 이들을 잊어서는 안 되고 벌을 내릴 때는 가까운 이들의 사정을 봐줘서는 안 된다고 했습니다. 공평함을 규칙으로 삼고 인과 의를 기준으로 삼아야만 많은 이들이 황제를 진심으로 따를 수 있습니다." 태종은 어쩔 수 없이 방상수를 원래의 판결대로 처벌했다.

위징은 백성의 믿음을 얻으려면 법령을 자주 바꾸어 백성을 혼란스럽게 해서는 안 된다고 강조했다. 당나라는 원래 열여덟 살 이상의 남자들만 병역과 부역에 참여하도록 했다. 그런데 태종은 변경지역 방어를 위한 병력이 모자라자 징병 연령을 열여섯 살로 낮추려고 했다. 그러자 위징이 거세게 반발했다. 당시 규정에 따르면 황제의 명령은 조회에 참석한 대신 전부가 동의를 해야만 효력을 가질 수 있었다. 그런데 위징은 새로운 법령이 백성에게 가혹하다는 이유로 동의를 거부했다. 화가 난 태종은 황제의 명을 거역하는 위징을 매섭게 나무랐다. 하지만 위징도 지지 않고 맞서며 이렇게 말했다. "그것은 고기를 잡으려고 호수의 물을 모두 퍼내는 것과 짐승을 잡기 위해 숲에 불을 내는 것, 그리고 알을 얻기 위해 닭을 죽이는 것과 같습니다. 병력은 늘리지 않고 기존의 병사들을 잘 훈련시키기만 하면 되는데 어찌 수를 채우려고 나이도 안 찬 아이들을 징발한다는 말입니까? 그렇게 해서 백성의 믿음을 살 수 있겠습니까?" 태종이 고집을 꺾지 않자 위징은 그동안 태종이 범했던 정책적인 실수들을 한 보따리 늘어놓으며 나무랐다. 꿀 먹은 벙어리가 된 태종은 결국 위징의 말을 따를 수밖에 없었다.

태종은 쉽게 감정에 좌우되는 자신의 단점을 잘 알고 있었다. 그래서 그는 주변 신하들에게 자신이 극단적으로 내린 결정들을 바로잡아줄 것을 당부하고 이를 제도화시켰다. 바로 간관諫官, 황제의 잘못을 바로잡도록 간언하는 벼슬-옮긴이과 사관史官, 역사 기록을 관리하는 벼슬-옮긴이이 모든 정무 회의에 참석하도록 한 것이다. 덕분에 간관은 조정의 동향을 정확히 파악하고 이를 바탕으로 황제에게 정확한 충고를 할 수 있었다. 또 이들의 견제 덕분에 신하들은 자신의 잘못을 감추거나 실적을 과장하기 위해 거짓 보고를 할 수가 없었다. 간관은 회의에 참석한 황제나 신하들이 부당한 명령을 내리면 즉시 이를 지적하고 개선할 수 있게 했다. 사관은 이렇게 정확한 사실을 바탕으로 기거주起居注, 황제와 관련된 모든 일을 기록하는 것-옮긴이를 기록했다.

위징은 상대적으로 여유 있고 자유로운 환경에서 간관을 지냈다. 그는 장기적인 나라의 계획은 물론 황제의 개인 생활에 대해서도 충고를 아끼지 않았는데 이는 태종 자신과 당나라 정치 전체에도 큰 영향을 미쳤다.

위징은 인재를 발탁하는 데도 남다른 기준이 있었다. 시대 상황에 따라 덕과 재능을 겸비한 사람을 선택해 써야 한다고 주장한 그는 이런 말을 하기도 했다. "혼란한 시절에는 덕이 아닌 재능을 갖춘 인재를 써야 한다. 하지만 나라가 안정되면 덕은 없고 재능만 갖춘 자는 절대로 써서는 안 된다." 이런 위징의 영향 덕분에 태종은 아군과 적군을 가리지 않는 과감한 인재발탁 정책을 시행했다. 어느 날, 태종이 먼저 위징을 찾아 말했다. "관리를 임용할 때 경솔해서는 안 되오. 군자를 쓰면 군자가 찾아오지만 소인배를 쓰면 소인배들이 줄을 대기 위해 찾아오기 때문이오."

특히 위징은 태종의 개인 생활에도 깊숙이 관여하며 다소 무례를 범하면서라도 충고를 아끼지 않았다. 위징은 황제가 향락을 위해 대규모 토목공사를 하지 못하도록 철저하게 말렸다. 당나라 태종이 남산에 사냥을 가려고 수레와 말까지 모두 준비해 놓고도 결국 가지 못했다. 위징이 이유를 묻자 태종이 대답했다. "그대가 나무랄까 겁이 나서 못했소."

630년, 태종이 낙양궁洛陽宮을 지으려고 하자 중모中牟현 현승 황보덕참皇甫德參이 상소를 올렸다. 다소 거친 말투에 잔뜩 화가 난 태종이 황보덕참에게 벌을 주려고 했다. 그러자 위징은 황급히 한나라의 가의賈誼를 예로 들며 황

당나라 태종

보덕참을 변호했다. '상소의 말투가 격하지 못하면 군주의 마음을 움직일 수 없다'는 위징의 말을 들은 태종은 그제야 화를 풀었다. 얼마 후, 하남과 섬서 일대에 큰비로 물이 범람해 백성이 엄청난 피해를 입었다. 하필 그때 태종은 낙양에 정산궁正山宮을 지으려 했다. 이 소식을 들은 위징은 서둘러 상소를 올려 이렇게 말했다. "수나라가 그토록 허무하게 멸망한 것은 양제가 무리하게 정자와 누각을 지었기 때문입니다. 고된 노동을 참다못한 백성이 반란을 일으킨 것이지요. 지금의 궁궐과 누각도 황제가 살기에는 충분합니다. 수나라의 멸망을 교훈으로 삼는다면 있던 궁전도 없애야 할 판인데 옛 왕조의 교훈은 잊고 계속해서 궁궐을 짓고 화려함과 향락을 쫓는다면 나라가 망하는 것은 시간문제입니다." 태종은 위징의 충고를 받아들여 궁궐 짓는 것을 멈추는 대신 모든 자재를 재난 지역으로 보내 백성이 살 집을 지어주었다.

638년, 조정의 대신들이 태종에게 태산泰山에서 봉선封禪, 제왕이 태산에 올라가 하늘과 땅에 제사를 지내는 것—옮긴이을 지낼 것을 건의했다. 하지만 유독 위징만이 이를 반대하자 태종이 이상하다는 듯 물었다. "도대체 반대하는 이유가 무엇이오? 설마 나의 공이 부족하고 덕이 모자라기 때문이오? 그대는 아직도 나라가 안정되지 않았다 생각하는 것이오? 아니면 오랑캐들이 아직도 당나라의 의로움을 존경하지 않기 때문이오? 그게 아니라면 태평성대의 길조가 아직 충분히 나타나지 않았다고 보는 것이오? 혹시 농사의 수확량이 부족하기 때문이오? 이것도 저것도 아니라면 도대체 무슨 이유로 봉선을 반대하는 것이오?" 그러자 위징이 대답했다. "폐하의 공덕이 높은 것은 사실이나 백성은 결코 폐하의 은혜를 직접적으로 느끼지 못합니다. 폐하의 덕행은 이미 충분하지만 그것이 전국에까지 퍼진 것은 아닙니다. 나라가 안정되었다고는 하나 대업을 이루기 위한 충분한 물자를 준비한 것은 아닙니다. 먼 곳의 오랑캐가 폐하의 의로움을 공경한다고 해도 조정은 아직까지 그들을 받아들일 만한 능력이 없습니다. 태평성대의 길조가 나타나긴 했지만 아직도 엄격한 법이 필요한 상태입니다. 몇 년 동안 계속해서 곡물 수확량이 늘긴 했지만 창고는 아직도 비어 있습니다. 이 모두가 지금 봉선을 올려서는 안 되는 이유입니다. 사람을 예로 들어보겠습니다. 십 년 동안 병을 앓다가 막 완치된 사람이 있습니다. 비쩍 마른 그에게 쌀 한 가마니를 들고 매일 백 리를 걷게 하면 해낼 수 있겠습니까? 폐하는 혼란에 빠진 지 십 년도 넘은 수나라를 막 평정하셨습니다. 비록 천하가 안정되었다 하나 나라의 창고는 비어 있습니다. 이런 상황에서 대업을 모두 완성했다고 하늘에 고한다면 저라도 반발심이 생길 겁니다. 게다가 폐하가 태산에서 봉선을 드리면 각국의 사자들이 그곳으로 모여들 겁니다. 하지만 지금 당나라의 서쪽 이수伊水, 낙수洛水 유역부터 동쪽의 태산, 동해, 황초탄荒草灘, 소택지沼澤地까지 망망한 천 리 길은 인적이 없고 닭이 울고 개 짖는 소리마저 들리지 않을 정도로 황폐합니다. 길은 적막하여 행진하기조차 곤란할 정도인데 구태여 다른 나라 사람들을 불러와 우리의 약점을 보여줄 필요가 있겠습니까? 얼마 있지도 않은 재물을 풀어 대접해도 그들을 만족시키기는 힘들 겁니다. 백성도 마찬가지입니다. 이 년 동안 부역을 면제해주어도 그동안 그들의 노고를 씻어줄 수는 없지요. 이런 상황에서 수해나 가뭄이 발생한다면 백성의 불만은 하늘을 찌를 겁니다. 그때 후회하셔도 때는 늦습니다. 어찌 저 혼자만 봉선을 반대한다고 생각하십니까? 이것은 백성 모두의 생각이기도 합니다." 한참 생각에 잠긴 당나라 태종은 봉선을 취소시켰다.

어느 날, 낙양의 현인궁顯仁宮에서 머물던 태종은 현지에서 형편없는 물건을 바치자 크게 화를 냈다. 그러자 위징이 태종을 나무라며 말했다. "수나라 양제는 끊임없이 향락만 탐하다가 나라를 망하게 했습니다. 지금 폐하께서 진상품이 마음에 들지 않는다고 화를 내시면 신하들은 아마 목숨 걸고 좋은 물건을 구해와 폐하의 마음에 들려고 할 겁니다. 하지만 현지의 물품은 제한적일 수밖에 없고 상인의 욕심은 끝이 없습니다. 아마 더 큰 폐단이 생기겠지요. 그래도 잘못을 고치지 않으시면 수나라의 비극이 되풀이될 것입니다." 위징의 말을 듣고 크게 뉘우친 태종은 그때부터 더욱 검소함에 신경을 썼다.

태종의 개인 생활과 인품도 중요하게 생각한 위징은 이런 말을 하기도 했다. "윗사람이 몸을 바르게 하면 군이 명령하지 않아도 아랫사람이 따르게 마련입니다. 하지만 윗사람의 몸가짐이 흐트러지면 아무리 명령해도 그들은 복종하지 않습니다." 위징은 순자荀子의 말을 인용했다. "군주는 배요, 백성은 물이라 했습니다. 물은 배를 띄울 수도 있지만 엎을 수도 있습니다." 위징의 말을 듣고 크게 깨달은 태종은 아들들에게도 늘 이를 강조했다. 어느 날, 태종이 '명군明君'이 되는 방법을 묻자 위징은 수나라의 우세기虞世基 이야기를 들려주었다. "우세기는 수나라 양제에게 잘 보이기 위해 귀에 거슬리는 이야기는 감추고 늘 좋은 일들만 보고했습니다. 이 때문에 수나라가 멸망했지요." 위징은 다양한 의견을 들으면 옳고 그름을 구별할 수 있지만 아첨하는 말만 들으면 사리 분별을 제대로 할 수 없다고 이야기하고 싶었던 것이다.

위징은 충신忠臣과 양신良臣에 관한 유명한 이야기를 남기기도 했다. 어느 날, 누군가가 위징이 자신의 친척을 감싸주었다고 모함했다. 그 말을 믿은 당나라 태종이 다짜고짜 나무라자 위징은 조금도 위축되지 않고 조목조목 자신의 결백함을 증명했다. 결국 태종이 자신의 성급함을 인정하자 위징은 그때를 놓치지 않고 이렇게 말했다. "저는 충신이 아니라 양신이 되고 싶습니다." 그의 말을 듣고 깜짝 놀란 태종이 물었다. "충신과 양신이 다르단 말이오?" 위징이 대답했다. "완전히 다릅니다. 양신은 오래도록 훌륭한 이름을 남기며 그가 섬긴 군주도 명성을 얻을 수 있습니다. 그들의 이야기는 자손 대대로 전해집니다. 하지만 충신은 공연히 모함을 당해 목숨을 잃고 나라와 집안도 망하게 하며 그가 섬긴 군주도 어리석다는 오명을 얻을 수밖에 없습니다. 결국 충신에게 남는 것은 헛된 명성뿐입니다." 그 말을 들은 태종은 위징에게 비단 500필을 하사했다.

물론 태종도 사람인지라 매번 겸허한 마음으로 위징의 간언을 받아들일 수는 없었다. 어떤 때는 화를 내거나 두려워하기도 했으며 심지어는 그를 죽이려 한 적도 있다.

어느 날, 좋은 매 한 마리를 얻은 태종은 매를 팔뚝에 올려놓고 이리저리 보며 즐거워했다. 그러다가 멀리 위징이 오는 것을 본 태종은 황급히 매를 품속에 넣고는 혹시라도 위징에게 들킬까 안절부절못했다. 사실 위징은 벌써 그 광경을 보고 있었다. 평소 태종이 음주 가무나 여색, 승마와 사육에 빠지는 것을 극도로 경계했던 위징은 일부러 시간을 끌며 상소문을 보고하고 국사를 논의했다. 태종은 품속의 매가 숨이 막힐까 봐 걱정이 되었지만 내색할 수도 없었다. 오랜 시간이 지난 후 위징이 자리를 떠났다. 위징이 물러간 후 태종이 서둘러 품속을 들여다보니 매는 이미 죽어 있었다. 태종은 화가 치밀었지만 그렇다고 대놓고 위징을 나무랄 수도 없었다. 어느 날 회의를 마치고 거처로 돌아온 태종이 분이 풀리지 않은 듯 씩씩대며 황후에게 말했다. "내 그 시골뜨기를 반드시 죽이고 말겠소." 어질고 현명한 황후가 누구를 말하는 것이냐고 묻자 태종이 대답했다. "위징 그자가 조정에서 나를 모욕했단 말이오." 그 말을 들은 황후는 황급히 조복으로 갈아입더니 정원에 나가 공손하게 자세를 갖추었다. 그 모습을 보고 태종이 깜짝 놀라서 이유를 묻자 황후가 대답했다. "어질고 밝은 군주에게만 정직한 신하가 있다고 했습니다. 위징이 그토록 올곧게 간언하는 것은 모두 폐하의 덕인데 당연히 축하를 드려야지요." 그 말을 들은 태종은 금세 화를 거두었다.

나이가 든 위징이 중병으로 자리에 눕자 태종은 끊임없이 용한 의원과 좋은 약을 보냈다. 태종은 태자와 함께 직접 위징의 병문안을 가기도 했고 형산공주衡山公主를 위징의 아들 위숙옥魏叔玉에게 시집보내 위징을 생각하는 자신의 마음을 보여주기도 했다. 위징이 세상을 떠난 후 태종은 조정의 9품 이상 관리에게 조문을 하도록 하고 직접 쓴 비문을 비석에 세웠다. 태종은 세상을 떠난 위징을 그리워하며 대신들에게 이런 말을 하기도 했다. "청동으로 거울을 만들면 의관을 바르게 할 수 있고 옛일을 거울삼으면 천하의 흥망과 교체의 원인을 알 수 있다. 또 사람을 거울삼으면 자신의 잘못을 반성할 수 있다 했는데 이제 위징이 죽었으니 짐은 거울을 잃은 셈이구나!" 신하에게 그보다 영광스러운 평가는 없었다.

"충신은 두 주인을 모시지 않고 열녀는 두 지아비를 섬기지 않는다"라는 말이 있다. 이 관점에서 본다면 위징은 분명히 충신은 아니었다. 하지만 그는 역사에 이름을 남긴 '양신'이었다. 그는 결코 개인의 명예와 이익을 위해서 혹은 죽지 못해서 어쩔 수 없이 이쪽저쪽에 빌붙었던 것이 아니다. 위징에게는 한 가지 원칙이 있었다. 바로 위로는 나라와 군주를 잘 보좌하고 아래로는 백성이 원하는 것을 채워주는 것이다. 그의 충성심은 군주 한 사람이 아닌

나라와 백성을 위한 것이었다. 맹자는 이런 말을 한 적이 있다. "주紂라는 이름의 사내를 죽였다는 소리는 들어봤어도 군주를 해쳤다는 소리는 들어보지 못했다." 이처럼 신하는 군주가 아닌 나라에 충성해야 하며 한 사람이 아닌 백성의 뜻을 따라야 한다. 위정의 충성심은 성인군자와도 비교할 수 있을 만큼 위대했다.

『구당서』, 『신당서』 참고

어진 사람은 정말 적이 없을까?

중국은 유구한 역사와 찬란한 문화가 있는 나라다. 아직도 그 따스함이 느껴지는 『논어』나 『맹자』도 있고 지독히 차가운 이성으로 쓴 『손자병법』도 있다. 『손자병법』의 신조는 어떤 방법을 쓰든지 승리만 하면 된다는 것이다. 하지만 그것은 공개적이고 평등한 경쟁과 실패의 원망을 누구에게도 돌리지 않음을 전제로 한다.

　손자병법이 최상으로 여기는 전술은 '싸우지 않고 승리하는 것'이다. 『손자병법. 모공謀攻』편을 보면 이런 이야기가 나온다. "싸우지 않고 이기는 것이 최선의 방책이다." 뜻인즉, 전쟁이 아니라 외교적인 방법 혹은 나라를 잘 다스려서 국가의 위엄을 높이고 다른 나라들이 저절로 따르게 하는 것이야말로 전쟁의 최고 경지라는 것이다. 손자는 힘으로 적을 무찌르는 사람은 그저 전쟁의 승리자일 뿐 무슨 경지를 논할 것도 못 된다 생각했다. 사상자를 최소화하고 적의 성을 완벽하게 함락하는 것도 전술을 잘 쓴 것일 뿐 최상의 경지는 아니다. 그가 생각하는 최고의 전술은 칼과 창을 쓰지 않고 상대방을 투항하게 만드는 것, 실제로는 전쟁이 없는 승리였다. 이렇게 보면 위대한 군사가 손자의 최종 목표는 '전쟁이 없는 상태'라 할 수 있다. 사실 그는 전쟁을 부정했던 것이다. 이렇듯 인문주의적 색채가 가득한 그의 주장은 사람의 마음을 움직이기에 충분하다. 하지만 이런 경지에 도달한 사람이 과연 몇이나 될까?

전쟁을 일으킨 쪽은 상대방을 사지에 몰아넣은 다음에야 마음이 후련해진다. 또 전쟁을 당한 쪽은 꼭 저항을 하다가 궁지에 몰려 더 이상 갈 곳이 없게 되면 항복한다. 그래서 손자가 말한 '싸우지 않고 이기는' 전쟁의 경지는 그저 이상일 뿐 실천하기는 어렵다는 것이다. 수천 년 중국 역사를 보면 이런 사실을 어렵지 않게 알 수 있다.

이상은 이루기 어렵지만 정신적 힘이 되어주는 것도 사실이다. 이런 이상이 없다면 인류는 영원히 원시 시대에 머물러 있을지도 모르겠다. 어쨌든 '깨끗한 정치와 인간을 위한 정치'는 국가를 세우는 근본이라 할 수 있다. 맹자도 이 점을 강조했었다. 노나라와 추鄒나라가 대대적으로 전쟁을 일으켰을 때였다. 전쟁에서 추나라의 관리 서른세 명이 목숨을 잃었지만 어찌 된 일인지 백성과 병사들은 하나도 죽지 않았다. 그러자 추나라 목공은 분을 참지 못하고 맹자에게 물었다. "내 병사와 백성은 윗사람을 위해 죽기로 싸우지 않았소. 그들의 죄를 물어 사형시키고 싶어도 수가 너무 많아 섣불리 손댈 수 없고, 그렇다고 그냥 두면 앞으로도 상관이 죽는 것을 원수가 죽는 것 보듯 할 테니 어찌하면 좋겠소?" 그러자 맹자가 대답했다. "대왕께서는 지금 나라가 어떤 상태인지 아십니까? 이 나라는 벌써 몇 년째 흉년이 들었습니다. 늙은 자는 굶어 죽어 도랑에 아무렇게나 묻혔고 젊은 자는 앞다투어 다른 나라로 도망치고 있는데 그 수를 셀 수조차 없을 정도입니다. 하지만 대왕의 창고는 곡식들로 가득 찼고 재물은 넘치지요. 관리들은 이런 상황을 알면서도 대왕께 바른 말을 하지 않았습니다. 백성이 이렇게 군주를 속이고 자신들을 해치는 관리들을 위해 목숨을 내놓을 리 있겠습니까?" 그리고 그는 그 유명한 말을 덧붙였다. "자기에게서 나온 것은 반드시 자기에게로 돌아간다고 했습니다." 추나라는 한 가지 구체적인 원인이 아니라 부패한 정치로 야기된 각종 폐단 때문에 멸망한 것이다.

다음은 제나라와 노나라의 장작전투다. 춘추 전국 시대에 제나라 환공은 뛰어난 재능과 지략을 겸비한 군주였다. 관중의 명성을 익히 들은 그는 갖은 방법을 동원해 노나라에서 관중을 빼낸 다음 재상으로 임명했다. 이를 알고 분개한 노나라 장공은 즉시 군대를 정비해 제나라에 선전포고를 했다. 제나라 환공도 지지 않고 적극적으로 나서며 선제공격을 준비했다. 하지만 관중이 환공을 말렸다. 이제 막 대권을 잡아 민심이 불안정한 상태에서 전쟁을 하는 것은 좋지 않다는 생각이었다. 반면 환공은 오히려 이를 기회 삼아 자신의 능력을 보여줌으로써 민심을 얻으려 했다. 관중의 말을 따르려면 먼저 나라의 기강을 바로 세운 다음 조금씩 단계적으로 군사를 정비해야 하는데 그러기엔 너무 많은 시간이 필요했기 때문이다. 그럴 만한 인내심이 없었던 환공은 포숙아를 대장으로 삼아 장작현재의 산둥 성(山東) 취푸 현(曲阜) 현 북쪽으로 보냈다.

화가 난 노나라 장공은 제나라와 생사를 건 싸움을 결심했다. 당시 장공에게는 시백이라는 신하가 있었는데 사람됨이 신중하고 세심했다. 그는 장공에게 서두르지 말 것을 당부한 후 문무를 겸비한 조궤를 추천했다.

기원전 684년, 진나라의 대군이 노나라를 공격했다. 이 소식을 들은 조궤는 서둘러 궁으로 달려가 장공을 도우려고 했다. 그러자 누군가가 조궤를 말리며 말했다. "장공 곁에는 모사가 무수히 많은데 당신을 거들떠보기나 하겠

소?" 그러자 조궤가 말했다. "그들
은 모두 식견이 짧아 앞을 내다보
지 못하는 자들이오." 사람들은 그
의 거만함을 비웃었다.

입궁한 조궤는 다짜고짜 장공에
게 무엇을 근거로 제나라와의 전쟁
을 결심한 것인지 물었다. 그러자
장공이 대답했다. "나에게는 좋은
옷과 음식이 있지만 한 번도 혼자

전국 시대의 청동 병기

누리려 하지 않고 주변 사람들에게 나누어 주었다." 그러자 조궤가 말했다.
"그것은 작은 은덕일 뿐입니다. 작은 은덕으로는 온 백성을 배불릴 수 없지
요. 그것으로 백성이 공을 따르지는 않을 겁니다." 장공이 다시 말했다. "나
는 언제나 경건하게 신께 제사를 올렸다. 또 제사에 사용하는 제물을 함부로
늘리지 않았으며 진실하게 제문을 썼다." 그러자 조궤가 말했다. "그것 또한
한낱 정성일 뿐이지 큰 공덕이라 할 수는 없습니다. 그것 때문에 신이 공을
보호해주지는 않을 겁니다."

한참 생각에 잠긴 장공이 다시 입을 열었다. "한 가지 더 있다. 나라 안에서
발생한 크고 작은 사건 하나하나를 다 처리할 수는 없지만 일단 내게 주어진
일은 모두 이치에 맞게 판결했다."

조궤는 그제야 밝은 표정으로 입을 열었다. "그것이야말로 전쟁에서 승리
할 수 있는 전제가 됩니다. 공께서 그렇게 하셨다는 것은 백성을 위해 힘을
아끼지 않았다는 것이지요. 이를 근거로 한다면 제나라와 싸워볼 만합니다.
부디 신도 함께 갈 수 있도록 해주십시오."

노나라 장공은 조궤의 청을 받아들였다. 조궤는 장공과 같은 수레를 타고 전장으로 향했다. 곧 양국의 군대가 장작에서 대치했다. 장공이 북을 울리며 전투를 시작하려 하자 조궤가 말리며 말했다. "아직 때가 아닙니다. 기다리십시오." 그때 제나라 병사들이 북을 치며 선전포고를 했다. 제나라 군대가 북을 세 번 울리자 그제야 조궤가 말했다. "이제 때가 됐습니다. 북을 쳐서 전쟁을 시작하십시오." 한껏 기세가 오른 노나라 병사들은 제나라 군대를 크게 물리쳤다. 패배한 제나라 군대가 후퇴하자 장공이 그 기세를 몰아 추격하려 했다. 그러자 조궤가 또다시 장공을 말리며 말했다. "조금 기다리십시오." 말을 마친 그는 수레에서 내려 제나라의 바퀴자국을 살핀 후 다시 높은 곳으로 올라가 먼 곳을 바라보았다. 잠시 후 그가 말했다. "이제 쫓으십시오." 한바탕 추격전에서도 노나라가 대승을 거두었다.

전쟁이 끝난 후 장공이 물었다. "왜 제나라가 패했을 때 즉시 추격하지 못하게 한 것인가?" 조궤가 대답했다. "제나라는 대국입니다. 대국과 전쟁할 때는 앞일을 전혀 예측할 수 없지요. 저는 그들이 후퇴하면서 매복을 하지는 않았는지 걱정했습니다. 그래서 그들의 수레바퀴 자국을 본 것인데 자국이 어지럽고 질서가 하나도 없었습니다. 또 멀리 보니 그들의 깃발이 이미 쓰러져 있었습니다. 이를 통해서 그들이 정말 싸움에 패하고 도망갔다 판단하여 추격하도록 한 것입니다."

노나라 장공이 승리를 거둔 원인은 두 가지였다. 첫째는 조궤의 도움이었다. 적군의 심리를 정확하게 판단했던 조궤는 전쟁의 이치도 분명하게 알고 있었다. 그는 신중하지만 과감한 판단으로 실수 없이 훌륭하게 군대를 이끌었다. 둘째는 민심을 이용한 것이다. 장작전투는 노나라의 편에서 보면 일종의 방어전이었다. 때문에 어느 정도는 정의의 색채를 띤 것이다. 게다가 백성은 청렴결백하고 공정한 장공을 위해 기꺼이 전쟁에 나섰다. 이 두 가지 원인 때문에 장공은 장작 전투를 승리로 이끌 수 있었다.

물론 '어진 사람은 적이 없다'는 것이 가장 근본적인 원인이긴 했지만, 사실 이 점은 직접적인 역할을 하지 못할 때도 있다. 전쟁에서 진짜 큰 힘을 발휘하는 것은 양쪽의 군사 역량이다. 이를 잘 보여주는 이야기가 바로 전국 시대에 있었던 묵자墨子와 공수반公輪般의 탁상 교전이다.

기원전 447년부터 431년까지 초나라 혜왕은 진陳나라, 채나라, 기나라, 영나라를 연이어 집어 삼키며 부국강병을 이루기 위해 힘썼다. 덕분에 거듭되는 난으로 쇠락의 길을 걷던 초나라는 다시 부강해지기 시작했다. 초나라는 북방의 강국인 진晉나라, 진秦나라와 함께 힘을 겨루고자 했는데 그러기 위해서는 먼저 초나라와 진나라 사이에 있는 송나라를 정벌해야만 했다. 초나라 왕은 송나라를 공격하기 위해 당시의 뛰어난 기술자인 노나라 출신의 공수반을 기용했다. 공수반은 운제雲梯, 성을 공격할 때 쓰는 높은 사다리-옮긴이, 당거撞車, 수레바퀴가 달린 쇠뭉치 차-옮긴이, 비석飛石, 기구를 사용해 쏘아 날리는 돌-옮긴이, 연주전連珠箭, 연속해서 쏘는 화살-옮긴이 등 신식 무기를 만들었다. 당시 강한 위력을 자랑하던 이들 무기는 성을 공격하는 데 매우 효과적이었다. 초나라는 강력한 무기를 만드는 한편 이를 대외적으로 알려 적이 지레 겁을 먹도록 했다. 과연 이 전술은 효과가 있었다. 툭하면 초나라의 침략에 시달렸던 송나라는 더욱 놀라고 당황했다. 이 소식은 묵가의 창시자인 묵자의 귀에까지 들어갔다. 묵자는 '겸애兼愛, 모든 사람을 두루 사랑함-옮긴이'와 '비공非攻, 공격하지 말 것-옮긴이'을 주장하며 전쟁을 반대했다. 송나라가 위기에 빠졌다는 소식을 들은 묵자는 즉시 제자 300명을 송나라 성벽 위에 배치해 둔 후 초나라로 갔다. 묵자는 열흘 밤낮을 쉬지 않고 걸었는데 물집이 다 벗겨진 발을 헝겊으로 동여매고 부지런히 초나라의 수도 영도郢都로 갔다.

그는 초나라 왕에게 송나라 공격을 중단하라고 설득했다. 하지만 이미 공수반이 만든 무기 때문에 한껏 자신감에 차 있던 초나라 왕에게 그의 말이 들릴 리 없었다. 그러자 묵자가 자신 있는 목소리로 말했다.

"어떤 방법으로 공격하더라도 나는 막을 수 있습니다. 절대 성을 함락할 수는 없을 것입니다." 그러자 초나라 왕은 공수반을 불러와 두 사람의 전략을 시연해보게 했다. 먼저 묵자는 자신의 허리띠를 풀어 탁자에 둥그렇게 둘러놓아 성처럼 만들고 나무 조각 몇 개로 성을 공격하는 무기로 삼았다. 이윽고 두 사람의 시연이 시작되었다. 공수반은 공격하고 묵자는 방어했다. 먼저 공수반이 땅을 파자 묵자는 연기를 피웠다. 공수반이 당거를 이용하자 묵자는 돌덩이와 나무를 굴렸다. 공수반이 운제를 사용하자 묵자는 불화살을 썼다. 공수반이 연속해서 아홉 가지의 공격 방법을 썼지만 그때마다 묵자의 방어책에 막히고 말았다. 공수반의 공격 방법은 바닥을 드러냈지만 묵자에게는 아직도 수비 방법이 많이 남아 있었다. 초나라 왕은 공수반의 패배를 인정하지 않을 수 없다. 그러자 공수반이 지지 않고 말했다. "그대를 이길 수 있는 방법을 알지만 말하지 않겠소." 묵자가 빙그레 웃으며 말했다. "나 역시 그 방법이 무엇인지 알지만 말하지 않겠소." 어리둥절해진 초나라 왕은 몰래 묵자를 찾아가 그 방법에 대해 물었다. 그러자 묵자는 조금도 망설이는 기색 없이 말했다. "그 방법이란 바로 저를 죽이는 것입니다. 제가 죽으면 아무도 자신의 공격을 막지 못할 것이라 생각했기 때문이지요. 하지만 그가 모르는 사실이 있습니다. 이곳에 오기 전 저는 이미 수제자 금활리禽滑厘에게 제자 300명을 주어 송나라의 수비를 돕도록 했습니다. 그리고 모든 방어책을 그들에게 알려주었지요. 그들 모두 저처럼 공수반의 공격에 맞설 수 있습니다. 그러니 저를 죽여도 아무 소용이 없습니다." 초나라 왕이 의기소침해지자 묵자는 더욱 거침없는 태도로 말했다. "초나라의 영토는 사방 5천 리가 넘고 물자도 풍부합니다. 온 힘을 다해 나라를 다스린다면 더욱 부강해질 것입니다. 하지만 송나라의 영토는 겨우 사방 500리에 불과하고 물자도 송나라와 비교조차 불가할 정도로 부족합니다. 그런데 왜 송나라를 치시려는지 정말 알 수 없습니다. 좋은 마차를 잃어가면서 상대방의 낡은 마차를 가지려 하는 것과 뭐가 다릅니까?" 그 말을 듣고 부끄러움에 얼굴까지 붉어진 초나라 왕은 결국 송나라 공격을 멈추기로 했다.

묵자는 송나라를 큰 위험으로부터 구해냈다. 하지만 그것은 초나라 왕이 묵자의 말을 듣고 갑자기 양심의 가책을 느꼈기 때문은 아니다. 근본적인 원인은 바로 군사력의 차이였다. 묵자가 감히 초나라 왕을 훈계할 수 있었던 것은 무시할 수 없는 군사력이 뒤에 버티고 있었기 때문이었다. 만약 그것이 아니었다면 감히 초나라 왕을 설득할 생각이나 할 수 있었을까? 이런 점에서 보면 군사 역량의 균형을 맞추는 것은 평화외교를 위한 근본 조건이 된다는 것을 알 수 있다. 하지만 여기에서 짚고 넘어가야 할 문제가 있다. 묵자의 평화 외교는 단 한 번의 전쟁을 막은 것에 불과하다는 것이다. 이 사건을 통해 초나라가 송에 고개를 숙인 것도 아니고 근본적인 전쟁의 위험도 제거한 것은 아니다. 전쟁에서 진정한 주도권을

초국정(楚國鼎)

잡으려면 부국강병밖에는 답이 없다.

묵자의 행동은 분명히 정의로웠다. 든든한 군사력을 방패막이로 썼다 할지라도 고지식하게 인과 의만을 강조했다면 결코 노나라를 설득할 수 없었을 것이다. 하지만 춘추 전국 시대에는 인의만을 강조해 실패했던 인물도 있었다. 바로 송나라 양공襄公이다. 원래 패주의 꿈을 가졌던 양공은 자신이 제후들의 회맹에서 초나라의 인질이 되리라고는 상상조차 하지 못했다. 다행히 공자 목이目夷 덕분에 사지에서 빠져나온 그는 다시 왕좌에 앉을 수 있었다. 송나라로 돌아온 양공은 분을 참을 수 없었지만 그렇다고 감히 초나라에 보복할 수도 없었다. 어쩔 수 없이 그는 화살을 정나라로 돌렸다. 제후국의 회맹에서 초나라를 맹주로 삼자고 제일 처음 제안했던 것이 정나라였기 때문이다. 공자 목이와 대신들이 모두 반대했지만 양공은 고집을 꺾지 않았다.

정나라는 즉시 초나라에 도움을 요청했다. 초나라 왕은 지원군을 보내는 대신 성득신成得臣과 문발鬥勃에게 송나라를 직접 공격하도록 했다. 양공이 나라를 구하기 위해 군사를 되돌리면 자연스럽게 전쟁을 막을 수 있기 때문이었다. 하지만 양공은 이미 남다른 자신감에 불타오르고 있었다. 그는 오랑캐 출신의 초나라가 병력은 강할지 모르나 인과 의는 부족하다고 생각했다. 야만적인 군대가 인의로 무장한 군대를 이길 수 없다고 자신한 것이다. 양공은 깃발에 '인의仁義'라고 쓰고 그것으로 적을 제압하려는 터무니없는 생각을 했다. 자신조차도 확신이 없는 방법으로 상대방을 속이려 한 것이다. 그는 깃발이 부적이라도 되는 것처럼 자신만만했다. 하지만 중원의 문명을 알 리 없었던 오랑캐는 깃발의 글씨를 읽을 수조차 없었다. 그들은 벌건 대낮에 아무렇지도 않게 강을 건너왔다.

그때 공자 목이가 양공에게 말했다. "초나라 병사들이 대낮에 강을 건너오는 것은 우리가 안중에도 없다는 증거입니다. 자만한 그들이 아직 채 강을 건너지 못한 틈을 타 공격하면 분명히 이길 수 있습니다." 하지만 고지식한 양공은 인의로 무장한 군대가 교활한 방법을 써서 체면을 깎을 수는 없다며 이를 거절했다. 이렇게 송나라는 적을 공격할 절호의 기회를 놓치고 말았다.

초나라 병사들이 모두 강을 건넌 후 진열이 완전히 갖춰지지 않은 상황에서 공자 목이는 또다시 선공을 주장했다. 하지만 양공은 이 모두가 자신의 어짊을 시험하는 것이라고 생각했다. 여기서 끝까지 버틴다면 자신은 진정한 정의의 사도가 되는 것이다. 그는 오히려 공자 목이를 나무라며 말했다. "너는 정녕 의를 모르는구나. 어찌 상대방이 대열을 가다듬기도 전에 공격할 수 있단 말이냐?"

곧 진열을 가다듬은 초나라 군대가 공격을 시작하자 송나라는 속수무책으로 당하며 후퇴하기 시작했다. 공자 목이가 온 힘을 다해 보호했지만 양공은 다리에 화살을 맞았다. 공자 목이를 비롯한 대신들은 양공의 고리타분함을 원망했다. 하지만 양공은 반성은커녕 오히려 큰소리를 쳤다. "전쟁에서는 반드시 덕으로 적을 제압해야 한다. 부상을 입은 자는 더 이상 해치지 않고 머리가 희게 샌 사람은 포로로 잡지 않는 것이 인의다."

백성을 사랑하는 마음으로 국력을 키우고 군대를 정비하면 싸우지 않고도 이길 수 있다. 이것은 절대 변하지 않는 진리다. 하지만 헛된 명성을 추구하며 잘못된 생각을 고집한다면 이기기는커녕 싸우지 않고도 망하게 될 뿐이다. 전쟁에서 민심의 향배와 싸움의 성격은 승패를 결정하는 중요한 요소다. 그 외에도 중요한 것이 있다면 바로 구체적인 전략 전술이다. 『손자병법』은 각종 전쟁의 경험과 그 속에서 얻을 수 있는 교훈을 종합한 책인데 그 대부분은 전략 전술의 운용에 관한 것이다. 이를 보면 선인들이 전략 전술을 얼마나 중요시했는지 알 수 있다. 묵자와 공수반의 힘겨루기나 조궤의 지휘 능력은 그 전형적인 증거라고 할 수 있다. 물론 역사 속에는 양공 같은 사람도 많았다. 오늘날에도 현실과는 동떨어진 유명무실한 구호를 외치는 사람들은 존재한다. 그들도 혹시 양공처럼 '인의'만을 떠벌리는 사람과 같은 부류가 아닐까?

'어진 사람은 적이 없다'는 것은 일종의 사상 원칙이다. 여기에는 이상주의적 색채가 다분히 깔려 있다. 이 말은 군사와 정치의 밀접한 관계를 잘 보여주는데 특히 중국에서는 더욱 그렇다. 나폴레옹은 세인트헬레나 섬에 유배되었을 당시 『손자병법』을 읽었다고 한다. 그는 자신이 조금만 일찍 『손자병법』을 읽었더라면 결코 실패하지 않았을 것이라고 한탄했다. 하지만 전쟁의 승패를 결정하는 가장 근본적이고 내재적인 원인은 군사가 아닌 정치에 있다. 이런 이유에서 지금 우리가 중국의 군사 역사를 분석할 때는 반드시 '백성을 근본으로 하는 사상'을 먼저 염두에 두어야 한다.

『좌전左傳』, 『사기』 참고

제2부

법가의 지혜

"현명한 군주가 신하를 다스리는 데는 두 개의 칼자루만 있으면 된다. 하나는 형벌이고 나머지 하나는 덕이다^{明王之所導制其臣者, 二柄而己矣. 二柄者, 刑, 德也.}"

법가의 지혜는 법^法, 술^術, 세^勢가 그 핵심을 이룬다. 법은 강력한 통제를, 세는 막강한 권세를, 술은 술수를 의미한다.

법가의 지혜란?

법가의 지략은 중국의 지략 역사에서 가장 독하고 어두운 부분이다. 하지만 역대 황제들이 가장 많이 사용했던 지략이기도 하다.

법가의 지혜는 도가에서처럼 깊은 철학 사상을 기본으로 하지는 않지만, '법학 이론'을 담고 있다. 『한비자韓非子』는 인간의 본성 때문에 '법제'를 실행해야 한다고 주장한다. 그는 이런 말을 한 적이 있다. "천하를 다스리는 것은 반드시 감정에 기초해야 한다. 감정은 좋고 싫음을 말하는데, 그 감정에 기초하여 상벌을 내릴 수 있는 것이다. 상벌을 사용하면 금지 명령을 내릴 수 있고, 그렇게 하면 통치 질서가 바로잡힌다." 그는 또 이런 말을 했다. "백성이란 원래 복종하는 자로, 의를 따르는 자가 적다. (중략) 백성이라는 것은 처세에 굴복하며, 권세는 백성을 복종하게 하는 힘이 있다." 이는 근본적으로 법가의 지략이 사회의 필요에 따른다는 점을 강조한다. 『한비자』에는 또 이런 이야기가 나온다. "남의 신하가 된 자는 그 군주와 핏줄로 맺어진 관계가 아니다. 권세에 얽매여 섬기는 것이다. (중략) 전차 만 대를 가진 나라의 군주이든 전차 천 대를 가진 나라의 군주이든 그 정비正妃나 후비后妃가 낳은 아들로서 태자가 된 이는 모두 군주가 일찍 죽기를 바란다."『상군서商君書』에는 이런 말도 나온다. "겁이 많은 백성은 형벌로 다스리면 용감하게 할 수 있고, 용감한 백성은 상을 내리면 죽을힘을 다해 충성하게 할 수 있다", "상이 많고 형벌이 엄하면, 사람은 전쟁에서 주어지는 많은 상을 보고 죽음도 무릅쓰게 된다. 또 전쟁에 참여하지 않으면 받게 될 모욕을 보고 그렇게 살아가는 것을 두려워하게 된다", "어진 사람은 다른 사람을 착하게 대하지만 상대방을 착하게 만들지는 않는다. 의로운 사람은 다른 사람을 사랑하지만 상대방이 사랑하게 만들지는 않는다." 이를 통해 법가가 인간의 본성과 사회 기능이라는 두 측면을 이론적 기둥으로 삼았다는 것을 알 수 있다. 이것은 법가의 법의 근거이자 원리다.

하지만 법가의 법과 현대 법에는 근본적인 차이가 있다. 법가의 법은 군왕이 백성을 다스리기 위한 수단이며 법, 술, 세를 뜻하는데 이는 모두 비정의, 비공정, 비도덕을 토대로 한다. 법가에 평등과 정의란 없다. '법'의 본질은 강한 통제이며, '세'의 본질은 막강한 권세, '술'은 술수를 의미한다. 이러한 법률은 모두 봉건 왕조의 통치 권력을 유지하기 위해 존재한다. 법가의 법은 그것이 도의에 맞는지, 백성에게 이익이 되는지는 따지지 않는다. 하지만 현대의 법은 봉건 왕조의 백성이 투쟁으로 얻어낸 것이며, 그 목적은 바로 국민의 이익을 보호하는 데 있다. 그래서 특권의 존재나 발전을 허용하지 않으며 모든 국민이 평등하게 법을 지켜야 하는 것이다. 다시 말해, 법가의 법과 현대 법의 본질적인 차이는 불평등과 평등이다.

법가의 법의 근원은 집권 제도다. 그래서 특히 '권세'를 강조하는 것이다. 법가의 대표적 인물 가운데 가장 먼저 '세'를 주창한 사람은 바로 신도愼到다.

'세'란 어떠한 질문이나 논리도 허용되지 않으며 무조건 인정하고 복종해야 하는 절대 권력이다. 이 점에 대해서 신도는 먼저 이론과 관념상의 '세'를 명확히 규정해야 한다고 주장했다. 하지만 과거의 군주들은 이미 절대 권력을 장악했다. 그렇지 않으면 다른 사람에게 권력을 빼앗겨 정권이 뒤집어지기 때문이다. 그래서 '세'는 법의 전제 조건이라고 할 수 있다. 물론 이 둘은 서로 보완 관계다. '법'은 있지만 '세'가 없으면 '법'이 시행될 수 없고, '세'는 있지만 '법'이 없으면 군주는 불안하게 마련이다. '법'은 얼마든지 만들어낼 수 있다. 하지만 어떻게 하면 '세'의 절대성을 보장하고 '세'가 약해지지 않도록 할 수 있을까? 여기에 필요한 것이 바로 '술'이다. '술'은 법가의 대표 인물 신불해申不害가 강조한 것으로, 그는 '술'이라는 수단이 '세'보다 중요하다고 여겼다. '술'은 신하와 백성을 다스리고 감독하며 몰래 살펴보기 위한 구체적인 술수다. 이 '술'은 때로는 제도화되어 '법'의 일부분이 되기도 했다. '술'의 가치는 명확한데 '술'이 없으면 '법'도 존재할 수 없다. 하지만 '법'이 없는 '술'도 존재 가치를 잃는다. 근본적으로 보면 '술'은 매우 중요하다. 고대 중국의 '법제'가 가장 발달한 영역이 바로 '법'과 '술'이 결합한 신하와 백성을 다스리는 법술法術 시스템이다.

한비자나 관중, 상앙商鞅 등 법가의 대표적 인물들이 쓴 책을 열심히 읽어보면 간담이 서늘해지는 느낌을 받을 수 있다. 어떤 사람이든 아니 짐승이라도 그들이 만든 엄격하고 독한 방법으로 가르친다면 금세 얌전하게 명령을 들을 것이기 때문이다. 법가의 체계는 워낙 방대하기 때문에 여기에서는 간략하게 소개만 하려고 한다.

법가는 군주가 신하의 의견을 받아들이게 하려면 반드시 한 가지 전제가 충족되어야 한다고 주장한다. 바로 군주가 신하를 완벽하게 통제해야 하는 것이다. 그렇지 않다면 신하가 군주의 권력을 욕심내어 나라를 어지럽게 할 것이라는 의심을 받을 수 있기 때문이다. 그래서 법가가 가장 중시하는 것은 바로 '신하를 다스리는 것'이다. 법가는 군주와 신하를 대립의 관계로 보았다. 군주는 절대로 신하를 인仁, 의義, 충忠, 신信으로 대해서는 안 된다. "총애하는 신하를 너무 가까이하면 반드시 군주를 위태롭게 할 것이며, 신하의 권위가 높아지면 군주의 자리는 바뀐다"라는 말이 있다. 법가는 군신의 관계는 이해관계이므로 도덕이나 감정으로 묶어놓을 수 없다고 한다. 이는 비록 군주와 그의 혈육이라 할지라도 예외가 될 수는 없고, 군주와 그 아내도 마찬가지다.

그러므로 군주는 자신의 아내와 자녀를 포함한 모든 사람을 이해관계로 봐야 한다. 이러한 기초 위에 『관자』에서는 신하를 다스리는 방법 여덟 가지를 제시했다. 첫째, 상과 벌을 적절히 내린다. 둘째, 관직을 주기도 하고 빼앗기도 한다. 셋째, 상을 주어 신하를 부유하게 만든다. 넷째, 형벌로 겁을 주어 굴복하게 한다. 다섯째, 허울만 좋은 관직을 주어 거만해지게 한다. 여섯째, 봄과 가을에 세금을 걷어 세력을 약하게 한다. 일곱째, 복잡한 예의로 신하를 구속한다. 여덟째, 총명하고 영리한 신하들에게 능력에 따라 일을 맡긴다.

한비자도 이러한 관점에서 신하를 다스리는 방법을 이야기했다. 첫째, 한 가지 의견을 들으면 바로 회의를 열어서 의논한다. 둘째, 한 가지 의견만 들어서 신하들이 만든 함정에 빠지지 않도록 한다. 셋째, 신하들에게 간언하게 하고, 그 간언을 채택하면 사적인 감정을 드러내지 않는다. 넷째, 신하들이 각자 의견을 말하게 하고, 회의할 때 그 내용을 반드시 기록해 두도록 한다.

『한비자』의 주장을 근거로 우리는 신하를 다스리는 세 가지 방법을 추론해 볼 수 있다. 첫째는 독단과 독점, 둘째는 감춤과 속임, 셋째는 검증과 고찰이다. 독점이란 권력의 독점으로, 어떠한 형태로든 군주의 권력이 나뉘게 하지 않는 것을 뜻한다. 신하는 군주에게 간언할 수 있지만, 어떠한 결정권도 없다. 군주가 일단 결정을 내리면 신하는 무조건 따라야 한다. 독단과 독점은 법가가 강조하는 '세'의 핵심이다. 법률을 제정하고 상벌을 결정하며 지략과 계책을 정하는 데도 군주의 독단이 필요하다. 감추고 속이는 것 역시 매우 중요하다. 그것은 군주의 위세를 높이고 간신을 경계하며 신하들의 의견을 듣는 상황에서 큰 효과를 발휘한다. 군주는 신하에게 자신의 생각이나 감정을 들키지 않아야 한다. 그렇게 하려면 군주의 일상생활은 신하와 완벽하게 분리되어야 한다. 군주의 생각을 알 수 없는 신하는 함부로 아첨을 하는 대신 오직 충성심을 바탕으로 자신의 능력을 드러내기 때문이다. 검증과 고찰 역시 매우 유용하다. 각종 수단을 동원해서 신하의 과거와 현재를 조사하고 검증하며 그들의 성격 특징과 심리를 분석한 후 이를 바탕으로 미래를 예측하는 것이다. 이것은 보통 비공개적으로 진행되는데, 신하 역시 무조건적으로 협조해야 한다. 『한비자』에서 언급된 검증술은 마흔 가지가 넘는데 여기서 하나하나 다 설명하지는 않겠다.

법가의 법술은 모두 비슷하다는 느낌을 준다. 『한비자』는 나라를 통치하는 방법을 형벌과 덕이라는 두 가지로 보았다. 사실 법가의 법술을 전체적으로 뜯어보면 덕의 그림자가 어느 정도 보이는 것도 사실이다.

법가가 현실 사회에서 직접적인 효력을 보이자 군주들은 법가에 큰 관심을 보였다. 특히 가장 먼저 중국을 통일한 진나라는 더욱 그랬다. 훗날 중국을 통일하여 첫 번째 황제가 된 진나라 왕 영정嬴政은 『한비자』를 읽고 연신 감탄사를 내뱉으며 이렇게 말했다. "그를 직접 만날 수 있다면 얼마나 좋을까!" 진나라 시황제가 법가의 술을 얼마나 동경했는지 알 수 있는 말이었다.

진나라는 확실히 '법제'를 기초로 하여 점차 강대해졌고, 마침내는 전국을 통일할 수 있었다. 하지만 빠르게 흥한 만큼 망한 것도 순식간이었다. 법만으로는 나라를 오래도록 유지하기가 어려운 까닭이었다.

법가는 중국의 문화와 정치에 부정적인 영향을 끼쳤다. 봉건 집권제를 강력하게 주장했던 법가는 심지어 폭력적인 정치를 인정하기도 했기 때문이다. 법가는 정치, 문화, 사상의 자유로운 발전과 인간의 행동을 잔인하게 제약했다. 수천 년 동안 이어진 봉건 사회에서 많은 황제들은 요 임금이나 순 임금과 같은 현명한 군주가 되는 것을 이상으로 삼았지만 실제는 그와 달랐다. 유가와 법가를 함께 적용하는 것은 그나마 나은 경우였고, 겉으로는 유교를 따르겠다고 내세우면서 사실은 법가로 나라를 다스리는 군주도 있었다. 최악은 군주가 이런 문제에 관심조차 없는 경우였다. 중국의 고사성어 중에 "처음으로 나무 인형을 만든 사람은 천벌을 받아 후손조차 없으리리[24]"라는 말이 있다. 당시 냉혹한 법률을 생각해내고 비열하고 악독한 술수를 꾸몄던 법가의 대표 인물들은 모두 비참한 죽음을 맞았다. 상앙은 거열車裂, 팔과 다리를 각각 다른 수레에 매고 수레를 끌어서 죄인을 찢어 죽이는 형벌-옮긴이을 당했고, 한비자는 독살을 당했으며, 이사李斯는 허리를 베어 죽이는 형벌을 받았다.

물론 법가의 지략에 전혀 배울 점이 없는 것은 아니다. 때로 '술'의 어떤 부분은 민족을 지키고 나라의 안정을 이루는 데 일정한 역할을 하기도 했다. 만약 법가가 봉건집권제를 수호하는 법률의 본질을 바꾸기만 한다면, '술'의 어

---

24) 『맹자』에서 유래된 고사성어로 좋지 않은 전례를 만든 사람이나 그러한 경우를 비유한다. 용(俑)은 나무로 사람의 형상을 본떠 만든 인형인데 죽은 사람을 매장할 때 함께 묻었다. 공자는 나무 인형을 땅 속에 묻는 것조차 어질지 못하다고 미워하여 그것을 만든 사람은 대가 끊어질 것이라고 말했다.

떤 부분은 현대 중국의 정치에 적용할 만하며, 분명히 배울 만한 점이 있을 것이다.

막돼먹은 건달, 그러나 천하를 얻다

중국의 역사를 보면 거의 건달이나 지방 세력가가 나라를 세우고 황제가 된 사실을 쉽게 알 수 있다. 그 이유는 뭘까? 아마도 건달은 거리낄 것이 없고 지방 세력가는 힘이 있어서일 것이다.

더 자세히 보면 이러한 예는 셀 수 없이 많다. 그중에 가장 전형적인 사례는 한나라를 세운 고조高祖 유방일 것이다. 유방은 건달이었다. 그를 건달이라 하는 것은 현재의 평가가 아니다. 서한 초기의 위대한 사학자 사마천이 이미 그를 '건달'이라고 했다.

유방이 건달이라는 것은 의심할 여지가 없는 사실이다. 유방은 그의 어머니와 신룡 사이에서 태어났다고 전해진다. 하지만 이 '용의 자손'은 어른이 된 후 게으르고 늘 빈둥거리는 불량배가 되었다. 한 집에 살고 있던 형과 형수는 이런 유방을 못마땅하게 여겼다. 결국 유방의 아버지는 장남을 분가시켰다. 유방은 스무 살이 된 후에도 옛 생활을 버리지 못하고 빈둥거렸다. 그런 그를 보다 못한 아버지가 버럭 역정을 내며 말했다. "이 막돼먹은 놈, 대체 언제 네 형처럼 땅도 사고 집도 지을 거냐?" 하지만 유방은 반성하기는커녕 어중이떠중이 친구들을 형의 집에 데려가 먹을 것을 축내기 일쑤였다. 형수가 아니꼬운 마음에 훈계해도 유방은 듣는 둥 마는 둥이었다. 그러던 어느 날, 유방이 여느 때와 다름없이 친구들을 데리고 형의 집을 찾아갔다. 마침 집에 있던 형수는 멀리서 유방의 목소리가 들려오자 퍼뜩 꾀를 내어 밥주걱으로 솥을 긁어댔다. 그 소리를 들은 유방은 형의 집에 밥이 없다고 생각하고는 친구들을 돌려보냈다. 잠시 후, 혼자 형의 집으로 가서 부엌을 들여다보니 밥을 짓느라 아궁이에 불이 활활 타오르고 있는 것이 아닌가? 그제야 형수의 꾀에 속은 것을 안 유방은 마음이 상한 나머지 다시는 형의 집을 찾지 않았다.

초나라와 한나라가 대립할 당시 팽성 전투에서 패한 유방은 혼자서 도망쳐야 했다. 그때 두 아이와 헤어진 그는 얼마 후 피난민 무리에서 아이들과 다시 만나자 함께 마차를 타고 도망쳤다. 그런데 초나라 군대가 그의 뒤를 바싹 추격하기 시작했다. 다급한 상황에 세 사람을 태운 마차가 속도를 내지 못하자 유방은 조금도 망설이지 않고 두 아이를 마차 밖으로 밀어버렸다. 마침 마차를 호위하던 부장 하후영夏侯嬰이 급히 떨어지는 아이들을 받아서 다시 마차 안으로 밀어 넣었다. 이런 일이 무려 세 번이나 반복되자 유방이 성을 내며 말했다. "한시가 급한 상황인데 두 아이를 위해 내 목숨을 버려야겠느냐?" 그러자 하후영이 지지 않고 말했다. "이 아이들은 대왕의 혈육인데 어찌 그리 쉽게 버린단 말입니까?" 하지만 자신의 목숨이 더 소중했던 유방은 검을 뽑아 하후영의 목을 베려 했다. 하후영은 어쩔 수 없이 마차 밖으로 밀려난 아이들을 옆구리에 끼고 말을 달리며 유방이 탄 마차를 호위했다. 아무리 배고픈 호랑이라도 제 새끼는 잡아먹지 않는다고 했다. 어쩌면 유방은 호랑이가 아니라 용이라 새끼를 버리려 했던 것은 아닐까?

초나라와 한나라 군대가 대치하고 있을 때, 항우는 유방의 아버지를 인질로 삼아 협박을 했다. 정의로운 행동은 아니었지만 양측이 오랫동안 대치하고 있었으니 마냥 나쁘다고만은 할 수 없는 일이었다. 항우는 유방의 아버지를 자신의 진영 앞에 세워두고 큰 소리로 말했다. "군대를 물리지 않으면 네 아버지를 뜨거운 물에 삶아버리겠다." 그 말을 들은 초나라와 한나라 군대의 장수들은 아버지 때문에 괴로워할 유방에게 동정심을 느꼈다. 하지만 그야말로 군자의 마음으로 소인배의 마음을 헤아리는 격이었다. 유방은 심드렁하게 말했다. "우리는 예전에 형제를 맺은 적이 있으니 내 아버지는 곧 네 아버지다. 네 아버지를 삶아 먹겠다고 하니 나에게도 그 고깃국 한 그릇이나 나눠다오." 말문이 막혀버린 항우는 어쩔 수 없이 유방의 아버지를 풀어주었다.

유방은 결국 천하를 얻고 한나라를 세웠다. 어느 날, 군신들을 모아 공을 축하하는 자리에서 유방은 옛날 아버지가 자신과 형을 비교한 일을 떠올렸다. 갑자기 화가 치밀어 오른 그는 얼굴을 붉히며 아버지에게 대들었다.

"아버지, 보십시오. 나와 형 중에 누가 더 큰일을 이루었습니까?" 유방의 쩨쩨한 모습을 본 아버지도 역정을 내며 자리를 박차고 나가버렸다.

유방은 유학자들을 깔보고 모욕하며 건달의 속성을 유감없이 보여주었다. 유생 역이기酈食其의 옆집에 유방의 호위 무사가 살았다. 역이기가 유방을 만나게 해달라고 간청하자 무사가 말했다. "대왕은 유생을 너무 싫어한다오. 많은 유생이 모자를 쓰고 대왕을 알현했는데, 왕께서는 그들의 모자를 벗겨 그 안에 오줌을 갈기기도 했소. 다른 사람들과 이야기할 때도 늘 유생의 욕을 해댄다오." 어쨌든 유방이 덕 있고 어진 사람을 예의와 겸손으로 대하는 스타일은 아니었던 것이 분명하다.

그런데 유방은 과연 어떻게 한나라를 세울 수 있었을까? 항우와 비교해보면 간단하게 그 답을 얻을 수 있을지 모르겠다. 진나라 시황제가 민심을 살피기 위해 동쪽 지역을 돌아보고 있을 때, 마침 유방과 항우 두 사람이 황제의 행렬과 맞닥뜨렸다. 위풍당당하고 웅장한 황제의 행렬을 보고 많은 사람이 입을 다물지 못했다. 그 모습을 본 항우는 호기롭게 소리쳤다. "내 반드시

저 자리를 차지하리라." 반면에 유방은 탄식하며 이렇게 내뱉었다. "대장부란 저래야 하거늘." 유방의 얼굴에는 존경과 질투가 그대로 드러났다. 훗날 항우는 그 누구도 대적할 수 없을 정도로 용맹하게 전쟁터를 누볐다. 직설적이고 호탕한 항우는 많은 사람들의 존경을 한 몸에 받았다. 그야말로 서초패왕西楚霸王[25]의 위용을 온몸으로 보여줬던 것이다. 하지만 엄밀히 말해서 그는 대인배는 아니었다. 병사들이 아프면 눈물을 흘리고 자기가 먹던 것을 나누어줄 정도로 정이 넘쳤지만, 부하들에게 관직을 주는 데는 인색했다. 이미 다 파놓은 관인을 주기가 아까워 그것을 가지고 있으면서 하도 어루만져 모서리가 닳을 지경이 되었다고 하니 그 인색함이 어느 정도였을지 알 수 있을 것이다. 어질고 현명한 인재를 발탁하는 것은 고사하고 뛰어난 모사 범증范增도 제대로 쓰지 못했으니 실패는 당연한 것이 아니었을까?

유방은 이와 정반대였다. 비록 전쟁에서 두각을 나타내지 못했지만, 그는 다른 이의 충고를 겸허하게 받아들였다. 함양咸陽성 전투에서 승리한 유방은 곧 진나라의 궁궐로 입성했다. 화려한 장식과 수많은 미녀에 혹한 그는 궁을 나가기가 싫었다. 그러자 유방의 부하 번쾌樊噲가 다짜고짜 안으로 들어오더니 고함을 지르며 말했다. "공께서는 그저 부자가 되려 하십니까, 아니면 천하를 얻고 싶으십니까?"

유방이 멍한 표정으로 아무 말도 하지 못하자 번쾌가 다시 소리를 질렀다. "이 화려한 궁전이야말로 진나라가 망한 이유입니다. 어서 빨리 패상霸上으로 돌아가십시오!" 유방은 여기에서도 건달 기질을 숨기지 못했다. "오늘은

---

25) 중국을 통일한 진나라가 광활한 초나라의 영토를 동, 서, 남쪽의 세 지역으로 나누었는데 항우가 그중 서초 지역을 근거지로 삼아 제후들에게 패왕(제후들의 우두머리)을 자처해 붙여진 이름이다.

내가 좀 피곤하니 하룻밤만 쉬어가도록 하지!" 자신의 힘으로는 유방을 설득할 수 없자 번쾌는 급히 장량을 데려왔다. 장량이 꼬장꼬장하게 이치를 따져 간언하자 유방은 그제야 진나라의 궁전을 떠났다.

조조는 이런 말을 한 적이 있다. "세상이 어지러울 때는 재능 있는 자를 쓰고, 평화로울 때는 덕 있는 자를 쓴다." 한나라를 세운 초기에 유방이 한신을 비롯한 신하들과 함께 각 장수의 능력에 대해 이야기를 나눈 적이 있었다. 유방이 한신에게 물었다. "그대는 내가 백만 대군을 통솔할 수 있다고 생각하시오?" "못하실 겁니다." 한신의 대답에 유방이 다시 물었다. "그러면 십만 대군은 어떻소?" 한신이 대답했다. "그것도 어려우실 겁니다." 유방이 화난 목소리로 물었다. "그렇다면 나는 몇 명이나 지휘할 수 있겠소?" 한신이 태연한 표정으로 대답했다. "만 명 정도면 괜찮겠지요." 유방이 화를 억누르며 되물었다. "그렇다면 그대는 어떻소?" 한신은 조금도 망설이지 않고 대답했다. "저는 많으면 많을수록 좋습니다." 그러자 유방이 따지듯 물었다. "그런데 왜 나는 황제가 되었고 그대는 일개 장수인 것이오?" 한신이 대답했다. "폐하는 병사들의 장수가 아닌 장수들의 장수가 될 수 있는 분이기 때문입니다."

유방 자신도 이를 잘 알고 있었다. "장막 안에서 계책을 내어 천 리 밖에서 승리를 거두는 데서는 나는 장량만 못하다. 식량을 운송하고 공급하며 백성을 다스리는 데서는 소하蕭何만 못하다. 직접 전장에 나가

한나라 고조 유방

적을 죽이는 것은 한신이 최고다. 하지만 내 장점은 그들을 부릴 줄 안다는 것이다."

나라를 다스리는 방법도 이와 같다. 선비 육가陸賈가 유방의 앞에서 『시경』과 『상서尚書』중국 전통 산문의 근본으로 『서경(書經)』이라고 부르기도 한다. 공자가 요 임금과 순 임금 때부터 주나라에 이르기까지의 정사(政事)에 관한 문서를 수집하여 편찬한 책이

항우

다─옮긴이 등 유가의 경전을 이야기한 적이 있다. 심사가 잔뜩 뒤틀린 유방이 육가에게 욕을 하며 말했다. "나는 말 위에서 천하를 얻었는데 어찌 『시경』과 『서경』을 근거로 나리를 다스리겠는가?" 육가도 뱅뱅하게 맞서며 말했다. "말 위에서 천하를 얻었다고 하여 말 위에서 다스리려 하십니까?" 그 말에 무언가를 깨달은 유방이 물었다. "그렇다면 진나라가 천하를 잃고 내가 천하를 얻은 원인을 설명해 달라." 이렇게 황제의 명을 받은 육가는 『신어新語』를 편찬했다.

누가 사람의 마음을 얻어야만 천하를 가질 수 있다고 했는가? 무뢰배 건달도 천하를 얻을 수 있거늘! 그렇다면 무뢰배 건달은 어떻게 천하를 얻었을까? 인재를 얻으면 천하를 손에 넣는 것도 어렵지 않은 법이다. 무조건 덕이 있는 사람을 쓰는 것은 현실에 맞지 않다. 반면 재능이 뛰어난 인재를 쓰면 금방 효과를 볼 수 있다. 그래서 위급한 상황일수록 덕보다는 재능을 중요하게 따지는 것이다. 건달이라도 상관없다. 다른 사람의 재능을 잘 쓸 수만 있다면 천하의 주인이 되는 것도 어려운 일이 아니다.

이렇게까지 이야기했는데 더 무슨 말이 필요하겠는가? 지식인들은 그저 한숨을 쉴 수밖에.

중국의 '법'

동서고금을 막론하고 법치 국가, 나아가 입법 국가는 우리 모두가 간절히 바라는 이상적인 국가상이다. 그런데 고대부터 법가 사상이 매우 발달한 중국은 어째서 지금까지 법치 국가를 이룩하지 못했을까? 이와 같은 의문을 해결하기 위해 아래의 일화를 살펴보자.

어느 날, 진秦나라 양왕이 병에 걸렸다는 소식을 듣고 백성이 왕의 병이 빨리 낫기를 비는 제사를 지냈다. 이는 왕을 존경하고 사랑하는 백성의 마음이었다. 그리고 나중에 왕이 병에서 회복되었다는 소식이 들리자 백성은 소와 양을 죽여서 신에게 감사하는 제사를 지냈다.

진나라의 낭중郎中인 염알閻遏과 공손연公孫衍이 외출했다가 백성이 소를 죽여 제사 지내는 모습을 보고는 이상히 여겨 물었다.

"지금은 풍년을 기원하기 위해 토지신에게 제사를 지내는 사일社日도 아니고, 연말에 신에게 제사를 올리는 납일臘日도 아닌데 어째서 소를 죽여 제사를 지내는가?"

"전에 왕께서 병이 나셨다는 소식을 듣고 쾌유를 비는 제사를 지냈습니다. 그런데 이제 왕께서 다 나으셨다고 하니 소를 죽여 감사하는 제사를 올리는 것입니다."

염알과 공손연은 이 말을 듣고 놀랍고도 기뻤다. 그들은 서둘러 궁으로 돌아가 양왕에게 축하 인사를 올렸다.

"대왕이시여, 감축 드립니다. 대왕의 덕행이 고대의 현왕인 요 임금과 순 임금을 능가하옵니다."

"그게 무슨 말인가?" 양왕이 어리둥절해하며 물었다.

"요 임금과 순 임금 시절에 백성이 왕의 건강과 장수를 기원하고자 제사를 올렸다는 말은 일찍이 들어본 일이 없습니다. 그런데 얼마 전 대왕께서 병이 나셨다는 말에 백성이 쾌유를 비는 제사를 지내고, 또 왕께서 쾌유하셨다는 소식에 소를 죽여 감사의 제사를 올렸사옵니다. 이는 지금까지 없었던 일이옵니다. 그리하여 대왕의 덕행이 요 임금과 순 임금을 능가한다고 말씀드리는 것입니다." 염알과 공손연이 대답했다.

양왕은 그 말을 듣고 곰곰이 생각하더니, 어느 지방의 백성이냐고 물었다. 염알과 공손연은 왕이 백성에게 고마움을 나타내기 위해서리고 생각하고 자세히 알려주었다. 그런데 뜻밖에도 양왕은 그 지역의 지방 관리와 백성에게 벌을 내렸다. 염알과 공손연은 그 영문을 알 수 없었지만 깜짝 놀란 마음에 감히 왕에게 묻지 못했다.

몇 달 후, 한 연회에서 염알과 공손연은 양왕의 기분이 좋은 기회를 틈타 물었다.

"지난번에 신들이 대왕의 덕이 요 임금과 순 임금을 능가한다고 말씀드린 것은 결코 아첨하는 말이 아니었습니다. 요 임금과 순 임금이 병이 나셨을 때 백성이 왕을 위해 제사를 올린 일이 없었으나, 오늘날 대왕께서 병이 나자 백성은 소를 죽여 대왕의 쾌유를 비는 제사를 올렸습니다. 그런데 대왕께서는 이 말에 기뻐하지 않으시고 오히려 백성을 벌하셨으니, 이는 무슨 까닭이온지요?"

"그대들은 그 속의 숨은 뜻을 잘 알아야 할 것이오. 백성이 짐을 위해 일하는 것은 짐이 백성을 사랑하기 때문이 아니라 백성이 짐의 권세를 두려워하기 때문이오. 짐은 권세를 이용해 백성이 내 명에 복종하게 했으니 말이오. 그런데 백성이 짐의 쾌유를 기원하기 위해 소를 죽여 제사를 지냈다는 것은 짐이 이미 권세를 내버리고 백성에게 자비를 베풀고 있다는 것을 뜻하오. 이는 매우 위험한 일이오. 만일 그렇다면 짐이 백성에게 자비를 베풀지 않을 때 그들은 짐을 위해 일하지 않을 것이오. 그러므로 짐은 그들을 벌하여 백성에 대한 자비로운 마음을 버리고 법의 권위를 세운 것이오."

법가 사상의 이치가 잘 드러난 말이었다. 사실, 고대 중국의 법가 사상은 사회 질서를 바로 세워 백성의 이익이나 사회의 안정과 발전을 도모하려 한 것이 아니었다. 오히려 그와 정반대로 군주가 백성을 마음대로 부리고 죽일 수도 있는 절대적인 권력을 장악하게 하는 것이 목적이었다. 그래서 중국은 고대에 법가 사상이 극악무도한 단계까지 발전했음에도 결코 법치 국가로 거듭날 수 없었던 것이다. 이는 아주 간단한 원리다. 법가 사상은 바로 군주에게 권력을 집중시키기 위한 사상이었기 때문이다. 그래서 법가 사상이 발달할수록 전제군주 제도가 더욱 강화될 뿐 현대적인 의미의 민주와 법치 사상은 발전하기 어려웠던 것이다.

구덩이의 재가 채 식지도 않았는데 산동은 혼란해지고,

난을 일으킨 유비와 항우는 원래 책을 읽지 않았네.

坑灰未冷山东乱, 刘项原来不读书.[26]

---

26) 당나라 시대의 시인 장갈(章碣)이 지은 〈분서갱(焚書坑)〉의 일부. 절대적인 권력을 유지하고자 한 진나라 시황제를 풍자하는 시다. 시황제는 권력을 더욱 굳건히 하기 위해 자신에게 반대하는 지식인들을 땅에 묻고 책을 불태워버렸다. 그러나 그가 죽고 얼마 되지 않아 천하는 곧 혼란해졌고,

진나라는 '법으로써 나라를 통치'했지만, 엄격한 형벌과 가혹한 법령 때문에 빠르게 멸망의 길을 걸었다. 극단적인 권력 집중은 민주를 사라지게 한다. 그러면 국민은 두려워 입을 닫아버리고, 결국 여론도 사라지게 된다. 여론이 없어지면 사회는 나아갈 방향을 잃게 되는 것이다. 이렇듯 국가를 멸망에 이르게 하는 것은 독서와 자유가 아니라 바로 사상과 자유에 대한 탄압이다. 진나라의 분서갱유 사건과 극단적인 권력 집중이 우리에게 주는 교훈은 오늘날에도 되새겨 볼 만하다.

『한비자』 등 참고

'법가'의 결말

중국 고대 사회에서 개혁자의 마지막은 대부분 비참했다. 개인적으로나 정치적으로나 좀 안된 결론이기는 하지만 분명한 사실이다.

그 이유는 뭘까? 누군가는 고대 중국에서 개혁이 어려웠던 탓을 백성에게 돌리기도 한다. 백성이 개혁을 원하지 않았기 때문이라는 말이다. 하지만 그것은 사실이 아니다. 고대 중국의 개혁은 백성과는 아무 상관이 없었다. 백성을 위하지 않는 개혁이었다는 말이 아니라 개혁 자체가 상류 사회의 것이라 그들과 무관했다는 뜻이다. "백성이 따르게 할 수는 있어도 그 이유를 알게

그 선두에 선 유방과 항우는 책을 읽지 않은 평범한 백성이었다. 즉 이 시는 '책'이 혼란의 근본이 아니며 '분서'가 결코 권력을 유지시켜 주지 않는다는 뜻을 담고 있다.

하기는 어렵다"라는 말이 있다. 이것만큼 백성에 대한 역대 통치자들이 생각을 잘 알려주는 말도 없을 것이다.

중국에서 개혁을 시작하는 사람은 대부분 권력자였다. 개혁을 중단하는 사람도 마찬가지다. 이를 위로부터의 개혁이라고 한다. 자신이 원하든 아니든, 설령 자신에게 도움이 되지 않더라도 백성은 반드시 개혁을 따라야 했다. 물론 백성은 좋은 개혁은 두 손 들어 환영했고 나쁜 개혁은 격렬하게 저항하면서 자신들의 의견을 표현했다. 어쨌든 백성이 좋아하거나 싫어하는 것은 통치 집단의 태도에 별 영향을 미치지 않았다. 이런 개혁은 종종 통치 집단 내부의 이익 다툼 때문에 실패로 끝나기도 했다.

중국의 유명한 개혁가 상앙의 이야기를 해보자. 위衛나라 출신 상앙은 보잘것없는 관직에 있었다. 좀처럼 위나라 혜왕의 관심을 끌기가 어렵자 그는 당시 대대적으로 인재를 모집하던 진나라로 갔다.

서북쪽 변경에 자리해 제후국 명부에도 이름을 올리지 못한 진나라는 매우 독특한 국가였다. 끊임없이 다른 제후국의 인재들을 모집하고 중용해서 점차 부강해졌기 때문이다. 나라의 대소사가 모두 다른 나라 출신 인재들의 손을 거쳐 결정될 정도였다. 진나라는 이런 개방적인 태도와 진취적인 정신 덕분에 6국을 정벌하고 천하를 통일할 수 있었다.

진나라 효공孝公 시절에는 국력이 강하지 않았다. 그래서 툭하면 이웃의 위나라에 땅을 빼앗겼다. 효공은 이런 진나라를 강하게 만들어줄 인재를 찾기 위해 적극적으로 나섰다.

상앙은 법가의 한 학파인 형명지학刑名之學, 한비자가 제창한 것으로 법으로 나라를 다스려야 한다는 학설–옮긴이을 신봉했다. 진나라가 강해지려면 무엇보다 법을 이용한 통치가 필요하다고 확신한 상황은 서둘러 효공에게 갔다. 하지만 처음 만난

자리에서 무턱대고 속마음을 털어놓을
수는 없었다. 처음과 두 번째 만남에서
상앙은 일부러 유가 이야기만 늘어놓았
다. 그러자 효공은 노골적으로 무료한
표정을 지었다. 효공의 뜻을 짐작한 그
는 세 번째 만남에서 진짜 대책을 꺼내
놓았다. 바로 변법變法, 기존의 법을 고쳐 개혁
을 시행한다는 뜻-옮긴이이다. 상앙의 이야기
에 흠뻑 빠진 효공은 사흘 밤을 세면서

진국무사투수문동경(秦國武士鬪獸紋銅鏡)

도 피곤한 줄 몰랐다.

효공은 당장 상앙에게 관직을 주고 변법을 시행하게 했다. 본격적으로 변
법을 시행하기에 앞서 상앙은 먼저 백성의 믿음을 얻기 위해 작은 꾀를 썼다.
그는 성 남문 바깥에 큰 나무를 세워놓고 다음과 같은 내용의 방을 붙였다.
"누구든 이 나무를 북문까지 메고 가는 자에게 오십 금을 하사한다." 나무는
웬만한 장정은 거뜬히 들 정도의 크기였지만 사람들은 선뜻 나서지 않았다.
분명히 함정이 있을 것이라 의심했기 때문이다. 얼마 후, 상금에 욕심을 낸
사내 하나가 냉큼 나무를 북문으로 옮겼다. 상앙은 두 말 않고 사내에게 오십
금을 주었다. 약속을 지킨 상앙은 백성의 믿음을 얻었다.

상앙은 기원전 356년과 350년에 각각 두 번의 변법을 시행했다. 구체적인
내용은 아래와 같았다.

1. 다섯 가구를 하나로 묶어 오伍로, 열 가구를 하나로 묶어 십什으로 편성한
   다음 서로 감시하며 죄를 고발하게 한다. 제때 고발하지 않을 경우 함께 벌

을 받는다.

2. 전쟁에서 공을 세운 사람에게는 신분 귀천과 지위 고하를 막론하고 공에
따라 관직을 하사하고 토지를 분봉한다. 개인적인 싸움을 금하고 이를 위반
하면 형벌로 다스린다.

3. 농사와 가내수공업을 장려하고 인구를 늘린다. 수확량이 많은 자에게는 상
을 내리고 적은 자는 가산을 몰수하고 관노로 삼는다.

4. 경범죄를 저질러도 큰 벌을 내린다. 땅에 재를 뿌리는 사람은 얼굴에 먹 글
씨를 새기는 형벌에 처한다.

5. 군현제郡縣制[27]를 실시해 중앙권력을 강화한다.

6. 토지 사유를 인정하고 개간을 장려한다.

7. 통치 강화와 부의 중앙 집중을 위해 도량형을 통일한다.

변법의 내용 중 두 가지 항목은 매우 중요한 의미가 있다. 신분과 지위를
따지지 않고 오직 전쟁에서 세운 공에 따라 포상을 하자 전투력이 크게 상승
했다. 또 토지 사유제 인정은 경제 발전의 원동력이 되었다. 상앙의 변법을
시행한 후 진나라는 다른 제후국을 저만치 앞서 가며 강한 나라로 성장했다.
가혹할 만큼 엄격한 내용만 빼면 상앙의 변법은 백성의 이익을 우선으로 한
다. 그런 이유로 백성은 상앙에게 반기를 들지 않았다. 그런데도 변법이 실패
한 원인은 다름 아닌 조정 내부의 이권 다툼이었다.

시행 초기 변법은 귀족들의 격렬한 저항에 부딪혔다. 변법의 일부 내용, 즉

---

27) 전국을 36군으로 나누고 군 아래에 몇 개의 현을 두어 중앙에서 관리를 파견해 다스리는 중앙
집권적인 지방 행정 제도

앞서 말했던 두 가지 조항이 자신들에게 불리했던 것이다. 하지만 효공이 힘을 실어주는 마당에 귀족들도 대놓고 불평을 할 수는 없었다. 얼마 후, 효공이 죽고 혜문왕惠文王이 즉위했다. 귀족 세력은 그때를 놓치지 않고 상앙을 모함했다. 곧 체포 명령이 떨어졌지만 상앙은 도망칠 곳도 마땅치 않았다. 여행 증명서가 있어야만 여관에 묵을 수 있다는 자신이 만든 법 때문이었다. 쫓기는 몸인데 여행증명서 같은 것이 있을 리 만무했다. 할 수 없이 상앙은 위나라로 도망쳤다. 하지만 위나라에서도 죽을 뻔한 그는 어쩔 수 없이 자신의 영지로 돌아왔다. 약간의 병사를 모아 저항했지만 관군을 막기에는 역부족이었다. 결국 사로잡힌 상앙은 거열형을 선고받았다.

상앙은 죽었지만 변법은 남았다. 그가 죽은 후에도 계속 변법을 시행한 진나라는 하루가 다르게 발전했고 결국 100년 후에는 중국을 통일했다.

송나라 왕안석王安石도 변법을 시행했다. 그의 변법은 상앙처럼 격하거나 극단적이지 않았다. 덕분에 상앙에 비해서는 평범한 최후를 맞이했지만 왕안석의 삶도 결코 순탄하지는 않았다.

왕안석의 변법은 신, 구 양당이 돌아가며 정권을 차지함으로써 시행과 폐지를 반복했다. 왕안석은 송나라 신종神宗 재위 시절에 변법을 제안하고 시행했다. 청묘법[28], 농전수리법[29]등과 함께 재력을 중앙으로 집중시키는 모든 법이 바로 그것이다. 이러한 법령은 당시 송나라 사회에 만연해 있던 폐단을 해결하기 위해 제정되었다. 동기도 좋았고 어느 정도 효과도 거두었기에 변법은 긍정적인 역할을 하는 듯 보였다. 하지만 문제는 신당과 구당의 대립

---

28) 봄철 보릿고개에 나라에서 식량이 떨어진 백성에게 곡식을 빌려주고 가을철 수확기에 약간의 이자와 함께 갚도록 하는 제도
29) 황무지를 개간하여 수리 시설로 만들고 수로를 확충하여 농업 생산량을 증가시키게 하는 제도

이었다. 왕안석을 중심으로 하는 신
당은 변법을 찬성했지만 사마광司馬
光을 대표로 하는 구당은 격렬하게
변법을 반대했다. 두 당파는 길고
치열한 투쟁을 시작했다.

신, 구 양당은 번갈아가며 정권을
잡았다. 어느 쪽이든 정권을 잡으
면 상대방을 핍박했다. 여기에 빌붙
어 이익을 보려는 소인배들까지 합
세하자 양 당의 투쟁은 변법의 존폐
를 구실로 하는 정권 쟁탈전으로 변

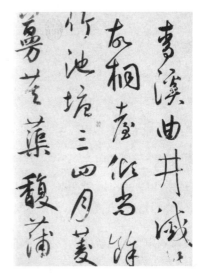

선우추(鮮于樞)의 「왕안석잡시권(王安石雜詩卷)」 부분

질되었다. 특히 신당의 장돈章惇 등
은 잔인한 방법으로 구당을 탄압했는데 이 일로 많은 사람이 죽거나 추방
당했다. 일이 이렇게 되자 더 이상 누구도 변법의 장단점과 득실을 따지지 않
았다.

변법의 시행과 폐지는 오롯이 당파의 권력과 이익 다툼의 핑계와 구실이
되었으며 어떠한 실질적 의미도 가지지 못했다. 변법은 사실상 버려진 것이
다. 왕안석은 변법이 완전히 폐지되기 전부터 이미 조정에서 쫓겨나 시골에
숨어 지내고 있었다. 하지만 왕안석은 그나마 운이 좋은 편이었다. 이 과정에
서 박해를 당하지도 않았고 오히려 조용히 생을 마감했으니 말이다.

문제는 그에 대한 후대 사람들의 평가였다. 객관적으로 보면 왕안석은 뛰
어난 정치가이자 개혁가였고 강직한 대신이자 위대한 학자였다. 하지만 그
에 대한 후대 사람들의 평가는 가혹하리만큼 냉정하다. 심지어 삼언이박三言

二拍[30]이 수록되어 있는 『요상공음한반산당拗相公飲恨半山堂』은 처음부터 끝까지 왕안석을 형편없는 사람으로 묘사한다. 왕안석이 죽은 후 도덕적으로나 학문적으로 뛰어난 대신 중에서 왕안석의 편을 드는 사람은 아무도 없었다. 이들은 왕안석의 변법이 송나라에는 재난이었다고 주저 없이 말했다. 처음 시작하는 것이 모두 그렇듯 왕안석의 변법도 불합리한 면이 있었다. 하지만 그렇다고 해서 개인의 업적이나 인성까지 부정해서는 안 된다. 특히 인격적인 모독은 더욱 해서는 안 된다.

왕안석의 변법으로 시작된 당쟁은 변법의 특징을 잘 말해주고 있다. 그것은 변법의 실패 원인이 백성이 아닌 궁궐 내부의 권력투쟁임을 설명해주기 때문이다. 일일이 다 설명할 수는 없지만 역사 속 수많은 개혁가의 운명은 상앙이나 왕안석과 다르지 않았다.

개혁은 제단이요, 개혁가는 그 제단 위의 제물이다. 제단 자체가 비극적인 색채가 강하므로 어쩌면 처량하고 쓸쓸한 결말은 처음부터 예고되어 있었는지도 모른다. 어떻게 하면 이 제단을 숭고하게 받들 수 있는지는 우리가 생각해봐야 할 문제다.

『사기』, 『자치통감』, 『송사宋史』 등 참고

---

30) 중국 명말(明末)의 천계(天啓)부터 숭정(崇禎)에 걸쳐 편찬된 구어체 단편소설집으로 '삼언'은 『유세명언(喩世明言)』, 『경세통언(警世通言)』, 『성세항언(醒世恒言)』을, '이박'은 『초각박안경기(初刻拍案驚奇)』, 『이각(二刻)박안경기』를 가리킨다.

조조 뒤집어 보기

예부터 충신과 간신은 확실하게 구별이 가능했다. 보통사람들은 『삼국연의』 속 충신과 간신을 꼽으라면 어김없이 제갈량과 조조를 언급한다. 천 년이 지난 후 이것은 기정사실이 되었다. 그래서 제갈량의 어떤 점이 충성스럽다는 것인지, 또 조조의 어떤 부분이 간사한 것인지 따지는 사람은 거의 없다.

간신 동탁董卓을 제거하기 위해 병사를 일으켰던 조조는 동탁을 죽인 후 오히려 간신으로 불렸다. 동탁을 토벌할 당시 그는 한나라의 충신이자 의로운 선비로 추앙받았다. 하지만 동탁을 없앤 후 엄청난 권력을 갖게 되자 오만해진 그는 결국 천자도 무시하고 대신들을 핍박했다. 그래서 사람들은 차라리 조조보다 동탁이 나았다고까지 이야기했다. 물론 조조보다 더한 인물도 있었다. 조조의 아들 조비曹丕는 스스로 황제가 되어 위나라를 세우고 아버지 조조를 위무제魏武帝라 불렀기 때문이다.

반면 제갈량은 최고의 충신으로 꼽는다. 제갈량은 유비를 따랐다. 유비는 한나라 왕실의 종친이자 인덕을 갖추었기에 백성의 지지를 받고 있었다. 조비가 칭제稱帝, 황제를 자처함―옮긴이를 하자 유비도 촉蜀의 황제가 되어 한나라 왕실을 계승하고자 했다. 이런 의미에서 보면 유비에게 충성하는 것은 한나라에 충성하는 것과 다름없었다. 바로 이 때문에 제갈량이 충신이라 꼽는다.

그런데 한 번 뒤집어 생각해보자. 한나라에 불충한 조조를 간신이라 한다면 하나라에 반기를 든 상나라 탕왕은 어떤가? 은나라를 무너뜨린 주나라 문왕을 간신이라고 할 수 있을까? 수나라를 멸망시킨 당나라 고조 이연은 어떤가? 정변을 통해 후주의 고아와 과부에게서 정권을 빼앗은 조광윤은 과연 간신일까? 사실 중국의 왕조 절반은 정권 찬탈로 세워진 것이다. 그렇다면 개국 황제들 모두 간신이라 해야 하는 것일까? 지금껏 누구도 이와 같은 의문을 제기하지 않았다. 왕조의 교체는 매우 정상적인 일이다. 신하가 반역을 하고 군주를 죽였다면 당시의 구체적인 상황을 먼저 살펴봐야 한다. 맹자는 무왕이 주왕을 죽인 것을 이렇게 평가했다. "주라는 이름의 사내를 죽였다는 소리는 들어봤어도 군주를 해쳤다는 소리는 들어보지 못했다." 맹자는 주왕을 잔인하고 폭력적인 독재자로 보았다. 그래서 그를 죽인 것이 죄인을 죽인 것과 같다고 말한 것이다. 그렇게 보면 무왕이 주왕을 없앤 것은 반란이 아니다. 맹자의 관점은 오늘날에도 매우 진보적이라고 할 수 있다.

조조가 군벌 간의 다툼을 끝내고 중국을 통일하려 한 것이 무슨 죄인가? 사람들은 갖가지 이유를 들어 조조를 간신이라고 한다. 하지만 그들의 평가는 매우 불공평하다. 조조가 천자를 무시한 것은 그가 무능한 군주였기 때문이다. 힌나라 헌제獻帝는 폭군은 아니었지만 나라를 다스릴 그릇이 아니었다. 이런 군주를 그대로 둘 필요가 있을까? 조조가 신하들을 괴롭혔다고 말하는 사람도 있다. 그런데 그 많은 신하 중 과연 누가 조조만큼 뛰어난 재능과 의지를 가지고 중국을 통일할 수 있을까? 조조는 이런 말을 한 적이 있다. "천하에 내가 없었다면 얼마나 많은 사람이 왕이 되려 하고 황제가 되려 했겠는가!" 다소 오만한 말이었지만 전혀 틀린 이야기도 아니었다.

『삼국연의』는 한나라 헌제와 그 신하들을 약자로 묘사했다. 약자인 그들을 동정하다 보니 독자들은 자연스럽게 조조를 미워하게 된 것이다. 하지만 현실을 바로 볼 필요가 있다. 자기도 모르게 자기 자신을 약자로 만들면 민족정신도 약해질 수밖에 없다. 약자를 동정하고 자신을 약자와 동일시하는 현상은 나약한 심리에서 비롯된다. 앞으로 나아갈 신념과 현실을 바로 볼 용기가 없어 값싼 동정만 바라는 심리 말이다.

"옥황상제는 따로 친한 사람이 없어 오직 덕이 있는 사람에게만 기회를 준다"라는 말이 있다. 지금까지 조조는 간사하고 덕이 없는 사람으로만 묘사되었다. 하지만 이 점은 어떻게 설명해야 할까? 덕이 없는 조조에게 어떻게 그토록 많은 장수와 모사들이 있었는지를 말이다. 따져보면 조조는 덕이 없는 것이 아니었다. 다만 우리는 그가 부렸던 '술수'를 싫어했던 것뿐이다.

조조와 제갈량을 비교하면 더 재미있다. 제갈량은 뛰어난 계책을 내는 데는 조조보다 뛰어났다. 두 사람의 차이는 조조에게는 사람이 있었지만 제갈량은 그렇지 않았다는 것이다. 제갈량은 무슨 일이든 직접 해야 직성이 풀렸다. 전투에도 직접 참여하고 자신이 낸 계책이 아니면 의심부터 하고 봤다. 이런 제갈량의 곁에는 기껏해야 다섯 장수가 전부였다. 반면 조조에게는 독자적으로 한 부분을 담당할 수 있는 장수와 모사가 셀 수 없이 많았다. 제갈량의 뒤를 이은 강유姜維는 위나라에서 투항한 장수였다. 그의 주변에는 사람이 더 없었다. "촉나라에는 대장이 없어 일흔 먹은 요화廖化가 선봉을 맡는다"라는 말처럼 이를 잘 설명해주는 것도 없을 것이다. 강유는 지혜롭고 충성스러웠지만 손바닥 하나로 소리를 낼 수는 없다. 어떤 계책을 내든 그것을 수행할 인재가 없어서 사사건건 손발이 묶였다. 그러니 그의 결말이 어땠을지는 상상하고도 남을 것이다.

하지만 조조의 용인술은 탁월했다. 조조의 뒤를 이은 사마의司馬懿는 지혜와 재능이 조조나 제갈량에 버금갔다. 결국 그는 촉나라와 오나라를 차례로 손에 넣고 중국을 통일할 수 있었다. 인재를 얻고 그 재능을 쓰는 점에서 제갈량과 조조의 능력은 확연한 차이를 보였다.

물론 그것이 핵심은 아니다. 조조가 간사하다고 하는 것은 그가 잘못된 사상과 노선, 그리고 방침을 따랐기 때문이다. 유비는 자신과 조조를 이렇게 비교했다. "조조는 조급하지만 나는 너그럽고, 조조는 난폭하지만 나는 어질다. 조조는 사람을 속이지만 나는 진실하고 충성스럽다." 『삼국연의』 속 조조와 유비는 바로 이 내용을 바탕으로 만들어졌다. 그래서 사람들은 줄곧 조조를 간사하고, 유비를 충성스럽다고 여기는 것이다. 사람들은 조조가 권력과 이익을 쫓고 법으로 사람을 다스리기에 법가의 음흉하고 악독한 면을 가졌다고 말한다. 반면 백성을 자식처럼 사랑하고 이해관계를 따지지 않는 유비는 유가에서 강조하는 자애로운 모정을 가졌다고 평가한다. 하지만 유비를 지지하는 이유의 이면에 의존 심리와 나태함, 그리고 두려움이 있지는 않은지 생각해본 적이 있는가? 혹시 유비 같은 지도자가 나타나 부모가 아이를 돌보듯 나를 위해 모든 것을 해줄 것이라고 기대하지는 않았는가? 누군가가 내 삶의 주인이 되면 나는 그의 노예가 될 수밖에 없다. 우리가 유비를 좋아하는 것은 그에게서 '안식처'를 찾고 싶기 때문이다. 조조를 싫어하는 가장 큰 원인은 모든 일을 스스로 책임지게 하는 그의 '책임제'가 두렵기 때문이다. 물론 『삼국연의』에서 나오는 수많은 이야기를 들어 이를 부정할 수도 있다. 그런데 정말 조금도 그런 마음이 없다고 자신 있게 말할 수 있을까?

이런 면에서 보면 조조의 간사함은 우리가 일반적으로 생각하는 간사함과는 다르다. 특히 역사책에 나오는 간신과 그를 동급으로 평가할 수는 없다. 그래도 조조가 간사하다고 말하고 싶다면 그의 간사함에는 도리와 기술 그리고 방법이 있다고 말하고 싶다. 그를 '영웅'이라고 해도 좋다. '간사한 영웅'도 꽤 그럴듯하다. 우리가 조조에게서 느끼는 감정은 경외감이나 감탄이지 증오가 아니다. 바로 이 점이 모든 문제를 명확하게 설명해준다.

『삼국지』 참고

하찮은 인물의 대지략

어지러운 시기에 영웅이 난다는 말이 있지만 초나라와 한나라가 치열하게 대립하던 격동의 시절 수많은 영웅 중 진짜 지략을 겸비한 인물은 그리 많지 않았다. 하지만 당시 별로 주목을 끌지 못했던 괴철蒯徹을 눈여겨 볼 필요는 있다.

기원전 203년 10월, 유방이 항우를 공격했다. 유방의 명을 받은 한신은 병사를 이끌고 동진해 조나라와 연나라를 평정한 다음 제나라를 공격했다. 대군이 평원 도구渡口, 현재의 산동 성 서북부에 이르자 한신은 정찰병의 보고를 받았다. 한나라 왕 유방이 보낸 세객說客, 자신의 의견 또는 소속 집단의 의견을 전달하며 돌아다니는 사람-옮긴이 역이기가 이미 제나라 왕을 설득해 투항을 받아냈다는 것이다. 더 이상 싸울 필요가 없게 되자 한신은 군사를 돌려 한나라 왕을 도와 초나라를 치려고 마음먹었다. 이렇게 결정한 그는 병영을 정리하고 좋은 날을 정해 회군할 것을 명령했다. 며칠 후 한신은 장병들을 장막으로 소집해 자세한 상황을 설명했다. 그때 모사 괴철이 그를 말리며 말했다. "안 됩니다. 안 됩니다." 한신이 어리둥절하여 물었다. "제나라 왕이 투항하여 이제 돌아가려 하는데 무엇이 안 된단 말이오?" 괴철이 답답한 듯 말했다. "장군은 왕의 명령을 받들어 제나라를 치러 왔고 많은 곡절을 겪은 후 겨우 제나라 국경에 당도했습니다. 한나라 왕이 역이기를 보내 제나라를 설득했다고 하지만 그것이 진실인지는 아무도 모릅니다. 게다가 한나라 왕이 아직 정식으로 명령을 내리지도 않았는데 어찌 들리는 소문만 듣고 병사들을 물린단 말입니까? 설령 그게 사실이라 한들 한낱 유생인 역이기는 세치 혀로 제나라의 성 칠십 곳을 손에 넣었는데, 장군은 수만 병사를 이끌고 그렇게 오랫동안 전쟁터를 돌아다녔지만 겨우 조나라의 성 오십 곳을 얻었을 뿐입니다. 얼마나 수치스러운 일입니까? 차라리 제나라가 방심한 틈을 타 습격하면 큰 공을 세울 수 있습니다." 한신은 괴철의 말이 일리가 있다고 생각했다. 하지만 섣불리 공격했다가는 역이기가 다칠 것이 뻔했다. 한신이 고개를 저으며 말했다. "그대의 말이 맞지만 그렇게 하면 제나라는 분명히 역이기를 죽일 것이오. 내 어찌 알고도 모른 체하겠소?" 그 말을 들은 괴철이 웃으며 말했다. "장군은 은덕을 너무 따지십니다. 저 역시 그 생각을 했었습니다. 하지만 듣자 하니 역이기는 자진해서 제나라로 가겠다고 했답니다. 장군이 제나라로 간 것을 알면서도 그렇게 한 것입니다. 먼저 의리를 버린 쪽은 그인데 사정을 봐줄 필요가 있습니까?"

그의 말에 결심을 굳힌 한신은 곧 평원하平原河를 건너 역하歷下, 현재 산둥 성 지난 시(濟南市) 서쪽를 공격하도록 했다. 마음 놓고 있던 제나라는 갑작스러운 공격에 제대로 싸워보지도 못하고 무참하게 패배했다. 한신은 이 기회를 놓치지 않고 제나라의 장수 전해田解의 목을 베고 화무상華無傷을 사로잡았다. 그의 군대는 파죽지세로 임치성까지 돌격했다.

뒤통수를 호되게 맞은 제나라 왕 전광田廣과 재상 전횡田橫은 즉시 역이기를 잡아들여 분풀이를 했다. "나는 너의 말만 믿고 한나라에 투항을 했었다. 그런데 네 놈이 속으로 그런 꿍꿍이를 갖고 있을 줄이야! 절대 너의 죄를 용서하지 않으리라!" 당황한 역이기가 황급히 변명을 했다. "한신은 아마 일이 이렇게 된 줄 모르고 원래 계획대로 공격을 했을 것입니다. 제가 한신을 만나 병사들을 물리도록 설득해보겠습니다." 그러자 옆에 있던 전횡이 끼어들었다. "그러다가 기회를 봐 도망치려는 것을 모르는 줄 아느냐? 다시 너의 속임수에 넘어가는 일은 없을 것이다!" 말을 마친 두 사람은 더 이상 변명의 기회도 주지 않고 역이기를 끓는 물에 삶아 죽였다.

역이기의 죽음을 전해 들은 한신은 더욱 거센 기세로 공격했다. 며칠 후 임치성이 함락되자 전광과 전횡은 성을 버리고 도망쳤다. 두 사람은 초나라 왕항우에게 사자를 보내 도움을 청했다.

역이기는 한신이 제나라를 공격할 것을 미리 알고 있었다. 하지만 그의 공을 가로채려는 욕심에 유방을 설득해 먼저 제나라로 갔다. 이렇듯 그는 남의 공을 가로채려고 계책을 낸 것이다. 반면 괴철은 한신과 역이기가 공을 다투게 하기 위해 계책을 낸 것이 아니었다. 이런 점에서 보면 괴철의 지략이 역이기보다 한 수 위라는 것을 알 수 있다. 괴철의 계책은 몇 가지 유리한 점을 근거로 세운 것이라 쉽게 성공할 수 있었다. 첫째, 역이기에게 설득을 당해 방심한 제나라를 공격했으니 쉽게 승리할 수 있었다. 둘째, 유방이 정식으로 회군을 명령한 것이 아니기 때문에 한신은 정당한 명분으로 제나라를 공격할 수 있었다. 그러니 유방도 그를 추궁할 수 없었다. 한신은 이 싸움을 통해 근거지를 넓히고 든든한 기반을 세울 수 있었다. 이 모두를 고려한 괴철의 지략을 결코 얕잡아 볼 수 없을 만큼 훌륭했다.

기원전 203년 11월, 한신은 용저龍且의 목을 베고 전광을 죽여 제나라를 평정했다. 이때 이미 수십만 병력을 거느렸던 한신은 결코 무시할 수 없는 세력으로 성장해 있었다. 그의 도움을 받으면 누구든 패자가 될 수 있었다. 만약 한신이 홀로 선다면 초나라, 한나라와 함께 천하를 셋으로 나눌 수 있을 정도로 그의 세력은 강했다. 초나라와 한나라도 이미 그 사실을 알고 있었다.

그때, 초나라와 한나라의 대립은 가장 고되고 지루한 시기로 접어들고 있었다. 한신은 항우가 점령한 제나라를 손에 넣었다. 당시 제후들은 유방과 항우 사이에서 배반과 투항을 밥 먹듯이 했다. 그 와중에 자립해서 왕이 되는

고대의 수레

제후도 있었다. 그때 한신도 누군가의 말에 혹해 유방에게 사자를 보냈다. 자신을 제나라의 가왕假王으로 봉해달라고 청하기 위해서였다. 사자로부터 한신의 요구를 전해 들은 유방은 노발대발했다. 어려운 상황에 빠진 자신을 도와주기는커녕 이를 구실로 왕 자리를 욕심내는 그가 아니꼬웠기 때문이다. 유방이 한신의 사자에게 한바탕 욕을 퍼부으려던 찰나 장량이 눈빛으로 그를 말리며 낮은 목소리로 말했다. "지금 한신의 사신에게 싫은 소리를 하면 안 됩니다. 한신이 대왕의 편에 있기 때문에 그나마 초나라에 대적할 수 있다는 사실을 잊지 마십시오. 만약 한신이 대왕을 배신하고 초나라로 간다면 한나라는 분명히 위험해집니다. 한신이 사람을 보낸 것은 대왕의 의중을 떠보기 위한 것입니다. 그러니 지금은 기분 좋게 그를 왕으로 봉하십시오. 이 문제는 초나라를 물리친 후 이야기를 해도 늦지 않습니다."

장량의 말이 끝나자 유방은 재빨리 표정을 바꾸고 사신에게 말했다. "대장부가 기왕 뜻을 품었으면 진짜 왕이 되어야지 무슨 가왕 따위나 한단 말인가!" 이듬해 2월 유방은 장량에게 인장을 주어 제나라에 있는 한신을 왕으로 봉하도록 했다. 과연 장량의 말은 틀리지 않았다. 줄곧 유방에게 불만을 가졌던 한신은 이번 일로 마음을 다 잡고 유방에게 충성할 것을 결심했다.

이때 항우의 사신 무섭武涉이 한신에게 투항을 권했다. 하지만 한신은 단칼에 거절했다. 당시 상황을 정확하게 분석했던 괴철은 한신이 자립을 해도 충분히 승산이 있다고 확신했다. 그래서 그는 우선 한신의 의중을 떠보기로 했다. "신이 요즘 관상술을 배우고 있습니다. 장군의 얼굴을 보아하니 제후 정도밖에 안 될 상이지만 뒤통수는 아주 귀합니다." 그의 말에 뼈가 있다고 느낀 한신은 괴철을 밀실로 데리고 가 조용히 물었다. "조금 전 그대의 말은 무슨 의미요?" 괴철이 솔직하게 말했다. "처음 난이 일어나자 사방에서 영웅들이 출현했고 인재들은 구름처럼 몰려들어 진나라를 멸하려 했습니다. 진나라가 멸망한 후 초나라와 한나라가 대립하자 백성은 더욱 살기 어려워졌습니다. 팽성에서 일어난 항우는 남북을 내달리며 형양滎陽까지 공격해 천하를 두려움에 떨게 했습니다. 하지만 벌써 오랫동안 광무廣武에 발이 묶여 세력을 키우지 못하고 있지요. 십만 대군을 거느린 한나라 왕은 험준한 공락鞏洛을 근거지로 삼고 수많은 전투를 벌였지만 공을 세우기는커녕 거듭 패배만 하고 있습니다. 현명하고 어진 인재가 아니면 이 싸움을 끝낼 수 없습니다. 현재의 상황은 이렇습니다. 누구든 장군의 도움을 받는 쪽이 승자가 될 수 있지요. 두 나라의 운명은 장군의 손에 달렸다고 해도 과언이 아닙니다. 신이 제안하건데 차라리 천하를 셋으로 나누어 조용히 때를 기다리시는 것이 어떻겠습니까? 장군은 이미 제나라를 가졌습니다. 이곳을 근거지로 삼고 연나라와 조나라를 차례로 손에 넣은 다음 대군을 이끌고 서진하면 민심을 얻는 것도 어렵지 않습니다. 이렇게 천하의 삼 분의 일을 차지하고 제후들을 봉하면 인재들이 앞다투어 장군께 투항할 것입니다. 이것이 바로 패주가 되는 것이 아니고 무엇입니까? 하늘이 주는 것을 받지 않는 것은 천명을 어기는 것과 같아 오히려 화를 입는다고 했습니다. 또 때가 되었는데도 행동하지 않으면 재앙을 당한다고도 했지요. 부디 심사숙고하시어 좋은 기회를 잃지 마십시오!"

한참 생각에 잠긴 한신이 입을 열었다. "그동안 한나라 왕은 나에게 잘해주었는데 어찌 눈앞의 이익 때문에 배신할 수 있겠소?" 그러자 괴철이 말했다. "월나라의 대부 문종文種은 망해가는 나라를 살리고 구천勾踐을 천하의 패자로 만들어주었지만 결국 구천의 손에 죽었습니다. 토사구팽이란 말을 듣지 못하셨습니까? 장군의 충심이 월나라 대부 문종만 못합니까? 듣자 하니 한나라 왕은 장군이 큰 공을 세운 것을 오히려 불안해한답니다. 그래서 장군이 공을 세워도 상조차 내리지 않았지요. 만약 초나라 왕 항우에게 투항하더라도 항우는 장군을 완전히 믿지 않고 오히려 두려워할 것입니다. 장군은 이제 어디에서도 안전하지 않습니다." 괴철의 말은 하나도 틀리지 않았지만 한신은 쉽게 결정을 내릴 수가 없었다. "그만 됐소. 내 깊이 생각해보리다." 어느 정도 한신을 설득했다고 생각한 괴철은 아무 말 없이 자리에서 물러났다.

괴철이 나간 후 한신은 생각에 잠겼다. '예전 항우를 섬길 때 내 관직은 낭중에 불과했고 하는 일이라곤 기껏해야 창을 들고 군막을 지키는 것이었다. 항우는 내가 낸 계책을 무시하고 내 말은 듣지도 않았다. 하지만 한나라 왕은 나를 장군으로 임명하고 병사 수만을 주었으며 입던 옷을 벗어주고 먹던 음식도 나눠주었다. 게다가 지금은 나를 제나라의 왕으로 봉해주었는데 그 은혜를 저버리면 분명히 화를 당할 것이다. 위표魏豹를 사로잡고 조나라를 평정했으며 연나라와 제나라를 멸한 공이 있는데 한나라 왕이 나를 어찌하겠는가?' 그는 괴철의 제안을 거절하기로 마음먹었다.

며칠을 기다려도 아무 소식이 없자 괴철은 다시 한신을 찾아갔다. "빨리 결정을 내리셔야 합니다. 다시는 오지 않을 기회입니다." 이미 마음의 결정을 내린 한신이 입을 열었다. "다시 그 이야기는 꺼내지 마시오. 나는 공도 많이 세웠고 늘 충성했으니 한나라 왕도 나를 실망시키지는 않을 것이오." 괴철은 더 이상 어떤 말도 소용없다는 것을 알고 즉시 자리를 떠났다. 그때부터 괴철은 화를 피하기 위해 일부러 미친 척하며 한나라를 떠났다. 그 후 그의 행방을 아는 사람은 아무도 없었다.

기원전 197년 9월, 한나라 고조 유방이 진회陳豨의 반란을 직접 진압하기 위해 나섰다. 출정 전에 유방은 조정 내부의 일은 여 황후에게 맡기고 외부 일은 소하에게 처리하게 했다. 유방이 떠나고 얼마 후, 누군가가 한신의 모반을 고발했다. 회음후淮陰侯 한신이 진회와 짜고 황궁을 포위한 후 태자를 습격할 것이라는 구체적인 모반 계획이었다.

사건의 전말은 이랬다. 유방에게 제나라 왕 자리를 빼앗기고 후侯로 강등된 한신은 자연히 유방에게 불만을 품었다. 그러던 중 기원전 200년, 유방이 척희戚姬의 아들 여의如意를 대왕代王으로 봉했다. 유방은 재상 진회에게 어린 대왕을 보좌하게 했다. 한신은 대나라로 떠나는 진회의 손을 부여잡고 긴 한숨을 쉬며 말했다. "우리 두 사람이 안 지도 오래되었구려. 내 그대에게 속 이야기를 하려고 하는데 들어주겠소?" 그러자 진회가 대답했다. "어서 말씀해 보십시오." 한신은 잠시 주저하다가 입을 열었다. "그대가 황제의 명령을 받고 가는 대나라는 날랜 병사와 튼튼한 말이 풍부한 곳이오. 지형적으로도 싸우기에 유리한 곳이라오. 게다가 그대는 황제의 충신이니 지금이야말로 큰일을 해볼 때라고 생각하오. 누군가가 그대의 반란을 고발해도 황제는 쉽게 믿지 않을 것이오. 황제가 직접 병

양나라 무제

사를 이끌고 출정하면 나는 성 안에서 군대를 일으켜 그대를 도와주겠소. 그렇게 하면 쉽게 천하를 얻을 수 있을 것이오." 한신의 재능을 알고 있었던 진회는 주저하지 않고 대답했다. "그렇게 하겠습니다."

그렇게 진회가 반란을 일으키자 유방이 직접 진압에 나선 것이다. 이때 한신은 아프다는 핑계로 집 안에 틀어박혀 몰래 진회와 연락을 취했다. 그는 가신家臣, 높은 관리의 집에 딸려 있으면서 그 관리를 모시는 사람-옮긴이을 모아 궁궐을 습격하고 태자와 여 황후를 사로잡을 계획을 세웠다.

공교롭게도 이 과정에서 가신 하나가 한신의 노여움을 샀다. 한신은 그 가신을 감옥에 가두고 일을 모두 마무리 지은 다음 처리하기로 했다. 소식을 들은 가신의 동생이 형을 살리기 위해 한신의 모반 계획을 여 황후에게 고자질했다. 화들짝 놀란 여 황후는 황급히 소하를 불러 이 일을 의논했다. 그러자 소하가 대책을 내놓았다. "심복 하나를 뽑아 병사로 변장시키고 성 밖으로 내보냈다가 다시 들어오게 하십시오. 그런 다음 폐하께서 이미 진회를 사로잡았다고 말하게 하는 겁니다. 그러면 대신들이 앞다투어 입궁해 축하 인사를 드리겠지요. 한신이 입궁을 하면 적당한 기회에 죽여버리면 됩니다. 혹시 오지 않더라도 잘 꾀어내면 되니 걱정하지 마십시오." 여 황후는 고개를 끄덕이며 소하의 말을 따랐다.

과연 소하의 말이 맞았다. 승전보를 전해 들은 대신들은 너도나도 축하 인사를 하러 왔지만 한신은 좀처럼 집 밖을 나서지 않았다. 그러자 소하가 병문안을 핑계로 한신을 찾아갔다. 몇 마디 형식적인 이야기를 나눈 후 소하가 걱정스러운 표정으로 말했다. "그대를 제외하고 모든 대신들이 황제의 승리를 축하하기 위해 입궁했소. 쓸데없는 의심을 사지 말고 어서 나와 같이 궁으로 갑시다." 연륜이 있는 재상의 말이라 한신도 더 이상 사양할 수 없었다. 곧 두 사람은 함께 궁궐로 갔다.

한신이 막 궁문으로 들어서자 갑자기 어디에선가 불호령이 떨어졌다. "한신을 잡아라!" 말이 채 끝나기가 무섭게 숨어 있던 병사들이 튀어나와 한신을 꽁꽁 묶었다. 그러자 한신이 버럭 소리를 지르며 말했다. "내가 무슨 죄를 지었다고 이러는 것이냐?" 그때 모습을 드러낸 여 황후가 노기 띤 목소리로 말했다. "네 가신이 이미 진회와 너의 모반을 고발했다. 더 이상 변명할 생각은 하지 마라!" 그제야 계획이 탄로 난 것을 알게 된 한신은 아무 말도 할 수 없었다. 여 황후는 즉시 한신의 목을 베게 했다. 죽기 전 한신은 하늘을 바라보며 이렇게 탄식했다. "괴철의 말을 듣지 않고 아녀자에게 모함을 당했으니 이 역시 하늘의 뜻이 아닌가!"

유방이 난을 평정하고 돌아왔을 때 한신은 이미 죽고 없었다. 죽기 전 한신이 했던 말을 전해 들은 유방은 괴철도 찾아내 죽였다. 괴철은 죽었지만 그의 지략은 위대했다.

수백 년 후 위진남북조 시대 양나라 무제武帝 집권 말기에 '후경侯景의 난'이 일어났다. 당시 명망 높았던 우기虞寄는 마침 양나라에서 벼슬을 하고 있었는데 후경이 수도를 차지하자 고향으로 도망쳤다. 우기는 친구 장표張彪의 부탁을 거절하지 못하고 함께 임천臨川으로 갔다. 그런데 운이 나빴는지 도적떼에게 납치되어 진안晋安, 현재의 푸젠 성(福建省) 푸저우(福州)까지 가게 되었다. 그때 복건 지역에서 세력을 키우던 진보응陳寶應이 우기의 재능을 눈여겨보고 부하로 삼았다. 우기는 진패陳覇가 군사를 일으키자 진보응을 설득해 가담하게 했다. 훗날 조정은 우기를 수도로 불러들여 화융장군和戎將軍으로 임명하려 했지만 우기를 빼앗기기 싫었던 진보응은 길이 험하다는 핑계로 허락하지 않았다.

민閩, 푸젠 성 지역 유지였던 진보응의 가문은 당시 이름을 떨치던 4개의 가문중 가장 세력이 강했다. 그의 아버지 진우陳羽는 군사적으로 뛰어난 재능을 보였다. 양나라 무제 시절 진안 지역에도 여러 차례 반란이 일어났다. 처음에는 반란에 참여했던 진우였지만 나중에는 관군을 도와 반란군을 진압했다. 그 일로 그는 진안 지역의 병권을 장악할 수 있었다. 양나라 말기와 진나라 초기, 지방 유지들은 조정에서도 통제할 수 없을 만큼 강하게 성장했다. 나이가 든 진우는 자신의 자리를 아들 진보응에게 넘겨주었다.

진안의 군권을 장악한 진보응은 더 큰 욕심에 사로 잡혔다. 진보응의 반란 계획을 눈치챈 우기가 갖은 방법을 동원해 설득했지만 소귀에 경 읽기였다. 어느 날, 진보응은 침대에 비스듬히 누워 눈을 감은 채 신하가 읽어주는『한서』를 듣고 있었다. 마침「괴통전」에서 괴철이 한신에게 반란을 권하는 대목이 나왔다. "괴철은 천하의 대권을 거머쥔 한신에게 유방의 한나라를 배반하라고 했다. 괴철은 한신을 떠보기 위해 민저 이렇게 말했나. '신이 요즘 관상술을 배우고 있습니다. 장군의 얼굴을 보니 제후 정도밖에 안 될 상입니다. 하지만 제후 자리도 불안합니다. 그런데 뒤통수는 귀한 상이로군요.'"

여기까지 들은 진보응이 갑자기 자리에서 벌떡 일어나 무릎을 치며 말했다. "괴철은 정말로 지혜로운 자로구나."

이 말을 전해 들은 우기는 굳은 표정으로 말했다. "괴철은 한신을 부추겨 역이기를 죽였고 한신을 오만하게 만들었습니다. 두 사람 모두 괴철 때문에 비참하게 죽었는데 어찌 그를 지혜롭다 하십니까?" 진보응은 기분이 상해 아무 말도 하지 않았다. 진보응의 표정을 보고 이미 그를 설득하기는 글렀다고 생각한 우기는 동산사東山寺로 숨어버렸다.

진보응은 끊임없이 우기에게 사람을 보내 돌아올 것을 명령했다. 하지만 우기는 매번 다리가 아프다는 핑계를 대며 명령을 따르지 않았다. 다리를 다쳤다는 우기의 말이 사실인지 알아보기 위해서 진보응은 그의 방 앞에다 불을 질렀다. 곧 우기의 방까지 연기가 자욱하게 피어올랐다. 사람들은 허둥지둥 도망쳤지만 우기는 자리에 누워 꿈쩍도 하지 않으면서 이렇게 말했다. "죽고 사는 것은 다 하늘이 정하는 것인데 내가 어디로 도망칠 수 있겠는가?" 진보응의 명령으로 불을 지른 사람은 우기가 꼼짝도 하지 않자 서둘러 불을 끄고 이 사실을 진보응에게 알렸다. 그제야 그의 말을 믿은 진보응은 더 이상 우기를 불러오기 위해 사람을 보내지 않았다.

훗날 반란을 일으킨 진보응은 관군과 싸워 대패했다. 이 일로 진보응과 관련된 사람들은 모두 화를 당했는데 오직 우기만 무사할 수 있었다.

괴철은 어지러운 시기를 살았던 인물이다. 영웅들이 세력 다툼을 하던 시기는 그의 재능을 꽃 피우기에는 아주 좋은 기회였다. 안타까운 점은 뛰어난 지략가였던 그가 제대로 된 주인을 만나지 못한 것이다. 좋은 주인을 만나는 것도 물론 사람의 힘으로 할 수 있는 일은 아니다.

『사기』, 『한서』, 『남사南史』 참고

군주의 자리를 빼앗는 신하

흔히 중국 문화를 보수적이라고 하지만 이는 틀린 말이다. 다른 것은 관두더라도 "돌아가면서 황제가 되니 내년에는 우리 집 차례다"라는 속어는 중국인의 개방성을 잘 보여준다. 믿을 수 없다면 유럽의 국가를 보라. 그들은 지금까지도 '여왕'이나 '왕족'을 지켜오고 있다. 중국인은 일찌감치 봉건 정권을 완전히 뒤엎었다. 게다가 수천 년 역사 속에 주마등처럼 스쳐간 많은 왕조 중 도대체 어디에서 '보수'의 그림자를 찾을 수 있단 말인가?

중국 역사 속 왕조 교체는 대부분 무력에 의해 이루어졌다. 하지만 상당히 '평화적인 교체'도 있었는데, 특히 '평화적인 교체'를 가능하게 한 정권 찬탈 방법을 꼼꼼히 살펴볼 필요가 있다.

삼분공실

공자는 노나라에서 태어났다. 공자가 『춘추』에서 불충한 신하들을 비난할 때 정작 공자의 탄생지 노나라에서는 춘추 전국 시대 이래 가장 큰 난리가 일어 났다. 이른바 '삼분공실'이다. 춘추 전국 시대 노나라에는 맹손孟孫씨, 숙손叔孫씨, 계손季孫씨의 세 개 세력 집단이 출현했다. 이들을 삼환三桓이라고 하는데 그 탄생 과정이 아주 복잡하다.

노나라 환공이 죽자 그의 많은 아들 가운데 장공이 즉위했다. 기원전 662 년, 30여 년 동안 왕위를 지켰던 장공이 병이 들자 그의 형제들은 저마다 속 으로 왕위를 탐내기 시작했다. 특히 이복형제인 경부慶父는 노골적으로 욕심 을 드러냈다. 경부는 음흉하고 비정한 인물이었다. 이미 오래전부터 모반을 계획했던 그는 장공이 병이 난 틈을 타 병기를 모으는 한편 패거리들을 시켜 장공을 죽이려 했다. 장공의 병세가 심각해지자 경부는 친동생 숙아叔兒에게 병문안을 가장해 상황을 살피게 했다. 장공도 숙아가 단순히 병문안을 온 것 이 아니라 짐작하고 넌지시 물었다. "내 병은 이미 깊어 어떤 약을 써도 소용 이 없다. 내가 죽으면 누구를 시켜 내 뒤를 잇게 해야겠느냐?" 그러자 숙아는 기다렸다는 듯 대답했다. "형이 죽으면 동생이 뒤를 잇는다 했습니다. 경부 는 공의 동생인 데다 재능과 덕성을 겸비했으니 후계자로 가장 적당합니다.

그런데 무엇을 망설이십니까?"

그제야 경부의 꿍꿍이를 눈치챈 장공은 또 다른 형제 계우季友를 불러 이 문제를 의논했다. 충성스러운 계우는 장공의 이야기를 듣자마자 이렇게 이야기했다. "주저하실 것 없습니다. 그것은 공공연한

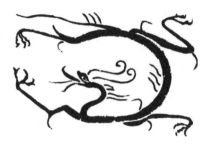

춘추 시대 용무늬 도안

도발입니다. 곧 경부가 난을 일으킬 것이니 빨리 처리하십시오. 지체했다간 후환을 감당하지 못할까 걱정입니다." 장공으로부터 모든 권한을 일임 받은 계우는 즉시 숙아를 붙잡아 참수했다. 하지만 그는 끝내 핏줄을 외면할 수 없었다. 배후에 경부가 있는 것을 알면서도 끝까지 추궁하지 못했던 것이다. 결국 이 일은 나중에 더 큰 화가 되어 돌아왔다.

장공이 죽은 후 계우는 장공의 아들 공자 반般을 왕으로 옹립했다. 하지만 왕이 되지 못해 바짝 약이 오른 경부는 마부를 시켜 즉위한 지 두 달도 안 되는 공자 반을 죽여버렸다. 경부는 입막음을 위해 모든 죄를 마부에게 뒤집어씌워 죽였다. 그리고 장공의 부인인 애강과 손을 잡고 장공의 다른 아들 공자 개開를 왕으로 추대했다. 계우는 공자 반이 살해되자 진나라로 도망쳐버렸다. 공자 개가 즉위한 후 일 년 정도는 평화로운 나날이 지속되었다. 하지만 권력에 눈이 먼 경부는 공자 개까지 죽여버리고 말았다.

이 년 동안 두 명의 왕이 모두 살해당하자 나라는 엉망진창이 되었다. 사람들은 '경부가 죽어야만 난리가 끝날 것'이라며 분을 감추지 않았다. 민심이 들끓기 시작하자 경부는 재빨리 영나라로 도망쳤다. 이 모든 상황을 지켜보던 계우는 진나라의 도움을 받아 공자 신을 왕으로 옹립했는데 그가 바로 노

나라 희공僖公이다.

백성의 원망을 잠재우려면 경부를 잡아와야 했다. 계우는 영나라에 후한 선물을 보내며 경부를 돌려달라고 요청했다. 이번에도 경부는 한 핏줄인 계우가 자신을 봐줄 것이라 생각했다. 하지만 계우는 다른 나라로 도망가게 해달라는 경부의 청을 단칼에 거절했다. 어쩔 수 없이 경부는 스스로 목숨을 끊었다. 희공은 경부의 난을 평정한 계우에게 큰 상을 내리려 했다. 하지만 계우는 여전히 핏줄에 대한 미련을 놓지 못했다. "제가 죽인 숙아나 경부 모두 저와 같은 선군 환공의 아들입니다. 그들은 죽었지만 법도에 따라 그들의 후손을 봉해야 합니다." 희공은 공손오公孫敖에게 경부의 지위를 계승하게 하고 맹손씨라 했다. 또 공손자公孫玆에게 숙아의 대를 잇게 한 후 숙손씨라 불렀으며 계우를 계손씨라 불렀다. 이렇게 해서 세 가문이 출현했는데 이들 모두 노나라 환공의 후손이었기에 '삼환'이라 부르게 된 것이다.

물론 이들 세 가문은 희공의 왕실 가문과는 엄연히 달랐다. 그들은 자신의 지위가 언제고 흔들릴 수 있다는 것을 누구보다 잘 알고 있었다. 현재의 작위와 녹봉을 자손 대대로 누리려면 스스로 세력을 키워 권력과 이익 다툼에서 살아남을 수밖에 없었다. 그래서 그들은 민심을 얻기 위해 힘썼다. 특히 경부의 자손 계문자季文子가 이 일에 뛰어난 재능을 보였다. 그가 죽은 후 사람들은 "첩에게 비단옷을 입히지 않고 말에게 곡식을 먹이지 않는다"라며 그의 검소함을 칭송했다. 그들의 검소한 생활은 당시 노나라 왕족이나 다른 대부들과 분명한 대조를 보였다. 그 때문에 이들은 더욱 쉽게 백성의 마음을 얻을 수 있었다. 인재를 아꼈던 세 가문은 노나라 조정보다 자유롭게 인재를 선발했다. 당시 사회에서 엄청난 영향력과 존재감을 자랑했던 공자의 제자 자공子貢은 이런 말을 한 적이 있다. "계문자가 가산을 풀어 가난한 백성을 구하고 인심을 모으니 장래에 분명히 큰일을 할 것이다."

세 가문은 인구와 토지를 늘리는 방법으로 세력을 키웠다. 그들은 각지에서 도망쳐 나온 난민이나 자신들의 명성을 듣고 찾아오는 사람을 모두 받아주었다. 그리고 나라에서 준 땅을 사유화시켰다. 춘추 시대 말기가 되자 세가문의 세력은 엄청나게 커졌는데 계손씨의 무장 병력은 관군을 훨씬 뛰어넘을 정도였다.

노나라는 국유지가 대량으로 사유화되어 세금이 줄어드는 상황을 보고 있지만은 않았다. 그들은 사유지를 인정하는 대신 국유지와 마찬가지로 세금을 걷었다. 이 방법으로 나라의 재정 수익은 더 늘어났다. 하지만 그것은 분명히 사유지 고유의 특수한 권한을 빼앗는 것이나 다름없었다. 세 가문과 노나라의 투쟁은 더욱 치열해졌다.

세 가문의 힘은 날이 갈수록 커졌다. 30여 년 동안의 노력으로 그들은 나라에 비길 만한 군사력과 경제력을 갖추었다. 그뿐만 아니라 조정 내에서도 상당한 권력을 장악할 수 있었다. 기원전 562년, 계무자季武子가 노나라의 상, 하 두 군을 상, 중, 하의 세 개로 나누었다. 그리고 세 가문이 각 군을 맡아 해당 지역의 세금을 징수했다. 이것이 역사적으로도 유명한 '삼분공실'이다. 이 때부터 세 가문의 세력은 더욱 강해졌다.

당시 상황에 적응하기 위해 계손씨는 새로운 착취 방법을 고안해냈다. 농민에게 소작을 준 다음 일정한 세금을 걷은 것이다. 맹손씨는 이전의 노예제를 그대로 썼고 숙손씨는 두 방법을 함께 썼다. 생산의 적극성을 향상시킨 계손씨의 경제력과 군사력은 나머지 두 가문을 훨씬 뛰어넘었다.

기원전 537년, 삼군을 폐지하고 원래의 이군으로 회복시킨 계손씨는 각 군을 다시 두 개로 나누는 '사분공실四分公室'을 시행했다. 계손씨는 두 개의 군권을 장악해 나라의 군대와 세금을 자신의 것으로 만들었다. 세 가문이 노나라를 나누어 가지자 백성은 나라가 아닌 세 가문에 세금을 냈다. 허울뿐인 왕은 세 가문으로부터 다시 세금을 받은 굴욕을 맛봐야 했다.

세 가문은 군주 대신 정권을 장악하는 과정에서 여러 번 관군과 군사적 충돌을 일으켰다. 하지만 결과는 항상 세 가문의 승리로 끝났다. 결국 소공昭公은 진晉나라로 도망쳤다. 하지만 진나라는 그가 수도에 들어오는 것을 허락하지 않았다. 겨우 건후乾侯에 머물게 된 소공은 그곳에서 쓸쓸한 죽음을 맞았다. 훗날 노나라 사관들은 소공의 죽음에 대해 이렇게 기록했다. "노나라의 군주는 대대로 나라를 잘 다스리지 못했다. 반면 계씨는 대대손손 부지런한 정치를 하고 백성을 사랑하여 백성도 군주를 잊을 정도였다. 이제 군주가타국에서 죽었지만 누가 그를 가엾다 할 것인가?"

신하가 군주의 자리를 차지하는 것은 보통 일이 아니다. 전통 관념에서 보면 신하가 정권을 찬탈하는 것은 절대 용납할 수 없는 일이다. 하지만 "인심있는 자가 천하를 얻는다"라는 이야기를 부정할 수는 없다. 맹자 역시 "주라는 이름의 사내를 죽였다는 소리는 들어봤어도 군주를 해쳤다는 소리는 들어보지 못했다"라고 말하지 않았던가. 그렇게 보면 노나라의 계손씨가 백성의마음을 얻어 나라를 삼등분한 것을 마냥 나쁘다고만은 할 수 없다.

진을 삼분한 세 가문

왕실 내부의 단결이야말로 중국 전통 사회가 해결해야 할 가장 큰 문제였다.하지만 이 문제를 해결할 수 있는 사람은 아무도 없었다. 이 문제는 전통 사회의 성질에 의해 결정되는 것이기 때문이다.

춘추 시대에 왕이 된 진나라 헌공은 왕족 핏줄 간의 지루한 싸움을 몸소 겪었기 때문에 그들 사이의 권력과 이익 다툼이 백성에게 끼친 심각한 피해를 통감했다. 그래서 그는 진나라를 평정한 후 다음의 두 가지를 서둘러 시행했다. 첫째, 수많은 근친을 숙청해 직계자손들의 경쟁 상대를 없애버렸다. 둘째, 국왕의 친족 자제들에게서 권력을 빼앗아 사적인 세력을 형성하지 못하게 했다. 사실 두 번째 규정은 헌공의 아들인 문공 중이가 집권하고 나서야 실행되었다. 헌공은 포부가 남다른 훌륭한 군주였지만 나이가 들어 후계자 문제를 제대로 처리하지 못한 바람에 진나라를 20년에 가까운 혼란에 빠트렸기 때문이다.

진나라 문공은 이를 뼈아픈 교훈으로 삼고 단호하게 이 규정들을 시행했다. 하지만 여기에도 그가 미처 예상하지 못한 문제가 있었다. 핏줄에게 주지 않은 권력이 외부 세력의 수중으로 떨어진 것이다. 진나라 후기의 정권은 대부大夫 십여 명이 장악했다. 그들은 긴 시간에 걸친 합병을 통해 한씨, 위씨, 조씨, 지씨, 중행씨, 범씨의 육경六卿으로 재탄생했다.

후마맹서(侯馬盟書)

이 '육경'은 진나라 국왕은 안중에도 두지 않고 영토와 백성을 마음대로 나눠 가졌다. 범씨를 우두머리로 하는 신 귀족들은 경쟁자들을 없애기 위해 구 귀족 난欒씨 등과 혈전을 벌였다. 난씨 세력을 없앤 범씨는 더욱 교만해졌다. 어느 날, 범씨가 노나라의 사자 공손표公孫豹에게 이런 말을 했다. "옛사람이 했던 '죽어서도 썩지 않는다'라는 말이 무슨 뜻인지 아시오? 나의 조상은 주나라 대부터 존귀하고 흥하였는데 그것이 지금까지 이어지니 그야말로 썩지 않고 영원한 것 아니겠소?" 공손표가 살짝 비꼬며 말했다. "그것은 자손 대대로 높은 녹봉을 누린 것일 뿐 영원하다고 말할 정도는 아니지요. 우리 노나라의 대부 장문중臧文仲으로 말할 것 같으면 사람들은 그가 죽은 후에도 생전에 했던 말을 잊지 않고 기억합니다. 그것이야말로 진정 썩지 않고 영원한 것이지요." 실컷 자랑이나 하려던 범씨는 잔뜩 무안해지고 말았다. 오만방자한 범씨는 스스로 무덤을 파고 있다고는 꿈에도 생각하지 못했다.

여섯 가문 중에서도 범씨와 중행씨의 세력이 가장 강했다. 하지만 나머지 네 가문은 새로운 제도를 시행하고 백성의 마음을 헤아리는 것에 열중했다. 특히 백성을 가장 아꼈던 조씨는 민심을 자신의 편으로 만들며 서서히 강자로 떠오르고 있었다. 그러던 어느 날 범씨와 중행씨가 손을 잡고 한씨, 조씨, 위씨 세 가문을 없애려 했다. 하지만 조씨 가문의 우두머리인 조간자는 노예를 해방시키고 엄격한 상벌제도를 시행해 군대의 전투력을 높이는 방법으로 이들을 이길 수 있었다.

얼마 후, 가장 강한 세력을 자랑하던 지씨가 한씨, 위씨, 조씨 가문을 괴롭히기 시작했다. 지씨 가문이 다짜고짜 땅을 내놓으라고 하자 한씨와 위씨는 마지못해 그 요구를 따랐다. 괜히 눈 밖에 날 짓은 하고 싶지 않았기 때문이었다. 하지만 조씨는 그들의 요구를 단칼에 거절했다. 화가 난 지씨는 한씨와 위씨 가문의 병사들을 동원해 조씨의 근거지인 진양성을 포위해버렸다. 이 년이 지나도록 성을 손에 넣지 못한 지씨 가문의 우두머리 지백은 성안에 물을 퍼부었다. 곧 진양성 안의 집이란 집은 모두 물에 잠겼고 부뚜막에서 개구리가 튀어나올 정도였지만 백성 중 누구도 조씨 가문을 원망하거나 배반하지 않았다. 조씨는 몰래 한씨와 위씨 가문에 사자를 보내 함께 싸울 것을 부탁했다. 결국 손을 잡은 세 가문은 지씨 가문을 크게 물리쳤다.

지씨가 멸망한 후 세 가문은 그들의 영토를 나누어 가졌고 훗날 한나라, 조나라, 위나라로 분열되었다. 이때부터 진나라는 없어지고 이 세 나라를 '삼진三晉'이라 부르게 된 것이다. 하지만 삼진은 예전의 진나라와는 분명히 달랐다. 세 가문이 나라를 세우자 주나라의 천자도 더 이상 그들을 막을 수는 없었다. 천자는 어쩔 수 없이 그들을 정식으로 인정했다. '승리하면 왕후요, 패하면 도적이 되는' 현실을 인정하지 않을 수 없었기 때문일 것이다.

제나라를 이은 전田씨

제나라는 춘추오패의 우두머리였으며 전국칠웅戰國七雄, 전국 시대의 진(秦)나라, 초나라, 연나라, 제나라, 조나라, 한나라, 위나라를 가리킨다-옮긴이 중 하나였다. 제나라는 진나라와 끝까지 대치할 정도로 강한 세력을 자랑했다. 하지만 그런 진나라가 내부에서 시작된 문제로 철저하게 붕괴될 줄은 아무도 몰랐을 것이다. 전씨가 제나라의 정권을 장악하게 된 '전씨대제田氏代齊'는 중국 역사에서도 아주 유명한 사건이다. 제나라 왕실의 깊은 총애를 받던 전씨는 곡절 많은 인생을 겪었는데 그 과정에서 일어난 사건들을 살펴보도록 하자.

춘추 시대 초기 진陳나라에 내란이 일어났다. 이때 진나라의 공자 완完이 난을 피해 제나라로 도망을 쳤다. 그때부터 제나라에 진씨陳氏陳이 바로 田이다. 고대에는 陳과 田을 구분해서 쓰지 않았다가 나타났다. 이에 관해서는 역사 기록도 남아 있다. 그를 아꼈던 제나라 환공은 높은 벼슬을 주려 했지만 전씨는 사양하고 장인을 관리하는 공정工正직을 맡았다. 훗날 전환자田桓子는 군주의 편에 서서 권신 경봉慶封에 반대하는 투쟁을 했다. 또 제나라 혜공의 후대인 난씨와의 싸움에서도 군주의 편을 들었다. 이 일로 제나라에서 전씨의 위치는 더욱 굳건해졌고 강한 권력과 경제력을 가질 수 있었다.

즉위 초기, 천자가 되려는 야심을 숨기지 않았던 제나라 경공은 몇 번의 좌절을 겪은 후 의기소침해져 방탕한 생활에 빠져 지냈다. 자연히 정치는 점점 부패했다. 어느 날 그가 안자晏子, 안영을 가리킨다-옮긴이에게 물었다. "그대는 자주 시장에 나가보니 어떤 물건이 비싸고 어떤 물건이 싼지 잘 알겠소?" 그러자 안자가 대답했다. "용踊이 비싸고 신발이 쌉니다." 용이란 발이 잘린 사람들이 쓰던 가짜 다리나 가짜 신발을 말한다.

당시 지나친 형벌을 함부로 시행했던 경공은 툭하면 사람들의 발을 잘랐다. 안자가 이를 놓치지 않고 경공을 나무란 것이다. 여기에서 우리는 경공이 잔인한 군주였다는 것을 알 수 있다. 하지만 이런 상황은 오히려 전씨가 인심을 얻고 세력을 키우는 데 유리하게 작용했다. 전환자는 곡식 2말을 빌려주면 1말만 받는 방법으로 백성의 마음을 얻었다. 제나라에의 도량형기는 두 가지 진법으로 나누어졌다. 전환자는 이 도량형기를 개조해 썼는데 부피가 나라의 것보다 커졌다. 그는 백성에게 빌려줄 때는 자신이 개조한 도량형기를 이용했고 받을 때는 나라의 것을 썼다. 비록 손해를 보았지만 덕분에 백성은 모두 입이 마르게 전환자를 칭찬했다.

당시 많은 백성이 전씨에게 몸을 맡겼는데 그 행렬이 마치 흐르는 물처럼 끊이지 않았다고 한다. 전씨는 도망자들을 모두 숨겨주고 호구에도 올리지 않았는데 이들을 '은민隱民'이라 불렀다. 전씨는 두 번의 투쟁을 겪고 나서야 절대적인 정치력과 군사력을 얻을 수 있었다.

첫 번째는 기원전 532년 여름이었다. 제나라 경공은 죽으면서 대신 고장高張과 국하國夏에게 태자 도荼를 부탁했다. 덕분에 두 사람은 막강한 권력을 가질 수 있었다. 줄곧 제나라의 정권을 넘보던 전씨에게 두 사람은 눈엣가시일 수밖에 없었다. 전걸田乞은 겉으로는 두 사람을 따르는 척했지만 그들의 잘못을 하나하나 대신들에게 고자질했다. 이 일로 대신들은 고장과 국하를 좋게 보지 않았다. 한편 이 사실을 알게 된 두 사람이 전걸을 죽이려 했지만 선수를 친 것은 전걸 쪽이었다. 그는 다른 대신들을 선동해 궁을 공격하고 군주를 인질로 삼았다. 곧 한바탕 결전이 벌어졌지만 이미 민심을 얻었던 전걸의 승리는 당연한 결과였다. 제나라의 왕도 전걸의 꼭두각시가 되고 말았다.

두 번째 투쟁은 기원전 481년에 일어났다. 제나라 간공簡公은 감지監止를 무척 아꼈다. 그는 전걸의 아들 전상田常과 감지에게 각각 좌상과 우상직을 맡겼는데 실제로는 감지에게만 힘을 실어주었다. 이에 불만을 품은 전상은 감지를 없애기로 했다. 전씨 일가는 우선 전표에게 감지의 가신이 되어 집안일을 감시하도록 했다. 곧 감지의 총애를 받게 된 전표는 감지가 전씨를 없애려 한다는 정보를 입수했다. 다급해진 전역田逆은 전상에게 간공을 납치하도록 몰아붙였다. 하루아침에 자신을 지지해주던 군주를 잃고 민심마저 등을 돌리자 감지는 멀리 도망칠 수밖에 없었다. 하지만 운이 없게도 전씨의 영지로 숨어들어간 감지는 허무하게 목숨을 잃고 말았다.

훗날 서주舒州로 도망친 간공도 전상에게 붙잡혀 죽었다. 전상은 간공의 동생인 오鰲를 군주로 옹립했는데 그가 바로 제나라 평공平公이다. 전상은 재상이 되어 실권을 장악했다. 기원전 476년, 제나라의 정권은 모두 전씨의 수중으로 들어갔다. 전상이 죽자 그의 아들 양자襄子가 대를 이었다. 재능과 지략이 뛰어난 양자 덕분에 전씨 일가는 더 큰 세력을 형성해 강姜씨 왕족을 대신하게 되었다.

기원전 392년, 전양자의 손자 전화田和는 이름뿐인 강공康公을 섬으로 내쫓고 스스로 제나라의 군주가 되었다. 팔 년 후, 강공이 죽자 강씨의 제나라는 그 명맥조차 끊어지고 말았다. 대권을 장악한 전씨는 제나라의 명망 높은 신하였던 포鮑씨, 안晏씨, 감씨 및 왕족들을 깨끗이 숙청했다. 또 훗날 대권을 다툴 만한 사람도 모두 죽임으로써 잠재적인 위험마저 완벽하게 제거했다. 그리고 나라의 요직에 전부 전씨를 임명했다. 전씨의 세력은 누구도 넘볼 수 없을 만큼 굳건해졌다.

기원전 386년 주나라의 안왕安王은 삼진 시기의 예를 따라 전화를 제후齊侯로 봉했는데 그가 바로 전태공이다. 제나라에서 전씨 가문의 부흥은 『좌전』의 기록과도 맞아 떨어졌다. "다섯 대를 이어갈 만큼 번창하고, 여덟 대를 넘어가면 감히 비교할 자가 없을 정도다."

공자 완이 제나라로 피난을 왔을 때부터 전환자가 제나라 후의 딸을 아내로 맞아들여 제나라에서 입지를 다지기까지 딱 다섯 대가 걸렸다. 그때부터 전양자가 명실상부한 군주가 되기까지는 여덟 세대가 걸렸다. 어쩌면 『좌전』의 기록은 이런 역사적 사실을 근거로 후에 써진 것일 수도 있다.

도망 중이던 귀족이 한 나라의 군주가 되는 것은 역사적으로도 드문 일이다. 그들의 성공은 그들이 구사한 책략과 깊은 관계가 있다. 강씨 귀족과 대치하던 초창기, 힘이 약했던 전씨 세력은 한편을 끌어들여 다른 한편을 공격하는 방법으로 적의 세력을 약화시켰다. 그리고 힘을 얻은 후에는 무자비할 정도로 깨끗이 상대방을 없애버렸다. 가장 효과적이었던 계책은 겉으로 공손하고 부드럽게 복종하여 신임을 얻고 뒤로는 작은 틈도 놓치지 않고 불화를 조장해 그 사이의 이익을 얻은 것이다. 선비와 백성을 대하는 태도도 뛰어났다. 전씨 가문은 수대에 걸쳐 사람의 마음을 얻기 위해 노력했다. 그것이야말로 그들이 성공을 거둔 근본 원인이기도 하다. 전씨의 성공은 백성의 지지와 무관하지 않다. 백성의 지지는 여론 조성이나 기타 정치 투쟁에서뿐만 아니라 전쟁 상황에서도 큰 힘을 발휘한다.

후한을 대신한 후주

고대 중국의 봉건 사회에서 병권은 곧 정권이요, 정권은 곧 병권이었다. 두 권력은 하나였던 것이다. 중국 역사상 수많은 왕조의 교체가 바로 이 점을 확실하게 설명하고 있다.

후한의 유승우劉承佑는 즉위 당시 열여덟 살로 정사를 돌볼 능력이 없었다. 그러자 그의 어머니 이 태후의 동생들은 이 기회를 이용해 부귀와 공명을 얻기 위해 안달이 났다. 유승우의 총애를 받던 자들의 세력은 점점 커졌고 조정의 일부 대신들은 이런 상황이 못마땅했다. 그때 이 태후의 오랜 친구의 아들이 청탁으로 군관 자리를 하나 얻었다. 마침 사홍조史弘肇의 수하로 들어간 그가 죄를 짓고 말았다. 사홍조는 귀덕절도사歸德節度使이자 시위친군마보도지휘사侍衛親軍馬步都指揮使 겸 중서령中書令으로 궁궐과 수도의 치안과 방위를 담당하고 있었다. 강직한 그는 변명할 여지도 주지 않고 부하를 즉시 참수해 버렸다. 황제의 측근과 친척들이 이런 그를 곱게 볼 리 없었다.

유승우는 이업李業을 총애했다. 마침 이업은 공석이 된 선휘사宣徽使 자리를 탐냈는데 유승우와 이 태후도 이업을 그 자리에 앉히기 위해 갖은 구실을 갖다 붙였다. 하지만 사홍조는 완강했다. 나라에 관리 선발 규정이 있으니 황제의 측근이라 할지라도 함부로 규정을 어기고 대신을 임명할 수 없다는 주장이었다. 결국 이 일은 없던 것이 되고 말았다. 내객성사內客省使 염진경閻晉卿, 추밀승지樞密承旨 섭문진聶文進, 비룡사飛龍使 후광찬後匡贊, 다주사茶酒使 곽윤명郭允明은 모두 유승우의 총애를 받았다. 하지만 재상과 사홍조의 고집으로 번번이 승진이 좌절되자 자연스럽게 두 사람에게 앙심을 품었다. 평노절도사平盧節度使 유수劉銖는 흉악하고 잔인했는데 청주青州에서 파면되자 공공연히 재상을 욕하기도 했다.

유승우는 삼년상이 끝나자마자 매일 연회를 열어 술을 마셨다. 그는 마음이 내키면 음악을 연주한 악사에게 황금 옷과 옥 허리띠 같은 귀한 물건도 아낌없이 주었다. 감격한 악사들이 머리를 조아리며 인사를 하자 사홍조가 벌컥 성을 내며 말했다. "변경의 병사들은 목숨을 걸고 싸워도 상 하나 받지 못하는데 너희는 무슨 공을 세웠다고 이와 같은 재물을 받는 것이냐!" 그는 씩씩대며 황제가 하사한 물건을 모조리 빼앗았다. 유승우는 자신이 가장 사랑하는 경耿 부인을 황후로 삼으려 했지만 재상의 반대에 부딪혔다. 경 부인이 세상을 떠난 후 황후의 예로 장례를 치르려 했지만 이마저도 재상이 허락하지 않았다. 스무 살이 된 유승우는 재상과 사홍조가 사사건건 자신의 일을 방해하는 것이 못마땅했다. 시간이 지날수록 불만은 분노로 바뀌었다. 이 기회를 놓칠 리 없었던 다른 대신들이 재상과 사홍조를 모함하기 시작했다. "그들이 마음대로 권력을 휘두르고 있으니 조만간 큰 화가 닥칠 것입니다." 그들의 말을 들은 유승우도 점점 의심이 들기 시작했다. 한번 의심이 드니 작업장에서 병기를 제련하는 소리만 들어도 불안해 잠을 잘 수 없을 지경이었다. 조정 내 대신 중 대다수가 재상과 사홍조에게 반감을 갖고 있었다. 사홍조에게 원한이 깊었던 사공司空, 동평장사同平章事 소봉길蘇逢吉은 이업을 부추겨 함께 사홍조를 죽이기로 했다. 일부 대신들의 지지를 얻은 유승우는 후광찬, 곽윤명, 이업, 섭문진과 비밀리에 모여 재상과 사홍조를 죽일 계획을 세웠다. 이 소식을 전해 들은 이 태후가 반대했지만 아무도 그의 말을 귀담아듣는 이는 없었다. 조회에 참석하기 위해 입궁한 재상과 사홍조는 광정전廣政殿에 미리 매복해 있던 병사들에게 사로 잡혀 그대로 목이 달아났다. 이들은 두 사람의 목을 동편 곁채에 두고 대신들을 숭원전崇元殿에 모이게 했다. 그러자 섭문진은 미리 준비한 조서를 침착하게 읽어내려 갔다. "반란을 모의한 무리는 이미 사로잡아 죽였다. 그러니 함께 축하하도록 하라." 그러고는 각 장수를 만세전萬歲殿으로 불러 공로를 치하했다.

당시 곽위郭威는 추밀사 겸 시중이 되어 군사를 책임졌으며 업도유수鄴都留守 겸 천웅절도사天雄節度使를 맡아 황하 이북 각 주의 군사방어를 담당하고 있었다. 부대뿐만 아니라 조정에서도 명망이 높았던 그는 사홍조와 사이가 좋았다. 재상을 참수한 후 유승우는 후환을 없애기 위해 공봉관供奉官 맹업孟業에게 밀지를 주어 전주澶州와 업도로 보냈다. 맹업은 진영절도사鎮寧節度使 이홍의李洪義, 이 태후의 동생에게 왕은王殷을 죽이게 하고 업도행영마군도지휘사鄴都行營馬軍都指揮使 곽숭위郭崇威, 보군도지휘사步軍都指揮使 조위曹威에게 곽위郭威와 선휘사 왕준王峻을 없애라고 명령했다. 아울러 유승우는 수도의 방어를 강화했다. 이업 등은 권지개봉부權知開封府의 유수를 시켜 곽위와 왕준의 가족과 친척을 모두 죽였다.

이제 유승우는 나라를 완벽하게 장악할 수 있었다. 이런 상황에서 맹업이 조정의 밀지를 들고 왔지만 이홍의는 섣불리 나설 수가 없었다. 왕은이 이미 수도의 소식을 듣고 만반의 준비를 했을 수도 있다는 생각 때문이었다. 할 수 없이 이홍의는 맹업과 함께 왕은을 만나러 갔다. 그러자 왕은은 다짜고짜 맹업을 가두고 부사副使 진광수陳光穗를 시켜 곽위에게 밀지를 보냈다. 곽위는 추밀사 위인포魏仁浦를 불러 밀지를 보여주며 물었다. "어찌하면 좋겠습니까?" 잠시 생각에 잠긴 위인포가 입을 열었다. "나라의 기둥인 그대는 공도 많이 세웠고 명성도 높습니다. 게다가 수중에 막대한 병력이 있으니 일단 모함을 받으면 절대 빠져 나갈 구멍이 없습니다. 지금은 나아가면 살 것이요, 물러서면 죽을 수밖에 없습니다. 앉아서 죽기를 기다려서야 되겠습니까?" 곽위는 당장 곽숭위와 조위 및 몇몇 장수를 불러와 밀지를 보여주었다. "나와 재상 그리고 사공史公, 사홍조를 가리킴-옮긴이은 모두 가시덤불을 헤치며 선제를 따라 천하를 구해냈고 어린 태자를 보위하라는 중책을 맡아 혼신을 다해 나라를 지켰소. 그런데 이제 그 두 사람이 모두 죽었으니 어찌 나 혼자 살아남을 수 있겠소. 밀지도 받은 마당에 차라리 죽기를 각오하고 천자를 만나면 운 좋게도 오해가 풀려 상을 내리실지도 모를 일 아니오?" 그러자 곽숭위 등이 울며 말했다. "아직 어린 천자가 주위의 소인배들의 말에 속은 것이 분명합니다. 그들이 권력을 장악하면 어찌 나라의 태평을 기대할 수 있겠습니까? 그들은 우리에게도 해만 될 뿐입니다. 저희들은 대사를 따라 조정으로 가서 소인배들을 죽이고자 합니다. 한낱 사신의 손에 죽어 천고에 오명을 남길 수는 없습니다." 그때 천문을 장관하는 한림 조수기趙修己가 말했다. "헛되이 목숨을 잃는 것이 무슨 의미가 있습니까? 차라리 저들의 의견에 따라 병사를 이끌고 남쪽으로 가십시오. 이것이야말로 하늘이 공을 위해 준비한 길입니다." 곽위는 양아들 곽영郭榮[31]을 남겨 업도를 지키도록 한 다음 곽숭위를 선봉으로 삼아 출병했다.

곽위가 남쪽으로 오고 있다는 소식을 들은 유승우는 잔뜩 겁에 질렸다. 그는 급히 대신들을 소집해 대책을 의논했다. 개봉윤開封尹 후익侯益이 먼저 입을 열었다. "업도 병사들의 가족은 모두 수도에 있기 때문에 가볍게 성을 나가

---

31) 바로 시영(柴榮)으로 훗날 후주의 황위를 잇는다. 전전도점검(殿前都點檢) 조광윤(趙匡胤)이 또다시 병변을 일으켜 송나라를 건립한다.

전쟁을 해서는 안 됩니다. 성 문을 굳게 닫고 그들의 기세를 누그러뜨린 다음 성안의 가족들을 미끼로 적의 마음이 약해지게 합시다. 이렇게 하면 싸우지 않고도 적을 사로잡을 수 있습니다." 비정하고 악랄한 방법이었다. 하지만 진영절도사 모용언초慕容彦超의 생각은 달랐다. "후익은 늙고 쇠락하여 한낱 겁쟁이에 불과합니다. 그런 그가 어찌 반군을 막을 수 있겠습니까?" 유승우는 모용언초의 생각에 동의하며 염진경과 후익에게 금군을 주어 전주로 가도록 했다. 하지만 그날 곽위가 먼저 전주로 들어갔고 이홍의는 성을 열어 그들을 맞이했다. 곽위를 만난 왕은은 가족들이 몰살당한 사정을 이야기하며 목놓아 울었다. 그는 부하들을 이끌고 곽위에게 투항하여 황하 남쪽으로 갔다.

이때 곽위의 동향을 정탐하기 위해 유승우가 보낸 환관이 곽위의 병사에게 잡히고 말았다. 곽위는 취조를 끝낸 후 환관의 옷깃에 상소문을 넣어주며 유승우에게 전하도록 했다. 상소문의 내용은 이랬다. "저는 며칠 전 밀지를 받고 목을 길게 뺀 채 죽음을 기다렸습니다. 하지만 곽숭위 등은 차마 저를 죽이지 못했습니다. 그들은 모두 폐하 주위에서 권력만을 탐하는 소인배들이 저를 모함한 것이라 생각하고 있습니다. 그래서 저에게 남쪽으로 가 궁문에서 담판을 짓자고 졸랐습니다. 저 역시 지금 상황이 매우 고통스럽습니다. 부하들을 막을 수도 없으니 아마 며칠 후면 궁에 도착할 것입니다. 폐하가 정말 저에게 죄가 있다 하시면 어찌 도망칠 수 있겠습니까? 하지만 정말로 누군가 모함한 것이라면 그들을 저에게 넘겨주시어 원한을 풀어주십시오. 그렇게 해주시면 죽어도 여한이 없습니다."

곽위의 대군이 활주滑州에 도착하자 의성군절도사義成軍節度使 송연악宋延渥이 이들을 성 안으로 맞아 들였다. 곽위는 활주성 창고의 재물을 풀어 병사들에게 포상하며 이렇게 말했다. "천자가 간악한 소인배들에게 속아 공 있는 대신들을 함부로 죽이고 있다. 내가 병사들을 이끌고 남하한 것은 어쩔 수 없는 것이었다. 우리는 이제 관군과 마주치게 될 것이다. 만약 그들과 싸움을 벌이면 수도로 가서 황제를 만나려 했던 당초의 계획은 완전히 틀어진다. 그렇다고 해서 힘껏 맞서지 않으면 죽을 수밖에 없다. 그대들의 가족이 모두 도성 안에 살고 있다는 것을 알고 있다. 가족 때문에 그대들이 나를 배반해도 원망하지는 않을 것이다." 그러자 장수들이 입을 모아 말했다. "이 나라는 장군을 버렸지만 장군마저도 그러시면 안 됩니다. 부디 진격 명령을 내려주십시오. 한시도 지체해서는 안 됩니다. 지금이야말로 나라를 안정시키고 억울한 원한을 풀 때입니다!" 이어서 왕준이 큰 소리로 선언했다. "장군께서는 수도에 입성한 후 열흘 동안 마음대로 약탈하도록 허락하셨다." 병사들은 환호성을 지르며 호응했다.

직접 군대를 이끌고 전주로 가려 했던 유승우는 곽위가 이미 전주를 함락했다는 소식을 듣자 마음을 바꾸었다. 환관이 가져온 상소문을 본 유승우의 얼굴은 후회와 공포로 하얗게 질리고 말았다. 그는 재상 두정고竇貞固에게 조심스럽게 말했다. "아무래도 내가 너무 경솔했던 것 같소!" 그렇다고 모든 일을 처음으로 되돌릴 수도 없었다. 곽위의 주력 부대가 봉구封丘에 도착하여 수도로 가까워 올수록 민심은 더욱 흉흉해졌다. 유승우가 모용언초에게 날랜 기마병을 주어 공격을 명령하자 곽위는 하복진何福進, 왕언초王彦超, 이균李筠을 보내 맞서게 했다. 이 싸움에서 크게 패한 모용언초 군대의 사기는 완전히 꺾이고 말았다. 날이 어두워지자 관군 대부분이 곽위에게 투항했다. 패잔병 몇몇과 도망을 치던 유승우도 결국 목숨을 잃고 말았다.

수도에 입성한 곽위와 왕준은 문무백관을 대동하고 명덕문明德門에서 이 태후를 알현했다. 그들은 새로운 군주를 세우고 이 태후가 대리 집권을 하도록 했다. 2월, 거란족의 침입으로 하북의 각 주에서 도움 요청이 끊이지 않자 태후는 곽위를 보내 거란족을 몰아내게 했다. 12월 20일, 출발을 앞둔 대군의 진영이 갑자기 소란스러워지기 시작하더니 수천 명의 병사들이 고함을 지르며 담벼락과 지붕을 넘어 곽위가 묵고 있는 처소 안으로 들어갔다. 그들은 어리둥절한 곽위의 몸에 누런 깃발을 걸쳐

후주의 무제

주고 가장 윗자리에 앉힌 후 '만세'를 외쳤다. 이윽고 병사들은 곽위를 둘러싸고 성으로 들어갔다. 951년 음력 정월, 곽위가 황제의 자리에 올라 국호를 '주周'라고 불렀다.

앞서 이야기한 정권 찬탈의 과정은 "각자 수십 년씩 세상을 이끌었다"[32]라는 말에 딱 들어맞았다. 세상에는 변하지 않는 것이 없다. 그야말로 세상의 흥망성쇠는 변화무쌍하다. 하지만 세상 일이 그냥 돌고 도는 것은 아니다. "하늘에서 정한 시간뿐 아니라 또한 사람의 꾀도 있다"라는 이야기처럼 말이다.

『사기』, 『좌전』, 『구오대사舊五代史』, 『강감역지록綱鑑易知錄』 참고

---

32) 청나라의 사학자이자 문학가인 조익(趙翼, 1727~1814)의 『논시(論詩)』에 수록된 시의 한 구절. 각 시대에 나타난 영웅들이 짧은 시간 동안 영향력을 발휘하다가 사라지는 것을 빗댄 표현으로 세상의 변화무쌍과 부질없음을 이야기한다.

음모의 승리

중국의 역사에는 '미스터리'가 참 많다. 특히 왕후장상이 감독을 맡아 궁내에서 벌어지는 다양한 미스터리가 있다. 이러한 미스터리는 차라리 음모라고 부르는 것이 맞을 것 같다. 사실 어떤 의미에서 보면 고대 중국의 정치는 바로 음모의 정치였다.

세계에서 가장 도덕이 통하지 않는 곳을 꼽으라면 기생집과 궁궐이 빠질 수 없다. 사회의 가장 낮은 곳에 속하는 기생집은 돈이 된다면 몸도 내다 파는 곳이니 도덕을 따지기 어렵다. 반면 사회 최상위 계층이 모여 있는 궁궐은 권력을 위해서라면 영혼을 파는 일도 허다하니 도덕과 신의가 통할 리 없다. 사회의 양 극단에 있는 궁궐과 기생집, 길은 다르지만 목적지는 같다.

중국의 정치는 음모의 정치라고 했다. 만약 이러한 음모를 밝은 곳으로 끌어내 대중에게 '폭로'할 수 있다면 그제야 정치를 바로볼 수 있을지도 모르겠다. 적어도 음모 정치의 '신비함'을 조금은 걷어낼 수 있지 않을까?

춘추 시대는 제후들이 툭하면 다툼을 하던 시기였다. 승자가 왕이 되는 이 시대는 음모가 복잡하게 섞여 있었다. 그것이 음모든 아니든 이길 수만 있다면 좋은 지략이 되는 것은 당시 사람들의 보편적인 생각이었다.

제나라의 안영은 꽤 유명한 인물이었다. 그는 생김새가 추하고 키가 작았지만 남다른 지혜가 있었다. 사람들은 제나라 왕에게 올곧게 간언했던 그를 기리기 위해 『안자춘추晏子春秋』를 편찬했다. 전쟁 같은 긴박한 상황에서도 뜻을 굽히지 않고 임무를 완성했으며 때로는 나라를 위해 위엄을 부리기도 했는데 그 모든 것이 결코 쉬운 일은 아니었다. 이렇게 '바른 군자'의 표본인 그에게도 '음모'는 필요했다.

어느 날, 노나라 소공이 제나라를 방문했다. 마침 제나라 경공은 이 기회를 이용해 소공에게 진晉나라와의 동맹을 깨고 제나라와 손을 잡자고 부탁하기로 했다. 경공은 소공을 대접하기 위해 연회를 열었다.

노나라 소공과 제나라 경공은 숙손소자叔孫昭子와 안자에게 각각 연회에 필요한 의식을 맡겼다. 연회가 시작되자 제나라 경공은 자신과 가장 가까운 곳에 평소 총애하는 장수 세 명을 나란히 세웠다. 그들의 늠름한 모습은 안자와 확연히 비교가 되었다. 자신의 앞을 가로막고 있는 세 장수 때문에 심기가 불편해진 안자는 경공이 진정한 인재를 알아보지 못하는 것이 걱정되기도 했다. 어쩌면 그들 때문에 진정한 인재를 얻기가 힘들 것이라 생각한 안자는 적당한 기회를 이용해 세 장수를 처치하기로 마음먹었다.

기회를 엿보던 안자가 경공에게 말했다. "주공, 언젠가 귀한 복숭아나무를 심으셨던 것을 기억하십니까? 올해 마침 복숭아가 열렸다고 하니 제가 몇 개 따와 두 분께 맛을 보여드리고 싶은데 어떠십니까?" 경공이 고개를 끄덕이며 허락했다.

잠시 후 복숭아 여섯 개를 따온 안자가 경공에게 말했다. "아직 덜 익은 것이 많아 여섯 개만 따왔습니다." 그는 복숭아를 장공과 경공에게 바치며 말했다. "복숭아가 큼지막하니 참 먹음직합니다. 어서 드시고 만수무강하십시오." 두 사람이 하나씩 나눠 먹고 안자와 숙손사가 서로 주거니 받거니 공을 치하하며 또 한 개씩을 먹자 복숭아는 단 두 개만 남았다.

그때 안자가 경공에게 말했다. "복숭아가 두 개 남았으니 자리에 모인 신하들에게 서로의 공을 자랑하게 하여 가장 큰 공을 세운 자에게 선물로 주시는 것이 어떻겠습니까?" 경공이 고개를 끄덕이자 안자가 냉큼 이를 모든 사람에게 알렸다.

경공의 가장 가까운 곳에 서 있던 세 장수는 마음이 급해지기 시작했다. 그때 장수 중 공손첩公孫捷이 가장 먼저 앞으로 나오며 말했다. "동산銅山에서 사냥할 때 갑자기 호랑이 한 마리가 주공에게 달려들었습니다. 그때 저는 맨 손으로 호랑이를 때려잡아 공의 생명을 구했지요. 그러니 그 공로가 작다고 할 수 없습니다." 그의 말을 들은 안자가 말했다. "주공의 생명을 구했으니 확실히 큰 공을 세웠습니다. 어서 복숭아를 주시지요." 경공은 안자의 부추김에 공손첩에게 복숭아와 술 한 잔을 하사했다. 그러자 또 다른 장수 고야자古冶子가 앞으로 나오며 말했다. "호랑이를 때려죽인 것이 무슨 대숩니까? 그 옛날 주공과 함께 황하를 건널 때 갑자기 악어 한 마리가 나타나 주공의 말을 문 것을 기억하십니까? 저는 악어와 사투를 벌여 주공을 구해냈습니다." 그가 말을 마치기 무섭게 경공이 끼어들었다. "만약 고야자가 아니었다면 말은 고사하고 내 생명도 지키기 어려웠을 것이다. 그에게도 복숭아를 하사하라." 안자는 흐뭇한 미소를 지으며 나머지 복숭아와 술을 고야자에게 주었다.

눈앞에서 복숭아가 모두 사라지자 마지막까지 남은 장수 전개강田開疆이 씩씩거리며 말했다. "호랑이를 때려죽이고 악어를 잡은 것이 뭐 그리 대단합니까? 저는 주공을 위해 서徐나라의 장수들을 죽이고 적군 수백을 포로로 잡았습니다. 덕분에 담郯나라와 영䣕나라도 우리에게 투항했는데 그 공은 크지 않습니까? 제 공이 복숭아 하나도 먹지 못할 만큼 보잘것없단 말입니까?"

안자가 그 기회를 놓치지 않고 슬며시 부채질을 하기 시작했다. "전개강의 공은 호랑이와 악어를 죽인 것보다 큽니다. 하지만 복숭아는 이미 다 먹어버렸으니 그냥 술이나 한잔 하사하시지요."

경공도 미안한 표정으로 입을 열었다. "공을 따지자면 그대가 가장 크지만 이미 늦었지 않은가?"

경공의 위로도 전개강의 화를 누그러트릴 수는 없었다. "나라를 위해 죽기를 각오하고 적들을 물리쳤는데도 호랑이와 악어를 죽인 자보다 못한 대접을 받았으니 살아서 무엇 하겠습니까?" 말을 마친 그는 순식간에 검을 뽑아 목숨을 끊었다. 그 모습을 본 공손첩이 앞으로 나서며 말했다. "하찮은 공로로 복숭아를 먹겠다고 욕심을 부렸으니 부끄러워 살 수가 없습니다." 그도 검을 뽑아들어 자살했다.

송나라 시대의 문신칠조(文臣七條)

그러자 고야자도 지지 않고 탄식을 했다. "생사를 같이 하기로 한 형제가 죽었으니 나만 혼자 살아 무엇 하겠는가!" 그 역시 스스로 목숨을 끊었다.

그 유명한 '복숭아 두 개로 장수 셋을 죽인二桃三殺士' 이야기다. 사실 세 장수를 죽인 것은 복숭아가 아니라 음모였다.

태조의 뒤를 이어 즉위한 송나라 태종은 유능한 왕이었다. 하지만 그의 즉위를 둘러싼 수수께끼는 지금까지도 풀 수 없는 미스터리로 남아 있다. 당시 남겨진 수많은 실마리를 쫓다 보면 그것 역시 하나의 음모였음을 알 수 있다.

중국 통일을 눈앞에 두고 송나라 태조 조광윤은 나날이 세력을 키워 가고 있었다. 조광윤은 남다른 능력을 가진 인물이었지만 안타깝게도 쉰 살의 나이로 생을 마감했다. 그리고 동생 조광의趙光義가 그의 뒤를 이었다. 이 사건에 대한 역사서의 기록은 대부분 추측을 근거로 한다. 조광윤의 친동생 조광의는 형의 경제적 지원 때문에 일찍부터 공부를 할 수 있었다. 그래서 비록 무공은 조금 모자랐지만 학식은 형보다 훨씬 뛰어났다. 조광윤이 금군 수령이 되었을 때 조광의는 이미 조정의 핵심인물이 되어 형에게 큰 힘을 보태주고 있었다. 조광윤이 진교陳橋의 변을 통해 황제가 되는 과정에서 가장 핵심적인 역할을 한 것도 바로 조광의다. 이 일로 동생을 더욱 신임하게 된 조광윤은 조광의의 능력을 키워주기 위해 애썼다. 조광윤은 조광의를 전전도우후殿前都虞侯와 목주방어사睦州防御使로 임명한 후 다시 개봉부윤으로 봉했다.

개봉부윤은 매우 중요한 관직이었다. 아래위로 모두 긴밀하게 통하는 이 관직은 세력을 키우는 데 아주 유리했다. 조광의는 이 자리에 있으면서 많은 인맥을 얻었는데 이는 그가 즉위 후 임용한 관리들을 봐도 잘 알 수 있다. 이들은 조광의의 지위를 공고히 하는 데 큰 역할을 했다.

나라에서 편찬한 『송사宋史』는 조광윤의 죽음에 대해 자세히 기록하지 않았다. 아마도 송나라 태조 조광의 이후의 북송 황제 대부분이 그의 일파에서 계승되었기 때문일 것이다. 사실을 그대로 말할 수도 없고 그렇다고 마음대로 쓸 수도 없으니 차라리 회피하는 절묘한 방법을 쓴 것이다. 하지만 이와 관련된 민간의 이야기는 매우 풍부하게 전해진다.

송나라의 노승 문옥文瑩이 쓴 『상산야록湘山野錄』에도 조광윤의 죽음에 관한 이야기가 기록되어 있다. 한 점술사의 말을 듣고 살날이 얼마 남지 않음을 알게 된 조광윤은 조광의를 궁으로 불러 뒷일을 의논했다. 당시 병을 앓고 있던 조광윤은 환관과 궁녀들을 물러가게 한 후 조광의와 단둘이서 술을 마셨다. 환관과 궁녀들이 멀리서 보니 촛불에 비친 조광의는 좌불안석 흥분한 모습이었고 또 무언가를 거절하는 모습 같기도 했다. 잠시 후 조광윤은 눈 바닥에 도끼를 내리찍으며 조광의에게 연신 "잘한다, 잘한다"라고 소리쳤다. 조광윤은 침소에 들면서 조광의를 궁 안에 머물도록 했다. 막 잠자리에 든 조광윤은 천둥이 치는 것처럼 요란하게 코를 골았는데 다음 날 해가 뜰 때쯤 인기척이 없어 내시가 들어가 보니 이미 몇 시간 전에 숨이 멎어 있었다고 한다.

또 다른 이야기도 있다. 조광윤은 후촉의 화예花蕊 부인 비費씨를 총애했다. 조광윤은 자신이 죽던 날 조광의를 불러 무언가를 의논한 후 궁에서 자신의 시중을 들게 했다. 곧 조광윤이 곧 깊은 잠에 빠지자 조광의가 이때다 싶어 화예 부인을 희롱했다는 것이다. 그러다가 잠이 깬 조광윤이 화가 난 나머지 조광의를 도끼로 내리 찍으려 했다. 한바탕 소란에 놀란 황후와 태자가 달려왔을 때 조광윤은 이미 숨이 넘어가고 있었고, 다음 날 새벽 일찍 세상을 떠났다는 것이 이야기의 요지다.

조광의의 즉위에 대해서도 수많은 설이 난무한다. 그가 조광윤의 영전에서 즉위했다는 설 말고도 이런 이야기가 전해지기도 한다. 조광윤은 병세가 악화되자 환관을 시켜 아들인 진왕 조덕방趙德芳을 불러오도록 했다. 하지만 환관 왕계륭王繼隆은 난데없이 개봉부의 조광의를 궁으로 데리고 왔다. 왕계륭이 입궁하자 황후가 다급히 물었다. "덕방은 왔습니까?" 그러자 왕계륭이 대답했다. "진왕趙光義이 오셨습니다." 아연실색한 황후는 울면서 조광의에게 말했다. "우리 모자의 목숨은 모두 황상趙光義-옮긴이께 맡기겠습니다." 그러자 조광의가 그들을 위로하며 말했다. "아무 걱정 마십시오."

그 외에 '금궤지맹金櫃之盟' 이야기도 있다. 조광의의 황위 계승에 합리성을 부여하기 위한 시도로, 원래 아버지에게서 아들로 전해지는 황권을 형에게서 동생으로 전해지도록 한 내용이다. 이는 송나라 태조의 정권 유지를 위해 꼭 필요한 것이었다. 그 구체적인 내용을 살펴보자.

송나라 개국 공신 조보趙普는 태조 조광윤의 신임을 한 몸에 받고 있었다.

하지만 그는 권력을 이용해 수많은 불법을 자행했다. 결국 이 일로 파면된 조보는 조광의가 즉위한 후에도 여전히 찬밥 신세를 면치 못했다. 그는 다시 황제의 눈에 들기 위해 '금궤지맹' 이야기를 만들어냈는데 결국 그의 말을 따른 조광의는 금 궤짝을 찾을 수 있었다.

이른바 금궤지맹의 구체적인 내용은 이랬다. 태조가 즉위하고 얼마 지나지 않아 중병에 걸린 두 태후가 조광윤과 조보를 불러 놓고 물었다. "너는 송나라가 어떻게 세워졌는지 아느냐?" 조광윤이 대답했다. "모두 선조와 태후의 공덕입니다." 그러자 태후가 고개를 저으며 말했다. "아니다. 이것은 모두 시柴씨가 어린 자식에게 왕위를 맡겼기 때문이다. 만약 후주가 장성한 군주를 옹립했다면 네가 천하를 손에 넣을 수 있었겠느냐? 그러니 너는 훗날 왕위를 광의에게 물려주어라. 광의 다음은 광미光美이고 그다음은 덕소德昭다. 이렇게 차례로 왕위를 계승하면 어린 군주를 옹립해 화를 당하지는 않을 것이다."

조광윤은 어머니의 말씀을 따르겠다고 약속했다. 태후는 조보에게 이를 글로 남겨 금궤에 넣은 후 믿을 만한 사람에게 맡기도록 했다. 하지만 조보의 말을 믿는 사람은 하나도 없었다. 조보가 무슨 의도로 '금궤지맹' 이야기를 꾸몄는지는 알 수 없었지만 조광의는 이를 통해 자신의 왕위 계승의 정당성을 확보한 것만으로도 충분히 만족했다.

촛불 아래의 도끼 이야기나 금궤지맹을 통해 우리는 송나라 태조 조광의의 왕위 계승을 둘러싼 미스터리를 조금은 맛 볼 수 있었다. 상식적으로 생각해봐도 그것은 분명한 음모였다. 만약 태조 조광윤이 정말 황위를 동생에게 물려줄 생각이었다면 대전에 제후들을 불러놓고 정식으로 선포하면 그만이었다. 그렇게 해도 아무 반대가 없었을 텐데 구태여 촛불아래서 도끼를 휘두를 필요가 있었겠는가 말이다. 또 '금궤지맹'이 사실이라면 왜 조광의가 즉위

하고 오 년이 지난 후에야 그 이야기를 끄집어냈는가 하는 점도 의문이다. 그
토록 고이 간직하고 있던 궤짝을 조광위가 조광의가 즉위하던 때 세상에 공
개했더라면 그를 향한 수많은 의심은 단박에 사라지지 않았을까?

물론 조광의는 조광윤을 죽이기 위해 음모를 꾸민 것이 아니라 그가 병이
난 것을 기회로 삼아 황제의 자리를 빼앗았다. 구태여 피를 흘리지 않고도 원
하는 것을 가진 그는 왕위 찬탈의 고수임에는 틀림없었다.

『상산야록』, 『송사』 참고

나라 다스리기와 집안 다스리기

충직함과 간사함은 분명하게 다른 개념이라 어지간해서는 헷갈리지 않는다.
하지만 이 둘을 구분하기 어려울 때도 있다. 간사한 사람이 있다고 치자. 하
지만 언제나 나라를 먼저 생각하고 한 나라와 가문을 위해 온 힘을 다한다면
분명히 충신이라고도 할 수 있다. 여기 충신이라고 불리는 사람이 있다. 하지
만 마음대로 권력을 휘두르고 툭하면 신하의 본분을 잊어버린다면 그를 간
신이라고도 할 수 있을 것이다. 충신과 간신은 개인의 인간성이 아닌 봉건 제
도의 관념에 의해 나누어진다. 바로 그 때문에 간혹 난감한 상황이 연출되기
도 하는데 서한의 무제武帝, 소제昭帝, 선제宣帝 시기의 유명한 권신 곽광霍光이
바로 그런 경우를 직접 겪었다.

문무를 겸비한 한나라 무제는 변방의 변란을 진압하고 영토를 늘리는 한
편 예악을 제정하고 유가를 장려했다. 하지만 그는 황당한 일도 많이 저질렀

다. 나이가 들어 무속에 빠진 그는 신선을 만나기 위해 여러 번 동쪽 지역을 여행했다. 아예 주변 사람들의 충고에 귀를 닫고 살았던 그 때문에 궁지에 몰린 태자 유거劉據가 반란을 일으키기도 했고 황후는 자살했으며 태자도 목을 맸다. 이 때문에 백성도 큰 고통을 당했다. 그는 왕위 계승 문제도 제대로 처리하지 못했다. 유거가 죽은 후 무제에게는 세 아들이 남았다. 그중 무제가 가장 아꼈던 아들은 구익鉤弋 부인이 낳은 불릉弗陵이었다. 무제는 생김새나 성격 모두 자신을 쏙 빼닮은 불릉에게 왕위를 물려주려 했다. 하지만 그는 구익 부인이 어린 아들을 핍박하고 정권을 장악할까 봐 걱정이 되었다. 그래서 유방 시기 여 황후의 전철을 되풀이하지 않기 위해 구익 부인을 죽이기로 했다.

그다음 일은 어린 주인을 보좌할 고명대신顧命大臣, 선왕이 죽은 후 국가의 대사를 돌보도록 부탁받은 대신—옮긴이을 뽑는 것이었다. 이 일을 맡길 적임자는 곽광과 김일제金日磾뿐이었다. 하지만 다른 나라 출신 김일제가 고명대신이 되면 신하들이 거세게 반발할 수 있었기 때문에 곽광에게 중책을 맡기기로 했다. 무제는 몰래 곽광을 불러 그림 한 장을 하사했다.

곽광은 자가 맹孟으로, 전 표기장군驃騎將軍 곽거병霍去病의 동생이었다. 형의 도움으로 수도에 입성한 그는 낭관郎官으로 임명되었으며 훗날 봉거도위奉車都尉와 광록대부光祿大夫의 자리까지 올랐다. 곽광은 20년 동안 한결같이 성실하고 신중하게 직무를 수행했는데 이렇다 할 실수도 하지 않아 무제의 신임을 받았다. 무제와 만난 후 집으로 돌아온 곽광은 혼자 그림을 펼쳐보았다. 그것은 주공이 성왕을 보필해 제후들을 만나는 그림이었는데, 곽광은 한눈에 무제의 의중을 눈치챌 수 있었다. 곽광은 무제의 그림을 집 안 깊숙한 곳에 보관했다. 무제도 곽광이 자신의 제안을 받아들였다고 생각하고 그제야 마음

〈장건출사서역도(張騫出使西域圖)〉

을 놓았다.

어린 왕을 보필할 대신은 정해졌으니 다음은 구익 부인을 처리할 차례였
다. 며칠 후 무제는 다짜고짜 구익 부인에게 역정을 냈다. 늘 무제의 사랑을
받아왔던 구익 부인은 영문도 모른 채 연신 머리를 조아리며 사죄를 했다. 하
지만 무제는 더욱 매몰차게 굴며 시녀들을 시켜 구익 부인을 감옥으로 끌고
가게 했다. 끌려가면서도 부인은 눈물을 뚝뚝 흘리며 무제 쪽을 쳐다보았다.
그 모습을 보고 더욱 노한 무제가 소리쳤다. "빨리 가거라! 나는 더 이상 그대
를 살려 둘 수가 없다!" 구익 부인은 한마디 변명도 하지 못하고 시녀들에게
이끌려 감옥에 갇히고 말았다. 그날 구익 부인은 황제로부터 사약을 받았다.

그 일이 있고 얼마 후 무제가 신하들에게 물었다. "사람들이 구익 부인의
죽음에 대해서 무어라 하던가?" 그러자 신하들이 말했다. "모두들 아들에게
왕위를 주기 위해 그 어미를 죽일 필요가 있었는지 따집니다." 그러자 무제
가 한숨을 쉬며 말했다. "평범하고 우둔한 자들이 내 깊은 뜻을 알기나 하겠
는가. 예부터 나라에 변고가 생긴 원인은 어린 주인을 핍박한 어미 때문이었
다. 그대들은 여 황후의 일을 벌써 잊었는가?" 대신들은 모두 꿀 먹은 벙어리

가 되었다. 두 가지 일을 모두 마무리 지은 무제는 그제야 마음을 놓고 태자 옹립 날짜를 택일했다.

　얼마 후 한나라 무제는 불릉을 태자로 삼는 조서를 발표하고 곽광을 대사마와 대장군으로, 김일제를 거기장군車騎將軍으로 그리고 상관걸上官桀을 좌장군으로 임명했다. 그 외에도 승상 전천추田千秋, 어사대부 상홍양桑弘羊을 비롯한 다섯 명의 대신이 태자를 보좌하도록 했다. 모든 일을 마친 무제는 이틀 후 오작궁五柞宮에서 세상을 떠났다.

　다섯 명의 고명대신 중 상관걸을 제외한 네 명은 모두 명망 있는 원로대신이었다. 그중 유독 눈에 띄는 사람은 바로 상관걸이었다. 사실 그는 우림기문랑羽林期門郎에서 미앙구령未央廏令으로 승진해 황제의 말을 돌보는 일을 했다. 상관걸은 황제에게 잘 보이기 위해 정성껏 말을 돌봤다. 덕분에 황제의 말은 하루가 다르게 살이 올랐다. 하지만 무제가 병이 나서 며칠 동안 마구에 오지 않자 나태해진 상관걸은 말을 제대로 돌보지 않았다. 며칠 후 비쩍 마른 말을 본 황제는 상관걸에게 호통을 쳤다. "내가 다시는 말을 보러 오지 않을 것이라 생각했느냐?" 상관걸은 황급히 머리를 조아리며 말했다. "황제께서 편찮으시단 말을 듣고 걱정이 되어 말을 제대로 돌보지 못했습니다. 부디 용서해주소서." 그 말에 기분이 풀린 황제는 벌을 내리는 대신 상관걸을 기도위騎都尉로 임명했다. 훗날 죄인을 체포해 공을 세운 상관걸은 태복太僕이 되었다. 이러한 이야기들을 통해 상관걸이 어떤 사람인지 대충은 짐작할 수 있다.

　불릉은 한나라의 소제가 되었다. 당시 여덟 살 소제를 대신해 조정의 크고 작은 일은 모두 고명대신의 수장인 곽광이 맡았다. 곽광은 언제나 충성스럽고 부지런했다. 그는 뜻밖의 사고에 대비하기 위해 아예 궁 안으로 거처를 옮겼다. 궁궐 내 어디를 가든지 항상 규칙을 따랐고 함부로 규정을 바꾸지도 않았다. 덕분에 어린 황제가 집정을 하고 있어도 나라는 태평했다. 곽광은 어머니가 없는 소제를 돌보기 위해 소제의 누이인 악읍공주鄂邑公主를 궁으로 불러 개장공주盖長公主로 봉해주었다.

그러던 어느 날, 한밤중에 누군가가 곽광의 침소로 뛰어 들어와 대전에서 기괴한 일이 벌어진 것 같다고 보고했다. 마침 옷을 입은 채로 자리에 누웠던 곽광은 서둘러 대전으로 뛰어갔다. 나라에서 가장 중요한 물건은 황제의 옥새였다. 곽광은 급히 옥새를 지키는 상부새랑尚符璽郎에게 옥새를 달라고 했다. 하지만 상부새랑이 옥새를 순순히 넘겨줄 리 없었다. 다급해진 곽광은 다짜고짜 상부새랑이 품속에 감춰둔 옥새를 빼앗으려 했다. 그러자 상부새랑이 검을 빼들고 말했다. "이 자리에서 죽을지언정 옥새는 내어줄 수 없습니다." 말을 마친 그는 황급히 자리에서 물러났다. 곽광은 더 이상 소란이 일어나지 않도록 주위를 단속하고 상황을 살펴보기로 했다. 그다음 날 동이 틀 때까지 아무 일도 일어나지 않았다. 그날 아침 조회에서 곽광은 상부새랑의 녹봉을 높여주며 이렇게 말했다. "그대가 목숨 걸고 옥새를 지켜주니 아무것도 걱정할 필요가 없겠소." 대신들은 곽광의 공정함에 감탄을 금치 못했다.

얼마 후, 연나라 왕 유단劉旦이 반란을 일으켰다. 유단과 광릉왕光陵王 유서劉胥는 모두 소제의 형이었다. 유단은 학식이 깊었지만 성격이 오만했고, 유서는 무예가 뛰어났지만 사냥에만 몰두했기에 무제는 소제의 형인 그들에게 황위를 물려주지 않았던 것이다.

무제가 붕어했다는 소식이 담긴 봉투를 받은 유단은 슬퍼하기는커녕 의심스러운 표정으로 이렇게 말했다. "서신의 봉투가 너무 작은 것이 불길한데 혹시 조정에 무슨 변고라도 생긴 것인가?" 곧 사실을 전해 들은 그는 조정의 동향을 살피기 위해 조문객을 보냈다. 소제가 즉위하고 그를 돌보기 위해 악읍공주까지 입궁했다는 소식을 알게 된 그는 황제의 유서를 직접 보지 못했다는 이유로 딴죽을 걸었다. 유단은 소제에게 사신을 보내 각 제후들의 영지에 무제의 사당을 짓도록 해달라는 터무니없는 요구를 했다.

하지만 유단의 꿍꿍이를 훤히 꿰고 있었던 곽광은 사당 건축을 허락하지 않는 대신 유단과 유서 그리고 개장공주에게 영지를 나누어주었다. 그러자 유단은 잔뜩 거들먹거리며 말했다. "장유유서에 따르면 천자는 마땅히 내 자린데 누가 나에게 땅을 하사할 수 있단 말이냐?"

당시 중산애왕中山哀王의 아들 유장劉長과 제나라 효왕孝王의 손자 유택劉澤이 손을 잡고 무제의 밀지를 받은 것처럼 속여 반란을 일으키려 했다. 유단은 소제가 무제의 친아들이 아니라는 유언비어를 퍼뜨려 자신이 황위를 계승해야 한다고 백성을 선동했다. 유단은 유택을 시켜 그러한 내용을 담은 글을 쓰게 한 다음 전국에 뿌리게 했다. 그런데 제나라까지 갔던 유택은 청주자사 준불의雋不疑에게 사로잡히고 말았다. 준불의는 즉시 이 일을 조정에 보고했다. 조정에서 보낸 사자가 유택을 심문하자 곧 사건의 진상이 밝혀졌다. 이 일로 유택은 목숨을 잃었지만 유단은 가까스로 목숨을 건질 수 있었다. 막 황제의 자리에 오른 소제가 형제들을 죽이는 것이 여론상 좋지 않다는 곽광의 의견 때문이었다.

얼마 후 김일제가 병으로 세상을 떠났다. 소제는 나이에 비해 어른스러운 김일제의 두 아들을 자주 궁으로 불러 함께 놀았다. 김일제가 죽자 소제는 그중 한 명에게 아버지의 작위를 물려주려 했다. 그런데 곽광이 선례가 없다는 이유로 이를 반대했다. 그러자 소제가 잔뜩 뿔이 난 목소리로 말했다. "작위를 내리는 것은 모두 내 한마디에 달린 것 아니오?" 그 말에 곽광이 얼굴을 찡그리며 말했다. "일찍이 고조께서는 공이 없는 자는 후로 봉할 수 없다고 말씀하셨습니다." 곽광의 서슬에 깜짝 놀란 소제는 아무 대꾸도 할 수 없었다.

이듬해, 곽광과 상관걸이 각각 안륙후^{安陸侯}와 안양후^{安陽侯}로 봉해졌다. 그때 누군가가 갈수록 명성이 높아지던 곽광을 찾아와 이렇게 말했다. "대장군께서는 고조 때 여 황후의 일을 모르십니까? 고조가 죽자 여 황후와 여씨 종친들이 정권을 잡고 유씨 종친을 배척했지요. 그리고 훗날 여씨 일가는 이 때문에 명분과 인심을 잃고 결국에는 모두 목숨을 잃고 말았습니다. 지금 장군은 고명대신의 수장으로서 어린 주인을 보좌하여 높은 지위와 명성, 그리고 권력을 누리고 계십니다. 다만 한 가지 부족한 것이 있다면 바로 유씨 종친과 손을 잡지 않은 것입니다. 지금처럼 유씨 종실을 배척한다면 훗날 큰 화가 닥칠 것입니다." 그 말을 들은 곽광이 거듭 감사를 표하며 말했다. "선생의 말씀이 아니었다면 큰일 날 뻔 했습니다. 반드시 그 말씀을 따르겠습니다." 곽광은 서둘러 초나라 원왕^{元王}의 손자 유벽강^{劉辟彊}을 궁으로 불러들여 종정^{宗正}으로 봉했다.

소제가 열두 살이 되자 상관걸의 아들 상관안^{上官安}은 겨우 여섯 살 난 자신의 딸을 황후로 만들 욕심에 사로잡혔다. 이 일을 의논하기 위해 상관안은 곽광을 찾아갔다. 외손녀의 일이니 곽광도 발 벗고 나서리라고 생각했기 때문이었다. 하지만 곽광은 아이가 너무 어리다는 이유로 상관안의 청을 단칼에 거절했다. 곽광의 서슬에 기가 눌린 상관안은 어쩔 수 없이 다른 사람을 찾아가 도움을 청하기로 했다.

상관안은 고심 끝에 개장공주의 집에 머무르던 문객 정외인^{丁外人}을 찾아갔다. 사실 일찍 남편을 잃고 수절하던 개장공주는 잘생기고 아첨을 잘하는 정외인과 벌써부터 애인 사이가 되었다. 그러다가 개장공주가 곽광에 의해 궁궐로 들어가자 두 사람은 생이별하게 된 것이다. 외로움을 이기지 못한 개장공주는 툭하면 궁궐을 빠져나가 정외인과 밤을 보내기 일쑤였다. 결국 이 일을 알게 된 곽광은 개장공주가 마음 놓고 소제를 돌볼 수 있도록 정외인을 궁궐로 불러들여 함께 살게 해주었다.

상관안은 바로 그런 정외인에게 딸의 일을 의논했다. 상관안의 청을 흔쾌히 수락한 정외인은 개장공주에게 도움을 청했다. 사실 주나라 양후陽侯의 딸을 소제의 짝으로 생각하고 있던 개장공주는 애인의 청을 거절할 수가 없었다. 얼마 후, 조정은 상관안의 딸에게 입궁을 명했다. 상관안의 딸은 곧 첩여婕妤로 봉해졌으며 얼마 후 황후가 되었다. 조정의 명령이 떨어진 마당에 곽광도 더 이상은 어쩔 수가 없었다. 썩 마음에 드는 결정은 아니었지만 법을 어긴 것도 아니니 딱히 반박할 수 없었던 것이다.

그때부터 승승장구한 상관안은 금세 거기장군으로 승진했다. 그러자 상관안은 곽광에게 정외인을 후작으로 봉해 달라고 부탁했다. 작위 하사의 결정권을 가지고 있던 곽광이 이를 허락할 리 없었다. 난처해진 상관안은 아버지 상관걸에게 도움을 청했다. 상관걸은 같은 고명대신에다 사돈지간이며 막역한 벗인 곽광이 자신의 청을 거절할 리 없다고 자신했다. 하지만 예상 외로 곽광이 뻣뻣하게 나오자 자존심이고 뭐고 다 팽개친 그는 정외인을 광록대부에라도 봉해줄 것을 부탁했다. 그러자 곽광이 불같이 성을 내며 말했다. "정외인은 공도 없고 덕도 모자란 인물인데 어찌 그를 후작으로 봉한단 말이요! 그런 이야기는 다시는 꺼내지도 마시오!" 잔뜩 무안해진 상관걸은 그때부터 곽광을 미워하게 되었다.

애인이 상을 받지 못하자 개장공주도 곽광을 원망했다. 이렇게 안팎으로 자신을 미워하는 사람이 점점 늘어나고 있는데도 곽광은 소신을 굽히지 않았다. 얼마 후 소제는 뜬금없이 상관안을 상락후桑樂侯로 삼고 식읍 5천 호를 주었다. 나중에 이 일을 알게 된 곽광 은 황제의 장인에게 상을 내린 것이라 여겨 더 이상 따져 묻지 않았다. 그 모 습을 본 상관안은 더욱 오만방자해졌 다. 어느 날 궁에서 열린 연회에 참석 했다가 집으로 돌아온 상관안이 잔뜩 거들먹거리며 말했다. "오늘 사위와 술 을 마셨더니 기분이 좋다! 그러고 보니 내 집의 물건이 초라해 화려한 사위의 복장에 어울리지 않는구나!" 말을 마친 그는 시종들을 시켜 오래된 가구들 모

한나라 소제

두 불태우게 했다. 다행히 문객들이 말려 겨우 상관안을 진정시킬 수 있었다.

상관걸 부자는 같은 고명대신인데도 조정의 대소사를 모두 관장하는 곽광 에게 앙심을 품었다. 부자는 궁내의 환관과 대신들을 포섭해 곽광을 없애기 로 했다. 특히 연왕 유단은 황위를 빼앗겨 내심 곽광에게 불만을 품고 있었고 어사대부 상홍양의 아들도 벼슬을 잃은 것을 두고 곽광을 원망하고 있었다. 게다가 개장공주까지 힘을 합치니 곽광에게 불리한 싸움이 될 것이 뻔했다.

바로 그때, 곽광이 우림군羽林軍의 훈련 상황을 알아보기 위해 광명廣明으로 갔다. 상관걸은 드디어 좋은 기회가 왔다고 생각했지만 일을 벌이기엔 힘이 조금 모자란 것도 사실이었다. 그래서 그는 직접 곽광을 공격하는 대신 상홍 양과 짜고 유단의 이름으로 곽광을 탄핵했다. "듣자 하니 대신 곽광은 우림 군을 검열하면서 감히 선행관에게 먼저 음식을 준비하게 하는 등 천자를 흉 내 내고 있다 합니다. 공이 없는 부관 양창楊敞을 수속도위搜粟都尉로 임명했으

며 마음대로 수하의 교위 수를 늘리니 그야말로 오만방자합니다. 저는 그의 행동이 의심스러워 조정에서 하사한 관인을 반납하고 궁으로 돌아가 황상을 지키려 합니다. 간신이 경거망동하지 못하게 하고 예상치 못한 화로부터 황상을 지키기 위한 결정이니 부디 허락하여 주십시오. 일이 긴박하여 급하게 전갈을 보내어 황상께 아룁니다."

이를 본 소제는 아무 말도 하지 않았다. 한편, 탄핵 소식을 들은 곽광은 적지 않게 당황했다. 이튿날 걱정스러운 마음에 조회에도 참석하지 못한 그는 대전의 서쪽 방에 혼자 우두커니 앉아 있었다. 소제는 온종일 곽광이 보이지 않자 사람을 시켜 불러오게 했다. 이윽고 황제 앞에 불려온 곽광이 무릎을 꿇고 고개를 숙이자 그 모습을 본 소제가 말했다. "그대가 죄를 짓지 않은 것을 알고 있으니 어서 관모를 쓰시오. 광명의 우림군 훈련 현장까지 다녀오려면 족히 열흘은 걸린다오. 그런데 연나라 왕이 어찌 그 짧은 시간에 편지를 보내올 수 있겠소? 게다가 그대가 정말로 불충하고자 했다면 어찌 교위의 수만 늘렸겠소? 누군가가 장군을 모함하려고 가짜 조서를 꾸몄다는 것을 다 알고 있소. 내가 비록 나이는 어리지만 그렇게 어리석지는 않다오." 대신들은 소제의 영특함에 입을 다물지 못했다. 소제는 당장 상소를 올린 사람을 잡아오게 했다. 이 소식을 들은 상홍양은 부리나케 상관걸의 집으로 피신했다. 죄인의 체포가 차일피일 미뤄지자 소제는 매일같이 대신들을 닦달했다. 그러자 상관걸은 대신들을 포섭해 소제 앞에서 곽광의 험담을 하도록 했다. 하지만 소제는 오히려 화를 내며 이렇게 말했다. "대장군은 이 나라의 충신이며 아버님께서 친히 나를 부탁하신 고명대신이다. 누구든 또다시 입을 함부로 놀리면 목을 벨 것이다." 소제는 그때부터 곽광만을 가까이하고 상관걸은 거들떠보지도 않았다. 상관걸은 분을 참을 수 없었지만 아무리 생각해도 좋은 방법이 떠오르지 않았다. 결국 상관걸은 연나라 왕 유단의 즉위를 돕는 척하며 그를 이용해 곽광을 죽일 계획을 세웠다. 사실은 소제를 폐위한 다음 연나라 왕 유단마저도 죽이고 직접 황위를 차지하려는 속셈이었다.

상관걸은 연나라 왕에게 자신의 계획을 쓴 편지를 보냈다. 이와 동시에 개장공주에게 연회를 열어 곽광을 초대하도록 했다. 술자리에 병사를 몰래 숨겨 곽광을 죽이려는 계획이었다.

한편 편지를 받은 연나라 왕이 대신들에게 말했다. "오늘 대사를 도모한다는 밀서를 받았소, 내 줄곧 대장군 곽광과 우장군 왕망을 걱정했는데 우장군은 이미 병으로 세상을 떠났고 승상 전천추도 병중이니 지금이야말로 거사를 치를 절호의 기회인 것 같소. 나는 곧 조서를 받고 도성으로 갈 것이니 그대들은 속히 짐을 꾸려 길을 떠날 준비를 하시오!" 연나라 왕의 명령을 받은 대신들은 조용히 때를 기다렸다. 한편 미리 상관걸의 부탁을 받은 개장공주는 술과 음식을 준비하고 곽광을 초대했다.

모든 준비가 끝나자 상관걸 부자는 조용히 집에서 소식을 기다리기로 했다. 그때 무리 중 하나가 상관안에게 말했다. "이 일을 성공적으로 마무리 지으면 황후 문제를 어찌 처리하실 것입니까?" 그러자 상관안이 대답했다. "사슴을 뒤쫓는 개가 토끼까지 신경 쓸 여유가 있겠느냐? 우리 부자는 황후의 덕으로 이렇게 귀한 몸이 되었다. 하지만 사람의 마음이란 것이 한번 바뀌어 우리를 죽이려고 든다면 그때는 제발 평민의 신분으로 살아가게 해달라고 간청해도 목숨을 부지하기 어려울 것이다. 오늘 좀처럼 얻기 어려운 기회를 만났으니 어찌 놓칠 수 있겠는가?" 말을 마친 그들은 승리를 확신하며 웃음을 멈추지 않았다.

하지만 상관걸 부자의 못된 계획은 개장공주의 시종의 아버지이자 도전사자稻田使者 연창燕倉의 귀에 먼저 들어갔다. 이 소식은 연창에게서 대사농 양창, 또 간대부諫大夫 두연년杜延年을 통해 곽광에게까지 전해졌다. 깜짝 놀란 곽광은 즉시 입궐하여 소제에게 이 일을 보고했다. 소제는 곽광과 의논 끝에 승상 전천추에게 역당 무리를 체포하도록 명령했다.

황제의 명령을 받은 전천추는 종사從事 임궁任宮과 소사少史 왕수王壽에게 반역자들을 잡아들이도록 했다. 두 사람은 먼저 상관걸 부자와 상양홍을 잡아 참수했다. 이 소식을 들은 개장공주는 스스로 목숨을 끊었다. 소무蘇武의 아들 소원蘇元과 연나라의 사자 손종지孫縱之 등이 이 일에 가담한 죄로 모두 옥에 갇혔다.

도성의 역당들이 모두 제거되자 소제는 사신을 시켜 옥새가 찍혀 있는 편지를 연나라 왕 유단에게 보냈다. 마침 계성薊城, 현재의 베이징 서남쪽에서 소식을 기다리던 유단에게 상관걸 부자가 목숨을 잃었다는 급보가 날아들었다. 너무 놀란 유단은 식은땀을 흘리며 급히 연나라 재상 평平을 불러와 물었다. "일이 실패했다고 하니 차라리 지금 군대를 보내는 것이 어떻겠습니까?" 그러자 평이 대답했다. "좌장군은 이미 죽었고 백성도 이를 알고 있습니다. 안에서 응해줄 사람이 없는데 어찌 그리 쉽게 군대를 보내려 하십니까?" 유단도 성공은 이미 물 건너갔다는 것을 알고 있었다. 그는 모든 것을 포기하고 만재궁萬載宮에 연회를 열어 대신과 비빈을 초대했다. 술이 들어가자 근심이 더 깊어진 그는 직접 노래를 만들어 불렀다.

"빈 성에 돌아오니 개도 짖지 않고 닭도 울지 않는구나.

길은 어찌 이리 쓸쓸한가. 나라에 사람이 없는 연고로구나!"

歸空城兮犬不吠, 鷄不鳴, 橫術何廣兮, 固知國中無人

유단이 아꼈던 화용 부인華容夫人이 노래에 맞추어 춤을 추자 자리에 앉은 사람 모두 흐르는 눈물을 멈출 수가 없었다. 연회가 끝나고 유단이 검을 빼들고 목숨을 끊으려 하자 주변 사람들이 황급히 말렸다. 그때 갑자기 사자가 연회장에 도착해 황제의 서신을 전해주었다.

"옛날 고조는 제왕이 되어 자손들을 봉하고 천하를 번영시키며 나라를 다스렸다. 지난날 여씨 세력이 반란을 일으키자 강후絳侯 주발이 도둑의 무리를 멸하고 효문孝文을 옹립하여 나라를 안정시켰다. 번쾌, 조참 등이 칼을 들고 고조를 따라 난을 극복하여 해내를 평정하였지만 상을 받았을 뿐 후로 봉해지지는 않았다. 오늘날 황제는 그런 공을 세우지 못한 자손들에게도 땅을 나눠주고 재물을 하사했다. 아비가 죽으면 아들이 뒤를 잇고 형이 죽으면 동생이 그 자리를 대신한다. 하지만 그대는 짐의 가장 가까운 혈육이라 한 몸이나 같은데 성이 다른 이들과 작당하여 사직을 해치려 했다. 멀리해야 하는 자를 가까이하고 가까이해야 하는 자를 멀리 하니 반역의 마음만 있고 충성심이 없다. 선인들이 이를 안다면 무슨 낯으로 고조의 묘를 볼 수 있겠는가!"

황제의 질책 어린 글을 본 유단은 탄식하며 말했다. "죽었구나! 죽었어!" 말을 마친 그는 옷고름을 풀어 목을 매어 죽어버렸다. 그때 그를 따라 목숨을 끊은 비빈과 대신은 스무 명이 넘었다.

사신에게 이를 전해 들은 소제는 단을 자왕剌王이라 부르고 그의 아들은 사면해주는 대신 서인으로 강등시키고 나라를 몰수했다. 이렇게 소제는 곽광의 도움으로 반란 무리를 확실히 뿌리 뽑고 정권을 공고히 했다.

소제는 열여덟 살이 되어 관례를 치렀지만 조정의 일은 여전히 곽광이 처리했다. 모든 일을 공정하게 처리하는 곽광 덕분에 나라는 평안한 듯 보였다. 하지만 소제는 자식도 없이 스물한 살에 병으로 죽고 말았다. 곽광은 소제의 형인 광릉왕에게 군주의 자리를 물려주지 않았다. 무제가 그를 황제의 재목으로 보지 않았고 또 소제의 아랫사람이 아니라는 이유를 들었지만 사실은 나이가 많은 광릉왕이 황제가 되면 통제가 힘들 것이라는 계산 때문이었다. 곽광은 무제의 이李씨 부인의 자손인 창읍왕昌邑王 유하劉賀를 황제로 옹립하기로 했다.

유하는 여색을 밝히는 방탕한 위인으로 사냥에 미쳐 매일 말을 타고 쏘다니기 일쑤였다. 어느 날 유하는 길거리에서 사람의 머리에 꼬리가 없는 하얀 개 한 마리를 보았다. 그런데 이상하게도 유하 말고는 아무도 그것을 보지 못했다. 그러자 공수龔遂가 간언했다. "이는 왕의 주변 사람들이 마치 관모를 쓴 개와 같다는 암시입니다. 지금 잘못을 바로잡지 않으면 나라에 화가 닥칠 것입니다." 얼마 후 유하는 또 백곰이 궁으로 들어오는 것을 보았다. 그러자 공수가 말했다. "짐승이 아무런 제제도 없이 빈 성으로 들어오는 것은 궁궐이 빈다는 계시니 분명한 흉조입니다." 얼마 지나지 않아 유하의 눈에 선혈이 낭자한 자리가 보였다. 이번에는 공수가 울며 말했다. "피는 음의 상징입니다. 음이 상승하면 궁궐은 텅 비게 됩니다." 그때 유하를 황제로 옹립한다는 서신이 도착했다. 유하는 서신을 다 읽기도 전에 펄쩍펄쩍 뛰며 기뻐했다. 그러자 그 옆에 있던 어중이떠중이들도 함께 축하하며 난리를 피웠다. 다음 날 도성으로 떠난 유하는 혼자 저만치 앞서 가며 가는 곳마다 부녀자들을 희롱하는 등 온갖 나쁜 짓을 했다.

즉위 후 더욱 방탕해진 유하에게서 군주의 위엄은 전혀 찾아볼 수 없었다. 이 때문에 대신들의 근심은 더욱 깊어졌다. 대신들의 간절한 청을 뿌리칠 수 없었던 곽광은 양창과 함께 조회에서 유하의 죄상을 조목조목 따지며 황제의 폐위를 제안했다. 결국 황제의 자리에서 물러난 유하는 식읍 2천 호만을 받고 창읍으로 돌아갔다. 이때 대신 유하를 따르던 소인배 200여 명은 모조리 참수되었다. 그 가운데 누군가가 목이 잘리기 전에 이렇게 소리쳤다. "우유부단하여 결정을 내리지 못하더니 화를 자초한 꼴이구나!" 일찌감치 곽광을 죽이지 못한 것을 후회하는 말이었다.

황제 옹립 문제가 또다시 큰 골칫거리로 떠올랐다. 그때 누군가가 당시 민가에 있던 무제의 증손인 류병기劉病己를 언급했다. 빼어난 용모에 학식이 깊고 재능이 뛰어난 류병기는 이미 열여덟 살이 되어 군주가 될 만한 모든 조건을 갖추고 있었다. 마침 그해에 태산의 큰 바위가 저절로 서고, 상림원上林苑의 버드나무 중 벌레 먹은 한 잎에 '공손병기립公孫病己立'이라는 글자가 나타났다. 그것은 모두 황제가 민간에서 나타난다는 징조였다.

곽광은 류병기를 황제로 봉했는데 그가 바로 선제다. 당시 곽광은 선제의 옆에 앉아 수레를 몰며 조상들의 사당을 참배했는데 훗날 선제는 당시의 상황을 "바늘방석에 앉은 것 같다"라고 기억했다. 결국 장안세張安世가 교대하여 마차를 몰자 그제야 마음을 놓을 수 있었다고 하니 곽광의 권세가 얼마나 대단했는지 알 수 있을 것이다. 하지만 그것은 훗날 곽광의 가문에 불어 닥칠 피바람에 대한 복선이기도 했다.

선제가 옹립된 후 많은 사람이 곽광의 딸을 황후로 책봉하려 했다. 하지만 선제는 평민 시절 인연을 맺은 부인 허씨를 황후로 맞이했다. 관례에 따르면 허씨의 아버지는 후로 봉해져야 했지만, 곽광은 그가 궁형을 받은 미천한 자라는 이유로 반대했다. 자신의 힘으로는 곽광에게 맞설 수 없다는 것을 이미 알았던 선제는 순순히 포기했다.

선제가 즉위하고 이 년 후, 곽광은 검소하고 겸손한 황제의 모습에 마음을 놓고 조정의 모든 일에서 손을 떼려 했다. 하지만 선제는 이를 허락하지 않았고 오히려 모든 상소를 곽광에게 먼저 보여준 후 자신에게 보고하도록 했다. 이때 곽광의 아들 곽우霍禹와 형의 손자 곽운霍雲, 곽산霍山 및 외손자 등이 차례로 벼슬을 얻어 조정에서 큰 세력을 형성했다. 선제는 불안했지만 내색하지 않았다.

곽광의 후처 곽현霍顯은 잔인하고 악랄한 여자였다. 곽현은 원래 곽광의 딸이 부리던 시종이었는데 용모가 아름답고 교활해 곽광의 사랑을 차지할 수 있었다. 훗날 곽광은 자식을 낳은 곽현을 후처로 삼았다. 곽현은 친딸을 황후로 만들기 위해 온갖 방법을 동원해 선제의 황후를 해치려 했다. 마침 산달이 얼마 남지 않은 황후의 건강이 나빠지자 곽현은 자신과 친분이 있던 순우연淳于衍을 궁으로 들여보내 황후를 보살피도록 했다. 결국, 허 황후는 순우연에 의해 목숨을 잃고 말았다. 황후가 죽자 분노한 황제는 의관들을 모두 잡아들였다. 자신이 꾸민 못된 일이 탄로 날까 두려웠던 곽현은 곽광에게 도움을 요청했다. 아내의 이야기를 들은 곽광은 망연자실했다. 하지만 이미 엎질러진 물이라 어쩔 수 없었던 곽광은 열심히 황제를 설득해 의관들을 모두 풀어주게 했다.

이때부터 민가에는 곽씨 일가가 허 황후를 죽였다는 소문이 퍼지기 시작했다. 얼마 후 선제에 의해 궁으로 불려간 곽현의 딸은 일 년 후 황후가 되었다. 기원전 68년, 곽광이 세상을 떠났다. 그리고 그 후, 그가 채 해결하지 못한 문제들이 수면으로 떠오르기 시작했다.

곽 황후가 아들을 낳지 못하자 선제는 허 황후가 낳은 유석劉奭을 태자로 삼으려 했다. 마음이 급해진 곽현이 딸에게 말했다. "황제가 비천한 시절에 낳은 아이가 어찌 태자가 될 수 있단 말이냐? 그렇게 되면 네가 아들을 낳더라도 그들의 손아귀를 벗어날 수 없지 않느냐?" 곽현은 딸에게 독약을 주며 기회를 봐서 태자를 죽이라고 했다. 하지만 선제가 모든 일에 신중을 기하는 통에 곽 황후는 좀처럼 손을 쓸 수가 없었다. 황후는 자신도 모르게 태자를 원망하는 말을 하며 조금씩 진심을 드러냈다. 이를 눈치챈 선제의 귀에 마침 황후의 독살에 관한 소문이 들려왔다. 황제는 곽씨 일가를 더욱 주시하기 시작했다.

가문에서 벌써 세 명의 후작이 탄생했지만 곽현의 욕심은 끝이 없었다. 딸이 황후가 되자 더욱 오만해진 그는 예법을 무시하고 마음대로 곽광의 묘를 확장하는가 하면 돈을 물 쓰듯 쓰며 사치를 일삼았다. 특히 반반하게 생긴 시종 풍은馮殷과의 추문은 모를 사람이 없을 정도였다. 많은 사람이 그의 행동을 나무랐고 심지어 탄핵을 하는 사람도 있었다. 하지만 선제는 곽광의 체면을 생각해 이를 크게 문제 삼지 않았다.

선제는 곽씨 가문의 세력을 견제하기 위해 곽우 등이 가진 병권을 조금씩 줄여나갔다. 곽씨 일가가 이를 모를 리 없었다. 많은 사람이 자신을 탄핵하고 황후의 독살에 관한 소문이 수그러들지 않자 곽씨 가문 사람들은 하루하루 살얼음판을 걷는 것 같았다. 매일 두려움에 떨던 곽운, 곽산이 곽현과 함께 해결책을 찾아보기로 했다. 곽현에게서 황후 독살 사건의 전말을 들은 그들은 화를 피할 수 있는 유일한 방법은 오직 하나뿐이라는 데 의견을 모았다. 바로 헌제를 폐위하는 것이었다. 하지만 낮말은 새가 듣고 밤말은 쥐가 듣는다고 했던가. 우연히 이를 엿들은 마부가 누군가에게 이를 알렸다. 또 그 이야기를 우연히 들은 누군가가 공을 세우기 위해 황제에게 역모를 고발한 것이다. 곽씨 가문의 모반 계획은 이렇게 허무하게 세상에 알려졌다.

선제는 즉각 체포 명령을 내렸다가 금세 자신이 한 말을 거두었다. 그러나 이미 계획이 탄로 난 것을 안 곽씨 일가는 황급히 친척들에게 도움을 청했다.

역모 죄에 연루되면 **구족九族.** 고조·증조·조부·부친·자기·아들·손자·증손·현손까지의 동종(同宗) 친족을 통틀어 이르는 말. 자기를 기준으로 직계친은 위로 4대 고조, 아래로 4대 현손에 이르기까지이며, 방계친은 고조의 4대손이 되는 형제·종형제·재종형제·삼종형제를 포함한다—옮긴이이 죽는다는 것을 잘 알았던 곽씨 일가는 살기 위해서라도 그들의 계획에 동참해야만 했다. 하지만 웬일인지 조정에서는 아무런 반응이 없었다. 그리고 아무 일 없이 시간이 지나가는 듯했다.

사실 선제는 아무도 모르게 조금씩 계획을 실행해 나가고 있었다. 곽씨 일가의 모반이 충분히 밝혀지기 전에 성급히 체포 명령을 내렸다가는 사람들이 그들의 결백을 주장할 것이 분명했다. 하지만 음모가 완전히 드러난다면 누구도 감히 반대하지 못하고 모두 자신을 따를 것이라고 생각한 것이다. 과연 시간이 지날수록 곽씨 일가의 악행이 하나둘 수면으로 떠오르기 시작했다. 그때 누군가가 곽씨 일가가 위상魏相을 죽이고 선제를 폐위한 후 곽우를 천자로 옹립하려 한다고 고발했다.

때가 되었다고 생각한 선제는 즉시 병사들을 풀어 곽씨의 일가친척을 모두 잡아들였다. 당황한 곽산과 곽운은 독약을 먹고 자살했고, 곽현과 곽우는 허리를 베는 형벌을 받아 죽었다. 또 곽씨의 사위와 외손자들도 모두 목숨을 잃었다.

곽광의 일생을 잘 들여다보면 그가 성왕을 보좌한 주공과 같이 훌륭한 신하라고 말하기는 어렵다. 하지만 그는 최선을 다해 공정하게 나라를 다스렸다. 몇몇 개인적인 일은 곽광의 인격적인 문제라기보다 당시 상황에 의해 어쩔 수 없이 발생한 문제였다. 성왕을 보좌한 주공은 하나의 전설이며 이상이다. 하지만 곽광은 복잡한 문제를 갖고 있는 현실 속의 인물이었다. 언제나 솔선수범하려 했지만 현실이 그의 의지를 따라가지 못한 것이다. 하지만 그 정도도 결코 쉬운 일은 아니었다. 곽광은 나라는 잘 다스렸는지 몰라도 집안은 제대로 건사하지 못했다. 그런 그는 자신이 죽은 후에 가문이 몰락할 것을 이미 알고 있었는지도 모른다. 그의 가문이 몰락한 원인은 무엇일까?

첫째, 황후를 독살한 것이 화의 근원이었다. 둘째, 12년 동안의 집정으로 수많은 사람의 원망을 샀고 수없이 월권행위를 했다. 셋째, 비천한 출신의 곽현은 욕심이 끝이 없고 잔인했다. 넷째, 자손 대부분이 경솔하고 경박했다. 다섯째, 자손과 사위들이 조정에서 큰 세력을 이루어서 여러 사람의 질투를 샀다. 여섯째, 신중하지 못했다. 여섯 가지 이유 중 단 한 가지에만 해당하더라도 가문이 몰락할 이유는 충분하다. 하지만 곽광은 그중 어떤 것도 예방하기는커녕 사후처리도 하지 않았다. 그런 그에게 실패는 예고된 결말이었을 것이다. 선제가 아니더라도 누군가는 그들을 죽이려 했을 것이다. 꼭 모반을 했기 때문은 아니다. 그들이 신중하고 근면했다고 하더라도 화를 피할 수는 없었다. 단지 모반을 했기 때문에 더 빨리 그리고 더 철저하게 몰락한 것뿐이다. 나라는 잘 다스렸지만 집안은 다스리지 못했던 곽광은 중국의 전통 관념에서 보면 가장 수준 높은 경지의 인물은 아니다. 곽광이 충신이냐 간신이냐 하는 문제를 두고 이런 결론을 내려 보면 어떨까?

충신이 되고자 한 그는 종종 간신의 행동을 했다. 물론 이 모든 것이 곽광의 잘못은 아니었다. 전통적인 관념에 사로잡힌 그는 어쩔 수 없이 간신의 행동을 한 것이다. 그의 집안과 나라의 이익은 서로 반대편에 서 있었다. 물론 나라와 국가가 동일시되는 상황도 있다. 황제의 가문에 충성하는 것이 백성과 나라를 위하는 일이 되는 것처럼 말이다. 하지만 대부분의 상황은 그렇지 않기 때문에 앞서 보았던 문제들이 발생하게 된다.

관료 사회에서 곽광은 대단한 업적을 세운 인물은 아니다. 그의 살아생전과 죽고 나서의 상황은 완전히 뒤바뀌었다. 곽광의 삶과 현실은 우리에게 많은 생각을 하게 만든다.

『자치통감』, 『한서』 참고

개국 황제의 권력 굳히기

"돌아가면서 황제를 하니 내년에는 우리 집이다"라는 말이 있다. 사실 중국 인들은 매우 개방적이다. 그들에게는 생각하지 못할 것도, 실천하지 못할 일도 없다. 서양 국가의 왕조는 4, 500년, 심지어 1천 년이나 지속된 곳도 있는데, 중국인들은 감히 상상도 못 할 일이다. 중국인들은 너무나 쉽게 천지개벽을 꿈꾼다. 중국인들은 간절히 바라는 것은 반드시 이루어진다고 믿는다. 만약 그렇지 않았다면 중국 역사에 그렇게 많은 왕조가 출현할 수는 없었을 것이다.

하지만 나라를 세우는 데는 '도道'가 필요하다. 가만히 생각해보면 권력의 전환에는 중요한 '역사적 법칙'이 있음을 발견할 수 있다. 창시자는 성공하지 못하지만 계승자는 대업을 이룰 수 있다는 법칙 말이다.

진승陳勝과 오광吳廣의 이름을 한 번쯤은 들어봤을 것이다. 처음 대단한 기세를 자랑하던 이들 의병은 금세 진나라 군대에 진압 당해 목숨을 잃었다. 이 소용돌이 속에서 항우, 유방이 각각 군대를 결성하고 진나라에 맞섰다. 시간이 갈수록 세력이 강해진 그들은 결국 진나라 왕조를 뒤엎고 말았다. 훗날 초나라와 한나라가 서로 힘을 겨루다가 유방이 항우를 이기고 서한을 건립했다. 서한 말기에는 녹림, 적미 등이 군대를 일으켜 왕망의 대군을 물리쳤지만 결국 마지막에 승리를 거둔 것은 먼저 일어난 왕광王匡이나 왕봉王鳳, 번숭樊崇이 아닌 그들을 따라 일어났던 한실종친이나 남양의 지방유지 출신 유수劉秀였다. 유수는 훗날 세력을 키워 의군을 공격하고 한나라를 건설해 동한이라 불렀다. 수나라에 반대하는 농민 봉기 중 적양翟讓과 이밀은 와강군을 이끌었고 두건덕은 하나라를 세웠으며 두복위竇伏威 역시 강한 세력의 의군을 이끌었다. 하지만 이들은 모두 천하를 얻지 못했다. 그러다가 관롱關隴귀족 이연, 이세민 부자가 농민 봉기군을 진압하고 수나라 왕조를 뒤엎은 후 당나라를 수립했다. 원나라 개국 역시 다르지 않았다. 칭기즈칸은 뛰어난 재능과 원대한 계략을 가졌던 인물이지만 몽고 내의 각 부락을 통일하는 데 만족해야 했다. 하지만 그의 손자는 금나라와 남송을 멸하고 중국을 통일했다. 명나라와 한나라, 당나라 건국도 마찬가지다. 한산동韓山童, 류복통劉福通은 홍건군을 조직하고 강한 세력으로 원나라를 뒤흔들었지만 곧 패망하고 말았다. 그리고 뜻밖에도 원나라를 뒤엎은 사람은 의군 한 개 부대를 이끌고 갖은 고난을 겪은 주원장朱元璋이었다. 그는 진우량陳友諒의 의군을 제압한 후 명나라를 세웠다. 청나라의 건국 과정도 원나라와 비슷하다. 청나라의 창시자 누르하치 역시 칭기즈칸과 마찬가지로 몇 개 부락만을 통일했다. 비록 그를 청나라 태조라 하지만 전국을 통일한 것은 아니었다. 실제로 청나라의 개국 황제는 그의 후대다.

이렇게 보면 중국 고대 왕조 대부분은 거의 같은 패턴으로 수립되었다. 어째서 창시자들은 모두 실패하고 그 후대들이 성공하는 것일까? 하늘이 불공평해서라기보다는 왕조의 교체에 일정한 규칙이 있기 때문이다. 원인은 간단하다.

첫째, 창시자는 보통 이전 왕조에만 무서운 일격을 가한다. 그래서 대부분 오래 지속되지 못하며 그를 따랐던 부대도 분열과 재편의 과정을 겪게 된다.

둘째, 창시자는 정치가가 되지 못한다. 대중에게 호소하며 용맹함을 발휘하지만 도태와 선택의 과정이 부족하다. 결국 경험부족으로 멸망의 수순을 밟게 된다.

셋째, 후계자들은 세 가지 이점이 있다. 첫 번째는 이미 심각한 타격을 입은 옛 왕조는 회생 불가능한 상태이기 때문에 가벼운 일격에도 쉽게 무너진다. 두 번째는 후계자는 앞선 사람의 경험을 토대로 하기 때문에 빙 둘러갈 필요가 없다. 세 번째는 후계자는 대부분 고난과 투쟁을 겪고 단련과 도태의 과정을 거친 후 선택되었으므로 남다른 정치가의 품격을 갖추었다. 이런 세 가지 이점 때문에 쉽게 성공할 수 있는 것이다.

왕권을 얻은 후 개국 황제가 가장 먼저 해야 하고 가장 중요하게 생각해야 할 일은 무엇일까? 의심할 여지없이 정권을 다지는 것이다. 그래서 정권 굳히기는 개국 황제의 첫 번째 의무라 할 수 있다.

개국 황제들이 후대 황제들보다 더 정권 굳히기에 힘써야 하는 이유는 뭘까? 이치는 간단하다. 첫째, 처음 나라를 세우면 진흙과 모래, 물고기와 용이 함께 섞여 있게 마련이다. 각양각색의 사람이 뒤섞여 새 나라의 대오로 들어올 가능성이 크기 때문에 미리 청소를 해두지 않으면 장래에 큰 화가 될 수도 있다. 둘째, 건국 초기에는 많은 사람이 병권을 쥐고 있으며 각자의 세력도 무시할 수 없다. 때문에 미리 정리하지 않으면 곧 군주를 위협할 가능성이 있다.

이런 문제를 해결하기 위해서는 미리 장기적인 계획을 세워야 한다. 이 점에 대해서는 주원장의 '가시 지팡이' 비유를 한번 살펴볼 만하다.

주원장이 개국 공신 이선장李善長을 죽이려고 하자 태자 주표朱標가 이렇게 말했다. "부황께서 너무 많은 사람을 죽여서 민심이 돌아설까 걱정입니다."
그 말을 들은 주원장은 아무 말도 하지 않았다. 다음 날 태자를 부른 주원장
은 가시가 촘촘하게 박힌 지팡이를 땅바닥에 던진 후 주워보라고 말했다. 태
자가 난감한 기색을 보이자 주원장이 웃으며 말했다. "가시에 찔릴까 봐 선
뜻 줍지 못하는구나. 만약 그 가시를 제거한다면 망설일 필요가 없겠지. 내
가 지금 공신들을 죽이는 것은 너를 위해 가시를 제거하는 것과 같다. 그런데
도 내 뜻을 모르겠느냐?" 하지만 타고난 서생이었던 태자는 머리를 조아리
며 말했다. "위로 요, 순 임금이 있으면 아래로는 요, 순의 백성이 있다 했습
니다." 주원장이 어리석고 난폭한 임금이란 것을 은근히 빗댄 말이었다. 노
한 주원장은 다짜고짜 태자에게 탁자를 던졌다. 깜짝 놀란 태자는 급한 마음
에 손에 잡힌 그림을 던지며 도망쳤다. 공교롭게도 그것은 어른이 아이를 업
고 있는 그림이었다. 그림을 보고 마 황후와 함께 태자를 업고 전쟁터를 누비
던 때를 떠올린 주원장은 가까스로 화를 억누를 수 있었다. 덕분에 태자는 죽
을 고비를 넘겼다.

중국 역사 중 정권을 다지기 위해 가장 많은 사람을 죽였던 개국 황제는 아
마도 명나라 태조 주원장일 것이다. 주원장은 호당胡黨과 남당藍黨을 숙청하
며 신하 수만 명을 죽였는데 그 때문에 조정에는 개국 공신들이 거의 남지 않
았다. 덕분에 다른 성씨 왕들의 반란을 피할 수는 있었지만 핏줄간의 싸움은
막을 수 없었다. 연나라 왕 주체朱棣가 반란을 일으켜 건문제建文帝의 왕권을
빼앗은 것처럼 말이다. 핏줄을 잔혹하게 살해한 것 역시 역사상 전례가 없을
정도였다.

역사는 고분고분한 말이 아니다. 주원장처럼 공신을 철저하게 숙청했다고
하더라도 정권을 오래 유지하지 못하는 경우도 있다. 동한 광무제 유수처럼

정략결혼이라는 비교적 부드러운 방법을 쓸 수도 있지만 그것도 인간의 권력욕을 막기엔 부족하다. 정략결혼은 오히려 외척과 환관의 정권 장악이라는 커다란 폐단을 낳기도 했다. 그렇다면 그 둘을 적당히 합친 방법은 없을까?

수많은 중국의 왕조가 이런 방법을 썼지만 결과는 그리 성공적이지 못했다. 어떻게 하면 살육과 혼란을 막을 수 있을까? 역사는 피가 잔뜩 묻은 권력의 '가시 지팡이' 없이는 정말 돌아가지 않는 것일까?

맹자는 "인을 행하는 자만이 천하를 얻을 수 있고 지킬 수 있다"라고 했다. 하지만 그 말이 과연 얼마나 실효성이 있을까?

명나라 건국 초기 주원장은 입는 것과 먹는 것을 모두 간소화하고 매일 밤 늦게까지 일하면서도 아침 일찍 일어나 신하들을 접견했다. 매일 정사를 돌보느라 문화생활은 전혀 할 수 없을 정도였다. 하지만 전쟁을 통해 새롭게 탄생한 지주와 관료 세력들은 욕심을 채우기 위해 수단과 방법을 가리지 않고 농민들을 착취했다. 주원장을 따라 전쟁터를 누볐던 공신들도 마찬가지였다. 공을 믿고 오만방자해진 그들은 마음대로 권력을 휘둘렀다. 이들 때문에 막 평정을 되찾았던 나라가 어지러워졌고 백성의 불만이 다시 고조되기 시작했다. 결국 전국에서 농민들이 들고 일어났다. 설상가상으로 북쪽의 원나라 잔여 세력들이 끊임없이 소란을 피웠으며 동해 연안 일대에는 왜구가 출몰해 막 수립된 명나라는 안팎으로 우환이 끊이지 않았다. 이런 상황에서 주원장은 정권을 굳히기 위한 일부 조치를 시행했다.

첫째, 관제개혁이다. 중서성과 대도독부의 권력을 축소하고 행정, 군사를 주관하는 두 부서를 여러 개로 나눈 다음 각 지역에 친왕을 파견해 군을 감독하게 한다. 이렇게 하면 모든 권력이 황제에게 집중된다.

둘째, 도찰원都察院을 설치하고 그 아래에 도 감찰어사를 두어 엄격하게 법을 집행하도록 한다. 도찰원은 관리들의 행실을 관리 감독하는 기구다. 감찰어사는 관품이 7품 정도로 낮았지만 발언권이 강했으며 어떤 관리라도 고발할 수 있는 권한이 있었다. 간사한 대신, 권력을 남용하는 자, 타인을 모함하는 소인배, 백성을 착취하는 자, 뇌물을 받고 법을 어기는 자, 옛 법도와 기풍을 함부로 바꾸는 자는 모두 고발 대상이었다.

『명률明律』의 많은 규정은 현재의 기준에서 보아도 매우 잔인하고 엄격했다. 간사한 말로 사람을 죽이거나 죽일 뻔한 자는 참수형에 처했다. 죽을죄를 지은 사람을 변호해 죄를 사면해주면 변호한 측이 참수를 당했다. 형법을 관장하는 관리가 상사의 명령으로 감형이나 가중 처벌을 하면 사형에 처했고 그 아내와 아이들은 관노가 되었으며 가산은 관부로 몰수했다. 주원장은 부정부패를 매우 엄격하게 단속했다. 부정부패는 정치 기풍과 나라의 생사에 직결된 문제라 생각했던 그는 "관리의 폐단 중 가장 심각한 것이 탐오다"라고 말할 정도였다. 그는 이러한 폐단을 없애지 않으면 올바른 정치는 절대 불가능하다고 생각했다. 그래서 『명률明律』은 관리의 청렴결백을 엄격히 규정했다. 예를 들어 공무로 가마를 타고 외지로 갈 때는 절대 사유재산을 가지고 갈 수 없었다. 개인의 의복 등은 그 무게가 열 근을 넘지 못하게 했는데 다섯 근이 늘어날 때마다 채찍 10대를 맞아야 했다. 사유재산의 무게가 열 근을 넘으면 가중 처벌을 받는데 채찍의 수는 최대 60대로 제한되었다. 탐관오리는 아무리 적은 뇌물을 받아도 북방으로 유배를 보냈다. 만약 부정 축재한 재물을 돈으로 환산하여 그 가치가 은자 60냥 이상이면 효수梟首, 목을 베어 높은 곳에 매다는 형벌-옮긴이나 박피실초剝皮實草형에 처했다. 박피실초란 탐관오리의 목을 베고 가죽을 벗겨 머리는 높은 곳에 매단 다음 벗겨낸 가죽 안에 풀을 채워

명나라 태조 〈공신도(功臣圖)〉 부분

관아의 문 앞이나 사람이 많이 다니는 곳에 놓아두는 형벌이다. 관리들에게 두 번 다시 재물을 탐하지 못하도록 경고하려는 목적이 크다. 이런 형벌은 비인간적이긴 했지만 효과는 좋았다. 법률이 시행되자 관리들의 품행은 눈에 뛰게 좋아지기 시작했다. 하지만 그럼에도 불구하고 대담하게 법을 어기는 사람도 있었다. 1385년, 누군가가 북평이사관리北平二司官吏 이욱李彧과 조전덕趙全德 그리고 호부시랑戶部侍郎 곽환郭桓의 횡령을 고발했다. 신속하게 조사를 벌인 주원장은 그들이 부정부패로 모은 식량 700만 석을 찾아냈다. 몹시 화가 난 주원장은 6부의 좌우 시랑 이하 관리들을 모두 사형에 처하도록 했다. 고문을 통해 드러난 관련자는 더 많아졌고 결국 사형당한 사람은 관리 및 지주를 포함해 수만 명이 넘었다. 이런 엄격한 형법 때문인지 관리의 품행은 좋아지고 업적도 눈에 띄게 늘었다.

세 번째, 특무를 파견해 관리들을 감시하게 했다. 주원장은 순검사巡檢司와 금의위錦衣衛를 특설했다. 순검사는 전국 각지를 오가는 사람들을 단속하는 일을 책임졌다. 백성은 주변 백 리 이내의 생활 범위 내에서만 지내도록 제한했는데 만약 다른 지역으로 가려면 사전에 여행허가증인 노인路引을 발급받아야 했다. 다른 지역 사람들이 서로 짜고 반란을 하지 못하도록 하는 조치였다. 금의위는 관리들의 동정을 감시하는 직책이었는데 그 수가 너무 많아 길거리에는 백성보다 금의위가 더 많을 지경이었다. 덕분에 백성과 관리의 일거수일투족이 모두 황제에게 보고되었다. 어느 날 박사 전재錢宰가 일을 마치고 집으로 오던 중 아무 생각 없이 시를 한 수 지어 읊었다.

> 사방의 둥둥 북소리에 옷을 입고, 오문에서 알현하니 늦었다고 싫어하네.
> 언제쯤 전원의 즐거움을 누릴 수 있을까, 밥이 다 될 때까지 잠이나 자둬야지.
> 四鼓咚咚起着衣, 午門朝見尙嫌遲, 何時得遂田園樂, 睡到人間飯熟時

다음 날 아침 조회에서 주원장이 전재에게 말했다. "어제 좋은 시를 지었더군. 하지만 나는 '싫어한' 적이 없으니 '걱정했다'라고 바꾸는 것이 어떻겠는가?" 그 말을 들은 전재는 깜짝 놀라서 온몸에 식은땀이 흘렀다. 그는 정신없이 머리를 조아리며 잘못을 빌었다. 다행히도 주원장은 더 이상 그의 죄를 추궁하지 않았다. 덕분에 관리들은 주원장이 언제 어디서고 자신들을 감시한다는 사실을 알게 되었다. 이부상서吏部尙書 오림吳琳이 나이가 들어 더 이상 직무를 수행할 수 없다는 이유로 은퇴한 뒤 고향으로 내려갔다. 하지만 마음을 놓지 못한 주원장은 금의위를 보내 그를 감시하게 했다. 어느 날 금의위가 밭에서 풀을 뽑는 한 농부에게 물었다. "여기에 은퇴한 오상서라는 사람이 있습니까?" 그러자 노인이 공손히 손을 모으며 말했다. "내가 바로 오림이오." 그 소식을 들은 주원장은 오림의 말이 사실이라는 것을 확인하고 큰상을 내렸다. 유명한 학자였던 대학사 송렴宋濂은 누구보다 충성스러웠다. 하지만 주원장은 그마저도 믿지 않고 툭하면 특무를 파견해 감시했다. 어느 날, 송렴이 연회를 열고 손님을 초대하자 특무는 참석자는 물론 음식의 종류까지 모두 주원장에게 보고했다. 다음 날, 주원장이 연회의 일을 슬며시 물어보자 송렴은 하나도 빠짐없이 상세하게 이야기해주었다. 주원장은 흡족한 표정으로 이렇게 말했다. "송렴은 나를 속이지 않았다!" 한 번은 국자감國子監 제주祭酒 송눌宋訥이 집에서 화를 낸 적이 있었다. 그러자 그를 감시하던 특무는 송눌이 황제에 불만을 품은 것이라고 짐작하고, 그 모습을 그려서 주원장에게 바쳤다. 다음 날 아침, 조회에서 주원장이 어제 일을 묻자 송눌이 화를 낸 일과 그 이유에 관해 자세히 설명해주었다. 주원장은 그가 화를 낸 것이 조정과 무관하다는 것을 알고 더는 추궁하지 않았다. 송눌은 그제야 태조가 어떻게 자신의 집안일을 그렇게 잘 알고 있는지 궁금해졌다. 그러자 주원장이 화를 내고 있는 송눌의 모습을 그린 그림을 보여주었다. 송눌은 간담이 서늘해질 수밖에 없었다.

작은 일 하나까지 황제에게 감시당하자 신하들은 저절로 신독愼獨의 경지에 달했다. '신독'이란 선인들이 강조한 인격 수양의 방법으로, 혼자 있을 때도 항상 조심스럽게 행동하고 도덕을 지키는 것을 말한다. 그러니 감히 다른 마음을 품는 신하도 없었다.

소작농 집안에서 태어난 주원장은 생계를 위해 승려가 된 적이 있을 정도로 신분이 낮았다. 당시의 기준으로 본다면 주원장은 절대 황제가 될 수 없었다. 그가 황제가 되는 것은 백성에게 모욕이나 다름없었다. 그래서인지 명나라가 세워진 이후 주원장을 무시하며 벼슬 자리를 사양하는 귀족 문인이 많았다. 주원장은 이런 문인들을 조금도 봐주지 않았다.

귀계貴溪의 유생 하백계夏伯啓와 그의 조카가 명나라 조정에서 벼슬하지 않으려 손가락을 잘랐다는 이야기를 들은 주원장은 직접 두 사람을 불러서 물었다. "과거에 세도가들이 세상을 어지럽힐 때 그대들은 어디에 있었는가?" 그들이 대답했다. "홍구紅寇가 날뛰었을 때 저희는 복건과 강서 일대에 있었습니다." 그 말을 들은 주원장은 버럭 화를 냈다. 주원장이 일으킨 홍건군을 감히 도적이라고 말했기 때문이다. 주원장은 당장 그들의 목을 베어버렸다. 그리고 조정의 명령에 불복하거나 협력을 거부하는 지식인을 모두 잡아들여 목을 베고 가산을 몰수했다. 무의식중에 그의 심기를 건드리거나 심지어 누군 가 말도 안 되는 모함을 해도 주원장은 시비를 가리지 않고 일단 죽이고 봤다.

위씨尉氏현의 교유敎諭 허원許元이 마을을 위해 지은 '만수하표萬壽賀表'에 "천 지를 받들고 태평성대를 이룬다體乾法坤, 藻飾太平"라는 구절이 있었다. 그런데 주원장은 그중의 '법곤法坤'이 머리를 깎는다는 뜻의 '발곤發髡'과 발음이 비슷 하다고 억지를 부렸다. 과거에 승려였던 자신을 비웃으려고 글을 지었다는 것이다. 한 술 더 떠 '조식태평藻飾太平'은 '일찍 죽어야 세상이 편해진다'는 뜻 의 조실태평早失太平을 빗대어 쓴 것이라고 주장했다. 결국 교유는 억울한 죽 음을 당하고 말았다. 회경부학懷慶府學의 훈도訓導였던 여예呂睿가 마을을 위해 지은 '사사마표謝賜馬表'에는 "황제가 기거하는 울타리를 우러러 본다遙瞻帝扉" 라는 구절이 있었다. 주원장은 여기서 나오는 제비帝扉를 제비帝非, 즉 황제가 되어서는 안 된다는 뜻으로 간주했다. 여예도 이 일로 목숨을 잃었다. 호주亳 州의 훈도 임운林雲이 그 지역을 위해 지은 '사동궁사연전謝東宮賜宴箋'에 "임금을 모시는 정도에 따라 작위와 녹봉을 얻는다式君父以班爵祿"라는 구절이 있었다. 주원장은 임금을 모시는 것式君父을 임금을 잃는 것失君父로 억지 해석했다. 상 부祥府현의 유생 가저賈翥가 그 지역을 위해 '정단하표正旦賀表'라는 글을 지었는 데 그중에 "법을 취해 위나라를 모방한다取法象魏"라는 구절이 있었다. 주원장 은 '법을 취하다取法'를 '머리를 깎는다去髮'로 해석했다. 이 모두가 자신을 무 시하는 것이라 생각했던 주원장은 학자들을 가차 없이 처형했다. 명절에 축 하 인사를 쓰거나 황제의 은덕에 감사하는 글을 썼던 문인들은 그 글로 자신

금의위의 인장

의 목숨을 잃게 되리라고는 생각도 하지 못했다. 가장 터무니없는 것은 항주杭州 학부의 교수 서일기徐一夔가 쓴 '하표賀表'였다. '하표'에 등장하는 '밝은 천하에 하늘이 성인을 내어 세상을 위해 법칙을 만들었다光天之下, 天生聖人, 爲世作則'는 원래 황제에 대한 최고의 찬사였다. 하지만 주원장은 오히려 노발대발하며 이렇게 말했다. "생生은 승려를 말하는 것이니 내가 승려였던 것을 욕하는 것이 아닌가. 광光은 벌거숭이란 말이니 그것 역시 내가 까까머리임을 일컫는다. 칙則은 발음이 도적의 적賊과 비슷하니 이 역시 옛날 내가 도적 무리였음을 말하는 것이다." 황제의 칭찬을 듣기 위해 찬양의 글을 올렸던 교수는 결국 목숨을 잃고 말았다.

잔인한 문자옥 때문에 문인과 학자들은 감히 기를 펼 수도 없었다. 그렇다 보니 공공연하게 의견을 주고받거나 정치적인 견해를 밝히는 것은 엄두도 내지 못했다. 심지어 일상적인 이야기를 하거나 글을 지을 때도 조심하고 또 조심해야 했다. 언제 목이 달아날지 모를 일이었기 때문이다.

글을 잘 몰랐던 주원장은 누군가가 글을 지어 자신을 불쾌하게 하는 것을 극도로 싫어했다. 하지만 한번 마음에 드는 글이 있으면 유난히 법석을 떨었다. 어느 날, 주원장이 평민 복장을 하고 강회江淮 일대의 다보사多寶寺에 간 적이 있었다. 그는 절 안에 걸려 있던 '다선다보여래多宣多寶如來'라는 불호를 보고 시종에게 이렇게 말했다. "절의 이름이 다보이니 다보여래[33]가 이렇게 많

---

33) 다보불(多寶佛), 다보세존(多寶世尊)이라고도 하며 동방보정(東方寶靜) 세계의 부처를 가리킨다.

은 것이로구나." 황제를 수행하던 학사 강회소江懷素는 주원장의 성격을 잘 알고 있었다. 그는 일부러 주원장에게 듣기 좋은 말을 하며 눈치를 살폈다. "국호가 대명大明이라 폐하처럼 영명하신 황제가 계신 것과 같은 이치입니다." 그 말을 듣고 흡족해진 주원장은 강회소를 이부시랑으로 승진시켜 주었다. 강회 일대에서 예전의 벗 진군좌陳君佐를 우연히 만난 주원장은 재주가 특출한 그를 데리고 회양懷陽 일대로 순시를 떠났다.

어느 날, 작은 주점에서 밥을 먹던 주원장이 갑자기 무슨 생각이 들었는지 시를 한 구절 읊었다. "작은 시골 주점에 잔은 몇 개뿐, 물건이라곤 없구나小村店三杯五盞, 沒有東西." 그러자 진군좌가 대구로써 화답했다. "영명한 군주가 천하를 통일하니, 남북을 가리지 않는다.大明君一統萬方, 不分南北" 크게 기뻐한 주원장은 그에게 사신詞臣이 될 것을 명했다. 하지만 벼슬에 뜻이 없었던 그가 관직을 거절하자 주원장도 더 이상 강요하지 않았다. 그리고 며칠 후, 주원장은 기품이 넘치는 한 선비를 만났다. 몇 마디 나눠 본 후 그가 중경부重慶府 국자감의 학생이라는 것을 알게 된 주원장은 또 다짜고짜 시 한 구절을 읊었다. "천 리가 머니, 물이 겹치고 산이 겹친 곳이 중경이로다.千里爲重, 重水重山重慶府" 그러자 선비는 거침없이 대구로 화답했다. "위대한 한 사람이 있었으니 큰 땅 큰 나라의 영명한 군주로다.一人爲大, 大邦大國大明君" 그의 시를 듣고 한껏 흐뭇해진 주원장은 당장 황금 천 냥을 하사했다.

주원장은 가혹한 방법으로 신하들을 다스리고 권력을 다져 황제의 위엄을 지켰다. 그는 반란을 일으키거나 황제의 명령에 불복종하는 신하들에게는 인정사정 봐주지 않았다. '호유용胡惟庸 모반 사건'이나 '남당대옥藍黨大獄'은 명나라뿐 아니라 중국 역사를 통틀어서 아주 유명한 사건이었다. 두 사건으로 목숨을 잃은 사람만 4, 5만 명이 넘었는데 이 일로 조정에는 신하라곤 남아나지 않았다. 물론 이 사건 이후 주원장의 권력 지팡이의 가시는 확실하게 제거되었다.

　명나라의 개국 공신 중 무신 서달徐達과 상우춘常遇春 그리고 문신 이선장李善長과 유기劉基의 공이 가장 뛰어났다. 통찰력이 뛰어난 유기는 어떤 세상사든 다 맞추는 기인이었다. 그는 주원장이 하사한 벼슬을 여러 번 거절했다. 시샘이 많고 모진 성격의 주원장과 오래 같이 있으면 목숨을 부지하기 어려우리라 생각했기 때문이다. 이와 달리 우승상까지 지낸 이선장은 한국공韓國公으로 봉해지자 교만한 본색을 숨기지 않았다. 그의 모습을 좋게 볼 리 없었던 주원장은 이선장을 내치고 유기를 우승상으로 삼으려 했다. 하지만 유기가 이를 거절하며 말했다. "선장은 높은 공을 세운 원로대신으로 각 장수 간의 관계를 원만히 해결할 수 있으니 그를 내치는 것은 적절치 않습니다." 그러자 주원장이 이상하다는 듯 물었다. "선장은 줄곧 그대의 단점만을 이야기했는데 그대는 어째서 그의 좋은 점만 말하는 것이오? 나는 그대를 우승상으로 삼으려 하는데 그대의 생각은 어떻소?" 그러자 유기가 머리를 조아리며 말했다. "승상을 바꾸는 것은 대전의 기둥을 바꾸는 것과 같습니다. 반드시 크고 좋은 목재를 골라야 하지요. 만약 보잘것없는 목재로 바꿔 두 동강이 나지 않으면 쓰러지게 되어 있습니다. 저는 작은 재목인데 어찌 우승상이 될 수 있겠습니까?" 그러자 주원장이 물었다. "그렇다면 양헌楊憲은 어떠하오?" 잠시 생각에 잠긴 유기가 대답했다. "재능은 있습니다만 재상의 그릇은 못 됩니다." 주원장이 또 물었다. "왕광양汪廣洋은 어떻소?" 유기가 재빨리 대답했다. "그릇이 작아 양헌만 못합니다." 그러자 주원장이 다시 물었다. "호유용은 어떤가?" 유기가 머리를 세게 흔들며 말했다. "안 됩니다. 절대 안 됩니다. 흉흉한 어린 송아지를 잘못 중용했다간 반드시 큰 화가 미칠 것입니다."

얼마 후 양헌이 무고를 당해 목숨을 잃고 이선장이 파면되자 호유용이 승상이 되었다.

유기가 자신을 형편없게 평가했다는 이야기를 들은 호유용은 유기의 아들을 모함하고 유기까지 해치려 했다. 유기는 이 일로 화병을 얻었다. 주원장이 고향 청전靑田으로 보내주었지만 얼마 후 유기는 세상을 떠나고 말았다.

유기가 죽은 후 호유용은 더욱 거만해졌다. 막강한 권력을 등에 업고 관리의 생사와 승진, 파면과 관련된 일을 황제에게 알리지도 않고 독단적으로 처리했다. 또 각지에서 올라온 상소문도 먼저 읽어 보고 자신에게 불리한 것은 보고조차 하지 않았다. 그에게 잘 보이려는 사람들로 집 앞은 항상 문전성시였고 창고에는 금은보화가 가득했다. 이를 못마땅하게 여긴 위국공魏國公 서달이 호유용을 벌해 달라는 상소를 올렸다. 하지만 주원장은 서달의 말을 믿지 않고 오히려 이 사실을 호유용에게 알려주었다. 이 일로 서달에게 앙심을 품은 호유용은 서달의 집 문지기를 매수해 그를 모함하려고 했다. 하지만 공교롭게도 이 일은 먼저 서달의 귀에 들어갔다. 결국 이 일로 호유용은 오히려 주원장의 의심을 샀다. 제발이 저린 호유용은 대전에 나가서도 불안한 기색을 감추지 못했다. 하지만 며칠이 지나도 불호령은 떨어지지 않았다. 그제야 마음을 놓은 그는 전보다 조심스럽게 행동하기 시작했다.

자신을 지켜줄 바람막이가 필요했던 호유용은 이선장을 눈여겨보기 시작했다. 비록 승상으로 임명되지는 않았지만 주원장의 각별한 신임을 받았던 이선장은 자주 조정을 드나들었다. 호유용은 자신의 딸을 이선장의 동생인 이존의李存義에게 시집보냈다. 비빌 언덕이 생기자 호유용이 또다시 오만한 본색을 드러냈다.

마침 그때 정원定遠에 있는 호유용의 집 우물에서 갑자기 키가 수척은 되는 죽순이 자라기 시작했다. 아부를 일삼던 소인배들은 대단한 길조라고 입을 모아 말했다. 그러자 누군가가 호씨 조상의 무덤에서 매일 밤 붉은 빛이 밝게 비쳐 멀리서도 보일 정도라고 호들갑을 떨었다. 그 소리를 들은 호유용은 더 거만해졌다.

때마침 그때 덕경후德慶侯 요영충寥永忠이 황제의 의장을 마음대로 사용한 죄로 사형을 당했다. 그러자 평요平遙의 엽백거葉伯巨가 황제에게 상소를 올렸다. 그는 너무 빈번한 분봉과 형벌을 지적하며 주원장에게 백성의 마음을 얻으라고 충고했다. 이 일로 주원장의 노여움을 산 그는 감옥에 갇혀 굶어 죽고 말았다. 안길후安吉侯 육중형陸仲亨은 마음대로 역관의 가마를 탄 죄로 벌을 받았다. 또 평량후平凉侯 비취費聚는 몽고족을 위로하라는 명령을 받고도 공을 세우지 못하자 엄벌에 처해졌다. 수년전 파면당한 왕광양은 다시 호유용의 천거로 복직되었다. 하지만 그는 얼마 못가 유기 사건으로 도로 좌천되고 말았다. 왕광양은 호유용의 불법 행위를 알고 있었지만 조용히 눈감아주었다. 두 번째 파면 후 운남雲南으로 간 그는 얼마 후 사형을 당했다.

이렇게 관리들이 하나 둘 처벌을 당하자 조정의 분위기는 흉흉해졌다. 관리들은 행여나 자신에게 불똥이 튈까 노심초사했다. 특히 왕광양이 사형되자 호유용은 더욱 동요하기 시작했다. 조만간 자신의 차례가 오리라 생각한 그는 불안에 떠느니 차라리 반란을 일으키기로 했다.

호유용은 주원장 때문에 겁에 질린 관리들을 한편으로 끌어들였다. 그리고 사돈 이존의를 보내 이선장의 동정을 살폈다. 처음 이선장은 그들의 계획을 완강히 반대했지만 이존의가 거듭 설득하자 어쩔 수 없이 동조하기로 했다.

이선장이 합류하자 힘을 얻은 호유용은 모반 준비에 박차를 가했다. 그는 다른 나라의 망명자들을 한편으로 끌어들여 심복으로 삼고 몰래 병사들을 모아 군대를 조직했다. 나라의 병력을 분석하는 것도 잊지 않았다. 또 동남 연해 일대의 왜구에게도 도움을 부탁했다. 병권을 가지고 있는 자들도 포섭해 거사가 시작되면 지원 병력을 보내게 했다. 그리고 만일에 대비해 조공을 바치러 온 일본 사신도 한편으로 만들었다. 일이 잘못될 경우 도망치기 위해서였다.

모든 준비가 완벽하게 끝났다고 생각한 호유용은 1380년 정월, 주원장에게 편지를 보냈다. 자신의 저택에서 온천이 솟았는데 대단한 길조가 틀림없으니 직접 와서 보라는 내용이었다. 주원장은 조금도 의심하지 않고 서화문西華門에 마차를 준비시켰다. 그때 갑자기 나타난 내사內使 운기雲奇가 다짜고짜 주원장의 말고삐를 잡고 놓아주지 않았다. 그는 급하게 달려오느라 숨이 가쁜 나머지 말을 잇지 못했다. 운기의 무례함에 화가 난 주원장은 쇠망치로 그를 내려쳤다. 팔이 떨어져 나간 운기는 땅바닥에 쓰러지면서도 손가락으로 호유용의 집 쪽을 가리켰다.

갑자기 무언가 깨달은 주원장은 높은 곳에 올라가 호유용의 집 쪽을 바라보았다. 집안 곳곳에 숨겨진 병기를 발견한 주원장은 놀란 마음을 진정시킨 후 군대를 파견해 그들을 잡아들이도록 했다. 얼마 후 우림군이 호유용과 그의 집에 매복해 있던 병사들을 잡아왔다. 대질 심문을 하자 발뺌도 못하게 된 호유용은 죄를 시인할 수밖에 없었다. 호유용은 저잣거리로 끌려가 능지처참을 당했다. 여기서 멈출 주원장이 아니었다. 그는 관리를 파견해 대대적인 심문을 한 다음 호유용 사건과 관련된 무리를 모두 색출해냈다. 이 일로 잡힌 호유용의 가족, 친구, 고향사람, 동료 모두 죽임을 당했는데 이때 죽은 자만 3만 명이 넘었다.

이 년 후, 다시 남당 사건이 일어났다. 개국 공신 양국공凉國公 남옥藍玉은 유명한 무관이었지만 고집스럽고 오만했다. 남옥과 태자 주표는 먼 친척이었는데 아주 친한 사이였다. 북방 정벌 당시 연나라 왕 주체의 행동거지에 불만을 품은 남옥은 수도로 돌아온 후 태자에게 이렇게 말했다. "자신의 영지에서 연나라 왕의 위세는 황제 못지않습니다. 그러니 태자께서는 미리 화를 대비하셔야 합니다." 하지만 충직하고 온화한 태자는 굳이 문제를 만들고 싶지 않았다. "연나라 왕은 나에게 매우 공손하니 절대 그런 일을 일으키지 않을 것이오." 태자가 자신의 말을 믿지 않자 남옥은 핑계를 대며 말했다. "전하의 은혜에 보답하고자 천하의 이해관계를 조심스럽게 말씀드린 것입니다. 제 말이 틀리다면 마음에 두지 마십시오."

얼마 후, 태자가 병으로 세상을 떠나자 주원장은 영민하고 신중한 점이 자신과 닮은 주체를 태자로 삼으려 했다. 그러자 일부 대신들이 옛 법도에 어긋난다는 이유로 이를 반대했다. 다른 아들들을 설득할 방법도 없던 주원장은 하는 수 없이 주표의 아들을 황태손으로 삼았다.

연나라 왕 주체는 남옥의 보호막이 되어주던 태자가 죽자 주원장에게 상소를 올려 이렇게 말했다. "조정의 신하 가운데 오만방자하고 불법을 행하는 자가 있습니다. 그를 속히 제거하지 않으면 그 꼬리가 너무 커져서 결국에는 잡고 흔들 수도 없는 지경이 될 것입니다." 남옥이라고 꼭 집어 말한 것은 아니지만 모두 누구를 가리키는지 잘 알고 있었다. 주체는 예전에 태자에게 자신을 헐뜯은 남옥에게 복수한 것이었다.

하지만 이런 상황에서도 남옥은 여전히 반성은커녕 마음 내키는 대로 행동했다. 서번西蕃 출정에서 왜구를 잡고 건창위建昌衛의 반란군 우두머리를 사로잡은 그는 조정에서 큰 상을 내릴 것이라는 생각에 의기양양해졌다. 하지만 주원장은 그를 거들떠보지도 않았다. 오히려 풍승馮勝, 부우덕傅友德이 태자 태사가 되자 잔뜩 화가 난 남옥은 옷소매를 잡아 뜯으며 소리쳤다. "어째서 내가 태자태사가 될 수 없단 말이냐?" 이런 행동은 주원장의 귀에도 들어가 더욱더 황제의 미움을 사고 말았다.

그때부터 남옥이 올린 상소문은 그 어떤 것도 채택되지 않았다. 그런데도 그는 신중하기는커녕 전보다 더 제멋대로 굴었는데 심지어 황제와 식사할 때도 무례한 말을 함부로 내뱉었다. 어느 날, 주원장이 탄 마차가 지나가자 남옥은 손가락질하며 이렇게 말했다. "저기 마차에 탄 자는 이미 나를 의심하고 있다."

명나라 시대 문관의 복식

그의 말 한마디는 곧 큰 화를 부르고 말았다. 사실 남옥은 호유용처럼 반란을 꾀하지 않았다. 단지 그의 '입이 화근'이었던 것이다. 그 말을 들은 금의위는 즉시 주원장에게 남옥이 모반을 했다고 보고했다. 남옥이 학경후鶴慶侯 장익張翼, 보정후普定侯 진환陳桓, 경천후景川侯 조진曹震, 축로후鮋鱸侯 주수朱壽, 동완백東莞伯 하영河榮, 이부상서 첨징詹徵, 호부시랑 부우문傅友文 등과 짜고 황제의 마차를 공격하려 했다는 것이다. 마침 남옥을 죽일 구실을 찾고 있던 주원장은 사실 여부를 따지지도 않고 그들 모두를 잡아와 직접 심문했다. 주원장은 거짓 증거를 만들어 관련자를 모두 죽여버렸다.

하지만 여전히 분이 풀리지 않았던 주원장은 남옥과 우연히 만난 사람조차도 빠져나갈 수 없도록 사방에 함정을 파 잡아들였다. 이 사건으로 모두

1만 5천 명이 죽음을 당했는데 호유용의 사건과 합치면 5만 명 정도가 목숨을 잃었다. 조정은 그야말로 텅 비고 말았다.

주원장은 여기에서 멈추지 않았다. 남옥 사건이 끝나고 몇 년 후 영국공穎國公 부우덕傅友德이 상소를 올려 땅을 청했다가 오히려 죽임을 당했다. 송국공宋國公 풍승은 항아리 위에 널빤지를 올리고 굴레로 곡식을 터는 탈곡장을 만들었는데 그 소리가 멀리서도 들렸다. 그에게 앙심을 품은 누군가가 풍승이 집에 병기를 숨겨두었다고 밀고했다. 주원장은 그를 조정으로 불러들여 술을 내리며 자신은 그를 모함하는 말을 믿지 않는다고 안심시켰다. 풍승은 기뻐하며 집으로 돌아왔지만 이미 그의 몸에는 독이 퍼져 있었다. 풍승은 곧 세상을 떠났다. 정원후定遠侯 왕필王弼은 집에서 이렇게 한탄했다. "황상이 나이가 들수록 감정의 기복이 심하니 우리는 더 이상 살아남기 어렵겠구나!" 이 말도 황제에게 전해져 왕필은 사약을 받고 말았다. 이렇게 되자 개국 공신들은 얼마 남지 않았고 남은 자들도 조정에서 멀리 떠나 정치에 참여하지 않았다.

서달, 상우춘, 이문충李文忠, 탕화湯和, 등유鄧愈, 목영沐英만이 겨우 목숨을 부지했고 죽어서 왕으로 봉해졌다. 하지만 따지고 보면 서달, 상우춘, 이문충, 등유는 호유용과 남옥 사건 이전에 죽었고 목영은 조정에서 멀리 떨어진 운문을 지키고 있어 무사할 수 있었다. 오직 탕화만이 남다른 총명함으로 화를 피할 수 있었다. 늘 청렴결백했던 그는 갑옷을 벗고 고향으로 돌아가 정사는 입에 담지도 않은 덕분에 일흔 살이 넘도록 천수를 누릴 수 있었다.

중국의 역대 왕조들을 살펴보면 개국 공신을 이토록 철저하게 숙청한 것은 확실히 명나라뿐이었다는 것을 알 수 있다. 주원장은 관제 개혁, 엄격한 법령 시행, 관리의 품행 개선, 여론 통제, 공신 숙청, 특무 설치 등 여섯 가지 권력 집중 조치를 취한 덕에 지위를 공고히 할 수 있었다. 이들 조치는 상당한 효과를 거두었다. 이 시기 이후 황제 일가는 상당히 오랜 시간 동안 명나라의 군권을 장악했다. 연나라 왕 주체가 정권 쟁탈전을 벌이긴 했으나 그것도 황가 내부의 일이었다.

마치 그때의 피비린내가 지금도 진동하는 것 같다. 그때만큼 권력의 가시지팡이가 반들반들했던 적이 있었을까? 무려 5만 명을 죽이고 지켜낸 황권, 자손들이 마음대로 휘두를 수 있게 권력의 지팡이를 매끈하게 깎아냈지만 그 결과는 어땠는가? 큰아버지와 조카 간의 권력 다툼이나 핏줄 간의 목숨을 건 싸움은 어떻게 설명할 수 있을까? 아첨과 모함은 여전했고 여전히 세상은 어지럽지 않았던가?

사실 권력의 지팡이는 안과 밖 모두 가시가 있다. 바깥의 가시를 제거하더라도 안쪽에는 여전히 제거할 수 없는 가시가 있게 마련이다. 그런 방망이를 다시 잡아야 하는 것이 바로 역사다. 누구도 이를 거스를 수는 없다.

『명사明史』, 『사기』, 『후한서後漢書』, 『명통감明通鑒』 참고

중국 역사극 최고의 감독은 누구인가?

여기서는 영화감독이 아니라 역사라는 연극의 감독을 말한다. 최고의 감독을 찾기 위해서는 우선 중국 역사 속에서 가장 구체적이고 전형적인 연극을 찾아야 할 것이다. 아마 조광윤의 '황포가신黃袍加身'이 위 조건에 가장 맞아떨어질 것 같다. 현대 연극의 관점에서 보자면 조광윤의 병변과 즉위 과정은 아주 전형적인 연극의 구조를 갖추고 있기 때문이다.

조광윤의 왕위 계승은 크게 황포가신과 진교병변이라는 두 가지 설로 나뉜다.

대사학자 사마광이 쓴 『속수기문凍水紀聞』에 "황포를 태조의 몸에 덮었다"라는 구절이 나오는데 말 그대로 누군가가 강제로 조광윤에게 황제의 예복인 황포를 입혔다는 것이다. 소위 말하는 '황포가신'이다. 송나라의 문인 관료들은 물론이고 후대의 정사正史 역시 이 설을 지지한다. 하지만 민간에 전해지는 이야기는 좀 다르다. 송나라 사람들이 쓴 『대송선화유사大宋宣和遺事』와 명나라의 『유세명언喩世明言』에서는 '진교병변'이 등장한다. 두 설의 차이를 우습게 봐서는 안 된다. 황포가신이 맞는다면 조광윤은 무고하기 때문이다. 강요에 의해 어쩔 수 없이 황제가 된 조광윤은 도의적인 책임을 피할 수 있다. 하지만 진교병변이 맞는다면 조광윤은 정권의 찬탈자가 된다. 과연 진실은 무엇일까? 당시의 역사에 마이크를 넘겨보자.

960년 정월 초하루, 후주의 도읍 동경開封. 명절 분위기로 들뜬 도성 안에서 대신들은 신년 축하 인사를 하며 바쁜 하루를 보내고 있었다. 바로 그때 북쪽의 진주鎭州와 정주定州에서 급보가 날아들었다. 산서를 차지하고 있던 북한北漢이 거란족과 손을 잡고 후주를 향해 공격을 시작했다는 소식이었다.

이 상황에 이런 급보가 날아든 것은 사실 정상적인 일은 아니었다. 너도나도 황제에게 잘 보이기 위해 가장 분주한 신년, 그것도 정월 초하루부터 간 크게 이런 나쁜 소식을 보낼 사람은 아무도 없기 때문이다. 제아무리 발등에 불이 떨어졌다고 해도 그럴 수는 없었다. 하지만 그럼에도 불구하고 급보가 날아든 것이다. 만약 황제가 전쟁에서 승리할 확신이 있다면, 보고하는 시점이 언제든 상관없다. 군대가 들이닥치면 장수가 막으면 되고 물을 이용한 공격을 펼치면 흙으로 덮으면 되니 말이다. 하지만 당시 후주는 어린 군주 때문에 백성이 의심과 불안에 떨던 시기였다. 나라에 든든한 기둥이 없어 위아래가 모두 어찌할 바를 모르던 때였던 것이다.

"기이한 일이 아니면 책을 쓸 수 없다"라는 말처럼 평범한 일은 역사가 될 수 없을 것이다. 역사는 어쩜 이렇게도 기가 막히는지! 어쩌면 누군가가 뒤에서 조정을 하는 것은 아닌지 하는 생각이 들 정도다. 그렇다고 해서 그게 누구인지 알 수는 없지만 말이다. 어쨌든 역사에는 수많은 미스터리가 등장한다.

그다음 상황은 불 보듯 뻔했다. 조정은 금세 일대 혼란에 휩싸였다. 발그레한 혈색으로 신년 축하인사에 바빴던 대신들은 혼비백산하고 말았다. 이 상황에서 우리가 상상할 수 있는 것은 무얼까? 그렇다! 출병이었다. 누군가가 장수를 보내 이를 진압하자고 말했다. 그러자 재상 범질范質과 왕부王溥는 진상을 알아보지도 않고 무작정 주나라 공제恭帝의 이름으로 조광윤에게 출정을 명했다. 급하게 장수를 파견하면 십중팔구는 후환이 따르게 마련이다.

조광윤이 미리 손을 써둔 것인지 알 수는 없지만 어쨌든 우리 모두 그가 이어서 한 일들을 알고 있다.

첫 번째, 조광윤은 전전부도점검殿前副都點檢 모용연쇠慕容延釗에게 정월 초이틀에 먼저 길을 떠날 것을 명령했다. 모용연쇠의 경력이나 명성은 조광윤을 훨씬 앞지르고 있었다. 더욱 중요한 것은 그가 조광윤의 골수파이거나 핵심 구성원이 아니라는 점이었다. 그런 모용연쇠와 함께 출병하는 것은 조광윤으로서는 또 다른 골칫거리를 안고 가는 것과 다름없었다. 하지만 모용연쇠를 먼저 보낸다면 걱정거리를 더는 것뿐 아니라 일단 병변을 성공시킨 후 모용연쇠의 퇴로를 막아 자연스럽게 그를 자신의 편으로 끌어들일 수도 있었다. 이것이 바로 외부의 적을 없애는 것이다.

두 번째, 조광윤은 친신과 장령들을 모두 데려가는 대신 석수신石守信과 장영탁張守鐸 등을 개봉에 남겨두었다. 수도를 방어하는 한통韓通을 견제하려는 목적 때문이었다. 이것이 바로 내부의 호응이다.

세 번째, 출병 전 조광윤은 특별히 한통을 찾아가 작별 인사를 전했다. "여기의 일은 모두 맡기고 떠나겠습니다." 조광윤의 공손한 태도는 한통의 경계심을 누그러트리기에 충분했다. 이것이 바로 상대방을 마비시키는 것이다.

네 번째, 구 년 전 곽위의 병사가 수도를 침범했을 때 닥치는 대로 약탈을 했었다. 아직도 그때의 일을 생생하게 기억하는 백성은 여전히 병사들에게 두려움을 갖고 있었다. 어떻게 하면 백성이 저항하지 않고 자연스럽게 자신의 회군을 받아들일 수 있을지는 조광윤에게 매우 골치 아픈 문제였다. 그런데 조광윤은 이를 절묘한 방법으로 해결했다. 모용연쇠가 출병하던 날 조광윤은 사람을 시켜 이런 소문을 퍼뜨렸다. "군대가 출정하는 날, 점검조광윤-옮긴이이 천자가 된다." 소문을 들은 사람들은 구 년 전의 악몽이 재현될까 봐 두려운 마음에 동요하기 시작했다. 그런 상황에서 드디어 조광윤의 출병 날이 다가왔다. 그런데 조광윤의 부대는 한 치의 흐트러짐 없이 기율이 바로잡혀 있었다. 그 모습을 본 사람들은 설령 조광윤의 부대가 수도로 돌아온다고 해도 절대 양민을 해치지 않을 것이라 확신했다. 이렇게 조광윤은 자신이 개봉으로 돌아오는 날을 위해 만반의 준비를 해두었다. 이런 상황이라면 백성이 감격의 눈물을 흘리지 않으란 법도 없었다. 조광윤은 백성의 심리를 정확히 꿰뚫어보고 있었다. 이것이 바로 여론 준비다.

조광윤이 성숙한 정치가나 군사가가 아니었거나 혹은 상대방의 마음을 미리 간파하지 못했다면 이처럼 치밀한 계획은 세우기 어려웠을 것이다.

준비는 여기까지. 이제 출정할 시간이 다가왔다.

정월 초삼일 밤 조광윤은 개봉에서 동북쪽으로 사십 리 떨어진 진교역에 도착했다. 거센 바람도 처음에는 풀끝에서 시작된다고 한다. 이제 어디서부터 이 상황을 돌파해야 할까? 가장 효과적인 방법은 미신을 이용하는 것이었다. 바로 하늘이나 신 혹은 초인적인 존재의 이름을 빌려 어떤 상황에 의미를 부여해 원하는 바를 얻어내는 것이다. 이런 방법은 역사적으로도 아주 성행했다. 진승, 오광은 한밤중에 모닥불을 피워놓고 여우 소리를 흉내 내면서 "초나라가 망하고 진승이 왕이 된다"라는 말을 퍼뜨렸다. 원나라 말엽 한산동은 "돌사람에 눈이 하나, 황하 천하의 반란을 부추기네"라는 동요를 만들어 퍼뜨렸다. 많은 사람이 동요를 따라 부르기 시작하자 그들은 백련 교도들을 시켜 외눈박이 돌 인형을 만들게 했다. 그런 다음 "돌사람의 눈이 하나라고 말하지 말라. 이것이 나타나면 천하가 망하리라"라는 글을 돌 인형의 등에 새기고 황하의 물길에 묻어두었다. 이는 모두 농민 봉기의 직접적인 구실이 되었으며 그 효과 또한 엄청났다.

이 일을 위해 조광윤은 일찌감치 금군의 군교 묘훈苗訓을 점찍어 놓았다. 묘훈은 전전산원제일직산지휘사殿前散員第一直散指揮使로 『송사』는 그를 천문과 점술에 밝은 사람이라 평가했다. 당시 이런 사람들은 쉽게 영향력을 발휘할 수 있었는데 군권을 가지고 있으니 금상첨화였다. 『송사』에 이런 기록이 나온다. "문리門吏 초소보楚昭輔에게 하늘에 두 개의 태양이 있고 두 개가 마찰을 하는 것이 이미 오래라고 말했다." 그것은 분명히 고도로 계산된 연기였다. 묘훈은 조광윤의 심복 초소보를 찾아가 이상한 것을 발견했노라고 한바탕 법석을 떨었을 것이다. 그렇게 하면 사람들의 시선을 끌 수 있기 때문이다. 그러고는 하늘을 가리키며 이렇게 말했다. "하늘에 두 개의 태양이 떠 있는데 두 개가 마찰을 일으킨 지 벌써 오랩니다." 초소보도 하늘을 한 번 쳐다보고는 그럴듯한 표정으로 말했다. "오! 그렇소. 자고로 태양이 또 다른 태양을

송나라 태조

삼키는 것은 하늘의 뜻이라 했지." 초소보는 '지식인'이었다. 군인에게 '지식인'은 아주 신비한 존재다. 당시의 군인들은 '과학정신'이 부족했으며 없는 것보다는 차라리 있는 것을 믿는 편이었다. 게다가 왕조가 교체될 때 군인들에게 허락하는 약탈의 기회는 그들의 무미건조한 생활에 큰 자극을 줄 것이 분명했다.

도입부는 매우 순조로웠던 것 같다. 그렇지 않았다면 정사와 야사를 비롯한 각종 문헌에 이 사건이 그토록 흥미진진하게 기록될 리 없을 테니 말이다.

천명이 인간사에 개입되는 것은 일의 발전을 위한 필연적인 논리다. 마치 물이 흐르는 곳에 도랑이 생기듯 사람들은 '또 다른 태양'을 조광윤과 연관시켰다. 하지만 그것을 입 밖으로 내뱉는 데도 구실이 필요했다. 그 구실을 찾는 것은 군인들에게 결코 어려운 것이 아니었다.

『장편長編』(1권)과 사마광이 쓴 『속수기문』에는 당시 장령들이 삼삼오오 모여 무언가 이야기를 나누더니 결국 이런 결론을 냈다는 이야기가 나온다. "주상은 나이가 어리고 약하여 친히 정사를 돌볼 수도 없는데 내가 죽을힘을 다해 싸운다 한들 알아주기나 하겠는가? 차라리 점검을 태자로 옹립한 다음 북정을 해도 늦지 않다." 얼마나 좋은 구실인가! 인정도 있고 이치에도 맞은 말이었다. 인정이라 함은 '인지상정', 즉 황제가 어리고 유약한 것은 누구다 다 아는 사실이라는 것을 가리킨다. 게다가 간신들이 대권을 쥐고 있으니 병사들이 아무리 죽기 살기로 싸운다 한들 결국 군주는 아무것도 모를 텐데 과연 그럴 필요가 있을까? 누가 그런 바보짓을 할까 하는 것이다. 나라를 돌보지 않는 것이 아니라 '먼저 안을 다스리고 밖을 평정하자'는 것은 '바른 이치'다. 안이 편해야만 바깥일을 더 잘할 수 있다는 말이다. 병변은 이미 정식으로 시작되었다. 하지만 그것은 시작에 불과했다.

다음으로 해야 할 일은 무엇일까? 중국의 전통을 잘 아는 사람이라면 이때쯤 특수한 인물이 나타나리라는 것을 알 수 있다. 바로 모사와 같은 지략가 말이다. 무예만 출중한 사람은 일을 성공시키기는커녕 오히려 망쳐버릴 수도 있기 때문에 반드시 문무를 겸비한 인물이 필요하다. 바로 그때 '『논어』를 반만 읽고도 천하를 다스렸다'는 조보趙普가 등장했다.

당시 조광윤의 심복 이처운李處耘이 군내에 감도는 불안하고 흉흉한 기운을 포착하고 이를 조광윤과 조광의에게 보고했다. 두 사람이 이 문제를 해결하기 위해 찾아낸 조보와 함께 이야기를 나누고 있을 때 병사들이 떼를 지어 그들을 찾아왔다.

당시 상황에 대한 역사 기록을 보면 조보가 이 일을 매우 고전적인 방법으로 해결했다는 것을 알 수 있다.

조보가 먼저 병사들에게 말했다. "새로운 군주를 옹립하는 것은 천하의 대사이다. 이런 대사는 상세하고 치밀한 계획이 있어야 하는데 어찌 이렇게 함부로 나서는가?" 만약 계획이 실패한다면 목숨을 내놓을 각오를 하라는 뜻이었다. 그러자 병사들은 서로 얼굴만 바라볼 뿐 꿀 먹은 벙어리가 되었고 흉흉한 기세도 한풀 꺾이고 말았다. 병사들의 거만하고 난폭함을 꺾어야만 효과적으로 통제할 수 있는데 이를 탄압이라고 한다.

하지만 무자비한 탄압은 병변을 일으킬 용기마저 꺾을 수 있으니 이쯤에서 적당한 자극이 필요했다. 조보가 말했다. "지금 외적이 침입했으니 먼저 그들을 쳐부순 다음 다시 돌아와 이 일을 의논해야 한다." 병사들이 가장 들기 싫어하는 말이었다. 생사를 장담할 수 없는 전쟁터에서 어떻게 살아올 것을 기약한단 말인가? 게다가 새 군주를 옹립하지 않으면 승리의 가능성은 더욱 희박해질 터였다. 만약 운 좋게 살아온다고 해도 다시 병변을 일으켜 목숨을 위태롭게 하고 싶은 사람이 몇이나 있을까? 이런 이유들 때문에 병사들은 흥분하며 소리쳤다. "지금은 권력이 제각각 나누어져 있으니 사실 누구를 따라야 할지도 모르겠습니다. 차라리 도성으로 돌아가 태위^{조광윤}를 새 군주로 옹립한 다음 대군이 천천히 북상하면 적을 물리치는 것도 어렵지 않을 것입니다. 만약 태위께서 거절하신다면 여기서 한 발자국도 움직이지 않겠습니다!" 이것이 바로 자극이다.

조보는 이미 병사들을 쥐락펴락하고 있었다. 하지만 그는 또다시 위협을 통해 이 일의 이해관계를 설명했다. 무장들이 자신의 지휘를 따르게 하기 위해서였다. 조보가 말했다. "다른 성씨를 가진 왕을 세우는 것이 비록 천명이라고 하나 이 모두 인심에서 비롯된 것이다. 두 개의 태양이 서로 경쟁을 하는 가운데 조씨가 왕이 되는 것은 천명에 응하는 것이지만 민심을 얻는 것은 모두 그대들이 하기에 달렸다." 어리둥절해진 장수들이 이유를 묻자 조보가 천천히 입을 열었다. "외적이 침입하면 절도사들이 각 지역을 진압할 것이다. 그렇지만 도성에 난이 일어나면 이 틈을 이용해 외적이 들이닥치고 절도사들 역시 우리를 치러 올 것이다. 그때는 부귀고 뭐고 우리 모두 처참하게 죽어 몸을 누일 곳조차 없게 될지도 모른다!" 문제의 심각성을 잘 몰랐던 장수들은 그제야 조보의 말에 완전히 복종했다. 이것이 바로 위협이다.

병사들이 고분고분해지자 조보는 자연스럽게 한 가지 조건을 내걸었다. "수도에 입성하면 반드시 전군 병사들의 기율을 강화하고 살인이나 약탈을 전면 금지한다. 잠시는 답답하겠지만 이를 지키기만 한다면 오랫동안 부귀를 누릴 수 있을 것이다." 이렇게까지 되었는데 그의 지시를 따르지 않을 수도 없었다. 이것이 바로 장악이다.

조보는 탄압, 자극, 협박, 장악을 순차적으로 이용해 모든 일을 효과적으로 통제했다.

이제 클라이맥스다.

북송 중기에 살았던 위대한 사학자 사마광은 『속수기문』의 도입부에 이 사건을 이렇게 기록했다.

갑진일甲辰日, 희미하게 동이 틀 무렵 갑옷을 입고 병기를 거머쥔 병사들이 진교역 문 밖에 모여 역참 안을 향해 환호성을 질렀다. 당시 조광윤은 아직 잠자리에서 일어나지 않은 상태였다. 곧 당직 관리가 침소로 달려 들어와 이 일을 전하자 깜짝 놀란 조광윤이 부리나케 밖으로 나와 주위를 둘러보았다. 그러자 검을 빼 들고 군막을 둘러싼 장수들이 이구동성으로 말했다. "제군들은 주인이 없으니 이제 태위를 천자로 옹립하려 합니다." 조광윤이 채 대꾸하기도 전에 누군가가 미리 준비해 둔 황포를 강제로 입혔다. 곧이어 병사들이 무릎을 꿇고 만세를 외쳤는데 그 소리가 수 리 밖에서도 들릴 정도였다. 조광윤이 완강하게 버텼지만 병사들은 억지로 그를 말에 태워 도성으로 향했다. 자신의 힘으로는 어쩔 수 없다는 것을 알게 된 조광윤은 말고삐를 단단히 움켜쥐며 병사들에게 말했다. "그대들의 부귀를 위해 억지로 나를 태자의 자리에 앉혔지만 반드시 내 명령을 들어야 한다. 그렇지 않으면 죽어도 태자가 되지 않을 것이다!" 병사들이 모두 말에서 내려와 절을 하자 조광윤이 말했다. "근세의 제왕들이 거병하여 도성으로 들어오면 병사들의 노략질을 허락했는데 이를 '항시扌市'라 했다. 그대들은 절대 항시를 해서는 안 된다. 내 명을 지키면 후한 상을 내리겠지만 그렇지 않으면 죽음을 면치 못한다. 그렇

〈축국도(蹴鞠圖)〉

게 할 수 있겠는가?" 그러자 병사들이 입을 모아 대답했다. "좋습니다." 조광윤은 대오를 정돈하고 인화문仁和門을 통해 아무런 저항 없이 수도로 입성했다. 그리고 하루도 채 지나지 않아 황제의 자리에 올랐다.

이처럼 조광윤은 어쩔 수 없이 황제가 되었는데 이후 대부분의 역사서가 사마광의 관점을 견지했다. 결과는 상상하는 대로다.

조광윤은 몰래 초소보와 곽연윤郭延贇을 어머니와 석수신에게 보낸 다음 대신들이 조회를 하는 시간에 맞추어 입성했다. 석수신은 이미 성 문을 활짝 열어놓고 조광윤의 대군을 맞았다. 조회에 참석한 대신들은 그제야 이 소식을 들을 수 있었다. 황제의 명령 없이 마음대로 병사를 이끌고 도성으로 들어오는 것은 십중팔구 병변이었다. 게다가 당시는 어린 주인 때문에 안팎 걱정이 많은 시기이지 않은가? 소식을 들은 재상 범질은 왕부의 손을 잡고 후회 막심한 표정으로 말했다. "그리도 급하게 그를 보내는 것이 아닌데, 이 모두 우리의 죄요!" 하지만 어쩔 도리가 없었다. 『삼국연의』에서 제갈량이 했던 "글로 쓰면 천 가지 말이 있으나 마음속엔 대책이 하나도 없다"라는 말이 바로 이 상황을 두고 하는 말이었다.

기록에 따르면 유일하게 군사를 조직해 저항했던 장수가 바로 수도의 방위를 맡고 있던 한통韓通이었다. 한통은 충성스럽고 용맹했지만 지략이 없는 인물이었다. 넋 놓고 있다 된통 당한 그는 상황이 위급해지자 군대를 조직해

석수신의 전전사殿前司 관청을 공격했다. 하지만 만반의 준비를 하고 있던 석수신을 이기기에는 역부족이었다. 하긴 이미 조광윤의 대군이 수도로 입성한 마당에 그 싸움에 이긴다 한들 뾰족한 수가 있었을까! 이미 틀렸다고 생각한 한통은 황급히 집으로 몸을 숨겼지만 조광윤의 부장 왕언승王彦升에게 붙잡혀 일가족이 모두 몰살되고 말았다.

무력 저항은 모두 진압했지만 정말 큰 문제는 대신들의 마음을 얻는 것이었다. 그만큼 긴 시간이 필요하기도 했다. 조광윤은 이 문제를 해결하는 과정에서 남다른 포용력과 탁월한 지략을 보여주었다. 물론 그것은 아주 긴 시간에 걸쳐 이루어졌다.

당장의 문제는 신하들의 인정을 받는 것이었다. 이를 위해 조광윤은 '나도 어쩔 수 없었다'는 입장을 고수했다. 먼저 범질과 왕부를 비롯한 대신들을 따끔하게 질책한 그는 진교병변 때 이미 우려먹었던 상투적인 말들을 다시 한번 강조했다. 세종의 은혜에 깊이 감사한다는 둥 자신이 어찌 세종을 저버릴 수 있겠느냐는 둥 자신은 황제가 되고 싶지 않았지만 병사들의 강요로 그리됐다는 둥 그러면서 이제 어떻게 하면 좋을지 재상들에게 의견을 묻는 것도 잊지 않았다.

뻔히 속이 보인다고 얕보지 마시라. 조광윤은 이를 통해 자신을 향한 비난에서 빠져나올 수 있었고 더 중요한 것은 후주의 대신들에게도 퇴로를 마련해 줄 수 있었다. 문인들이란 속으론 따르고 싶다가도 강압적인 수단 앞에서는 더 꼿꼿해지게 마련이다. 하지만 조광윤의 이런 태도는 사건을 본질적으로 바꾸어버렸다. 병변을 일으켜 황위를 찬탈한 것이 하늘과 사람의 뜻에 순응하는 일이 되어버린 것이다. 이 사건은 더 이상 개인의 이익을 위한 것이 아닌 공공의 이익을 위한 것으로 변모했다. 이 방법은 대신들과 조광윤 사이를 가로막고 있던 심리적인 장애물을 없애는 데 큰 역할을 했다. 조광윤은 예를 다해 어진 현사들을 대했다. 중국인들은 "선비는 자신을 알아주는 자를 위해 죽고 여인은 자신을 기쁘게 해주는 이를 위해 단장을 한다"라는 말에 특히 공감한다. 이런 이유 때문에 대신들은 자연스럽게 조광윤을 받아들일 수 있었다.

그때 조광윤의 부하 나연괴羅延瑰가 검을 빼들고 앞으로 나서며 말했다. "이 모두는 하늘의 뜻이니 저 역시 어질고 현명한 주인을 원합니다." 말을 마친 그가 만세를 외치자 모든 것이 일사천리로 이루어졌다. 겁 많은 재상 왕부가 무릎을 꿇자 또 다른 재상 범질은 조금 멈칫하다가 이내 머리를 조아리며 무릎을 꿇었다. 그러자 조정을 가득 채운 문무 대신들이 자연스럽게 무릎을 꿇었다. 이어서 터져 나온 만세 소리는 성 전체를 흔들 정도로 우렁찼다. 이렇게 한 나라의 왕이 바뀌었다.

다음은 결말이다.

모든 장애물을 제거한 조광윤은 명실상부한 천자가 되었다. 하지만 아직 완벽한 것은 아니었다. 아직도 형식적으로 황제가 되지 못했기 때문이다. 형식상의 합법성을 위해서는 무엇을 더 해야 할까? 바로 선양禪讓, 임금의 자리를 물려주는 것-옮긴이 의식이었다.

역대의 '선양' 의식은 '삼손三遜'과 '삼사三辭'로 이루어진다. '삼손'이란 황위를 양보하는 제왕이 세 번에 걸쳐 겸손한 태도로 다른 사람에게 황위를 넘기는 것이다. 자신의 덕과 재능이 부족하여 천하를 다스리기에 부족하니 현명한 이에게 왕위를 넘긴다는 말도 덧붙여야 한다. '삼사'는 이를 세 번 사양하는 것으로, 자신의 덕과 공이 부족하여 신하를 하는 것도 부끄러운데 어찌 감히 왕위를 받을 수 있겠냐며 거듭 거절하는 것이다. 이렇게 충분한 연기가 끝나면 왕권을 빼앗은 자가 태연하게 황제의 보좌에 앉는다. 이렇게 대신들을 억압하고 황권을 찬탈한 일이 아름다운 이야기로 탈바꿈되는 것이다.

조광윤의 선양 의식은 숭원전崇元殿에서 거행되었다. 황혼 무렵, 어둠이 짙어지자 한자리에 모인 문무백관은 모두 만감이 교차하는 표정을 지었다. 한림학사 도곡陶谷이 미리 준비한 조서를 읽어 내려가자 어린 황제가 황권을 물려주려고 하고 조광윤이 이를 거절하는 말과 동작이 몇 차례 이어졌다. 당시의 장면을 상상해보자. 아마도 현재의 경극과 별반 다르지 않았을 것이다. 곧 선양의 조서를 받아 든 조광윤은 별당으로 들어가 황제의 예복으로 갈아입은 후 재상의 부축을 받아 황위에 앉았다. 신하들의 축하 인사가 이어졌다.

드디어 조광윤은 고아와 과부의 손에서 황권을 '건네받은' 것이다. 예전 귀덕 절도사로 있을 때 송주宋州를 다스렸기 때문에 국호를 '송'이라 정했다. 그때 조광윤의 나이는 서른네 살이었다.

전체적으로 볼 때 발단, 전개, 위기, 절정, 결말의 희극의 구성 요소가 완벽하게 갖추어진 이야기였다. 그런데 이 역사극은 자연적으로 발생한 것일까 누군가의 계획과 연출로 만들어진 것일까? 이 연극의 제목을 진교병변이라 해야 할까? 황포가신이라 해야 할까? 이에 대한 의견은 분분하다.

하지만 제목을 무엇이라 하든지 피 한 방울 흘리지 않고 정권의 교체를 이루었고 300년의 역사를 자랑하는 송나라의 개국 황제가 된 업적을 무시할 수는 없다. 물론 그가 시영柴榮, 후주의 세종의 은혜를 저버리고 고아와 과부를 능욕한 것은 덕이 부족한 것이라 욕해야 한다. 그사이 얽히고설킨 이야기들을 어떻게 정리해야 할지는 아무도 모른다. "무대는 작은 세계요, 세계는 큰 무대다"라는 말이 있다. 역사가 언제 연극이 아니었던 적이 있었던가?

조광윤이 중국 역사극 최대의 감독인가 아닌가는 감히 말할 수 없겠지만 한 가지 확실한 것은 그가 연극의 구성요소를 잘 아는 감독이었다는 점이다. 이러한 구성요소는 역사건 연극이건 매우 중요한 의미를 가진다.

『송사』, 『속자치통감장편續資治通鑑長編』, 『백장전百將傳』 참고

서생 정치가

중국의 서생들은 언제나 정치 참여를 갈망했다. "문무를 모두 익혀 제왕에게 팔아먹으려 한다"라는 말처럼 그들의 인생 목표를 잘 설명해주는 것도 없을 것이다. 하지만 문제는 서생의 인격과 정치가의 인격이 서로 다르다는 점이다. 학자와 정치가는 원래 근본적으로 다른 궤도를 달리는 열차다. 이 둘을 동시에 갖출 수 있다는 것은 서생의 환상에 불과하다. 어쩌면 이러한 환상 때문에 학자들은 불을 향해 달려드는 나방처럼 목숨을 대가로 광명을 추구하는 것인지도 모르겠다.

덕분에 중국 역사에는 서생 정치가가 만들어놓은 아름다운 이야기들이 남았다. 이들 서생 정치가들은 쓸쓸한 제단 위를 걸었지만 동시에 역사를 위한 빛과 희망을 우리에게 보여주기도 했다. 그렇다면 현실을 사는 우리는 '절망'해야 할까? 아니다. 우리는 또 '도덕의 숙명'을 받아들이며 현실의 무게를 지탱해야 한다.

불교가 중국에 들어오기 전 중국인들에게 인과응보 관념은 그리 명확하지 않았다. 하지만 한나라 때 불교가 유입된 후 중국인들은 빠르게 불교의 윤회사상을 받아들였으며 본토 문화의 특징을 바탕으로 확고한 도덕적 신앙과

결합한 인과응보 관념을 형성했다.

"죄는 지은 대로 가고 덕은 닦은 대로 간다. 당장 눈에 보이지 않더라도 때가 되지 않은 것일 뿐이다." 중국인들의 보편적인 생각이다. 하지만 이런 관념이 누구에게나 구속력을 가지는 것일까? 사실 이런 말을 하는 사람조차도 100퍼센트 이 말을 믿는다고 할 수는 없다. 어쩌면 그것은 단순한 위안일 수도 있다.

"선한 사람은 일찍 죽고 악인은 천 년을 산다"라는 말을 증명해주는 사건이 너무도 많기 때문이다. 이미 하늘과 인간의 도리에 대한 믿음을 잃은 사람들은 괴롭고 힘들지만 호소할 곳도 없이 힘든 삶을 감수해야 했다. 바로 그 속에서 인과응보가 만들어진 것이다. 선악의 보응을 눈으로 볼 수는 없지만 '때가 되지 않았다'는 믿음 때문에 인과응보는 여전히 효력을 가지는 것이다. 이렇게 심적인 위로를 얻은 사람들은 여전히 용기와 믿음을 가지고 살아갈 수 있다. 비록 허황되거나 증명할 수 없는 위로라 할지라도 거짓보다는 진실을 믿고 싶은 것이 사람의 마음이다. 그마저도 부정해 버리면 사람은 인간에 대한 최후의 믿음과 미련을 모두 잃게 되기 때문이다. 그것은 삶에 대한 마지막 믿음을 잃는 것과도 같다.

기댈 곳 없는 현실의 무게에 절망하면서도 사람들은 여전히 하늘의 존재를 믿고 암흑 속에서도 영원불변 정의의 힘을 믿는다. 이것을 믿기만 한다면 언젠가는 선이 악을 이길 수 있기 때문이다. 어쩌면 이것은 종교의 형식을 가지지 않은 종교라 할 수 있다.

하지만 중국 역사에서 하늘의 뜻이 나타나는 일은 그리 많지 않았다. 선한 사람이 좋은 끝을 맺는 일도 흔하지 않았다. 오히려 사악한 무리가 벼락출세를 하고 오랫동안 부귀영화를 누리는 일이 더 많았다. 봉건 사회의 궁궐이나

한나라 경제

관료 사회도 마찬가지다. 충신이 비방당하고 현사가 의심을 받거나 간신이 총애를 받고 아첨하는 자가 사랑받는 일이 비일비재했다. 역사를 돌아보면 충성스럽지만 억울한 희생양이 된 서한의 조조晁錯와 같은 사람은 너무 많았다.

한나라 문제가 세상을 떠난 후 태자 유계劉啓가 즉위해 한나라 경제景帝가 되었다. 당시는 유방 이후 제후로 봉해진 유씨 번왕藩王들의 세력이 점점 강해지고 있는 때였다. 이 중 많은 수가 염전사업과 금속제련을 통해 막대한 부를 축적했고, 강한 경제력을 바탕으로 독자적인 세력을 형성했다. 결국 황제도 그들을 통제할 수 없을 정도가 되었다. 조조는 이런 상황에서 역사 무대에 등장했다.

조조는 재능이 출중한 인물이었다. 당시 그가 제안했던 정책 중에는 오늘날에 봐도 가치 있는 것들이 꽤 있었다. 하지만 아무리 재능이 뛰어난 인물이라도 세상물정을 모르고 적을 구별해 내지 못하거나 도망갈 곳을 마련하지 않고 전진만 한다면 실패를 면할 수 없다. 그의 이런 성격은 어느 정도 비극적인 결말을 예고하고 있었다. 이런 성격에다 사회 경험도 부족한 그가 위로만 자꾸 올라갔으니 그 결과가 어땠을지는 상상할 수 있을 것이다.

경제는 공적을 세우는 데 안달이 났지만 이를 뒷받침해 줄 지략은 부족한 황제였다. 그는 고집불통이지만 막상 일을 처리하는 데는 우유부단하고 또 질투심이 강했다. 즉위 후 조조가 낸 계책이 모두 마음에 들었던 그는 중대부이던 조조를 내사內史로 승진시켜 주었다. 경제는 오랫동안 자신의 부하였던 조조를 특별히 아꼈다. 그래서 자주 그와 국사를 의논하며 정책을 수립했는데 이 과정에서 조조의 의견은 대부분 정책으로 채택되었다. 때문에 조정의 법령은 대부분 조조의 손을 거쳐 고쳐지곤 했다. 조정 대신들 모두 경제가 총애하는 조조에게 감히 대들지 못했는데 일부 사람들은 이런 그를 시기하기도 했다.

황제에게 찬밥 취급을 받던 재상 신도가申屠嘉도 그런 사람 중 하나였다. 그는 늘 조조를 없앨 궁리를 했지만 이미 자만에 빠진 조조는 그 사실을 까맣게 모르고 있었다.

당시 조조의 내사부는 태상황묘 뒤쪽에 있었는데 내사부에서 큰 길로 나가려면 태상황묘를 빙 둘러 가야 해 여간 불편한 것이 아니었다. 그러자 조조는 멋대로 태상황묘의 담을 뚫어 내사부에서 큰 길로 바로 나갈 수 있게 만들어버렸다. 이 일을 알게 된 재상 신도가는 사람을 시켜 조조의 죄를 고하는 상소문을 쓰게 했다. 멋대로 태상황의 묘벽에 구멍을 낸 것은 태상황을 모욕하는 큰 죄이니 마땅히 죽여야 한다는 내용이었다. 누군가로부터 이 소식을 전해 들은 조조는 당황한 나머지 한밤중에 황제를 찾아갔다. 조조의 변명을 들은 경제는 오히려 그를 안심시키며 새로 낸 문을 그대로 쓰도록 허락했다.

다음 날 아침 조회에서 신도가가 상소문을 올렸다. 곧 황제의 불호령이 떨어질 것이라 예상했지만 경제는 아무렇지 않은 표정으로 이렇게 말했다. "조조가 벽에 구멍을 낸 것은 편리함을 위해서요. 또한 황묘의 외벽에 구멍을 뚫었을 뿐 묘를 손상시킨 것은 아니지 않소? 게다가 이 모두 사전에 내가 허락한 것이니 승상은 걱정하지 마시오." 대전에서 나온 신도가는 분하고 억울함을 이기지 못한 채 피를 토하고 죽어버렸다.

경제는 어사대부 도청陶靑을 승상으로 삼고 조조를 어사대부로 승진시켜 주었다. 사건 이후 조조는 벌을 받지 않았을 뿐 아니라 오히려 더 큰 총애를 받았다. 감격한 그는 황제의 은혜에 보답하기 위해 더욱 충성할 것을 결심했다.

일이 술술 잘 풀리다 보면 자칫 실수를 하게 마련이듯, 연일 승승장구하던 조조는 경솔해지고 말았다. 자신이 마음만 먹으면 못할 일이 없다는 자만에 빠진 것이다. 내친김에 그는 황제에게 충성심을 보여주기 위해 그간 마음먹고 있던 일을 시행하기로 했다. 조조는 황제에게 상소를 올려 먼저 오나라부터 삭번削藩, 제후들의 봉토를 줄이는 것-옮긴이할 것을 청했다. 상소의 내용은 다음과 같았다.

"당초 고조께서 천하를 안정시켰을 때 형제들은 나이가 어리고 조카들 역시 유약하여 같은 성씨를 가진 제왕들을 후로 봉했습니다. 제나라에는 칠십 곳의 성을 주었고 오나라에는 오십여 곳, 초나라에도 사십여 곳의 성을 하사했으니 천하의 반을 그들에게 준 것이지요. 하지만 은혜도 모르는 오나라 왕은 병을 핑계로 조정에 나오지도 않으니 이는 죽어 마땅한 죄입니다. 대왕께서는 차마 그를 죽이지 못하시고 겨우 곤장 몇 대로 죄를 용서해 주셨습니다. 참으로 대단한 인덕이지요. 그런데도 오나라 왕은 잘못을 반성하기는커녕 더 거만하고 무례하며 구리를 제련하고 소금을 만들어 번 돈으로 천하의 도망자들을 받아들여 반란을 계획하고 있습니다. 삭번을 하지 않아도 오나라와 초나라는 반드시 반란을 일으킬 것입니다. 오히려 삭번을 하면 그들은 더 빨리 반란을 일으키겠지요. 그렇게 되면 준비가 충분하지 않아 피해를 줄일 수 있습니다. 하지만 삭번하지 않으면 그들에게 충분한 시간을 주게 됩니다. 반란의 시기는 늦춰지겠지만 화는 더욱 커져 쉽게 평정할 수 없습니다."

평소 제후국들의 영토를 줄이려 했던 경제는 조조의 상소문을 대신들에게 보여주며 의견을 물었다. 대신 중 누구도 감히 이의를 제기하지 못했지만 첨사詹事 두영竇嬰만이 이를 반대했다. 지위는 높지 않았지만 두 태후의 조카였던 두영은 당당하게 자신의 의견을 밝혔다. 두영의 반대로 삭번이 무산되자 조조는 그에게 앙심을 품었다. 그리고 얼마 후 두영이 파면되었다. 도대체 무슨 일이 있었던 것일까?

경제의 동생인 양나라 왕 유무劉武가 황제를 알현하러 조정을 찾아왔다. 아들을 끔찍하게 사랑했던 두 태후는 연회를 열어 모자의 정을 흠뻑 나눴다. 술이 거나하게 취한 경제가 뜬금없이 자신이 죽고 나면 황위를 아우인 유무에게 물려주겠다는 말을 했다. 그 말을 들은 두 태후는 기쁨을 감추지 못했다. 유무 역시 겉으로는 사양했지만 저절로 어깨가 으쓱해졌다. 그때, 마침 한쪽에서 시중을 들던 두영이 앞으로 달려 나와 엎드리더니 다짜고짜 "불가합니다"라고 외쳤다. 그는 경제에게 벌주를 올려 마시게 한 다음 방금 한 말을 거두게 했다. 유무와 두 태후의 기분이 좋을 리 없었다. 다음 날, 두영은 파면을 당했고 두 태후도 그를 호적에서 파내고 다시는 보지 않겠다고 역정을 냈다.

두영이 파면되자 조조는 또다시 삭번을 준비했다. 삭번이 아직 결정되지 않았을 때 초나라 왕 유무劉戊가 입궁했다. 조조가 그 기회를 놓칠 리 없었다. 그는 여색을 밝히는 유무를 비방하며 부 태후의 상중에도 절제하지 않고 방종한 그를 사형에 처해야 한다고 주장했다. 조조의 말은 틀리지 않았다. 유무는 예법을 무시하고 어진 현사들을 모욕했으며 거칠고 음란한 행동을 일삼았다. 초나라의 현사 목생穆生, 신공申公, 백생白生 등도 이런 이유로 하나둘씩 유무를 떠났고 태부太傅 위맹韋孟 등도 줄곧 자신의 간언을 무시하는 유무에게 작별을 고한 지 오래였다. 그러니 조조의 말이 틀린 것도 아니었다. 하지만 마음이 약한 경제는 동해군東海郡을 몰수하는 것으로 벌을 대신하고 유무를 초나라로 돌려보냈다.

초나라를 삭번한 조조는 이번에는 조나라 왕의 과실을 꼬투리 잡아 상산군常山郡을 얻어냈다. 그리고 교서왕膠西王이 돈으로 관직을 사고팔자 이를 빌미로 6개 현을 몰수했다. 예상 외로 제후들이 삭번에 순순히 응하자 이번에는 다소 어려운 상대라 생각했던 오나라를 목표로 삼았다.

조조가 한껏 기세등등해 있을 때 백발이 성성한 노인이 갑자기 문을 열고 집안으로 들어와 소리를 질렀다. "정녕 죽고 싶은 게냐?" 조조가 자세히 보니 자신의 아버지였다. 아들의 부축을 받고 자리에 앉은 아버지가 입을 열었다. "영천 고향에 살 때는 편하고 좋더니만 네가 조정에 들어가 정사를 맡고부터는 기어이 종실을 이간질하고 그들의 영지를 빼앗으려고 해 사람들의 원성이 자자하다 들었다. 도대체 무슨 생각으로 그러는지 알고 싶어 내가 직접 찾아온 것이다!" 그러자 조조가 대답했다. "삭번을 하지 않으면 제후들의 세력은 나날이 강해져 한나라의 천하는 더 이상 버티기 어렵게 됩니다." 조조의 아버지가 크게 한숨을 내쉬고는 말했다. "유씨가 평안해지면 반드시 조씨가 위험해질 것이다. 나는 이미 늙어 너희에게 화가 닥치는 것을 차마 볼 수가 없구나. 그러니 그만 고향으로 돌아가야겠다." 말을 마친 아버지는 그대로 자리를 박차고 나가버렸다.

초나라, 조나라, 그리고 교서왕이 이미 영토를 빼앗겼다는 소식을 들은 오나라의 유비劉濞는 선수를 쳐 반란을 일으키기로 했다. 사실 유방은 벌써부터 먼 훗날 유비가 반란을 일으킬 것을 알고 있었다. 유비는 유방의 형 유중劉仲의 아들인데 풍채가 좋고 힘이 세서 전쟁에서 많은 공을 세웠다. 유방은 그런 그를 제후로 봉했는데 당시 몸을 숙이고 작위를 받던 유비를 본 유방의 눈빛이 크게 흔들렸다고 한다. 유비가 반골의 상, 즉 역적이 될 상이었기 때문이었다. 유방은 유비에게 대놓고 이렇게 말했다. "너를 보아하니 장래에 반란을 일으킬 상이구나." 깜짝 놀란 유비가 식은땀을 흘리며 아무 말도 하지 못하자 유방이 그의 잔등을 어루만지며 말했다. "먼 훗날 동남쪽에서 난이 일어날 텐데 그게 너는 아니겠지? 한나라의 대업을 위해서는 절대 반란을 일으켜서는 안 된다!"

하지만 실제로 유비는 교서와 초나라, 조나라 및 교동膠東, 치주淄州, 제남濟南 6국에 사자를 보내 반란을 부추겼다. 오초 7국이 거병하고 얼마 후 유비는 반란의 명분을 위해 "조조를 죽이고 천자의 주변을 깨끗이 한다"라는 선동적인 구호를 내걸었다. 자신들의 반란은 오직 사악한 간신들을 제거해 황제를 돕기 위한 것이라는 뜻이었다.

반란 진압을 명하기 전 경제는 갑자기 문제가 생전에 했던 말을 떠올렸다. "혹시 나라에 변고가 생기거든 주아부周亞夫를 대장으로 삼거라." 경제는 즉시 주아부를 태위로 삼아 출정을 명령했다. 주아부는 흔쾌히 명령을 받들고 싸움을 준비했다. 얼마 후 제나라 왕의 다급한 지원 요청을 받은 두영이 출정을 준비하고 있을 때 갑자기 오랜 친구인 원앙袁盎이 그를 찾아왔다. 원앙은 원래 오나라의 재상이었는데 어사대부가 된 조조가 삭번을 제안하자 관직을 사양하고 나라로 돌아와 명을 받들었다. 하지만 조조는 원앙이 오나라 왕의 뇌물을 받고 내통했으니 처벌해야 한다고 주장했다. 결국 파면당하고 서민이 된 원앙은 이일로 조조에게 앙심을 품었다. 그런 원앙이 두영에게 말했다. "칠七국의 반란은 오나라로부터 시작되었는데 오나라가 이런 마음을 먹은 것도 모두 조조 때문입니다. 황상께서 내 말을 들어주시기만 한다면 반드시 반란을 평정할 수 있습니다." 평소 조조와 두영은 말도 섞지 않을 정도로 사이가 좋지 않았다.

원앙의 말을 들은 두영은 흔쾌히 황제를 만나게 해주겠다고 약속했다. 서민 신분이라 황제를 직접 만날 수 없었던 원앙에게 두영은 꼭 필요한 존재였다. 원앙에게 반란을 평정할 계책이 있다는 말을 전해 들은 경제는 다급히 그를 불러들였다. 당시 조조는 대전에서 황제에게 군량과 병사들의 급여에 대해 보고하고 있었다.

원앙을 불러들인 경제가 물었다. "그대에게 오초 7국의 난을 평정할 좋은 방도가 있는가?" 그러자 원앙은 다소 경박한 태도로 말했다. "폐하, 걱정 마십시오. 염려 놓으셔도 됩니다." 다급해진 경제가 되물었다. "오나라 왕은 구리와 소금으로 돈을 모아 영웅호걸들을 불러들였는데 계책 마련에 만전을 기하지 않으면 쉽게 꺾기 어려울 것이다. 그런데 어찌 걱정 말라고만 하느냐?" 이미 경제의 마음을 읽은 원앙은 더욱 그의 애를 태우며 말했다. "오나라에는 동과 소금이 있지만 영웅호걸은 없습니다. 그들은 모두 건달이나 도망자의 오합지졸이지요. 그런 그들이 함께 난을 꾀한 것이니 걱정할 필요가 없다는 것입니다."

바싹 애가 탄 경제가 말했다. "나에게 그 따위 쓸데없는 소리나 하려고 온 것이냐?" 그제야 원앙은 표정을 바꾸고 천천히 입을 열었다. "신에게 반란을 평정할 계책이 하나 있습니다. 하지만 누구도 이를 들어서는 안 됩니다."

정신이 바짝 든 경제가 황급히 주변 사람들을 물렸지만 조조는 여전히 자리를 지키고 있었다. 원앙은 조조가 자신의 계획을 듣는다면 어떻게든 변명할 것이고 마음 약한 경제가 선뜻 결정을 내리지 못할 것을 잘 알고 있었다. 그렇게 되면 조조를 죽이기는커녕 오히려 자신이 위험해질 수도 있었다. 그러니 조조를 그대로 둘 순 없었다. 원앙이 말했다. "이 계책은 황상 말고는 누구도 들어서는 안 됩니다."

말을 마친 원앙의 심장이 쿵쿵 뛰기 시작했다. 만약 경제가 조조가 있는 자리에서 계책을 말해보라고 재촉한다면 자신은 꼼짝없이 죽은 목숨이었기 때문이다. 잠시 침묵이 흐른 후, 황제가 조조에게 말했다. "그대도 우선 물러나 있으시오."

드디어 기다리던 기회를 만난 원앙은 단도직입적으로 경제에게 말했다. "7국의 반란 무리가 기치로 내건 것이 무엇인지 아십니까? 바로 '조조를 죽이고 황제의 주변을 깨끗이 한다'입니다. 그들이 서신으로 왕래한 내용은 단지 황제의 핏줄로서 영토를 나누고 제후왕이 되었으니 서로 의지하여 돕자는 것에 지나지 않았습니다. 하지만 갑자기 조조가 나타나 종실을 이간질하고 시비를 흐리고 있습니다. 그들은 어쩔 수 없이 손을 잡고 간신을 없애 영지를 되찾으려는 것입니다. 만약 폐하께서 조조를 죽이고 그들의 죄를 사면해주신 후 땅을 돌려준다면 그들은 분명히 병기를 거두고 돌아갈 것입니다. 물론 이 모두는 폐하의 결정에 달려 있습니다." 말을 마친 그는 황제를 바라보며 더 이상 아무 말도 하지 않았다.

생각이 짧은 경제가 시비를 제대로 가릴 리 없었다. 원앙의 말을 들은 그는 조조가 자신에게 직접 출정을 권한 것이 의심스러워지기 시작했다. 설령 반란군과 한 통속이 아니라 하더라도 다른 꿍꿍이가 있는 것은 아닐까? 황제는 즉시 원앙에게 말했다. "정말 군사를 물릴 수 있다면 내 어찌 사람 하나를 아끼고자 천하에 잘못을 저지를 수 있겠는가!"

원앙은 뛸 듯이 기뻤지만 신중함을 잃지 않았다. 그는 혹시라도 경제가 자신을 원망하거나 책임을 전가하지 못하도록 이렇게 말했다. "중대한 일이니 폐하께서는 심사숙고하신 후에 결정하십시오."

경제도 더 이상 아무 말 하지 않고 원앙을 태상太常으로 임명한 다음 오나라로 가서 화친을 맺도록 했다. 원앙이 물러가자 조조가 다시 대전으로 들어왔다. 여기에서도 조조는 신중하지 못했다. 교활한 원앙이 굳이 억지로 자신을 밖으로 내보낸 것을 조금만 의심해 봤더라면 그 계책이 자신과 관련된 것임을 쉽게 알 수 있었을 것이다. 하지만 지나치게 경제를 믿었던 조조는 아무것도 묻지 않고 앞서 했던 보고를 계속했다.

조조는 경제가 원앙의 계책을 무시했다고 생각했지만 경제는 이미 비밀리에 승승 도청과 정위廷尉 장구張歐를 시켜 조조를 처리할 준비를 하고 있었다. 그러던 어느 날 밤, 누군가가 조조의 집 대문을 두드리며 즉시 입궁하라는 황제의 명을 전했다. 놀란 조조가 무슨 일이냐고 물었지만 황제의 사자는 모른다는 말만 되풀이했다. 서둘러 옷을 갈아입은 조조는 중위의 마차에 올라탔다. 하지만 마차가 가는 곳은 궁궐 쪽이 아니었다. 의심이 든 조조가 휘장을 걷어보니 마차는 이미 저잣거리에 도착해 있었다. 누군가의 명으로 마차에서 내린 곳은 죄인을 사형하는 동시東市였다. 조조는 그제야 상황을 파악했다. 중위가 황제의 종지를 채 다 읽기도 전에 조복을 입은 조조의 몸은 두 동강이가 나고 말았다.

곧 경제는 조조의 죄를 정식으로 공표하고 그의 어머니와 부인, 자식, 조카들을 모두 장안으로 잡아들였다. 조조의 아버지는 이미 보름 전에 독을 마시고 자살한 터라 명단에서 제외되었다. 곧 조조의 가문 사람들은 모두 참수형을 당했다.

조조를 처리한 경제는 원앙이 오나라에 화친을 청했으니 7국이 금세 군대를 철수시킬 것이라 생각했다. 하지만 아무리 기다려도 원하는 소식은 오지 않았다. 며칠 후, 주아부 군중의 교위 등공鄧公이 전선에서 돌아와 경제를 알현했다. 그를 본 경제가 다급히 물었다. "조조가 이미 죽었으니 오나라와 초나라가 병사를 물리겠다고 하던가?" 등공은 조금도 망설이지 않고 말했다. "오나라 왕은 이미 수십 년 전부터 반란을 계획했습니다. 그들이 조조를 죽이려 한 것은 거짓명분에 지나지 않으며 진짜 속내는 천하를 얻고자 하는 것입니다. 신하 하나 때문에 병사를 일으켜 반란을 일으키는 것이 가당키나 합니까? 그런데도 폐하께서 조조를 죽이셨으니 천하의 뜻 있는 자들이 입을 닫고 아무 말도 하지 않을까 걱정입니다. 조조가 삭번을 주장한 것은 나라를 부강하게 하기 위함이었으며 한나라를 위한 위대한 계책이었습니다. 하지만 이제 그는 죽고 계획도 모두 중단되었으니 참으로 개탄스러운 일입니다." 경제는 고개를 숙이고 아무 말도 하지 못했다.

조조의 죽음은 너무나 억울했다. 그는 분명히 온갖 술수가 난무하는 정치판의 희생양이었다. 하지만 그의 성격도 비극을 자초했다. 충성할 줄만 알았지 충성심에도 이치가 있다는 것을 몰랐으며 국가만을 생각하고 자신의 안위는 돌보지 않은 것이 화근이라면 화근이었다. 재능을 드러낼 줄만 알았지 겸손을 몰랐으며 많은 사람과 접촉하면서도 좋은 인연을 맺지 못했다. 그런 성격을 바꾸지 않는다면 설령 죽지 않는다 하더라도 한나라의 조정에서 오랫동안 살아남기는 어려웠을 것이다. 관직이라는 것이 단지 한 사람의 신뢰만으로는 오래 유지하기가 어려운 탓이다.

내친김에 한마디 더 하자면 조조의 삭번은 결코 제후국의 세력을 약화시키지 못했다. 반란을 평정한 후에도 그 문제는 여전히 해결되지 않았다. 이 문제를 절묘하게 해결한 것은 바로 한나라 무제의 '추은령推恩令'이었다.

주부언主父偃이 무제에게 말했다. "고대 제후들의 영토는 백 리를 넘지 못했습니다. 그래서 군주는 그들을 쉽게 통제할 수 있었지요. 하지만 오늘날 제후들의 성은 수십 개로 끊임없이 연결되어 있으며 토지는 사방 천 리가 넘습니

한나라 문제의 내전(內傳)

다. 천하가 평안할 때 그들은 쉽게 사치하고 오만해지며 음란한 짓거리들을 합니다. 그리고 위기 상황이 되면 강한 힘을 등에 업고 서로 결탁해 반란을 합니다. 지금 법령으로 그들의 땅을 몰수하면 그들을 부추겨 반란을 일으키는 꼴밖에 안 됩니다. 이전에 조조가 시행했던 삭번 정책은 결과적으로 오초 7국의 난을 야기하지 않았습니까? 그러니 실행 가능한 방법을 이용해 제후들의 세력을 통제해야 합니다. 지금 제후의 아들은 열 명이 넘습니다. 하지만 첫째 아들만이 작위를 계승할 수 있어 나머지 자식들은 제후왕의 혈육임에도 땅 한 뙈기 받지 못했습니다. 그러니 황제 폐하의 너그러움과 자애로움을 그들에게 보여줄 수 없는 것이지요. 원하건대 폐하께서는 은덕을 더 넓게 베푸시어 그들의 땅을 아들들에게 나누어주고 그들을 후로 봉하도록 하십시오. 그렇게 되면 나머지 아들들은 매우 기뻐하며 폐하의 정책을 따를 것입니다. 폐하께서 그들이 원하던 것을 주셨기 때문입니다. 이 방법을 통해 폐하는 은덕을 베푸심과 동시에 제후의 땅을 더 잘게 쪼개 놓을 수 있습니다. 그렇게 하면 영지를 빼앗지 않고도 그들의 세력을 약하게 만들 수 있습니다."

무제는 무릎을 치며 당장 '추은령'을 발표했다. 결국 이 방법을 통해 한나라 건국 이후 절대 해결할 수 없을 것만 같았던 제후세력 통제 문제를 말끔히 해결할 수 있었다.

'추은령'이란 황제의 은덕을 보여준다는 명목으로 제후들의 영지를 첫째 아들뿐만 아니라 다른 자손들에게도 나누어주는 것이다. 이 정책이 시행되자 제후의 자손들은 더 치열하게 이익을 다투었고 영지는 더 잘게 나누어져 자연스럽게 세력이 약화되었다. 물론 제후의 자손들도 이 정책의 진짜 목적을 알고 있었지만 모두 땅에 욕심을 내고 있었기에 반발하지 않았다. 주부언의 정책은 절묘했다. 요새를 가장 쉽게 무너뜨릴 수 있는 방법은 내부를 공격하는 것이다. 이를 알고 적절한 계책을 낸 주부언은 조조보다 뛰어난 지략가였다. 하지만 여기에도 중요한 것이 있다. 정치는 눈앞의 성공을 중요하게 여기지만 역사는 결코 그렇지 않다는 점이다. 역사는 한 인간의 인격과 문화 의식을 더욱 중요하게 여긴다. 역사는 정치의 노예나 노리개가 아니라 진정한 주인이기 때문이다. 바로 그런 이유 때문에 조조에게 무한한 존경을 표해도 주부언을 기억하는 사람은 거의 없다. 눈앞의 이익만을 따지고 이후의 평가나 명성에 대해서는 관심도 없는 현대인들이 곰곰이 되새겨볼 만한 일이다.

관료 사회의 오뚝이가 될 수 있는 '관리학'

오늘날 사람들이 흔히 말하는 관계학關係學은 하나의 학문인데 그 뜻이 방대하고 범위가 넓어 쉽게 배우기가 어렵다. 그래서 많은 사람이 관계학을 제대로 배우기 위해 노력한다. 하지만 관계학보다 더 배우기 벅찬 학문이 있다. 바로 관리가 되는 방법을 다룬 '관리학官吏學'이다.

봉건 시대의 관료 사회에서 관리가 되는 것은 깊고도 신비한 하나의 예술로 보일 정도지만 사실 그 겉모습과 본질은 종이 한 장 차이에 불과하다. 일단 그 속을 들여다보면 이를 쉽게 알 수 있다. 관료 사회에서 오뚝이가 되는 비결은 두 가지다. 첫째는 시비를 따지지 않고 양심은 모두 버릴 것. 그리고 둘째는 상황을 보아가며 태도를 바꾸어 재빨리 새로운 주인에게 몸을 맡기는 것이다.

하지만 모든 사람이 이를 배울 수 있는 것은 아니다. 그것은 당신이 어떤 사람이냐에 달렸다. 죽을지언정 끝까지 굽히지 않고 신념을 지키는 것은 학자의 인격이며 어질고 의로운 자의 처세 신조다. 하지만 관료 사회에서 오뚝이가 되려면 젖을 주는 사람이 어머니고 총을 가진 자가 우두머리가 됨을 인정해야만 한다. 이렇게 완전히 다른 사람과 전혀 어울리지 않는 관념을 하나로 묶는 것은 매우 어렵다.

중국 봉건 사회에서 관리가 되는 것과 좋은 사람이 되는 것은 종종 별개로 다루어졌다. 관리가 되려는 자들은 법가의 '술'을 주로 사용했다. 입으로는 인의와 도덕을 외치지만 벼슬 자리를 지킬 수 있고 이득만 된다면 수단과 방법은 가리지 않으며 일의 성질과 목적도 따지지 않는다. 하지만 좋은 사람이 되려는 자는 유교를 숭상하고 도가를 믿는다. 그들은 이상과 신념을 위해 산다. 이 때문에 현실과의 충돌은 불가피하다.

그렇기 때문에 봉건 사회에서는 종종 기괴하면서도 지극히 정상적인 현상이 일어난다. 관리의 인격과 좋은 사람의 인격이 상반되는 것이다. 분명한 것은 좋은 사람은 관리가 되기 어렵다는 사실이다.

중국의 유명한 역사학자 쳰무錢穆 선생은 중국 역사에서 가장 몰염치한 왕조가 5대 10국 시대라고 말했다. 그 근거는 무엇일까? 이 시기에 두 명의 오뚝이가 출현했는데, 아마 그것이 쳰무 선생의 주장에 작은 근거가 될 수 있을지도 모르겠다.

장전의張全義는 세 개의 왕조를 거치며 모두 8명의 황제를 섬겼다. 한 사람이 3대에 걸친 왕조에서 벼슬을 하고 8명의 황제의 총애를 받은 것은 기적에 가까운 일이었다.

장전의는 852년 당나라 선종 통치 시기에 복주瀼州에서 태어났는데, 원래 이름은 장거언張居言이었다. 가난한 집안 출신인 그는 입에 풀칠이라도 하기 위해 현지의 관아에서 종살이를 했는데 툭하면 현령에게 괴롭힘과 모욕을 당했다. 훗날 몸을 맡긴 왕선지王仙芝의 군대가 패망하자 또다시 황소黃巢의 대군에 들어갔다. 군에서 장전의는 영리하고 용맹했으며 전쟁에도 소질을 보였다. 의군이 장안을 점령한 후 그는 농민 정권의 이부상서 겸 수운사輸運使로 발탁되었다. 당시 이부상서는 관리의 심사와 임면을 주관하는 자리로 막대한 권력을 갖고 있었다. 또 수운사는 물길과 육로를 통해 장안에 주둔하는 백만 대군의 식량을 운반하는 중책을 맡은 자리였다. 이것만 보더라도 장전의가 황소의 군대에서 얼마나 중요한 위치를 차지했었는지 잘 알 수 있다.

얼마 후 황소의 봉기가 실패하자 장전의는 수많은 농민군 장수들과 마찬가지로 당나라에 투항했다. 당시 장전의는 세력이 강했던 하양절도사河陽節度使 제갈상諸葛爽의 밑으로 들어갔다. 제갈상은 여러 번 장전의를 시켜 봉기군의 잔여 세력을 소탕하고 기타 군벌들을 습격하게 했다. 이 과정에서 수많은 공을 세운 장전의는 제갈상의 추천으로 당나라의 택주澤州, 현재의 산시 성(山西省) 가오핑(高平) 현 자사로 임명되었다.

얼마 후 제갈상이 병으로 죽자 그의 부하였던 이한지李罕之와 유경劉經이 서로 낙양을 차지하려고 혈전을 벌였다. 당시 유경은 부하 장전의를 보내 이한지와 맞서 싸우게 했다. 하지만 이한지의 거대한 병력을 본 장전의는 자신이 아니라 유경이 직접 와도 상대가 안 될 것이라 생각하고 망설임 없이 이한지에게 투항했다. 장전의가 배신하자 유경은 제갈상의 아들 제갈중방諸葛仲方에

게 도움을 요청했다. 유경은 제갈중방의 도움으로 이한지의 대군에 공격을
퍼부었다. 이에 질세라 이한지도 농민봉기군을 진압했던 대군벌 이극용李克用
에게 지원을 요청했다. 곧 전세를 역전시킨 이한지는 많은 땅을 손에 넣었다.
장전의는 또다시 이한지의 추천으로 하남윤이 되었다.

하남윤은 택주자사보다 권력이 강했지만 결코 녹록한 자리가 아니었다.
살인과 약탈이나 일삼던 군벌 이한지가 유랑민을 정착시키고 생산을 장려하
는 것의 중요성을 알 턱이 없었다. 그는 군수물자를 모아오라고 독촉하며 끊
임없이 장전의를 괴롭혔다. 당시는 군량을 모으기가 매우 어려운 시기라서
좀처럼 이한지를 만족시킬 수 없었다. 게다가 성질이 급하고 난폭한 이한지
는 조금이라도 마음에 들지 않으면 대놓고 욕을 퍼부었다. 그 때문에 누구도
감히 식량 수송을 하겠다고 나서지 않았다. 장전의의 부하들은 반란을 하자
고 부추겼지만 장전의는 계속 좋은 말로 달래며 본심을 감추었다.

하지만 이미 장전의는 다른 생각을 하고 있었다. 그는 이한지의 의심을 사
지 않기 위해 겉으로는 군수물자를 조달하기 위해 애썼지만 몰래 힘을 비축
하며 조용히 때를 기다리고 있었다. 888년, 또 전쟁을 일으킨 이한지가 진晉
나라와 강絳나라를 공격했다. 드디어 때가 되었다고 생각한 장전의는 본부의
병마를 이끌고 이한지의 근거지인 하양을 점령해 스스로 하양절도사가 되었
다. 화가 머리끝까지 난 이한지는 즉시 이극용에게 도움을 청한 뒤 하양을 빼
앗으려 했다. 하지만 장전의도 이미 같은 군벌인 주온朱溫에게 도움을 요청한
터였다. 마침 세력을 확장하려던 주온은 흔쾌히 그의 청을 받아들여 하양에
지원 병력을 보내주었다. 성을 굳게 지키고 있던 주온의 지원군을 본 이극용
은 그대로 후퇴할 수밖에 없었다. 곧 장전의는 자신에게 큰 도움을 준 주온의
밑으로 들어갔다.

장전의를 완전히 믿지 않았던 주온은 그에게 병권을 주지 않았다. 장전의가 또 언제 자신의 뒤통수를 칠지 몰랐기 때문이다. 주온은 장전의를 실질적인 병권이 없는 검교사檢校使로 임명했고 하남윤 직을 계속 수행하며 그 지역의 생산을 책임지게 했다. 낙양은 이름난 도시였지만 안사安史의 난 이후로 끊임없이 파괴당해 매우 황폐해졌다.

수, 당, 5대 10국 시대의 화폐 – 소정만세 (紹定萬歲)

장전의가 부임할 당시 낙양 성내 가구 수는 100가구 정도였고 인구는 겨우 4, 500명에 불과했다. 역사적으로 군사, 상업, 문화의 요지였던 낙양은 이미 심각하게 파괴되었다. 하지만 장전의는 낙담하거나 포기하지 않았다. 농민 출신이었던 그는 고통과 어려움을 참고 견딜 만한 강한 정신력이 있었다. 그는 100여 명의 부하만을 대동한 채 낙양의 모든 현을 돌아다니며 유랑민을 안정시키기 위한 구체적인 조치를 제정했다. 몇 년 후, 그의 노력 덕분에 낙양의 모든 현은 이전의 활기를 되찾을 수 있었다. 또 그는 농한기를 이용해 건강한 남자들을 모아 무예를 연마시켜 2만 명 규모의 군대를 조직했다. 이처럼 장전의는 낙양을 통치하는 동안 많은 공을 세웠다.

한편 나날이 세력을 키운 주온은 결국 나라의 정권을 넘보기까지 했다. 주온은 당나라 소종을 낙양으로 납치하고 정권을 뒤엎어 후량後梁을 세우려 했다. 하지만 낙양은 장전의의 세력권이었다. 장전의가 자신에게 반기를 들까 봐 걱정이 된 주온은 먼저 그의 하남윤 지위를 박탈하고 동평왕東平王으로 봉한 후 중서령이라는 허울뿐인 직함을 하사했다.

이미 관료 사회에서 닳고 닳은 장전의는 주온의 신임을 얻을 수 있는 방법을 잘 알고 있었다. 그는 주온이 황제가 될 수 있는 계책을 적극적으로 내며 하남 일대의 재물을 마음대로 쓸 수 있게 했다. 그러자 주온은 장전의를 신임하기 시작했다. 장전의는 한 술 더 떠서 겸손한 태도로 주온이 하사한 관직을 사양했다. 그의 태도에 감동한 주온은 황제가 된 후 장전의를 위나라 왕으로 봉하고 하남윤의 직위도 회복시켜 주었다.

5대 시대는 그야말로 중국 역사상 가장 몰염치한 시기였다. 석경당石敬瑭과 같은 '꼭두각시 황제'가 있었는가 하면 주온과 같은 뻔뻔한 황제들도 많았기 때문이다.

후량의 황제 주온은 남의 집에 가서도 아름다운 여인이 있으면 무조건 자신의 잠자리 시중을 들게 했는데 결코 부끄러워하는 법이 없었다. 장전의도 예외가 될 수는 없었다. 어느 날, 장전의의 집에 들른 주온은 장전의의 아내, 딸, 며느리까지 돌아가며 자신의 잠자리로 불러 들였다. 장전의의 아들은 주온을 죽이겠다며 이를 부득부득 갈았다. 그러자 장전의가 한사코 아들을 말리며 말했다. "그는 내 목숨을 살려주었으니 하는 대로 그냥 내버려 두자꾸나." 하지만 장전의는 은혜를 갚기 위해 주온의 짓거리를 참아준 것이 아니었다. 굳이 그러지 않아도 정말 다양한 방법으로 은혜를 갚을 수 있었으니 말이다. 사실 가장 큰 목적은 바로 자리를 지키기 위해서였다. 대세를 위해 초인적인 인내심을 발휘한 그는 정말 '대단한 인격'의 소유자였다.

나이가 든 주온의 최대 적수는 이극용 부자였다. 그는 이극용과 관계를 맺었던 모든 인물들을 의심했는데 장전의도 예외는 아니었다. 그의 생각을 훤히 꿰뚫어 보고 있었던 장전의는 자구책을 마련하기로 했다. 주온에게 충성심을 보여주기 위해 낙양의 재물과 자신의 가산을 모두 털어 이극용과의 전쟁에 보탠 것이다. 주온은 그제야 마음을 놓았다. 얼마 후 장전의는 아내를 궁으로 보내 주온을 설득하게 했다. 곧 주온은 자신의 아들과 장전의의 딸을 혼인시킴으로써 그에 대한 믿음을 보여주었다.

몇 번의 전쟁이 끝나고 마침내 후량을 멸망시킨 이극용의 아들 이존욱李存勖은 923년에 후당 정권을 수립했다. 이존욱은 몇 년 동안이나 주온을 도와 군수품을 조달한 장전의를 죽이려 했다. 하지만 노련한 장전의는 이번에도 위기를 잘 넘겼다. 이존욱의 유 황후에게 말 수천 필을 바쳐 자신을 돕도록 만든 것이다. 그는 솔직하게 그간의 죄를 인정하고 앞으로 더욱 힘써 낙양을 돌보겠다고 다짐했다. 아직 그를 이용할 가치가 있다고 생각한 이존욱은 장전의를 살려주기로 했다.

그때부터 장전의는 이존욱의 마음에 들기 위해서라면 무슨 일이든 마다하지 않았다. 유 황후의 환심을 사는 데 성공한 그는 황후의 의부義父가 되었다. 이존욱은 장전의가 계속 하남윤과 중서령을 맡게 하는 한편 제나라 왕으로 봉해주기도 했다. 이존욱의 장인이 된 장전의는 새 왕조에서 완벽하게 자리를 잡을 수 있었다.

후당의 장종莊宗 이존욱은 음란하고 뻔뻔한 위인으로 좀처럼 정사를 돌보지 않았다. 무장과 명문 사족 출신만 기용했던 그는 문인이나 재능을 갖춘 서인들을 무시하기 일쑤였다. 이 때문에 후당은 빠른 속도로 몰락해갔다. 결국 더 강한 세력을 형성한 양자 이사원李嗣源이 이존욱의 자리를 대신했다. 그러던 어느 날 조재례趙在禮가 위주魏州에서 반란을 일으켰다. 장전의는 이존욱에게 이사원을 추천해 위주의 난을 평정하게 했다. 곧 정권을 장악할 이사원에게 잘 보이기 위해서였다. 이사원의 출정으로 장전의는 두 가지 이익을 얻을 수 있었다. 첫째는 이사원에게 생색을 낼 수 있는 것이고, 둘째는 싸움으로 병권을 장악하면 훗날 왕위를 찬탈하는 데 유리해지는 것이었다. 이사원이 황제가 된다면 자신은 또다시 새 왕조의 개국 공신이 될 수 있었다. 하지만 위주에 도착한 이사원은 싸움을 하기는커녕 오히려 조재례와 손을 잡고 이존욱을 공격했다. 자신이 천거한 이사원이 배반을 하자 장전의는 지레 겁을 먹었다. 며칠 동안 밥 한 술 넘기지 못한 장전의는 결국 굶어죽고 말았다. 얼마 후, 이존욱도 부하에게 목숨을 잃었다.

852년에 태어난 장전의는 일흔다섯 살의 나이로 세상을 떠났다. 중죄를 지은 것도 아니고 낙양을 다스릴 때는 얼마간의 공을 세우기도 했던 그였지만 이렇게 묻고 싶다. 관직을 지키기 위해 인간성마저 포기해야 했는지 말이다.

장전의보다 흥미로운 인물이 그와 같은 시기에 살았던 풍도馬道다. 882년에 태어난 그는 어렸을 때부터 품성이 올바르고 배우기를 좋아했으며 글짓기를 잘했다. 그는 낡은 옷이나 보잘것없는 음식을 부끄럽게 여기지 않았다. 그의 조상 중에 현령 이상을 지낸 사람이 한 명도 없을 정도이니 가문이 얼마나 보잘것없었는지 잘 알 수 있을 것이다. 이런 가정 형편에서 벼슬 자리에 오르는 것이 얼마나 힘들었을까?

당나라 말기에 이극용이 진양晋陽을 차지했다. 구양수歐陽脩가 쓴 『오대사.영관전서五代史. 伶官傳序』에서 알 수 있듯 이극용은 큰 뜻과 지략이 있는 인물이었다. 그의 아들 이존욱은 양나라를 멸망시키기 전부터 이미 군대 내에서 상당한 역할을 하고 있었다. 이 점을 눈여겨본 풍도는 자신의 앞날을 위해 이존욱에게 투항했다. 장승업張承業의 추천으로 이존욱의 친신이 된 그는 이때부터 본격적으로 벼슬길에 들어서게 되었다.

처음 풍도는 진왕부의 서기직을 맡았다. 이존욱은 주온이 건립한 후량 정권이 걷잡을 수 없이 부패하자 이를 기회 삼아 새로운 정권을 세우기로 했다. 진왕과 후량의 군대가 황하의 양쪽 연안에서 대치할 당시 싸움은 매우 치열하고 잔혹했다. 하지만 풍도는 언제 어디서나 솔선수범하며 검소한 모습으로 병사들에게 모범을 보였다.

후량을 멸망시키고 후당을 세운 이존욱은 명문 귀족 출신만을 중용하고 풍도는 거들떠보지도 않았다. 당시 집안 어른이 상을 당했다는 소식을 듣고도 걸어서 고향에 돌아가야 할 정도였으니 그의 처지가 얼마나 어려웠는지 상상할 수 있을 것이다. 장종 이존욱이 피살당하고 명종明宗이 즉위하고 나서야 그는 다시 조정으로 돌아올 수 있었다. 명종은 이전 왕조의 교훈을 바탕으로 학식이 높고 재능을 갖춘 인재들을 중용해 나라를 다스리려 했다. 그제야 재상으로 임명된 풍도는 이때부터 성공가도를 달리게 되었다.

풍도는 칠 년 동안 재상 자리에 있으면서 좋은 일을 많이 했다. 하지만 당나라 명종이 죽고 그의 아들 이종후李從厚가 즉위한 후 풍도는 정직하고 올곧았던 기개를 잃고 그저 자리보전에만 급급한 벼슬아치가 되고 말았다.

명종이 즉위하고 4개월도 채 지나지 않아 이종가李從珂가 군대를 이끌고 공격을 해왔다. 재상 풍도는 백관들을 이끌고 이종가를 맞아들인 후 그를 황제로 받아들이는 문서를 전달했다. 이렇게 풍도는 한순간에 전 왕조의 원로대신에서 새 왕조의 개국공신이 되었다.

하지만 풍도를 믿지 않았던 이종가는 그에게 겨우 변방의 벼슬 자리 하나를 마련해주었다. 훗날 하동절도사 석경당은 황제가 되기 위해 거란의 야율덕광耶律德光에게 굴욕적인 조건을 내걸었다. 자신을 황제로 만들어주면 거란에 신하의 예를 갖추고 자신도 야율덕광의 아들이 됨은 물론이고 안문관雁門關 이북의 땅도 바치겠다는 조건이었다. 마침 중원에 손을 뻗칠 기회를 노리고 있던 야율덕광은 석경당이 제 발로 찾아와 마음에 꼭 드는 제안을 하자 중추절음력 8월 15일−옮긴이이 지난 후 대규모의 병력을 보내줄 것을 약속했다. 이렇게 거란의 도움으로 이종가를 물리친 석경당은 중국 역사에 오명으로 길이 남을 '꼭두각시 황제'가 되었다.

석경당이 황제가 된 후 가장 먼저 한 일은 야율덕광에게 했던 약속을 이행하는 것이었다. 그렇지 않으면 왕조가 그대로 무너질 수도 있었기 때문이다. 하지만 스스로 '꼭두각시 황제'가 되기를 원했던 그도 거란의 왕과 왕비를 황제와 황후로 부르는 것이 차마 입이 떨어지지 않을 만큼 부끄러웠다. 당연히 이 일을 맡는 것도 관리들에게는 더할 수 없는 모욕이었다. 석경당은 신중하고 노련한 풍도를 점찍어 두었지만 내심 그가 거절할 것이 두려웠다. 그러나 풍도는 석경당이 말을 꺼내기가 무섭게 흔쾌히 수락했다. 물론 풍도에게도 속셈은 있었다. 그는 야율덕광과 돈독한 관계를 맺어야만 자신의 자리를 지킬 수 있다는 것을 잘 알고 있었다. '아버지 황제'를 자신의 편으로 만들어야 '아들 황제'를 다루기 쉽다는 것이 그의 생각이었다.

이 일로 거란을 방문한 풍도는 두 달간 거란 땅에 갇혀 있었다. 몇 번의 시험을 통해서 늙은 풍도의 진심을 알게 된 야율덕광은 그제야 안심하고 그를 풀어주었다. 얼마 후 풀려 난 풍도는 두 달이 넘어서야 겨우 거란의 국경에 도착할 수 있었다. 그러자 수행원이 이해할 수 없다는 듯 물었다. "겨우 살아서 고국 땅으로 가게 되었는데 어찌 이렇게 천천히 가십니까?" 그러자 풍도가 대답했다. "서두르면 꼭 도망치는 것처럼 보이지 않겠느냐. 그렇다면 아무리 빨리 가도 거란 사람들의 날랜 말에 잡힐 텐데 무슨 소용이 있겠느냐? 차라리 천천히 가는 게 낫지!" 수행원들은 풍도의 현명함에 감탄을 금치 못했다.

거란 땅에서 돌아온 후 풍도는 전보다 더욱 승승장구했다. 심지어 석경당조차도 그에게 잘 보이려고 '노국공魯國公으로 봉해줄 정도였다. 그때부터 석경당은 풍도에게 무한한 애정을 보여주었다.

하지만 석경당의 후진은 겨우 십 년 만에 막을 내리고 말았다. 946년 야율덕광이 30만 대군을 이끌고 변경汴京을 점령해 버렸기 때문이다. 풍도를 신임하고 총애했던 야율덕광은 그를 요遼나라의 '태부'로 임명했다.

하지만 이번 왕조 역시 단명할 것이라 생각했던 풍도는 역시 자구책을 마련하기 위해 애썼다. 그는 모든 방법을 동원해 거란에 투항한 한족 지방 선비들을 보호함으로써 훗날 자신을 위한 퇴로를 만들어두었다. 구양수도 "거란이 중국인들을 함부로 죽이지 않은 것은 풍도의 말 한마디 덕분이었다"라고 평가할 정도였다. 훗날 거란이 회군을 하자 풍도는 그들과 함께 항주恒州까지 갔다가 몰래 빠져나왔다. 그리고 석경당의 대장 유지원劉知遠이 정권을 빼앗아 후한 정권을 수립했다. 유지원은 민심을 어루만지는 한편 중원의 사람들을 보호하여 칭송을 받았던 풍도를 태사로 임명했다.

유지원의 후한 정권이 들어서고 사 년이 채 지나지 않아 곽위郭威가 반란을 일으켜 변경을 공격했다. 이때 풍도는 예전에 그랬던 것처럼 관리들을 이끌고 나가 곽위를 맞아들여 그가 세운 후주 정권의 재상이 되었다. 하지만 몇 년 후 곽위가 병으로 죽고 그의 아들 시영이 즉위해 주나라의 세종이 되었다. 그러자 후한의 종실이자 수많은 영웅 중 하나였던 유숭劉崇이 거란과 손을 잡고 후주 정권을 뒤엎으려 했다. 풍도는 반세기 동안의 경험을 바탕으로 후주가 더 이상 지속되지 못하리라 판단했다. 이미 간신히 숨이 붙어 있는 정도로 나이가 먹었지만 여전히 관직과 녹봉에 대한 욕심은 끝이 없었던 모양이다.

당시 서른세 살이었던 시영은 젊지만 남다른 대담함과 기개를 갖추고 있었다. 유숭과 거란이 공격해오자 대신들은 모두 국상을 치른 지 얼마 되지 않은 마당에 전쟁을 일으키는 것이 좋지 않다고 주장했다. 하지만 시영은 직접 전쟁에 나가겠다는 뜻을 굽히지 않았다.

시영이 완강하게 나오자 조정 대신 누구도 감히 반대하지 못했지만 오직 풍도만이 한쪽에서 냉소를 지으며 시영과 기싸움을 했다. 곧 직접 군대를 끌고 참전한 시영은 고평전투에서 유숭과 거란 연합군을 크게 격파했다. 그리고 시영이 돌아왔을 때 풍도는 마치 기름을 다 쓴 등처럼 새로운 왕조의 벼슬자리에 대한 흥미와 믿음을 잃고 말았다. 얼마 후 풍도는 집에서 죽음을 맞이했다. 73년을 산 그는 그야말로 봉건 관료 사회의 오뚝이요, 언제나 만족하고 즐거웠던 '장락노長樂老'였다.

후한의 재상을 지낼 때 풍도는 스스로 '장락노'라 부른 것을 따서 '장락노자서長樂老自敍'를 썼다. 송나라 시대의 문학가이자 사학가이며 정치가인 구양수는 그를 '몰염치한 인간'이라고 몰아세우며 거세게 비판했다. 풍도는 분명히 장락노였다. 중국인들은 "만족할 줄 아는 사람은 항상 즐겁다"라고 말한다. 풍도는 관직이 있었기에 항상 즐거울 수 있었다. 중국에는 "관직을 떠나면 몸이 가볍고 자식을 얻으면 만사가 족하다"라는 말이 있다. 하지만 풍도는 관직이 없으면 살아갈 수 없고 벼슬을 했기에 모든 일에 만족할 수 있었다.

풍도의 일생은 그야말로 한 권의 관리학을 보는 듯하다. 그는 관료 사회에서 항상 승리하는 장수이며 살아 있는 교과서였다. 그는 자신의 일생을 통해 우리에게 관리가 되는 방법을 알려준다. 그의 삶을 살펴보면 관료 사회에서 오뚝이가 되는 비결을 쉽게 알 수 있다. 바로 '양심 상실＋적절한 투항'이다.

『신오대사新五代史』, 『구오대사舊五代史』, 『자치통감』 등 참고

궁정 스캔들 배후 '상인 정치가'

궁궐 안은 놀라운 음모가 가득한 곳으로 정상적인 사람은 상상하거나 이해하기 어려운 온갖 음모가 난무하는 곳이다. 여기에서는 권력과 무관하거나 관계가 별로 없는 이야기는 접어두고 권력과 밀접한 관계가 있는 스캔들 몇 가지를 이야기해보려 한다.

궁궐 안 사람들은 권력을 얻기 위해서라면 무엇이든 할 수 있다. 전국 시대에 춘신군春申君의 이화접목移花接木[34] 이야기가 이를 잘 보여주고 있다.

춘신군은 전국 사공자四公子, 제나라의 맹상군(孟嘗君), 조나라의 평원군(平原君), 위나라의 신릉군(信陵君), 초나라의 춘신군을 가리킨다 중 한 명이다. 그는 초나라 왕에게 처녀를 구해다 바치느라 늘 바빴다. 그러자 문객 이원李圓이 머리를 썼다. 춘신군에게 집에 다녀오겠다며 며칠 휴가를 냈던 그는 일부러 기한을 넘겨 돌아왔다. 춘신군이 이유를 묻자 이원이 대답했다. "제 누이 언언嫣嫣 때문입니다. 얼굴이 얼마나 예쁜지 제나라 사람들까지 청혼을 해오는 터라 어쩔 수 없이 집에 며칠 더 머물게 된 것입니다."

춘신군은 이원의 누이가 얼마나 예쁘기에 멀리 제나라 사람들까지 소문을 듣고 찾아오는지 궁금해지기 시작했다. 안달이 난 그는 이원에게 누이를 첩으로 삼고 싶다고 말했다. 이원은 흔쾌히 누이를 춘신군에게 주었다. 과연 생김새가 예쁘장한 언언은 3개월도 채 지나지 않아 아이를 가졌다.

어느 날, 언언이 춘신군에게 말했다. "공은 20년 넘게 재상을 지내셨지만 초나라 왕이 죽고 나면 황위는 그의 형제에게 물려주겠지요. 그동안 여러 사

---

[34] 꽃을 옮겨 나무에 접붙인다는 뜻으로 남을 속여 교묘하게 진실을 가림을 뜻한다.

람의 미움을 사셨으니 그때는 목숨을 지키기 어려울지도 모릅니다." 그 말을 들은 춘신군은 깜짝 놀라 침상에서 벌떡 일어나 앉았다. 답답한 마음에 한숨을 쉬었지만 딱히 좋은 방법이 떠오르지 않았다. 그때 언언이 다시 입을 열었다. "저에게 계책이 하나 있습니다. 화를 면할 수 있을 뿐만 아니라 오히려 복을 얻을 수 있는 계책이지요. 하지만 말로 하기 부끄러울 따름입니다." 바싹 애가 탄 춘신군이 언언을 재촉했다. "저는 이미 아이를 잉태했습니다. 그런 저를 대왕에게 주십시오. 하늘이 도와주어 아들을 낳게 된다면 왕위를 이을 수 있습니다. 그러면 공의 혈육이 초나라의 왕이 되는데 더 이상 무슨 걱정이 있겠습니까? 이것이 바로 이화접목이라는 것입니다."

방법이 떳떳하지는 못해도 권력을 얻을 수 있다면 무엇인들 못할까? 춘신군은 언언을 초나라 왕에게 바쳤다. 언언은 아들 쌍둥이를 낳았고, 초나라 왕은 큰아들을 태자로 책봉했다.

얼마 후 초나라 왕의 병이 위중해지자 춘신군은 속으로 쾌재를 부르며 자신의 아들이 왕이 될 날만 손꼽아 기다렸다. 그러던 어느 날 문객 주영朱英이 그에게 말했다. "천하에는 뜻밖의 복이 있고 뜻밖의 화가 있으며 뜻밖의 사람이 있게 마련입니다." 그의 말에 뼈가 있다고 생각한 춘신군이 자세히 이유를 물었다.

그러자 주영이 대답했다. "대왕이 세상을 떠나고 어린 왕이 즉위하면 공은 이윤(伊尹35))이나 주공周公36)이 되는 것이니 이는 복이라고 할 수 있지요. 하지만 이원은 겉으로는 공께 공손하면서도 뒤로는 자신과 누이를 위해 몰래

---

35) 은나라 태종 때의 명신이자 이름난 재상. 탕왕을 도와 천하를 다스리게 했다.
36) 주무왕(周武王)의 동생으로 무왕이 죽자 어린 아들 성왕을 보좌하여 나라를 잘 다스리게 한 명신이다.

무사를 양성하고 있으니 정말 일이 일어나면 절대 공을 봐주지 않을 것입니다. 이것은 예상치 못한 화라고 할 수 있습니다. 하지만 제가 이원을 막을 테니 저는 뜻밖의 인물인 셈이지요." 그러자 춘신군이 고개를 저으며 말했다. "이원이 어찌 감히 그럴 수 있겠는가!" 주영이 차가운 웃음을 지으며 말했다. "공도 뜻밖의 인물임을 미처 생각지 못했군요." 춘신군이 자신의 말을 믿지 않자 주영은 다른 나라로 도망쳐버렸다.

십여 년이 지나고 초나라 왕이 죽었을 때, 이원이 사람을 보내 춘신군을 궁으로 불러들였다. 춘신군이 대전에 들어서자 이원은 병사들을 시켜 그를 포위하게 하고 이렇게 소리쳤다. "태후께서 밀명을 내려 모반한 자를 당장 죽이라고 하셨다!" 이렇게 춘신군의 가족 모두 목숨을 잃고 말았다.

비록 춘신군은 실패했지만 후대의 사람들은 보기 좋게 이화접목 계책을 성공시켰다. 여불위呂不韋는 마치 사업을 하듯 정치를 해 큰 성공을 거뒀다. 어쩌면 세계적인 거상이 중국에서 나온 것이 우연이 아닐지도 모르겠다. 진나라 시황제는 중국 역사 최초의 통일 왕조의 황제였다. 하지만 그는 엄청난 우여곡절을 겪은 후에 황제가 될 수 있었다.

전국 시대에 진나라와 조나라는 끊임없이 전쟁을 일으켰다. 진나라는 통일을 위해 쉬지 않고 제후국을 공격했다. 가장 먼저 조나라를 공격했지만 조나라의 대장 염파廉頗가 목숨을 걸고 버티는 통에 좀처럼 승리를 거둘 수 없었다. 하다못해 진나라는 먼 나라와 손을 잡고 가까운 적을 치는 '원교근공遠交近攻' 정책을 시행했다. 차라리 조나라를 한편으로 만들고 다른 나라를 공격하기로 한 것이다. 297년 진나라는 민지澠池에서 조나라와 화평을 맺었다. 양국은 당시의 관례에 따라 서로에 대한 신뢰를 보여주기 위해 군주의 친족을 인질로 교환했다. 하지만 이미 통일에 대한 밑그림을 그려 놓은 진나라가 인질 하나 때문에 공격을 멈출 리 없었다. 민지의 협약이 끝나고 얼마 후, 진나라는 조나라에 군대를 보냈다. 특히 기원전 260년에 진나라 장수 백기白起가 조나라 백성 40만 명을 산 채로 묻어버리자 조나라는 물론 다른 제후국까지 진나라를 비난했다. 그 후 이 년 동안 진나라는 끊임없이 조나라를 공격하고 수도 한단邯鄲을 포위했다. 당시 조나라 성안은 식량이 바닥을 드러내자 사람을 잡아먹을 정도로 흉흉해졌다. 다행히 위나라 공자 신릉군信陵君이 십만 대군을 이끌고 도우러 달려오자 진나라가 후퇴한 덕분에 조나라는 한숨을 돌릴 수 있었다.

이인異人은 이런 상황에서 조나라에 인질로 잡혀 있었다. 그의 처지가 얼마나 힘들고 난처했을지 말하지 않아도 알 수 있을 것이다. 이미 여러 번 진나라에 속은 효성왕孝成王은 이인을 죽여 분을 풀려고 했다. 그때 평원군平原君이 그를 말렸다. "진나라 소양왕은 자손이 많습니다. 태자 안국군安國君만 하더라도 아들이 스무 명이 넘으니, 이인을 죽인다 한들 안국군이나 진나라가 눈 하나 깜짝하겠습니까? 게다가 이인은 별로 중요한 인물도 아니지 않습니까? 그냥 두시면 나중에 분명히 쓸 데가 있을 것입니다." 조나라 왕은 그제야 이인을 죽이려던 마음을 거두었다.

전국 시대에 진나라의 '반량전(半兩錢)'을 주조하던 거푸집

비록 죽음은 면했지만 이인의 생활은 너무나 비참했다. 외출할 때 수레나 말을 타는 것은 꿈도 꿀 수 없고, 시중을 드는 사람도 없었다. 매일 먹고 입는 것도 그에게는 큰 문제였다. 더 심각한 것은 매일 조나라 관리들의 훈계와 멸시를 견디는 것이었다. 백성조차 그를 무

시하기 일쑤였다. 더군다나 당시 진나라의 악행이 극에 달했기에 이인은 물질적으로나 정신적으로나 힘들 수밖에 없었다.

이 광경을 본 상인 여불위는 흥분을 감출 수가 없었다. 원래 양적陽翟, 현재의 허난 성(河南省) 사람이었던 그는 한단으로 장사를 하러 왔다가 뜻밖의 기회를 만난 것이다. 평소 큰돈을 벌 기회를 찾고 있었던 그는 일이 뜻대로 되지 않아 잔뜩 조바심을 내고 있었다. 그는 이번에 이인을 만난 것은 하늘이 준 기회라고 생각했다. 여불위는 즉시 계획을 세우고 준비 작업에 들어갔다. 계획이 성공한다면 한 나라를 살 만큼의 부를 얻을 수 있었다. 하지만 실패한다고 해도 크게 손해 날 것은 없었다. 어쩌면 조금의 보상도 챙길 수 있을지도 몰랐다.

집으로 돌아간 그는 자신의 계획에 대한 확신을 얻기 위해 장사 경험이 풍부한 아버지에게 이 일을 의논했다. 하지만 아버지는 그의 계획을 이해하지 못했다. 어쩌면 이때 나눈 아버지와 그의 대화를 통해 그의 장사꾼 본색을 엿볼 수 있을지도 모르겠다.

여불위가 물었다. "곡식을 심으면 몇 배의 이문을 남길 수 있습니까?"

"열 배는 남길 수 있지."

"보석을 팔면 몇 배의 이익을 챙길 수 있습니까?"

"백 배는 되겠지."

"만약 돈을 써서 군주를 만들고 한 나라를 평정한다면 몇 배의 이윤을 남길 수 있겠습니까?"

여불위의 아버지가 대답했다. "말로 다할 수가 없겠지."

여불위는 이인이야말로 막대한 이문을 남길 수 있는 진기한 상품이라 생각했다. 그는 이인에 대한 투자를 시작했다. 먼저 이인을 자신의 편으로 만드는 것인데 그것은 여불위에게 아주 쉬운 일이었다. 여불위가 관심을 가지자 아무도 돌봐주지 않았던 이인은 금세 마음을 열었다. 그러자 여불위는 이인에게 진나라로 돌아갈 것을 권했다. 자신이 자금을 대 이인의 활동을 돕고 진왕이 총애하는 화양 부인華陽夫人의 신임을 얻을 수 있게 해주겠다는 말도 잊지 않았다.

어느 날, 여불위가 이인에게 물었다. "진나라 왕이 세상을 떠나면 그대의 아버지인 안국군이 왕위를 계승하겠지요. 그가 즉위하면 먼저 태자를 세울 것입니다. 안국군이 가장 사랑하는 화양 부인은 아들을 낳지 못했으니 그대의 스무 명이 넘는 형제들이 모두 태자 후보가 됩니다. 만약 화양 부인을 지극한 효심으로 모신다면 그대가 태자가 될지도 모를 일입니다."

그 말을 들은 이인이 비탄에 잠긴 목소리로 말했다. "내 처지에 어찌 그런 생각까지 할 수 있겠습니까? 그저 진나라로 돌아갈 수만 있다면 그것으로도 충분합니다." 때가 되었다 생각한 여불위가 말했다. "제게 한 가지 방책이 있습니다. 금자 2천을 드릴 테니 사람을 보내 화양 부인에게 그대를 맞아달라고 하십시오. 하지만 모든 것은 제 계획을 따라야 합니다." 여불위의 제안에 이인은 황급히 무릎을 꿇으며 말했다. "만약 그렇게만 해주신다면 그대의 큰 은혜를 절대 잊지 않을 것입니다."

그는 여불위에게 즉시 화양 부인을 만나달라고 청했다.

여불위는 보통사람이 아니었다. 함양咸陽에 도착한 그는 뜬금없이 화양 부인을 만나면 괜한 의심을 살게 뻔하다는 것을 잘 알고 있었다. 그래서 그는 먼저 화양 부인의 언니를 만나 후한 선물을 바치며 옥벽과 황금을 화양 부인에게 전해달라고 부탁했다. 물론 이 모두는 이인의 이름으로 보내졌다.

화양 부인의 언니는 이인이 조나라에서 목숨을 부지한 것도 신기한데 오히려 선물을 보내오자 이상하다는 듯 물었다. "이인은 조나라에서 어떻게 지내고 있나요?" 여불위가 태연한 표정으로 대답했다. "진나라가 끊임없이 공격하며 수도 한단을 포위하자 조나라 왕은 벌써부터 이인을 죽이고 싶어 했습니다. 하지만 제나라의 대부들이 온 힘을 다해 그를 보호하고 있어 다행히 화는 면했지요." 화양 부인의 언니는 더욱더 알 수 없다는 듯 물었다. "진나라가 무서워 그리하는 건가요?" 여불위는 황급히 손사래를 치며 말했다. "아닙니다. 아닙니다. 만약 조나라가 진나라를 겁냈다면 지금처럼 목숨을 걸고 전쟁에 맞서지는 않겠지요. 학식이 깊고 인간성이 좋으며 효심이 지극한 그가 죽는 것을 차마 볼 수가 없어 그런 것입니다. 듣자 하니 진나라와 조나라 양국의 전쟁은 이인과 무관하다고 합니다. 이인은 매년 태자와 부인의 탄신일마다 향을 사르고 머리를 조아리며 조정을 향해 축수를 들고 두 분의 장수를 기원합니다. 조나라 사람들은 이렇게 효심이 지극한 그를 죽이는 것이 불길하다고 하지요. 게다가 이인과 친분이 있는 천하의 영웅호걸들이 조나라 왕에게 그를 죽이지 말라고 호소하고 있습니다. 만약 다른 사람이었다면 목숨이 백 개라도 모자랐겠지요!"

그의 말을 들은 화양 부인의 언니는 놀라고 기쁜 마음을 감출 수가 없었다. 이인이 그토록 재능이 있는 인물이었는지 새삼 놀라웠고 그렇게 효심이 가득하다는 것이 기뻤던 것이다. 여불위는 그의 표정이 밝아지는 것을 보고 다시 입을 열었다. "지금 화양 부인은 진나라 왕의 총애를 한 몸에 받고 있으니 무슨 걱정이 있겠습니까? 단지 후사가 없어 훗날 의탁할 데가 없다는 것이 걱정이지요. 혹시 무슨 계획이라도 있으십니까?"

화양 부인의 언니가 황급히 대책을 묻자 여불위가 말했다. "태자의 수많은 아들 가운데 이인만큼 적합한 인물이 또 있겠습니까? 그는 덕과 재능을 겸비했고 조나라의 인질이 된 공이 있습니다. 가장 중요한 것은 태자와 부인에 대한 효심이 지극한 것입니다. 부인께서 이인을 아들로 삼도록 해주십시오. 그리하면 부인은 아들이 생기고 이인은 어머니가 생기는 것이니 두 분의 앞날은 아무 걱정이 없습니다."

그의 말을 들은 화양 부인의 언니는 속으로 고개를 끄덕였다. 이인을 위해서가 아니라 여동생의 미래를 위해서 반드시 고려해봐야 할 문제였다. 아들을 낳지 못한 동생은 태후가 되기 어려웠다. 설령 태후가 된다 해도 미래가 불안하기는 마찬가지일 것이다. 특히 생모가 살아 있는 아들이 태자가 된다면 더욱 위험했다. 이인의 생모는 이미 세상을 떠났으니 만약 그를 아들로 삼아 태자로 즉위시키면 그보다 좋을 수는 없었다. 게다가 이인은 효심이 지극하지 않았던가?

화양 부인을 만난 언니는 여불위가 보낸 선물을 전해주며 동생을 설득하기 시작했다. 달리 어쩔 도리가 없었던 화양 부인도 언니의 말을 듣기로 했다. 이때부터 화양 부인은 안국군을 끈질기게 졸라 이인을 궁으로 불러들이게 했다. 안국군도 이인을 불러들이는 것이 해가 될 것이 없다고 판단했다. 그는 여불위를 시켜 이인을 진나라로 데려오게 했다.

화양 부인은 몰래 여불위에게 사람을 보내 안국군이 이인을 후계자로 삼았다는 사실을 미리 알려주었다. 하지만 이 일을 철저하게 비밀에 부쳐 이인의 다른 형제나 조나라가 이 사실을 알고 미리 손을 쓰지 못하도록 당부했다. 안국군과 화양 부인은 여불위에게 각각 금자 300근과 100근을 보내주었다. 이렇게 여불위는 엄청난 금을 가지고 조나라로 돌아왔다.

사실 여불위는 새 군주를 옹립하려 했을 뿐 아니라 자신이 직접 왕이 되려 했다. 당시의 상황을 보면 여불위가 왕이 되는 것은 절대 불가능했다. 하지만 아들이 군주가 된다면 어차피 같은 것이 아닌가? 그래서 여불위는 '이화접목' 계를 쓰기로 했다.

조나라로 돌아온 여불위는 이인에게 곧 태자의 후계자가 될 것이라는 희소식을 전해주었다. 이인은 죽었다 살아난 것처럼 기뻐했다. 화양 부인이 초나라 사람이었기에 이인은 자초子楚로 개명했다. 모든 것이 갖추어지자 자초도 혼인을 준비했다. 당연히 이 일도 여불위가 맡았다. 신붓감을 뽑기 전 여불위는 술자리를 열고 자초를 집으로 초대했다. 그때 술시중을 들던 여인 하나가 있었는데 여불위는 그를 대부호의 딸 조희趙姬라고 소개해 주었다. 얼굴이 아름답고 춤과 노래에도 뛰어난 데다 말도 잘하는 조희는 단박에 자초의 마음을 사로잡았다. 집으로 돌아온 자초는 서둘러 조희에게 구혼을 했다. 처음에 펄쩍뛰던 여불위는 자초의 거듭된 청에 못 이기는 척하고 두 사람의 혼인을 허락했다. 이렇게 조희를 아내로 맞아들인 자초는 일 년도 채 지나지 않아 아들을 얻었다. 그는 조나라에서 낳은 아들의 이름을 조정趙政이라 지었다. 그가 바로 중국을 통일한 진나라 시황제였다. 사실 조희는 자초에게 시집가기 전부터 이미 배 속에 생명을 품고 있었다. 조정은 여불위의 아들이었던 것이다.

오랫동안 진나라에 포위당한 조나라가 곧 함락될 위기에 처하자 여불위는 조나라 왕이 자초를 죽이지 못하도록 황급히 도망갈 계책을 세웠다. 여불위는 한단성 남문을 지키는 장수에게 금 300근을 주며 거짓말을 했다. "나는 양적 사람인데 한단에는 장사를 하러 왔다오. 어쩌다 보니 가족 모두 성안에 갇혀 버렸는데 이대로 나오지 못하면 돈도 다 날리고 죽은 목숨이 되고 만다오. 제발 도와주시오." 이렇게 여불위는 자초와 조희 그리고 두 살 난 조정을 데리고 무사히 한단을 빠져 나올 수 있었다. 당시 조나라에서 전쟁을 지휘하고 있던 진나라 소양왕은 그들 일행을 보고 매우 기뻐하며 즉시 함양으로 돌려보내 주었다. 여불위는 일부러 자초에게 초나라 옷을 입힌 후 화양 부인을 만나게 했다. 그 모습을 본 화양 부인이 이상하다는 듯 물었다. "그대들은 조나라에서 진나라로 왔는데 왜 초나라 복식을 하고 있는 것이오?" 자초는 즉시 여불위가 알려준 대로 대답했다. "아들이 불효하여 직접 두 분 어른을 모시지 못했으나 매일 어머님과 어머님의 나라를 생각하여 초나라의 옷을 입고 지냈습니다." 그 말은 화양 부인을 감동시키기에 충분했다.

안국군은 여불위에게 상을 내렸고 자초는 그때부터 화양 부인의 궁전에서 살게 되었다. 다음 일은 태자로 책봉되기를 기다리는 것뿐이었다.

자초가 돌아온 지 얼마 되지 않아 진나라 소양왕이 병으로 죽고 안국군이 즉위해 진나라 효문왕이 되었다. 그는 자초를 태자로 삼았다. 효문왕도 얼마 후 병으로 죽었고 진나라 장양왕莊襄王, 자초—옮긴이도 병으로 세상을 떠나자 열세 살 난 조정이 진왕의 자리에 올랐다.

아들이 군주가 되자 여불위도 막강한 권력을 손에 쥐게 되었다. 그의 꿈이 드디어 실현된 것이다. 하지만 여불위의 운명은 그만큼 더 위험해지고 있었다. 조정이 세상 물정을 알 만한 나이가 된 것이다. 여불위와 조정의 어머니가 정을 통한 사이라는 사실은 이미 진나라에서는 비밀이라고 할 수도 없었다. 만약 이 사실이 조정의 귀에 들어가기라도 한다면 당장 추궁을 당하지 않더라도 조만간 화가 닥칠 것은 불 보듯 뻔했다. 그때쯤 여불위는 태후를 만족시키기 위한 노리갯감을 찾고 있었다. 얼마 후, 여불위는 노애嫪毒라는 남자를 찾아냈다. 여불위처럼 야심 많고 음흉했던 노애는 흔쾌히 여불위의 제안을 받아들였다. 여불위는 그를 환관으로 변장시켜 궁으로 들여보냈다. 당시 법도에 따르면 남자들은 약을 쓰거나 직접 생식기를 절단한 후 환관이 되어야만 입궁할 수 있었다. 그렇지 않으면 궁궐의 비빈이나 궁녀들과 정을 통해 왕족의 계보를 어지럽힐 수도 있기 때문이었다. 하지만 태후의 노리갯감이 생식기를 절단할 수는 없었다. 그래서 여불위는 궁형을 관장하는 관리에게 뇌물을 주어 가짜 증명서를 만들었다. 그런 다음 노애의 수염과 눈썹을 밀고 분칠을 시켜 환관으로 변장시킨 다음 태후에게 보냈던 것이다. 태후의 비위를 잘 맞추었던 노애는 금세 태후와 뜨거운 사이가 되었다. 태후가 집정을 하고 있었기에 노애의 권세도 날이 갈수록 높아졌다.

시간이 지날수록 태후와 노애는 아이도 낳고 마치 부부처럼 지냈다. 그들은 조정이 태후의 친아들이라는 사실을 점점 잊고 있었다. 두 사람은 자신들이 낳은 두 아들의 앞날이 걱정되기 시작했다. 감정이 더욱 깊어진 두 사람은 결국 조정을 폐위시키고 자신의 아들을 군주로 옹립하기로 마음먹었다. 하지만 뜻밖에도 이 계획은 노애 때문에 들통이 나버리고 말았다.

어느 날, 술에 취해 큰 시비에 휘말린 노애가 분을 참지 못하고 큰소리를 쳤다. "나는 장차 군주의 아버지가 될 몸인데 감히 누가 나에게 덤비느냐!" 그의 말은 이미 궁내에 퍼져 있었던 추문을 확인시켜 주기에 충분했다. 노애와 시비가 붙었던 사람은 즉시 조정에게 이를 고해바쳤다. 당시 조정은 이미 스물한 살의 청년이었는데 법도에 따르면 이미 '약관弱冠'의 나이였기에 직접 정사를 돌볼 수 있었다. 그래서 그는 관리들에게 이 일을 엄중하게 조사하도록 했다. 결국 노애가 환관이 아니며 태후와 사통해 이미 두 아들을 낳았다는 사실이 밝혀졌다. 하지만 당시 나라의 대권은 태후가 쥐고 있었기에 조정은 잠시 처리를 미룰 수밖에 없었다.

얼마 후 조정은 진나라의 법도에 따라 옹지雍也에서 대관식을 거행했다. 대관식이 끝나면 태후는 정권을 군주에게 돌려주어야 했다. 노애는 조정이 함양으로 돌아오면 자신은 죽은 목숨이라는 것을 잘 알고 있었다. 그래서 그는 조정이 함양을 비운 틈을 이용해 옥새를 훔친 후 병사들을 움직여 조정을 공격하게 했다. 하지만 미리 준비를 해두었던 조정은 간단하게 노애의 반란을 저지했다. 싸움에서 패한 노애는 죽임을 당했고 그를 따르던 장수 12명은 사람들이 보는 앞에서 거열형을 당했다. 조정은 자신의 어머니를 함양에서 추방해 옹지로 보내버렸다. 가장 큰 손해를 본 것은 여불위였다.

이미 꾀가 바닥나 버린 여불위는 도저히 도망칠 방도를 찾을 수가 없었다. 반란이 평정된 후 그간 여불위가 했던 파렴치한 행동이 낱낱이 드러났다. 결국 파면당한 그는 얼마 후 자살로 생을 마감했다.

길고 긴 중국 역사에서 궁궐은 언제나 추잡한 곳이었다. 그 추악함과 몰염치함은 보통사람은 상상조차 하기 어려웠다. 하지만 여불위와 노애, 조정의 어머니가 벌인 궁정 스캔들이 결코 흔한 것은 아니었다.

여불위는 마치 장사하듯 정치를 했다. 실제로도 그를 최초의 상인 정치가라고 할 수 있다. 그의 공이나 죄를 함부로 평가하기는 힘들다. 단순하게 경영 실적만 본다면 그는 천하를 손에 넣어 말로 다할 수 없는 이익을 남겼다. 하지만 결국은 밑천도 날리고 목숨도 잃었으니 그에 대한 평가는 도무지 갈피를 잡기가 힘들다.

여담을 좀 해보자. 진나라 시황제가 전국을 통일한 후 승상 조관趙綰은 옛 제도에 따라 혈족들에게 토지를 나눠주자고 주장했다. 하지만 정위 이사李斯는 이를 반대하고 군현제를 제안했다. 결국 진나라 시황제는 군현제를 선택했다. 보통사람들은 시황제가 분봉 대신 군현을 설치한 것이 시대적 요구에 맞는 선택이었다고 한다. 하지만 여기에서 잘 생각해볼 필요가 있다. 그런 복잡한 가정환경에서 자란 그에게 도대체 도덕관념이라는 것이 얼마나 있었겠는가 하는 것이다. 그가 형제에게 땅을 나누어줄 수 있을까? 사실 진나라 시황제의 잔인하고 폭력적인 성격은 그의 성장 환경과 무관하지 않다. 조나라를 멸망시킨 후 그가 가장 먼저 한 일은 바로 당시 자신의 모자를 괴롭힌 사람들을 생매장하는 것이었다. 진나라의 멸망은 시황제의 이런 잔인한 성격과 밀접한 관계가 있었다.

한 사람의 생활환경은 한 나라와 민족의 운명에 큰 영향을 끼친다. 이러한 역사에 대해 우리는 또 어떤 말을 할 수 있을까?

온정 넘치는 법의 판결

고대 중국에서는 법률이 매우 발달했다. 시대별로 많은 법전이 편찬되었는데 각기 다른 역사 속의 법률은 제각기 특징이 있다. 이런 특징은 형량의 가볍고 무거움뿐만 아니라 판결 과정에서도 드러났다. 한나라 시대에 성행한 '경의결옥經義決獄'과 '원심정죄原心定罪'가 바로 그렇다.

경의결옥이란 예로 법을 세우는 것, 즉 예의를 법률로 삼는 것이다. 구체적으로 말하면 『춘추』나 그 밖의 경전에 나오는 기록이나 논술, 심지어 단편적으로 등장하는 문장에 근거하여 소송을 처리하는 것이다. 이 방법은 동중서董仲舒 때부터 시작되었다고 한다. 동중서가 『춘추』 등 경전을 바탕으로 하여 소송 사건을 처리한 예를 살펴보자.

당시 지방 관리들은 좀처럼 판결하기 어려운 사건은 모두 동중서에게 가져왔다. 사건은 이랬다. 자식이 없던 '갑'은 길에서 누군가가 버리고 간 아이 '을'을 만나 데려다 키웠다. 성인이 된 을이 사람을 죽인 후 이 일을 갑에게 알렸다. 갑은 고발하는 대신 을을 숨겨주었다. 당시의 법률에 따르면 두 사람은 함께 사형당해야 했다. 하지만 동중서는 이 판결에 반대했다. 그는 과연 갑에게 어떤 벌을 내렸을까?

동중서가 말했다. "갑은 아들이 없었지만 을을 친자식처럼 키웠다. 직접 낳은 것은 아니지만 누가 그를 아버지가 아니라 부인할 수 있겠는가? 『시경』에는 나나니벌은 다른 벌레의 유충을 친자식처럼 키우니 그것을 자식이라고 할 수 있다는 말이 나온다. 『춘추』의 대의에 따르면 아버지는 아들의 죄를 덮어주어야 한다. 주: 『논어』에 이런 말이 나온다. "아들이 아비의 잘못을 숨기니 정직함이 그 가운데 있다.(子爲父隱, 直在其中矣)" 공자의 제자가 물었다. '스승님, 한 사람이 다른 사람의 양 한 마리를 훔쳐 집에 감추었는데 그것을 그 아들이 보았습니다. 그때 법을 집행하는 관리가 집으로 찾아와 양의 행방을 묻는다면 아들은 어떻게 해야 합니까?' 공자는 조금도 망설이지 않고 대답했다. '아비를 도와 양을 숨겨야지.' 제자가 고개를 갸우뚱하며 물었다. '그렇게 하면 그는 정직한 사람이 아니지 않습니까?' 공자가 대답했다. '아들이 아비의 더러움과 죄를 덮어주는 것이니 이미 그 속에 정직한 인품이 있다고 할 수 있다.' 그러므로 갑은 을의 죄를 숨겨줄 수 있다."

동중서의 말을 들은 황제는 갑의 죄를 용서해 주었다.

이렇게 보면 한나라 시대의 부자 관계에 대한 인식은 오늘날 법률의 그것과 같지 않다는 점을 알 수 있다. 동중서가 처리한 다음 사건이 바로 이 문제를 이야기해 준다.

'갑'은 집이 너무 가난해서 아들 '을'을 '병'에게 주어 기르게 했다. 을이 성인이 된 어느 날 술에 취한 갑이 을에게 "너는 내 아들이다"라고 말했고, 그 말에 화가 난 을이 갑을 흠씬 두들겨 팼다. 잔뜩 화가 난 갑은 당장 관아로 달려가 을을 고발했다. 당시의 법률에 따르면 아버지를 때린 아들은 중벌을 받아 마땅했다. 하지만 그들의 부자 관계에 대해 사람들의 의견이 분분해 이 사

건은 동중서에게 넘겨졌다. 동중서는
또 『춘추』를 꺼내들었다. "갑은 을을 낳
았지만 기를 수가 없어 병에게 주었다.
이때 이미 부자의 의가 끊어진 것이니,
을이 갑을 때렸다고 해서 부자 관계에
근거해 을을 벌할 수 없다."

다음은 남편이 죽고 재가한 여인의
이야기다. 사실을 어떻게 인식해야 하
는지 뿐만 아니라 어떻게 처리해야 하
는지를 언급한다는 점이 더 중요하다.

동중서

'갑'의 남편이 배를 타고 바다에 나갔다가 태풍을 만나 죽고 말았다. 하지
만 시신을 찾을 수 없어 넉 달이 넘도록 장례를 치르지 못했다. 훗날 갑의 어
머니 '병'은 갑을 다른 사람에게 시집보냈는데 원래 남편의 집에서 이를 관아
에 고발했다. 남편의 장례를 지내지도 않은 여인은 법에 따라 재가할 수 없었
기에 죄를 따지자면 갑은 기시棄市, 죄인의 시체를 길거리에 버리는 형벌-옮긴이를 당해
마땅했다. 동중서는 『춘추』를 근거로 이 사건을 판결했다. "춘추에 이런 기록
이 있다. 한 부인이 제나라로 시집을 갔는데 남편이 죽고 아들이 없자 재가했
다. 부인은 자신의 행동에 대한 권한이 없고 오직 윗사람의 말을 따라야 한
다. 이 사건에서 갑은 어머니의 명을 따라 재가한 것으로, 자신이 음탕한 마
음이 있어 사사롭게 정을 맺은 것이 아니니 법의 제재를 받을 수 없다."

앞서 말한 것은 경의결옥에 관한 예이고, 이제 원심정죄에 관한 예를 몇 가
지 살펴보자. 원심정죄란 당사자의 동기에 따라 죄의 크고 작음을 판단하는
것이다. 이번 사례도 부자 관계에 관한 사건이었다.

갑의 부친인 을과 병이 말다툼 끝에 싸움이 났다. 병은 몸에 지니고 있던 칼로 을을 찔렀다. 갑은 아버지를 구하기 위해 몽둥이로 병을 때렸는데 그만 잘못해서 아버지 을이 다치고 말았다. 그러자 누군가가 아들이 아버지를 때렸으니 죽어 마땅하다고 고했다.

이에 대해 동중서는 이렇게 판결했다. "나는 아버지와 아들이야말로 가장 가까운 사이라고 생각한다. 그는 아버지가 맞는 것을 보고 당황하고 놀라서 몽둥이를 들고 구하려 한 것이지 아버지를 때리려 한 것이 아니다. 『춘추』에 이런 이야기가 있다. '허지許止는 아버지가 병이 나자 약을 구해다 먹였다. 그런데 약을 먹은 아버지가 죽고 말았다. 당시 법률을 관장하던 군자는 그의 심리적인 동기를 곰곰이 따져보고 그의 죄를 사면했다.' 그러므로 이 사건은 결코 법률적으로 아들이 아비를 구타한 일이 아니니 아들에게 벌을 주어서는 안 된다."

앞서 이야기한 것이 모두 구체적으로 처리된 사건이라고 한다면, 다음의 예는 '민사 사건'이자 정치 문제에 더욱 가까운 이야기다. 이런 문제에 대해서도 한나라는 『춘추』를 근거로 판단했다. 기원전 82년에 송아지가 끄는 마차를 탄 한 남자가 미앙궁 북궐 앞에 이르러 자신이 태자 유거劉據라고 말했다. 궁문을 단속하는 관리 공거령公車令에게 이 소식을 전해 들은 곽광은 깜짝 놀랐다. 태자 거는 이미 구 년 전에 다른 사람의 모함으로 무고巫蠱의 난에 연루되었다고 의심을 받자 반란을 일으켰다가 자살했기 때문이다. 그런 그가 어찌 살아 돌아올 수 있단 말인가? 곽광은 신하들을 북궐로 보내 사건의 진상을 알아보게 했다.

명령을 받고 북궐에 도착한 신하들은 남자를 포위하고 자세히 살펴보았다. 과연 생김새도 비슷하거니와 목소리나 행동거지를 보고는 단박에 진위 여부를 가리기가 어려웠다. 사안이 사안이다 보니 아무도 쉽게 결정을 내리지 못했다. 수도의 백성도 소문을 듣고 앞다투어 몰려와 북궐에는 금세 수만 명이 모였다. 이때 경조윤京兆尹 준불의가 나타나 종리從吏에게 명령했다. "어디에서 불한당이 나타나 감히 태자를 사칭하느냐! 어서 데려오지 못할까!" 그 말에 종리들이 벌떼처럼 달려들어서 그 남자를 묶어서 데려왔다. 준불의와 친분이 있던 한 관리가 걱정스러운 듯 말했다. "사실이 밝혀진 것이 아니니 일단 풀어주는 것이 어떻겠소?" 그러자 준불의가 대답했다. "진짜 태자라해도 걱정할 것은 없소. 춘추 전국 시대에 위나라 공자 괴외蒯聵가 영공靈公의 노여움을 사 진나라로 도망간 적이 있소. 영공이 죽고 괴외의 아들 첩輒이 즉위하자 괴외가 위나라로 돌아오려 했지만 첩이 그를 돌아오지 못하게 하지 않았소? 이 일을 『춘추』에서는 잘못이 아니라고 했소. 당시에는 군주가 된 아들이 아버지를 돌아오지 못하게 했는데 지금은 오죽하겠소? 태자는 선제의 노여움을 사고 죽어 마땅한 죄를 지었는데 어찌 돌아와 분란을 일으킨단 말이오? 게다가 태자는 이미 죽었는데 그가 진짜인 것을 증명할 방법도 없지 않소?" 사람들은 준불의의 말에 고개를 끄덕이며 모두 집으로 돌아갔다.

준불의는 남자를 관아에 넘겨 심문했다. 며칠에 걸친 조사를 통해 사건의 전말이 밝혀졌다. 원래 이 남자는 양하陽夏 사람으로 이름이 성방수成方遂였다. 그는 강호를 떠돌아다니며 사람들에게 점을 봐주고 하루하루를 연명했다. 어느 날, 예전에 태자의 시중을 들던 사람이 점을 보러 왔다가 유거와 너무 닮은 성방수를 보고 깜짝 놀랐다. 그러자 성방수는 궁궐에서 태자에게 일어났던 일을 자세히 물었다. 시종이 떠난 후 구체적인 계획을 세운 그는 신변을 정리하고 장안으로 갈 준비를 했다. 그는 태자를 사칭해서 곧 큰돈을 벌수 있을 것이라는 환상에 사로잡혔다. 하지만 운 없게도 준불의를 만나 큰돈은커녕 감옥에 갇히는 꼴이 되고 말았다.

성방수는 처음에는 죄를 인정하지 않았지만 증인이 나타나자 어쩔 도리가 없었다. 이 이야기를 전해 들은 보정대신 곽광은 감탄을 금치 못하며 말했다. "공경대신들은 마땅히 경전에 통달해야 하거늘, 준불의가 아니었다면 큰일을 그르칠 뻔했구나."

동한의 명제明帝 시절에 곽홍郭弘은 영천 양적陽翟, 현재의 허난 성 위(禹) 현 사람으로 법률에 능통했다. 구순寇恂에 의해 결조연決曹掾으로 임명된 그는 30년 동안 사건을 판결했는데 누구도 그의 판결에 토를 다는 자가 없을 정도로 공정했다. 그의 아들 곽궁郭躬도 어렸을 때부터 이런 아버지를 본받아 법률에 정통했으며 수많은 사건에서 훌륭한 판결을 내렸다. 성인이 되어 조정의 부름을 받고 입궁한 그는 황제의 법률 고문 역할을 했다.

어느 날, 조정에 사건 하나가 접수되었다. 형제 둘이서 사람을 죽였는데 누가 주범인지 도무지 알아낼 수 없다는 것이었다. 명제는 아우를 잘 가르치지 않고 살인을 저지른 형을 가중 처벌하고 동생에게 감형하라는 판결을 내렸다. 하지만 중상시中常侍 손장孫章이 조서를 전달하는 과정에서 실수를 저질렀다. 판결은 결국 두 사람 다 사형에 처하라는 것으로 잘못 전달되었고, 결과는 돌이킬 수 없었다. 당시 상서는 손장이 거짓으로 황제의 명령을 전달했으니 허리를 잘라 죽여야 한다고 주장했다.

하지만 어질고 인자한 명제는 벌이 너무 가혹하다고 여겨 곽궁을 불러 의논했다. 사건의 내용을 들은 곽궁이 말했다. "손장에게는 벌금형 정도만 내리면 됩니다." 명제가 놀란 표정으로 물었다. "황제의 명령을 잘못 전달하여 사람을 죽였는데 어찌 벌금형만 내린단 말이오? 벌이 너무 가벼운 것이 아니오?" 곽궁이 고개를 저으며 대답했다. "손장이 명령을 잘못 전달한 것은 고의

가 아닙니다. 그 본심을 살펴보면 실수라는 것을 알 수 있는데 이는 고의로 명령을 위조한 것과는 엄연히 다릅니다. 그래서 벌금형을 내려야 한다는 것입니다." 명제는 바로 수긍하지 않고 말했다. "무슨 근거로 손장이 실수했다고 하시오? 듣자 하니 그는 살인을 저지른 형제와 같은 고향 사람이라고 하는데 어쩌면 예전에 원한이 있었을 수도 있지 않겠소? 그래서 나는 그가 일부러 내 명령을 잘못 전달해서 복수한 것이 아닌가 의심하는 것이오." 그 말을 들은 곽궁이 단호한 목소리로 대답했다. "『시경』에 '주나라의 도는 평평하기가 숫돌과 같고 그 곧기는 화살과 같다'라는 말이 있습니다. 주나라의 공물이나 세금은 균등하게 걷어지고 법률과 상벌은 치우침이 없다는 뜻입니다. 공자는 자신의 뜻에 따라 다른 사람의 행동을 추측하지 말라고 했습니다. 그러니 판결할 때는 절대 자신의 뜻을 개입하여 사실을 왜곡해서는 안 됩니다." 이에 명제는 곽궁의 의견을 받아들였다.

이쯤 되면 이것은 이미 경서를 바탕으로 한 판결이 아니라 경서를 이용하여 법률의 관념적인 문제와 인식의 문제를 해결했다고 봐도 좋을 것이다. 이렇게 보면 한나라의 '경의결옥' 응용 범위가 형사 사건에만 국한되지 않았다는 것을 알 수 있다.

경의결옥은 '예입우법禮入于法, 법에 예를 적용한다는 뜻-옮긴이'이라고도 표현된다. 『사고전서집요四庫全書輯要』에는 완벽하게 예를 근거로 제정된 당나라의 법률이 고금을 통틀어 최고의 법률이라고 칭송하며 그 덕분에 당나라가 태평할수 있었다는 이야기가 기록되어 있다. 사실 예입우법은 매우 긴 역사 과정을거쳐 탄생했으며 전체적으로 보면 그 명확한 시작점은 한나라라고 볼 수 있다. 다음은 『후한서』에 기록된 이야기다.

탁무卓茂는 남양南陽 완宛현 출신으로 서한의 원제元帝 시절에 장안에서 유학

했다. 사람들은 『시경』이나 『주례』 및 역법과 산술에 통달한 그를 '통유通儒'라고 불렀다. 탁무가 벼슬을 하지 않아도 사람들은 언제나 겸손한 그를 공경하며 따랐다. 훗날 산동 밀密현의 현령이 된 그는 백성을 자식처럼 사랑하고, 어진 행동으로 모범을 보였다.

엄격한 법으로 다스리지 않아도 관리와 백성은 탁무를 공경하면서도 두려워했다. 어느 날, 한 사내가 탁무를 찾아와 그의 아래에 있는 정장亭長 한 명이 자신의 쌀과 고기를 받았다고 고발했다. 탁무는 정장의 결백함을 믿었지만, 일이 더 커지지 않도록 황급히 주변 사람들을 밖으로 내보내고 조심스럽게 사내에게 물었다. "정장이 왜 그대에게 쌀과 고기를 달라고 한 것인가? 그가 먼저 요구했는가? 아니면 그대가 청이 있어서 그에게 준 것인가? 그것도 아니면 그를 존경해서 단순히 선물한 것인가?" 그러자 사내가 대답했다. "제가 직접 준 것입니다." 탁무가 이상하다는 듯 물었다. "그대가 자진해서 준 것인데 어찌 그를 고발하는 것인가?" 사내가 말했다. "어질고 현명한 관리는 백성이 관리를 두려워하지 않게 하고 백성의 물건을 함부로 취하지 않는다고 들었습니다. 하지만 저는 관리가 무서워 쌀과 고기를 주었고 그 역시 이를 받았습니다. 그래서 고발하러 온 것입니다."

그 말을 듣고 탁무는 조용히 그에게 말했다. "그대는 일부러 그 정장의 명성을 해치려 하고 있네. 사람이 짐승과 다른 것은 어질고 사랑하는 마음이 있고 서로 존중해야 함을 알기 때문이지. 마을에서는 나이가

「사고전서(四庫全書)」

많은 사람에게 선물을 주기도 하는데 하물며 관리와 백성 사이는 어떻겠는가? 이것이 바로 인지상정이네. 다른 점이 있다면 관리는 자신의 권력을 이용해 백성의 것을 빼앗으면 안 된다는 것이지. 사람이 사는 방법은 제각각이네. 그래서 서로 예의를 지켜야 하지. 예의가 없다면 사회를 유지할 수 없네. 그대는 예를 지키지 않으려 하는가? 그렇다면 오늘부터 인간세계를 떠나 저 높은 곳으로 가서 사람들이 먹는 것은 입에도 대지 말고 혼자서 살게나. 다른 이들은 어진 그 정장을 존경하여 명절에 선물을 보내기도 한다네. 그것이 바로 예의이지!"

하지만 사내가 지지 않고 말했다. "그렇다면 왜 백성의 것을 받지 말라고 법으로 금지하는 것입니까?" 이에 탁무가 다시 조용한 목소리로 말했다. "법률은 큰 법을 정한 것이요, 예는 인정을 따르는 것이네. 먼저 예가 있고 그다음에 법이 있지. 법만 있다면 천하는 큰 혼란에 빠질 것이며 사람은 더 이상 사람이라고 할 수 없네. 내가 지금 그대에게 예를 갖추니 그대가 나에게 원망이나 악감정을 품지 않는 것이네. 하지만 무턱대고 법에만 근거해서 처리한다면 그때는 내가 무서워 감히 얼굴이나 쳐다볼 수 있겠는가? 그러니 돌아가서 잘 생각해보게."

재미있는 점은 경서가 소송을 판결하는 데뿐만 아니라 해몽에도 쓰일 수 있다는 것이다. 이번에 소개하는 이야기는 경서에 대한 사람들의 의식을 잘 보여준다.

옛날 한 선비가 과거시험을 보러 도성에 갈 준비를 했다. 그날 밤 자신이 시험장에 가장 먼저 들어가는 꿈을 꾼 그는 잠에서 깨어난 후 흥분을 감추지 못하며 아내에게 꿈 이야기를 해주었다. "내가 시험을 잘볼 모양이오. 이 꿈이야말로 내가 장원할 것이라는 예시가 아니겠소?" 그러자 아내가 말했다.

"아닙니다. 『논어』에 나오는 '선진제십일先進第十一'도 모르십니까?" 과연 선비는 그 시험에서 11등을 했다.

앞서 한 이야기들은 모두 온정이 넘치는 판결에 관한 것이다. 정의와 온정이 가득한 법률은 차갑고 딱딱한 법률보다 받아들이기 쉬우며 더 이상적이다. 하지만 예를 근거로 한 법률은 실제로는 불평등한 사회의 산물이라고 할수 있다. 그것의 치명적인 약점은 법률의 불평등을 막지 못한다는 것이다. 불평등한 법률은 법이 없는 것과 마찬가지다. 사마천은 이런 말을 했다. "예의란 일이 일어나기 전에 막는 것이고, 법이란 일이 일어난 후에 적용하는 것이다." 이런 관념은 중국의 역사에서 쉽게 찾아볼 수 있다. 일이 일어나기 전에 막는 것과 일어난 후에 적용하는 것은 완전히 다르다. 그러므로 중국의 법률은 예를 근거로 하여 백성을 교화하기 위한 수단에 불과했다. 법은 도덕과 뒤섞여 독립적으로 발전하지 못했다. 어쩌면 중국이 수천 년의 역사를 거치며 그렇게 많은 법전을 탄생시켰는데도 아직 진정한 법제 사회를 구축하지 못한 것은 바로 그 이유에서인지도 모르겠다.

『역대형법고歷代刑法考』, 『후한서』, 『한서』, 『자치통감』, 『지낭智囊』 등 참고

야심가가 음모가를 만났을 때

이사李斯는 정치가, 음모가, 학자를 한데 섞은 인물이고, 조고趙高는 야심가, 음모가, 그리고 환관을 융합한 인물이었다. 만약 두 사람이 싸운다면 누가 이길까? 아마 쉽게 판단하기 어려울 것이다. 그렇다면 두 사람을 비교해보는

것도 재미있을 것 같다.

일단 권력의 세계에 들어선 사람은 사리사욕에 눈이 어두워지게 마련이다. 늦기 전에 발을 빼야 하는 것을 알고 있지만 부귀영화에 익숙해진 몸이 말을 듣지 않아 차일피일 미루다 결국엔 모든 것을 다 잃고 만다. 어쩌면 인간의 본성이 다 그런지도 모르겠다.

중국 역사 제일의 학자, 술수가, 정치가였던 이사가 바로 그 증거다. 진나라 승상으로서 대단한 위세를 부리던 시절에도 그는 스승 순자의 경고를 떠올리곤 했다. "재물이 너무 많으면 위험하다"라는 경고였다. 그래서 그는 툭하면 아들에게 고향 상채上蔡로 돌아가 누런 개를 끌고 유유자적한 생활을 하자고 말했다. 하지만 공로와 이익, 권력에 대한 욕심이 너무 커진 그는 결국 제때 발을 빼지 못해 아들과 함께 허리가 잘리는 형벌을 받는 비극적인 결말을 맞았다.

전국 시대 말에 태어난 이사는 초나라 상채현재의 허난 성 상차이(上蔡) 현 서쪽 사람으로 어렸을 때 가정 형편이 넉넉하지 못했는데 젊은 시절에는 문서를 관리하는 낮은 벼슬을 하기도 했다. 사마천이 『사기. 이사열전』에 수록한 이야기를 보면 그의 성격을 쉽게 짐작할 수 있을 것이다.

이사가 보잘것없는 관직에 있을 때였다. 어느 날 그는 뒷간에 갔다가 몰래 똥을 갉아먹던 쥐가 인기척을 느끼고 황급히 숨는 광경을 보았다. 얼마 후 관아의 창고에서도 쥐 한 마리를 발견했다. 그런데 그 쥐는 매일 배불리 먹어서 그런지 살이 통통하게 올라 있었다. 그 모습을 본 이사가 탄식하듯 말했다. "사람이 능력이 있고 없고는 모두 그 쥐와 마찬가지로 자신이 하기에 달렸구나. 능력이 있으면 곡식창고의 쥐가 되는 것이고 무능하면 뒷간의 쥐밖에 될 수 없거늘!" 이 짧은 이야기는 이사의 성격과 그의 미래 그리고 그 결말을 충분히 암시하고 있다.

곡식창고 안의 쥐가 되어 부귀영화를 누리기 위해서 이사는 낮은 벼슬 자리를 버리고 제나라로 갔다. 그곳에서 이사는 순자의 문하로 들어가 공부를 시작했다. 순자는 비록 공자의 유학을 계승했지만 그 내용은 전통적인 유가와는 조금 달랐다. 유가가 주장하는 '어진 정치'보다는 '법치 사상'을 강조한 것이다. 이사는 무엇보다 그 점이 마음에 들었다.

이사는 순자와 함께 관리가 되어 나라를 통치하는 방법을 열심히 공부했다. 더 이상 배울 것이 없어진 이사는 순자에게 작별을 고하고 진秦나라로 갔다.

순자가 왜 하필 진나라로 가는 것인지 묻자 이사가 대답했다. "인생을 살면서 가난은 가장 큰 치욕이며 곤궁은 가장 큰 비애입니다. 저는 남보다 뛰어난 재능을 보여 반드시 큰일을 이룰 것입니다. 제나라는 활기가 없고 초나라는 진취적인 정신이 부족합니다. 오직 진나라만이 원대한 포부가 있어 제나라와 초나라를 멸하고 천하를 통일하려 합니다. 그러니 그곳에서는 기회를 얻고 큰 뜻을 이룰 수 있을 것입니다. 제나라나 초나라에 머물러 있으면 얼마 못 가 망한 나라의 백성이 될 텐데 당연히 앞날을 생각해야지요. 그래서 진나라로 가 제가 원하던 기회를 찾아보려 합니다."

역산각석(嶧山刻石)(이사)

순자도 굳이 이사를 말리지 않았다. 그는 이사에게 성공한 후에도 탐욕하지 않고 늘 앞날을 대비할 것을 신신당부했다.

진나라로 간 이사는 당시 태후의 총애를 한 몸에 받고 있던 승상 여불위의 문하로 들어갔다. 이사의 재능을 알아본 여불위는 그에게 작은 벼슬 자리를 주었다. 직위는 높지 않았지만 진왕을 직접 만날 기회가 많은 자리였기에 이사는 그 정도면 충분하다고 생각했다.

현재의 자리에서는 군공을 세우거나 정치적인 재능을 보여줄 수 없었다. 곰곰이 생각에 잠긴 이사는 먼저 진나라 왕의 주의를 끌기로 했다. 먼저 당시의 상황을 살핀 이사는 곧 왕에게 상소를 썼다. "무릇 큰일을 성공으로 이끄는 사람은 기회를 잡을 줄 아는 사람입니다. 과거 진나라 목공 시절 나라의 세력은 강했지만 중국을 통일하지 못했는데 그 원인은 두 가지입니다. 첫째, 당시 주나라 천자의 세력이 강했고 위세도 높았기 때문입니다. 둘째, 당시 제후국은 진나라에 비길 수 있을 만큼 세력이 강했습니다. 하지만 진나라 효공 이후 주나라 천자의 세력은 예전만 못해졌고 각 제후국들이 끊임없이 전쟁을 일으켰습니다. 그때부터 진나라의 세력은 더욱 강해졌습니다. 게다가 이토록 어질고 현명한 군주가 계시니 지금이야말로 6국을 깨끗이 정리하고 천하를 통일할 절호의 기회입니다. 대왕께서는 절대 이 기회를 놓쳐서는 안 됩니다."

상소의 내용은 당시 진나라와 주변국의 정황을 정확히 분석하고 있었으며 진나라 왕이 바라던 바이기도 했다. 상소문 하나로 진나라 왕의 눈에 든 이사는 곧 장사長史로 발탁되었다. 이사는 큰 국정 방침뿐 아니라 구체적인 정책 결정에서도 적극적으로 의견을 냈다. 그는 6국의 내부 분열을 위해 6국의 대신에게 재물을 하사할 것을 건의했다. 이 계획이 효과를 거두자 이사는 객경客卿, 다른 나라에서 와서 공경(公卿)의 높은 지위에 있는 사람―옮긴이으로 봉해졌다. 진나라에서 이사의 위상은 날이 갈수록 높아졌다. 하지만 그때 진나라에서 외국인을 배척하는 운동이 일어났다. 한韓나라에서 파견한 첩자가 발각된 일이 도화선이 되었다.

진나라가 6국을 통일하려면 가장 먼저 공격을 해야 하는 곳이 바로 한나라였다. 이 사실을 잘 알고 있었던 한나라는 늘 불안에 떨었지만 워낙 국력 차이가 크다 보니 뾰족한 대책이 없었다. 고민 끝에 한나라는 정국鄭國이라는 수리 전문가를 진나라로 보냈다. 정국은 심각한 얼굴로 당장 수리 시설을 대대적으로 보수해야 한다고 진나라 왕에게 말했다. 곧 왕의 허락을 받은 그는 대규모 공사를 시작했다. 하지만 얼마 지나지 않아 그의 정체가 탄로 나고 말았다. 한나라는 그를 통해 진나라가 쓸데없이 재물과 인력을 낭비하게 한 것이다. 당시 동쪽의 각 제후국은 앞다투어 진나라에 첩자를 보냈는데 특히 빈객賓客, 문하의 식객-옮긴이을 가장한 첩자들이 가장 많았다. 어쨌든 정국의 정체가 발각되자 진나라 관리들은 타국 출신의 인재를 모조리 국외로 추방해야 한다고 주장했다. 물론 이 기회를 이용해 경쟁 상대를 없애려는 목적도 있었다. 그러자 진왕은 '축객령逐客令'을 내렸다.

이사는 실망감과 비통함을 감추지 못한 채 진나라를 떠났다. 국경에 도착할 무렵 그는 마지막 방법을 써보기로 했다. 일단 진나라를 떠나면 언제 다시 돌아올 수 있을지는 아무도 몰랐다. 그러면 그동안 했던 노력도 모두 헛수고가 되니 마지막이라는 심정으로 진왕에게 상소문을 올렸는데 그 유명한 '간축객서諫逐客書'가 바로 그것이다.

"군신들이 객경을 축출할 것을 의논했다 들었는데 이는 잘못된 것입니다. 진나라 목공은 사방으로 어질고 유능한 자를 찾아 다녔는데 서쪽의 융에서는 유여由餘를 데려왔고 동쪽의 초나라에서는 백리해百里奚를 구했으며 송나라에서는 건숙蹇叔을 얻었습니다. 또 진晉나라의 비표丕豹, 공손지公孫支도 데려왔습니다. 이들 다섯 사람을 임용했기에 목공은 20개의 나라를 병합하고 서쪽의 패자가 될 수 있었습니다. 진나라 효공은 상앙을 임명해 신법을 시행하고 풍속을 바꾸어 나라를 더욱 부강하게 만들었는데 이를 바탕으로 초나라와 위나라를 멸하고 영토를 천 리나 확장해 더욱 강성해졌습니다. 진나라 혜문왕은 장의張儀의 계책을 받아들여 6국의 합종을 깨고 각국의 항복을 받아냈습니다. 진나라 소왕은 범수范雎를 얻어 친족의 세력을 약화시켰고 왕권을 강화했습니다. 또 제후국을 호령하여 제업을 달성할 수 있었지요. 이 4대 군왕은 모두 객경을 등용하여 진나라에 큰 공헌을 세우게 했는데, 객경이 도대체 무슨 잘못을 했다고 쫓아내십니까? 만약 그때 4대 군왕이 축객령을 내렸다면 나라는 지금처럼 부강해지지 못했을 것입니다."

이사는 '간축객서'에서 외국에서 생산되는 보석, 말, 미녀는 좋아하면서 왜 타국의 인재는 쓰지 않는 것이냐고 반문했다. 또 외국의 인재를 내쫓는 것은 연못에서 물고기를 내쫓고 숲에서 새들을 몰아버리는 것과 같다고 비난했다. 이런 인재들을 받아들인 나라는 더욱 강해져 결국 진나라의 천하 통일에 불리하다는 말도 덧붙였다.

'간축객서'에서 예시한 증거는 정확했고 이론은 진나라 실정에 딱 들어맞았다. 게다가 간절하고 진지하며 진심 어린 문장은 진나라 왕을 감동시키기에 충분했다. 진나라 왕은 축객령을 취소하고 이사를 불러들여 정위로 봉했다. 감옥에 갇혀 있던 정국 역시 이 기회를 놓치지 않고 상소문을 올렸다. "당초 진나라의 수리시설을 보수하게 한 것은 분명히 인력과 재물을 낭비시키기 위한 의도였지만 진나라에 필요한 것이기도 했습니다. 그렇지 않다면 대왕께서 어찌 허락하셨겠습니까? 지금은 수리를 절반만 한 상태인데 여기에서 멈춘다면 그동안의 공이 모두 허사가 됩니다. 하지만 공사를 끝낸다면 두고두고 유용할 것입니다." 그의 말이 일리가 있다고 생각한 진나라 왕은 즉시 정국을 풀어주고 공사를 계속하게 했다. 이렇게 해서 탄생한 것이 전국 시대의 유명한 운하 정국거鄭國渠다.

이사의 입지는 이전보다 탄탄해졌다. 진나라 왕은 예전보다 이사를 더욱 신임해 더 높은 지위를 주었다. 이제 이사의 앞날을 방해하는 것은 아무것도 없어 보였다. 바로 그때 이사의 동문 한비자가 진나라로 왔다. 이사에게 매우 큰 도전이자 시련이었다.

한비자는 한韓나라 사람으로 한나라 왕과는 같은 핏줄이었다. 학식이 깊고 융통성이 뛰어났던 그는 전국 시대 말기의 가장 위대한 사상가로 꼽히고 있었다. 순자는 그의 학설을 바탕으로 '법치'와 관련된 자신의 학설을 더 완벽하게 다듬을 수 있었다. 한비자는 신도의 '세', 상앙의 '법', 그리고 신불해의 '술'을 결합해 비교적 완벽한 군주 전제의 이론을 만들어냈다. 게다가 『고분孤憤』, 『오두五蠹』, 『설난說難』과 같은 훌륭한 저서를 쓰기도 했다. 사실 이들 저서는 한나라 왕이 번번이 자신의 계책을 받아주지 않자 실망과 분노를 안고 쓴 글이었다. 하지만 뜻밖에도 그의 글은 타국의 진나라 왕에게 큰 감동을 안겨주었다. 진나라는 한비자의 글을 읽고 오매불망 그를 직접 만나보기를 원했다고 전해진다. 이처럼 한나라와 진나라는 인재를 대하는 데서도 확연한 차이를 보였다. 훗날 진나라의 공격을 받고 위기에 빠진 한나라의 왕은 어쩔 수 없이 한비자를 진나라로 보냈다. 그래서 한비자가 진나라로 온 것이다.

이사는 한비자의 학문이나 정치, 외교 능력이 모두 자신보다 훨씬 뛰어나다는 것을 잘 알고 있었다. 지금 진나라 왕은 한비자에 대한 확신이 없는 상태였다. 하지만 일단 한비자가 진나라 왕의 사람이 되면 자신이 주목을 받을 기회는 영원히 사라지게 된다. 그런 일을 막으려면 반드시 한비자를 제거해야만 했다. 이사가 진나라 왕에게 말했다. "한비자는 한나라 왕의 친족입니다. 그러니 대왕의 제안을 받아들이기는커녕 오히려 한나라를 공격하는 대왕을 질책할 것입니다." 그러자 진나라 왕이 말했다. "내 사람이 될 수 없다면 돌려보내야지!" 하지만 이사의 목적은 그것이 아니었다. 다급해진 그가 진나라 왕에게 말했다. "한비자를 살려서 보내시면 분명히 한나라를 위해 좋은 계책을 낼 것입니다. 그것은 진나라에는 불리하지요. 그러니 이 기회를 이용해 그를 죽여야만 합니다." 그의 말을 들은 진나라 왕은 한비자에게 독약을 보냈다. 이사의 됨됨이를 잘 알고 있었던 한비자는 아무 말 없이 독을 마시고 죽었다. 경쟁자를 없앤 이사는 더욱 대담해졌다.

　기원전 221년, 6국을 병합한 진나라 왕 정政은 오랫동안 분열되었던 나라를 하나로 통일했다. 통일 후 가장 먼저 닥친 문제는 이 큰 나라를 어떻게 관리하느냐 하는 것이었다. 승상 왕관王綰이 먼저 나섰다. 그는 주나라 때처럼 제후들에게 땅을 나눠주어 다스려야 한다고 주장했다. 그러자 박사 순우월淳于越이 시황제에게 말했다. "은나라와 주나라가 천 년 동안 나라를 지속할 수 있었던 것은 천하를 자식과 공신들에게 나누어주었기 때문입니다. 오늘날 천하는 이렇게 크지만 종실의 자제들은 영지를 받지 못했습니다. 만약 제나라의 전상이나 진나라의 6경과 같은 자들이 난을 일으킨다면 누가 우리를 도와주겠습니까? 옛일을 교훈으로 삼지 않는 나라가 오래 지속되었다는 것은 들어보지 못했습니다." 많은 신하 가운데 오직 이사만이 군현제를 주장했다. 그는 천하가 혼란한 원인을 제후국에서 찾았다. 제후국들이 땅을 더 많이 차지하기 위해 너도나도 싸움을 벌이고, 무능한 천자는 이를 막을 힘이 없이 나라가 혼란해졌다는 말이었다. 제후국을 세우고 땅을 나눠주는 것은 기껏 통일시킨 나라를 다시 쪼개는 것이나 마찬가지였다. 그것은 중앙집권에도 도움이 되지 않을 것이 분명했다.

진나라 시황제는 당시의 상황과 자신의 인생 경험을 바탕으로 군현제를 실시할 것을 명령했다. 이런 점에서 보면, 이사는 중국 봉건 사회에서 비교적 성숙한 통치 형식을 만드는 데 큰 공을 세우기도 했다.

한편, 완강하게 분봉제를 주장하던 순우월은 진나라 시황제의 노여움을 샀다. 시황제는 이사에게 순우월의 처리를 맡겼다. 그런데 이사의 판결이 좀 이상했다. 그는 순우월이 시대의 흐름을 따라가지 못하고 무조건 옛것이 옳다고 주장하는 이유를 고서를 읽었기 때문이라고 했다. 그래서 그는 시황제에게 나라 안의 모든 고서를 불태울 것을 건의했다.

이사는 의학, 점술, 농사에 관한 책과『진기秦記』를 제외하고는 모든 역사서와 시, 서, 제자백가의 사상 등이 담긴 책들을 불태우게 했다. 또 시와 서를 이야기하는 사람은 목을 베고 시신을 길거리에 버렸으며, 고서의 내용을 들어 현재의 사회를 비판하면 당사자뿐만 아니라 그 가족까지 죽였다. 그리고 한 달 후에도 명령에 따르지 않은 사람들을 잡아들여서 얼굴에 먹으로 글씨를 새겨 죄인임을 알리는 형벌을 내리고, 만리장성을 쌓는 부역에 동원했다. 이렇게 대대적인 문화 박해가 시작되었다.

이듬해인 212년, 진나라 시황제는 이 '분서焚書' 명령보다 매섭게 유생들을 탄압했다. 함양의 유생 460명을 산 채로 땅에 묻은 것이다. 우리가 잘 아는 '갱유坑儒'가 바로 그 사건을 가리킨다.

이 두 사건을 함께 이르는 '분서갱유'는 중국 역사를 통틀어 매우 크나큰 사건이다. 문화적으로 중국에 엄청난 손실을 입힌 '분서갱유'는 인류 문명에 대한 모독이자 인간의 존엄을 짓밟은 잔인하고 폭력적인 탄압이었다. 물론 시황제의 잔인함으로 벌어진 사건이지만, 그 옆에서 부채질한 이사의 영향도 컸다.

이사는 시황제에게 잘 보이기 위해 그의 뜻에 동조하는 동시에 일을 더 극단적으로 몰고 갔다. 또 경쟁 상대들을 물질적, 정신적으로 확실히 제거하려는 목적도 있었다. 이 사건들로 천하의 인재들이 진나라 시황제에게 등을 돌리면 자신이 조정에서 더 독보적인 위치를 차지할 수 있기 때문이었다.

확실히 이사는 목적을 이루었다. 하지만 학자 출신인 그가 유생들을 박해하고 문화를 탄압한 것은 학자로서의 양심을 버린 것이나 다름없다. 그런 '지식인'에게 더 이상 무슨 말을 해줄 수 있을까?

기원전 210년에 진나라 시황제는 6국의 백성을 위로한다는 명분으로 다섯 번째 순행 길에 올랐다. 그러나 실은 황제의 위용을 뽐내려는 것이 더 큰 목적이었다. 함양에서 출발해 무관武關을 지나고 위수와 한수漢水를 따라서 운몽雲夢까지 갔다가 다시 장강 동쪽을 따라 회계會稽까지 가는 여정이었다.

이 여정에는 좌승상 이사와 환관 조고가 동행했다.

조나라가 망한 후 진나라로 끌려온 조고는 곧 환관이 되었다. 눈치가 빠르고 머리가 좋은 그는 법률에도 정통했으며, 진나라 시황제의 아들인 호해에게 잘 보여 그의 스승이 되었다. 조고는 호해에게 법조문을 해석하고 각종 사건을 처리하는 방법을 강의하는 한편 시와 서예도 가르쳤다. 시황제도 조고의 재능을 높이 사서 그를 중거부령中車府令으로 임명해 황궁의 수레와 말을 관리하게 했다. 그리고 조고에게 이번 출행에 나서는 수레와 말의 관리를 맡겼다.

이참에 궁에서 나가 실컷 놀고 싶었던 호해는 스승 조고에게 자신도 따라가게 해달라고 부탁했다. 이에 시황제는 호해에게 세상 구경도 시킬 겸 기꺼이 동행을 허락했다.

처음에 운몽택雲夢澤, 중국 후베이 성(湖北省) 장한(江漢) 평원에 있는 옛 호수의 총칭–옮긴이으로 갔다가 구의산九嶷山에 도착한 시황제 일행은 그곳에서 순 임금에게 제사를 지냈다. 그리고 다시 장강을 따라 동쪽의 소흥紹興으로 갔다. 회계산에서는 물을 다스리는 영웅 우禹를 위해 제사를 지내고 기념비를 세워 그의 공덕을 찬양했다. 모든 일정을 마치고 함양으로 돌아오던 중에 시황제는 중병에 걸렸다. 평소 죽음에 대해 민감하게 의식하던 시황제는 신하들에게 감히 죽을 '사死' 자도 꺼내지 못하게 했다. 평원진平原津에 도착한 후 병세가 심각해지자 시황제는 급히 조고를 불렀다. 그리고 그에게 큰아들 부소扶蘇에게 함양으로 와서 장례를 주관하라는 내용의 편지를 쓰게 했다. 하지만 편지를 보내기도 전에 진나라 시황제는 세상을 떠났다.

당시 순행에서 시황제를 주로 보필한 사람은 이사, 호해, 조고였다. 시황

진용(秦俑)

제는 이미 죽기 전에 부소에게 장례의 주관을 맡기는 편지를 썼는데, 당시의 풍속에 따르면 맏아들이 아버지의 자리를 잇는 것이 당연한 일이었다. 게다가 부소는 용맹하고 똑똑해서 백성의 사랑을 받고 있었다. 하지만 자신을 신임하는 호해를 황제로 세워 대권을 장악하고 싶었던 조고는 중간에서 편지를 숨겼다.

한편, 이사는 진나라 시황제의 죽음이 알려지면 당장 큰 혼란이 일어날 것으로 생각하고 수레 안에 시황제처럼 꾸민 인형을 앉혀놓고 평소처럼 정해진 시간에 물과 음식을 바쳤다.

환관들에게도 평소와 다름없이 수레 안에서 상소를 읽게 했고, 조고도 정해진 시간에 시중을 들었다.

당시 날씨가 너무 더운 탓에 시황제의 시신은 금세 부패해 악취가 났다. 조고는 그 냄새를 감추려고 시황제의 명을 가장해 수레 가득 전복을 싣고 가게 했다. 그러자 전복이 썩는 냄새 때문에 아무도 시신의 악취를 알아채지 못했다. 이렇게 해서 순행을 떠났던 황제의 행렬이 마침내 함양에 도착했다.

당시 조고는 실질적인 권한이 거의 없었기 때문에 일을 꾸미려면 반드시 먼저 이사의 동의를 얻어야 했다. 그는 이사를 찾아가 은밀하게 말했다. "황제는 이미 세상을 떠났고, 옥새와 편지는 호해 황자와 저의 수중에 있습니다. 그러니 누가 황위를 잇는 것이 낫겠습니까?" 그 말을 듣고 이사가 역정을 내며 말했다. "지금 무슨 말을 하는 것이오? 선제께서 이미 다음 황위에 오를 분을 결정하셨건만 신하의 예를 저버리고 그런 말을 하는 이유가 무엇이오? 혹시 나라를 망하게 하려는 속셈이오?"

조고는 이사가 어떤 사람인지 잘 알고 있었다. 이사는 자기 자리를 지키기 위해서라면 어떤 일도 할 사람이었다. 그런 이사를 설득하려면 그 점을 잘 파고들어야 했다. 조고는 이사를 한편으로 끌어들이기 위해 심리전을 펴기로 했다. 두 사람 사이에 한바탕 설전이 벌어졌다.

조고가 다시 말했다. "저는 오랫동안 호해 황자를 가르쳤지만, 단 한 번도 그가 실수하는 것을 보지 못했습니다. 호해 황자는 진실하고 덕이 깊으며 총명하고 검소한 데다 현사들을 예로써 대하니 전국에서 그와 같은 사람을 찾기 어려울 것입니다. 그런 호해 황자에게 황제의 자리를 잇게 하는 것이 좋지 않겠습니까?"

하지만 누가 뭐라고 해도 이사는 선비 출신이었다. 아무리 벼슬 자리를 목숨처럼 여겨도 일말의 양심은 남아 있었던 것이다. 호해가 정권을 잡으면 나라가 혼란에 빠질 것을 누구보다 잘 알았던 이사는 고개를 저으며 말했다. "나는 본래 상채 출신의 보잘것없는 사람이오. 하지만 선제는 나를 조정으로 불러 자손 대대로 이을 수 있는 관직을 주시어 나라를 위해 내 한 몸 바칠 수 있게 해주셨소. 그런 내가 어찌 선제께서 맡긴 중책을 저버릴 수 있겠소? 그대는 옛 교훈을 잊은 것이오? 전국 시대에 진나라는 태자 신생을 폐위하고 해제를 군주로 옹립해 20년 동안 혼란에 빠졌소. 제나라 환공은 왕위에 오르기 위해 형인 공자 규를 죽였고, 은나라의 주왕이 충신이자 숙부인 비간比干을 죽여 결국 나라가 망한 일도 있었소. 그런데 어찌 핏줄을 죽인 그들을 따라 한단 말이오?"

그래도 조고는 주장을 굽히지 않고 이사를 설득했다. "세상일은 모두 변하게 마련입니다. 이전 왕조에서 일어난 일들이 오늘날에 모두 적용되는 것은 아닙니다. 아래위가 한마음이 된다면 나라는 오래 유지될 수 있습니다. 또 안팎이 힘을 모으면 성공하지 못할 일도 없지요. 제 말을 따르신다면 자손 대대로 벼슬 자리를 지킬 수 있을 뿐만 아니라 공자나 묵자처럼 명성을 얻을 수도 있습니다. 그렇지 않으면 자손에게까지 화가 미칠 것입니다. 재난이 복이 되고 복이 화가 될 것인데, 어찌 아직 모르십니까!"

그러고는 이렇게 덧붙였다. "부소에게 장례를 주관하게 한다는 편지를 보내기도 전에 황제는 세상을 떠나셨습니다. 그 일은 공께서도 이미 잘 아실 겁니다. 지금 편지는 호해 황자의 수중에 있고, 황제의 죽음을 아는 사람도 없습니다. 누가 황위를 이을지는 저와 호해 황자의 손에 달렸다는 말입니다. 공의 생각은 어떻습니까?"

이사가 대답했다. "그것이야말로 나라를 망하게 하는 말이오. 신하된 자가 어찌 그런 말을 함부로 하시오? 정말 너무하구려!"

　그러나 조고는 한 치의 흔들림도 없이 말했다. "선제의 말을 따른다고 해도 저에게는 손해 날 것이 없습니다. 다만, 한 가지 여쭙고 싶은 것이 있습니다. 공과 몽염蒙恬을 비교하면 누가 더 능력이 뛰어납니까?"

　이사가 대답했다. "그야 몽염의 재능이 더 뛰어나오."

　그 말을 들은 조고가 빙그레 웃으며 말했다. "그렇군요. 첫째 황자 부소는 용감하고 의지가 강하지요. 그는 과거에 승상께서 시황제에게 건의한 분서갱유를 완강하게 반대했습니다. 그런 그가 즉위한다면 분명히 자신의 측근인 몽염을 승상에 임명할 텐데, 그때는 어떻게 하실 겁니까?"

　이사는 원래 정직하고 양심적인 인물이었다. 하지만 일단 권력의 달콤함을 맛본 후에는 학자가 아닌 자리보전에 급급한 관리의 모습만이 남아 있었다. 정의와 신념이 탐욕에 자리를 내어준 지 이미 오래였던 것이다. 지금 자신의 지위와 가문의 장래 운명을 생각한다면 조고의 제안대로 할 수밖에 없었다. 이사는 눈물을 흘리며 조고에게 말했다. "난세에 태어나 함부로 죽을 수도 없으니 내 운명을 누구에게 맡기면 좋겠소?"

　조고는 더 이상 돌려 말하지 않았다. 곧이어 두 사람은 진나라 시황제의 유언을 위조해 부소와 몽염에게 각각 '불효'와 '불충'을 이유로 자살할 것을 명하는 서신을 보냈다.

　그다음에 할 일은 호해를 설득하는 것이었다. 조고가 호해를 찾아가서 말했다. "선제께서는 돌아가시면서 다른 공자들에게 영토를 나눠주지 않으시고 오직 첫째 황자 부소에게만 서신을 남기셨습니다. 함양으로 돌아와 국상을 치르라 명하시는 서신이지요. 부소가 몽염과 함께 군대를 이끌고 함양으로 온다면 분명히 황제가 될 것인데, 그렇게 되면 공자는 어찌 되겠습니까?"

그러고는 호해에게 시황제의 명에 따라 쓴 편지를 보여주었다. 그러자 호해는 선비의 모습을 보이며 이렇게 말했다. "아버님께서 땅 하나 남겨주지 않고 세상을 떠나셨다지만 이제 와서 무슨 말을 할 수 있겠습니까? 옛말에 군주를 가장 잘 아는 것은 신하요, 아들을 가장 잘 아는 것은 아버지라고 했습니다. 아버님께서 그렇게 준비해 놓으셨다면 제가 달리 무엇을 더 할 수 있겠습니까?"

조고는 호해에게 차근차근 말했다. "통치하는 것과 통치를 당하는 것은 매우 다릅니다. 지금 선제의 서신과 옥새는 저와 승상에게 있으니, 누가 다음 황제가 되느냐는 모두 우리 둘에게 달렸습니다. 그러니 한 번 잘 생각해보십시오."

그 말에 더럭 겁을 집어 먹은 호해가 말했다. "아우가 형의 자리를 탐하는 것은 의롭지 못한 것이요, 아버지의 명을 따르지 않는 것은 불효라고 했습니다. 또 재능과 덕이 없으면서 다른 사람의 힘을 빌려 황제가 되는 것은 무능이라고 했습니다. 무능한 제가 불의와 불효까지 범하면 하늘이 가만두지 않을 것입니다. 그렇게 되면 자신의 목숨뿐만 아니라 종묘사직도 끊어질 것이 뻔합니다." 호해는 이러한 이치를 잘 알고 있었다.

호해가 자신의 뜻을 이해하지 못하자 조고는 더 이상 돌려 말하지 않았다. "작은 일 때문에 큰일을 하지 않으면 반드시 후환이 따릅니다. 주저하며 결정하지 못해도 후회가 따르지요. 하지만 과감하게 결단을 내린다면 귀신도 비켜가게 마련입니다. 이전의 왕조들을 보십시오. 상나라 탕왕과 주나라 무왕이 자신의 군주를 죽였을 때도 천하 사람들은 모두 그들을 의롭다고 했지 불충하다고 하지 않았습니다. 폭군을 죽였다고 하는 사람은 있었지만 군주를 죽였다고 하는 이는 없었습니다. 위나라 왕이 자신의 아버지를 죽인 일에 대해서는 공자조차도 그의 손을 들어주었습니다. 이러한 일들은 큰일을 할 때는 작은 일을 돌아보지 않고, 덕을 행할 때는 작은 책임은 안중에 두지 않아도 된다는 것을 보여줍니다. 공자와 형님을 보십시오. 사실 이 문제는 누가 누구를 대신하느냐 하는 문제가 아닙니다. 공자의 형님이 이미 황제가 된 것도 아니지 않습니까? 그러니 어서 결정을 내리십시오."

결국, 마음이 동한 호해가 넌지시 말했다. "아직 아버님의 장례도 치르지 않았고 심지어 붕어하셨다는 소식도 발표하지 않았는데 문제를 일으켜서야 되겠습니까?" 그러자 조고가 단호하게 말했다. "기회는 한 번 놓치면 다시 오지 않습니다. 모든 것이 준비될 때까지 기다리면 늦어버리고 맙니다." 호해는 결국 조고의 뜻을 따르기로 했다.

이렇게 해서 구체적인 계획이 정해졌고, 이제 실행을 할 차례였다. 조고는 거짓으로 꾸민 선제의 조서와 검을 변방에 있는 부소에게 보냈다. 부소의 불효를 꾸짖으며 자살하도록 하는 내용이었다. 황제의 조서를 받은 부소는 저항할 생각도 하지 않고 목숨을 끊었다. 반면에 명령을 따르지 않은 대장 몽염은 옥에 갇혀 죽음을 맞았다.

함양으로 돌아온 조고 일행은 진나라 시황제의 장례식을 성대하게 거행했고, 이어서 호해가 순조롭게 황제의 자리에 올라 진나라 이세 황제가 되었다.

얼마 후 호해는 조고의 주관하에 과거의 진나라 시황제처럼 동쪽으로 순행 길에 올랐다. 가는 곳마다 호해가 진나라 시황제가 정한 후계자라는 내용의 기념비를 세워 천하 사람들을 속이려는 목적이었다. 조고는 조정에서의 영향력을 높이기 위해 자신의 뜻을 거역하는 사람은 모두 숙청하고, 이세 황제에게도 엄격한 법률을 정하여 시행하게 했다. 그 과정에서 수많은 대신이 희생당했다. 가장 먼저 화를 당한 사람은 몽염의 동생인 몽의蒙毅였다. 조고는 또 호해의 형제와 누이들도 인정사정 봐주지 않았다. 호해의 형 열두 명이 조고의 계략으로 목숨을 잃었고, 세 명은 옥에 갇혀 숨을 거두었다. 누이 열 명은 거열형을 당했고, 그 밖에 그들의 가족도 모두 목숨을 잃었다. 조정의 대권은 모두 조고의 손에 들어갔고, 오직 이사만이 공을 인정받아 자리를 보전할 수 있었다.

대학살이 끝난 후 조고가 황제에게 득의양양하게 말했다. "이제 일이 어느 정도 마무리된 것 같습니다. 조정 대신들은 모두 겁을 먹어 자기 자리 지키기에 급급하니, 어찌 다른 마음을 품을 수 있겠습니까? 그러니 폐하께서는 모든 잡다한 일은 저에게 맡기고 걱정을 내려놓은 채 즐거움을 누리십시오." 호해는 완벽하게 조고의 손아귀에서 놀아나게 되었다.

이사는 양심을 희생하고서라도 관직과 명예를 지키려는 인물이었다. 또 진나라 이세 황제는 먹고 마시며 즐기느라 거의 나라를 돌보지 않았다. 자연히 진나라는 점점 바람 앞의 등불처럼 위태로워졌다. 모든 것을 알고 있는 이사는 자신의 자리를 지키기 위해 입을 꾹 다물었다. 어느 날 황제가 이사에게 물었다. "그대의 동문인 한비자는 고대의 제왕이 아주 수고로운 자리라고 했는데, 그렇다면 왕들은 고생을 하려고 일부러 왕의 자리에 오른다는 말이오? 황제 자신도 만족하지 못하면서 어찌 나라를 잘 다스릴 수가 있겠소? 나는 황제가 고생하는 것은 신하가 무능해서라고 생각하오. 짐은 하고 싶은 것을 하면서 천하도 잘 다스리고 싶은데, 어찌하면 좋겠소?"

이사는 바른말을 하기는커녕 황제에게 잘 보이기 위해 '독책술督責術'을 가르쳐주었다. 독책술을 쓰면 신하와 백성이 감히 게으름 피우지 못하지만, 쓰지 않으면 요, 순 임금보다 고생스러워질 것이라는 설명도 덧붙였다. 이른바 '독책술'이란 황제가 엄격하고 가혹한 법을 마음대로 집행하는 것을 뜻했다.

마치 어린아이를 달래는 속임수 같았지만 이세 황제는 듣자마자 마음에 쏙 들어 당장 그대로 시행했다. 그러자 천하의 충성스러운 신하와 어진 신하들이 죽어 나갔고, 백성의 원성이 하늘을 찌를 듯했다.

처음에 조고와 이사는 서로 이용하는 관계였다. 하지만 점차 이익을 다투게 되면서 두 사람은 철천지원수가 되었다.

조고는 향락에 빠진 황제를 대신해 나라의 크고 작은 일을 모두 맡아 처리했다. 당시 이사의 머릿속에는 온통 나라를 다스리는 방법에 관한 생각뿐이었다. 그것은 모든 지식인의 공통점이었다. 반면에 조고는 권력을 향한 유일한 장애물을 제거할 방법을 궁리하고 있었다. 그 유일한 장애물이란 바로 이사였다. 조고는 조금씩 이사를 사지로 몰아넣을 준비를 시작했다.

어느 날, 조고가 수심 가득한 얼굴로 이사를 찾아가 관동 지역의 혼란한 상황을 언급하며 조언을 구했다. "지금 관동은 하루가 멀다 하고 출몰하는 도적 떼 때문에 매일 같이 조정으로 급보를 보내고 있습니다. 그러나 황제 폐하께서는 향락에 빠져 마음대로 백성을 동원해서 아방궁을 짓고 진귀한 개나 말을 수집해 궁을 채우면서도 잘못을 고칠 기미는 전혀 보이지 않습니다. 이 때문에 걱정이 이만저만이 아니지만, 저는 지위가 낮아 함부로 간언할 처지도 아닙니다. 그러니 승상처럼 지위와 덕망이 높으신 분께서 황제께 직언을 해야 하지 않겠습니까?" 그러자 이사가 말했다. "나도 간언을 하고 싶지만 황제 폐하께서 조정에 나오지 않으시니 좀처럼 기회가 없을 뿐이오." 그 말에 조고는 황제가 조정에 나가면 즉시 알려주겠노라고 약속하고 돌아갔다.

며칠 후, 황제가 연회를 열어 한껏 흥이 올랐을 때 조고는 즉시 이사에게 사람을 보내 입궁하도록 전했다. 연회 중에 갑자기 이사가 들어와 정색하고 간언하자 흥이 깨진 황제는 역정을 내며 이사를 돌려보냈다. 이런 일이 세 번 정도 반복되니 황제는 점점 이사가 미워졌다. 이 틈을 놓치지 않고 조고가 이사의 험담을 늘어놓았다. "당시 황제 폐하를 옹립하는 데 참여한 이사는 분명히 큰 상을 기대했을 것입니다. 하지만 일이 자신의 뜻대로 되지 않자 줄곧 황제 폐하께 불만을 품어왔지요. 요즘 계속해서 황제 폐하를 찾아오는 것도 그 때문인 듯합니다. 미리 대비해 두셔야 합니다. 풍문으로 그가 큰아들 이유李由와 짜고 모반을 꾀한다고 합니다. 아직 사실로 밝혀진 것은 아니지만 관동에 하루가 멀다 하고 도적 떼가 출몰하는데도 손을 놓고 있는 것이야말로 그 증거가 아니겠습니까? 그러니 서둘러 그를 잡아들여 후환을 없애야 합니다. 절대 망설이지 마십시오."

이에 의심이 생긴 호해는 즉시 사람을 시켜서 이유가 모반을 꾀한다는 소문이 사실인지 조사하게 했다. 한편, 이 이야기를 전해 들은 이사는 그제야 모든 것이 조고의 계략이라는 것을 깨달았다. 그래서 곧바로 조고의 죄상을 밝힌 상소를 올려 상황을 뒤집으려 했지만, 이는 오히려 호해의 심기를 더욱 불편하게 할 뿐이었다. "조고처럼 청렴하고 백성을 사랑하며 짐의 의중을 정확히 아는 자가 또 있느냐? 그런 자를 믿지 않으면 내가 과연 누구를 믿을 수 있겠느냐! 승상은 제 발이 저려 조고를 모함하는 것이 틀림없다!" 화가 난 호해는 이사의 상소를 냅다 던져버렸다.

이사도 물러서지 않았다. 그는 우승상 풍거질馮去疾, 장군 풍겁馮劫과 함께 다시 한 번 조고를 비판하는 상소를 올리며 아방궁 건축을 당장 중단해야 한다고 덧붙였다. 이제 호해는 아주 단단히 화가 났다. "천하가 태평하고 부유하여 짐이 즐기겠다는 것이 무엇이 잘못인가? 신하된 자가 도적을 평정하지 못하고 임금을 근심케 하는 것도 큰 죄다!" 이사는 호해에게 가르친 독책술에 자신이 당하게 되리라고는 꿈에도 생각하지 못했을 것이다. 이사의 간언에 잔뜩 화가 난 호해는 옆에서 조고가 부채질하자 당장 세 사람을 파면시키고 옥에 가두라고 명령했다.

끔찍한 형벌을 받을 것으로 생각하고 지레 겁을 먹은 풍거질과 풍겁은 스스로 목숨을 끊었다. 하지만 관직과 부귀영화에 미련을 버리지 못한 이사는 이를 악물고 곤장 천 대를 견뎌내고는 정신을 잃었다. 억울한 마음에 올린 상소는 번번이 조고의 손에 가로채였다. 결국 가혹한 고문을 견디지 못한 이사는 없는 죄를 자백해야 했다.

한편 호해는 조고가 조사하여 올린 상소의 내용을 보고 감탄을 금치 못했다. "조경조고를 가리킴-옮긴이이 아니었다면 얼마나 큰 화를 당했겠는가!" 호해는 이사를 오형五刑에 처하고 삼 대를 모조리 죽였다. 이사의 자식과 가족은 물론 문중 사람들도 모두 형장으로 끌려가 목숨을 잃었다. 이사는 형장으로 끌려가면서 아들에게 이렇게 말했다. "다시 한 번 너와 누런 개를 끌고 상채 동문으로 나가 토끼 사냥을 하려고 했는데, 이제 그럴 수가 없구나!"

먼저 이사는 얼굴에 먹으로 글씨가 새겨지고, 코가 베이고 두 발이 잘린 다음, 마지막으로 목이 베였다. 그것이 끝이 아니었다. 이미 머리가 잘린 시신의 허리가 잘려 두 동강 나고 살이 짓이겨졌다. 이것이 바로 오형이다. 다른 가족은 모두 참수되었다.

이사는 중국 제일의 정치가, 술수가, 그리고 학자를 합친 인물이었다. 하지만 그의 마지막은 누구보다도 비참했다. 평생 진나라 시황제의 천하 통일을 위해 계책을 내고 왕권을 강화하는 군현제를 시행하기 위해 유생에게 맞선 그의 공은 결코 부정할 수 없다. 하지만 그가 공을 세운 동기는 국가나 백성 혹은 군주를 위한 것이 아니었다. 그는 오로지 자신의 권력과 명예, 그리고 지위를 위해서 고군분투했다. 그래서 평생 나쁜 행적을 일삼은 것이다. 황제에게 아부한 것이나 한비자를 죽인 것은 접어두고라도 '분서갱유'는 그에게 크나큰 오명을 안겨준 사건이다.

중국 제일의 정치가이자 술수가이며 학자인 이사가 최후를 맞은 무렵, 진승, 오광이 처음 일으킨 농민 봉기는 차근차근 승리를 거두며 전국으로 기세를 넓혀갔다. 진나라의 대장 장단章邯이 항우에게 투항한 후로 진나라의 멸망은 이제 시간문제였다.

하지만 정말 한탄스러운 일은 그것이 아니었다. 왜 중국의 관료 사회에는 진심으로 나라와 백성을 걱정하는 선비가 없었을까? 왜 학자일 때는 나라와 백성을 걱정하지만 일단 관리가 되면 제 한 몸 지키기에 급급하게 되는 것일까? 이사처럼 명예와 이익을 위해서라면 어떤 대가라도 치르겠다는 사람은 의외로 많다. 관료 사회는 타락의 온상이다. 그것은 중국 민족을 오염시키고 있다.

물론 학사 출신인 이사는 마지막까지 어느 정도는 정직하고 성실한 면이 있었던 것도 사실이다. 그렇지 않고서야 조고의 요청을 듣고 직접 호해에게 직언했을 리 없기 때문이다. 조고에 비하면 이사는 지식인으로서의 모습이 조금이라도 남아 있었다. 우리는 이미 지식인은 완벽한 술수가가 될 수 없다는 것을 알고 있다. 이사의 마음 깊은 곳에는 희미하게나마 정의감와 선량함이 남아 있었다. 그리고 바로 그 얼마 안 되는 선량함과 정의감 때문에 관료 사회에서 비극적인 결말을 맞은 것이다.

이사가 죽은 후, 조고는 반란을 일으키기로 결심했다. 먼저 대신들의 마음을 떠보기 위해 역사적으로 유명한 연기를 했다. 바로 '지록위마指鹿爲馬'라는 유명한 고사로 전해지는 일이다.

어느 날 조고가 대신들 앞에서 황제에게 사슴 그림을 바치며 말했다. "신이 황제 폐하께 말 그림을 바칩니다." 황제는 조고가 말을 잘못했다고 생각하고 웃으며 말했다. "승상이 틀렸소. 어찌 사슴을 보고 말이라 하시오?" 말을 마친 그는 주변의 대신과 시종들에게 물었다. "이것이 사슴이냐, 말이냐?" 하지만 몇몇을 제외하고는 대부분의 사람이 사슴을 말이라고 했다. 조회가 끝난 후 조고는 바른 말을 한 몇몇 대신을 모두 죽였다. 이렇게 조고는 반란을 위한 예행연습을 마치고, 머릿속으로 구체적인 계획을 세웠다.

이런 일을 겪고도 황제는 조고가 반란을 일으키리라고는 꿈에도 생각하지 못했다. 오히려 자신에게 문제가 있다고 생각한 그는 점쟁이를 불러들였다. 그 점쟁이도 이미 조고에게 매수되어 있었다. "황제 폐하께서 말을 사슴으로 착각한 것은 신께 제사를 올리지 않았기 때문입니다. 더 큰 화가 있기 전에 심신을 깨끗이 하여 제를 올리십시오." 호해는 조금도 의심 없이 수행원들을 이끌고 상림원上林苑으로 갔다. 모든 것이 조고의 계획대로 착착 진행되었다. 상림원으로 들어간 호해는 제사를 올리기는커녕 매일 사냥에 빠져 지냈다. 그러던 어느 날, 어김없이 사냥을 나간 호해는 실수로 사냥터 주변을 지나던 행인을 활로 쏘아 죽이고 말았다. 조고는 그때를 놓치지 않고 사위인 함양 현령 염락閻樂에게 상소를 올리게 했다. "누가 사람을 죽이고 시신을 상림원에 갖다 버렸습니다. 반드시 증거를 찾아 해결해야 합니다." 그리고 조고는 짐짓 걱정스러운 표정으로 염락이 쓴 상소를 들고 호해를 찾아가 말했다. "사람을 죽여 상림원에 시신을 버린 이가 황제 폐하라는 소문이 파다합니다. 자고로 황제가 무고한 자를 죽이면 하늘이 노한다고 합니다. 그러니 일단 먼 곳으로 가서 화를 피해야 합니다." 조고의 말을 철석같이 믿은 호해는 함양현에서 동쪽으로 멀리 떨어진 망이궁望夷宮에 숨었다.

얼마 후, 조고의 명령을 받은 낭중령 조성이 곧 농민군이 함양을 공격할 것이라는 소문을 망이궁 안에 퍼뜨렸다. 조고는 당황한 척하며 함양 현령 염락에게 망이궁에 들어와 황제를 지키도록 했다. 사실 염락도 조고의 편이었다. 염락은 황제를 보호한다는 핑계로 궁을 함부로 헤집고 다니며 반역의 무리를 잡겠다고 설쳐댔다. 이 과정에서 황제를 충성스럽게 호위하는 관병들을 닥치는 대로 죽인 염락은 그대로 황제가 머무르는 내전까지 밀고 들어갔다. 환관과 호위병들이 저항했지만 염락이 이끄는 군사들을 막기에는 역부족이었다. 놀라서 황급히 누각으로 몸을 피한 호해는 아래를 내려다보았다. '반역자'들이 궁을 들쑤시고 다니는 것이 보였지만 자신의 곁에는 달랑 환관 한 명이 있을 뿐이었다.

당황하고 화가 난 호해가 소리쳤다. "너희는 어찌 일이 이 지경이 될 때까지 나에게 아무 말도 하지 않은 것이냐!" 환관이 대답했다. "진작부터 말씀드렸지만 듣지 않으셨습니다. 저 또한 사실을 말하지 않았기 때문에 오늘까지 목숨을 부지할 수 있었습니다. 만약 황제 폐하께 바른 말을 했더라면 벌써 죽은 목숨이었겠지요." 이윽고 호해의 코앞에 들이닥친 염락이 외쳤다. "향락에 빠져 백성을 돌보지 않고 대규모로 토목 공사를 벌여 천하를 어지럽게 했으니 어서 그 목숨을 끊어 죄를 대신하라!"

호해가 벌벌 떨며 물었다. "승상을 한 번 만나볼 수 있겠소?"

염락이 대답했다. "안 된다."

호해가 간절하게 말했다. "황제의 자리는 내놓을 테니 군왕에라도 봉해주시오."

염락은 고개를 저으며 대답했다. "안 된다."

그러나 호해는 여전히 미련을 버리지 못하고 말했다. "그렇다면 만호후萬戶侯, 백성 일만 호가 사는 영지의 제후로 세력이 큰 제후를 뜻한다-옮긴이라도 되게 해주시오."

염락은 세차게 고개를 저으며 말했다. "안 된다고 했다." 절망한 진나라 이세 황제 호해가 애원했다. "그렇다면 처자식과 함께 평민으로라도 살게 해주시오."

염락이 더 이상 참지 못하고 소리쳤다. "무슨 쓸데없는 소리냐! 나는 승상의 명을 받들어 백성에게 해가 되는 자를 없애러 왔으니 봐주는 일은 절대 없다! 어서 목숨을 끊어라!"

절망한 호해는 쓸쓸한 자신의 그림자와 화려한 궁전을 번갈아 쳐다보고는 아무 말 없이 칼을 뽑아 목숨을 끊었다.

호해가 죽은 후 조고는 호해의 아들 자영을 진나라의 왕으로 세웠다. 당시 영토 대부분을 농민군에 빼앗겨 나라의 영토가 매우 줄어들어 있었다. 나라가 힘을 잃은 상황이니 조고가 멋대로 새 군주를 옹립해도 반대하는 사람은 하나도 없었다. 황제가 아닌 왕으로 옹립한 것은 사실상 진나라의 멸망을 선언한 것이나 다름없었다. 사람들은 이것이 조고가 새 왕조를 세우려는 준비 작업이라는 것을 알고 있었다. 자영도 자신의 목숨이 조고의 손에 달렸다는 사실을 알고 있었다. 위기를 느낀 그는 두 아들을 시켜 조고를 죽였다. 얼마 후 자영이 함양에 입성한 유방에게 투항하면서 진나라는 완전히 멸망했다. 진나라가 이렇게 단명한 이유는 무엇일까? 중국 최초의 봉건 황제인 진나라 시황제는 중국을 통일했고 '사상'도 통일하려 했다. 그래서 여러 사상이 담긴 수많은 저서를 불태우고 유생들을 생매장했으며, 잔인하고 냉정한 관리를 등용하여 그들을 스승으로 삼고 잔혹한 법령으로 백성을 다스린 것이다. 그러나 진나라가 멸망하게 된 것은 '책을 읽었기 때문'이 아니라 '책을 읽지 못하게 했기 때문'이었다.

진나라 시황제는 백성을 자신만의 틀에 가둬놓으려 했다. 자신만의 절대 규칙과 기준을 세워놓고 백성이 거기에 맞추어 생활하게 한 것이다. 그런 진나라는 겉으로는 안정되어 보였지만 사상과 문화를 억압했기 때문에 사회의 여론은 갈 길을 잃고 침묵하게 되었다. 이렇게 억압적이고 잔인한 통치는 자연히 백성의 반발을 불러일으키게 마련이다. 사상과 문화는 나라를 망하게 하는 원인이 아니다. 오히려 사상과 문화를 억압하는 것이 나라가 망하는 원인이다. 선조들도 이에 대해 이미 이런 결론을 내리지 않았는가!

가부장제 사회의 '여성 황제'

중국 사회는 수천 년 동안 가부장제를 유지하면서 단 한 번도 그 관념이 느슨해지거나 변화한 적이 없다. 그런데 의아하게도 그토록 철통같이 유지된 이 가부장 사회에서 많은 여성 황제가 있었다. 정식으로 황제라고 불린 여인은 많지 않지만, 실제로 황제에 버금가는 권력을 장악한 사람도 꽤 있다. 아무리 그럴듯한 근거를 들어도 이러한 현상은 쉽게 설명할 수 없다. 그중 몇몇 여성 황제의 이야기를 살펴보자.

여 황후呂后

한나라를 세운 개국 황제 유방의 조강지처는 여 황후로 본명은 여치다. 여 황후는 한바탕 우여곡절을 거친 후에 한나라의 권력을 장악했으며, 중국 역사 속의 수많은 여성 황제 가운데 눈에 띄는 독특한 인물이다.

유방과 여치는 아주 기이한 인연으로 맺어졌다. 유방이 사수泗水의 정장亭長으로 있던 어느 날, 친구 소하가 찾아왔다. 이런저런 이야기를 나누던 중에 소하가 얼마 전 단부單父 현으로 옮겨온 여공이라는 세도가의 이야기를 꺼냈다. 여공은 누군가의 보복을 피해서 친분이 있는 단부 현령에게 몸을 의탁한 것이었다. 그래서 현령이 그를 환영하고 위로하기 위해 곧 큰 연회를 연다고 했다. 이 이야기를 들은 유방은 아무렇지 않게 말했다. "그렇게 귀한 손님이 오셨다면 당연히 나도 축하하러 가야지." 소하는 유방이 농담하는 것이라 여기고 대수롭지 않게 들어 넘겼다. 그런데 연회 날에 유방이 정말로 세도가를 만나러 온 것이 아닌가? 여공을 대신해 선물을 받고 있던 소하가 유방을 보고 흠칫 놀라서 말했다. "하례금이 천 냥 이하면 마루 아래에 앉으시게." 그 말이 끝나기가 무섭게 유방은 '하례금 만 냥'이라고 쓴 자신의 명패를 떡 하니 탁자 위에 놓았다. 그 모습을 본 여공이 황급히 유방에게 상석을 권했다. 평소 관상에 관심이 있던 여공은 유방의 생김새를 찬찬히 뜯어보았다. 그가 천자가 될 상이라는 것을 확신한 여공은 더욱 살갑게 유방을 대했다. 이때, 유방에게 만 냥이 있을 리 없다는 사실을 아는 소하가 비웃으며 말했다. "그자는 평소에도 허풍이 심합니다. 하례금을 가져왔다는 말도 거짓말일 겁니다." 그러나 여공은 소하의 말을 전혀 개의치 않았다.

이윽고 연회가 시작되자 유방은 여공의 손에 이끌려 상석에 앉았고 조금도 위축되는 기색 없이 마음껏 먹고 마셨다. 여공은 연회가 끝나고 자리에서 일어나려는 유방에게 눈짓을 하고 잠시 기다려 달라고 부탁했다. 무슨 일인지 감을 잡을 수 없었지만 유방은 돈 한 푼 없이도 전혀 당황하지 않고 그대로 자리에 앉아 있었다. 그러자 여공이 뜻밖의 말을 꺼냈다. "내 평소에 기이하게 생긴 사람을 수없이 만나보았지만 그대와 같은 사람은 본 적이 없습니다. 혼례는 치렀습니까?" 유방이 고개를 젓자 여공이 잘되었다는 듯 말했다. "그렇다면 제 딸을 아내로 맞아주십시오. 거절하시면 안 됩니다." 이게 웬 떡

이냐 싶은 유방은 바로 그 자리에서 여공에게 무릎을 꿇고 예를 갖춰 인사를 올렸다.

여공의 부인이 언짢은 표정으로 말했다. "늘 우리 딸이 귀하게 될 상이라며 대부호의 청혼도 거절하시더니 어찌 유방 같은 가난한 자에게 시집을 보내십니까?" 이에 여공이 대답했다. "유방은 장차 천하를 호령할 상이오." 이렇게 해서 유방은 세도가의 딸인 여치와 부부가 되었다.

그 후, 유방이 흰 뱀을 베고 병사를 일으키자[37] 여치와 어린 두 아들은 감옥에 갇혔다. 다행히 소하와 옥리의 도움으로 감옥에서 나온 여치는 자식들을 데리고 도망쳐 망탕산芒碭山에서 유비와 재회했다. 그때부터 여치는 어딜 가든 유방과 함께했다.

초나라와 한나라가 대립할 때 유방이 팽성에서 크게 패하고 혼자 달아나버려 유방의 아버지와 여치는 항우에게 사로잡혔다가 풀려나기도 했다.

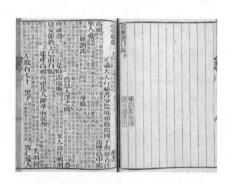

유방이 흰 뱀을 베고 봉기한 내용이 『한서』에 기재되어 있다.

여치는 이렇게 유방과 함께 고난을 겪은 조강지처다. 황제가 된 후 유방은 그런 여치를 황후로 봉하고, 아들 영盈을 태자로 삼았다. 하지만 여치와 태자의 자리는 곧 흔들리게 되었다. 팽성에서 항우에게 패하고 혼자 도망친 유방이 민가에서

---

37) 유방이 진나라의 대규모 공사에 동원된 죄수들을 풀어주고 함께 도망치던 중에 길을 가로막은 흰 뱀을 한 칼에 베어버렸다. 뒤따라가던 부하가 길에서 울고 있는 노파를 발견하고 이유를 묻자 노파는 자신의 자식이자 백제(白帝)의 핏줄인 흰 뱀을 적제(赤帝)가 죽여버려서 운다고 대답했다.

숙식을 해결할 때, 집주인이 그를 알아보고 딸을 주었는데 그녀가 바로 척戚 부인이다. 훗날 항우를 물리친 유방은 척 부인을 궁으로 데려왔는데 이때부터 점점 여 황후를 멀리하고 척 부인만 총애한 것이다. 젊고 아름다운 척희는 춤과 노래는 물론이고 악기도 잘 다뤘으며 글짓기와 서예도 곧잘 했다. 게다가 무슨 일이든 유방의 비위를 맞추니 사랑받지 않을 수 없었다. 이렇게 유방의 사랑을 한 몸에 받게 된 척희는 자신의 미래를 위해서 친아들 여의를 태자로 삼아 달라고 유방을 졸랐다. 유방이 좀처럼 허락하지 않자 척희는 눈물을 흘리며 애원했다. 그 모습을 본 유방은 마음이 약해지고 말았다. 더구나 유방도 실은 성격이 유약한 유영을 달갑지 않게 여기고 있었다. 그와 달리 여의는 총명하고 강단도 있어 마치 젊은 시절의 자신을 보는 것 같았다. 그래서 유방도 진작부터 유영을 폐위하고 여의를 태자로 삼으려는 생각을 하기는 했다. 게다가 그것은 한나라 왕실을 위해서나 사랑하는 여인을 위해서나 더할 나위 없이 좋은 선택이었다. 한편, 이미 그런 낌새를 눈치챈 여 황후는 두려움에 몸을 떨었다. 이미 유방의 몸과 마음이 모두 척희에게 향해 있는 터라 달리 손 쓸 방도도 없어 마음만 급할 뿐이었다. 마침 열 살이 된 여의는 관례에 따라 왕으로 봉해져 자신의 영지로 가야 했다. 이 소식을 들은 척희는 깜짝 놀랐다. 영지로 떠나면 황제의 곁에서 멀어지니 마음이 멀어지는 것은 물론이고 황제에게 잘 보일 기회도 없어지기 때문이다.

척희는 유방을 보자마자 무릎을 꿇고 서럽게 울었다. 그런 척희의 마음을 모를 리 없는 유방이 말했다. "그대는 여의를 왕으로 봉한 것이 모두 그를 위해서라는 것을 모르는가? 본래 짐도 여의를 태자로 삼으려 했으나 맏아들을 폐하고 어린 아들을 봉하는 것은 이치에도 어긋나고 명분도 서지 않네. 그러니 조금 더 기다려보게나." 그래도 여희가 울음을 그치지 않자 유방은 결국 마음이 약해지고 말았다. 그래서 다음 날 대신들과 함께 태자 폐위에 대해 의논해 보았지만 대신들의 반대로 뜻을 이루지는 못했다.

그러나 여치는 유방이 포기하지 않으리라는 것을 잘 알고 있었다. 혼자서는 딱히 좋은 방법이 떠오르지 않자 여치는 장량을 자신의 편으로 끌어들였다. 장량이 말했다. "어질고 현명하며 명성이 높은 사람이 태자를 보필하면 황제께서는 태자가 영명하여 사람들이 따른다고 생각할 것입니다. 그러면 태자의 폐위를 더욱 신중하게 생각하겠지요. 잘하면 태자를 보호할 수 있습니다." 여 황후가 그런 사람이 대체 어디에 있느냐고 묻자 장량이 대답했다. "섬서의 상산常山 일대에 숨어 지내는 명사 네 명이 있는데 그들을 '상산사호常山四皓'[38]라고 합니다. 황제께서 여러 번 조정으로 불렀지만 모두 거절당했지요. 그들을 불러올 수 있다면 분명히 한시름 덜 수 있을 것입니다." 이에 여치는 온갖 방법을 동원해서 결국 상산사호를 데려왔다.

유방은 영포英布 등이 일으킨 반란을 평정한 후 건강이 급격히 나빠졌다. 전쟁에 지친 데다 화살 맞은 곳의 상태가 도로 심해졌기 때문이었다. 척희는 밤낮을 가리지 않고 유방의 병간호를 했다. 유방이 죽으면 자기 모자는 죽은 목숨이라고 생각한 척희는 은근히 유방의 동정심을 자극했다. 그러자 유방도 다시 태자를 폐위할 생각이 들기 시작했다.

태자소부太子太傅였던 장량이 소문을 듣고 즉시 유방에게 달려가 간언했지만 유방은 들은 체도 하지 않았다. 늘 자신의 말을 따라주던 유방이 고집을 피우자 장량은 병이 났다는 핑계를 대고 조정에도 나가지 않으며 집에서 두

---

38) 진(秦)나라 말기에 난을 피해서 상산에 숨어 살던 동원공(東圓公), 하황공(夏黃公), 녹리선생(甪里先生), 기리계(綺里季)를 가리킨다. 모두 눈썹과 머리카락이 희어서(皓) 붙여진 명칭이다.

문불출했다.

태자태부太子太傅 숙손통도 유방을 말렸다. "예전에 진나라 헌공이 여희를 사랑하여 태자를 폐위하자 진나라는 무려 20년 동안이나 혼란을 겪었습니다. 진나라 시황제도 부소를 일찍 태자로 봉하지 않아 결국 나라가 망하지 않았습니까? 황제 폐하와 황후께서는 어려움을 함께 이긴 부부이며 두 분 사이에 후사는 태자 한 분뿐입니다. 게다가 태자의 효심은 모르는 사람이 없을 정도인데 어찌 마음대로 내치려 하십니까? 여전히 태자를 폐하고자 하신다면 저는 차라리 이 자리에서 죽겠습니다." 말을 마친 그가 검을 빼들자 유방이 놀라서 황급히 말렸다. "그냥 해본 말이니 너무 심각하게 생각하지 마시오."

얼마 후, 유방이 대신들의 의중을 떠보려고 태자를 위한다는 명목으로 연회를 열었다. 태자가 연회장에 들어올 때, 네 명의 노선비가 그 뒤를 따랐다. 그들은 모두 눈썹과 수염이 눈처럼 희어서 척 보기에도 범상치 않았다. 유방이 그들에게 누구인지 묻자 한 명씩 차례로 이름을 밝혔다. 그들은 바로 상산 사호였다. 유방은 깜짝 놀라서 말했다. "지난 몇 년 동안 아무리 불러도 응하지 않더니, 어찌 지금 내 아들의 곁에 있는 것이오?" 그러자 '사호'가 이구동성으로 말했다. "폐하께서 선비를 업신여기고 모욕을 준다고 하시기에 그동안 부르심에 응하지 않은 것입니다. 그러나 태자는 어질고 덕이 있으며 선비를 사랑하십니다. 그래서 천하의 사람 모두 목을 길게 빼고 태자를 만나기만을 손꼽아 기다립니다. 모두 태자를 위해 목숨 바쳐 일하기를 원하지요. 저희가 멀리서 이곳까지 찾아온 것도 바로 그래서입니다." 그 말을 들은 유방은 자신도 모르게 한숨을 내쉬었다.

태자와 '사호'가 떠난 후 유방은 급히 척희를 불러 말했다. "여의를 태자로 세우고 싶지 않은 것은 아니다. 하지만 이제 태자에게 날개가 생겼으니 함부로 폐위할 수가 없게 되었구나." 척희도 더는 희망이 없다는 것을 알았는지 순순히 포기했다.

한나라 초기, 나라는 안정되었지만 사람들의 마음은 아직 하나가 아니었다. 특히 병권을 가진 일부 장수들은 호시탐탐 기회를 노리며 천하를 자기 손에 넣으려 했다. 그래서 유방은 신중을 기하고 또 신중을 기했다. 유방은 진회의 난을 평정하기 위해 출정하면서 궁궐 내부의 일은 여 황후에게 맡기고 대외적인 나랏일은 소하에게 맡겼다. 여치는 포부가 큰 여인이었다. 그녀는 장차 대권을 장악할 기회를 절대 놓치지 않았다.

유방은 벌써부터 한신의 모반을 의심하여 그를 좌천시키고 장안에 머물게 했다. 공교롭게도 그때 한신의 측근인 난열欒說의 동생이 한신과 진회가 내통하고 반란을 계획한 사실을 고발했다. 한신이 한밤중에 경계가 느슨한 틈을 타 감옥의 죄수들을 풀어주고 황태자를 습격하게 하면 진회가 호응할 것이라는 꽤 구체적인 내용이었다. 이 소식을 들은 여치는 급히 소하를 불러서 한신을 없앨 계획을 짰다.

여치는 심복을 군사로 변장시켜 유방이 보낸 것처럼 꾸미고 이미 진회의 난을 평정했다는 거짓말을 흘리게 했다. 아무것도 모르는 신하들은 속속 조정으로 모여 여치에게 축하 인사를 올렸다. 한신을 궁으로 불러들이기 위한 속임수였다. 그러나 한신은 병이 났다는 이유로 축하 인사를 하러 오지 않았다. 여치는 소하를 재촉해 한신에게 가보게 했다. 재상인 소하가 병문안을 오니 한신은 어쩔 수 없이 얼굴을 내밀어야 했다. 소하의 설득에 한신은 결국 궁으로 향했다. 궁에 도착한 한신은 몇 발자국 떼기도 전에 미리 숨어 있던 병사들에게 사로잡히고 말았다. 당황한 한신이 다급히 소하를 불렀지만 이미 어디에서도 그를 찾을 수는 없었다.

무사들이 한신을 잡아오자 여치는 난열이 보낸 편지를 그의 눈앞에 들이 댔다. 한신이 쉽게 죄를 인정하지 않자 여치가 말했다. "황제께 사로잡힌 진회가 이미 네가 주동자라고 자백했다. 게다가 이렇게 확실한 증거까지 있는데 어디서 변명이냐!" 여치는 한신의 해명을 끝까지 듣지도 않고 그 자리에서 목을 베어버렸다. 길게 끌다가는 일이 틀어질 수도 있기 때문이었다.

한신을 죽이고도 분이 안 풀린 여치는 괜히 양왕梁王 팽월彭越도 죽였다. 그이전에, 진회를 토벌하러 나선 유방이 먼저 양 지역에서 군사를 모았다. 이때 마침 병이 난 팽월이 자신을 찾아오지 않자 화가 난 유방은 그가 반란을 꾸미고 있다고 의심했다. 그때 팽월에게 앙심을 품은 시종이 거짓 증언을 하자 유방은 때를 놓치지 않고 당장 팽월을 잡아들였다. 조사 결과, 팽월이 반란의 주동자가 아니라는 사실이 밝혀졌다. 하지만 유방은 팽월을 서민으로 강등시키고 낙양궁에 가두었다가 다시 촉 지역으로 유배를 보냈다. 서쪽의 정鄭 지역을 지나게 된 팽월은 우연히 장안에서 낙양으로 가던 여치를 만났다. 그때 팽월은 굳이 하지 않아도 될 일을 해 결국 목숨을 잃고 말았다. 여치에게 울면서 무죄를 호소하고 고향인 창읍으로 돌아가게 해달라고 간청한 것이다. 여치는 팽월을 달래며 그를 낙양으로 데려갔다. 그러나 한편으로 몰래 사람을 시켜서 다시 한 번 팽월이 반란을 계획했다고 거짓으로 고발하고, 낙양성 밖에서 죽였다. 게다가 그의 삼족을 참수해 화근을 뿌리 뽑았다.

두 공신의 죽음을 목격한 조정 대신들은 여치의 악랄하고 비정한 면모에 간담이 서늘해질 수밖에 없었다. 그 후 대신들은 여치에게 고분고분해졌다.

여치는 자신의 미래를 위해 개국 공신들을 가차 없이 죽였다. 훗날 정권을 독점하기 위해서 미리 그 길을 닦은 것이다. 바로 그 때문에 그녀의 정치적 야심이 만천하에 드러나기는 했지만 말이다.

유방은 자신이 죽은 후에도 유씨 정권이 이어지도록 제후들과 흰 말을 잡아 피를 나누어 마시고 이렇게 맹세했다. "유씨가 아닌 자가 왕이 되면 천하의 모든 사람이 그자를 토벌한다!" 유방이 죽은 후 유영이 즉위했는데 그가 바로 혜제惠帝다. 여치는 아들의 뒤에서 모든 것을 조종했다.

한나라 혜제 유영은 여치가 척희와 그의 아들을 잔인하게 해치는 것을 직접 목격했다. 원래 심성이 약한 그는 그 일로 큰 충격을 받고, 이후로 정사를 돌보지 않고 술에 빠져 지내다가 결국 188년에 세상을 떠났다.

아들이 유영 하나밖에 없던 여치는 궁녀가 낳은 유공劉恭이라는 남자아이를 즉위시키고 그 생모를 죽였다. 이때부터 여치는 조정의 대권을 직접 장악했다. 여치가 정권을 거머쥔 팔 년 동안 유방의 백마지맹白馬之盟은 깨어지고 말았다. 여씨 친족들이 대거 왕으로 봉해졌기 때문이다. 여태呂台가 여呂 지역의 왕이 되고 여산呂産은 양梁 지역의 왕으로 봉해졌으며 여록呂祿은 조趙 지역, 여통呂通은 연燕 지역의 왕이 되었다. 여동생인 여수呂嬃, 번쾌의 아내도 임광후臨光侯가 되었다. 이렇게 유씨 정권은 점점 여씨의 수중으로 들어갔다.

시간이 흘러 유공은 철이 든 후 자신이 여치의 친아들이 아니라는 사실을 알게 되었다. 어느 날 그가 독기 서린 얼굴로 말했다. "태후가 내 친어머니를 죽이고 나를 황제로 만들었다고? 내가 크면 반드시 그 복수를 하겠다!" 그 말을 전해 들은 여치는 당장 유공을 가두었다가 결국 죽였다. 그리고 허수아비 황제 항산왕恒山王 유홍劉弘을 옹립했다.

기원전 180년 7월, 여치가 중병에 걸렸다. 자신이 죽으면 조정에 큰 혼란이 생길 것을 염려한 그녀는 여씨 친족을 위해 군권을 미리 확보해 놓고, 자손들에게 신신당부했다. "내가 죽으면 대신들은 분명히 반란을 일으킬 것이다. 절대 장례를 위해서 궁을 나가서는 안 된다. 반드시 병권을 손에 넣고 황궁을 지켜라." 하지만 여치가 세상을 떠나고 여씨 일족이 경황이 없는 틈을 타 개국공신 주발과 승상 진평陳平이 장수들과 손을 잡고 여씨 세력을 모조리 죽였다. 얼마 후 유항劉恒이 한나라 문제文帝로 즉위해 그동안 여치가 공들여 쌓아 올린 여씨 정권은 철저히 무너졌다.

비록 정식으로 황제가 된 것은 아니지만 황제에 버금가는 권력을 누린 여치를 중국 역사상 최초의 여성 황제라고 해도 무방할 것이다. 황제를 대신해 정사를 처리한 팔 년 동안 여치는 누구보다 백성을 위한 정책을 많이 시행하여 덕분에 사회는 더욱 안정되었다. 그런 점에서 보면 여치는 역사에 어느 정도 공헌한 셈이다.

봉건 시대에 벌어진 궁정 암투에서 권력욕과 인간성의 힘겨루기는 대부분 권력욕의 승리로 끝났다. 이 싸움의 실패자에게서는 아마 조금이라도 인간성을 찾아볼 수 있을 것이다. 반면에 득의양양한 승리자의 미소에는 권력욕만이 담겨 있다. 여치는 중국 역사에서 유일하게 허름한 치마를 입고 싸리나무 비녀를 꽂던 평범한 아낙에서 구오지존九五之尊, 황제의 자리를 이르는 말—옮긴이의 자리에 오른 인물이다. 그녀의 일생을 돌이켜보면 전부 절반의 기회와 절반의 노력으로 얻어진 것이라는 점을 알 수 있다. 유방의 아내가 되어 황후로 봉해진 것은 다른 사람이 쉽게 얻을 수 없는 기회가 분명하다. 하지만 마침내 최고의 권력을 차지한 것은 늘 뜻을 굽히지 않고 오랜 시간 동안 주변 상황을 예리하게 살피며 강력하고 잔인하게 수완을 발휘한 그녀의 노력의 결과다. 같은 처지였던 척희는 여치보다 장점이 더 많았지만 그것을 이용하기는커녕 그저 울면서 애원이나 하다가 결국 실패했다. 반면에 여치는 안팎을 함께 공략하며 당근과 채찍을 적절히 쓴 덕분에 효과적으로 신하들을 제압했다.

이렇게 보면 중국인은 태생적으로 술수가나 정치가의 기질을 타고난 것 같다. 보잘것없는 출신 성분에 뭐 하나 뛰어날 것이 없던 여인이 지략으로 모두 뛰어난 인재인 신하들을 조종하고 용감하게 적장의 목을 벤 장수들을 손바닥 위에 놓고 가지고 놀았으니 말이다. 이렇게 여치는 실질적인 황제 노릇을 하며 어떤 부분에서는 후대 사람들에게 칭송을 받기도 했으니 얼마나 대단한 일인가!

악녀 황후 가남풍賈南風

한나라의 여 황후와 비교해볼 때 서진西晉 시대의 황후 가남풍은 권력 투쟁에는 별 관심이 없었다. 하지만 악녀와 같은 그의 행동은 인간의 잔인한 면을 유감없이 보여준다.

272년, 열다섯 살 가남풍이 자신보다 두 살 어린 태자 사마충司馬衷과 혼례를 올리고 태자비가 되었다. 서진 시대를 비롯한 중국의 봉건 사회에서 궁궐 안의 지위 높은 여인은 대부분 권문세가나 명문 귀족 집안 출신이었다. 가남풍이 살았던 서진 시대는 문벌 귀족이 세력을 떨치던 시기로 이런 풍조가 더욱 심해지던 때이기도 했다. 가남풍의 아버지 가충賈充은 서진 시대 사마씨 권력 집단의 핵심 인물로 무제 시절 월기교위越騎校尉, 태위太尉 등과 손을 잡고 조정의 대권을 장악하고 있었다. 막강한 권력을 누린 가충 부부는 둘 다 교활하고 농간을 잘 부렸는데 가남풍도 그런 부모의 영향을 받고 자랐다.

서진이 천하를 얻는 것은 결코 쉽지 않았다. 사마의는 조조의 자손을 핍박해 어렵게 서진 왕조의 기틀을 잡았지만 첫 번째 황제 사마염司馬炎 때부터 나라는 내리막길을 걷기 시작했다. 양楊 황후의 소생이었던 태자 사마충은 백치였다. 그런 그에게 정사를 맡길 수가 없었던 무제사마염-옮긴이는 양 황후를 불러 태자 폐위를 의논했다. 당연히 친아들이 폐위되는 것을 두고 볼 수만은 없었던 황후는 울면서 무제에게 매달렸다. "선대왕들은 모두 맏아들을 태자로 봉했습니다. 그들이 다 현명한 군주는 아니었지요. 그런데 이미 뽑으신 태자를 어찌 바꾸신단 말입니까?"

한편 지각 있는 대신들은 사마충이 황제가 되는 것을 원하지 않았다. 백치 사마충이 황제가 되면 서진의 미래는 상상조차 하기 싫을 정도로 암담해질 것이 분명했기 때문이다. 대신들의 의견을 접한 무제는 시험을 통해 아들의 자질을 알아보려 했다. 무제가 태자를 폐위할지도 모른다는 소식을 들은 가충 일가는 당황할 수밖에 없었다. 일단 태자가 폐위되면 가남풍은 영영 황후가 될 수 없기 때문이었다. 그러나 이번 시험만 잘 통과하면 태자는 머지않은 미래에 황제가 될 것이고 가남풍도 순조롭게 황후가 될 수 있었다. 백치 황제는 허수아비 왕 노릇이나 하고 조정의 실권은 외척이 장악하게 될 테니 천하는 사마씨의 수중으로 떨어지는 것이다!

가충은 시험 문제를 출제한 관리 장홍張泓을 찾아가 협박하고 구슬리기도 했다. "그대의 덕으로 태자가 황제의 자리에 오르면 보답은 섭섭지 않게 할 것이다. 그러면 평생의 부귀영화를 보장받을 수 있지. 하지만 만에 하나 태자가 폐위라도 된다면 그때는 목숨을 부지하기가 어려울 것이야!" 장홍은 말이 떨어지기가 무섭게 시험 문제뿐만 아니라 답안까지도 알려주었다. 시험이 끝나고 감독관에게서 답안지를 건네받은 무제는 기쁨을 감추지 못하며 말했다. "누가 내 아들을 백치라고 했느냐?" 이 일로 무제는 태자를 폐위하려던 생각을 완전히 접었다.

가남풍은 태자비가 됐을 때부터 잔인하고 야만적인 품성을 숨기지 않았다. 질투심이 강했던 그녀는 비빈들이 태자에게 접근하는 것을 엄격히 금지했다. 때로는 임신한 비빈의 배를 칼로 갈라 배 속의 핏덩이가 그대로 땅 바닥으로 쏟아지는 잔인한 광경이 연출되기도 했다. 임신하지 않더라도 태자에게 접근한 비빈은 가남풍의 손아귀를 빠져나가기가 어려웠다. 그녀의 손에 죽임을 당한 궁녀들은 셀 수조차 없을 정도였다. 결국 그녀의 잔혹한 행동은 무제의 귀에까지 들어갔다. 노한 무제는 태자비를 폐위시키려고 했지만 가충의 세력이 너무 커서 함부로 손을 쓸 수는 없었다. 결국 양 황후와 순욱苟勖 등의 간청으로 무제는 태자비 폐위를 없던 일로 했다. 무제는 당시의 우유부단함이 훗날 어떤 화를 몰고 올지 상상하지 못했다.

274년, 양 황후가 병으로 세상을 떠났다. 나라는 안중에도 없고 오직 자신만을 생각했던 여인은 죽기 전 울면서 무제에게 말했다. "저의 숙부 양준楊駿에게 딸이 하나 있는데 덕이 있고 용모도 빼어납니다. 그 아이를 궁으로 불러 후궁으로 삼아주세요." 무제가 다른 황후를 맞아들여 지금의 태자를 폐위할까 봐서 미리 손을 쓴 것이다. 하지만 무제는 양준의 딸의 미색에 반해 황후의 부탁을 흔쾌히 들어주었다.

같은 해 12월, 무제는 양준의 딸 양지楊芷를 황후로 맞이했다. 얼마 지나지 않아 양준은 거기장군으로 임명되고 임진후臨晉侯로 봉해졌다. 이때부터 대권을 장악한 양준은 무제가 병이 나자 혼자 궁에 남아 시중을 들 정도로 총애를 받았다. 혼자서 황제의 시중을 드는 것은 음모를 꾸밀 좋을 기회이기도 했다. 무제는 죽기 전 여남왕汝南王 사마량司馬亮과 양준에게 사마충을 보좌하게 하고 덕과 재능 그리고 명성을 겸비한 선비들을 불러 모아 정사를 돕게 하는 내용의 유서를 남겼다. 하지만 양준 부녀는 태자를 양준에게만 맡긴다는 내용의 가짜 유서를 만들었다.

290년, 진나라 무제가 병으로 죽자 사마충이 즉위했는데 그가 바로 혜제다. 양준은 태부, 대도독大都督이 되어 조정의 대권을 모두 차지했으며 궁전

안의 일은 모두 가남풍에게 맡겼다. 그저 허수아비 왕에 불과했던 사마충은 권력에는 아무 관심이 없었다. 단 한 번도 정사에 관한 일은 묻지 않았던 사마충은 오로지 먹고 노는 데만 몰두했다. 어느 날, 화림원華林園에서 놀던 사마충이 청개구리가 우는 소리를 듣고 좌우의 시종들에게 물었다. "저 청개구리들은 왜 우는 것이지? 공적으로 우는 것인가, 아니면 사적으로 우는 것인가?" 당시는 전국적으로 기근이 들어 굶어 죽은 시체가 곳곳에 널려 있었다. 이 때문에 각 지역에서 끊임없이 상소가 올라왔다. 이 소식을 들은 혜제는 이상하다는 듯 물었다. "그들은 왜 고기나 죽을 먹지 않는 것이냐?"

가남풍은 권력에 미쳐 있었다. 황후가 된 그는 궁궐 안의 모든 권력을 장악하는 것으로도 모자라 조정의 일에도 간섭을 했다. 어떻게 보면 양준은 가남풍에게 은인이나 다름없었다. 폐위를 당할 뻔했을 때도 양준 일가가 발 벗고 나서 막아주었고 물심양면으로 도운 덕분에 황후가 될 수 있었기 때문이다. 하지만 양준의 권력이 커지자 가남풍의 질투는 걷잡을 수 없이 커졌다. 가남풍은 은혜를 갚기는커녕 호시탐탐 양준을 없애고 대권을 혼자 차지할 기회만 노렸다.

가남풍은 평소 양준에게 불만을 품었던 맹관孟觀과 이조李肇를 시켜 양준이 모반을 꾀했다고 모함하게 했다. 동시에 초나라 왕 사마위司馬瑋를 수도로 불러들여 양준의 숨통을 조였다. 가남풍의 명령을 받은 사마위는 본부의 병력을 대동하고 수도를 공격했다. 아무런 대비도 하지 못한 양준은 적은 병력으로 맞서다가 결국 목숨을 잃고 말았다. 가남풍은 사마위를 시켜 양준의 일가친척 100여 명을 모두 죽이고 관련자 수천 명도 사형에 처했다. 모든 일이 끝나자 태후 양지를 서인으로 폐위시키고 낙양성 변두리의 작은 성에 가둔 다음 굶겨 죽였다.

이렇게 서진의 정권을 완전히 장악한 가남풍은 더욱 제멋대로 굴기 시작했다. 사치와 향락에 빠진 그녀는 태의 영정거令程據 등과 몰래 정을 통한 것도 모자라 사람을 시켜 미소년들을 납치하기도 했다. 가남풍의 명령을 받은 자들은 길거리에서 얼굴이 잘생긴 소년을 보면 그대로 큰 궤짝에 넣어 궁으로 데려와 가남풍에게 갖다 바쳤다. 미소년과 음란한 짓을 벌인 가남풍은 일이 새어나가지 않도록 소년들을 죽이는 치밀함도 보였다.

양준 일가를 몰살한 가남풍은 초나라 왕 사마위와 여남왕 사마량까지도 죽인 다음 모든 대권을 가씨 일가에게 넘겼다. 가남풍의 횡포와 잔인함을 두고 볼 수 없다고 생각한 사마씨 왕들은 저항을 하기 시작했다. 300년에 황궁을 공격한 사마씨 왕들이 가남풍을 붙잡았다. 가남풍은 결국 독약을 탄 술을 마시고 목숨을 끊었다.

중국 역사 유일의 여성 황제 -무측천武測天

중국 역사에서 명실상부한 여성 황제는 당나라의 국호를 '주周'로 바꾼 무측천이다.

624년에 태어난 무측천은 산서山西 문수文水 사람이다. 목재상인 출신이었던 그의 아버지는 정3품 공부상서工部尙書, 도독都督 등 높은 관직을 지냈다. 어머니 양씨는 명문 귀족 출신이었는데 친정아버지 양달楊達이 수나라의 재상을 지냈으며 당나라 때 대단한 명성을 날리기도 했다. 아무리 그렇다 해도 무측천의 가정은 당시 상류 사회에 들지 못했던 '한족寒族, 구차하고 문벌이 없는 집안-옮긴이'이었다. 무측천의 아버지는 목재 사업으로 어마어마한 재산을 모았는데 훗날 이연에게 의탁한 뒤 진양 거병의 공을 인정받아 행군사개참군行軍司鎧參軍으로 발탁되었다. 당나라 군대의 군수물자 제공을 담당했던 그는 이연이 장안을 차지하기까지 세운 공으로 '태원원종공신太原元從功臣'[39]의 대우를 받았다. 하지만 그것이 출신 성분을 바꾸어 주는 것은 아니었다. 당시의 문벌 관념에 따르면 소위 말하는 명문 귀족은 100여 년 넘게 서위西魏, 북주北周, 수, 당 정권을 장악한 관롱집단關隴集團[40]을 가리켰다. 오직 관롱집단 출신만이 조정의 인정을 받을 수 있고 조정에서 높은 관

무측천

직에 오를 수 있는 자격이 있었던 것이다. 경력이나 직위만 놓고 보면 무측천의 아버지도 이들과 버금갈 정도는 되었다. 하지만 혈통과 출신 성분이 그의 발목을 잡았다. 638년, 조정에서 『씨족지氏族志』[41]를 편찬했는데 무씨 성은 여기에 이름을 올리지도 못했을 뿐만 아니라 하층 가문이라고 공격당하기도 했다. 심지어 돌궐인조차 "무씨는 보잘것없는 성이다"라고 조롱했다. 무씨가 높은 관직과 권력을 얻는 것은 그야말로 하늘의 별 따기였다.

　이런 가정에서 태어난 무측천은 상류 사회의 부귀영화를 누리면서도 보잘것없는 가문이라는 태생적 한계를 벗어날 수 없었다. 상류 사회의 생활은 그의 권력욕을 자극했고 미천한 출신 성분은 권력욕 실현의 장애물이 되었다. 이러한 모순적인 심리 상태 때문에 무측천은 점점 명문 귀족을 적대시하고

---

39) 원종공신(元從功臣), 국가나 왕실의 안정에 공이 있는 정공신(正功臣) 외에 왕을 따라다니며 공을 세운 사람에게 준 칭호다.
40) 중국 북주 시대에서 수, 당 시대까지 관중(關中) 지방 출신을 중심으로 하는 지배층을 말한다.
41) 당나라 태종 때 문벌이 관직에서 유리한 위치를 차지할 수 있도록 편찬한 족보다.

권력을 얻기 위해 물불을 가리지 않는 성격으로 자랐다. 확실히 그에게서 '귀족의 기질'을 찾아보기는 어려웠다.

636년 1월, 장손 황후長孫皇后가 세상을 떠났다. 이듬해에 무측천의 아름다운 용모와 단정한 자태를 익히 들은 태종이 그를 궁으로 불러 재인才人, 비빈의 칭호로 정 5품에 해당한다-옮긴이으로 책봉하고 '무미武媚'라는 이름을 하사했다. 입궁 당시 무측천의 나이는 겨우 열네 살이었다. 일반적으로 이 시기의 여자아이는 가족과 떨어지는 것을 싫어하게 마련이다. 게다가 가야 하는 곳이 궁궐이라면 가족과는 생사를 갈라놓은 이별을 하는 셈이었다. 하지만 어린 무측천은 그것을 신분 상승과 형제들의 구속에서 벗어날 좋은 기회로 보았기에 누구보다 기쁜 마음으로 입궁을 준비했다. 어린 딸을 차마 보낼 수 없어 통곡하는 어머니를 보고 무측천은 오히려 웃으며 이렇게 말했다. "태자를 만나러 가는데 그것이 복이 될지 누가 알겠습니까? 그런데 왜 울면서 슬퍼하세요?"

영특한 무측천은 책 읽기를 즐겼으며 나랏일과 세상사를 주의 깊게 살피는 것도 좋아했다. 어떤 일이든 많이 듣고 보고 생각했던 그는 강단 있고 과감했지만 어떤 때는 잔인한 모습을 보이기도 했다. 『학림옥로鶴林玉露』[42]에 이런 기록이 있다.

토번국土蕃國에서 태종에게 사자총獅子驄이라는 이름의 명마를 헌상했다. 말은 사납고 고집이 세서 좀처럼 길들이기가 어려웠다. 태종이 직접 말을 타보려고 했지만 쉬운 일이 아니었다. 그때 옆에 있던 무측천이 큰 소리로 말했다. "제가 그 말을 길들여 보겠습니다." 태종이 방법을 묻자 무측천이 대답했다. "세 가지 물건만 있으면 말을 길들일 수 있습니다. 먼저 쇠로 된 채찍으로

---

42) 중국 남송 시대에 나대경(羅大經)이 지은 수필집이다.

때릴 것입니다. 그래도 말을 듣지 않으면 쇠몽둥이로 세게 내리치겠습니다. 그래도 말을 듣지 않으면 비수로 목을 찌르겠습니다." 아직 어린 재인의 용기와 기백에 태종도 놀라지 않을 수 없었다.

무측천은 열네 살부터 스물여섯 살까지, 무려 12년이라는 세월을 궁궐에서 무의미하게 보내야 했다. 당시 그는 정 4품의 재인이었는데, 황제의 시중을 드는 가장 낮은 신분이라 도무지 총애를 받을 방법이 없었다. 그러던 중 태종이 병이 나자 태자 이치가 병문안을 위해 자주 황제의 거처를 드나들었다. 그를 본 무측천은 타고난 정치적 감각으로 자신의 일생을 네 살 어린 태자에게 맡겨보기로 했다. 그때부터 무측천은 태자의 호감을 얻기 위해 수단과 방법을 가리지 않았다. 성격이 유약하고 도무지 자기주장이라고는 없었던 태자는 예쁘고 사리 분별이 정확한 데다 일 처리에 막힘이 없는 젊은 여인에게 마음이 기울 수밖에 없었다.

얼마 후 병이 깊어진 태종은 서한의 여치의 전철을 되풀이하지 않기 위해 무측천을 제거하기로 결심했다. 어느 날, 태자 이치와 무측천이 함께 태종의 침소에서 시중을 들고 있었다. 그때 태종이 무측천에게 말했다. "나는 어릴 때부터 이질을 앓았는데 어떤 약을 들어도 소용이 없고 병세는 더욱 악화되고만 있다. 몇 년 동안 내 시중을 든 너를 차마 버릴 수는 없으니 내가 죽은 후 어떻게 할 셈이냐?"

그 말을 들은 무측천은 너무 놀란 나머지 등에서 식은땀이 흘렀지만 금세 냉정을 되찾고 이렇게 말했다. "저는 황상의 은총을 입은 몸이니 당연히 죽음으로 그 은혜에 보답해야지요. 하지만 황상의 병이 완쾌되지 않으리라는 법도 없으니 당장 죽을 수도 없습니다. 차라리 머리를 깎고 절로 들어가 부처님께 황상의 장수를 기원하면서 그 은덕에 보답하고자 합니다." 기지가 넘치는 대답이었다. 당시 목숨을 지킬 수 있는 방법은 출가하여 비구니가 되는 것뿐이었다.

잠시 생각에 잠겼던 태종이 입을 열었다. "좋다. 이왕 그렇게 생각했으니 지금 당장 궁을 떠나 짐의 걱정을 덜어주거라!" 가까스로 목숨을 건진 무측천은 당장 짐을 꾸려 절로 들어갈 준비를 했다. 이미 태종의 혼잣말을 들었던 태자도 차마 무측천을 잡지 못했다. "내 원래 그 아이를 죽이려 했으나 차마 그럴 수 없었다. 스스로 비구니가 되겠다고 하니 그 정도면 되었겠지. 세상에 비구니가 권력을 장악했다는 소리는 들은 적이 없지 않은가?"

얼마 후, 태종이 세상을 떠나자 무측천은 자식을 낳지 못한 궁녀들과 함께 감업사感業寺로 보내져 머리를 깎고 비구니가 되었다. 황제가 된 이치는 여전히 무측천을 잊지 못했지만 그녀를 궁으로 데려올 구실이 없었다.

당나라 태종이 세상을 떠난 지 일 년 후 고종高宗, 태자 이치은 아버지의 기일에 향을 사르고 제를 올린다는 명목으로 감업사로 향했다. 당시의 일을 역사서는 이렇게 기록한다. "기일에 황제는 절에서 향을 사르다가 그를 보니 무씨도 울고 황상도 울었다." 고종은 무측천을 여전히 그리워했지만 태종을 모신 무측천을 공공연히 궁으로 데려올 수는 없었다. 얼마 후 두 사람이 만난 사실은 고종의 왕 황후의 귀에까지 들어갔다. 당시 고종이 총애했던 소숙비蕭淑妃를 질투한 왕 황후는 앞장서서 무측천의 환궁을 추진했다. 소숙비가 고종의 사랑을 독차지하는 것을 막기 위해서였다. 든든한 지원자를 얻은 고종은 곧 무측천을 궁으로 불러들였다. 궁으로 들어온 무측천은 누구보다 자신의 처지를 잘 알았기에 왕 황후에게 비굴하리만치 굽실거렸다. 왕 황후도 그런 무측천을 어여삐 여기며 고종 앞에서 무측천을 칭찬하기도 했다. 곧 고종의 사랑은 모두 무측천에게로 옮겨갔다. 고종이 무측천을 소의昭儀로 봉하자 왕 황후와 숙비는 동시에 찬밥신세가 되었다. 그러자 두 사람은 손을 잡고 무측천에게 대항했다. 하지만 더 큰 꿈이 있었던 무측천에게 겁나는 것은 아무것도 없었다.

그러던 중 무측천의 임신 사실이 알려지자 아이를 낳지 못한 왕 황후는 겁에 질릴 수밖에 없었다. 무측천이 아들을 낳으면 자신의 지위는 물론 목숨까지도 위험해질 것이 분명했기 때문이다. 왕 황후는 외삼촌 중서령 유석劉奭 등과 손을 잡고 후궁 유씨가 낳은 고종의 큰아들 이충李忠을 태자로 삼으려했다. 그와 동시에 중신 장손무기와 저수량楮遂良, 한원韓瑗, 우지녕于志寧, 장행성張行成, 고계보高季輔 등을 끌어들여 태자를 보좌하게 했다. 하지만 그들의 노력은 오히려 무측천의 권력욕을 더욱 자극할 뿐이었다.

무측천은 자신이 태종의 총애나 대신들의 지지를 받지 못한 것이 모두 보잘것없는 출신 성분 때문임을 잘 알고 있었다. 그러니 왕 황후를 비롯한 귀족출신 대신들이 자신을 공격하는 것은 어찌 보면 당연한 결과였다. 이런 상황에서 정상적인 방법으로 목적을 달성하는 것은 거의 불가능했다. 무측천은 밟을수록 더 꿈틀대는 성격이었다. 그는 조용히 왕 황후나 소숙비에게 불만을 가진 주변 인물들을 한편으로 끌어들이기 시작했다. 무측천은 그들을 이용해 두 사람의 일거수일투족을 감시했다. 하지만 결정적 한방이 필요했던 무측천은 호시탐탐 기회를 노렸다.

654년 봄, 무측천이 귀여운 여자아이를 낳았다. 소식을 들은 왕 황후도 아이를 보기 위해 무측천을 찾아왔다. 왕 황후가 막 자리에서 일어나자 고종이 자신의 침소로 오고 있다는 전갈이 들어왔다. 드디어 하늘이 내린 기회가 찾아왔다고 생각한 무측천은 흥분으로 몸을 떨었다. 무측천은 강보에 싸여 곤히 잠을 자고 있던 어린 딸의 목을 졸라 죽인 후 시신을 이불로 덮어두었다.

그러고는 아무렇지 않은 얼굴로 고종을 맞이했다.

잠시 후, 고종이 방으로 들어오자 무측천은 평소처럼 웃는 얼굴로 딸아이의 모습을 보여주기 위해 이불을 들췄다. 하지만 이미 싸늘하게 식어 있는 아이를 본 무측천은 깜짝 놀라는 척하며 큰 소리로 울부짖었다. 놀란 고종이 어떻게 된 일인지 묻자 시녀들은 왕 황후가 막 다녀간 사실을 고했다. 사건의 전말을 알게 된 고종이 노한 얼굴로 말했다. "황후가 내 딸을 죽였구나!" 무측천은 그때를 놓치지 않고 그간 조사해 둔 황후의 잘못을 낱낱이 고해바쳤다. 고종은 황후를 폐위하고 무측천을 황후로 책봉할 결심을 굳혔다.

당시의 상황을 보면 무측천이 권력을 장악하기 위한 가장 효과적인 방법은 바로 친딸을 죽이는 것이었다. 하지만 모든 일이 순조롭지만은 않았다. 무측천은 어린 딸을 목 졸라 죽이기 전 이미 왕 황후의 든든한 지원자였던 유석을 관직에서 물러나게 했다. 이제 유일하게 남은 핵심인물은 태위 장손무기였다. 무측천은 어머니를 시켜 장손무기를 설득하는 한편 직접 고종과 함께 그를 찾아가 높은 관직을 미끼로 구슬리기도 했다. 하지만 장손무기는 좀처럼 마음을 열지 않았다. 이 일로 무측천은 어떤 방법으로도 관롱집단의 지지를 얻을 수 없다는 현실을 다시 한 번 확인할 수 있었다. 결국 그는 자신과 같은 한문서족寒門庶族 출신 관리 가운데에서 지지자를 찾기로 했다. 중서사인中書舍人 이의부李義府, 왕덕검王德儉과 어사대부 최의현崔義玄, 어사중승御使中丞 원공유袁公瑜, 허경종許敬宗 등이 그들이었다. 조정에서 이들의 지지를 얻은 무측천은 강경한 수단으로 반대파들을 공격하기 시작했다.

가장 먼저 나선 것은 이의부였다. 그는 왕 황후를 폐위하고 무측천을 황후로 책봉할 것을 건의하는 상소를 올렸다. 655년 8월, 당나라 고종이 정식으로 왕후 폐위의 일을 거론하자 장손무기 일파가 '죽기 살기'로 반대하고 나섰다. 저수량 등은 명문 귀족 출신 왕후를 함부로 폐위할 수 없으며 설령 새 황후를 책봉한다 하더라도 반드시 명문가의 숙녀를 간택해야 한다고 주장했다. 어떻게 해도 무측천은 황후가 될 수 없다는 말이었다. 그들은 무측천을 달기姐己나 포사褒姒처럼 나라를 망하게 한 요망한 여인에 비유했다. 그 가운데 유일하게 냉정을 유지하던 재상 이적李勣만이 이렇게 말했다. "왜 모두 폐하의 집안일에 나서지 못해 안달이시오?"

9월, 저수량은 좌천되어 조정을 떠났고 10월에는 왕 황후가 서인으로 폐위되었다. 곧 이적의 주관으로 무측천의 황후 책봉의식이 거행되었다. 이듬해 태자 이충이 양 지역의 왕으로 강등되자 무측천의 아들 이홍李弘이 태자가 되었다.

목적대로 황후가 된 무측천의 다음 계획은 권력을 장악하는 것이었다. 무측천은 우선 왕 황후의 일파들을 모조리 제거했다. 왕 황후과 소숙비를 냉궁冷宮, 후비가 총애를 잃어 유폐된 궁-옮긴이에 가두어 죽게 하고 저수량을 애주愛州에서 죽였으며 장손무기를 자살로 몰아붙였다. 또 상주象州에서 유석을 죽이고 진주振州에 있던 한원도 죽음으로 내몰았다. 이들의 가족들도 모두 죽임을 당하거나 좌천되었다. 659년이 되자 장손무기의 권력집단은 철저하게 무너졌다. 이때부터 권력은 모두 중궁전中宮殿, 황후가 머무르는 곳-옮긴이으로 돌아갔다.

역사 기록에 따르면 고종은 성격이 유약하고 우유부단할 뿐 아니라 몸도 약해 자주 헛것을 보았다고 한다. 정상적으로 나라를 돌볼 수 없던 그는 모든 일을 무측천에게 맡겼다. 그러다 보니 조정의 실권은 대부분이 무측천의 수중으로 들어갔는데, 특히 현경顯慶 연간656~660년 이후에는 무측천이 모든 정권을 장악했다. 이미 그녀를 고종과 더불어 이성二聖이라 부르는 등 무측천은 실제 황제와 다를 게 없었다. 하지만 무측천이 전권을 행하는 시간이 길어지

당삼채(唐三彩)

자 수많은 문제가 불거져 나오기 시작했다. 살기 위해 비굴하게 권력자에게 아첨해야 했던 무측천이 멋대로 권력을 행사하는 실권자가 되었으니 말이다. 그러자 고종도 그 상황을 더 이상 지켜볼 수만은 없었다. 결국 고종은 재상 상관의上官義에게 무측천을 서인으로 폐하는 내용의 조서를 작성하게 했다. 하지만 미리 상관의의 주변에 밀정을 심어놓았던 무측천은 당장 고종에게 달려가

인정에 호소하며 설득했다. 마음이 약해진 고종은 모든 잘못을 상관의에게 뒤집어 씌웠다. 무측천은 상관의가 폐위된 태자 이충과 함께 반란을 계획했다고 모함했다. 이 일로 상관의와 상관정지上官庭芝 부자가 사형을 당했고 상관의의 아내와 자식들 및 손녀 상관완아上官婉兒는 궁궐의 노비가 되었다. 이충은 검주黔州에서 사약을 받고 죽었다.

이때부터 고종은 더욱 무측천에게 의존했다. 조정에서도 무측천이 황제의 뒤에 앉아 지시를 내렸으며 대신들의 승진과 강등, 심지어 생사까지도 모두 무측천이 결정했다. 당나라 고종은 무측천의 꼭두각시나 다름없었다.

674년 8월, 황제는 천황이 되고 황후는 천후가 되었다. 이렇게 무려 12년에 걸친 황후와 태자의 권력 다툼은 무측천의 완전한 승리로 끝을 맺었다. 이것은 결코 무측천 개인의 승리가 아닌 역사의 크나큰 전환점이기도 했다. 이를 계기로 한문서족이 대거 역사 무대에 등장할 수 있었기 때문이다. 왕 황후와 장손무기는 100여 년에 걸쳐 형성되고 지속되어온 문벌 지주 세력의 대표

이자 귀족 세력의 대표였다. 그들은 경제적으로는 부곡部曲, 가병-옮긴이, 전객佃客, 소작농-옮긴이제[43]을 대표했다. 반면 무측천과 이적은 신진 한문 서족 세력의 대표주자로 계약전농제契約佃農制[44]를 지지했다. 이런 의미에서 보면 무측천의 승리는 서족 지주 세력의 승리였으며 이 승리는 위진 시대 이후로 400년 동안 문벌 귀족이 장악하던 정권의 종말을 의미하기도 했다. 이 일로 신흥 지주 계급이 나라의 실권을 장악했는데 이는 사상의 해방과 생산력 증대를 가져와 중국 역사 발전을 촉진하는 계기가 되기도 했다.

무측천은 정치가의 기질을 유감없이 발휘했다. '천후天后'가 되고 4개월 후에 무측천은 황후의 신분으로 열두 가지 정책을 고종에게 건의했다. 역사는 이를 '건언십이사建言十二事'라고 한다. 이는 무측천이 당시 사회를 오랫동안 관찰하고 자세하게 연구한 결과 탄생된 맞춤형 제안으로 그 내용은 다음과 같다.

하나, 농업과 양잠업을 발전시키고 세금과 부역을 가볍게 한다.

둘, 수도 부근 지역의 백성에게 부역과 세금을 면제해 준다.

셋, 전쟁을 일으키지 않고 도덕으로 천하를 교화한다.

넷, 천하를 남북으로 가르지 않고 방탕한 행동을 금한다.

다섯, 토목 공사를 벌이지 않아 재물과 노동력을 낭비하지 않는다.

여섯, 누구나 자신의 의견을 말할 수 있게 언로를 넓힌다.

일곱, 아부와 모함을 근절한다.

---

43) 지주들이 대토지를 소유하고 부곡과 전객이 생산을 담당하는 제도
44) 계약전농, 전객이나 부곡보다 신분적으로 자유로웠으며 지주의 땅을 빌려 농사를 지은 후 소작농을 치르던 농민을 말한다.

여덟, 왕공 이하의 사람은 『노자老子』를 공부한다.

아홉, 아버지는 살아 있지만 어머니를 잃은 사람은 삼 년 동안 상복을 입는다.

열, 상원上元 674년 이전에 공로가 있어 위임장을 받은 사람은 재시험을 치를 필요가 없다.

열하나, 중앙 관청의 관리 중 8품 이상은 녹봉을 늘린다.

열둘, 문무백관 중 임기가 오래되고 재능이 있으나 관직이 낮은 자는 진급할 수 있다.

무측천은 오랫동안 권력을 장악한 문벌 귀족을 철저하게 공격하는 한편 어느 정도 분풀이의 목적으로 『성씨록姓氏綠』을 편찬했다. 이미 『씨족지』로 자존심에 상처를 입은 무측천은 『성씨록』을 편찬하고 무씨 성을 최상의 자리에 올려놓았다. 당시의 관품은 모두 9개의 등급으로 나누었는데 5품 이상의 관리는 모두 씨족지에 기록해 양반으로 분류될 수 있게 했다. 그러자 보잘것없는 가문 출신의 지식인들이 조정으로 대거 유입되는데 이들은 당시의 정치와 경제 문화에 생기를 불어넣기에 충분했다. 이것은 사회발전의 측면에도 매우 긍정적인 역할을 했다. 반면에 관롱집단은 출신 성분만으로도 저절로 보장받던 정치적 우위를 모두 잃고 말았다. 당연히 이에 불만을 가진 그들은 『성씨록』 중 군공에 따라 상을 내렸던 '훈격勳格'을 조롱하는가 하면 그 자체를 부정했다. 하지만 무측천은 전혀 개의치 않고 행정적으로 『씨족지』를 취소하고 『성씨록』을 널리 보급했는데 당시에도 이는 큰 반향을 불러 일으켰다.

병약했던 고종은 나이가 들어 병세가 더욱 심각해지자 황위를 태자 이홍에게 물려주려고 했다. 태자 이홍은 어질고 효심이 지극하며 근면했는데 예로써 선비들을 대했기 때문에 천하의 인심도 그를 따랐다고 한다. 게다가 그는 정치적 재능도 충분히 갖추고 있었다. 이런 이유 때문에 고종도 이홍을 매우 좋아했다. 하지만 무측천은 이홍을 싫어했다. 이홍이 나이 서른이 넘도록 궁에 갇혀 있던 소숙비의 두 딸을 출가시켜 달라는 상소를 올렸기 때문이다. 이 외에도 이홍은 여러 번 무측천의 심기를 거스르는 일을 벌였다. 하지만 직접적인 원인은 따로 있었다. 가장 큰 문제는 이홍이 무측천의 권력 독점을 가로막는 가장 큰 방해물이라는 점이었다. 무측천은 장래의 경쟁자를 없애기 위해 친아들에게 독약을 먹였다. 독을 먹은 이홍은 몸의 구멍이라는 구멍에서 모두 피를 흘리며 죽었는데 그 모습이 매우 끔찍했다고 전해진다.

이홍이 죽은 후 무측천의 둘째 아들 이현李賢이 태자로 책봉되었다. 아들의 죽음에 충격을 받은 고종의 병세는 날이 갈수록 심각해졌다. 머리가 어지럽고 눈앞이 아찔해 더 이상 정사를 돌볼 수 없었던 고종은 태자에게 황제 자리를 물려주려고 했지만 무측천이 결사반대했다. 고종은 어쩔 수 없이 모든 권력을 황후에게 넘겨주고 말았다. 몇 년 후 고종은 이현에게 나랏일을 돌보게 했다. 그런데 이현은 무측천의 말을 잘 듣지 않았다. 결국 무측천은 이현이 '호색하고 방탕하다'는 이유로 서인으로 폐위시킨 다음 수도에 가두어버렸다. 얼마 후, 셋째 아들 이현李顯이 태자가 되었다.

683년, 당나라 고종이 병으로 세상을 떠나자 태자 이현이 즉위해 중종中宗이 되었다. 고종은 죽기 전 이런 유언을 남겼다. "군사를 비롯한 나라의 큰일 중 해결하기 어려운 것은 모두 천후에게 맡겨 처리하도록 하라." 무측천은 황태후의 신분으로 조정에 나와 정무를 보았다. 어느 날, 중종이 장인 위현정韋玄貞을 재상으로 임명하고 유모의 아들에게 5품 관직을 하사하려 했다. 재상 배염裴炎이 반대하자 두 사람 사이에 논쟁이 일었다. 젊은 혈기를 참지 못한 중종이 성을 내며 말했다. "내가 천하를 위현정에게 주려한다 한들 두려울 것이 무어냐?" 깜짝 놀란 배염은 즉시 무측천에게 달려가 이 일을 고했다. 무측천은 화근을 뿌리 뽑기 위해 중종을 여릉왕廬陵王으로 강등시켰다. 곧 무측천의 넷째 아들 예왕豫王 이단李旦이 예종睿宗이 되었다. 하지만 예종은 궁 밖에 머물며 일절 정사에 참여하지 않았다.

무측천은 사람을 시켜 태자 이현李賢에게 자살을 강요했다. 이렇게 권력 장악에 방해가 될 인물을 모두 제거한 그는 조금씩 황제가 되기 위한 준비를 시작했다. 지레 겁을 먹은 이씨 종실 중에는 죽기를 기다리기보다 차라리 반란을 일으키려고 하는 자들도 있었다.

무측천이 정사에 참여한 지 7개월이 되던 때 양주에서 서경업徐敬業이 반란을 일으켰다. 재상 배염이 이에 동조하자 당나라 조정은 일대 혼란에 빠졌다. 하지만 무측천은 당황하지 않고 배염과 정무정程務挺 등을 참수하여 반란군의 기를 먼저 꺾은 후 30만 대군을 급히 정비하여 불과 50일 만에 서경업의 난을 평정했다. 반란을 평정한 무측천은 대신들을 엄하게 질책했다. "나는 선제의 뜻을 받들어 20여 년 동안 천하를 위해서 근심하고 노력하였으니 그야말로 충성스럽고 근면하다 할 수 있소. 그대들의 부귀도 모두 내가 준 것이며 나라가 안정되고 백성이 건강하며 즐거운 것도 모두 내 덕이오. 선제가 세상을 떠나면서 나라 일을 내게 맡기시자 나는 내 몸은 돌보지 않고 오직 백성만을 생각했소. 그런데 오늘날 반란을 일으키는 자들은 모두 이를 누린 장수와 재상들이니 어찌 이리 배은망덕할 수가 있소? 그대들 원로대신 중 배염만큼 성격이 강하고 다루기 어려운 자가 있소? 서경업보다 용맹한 자가 있는 것이오? 정무정만큼 전쟁에서 승리할 수 있는 장수가 있다면 말해보시오. 이 세 사람은 예전부터 위신과 명망이 높았던 인물들이오. 이제 그들은 죽었지만 만약 그 세 사람보다 뛰어난 인물이 아직 남아 있다면 감히 반란을 꿈꾸어도 좋소. 하지만 그럴 능력이 없다면 애초에 포기하시오. 괜한 행동을 했다간 천하의 웃음거리가 될 뿐이오!" 688년 무승사武承嗣는 몰래 사람을 시켜 흰 돌에 "황제의 모친이 세상을 다스리니 황제의 업적이 영원히 번성하리라"라는 글귀를 새겼다. 무승사의 사주를 받은 옹주雍州 사람 당동태唐同泰가 이 돌을 낙수洛水에서 주웠다고 거짓말을 했다. 이 소식을 들은 무측천은 매우 기뻐하며 즉시 돌에 '보석도寶石圖'라고 이름 붙여 주었다. 그리고 그해 5월, 무측천은 길일을 정해 직접 낙수로 가서 제를 지내기로 했다. 무측천은 돌을 바친 당동태를 유격장군遊擊將軍으로 임명하고 제사에 관련된 일을 맡겼다. 드디어 선택한 그날이 되자 무측천은 하늘에 감사의 제를 올린 뒤 명당에서 군신들의 하례를 받겠다고 선언했다. 얼마 후 정식으로 즉위한 무측천은 '성모신황聖母神皇'이 되었다. 무측천이 정식으로 황제가 된 것이다.

이씨 종실은 사실상 이씨의 당나라가 끝났음을 잘 알고 있었다. 이제 국호를 바꾸는 것은 시간문제일 뿐이었다. 그렇게 되면 이씨 세력은 곧 치명적인 재난을 당할 터였다. 그들은 목숨을 보전하기 위해서 반란을 준비하기 시작했다. 하지만 범양국范陽國의 왕 이애李藹의 자수로 모반은 금방 들통 나고 말았다. 더 이상 시간을 끌 수 없게 된 한나라 왕 이원가李元嘉가 먼저 거병하자 이어서 낭사국琅邪國의 왕 이충李沖이 박주博州에서 일어났다. 뒤이어 월 지역의 왕 이정李貞이 예주豫州에서, 곽藿 지역의 왕 이원궤李元軌는 청주靑州에서, 그리고 노 지역의 왕 이영기李靈夔가 형주邢州에서 거병했다. 하지만 이 시기에는 나라가 비교적 안정되어 있었기 때문에 백성에게는 가문이나 핏줄을 지키기 위한 권력 내부의 싸움이 달가울 리가 없었다. 싸울 의지가 전혀 없던 병사들은 무측천의 관병이 도착하자마자 즉시 무기를 버리고 투항하거나 도망쳐버렸다. 덕분에 이씨 종실의 반란은 짧은 시간에 가볍게 진압될 수 있었다.

이들의 반란이 실패한 것은 귀족 집단이 이미 백성에게 인심을 잃었음을 여실히 보여주는 일이다. 과거 100여 년 동안 문벌 귀족들은 백성에게 강한 호소력을 발휘했다. 혼란한 시기에 갈피를 잡지 못하던 민심이 문벌 귀족 출신인 이연에게 빠르게 돌아간 것이 가장 좋은 증거다. 하지만 당나라 사회가 안정권에 들어서서 수십 년이 지나는 동안 문벌 귀족의 자리는 점점 커진 서족 지주들로 대체되었다. 백성은 더 이상 한 가문, 한 핏줄만을 위해 충성을 다하지 않았고 사회의 공평과 정의에 대해 생각하기 시작했다. 그것은 일종의 역사적 진보였다. 이런 상황에서 무력에 의한 승리만을 거두던 이씨 세력은 더 이상 선조의 명성으로만 버틸 수 없게 된 것이다. 어떻게 보면 문벌 귀족의 쇠락은 당연한 결과였다.

반란을 평정한 무측천은 이 기회에 반대파들을 깨끗이 제거하기로 결심하고 세 가지 조치를 취했다.

첫째, 밀고를 장려했다. 둘째, 혹독한 고문으로 자백을 강요했다. 셋째, 악독한 관리를 임용했다. 무측천은 주흥周興, 내준신來俊臣, 색원례素元禮와 같은 악독한 관리들을 선발하여 반대파를 숙청했다. 그들은 비밀리에 이씨 종친 중 명망과 지위가 높은 대신들의 행적을 염탐하고 적당한 기회를 보아 각종 구실을 붙여 그들을 체포했다. 그리고 가혹한 고문으로 억지 자백을 받아낸 후 그들을 반역자로 만들어 제거했다. 당시 무측천은 동으로 만든 밀고함을 만들어 놓고 관리들을 고발하는 문서를 넣게 했다. 누구든 밀고의 내용을 따질 수도 없었고 고발을 한 사람은 지위고하를 막론하고 심지어 농부나 나무꾼이라도 모두 5품 관원의 기준에 맞는 숙식을 제공받는 등 파격적인 혜택을 누릴 수 있었다. 게다가 이를 통해 공을 세우면 관직을 하사받았고 설령 그것이 사실이 아니더라도 절대 추궁을 당하는 일이 없었다. 그러자 '아니면 말고' 식의 밀고가 난무하기 시작했고 사람들은 억울한 일을 당하지 않기 위해 숨을 죽일 수밖에 없었다.

주흥, 내준신, 색원례 등 악독한 관리들은 『고밀나직경告密羅織經』을 편찬하고 고문과 모함의 기술을 가르쳤다. 그들은 '방량압과方梁壓踝, 무거운 나무 기둥으로 죄인의 복사뼈를 누르는 형벌-옮긴이', '미후찬화彌猴鑽火, 죄인을 뜨거운 불길 속에 가두어놓고 원숭이처럼 이리저리 뛰게 만드는 형벌-옮긴이', '여구발궐驢駒拔橛, 허리를 고정시키고 머리를 끼운 형틀만 앞으로 끌고 나가게 하는 형벌-옮긴이', '봉황량시鳳凰亮翅, 형틀에 팔과 다리를 묶어 돌리는 형벌-옮긴이'와 같은 혹형과 '구즉사求卽死', '사저수死猪愁', '정백맥定百脈'[45]과 같은 고문 도구를 개발했다.

이들 세 사람은 앞서 말한 고문으로 수천 명을 죽였는데 그중 가장 악명 높은 사람은 내준신으로 그가 죄를 밝혀낸 '범인'만 천여 명에 달할 정도였다. 이 과정에서 가혹한 고문을 이기지 못한 대신 수백 명이 죽어나갔는데 이 중 이씨 종실의 사람도 100명 정도가 목숨을 잃었다. 자사 이하 관리 중 죽은 사람은 수를 셀 수 없을 정도로 많았다. 지나치리만치 가혹한 무측천의 공포정치로 수많은 사람이 억울한 죽음을 당했다.

그러자 조정과 민간을 막론하고 모든 사람이 말조차 편하게 나누지 못했고 혹시 트집이라도 잡힐까 봐 길에서 마주쳐도 눈짓으로만 인사를 건넸다. 그런 상황에서 감히 모반을 꿈꾸는 사람이 있을 리 없었다. 황제를 꿈꾸던 무측천의 계획은 이미 실현된 것이나 다름없었다.

690년 7월, 동위국사東魏國寺의 승려가 불경을 지어 무측천에게 바쳤다. 그

---

45) 모두 목에 거는 칼이나 족쇄다. 차라리 죽기를 갈구한다고 하여 '구즉사', 어찌나 무서운지 죽은 돼지도 그것을 보면 두려워한다고 하여 '사저수', 온몸의 맥이 끊어질 정도로 무섭다고 하여 '정백맥'이라는 이름이 붙었다.

는 불경에서 무측천은 세상에 내려온 미륵불이며 당나라의 황제를 대신할 인간 세계의 주인동방의 주인이라고 찬양했다. 얼마 후 시어사 부유예博遊藝가 관중의 백성 900여 명을 장안의 궁문 밖에 모아놓고 국호를 주周로 바꾸자는 내용의 글을 올렸다. 무측천은 짐짓 사양을 하면서도 부유예의 직위를 올려주고 급사중으로 선발했다. 얼마 후, 조정의 대신들과 종실 사람, 수많은 백성과 국경 지역의 부족장 및 승려, 도사 등 6만여 명이 함께 부유예가 했던 청을 다시 올렸다.

그러자 무측천은 '백성의 뜻을 저버릴 수 없다'는 이유로 그들의 요청을 받아들이기로 했다. 690년 9월 9일, 무측천은 당나라의 국호를 주로 바꿀 것을 선언하고 자신을 '성신황제聖神皇帝'라 칭했다. 무측천은 화려한 황제의 옷을 입고 낙양에서 주나라 황제의 자리에 올랐다. 드디어 중국 역사 유일의 여성 황제가 탄생한 것이다.

황제가 된 후에도 모든 일이 순조롭게 풀린 것은 아니었다. 무측천은 서둘러 두 가지 문제를 해결해야 했다. 첫 번째 문제는 이씨 종실과의 권력 다툼이었고, 두 번째는 무차별적인 숙청으로 야기된 대신들과의 갈등이었다. 시간이 지날수록 이씨 종실의 세력은 자연히 약해졌기에 가장 급한 문제는 대신들과의 관계 개선이었다. 이 문제를 해결하기 위해 희생양이 된 것은 다름 아닌 그간 무측천의 손발이 되었던 악독한 관리들이었다. 무측천은 대신들을 모함하고 죽였다는 이유로 악독한 관리 중 27명을 가두고 내준신을 처형함으로써 문제를 해결해 나갔다.

무측천 재위 말기의 정치 풍토는 비교적 여유롭고 자유로워졌다. 무측천이 통치하는 나라도 점점 안정을 찾아갔다. 하지만 문제가 모두 해결된 것은 아니었다. 무측천과 대신들은 겉으로는 좋은 관계를 유지한 듯 보였지만 무차별적인 숙청에 대한 앙금은 완전히 사라진 것이 아니었기 때문이다. 그래서인지 무측천의 말년은 매우 고독했다. 외로움을 견디다 못한 그는 애인을 만들어 허전함을 달래려 했다. 무측천은 설회의薛懷義, 풍소보(馮小寶)와 어의를 노리갯감으로 삼았지만 곧 싫증을 느꼈다. 그때 무측천의 딸 태평공주太平公主가 젊고 잘생긴 데다 음악에도 일가견이 있는 장종창張宗昌을 추천했다. 무측천은 한눈에 그에게 반해버렸다. 그러자 장종창의 형 장역지張易之도 무측천의 애인이 되었다. 곧 두 사람은 무측천의 총애를 한 몸에 받았다. 무측천이 사생활뿐만 아니라 정치적으로도 두 사람에게 의존하면서 형제의 권력은 날이 갈수록 커졌다. 무측천의 조카인 무삼사武三思와 무승사武承嗣도 두 형제에게 잘 보이려 안달이었다. 사람들은 장역지를 '오랑五郎', 장종창을 '육랑六郎'이라 부르며 아첨을 했다.

　권세를 얻은 장씨 형제는 온갖 나쁜 짓을 일삼았다. 뇌물을 받고 함부로 법을 어기는가 하면 마음에 들지 않은 관리들을 무차별로 폭행했다. 또 자신의 행실을 비판했다는 이유로 이현李顯의 큰아들과 그의 누이동생 영태군주永泰郡主, 매제 무승사의 아들 무연기武延基도 죽였다. 그들의 악행을 보아 넘길 수 없었던 조정 대신들은 각종 범죄의 증거를 수집해 두 사람을 재판에 넘기려 했지만 모두 무측천에게 저지당하고 말았다. 합법적으로는 두 사람을 처벌할 수 없게 된 대신들은 무력을 쓰기로 했다. 물론 처음 이들의 목적은 무측천이 아닌 장씨 형제를 처벌하려는 것이었다. 얼마 후, 무측천이 병이 나자 재상 장간지張柬之를 비롯한 조정의 핵심인물 다섯 명이 한림군의 장수 및 태자 이현李顯, 상나라 왕 이단, 태평공주 등과 손을 잡고 현무문을 공격했다. 파죽지세로 궁까지 밀고 들어간 그들은 무측천의 영선궁迎仙宮에서 장역지와 장종창을 찾아내어 사형에 처했다. 일이 이렇게 되자 사람들은 이 기회에 무측천을 황위에서 끌어내리고 중종을 다시 옹립하기로 했다. 정변이 일어난 이듬해 무측천은 '명황태자감국제命皇太子監國制'를 발표했고 삼 년째 되던 해에는 태자에게 황위를 양도한다고 선언했다. 다시 일 년 후, 중종이 황제가 되자 무씨의 주나라는 막을 내렸다.

705년 11월, 여든두 살의 무측천은 낙양의 상양궁上陽宮에서 분노와 후회로 생을 마감했다. 그는 죽기 전 이런 유언을 남겼다. "이후에 나를 황제라 칭하지 말고 측천대성황후則天大聖皇后라 부르도록 하라."

이듬해, 당나라 중종은 대신들의 강한 반대를 무릅쓰고 장례를 성대하게 치른 다음 어머니의 관을 고종과 함께 건릉乾陵에 합장했다. 15년 동안 황제의 자리에 있었던 무측천은 평생에 걸쳐 무려 50여 년 동안 정권을 장악했다. 이 기간에 무측천은 중국의 역사 발전에 적지 않은 공헌을 했다. 농업 발전을 장려하기 위해 균전제均田制46)를 시행하여 지역 세력가들이 토지를 독점하지 못하게 했으며 황무지를 개간해 토지를 늘리기도 했다. 그녀가 통치한 기간에 전국의 인구는 380만 호에서 615만 호로 늘어났다.

과거제를 장려한 무측천은 직접 시험을 주관하여 서족 지주 출신의 인재를 대거 선발했다. 또 무과 시험을 치러 군사적 재능을 갖춘 인재도 상당수 등용했다. 당나라 태종이 재위한 23년 동안 진사進士, 소과의 첫 시험에 급제한 사람-옮긴이는 205명 정도였는데 당나라 고종과 무측천이 통치한 55년 동안 진사는 무려 1천여 명 정도로 늘었다. 문화 교육 사업을 중시한 무측천은 수많은 문화 서적 편찬을 장려하기도 했다.

---

46) 중국 수, 당 시대에 실시한 토지제도. 토지를 백성에게 고루 나누어주고 백성의 생활을 보장하는 것을 이념으로 한 제도다. 백성에게 구분전(口分田) 80묘와 영업전(營業田) 20묘씩 나누어주고 구분전은 본인이 죽으면 국가에 반환하고 영업전은 자손에게 세습하게 했다.

변경 지역 방어의 중요성을 절감한 그녀는 소수민족과의 관계를 개선하고자 노력했으며 나라의 통일과 변방 지역의 안정, 상업 발전을 위해 적극적인 정책을 펼쳤다. 물론 재위 말기에는 무절제한 생활을 하며 많은 실수를 범하기도 했다. 조카 무삼사와 애인 장씨 형제에게 권력을 몰아주어 정치는 혼란해졌고 딸 태평공주의 나쁜 행실도 모두 눈감아주었다. 또 악독한 관리들을 임용해 대신들을 대거 숙청했는데 이 과정에서 이씨 종실 사람 대부분이 목숨을 잃었다. 더 경악스러운 것은 친아들 이현과 이단을 비롯한 고조, 태종, 고종의 자손을 모두 죽인 것이다.

그가 통치하던 14년 동안 무려 재상이 58명이나 바뀌었는데 그 가운데 목숨을 잃거나 좌천된 사람이 21명이었다. 이와 같은 악행으로 무측천은 역사적인 오명을 안을 수밖에 없었다.

하지만 전체적으로 보면 무측천은 길고 긴 중국의 봉건 역사의 하늘 위에 나타난 혜성과도 같았다. 그녀의 출현은 후세 사람들에게 많은 생각을 하게 만든다. 가장 큰 의미는 그녀가 중국 역사 유일의 여성 황제라는 점이다.

당나라를 주나라로 바꾸려던 그녀의 시도는 실패로 끝났다. 때문에 후대 사람들도 무측천의 주나라를 하나의 독립된 왕조로 보지 않는다. 여기에는 죽기 전 무측천이 모든 정권을 이씨 종실에 돌려준 것도 한몫을 했다. 본인조차도 자신을 독립 국가의 황제라고 인정하지 않은 것이기 때문이다.

물론 무측천은 중국을 '여인천하'로 만들거나 그동안의 통치 제도를 여성 황제 제도로 바꾸려는 의도는 없었다. 인정할지는 모르겠지만, 무측천은 비정상적인 방법을 이용해 권력을 다투었고 결국 그 다툼은 실패로 끝났다. 어쩌면 무측천 일생의 가장 큰 영광은 고종과 합장된 것이 아닐까? 그것은 어떻게 보면 그녀가 황제와 동등한 지위를 누린 것을 인정하는 하나의 상징이

무측천의 무자비(無字碑)

다. 어쨌든 당시로서는 여성이 남자 황제 위에 군림하는 것은 절대 있을 수 없는 일이었다.

하지만 그것으로도 의미는 충분하다. 마치 혜성처럼 나타난 무측천은 문벌 귀족 세력에 치명적인 일격을 가해 딱딱하던 봉건 사회를 어느 정도 부드럽게 했다. 어둡고 칙칙하던 남자들만의 세계에 무측천이 등장하자 남자들은 비로소 여인의 능력을 다시 보게 되었다. 남자들은 그동안의 중국의 남성 중심적 관념에서 벗어나 여인의 위력을 처절하게 맛볼 수 있었던 것이다.

우리 역시 무측천의 성공과 실패를 살펴봄으로써 한 여인이 중국의 역사에 불어넣은 활기를 본 것으로도 충분하다. 여기에서 어쩌면 그동안 억눌려 있던 사상과 관념의 해방감을 느꼈을지도 모르겠다. 무측천은 분명히 중국 역사에서 유일한 진정한 여성 황제다. 무측천이 죽은 후 건릉에는 중국 역사적으로도 유일무이한 글자 없는 비석이 세워졌다.

무측천의 이름 앞에는 유독 '유일'이라는 수식어가 자주 붙는다. 중국에서 정권 다툼을 통해 황제가 되려 했던 수많은 여성 중에서 유일하게 황제가 되었던 것만으로도 그 '유일함'을 설명하기에는 충분하다. 이 밖에도 무측천은 여러 분야에서 '역사적인 기록'을 세우기도 했다.

중국의 역사를 영웅들이 참가한 운동회에 비유한다면, 무측천은 여성 참가 종목뿐만 아니라 남성 종목에서도 메달을 땄다고 할 수 있다.

무측천의 출현은 분명히 역사의 '새로운 페이지를 연' 것이 틀림없다. 그녀에 대한 의견이 분분한 것도 사실이지만, 그녀가 상징하는 역사적인 의미는 결코 부정할 수 없을 것이다.

무측천 이후 황권을 쫓던 여인들

아마도 당나라의 개방적인 사회 풍토 때문이었으리라. 무측천이 죽고 얼마 후 그를 따라 여성 황제가 되려고 한 사람이 있었다. 재능도 없고 덕도 모자란데 오직 야심만 가득했던 그는 바로 당나라 중종의 황후 위 황후韋后다. 어쩌면 무측천이 중국 역사 최초의 여성 황제가 되어 여인들의 위력을 세상에 과시했던 것이 가장 큰 이유였을 것이다. 중국의 귀족 여인들은 더 이상 다른 사람의 아래에 있거나 궁중에서 숨죽이며 지내기를 거부했다. 무측천 이후 당나라 중종의 황후인 여 황후와 딸 안락공주安樂公主, 무측천의 딸 태평공주는 모두 황제가 되려 했다. 그 때문에 나라는 엉망진창이 되었고 조정 대신과 민간의 백성 모두 불안에 떨어야 했다.

당나라 중종 이현은 무측천 집권 당시 힘든 시간을 보냈다. 황궁 별채에 갇혀 있었던 그는 방릉房陵에 유배되었다. 무측천 집권 15년 동안 이현과 그의 부인 위씨는 늘 두려움에 전전긍긍했다. 이미 친아들을 둘이나 죽인 비정한 무측천이 언제 자신의 목숨을 노릴지는 아무도 모르기 때문이었다. 그래서 이현은 조정에서 보낸 사람이 올 때마다 다짜고짜 목숨부터 끊으려 했다. 그럴 때마다 위씨가 남편을 말리며 말했다. "인간사의 길흉화복은 규칙이 없습니다. 아무리 운이 나쁘다 한들 죽기밖에 더하겠습니까? 그런데 왜 이렇게 성급히 목숨을 끊으려 하십니까?" 두 사람은 이렇게 서로 의지하며 오랜 시간 두려움의 세월을 보냈다.

그러던 중 장간지와 환언범桓彦范이 정변을 일으키자 중종은 다시 궁으로 돌아올 수 있었다. 황제가 된 중종은 위씨를 황후로 삼고 딸을 안락공주로 봉했다. 중종은 그동안의 고생을 보상받으려는 듯 사치와 향락에 빠져 무절제한 생활을 했다.

중종이 다시 황제가 된 지 얼마 지나지 않아 변방에서는 끊임없이 난이 일어났고 나라 안에는 극심한 기근이 들었다. 705년, 섬서 지역에 내린 큰 우박으로 농사는 엉망이 되었고 이 년 후 산동과 하남, 섬서 일대에 발생한 전염병으로 수많은 백성이 목숨을 잃었다. 게다가 여전히 강한 권력을 갖고 있었던 무씨 세력 때문에 정국은 매우 불안정했다. 하지만 위 황후는 오히려 중종의 무절제한 생활을 부추기며 국정을 돌보지 못하게 했다. 707년 2월, 위 황후는 중종을 위해 화려한 연회를 열었다. 수많은 궁녀들이 꾀꼬리와 나비처럼 부산히 움직이며 연회를 준비하는 모습이 그야말로 장관이었다. 연회가 끝나자 위 황후가 준비해 둔 대로 궁녀들이 검무를 선보였는데 그 현란한 몸놀림을 본 중종은 정신을 차리지 못했다. 당시 백성은 배고픔과 전염병에 시달리며 고통스러운 날을 보내고 있었다. 그래도 위 황후는 아랑곳하지 않고 이듬해 원소절原宵節, 정월대보름—옮긴이이 되자 백성에게 초롱을 달고 축하행사를 벌이게 했다. 중종과 위 황후는 평민 복장을 하고 태평성대의 즐거움을 만끽했다. 이쯤 되면 위 황후가 무측천을 따라 하고 있다는 사실을 누구나 눈치챌 수 있을 것이다. 그녀는 정권을 장악하기 위해 중종의 관심을 다른 곳으로 돌리기 위해 애썼다. 무측천은 죽었지만 무씨 가문의 세력은 여전히 강했다. 특히 무측천의 조카 무삼사는 중종과 사돈을 맺은 후 입지를 더욱 다질 수 있었다. 어느 날, 낙주洛州의 장사長史 설계창薛季昶이 장간지를 찾아와 말했다. "장씨 형제는 제거했지만 무측천의 세력을 깨끗이 뿌리 뽑지 못했습니다. 마치 한나라의 여 황후는 죽었지만 그의 핏줄인 여록, 여산이 아직 살아 있는 것처럼 말입니다. 뿌리를 그대로 둔다면 잡초는 다시 자라게 마련입니다."

무삼사의 아들은 중종이 애지중지하는 딸 안락공주를 아내로 맞은 덕분에 든든한 배경을 가질 수 있었다. 중종이 복위하고 얼마 후, 무삼사는 위 황후의 애인이 되었다. 아들에 이어 비빌 언덕이 생긴 무삼사는 더욱 기고만장했다. 위 황후와 무삼사 사이에 다리를 놓은 것은 다름 아닌 상관완아였다. 상관완아의 할아버지인 상관의는 고종에게 무측천의 폐위를 권한 적이 있었다. 이에 앙심을 품은 무측천은 상관의 부자를 죽이고 그의 아내와 딸을 궁중의 노비로 만들어버렸다. 이때 궁으로 들어온 상관완아는 궁궐의 수준 높은 교육을 받는데 생김새도 예쁘장한 데다 글 짓는 솜씨도 뛰어나서 무삼사의 사랑을 받았다. 무측천이 집권할 당시 궁에 자주 드나들던 무삼사는 상관완아와 애인 사이가 되었다. 중종이 다시 황제가 된 후, 상관완아는 소용昭容으로 책봉되어 천자의 조서와 명령을 담당하는 일을 맡아 황제의 총애를 받았다. 중종은 날이 갈수록 문란한 생활을 했고 이를 증명하듯 궁녀의 수도 갈수록 많아졌다. 그렇게 되자 자연히 위 황후는 찬밥 신세가 되고 말았다. 하지만 중종 못지않게 방탕했던 위 황후는 독수공방을 견디지 못하고 상관완아가 소개해준 무삼사와 부적절한 관계를 맺기 시작했다. 궁궐에서 두 사람의 추문을 모르는 사람은 중종뿐이었다. 무삼사와 부적절한 관계를 맺은 위 황후는 상관완아와 함께 기회만 있으면 중종에게 무삼사의 칭찬을 늘어놓았다. 아무것도 모르는 중종은 무삼사를 재상으로 임명했다.

위 황후는 무씨 세력의 힘을 얻어 언젠가는 황제가 될 것이라는 헛된 꿈을 꾸었다. 이를 막기 위해 장간지를 비롯한 일부 지각 있는 대신들이 무삼사를 없애고 이씨 종실의 힘을 강화하자는 내용의 상소를 올렸다. 하지만 중종은 대신들의 간언을 듣는 대신 위 황후에게 고자질을 했다. 위 황후에게서 이야기를 전해 들은 무삼사는 즉시 장간지를 양주襄州로 내쫓아 죽였다. 이 일로 다른 대신들도 좌천을 당하거나 유배를 떠났다.

위 황후의 딸이자 무삼사의 며느리인 안락공주도 오만방자하기는 마찬가지였다. 뇌물을 받고 위법행위를 하는 것은 물론이고 대신들을 함부로 모욕하고 사치와 방탕을 일삼았지만 황후와 중종은 모르는 척 해주었다. 안락공주는 툭하면 중종에게 영지를 달라고 조르기도 했다. 그중에서도 가장 말도 안 되는 일은 태자를 폐위하고 자신을 황태녀皇太女로 봉해 달라고 한 것이었다. 귀하게만 자란 공주님은 어머니를 닮아 권력광이자 야심가였다. 어쩌면 재능도 없이 교활하고 잔인하기만 한 그녀의 결말이 비참한 것은 당연한 결과였을지도 모르겠다.

당시 조정은 그야말로 무법천지였다. 지식인이라 할 수 있는 상관완아와 무식한 위 황후가 동시에 무삼사와 부적절한 관계를 맺고 있었고 이 때문에 교활하고 사악한 무삼사는 엄청난 권력을 손에 쥘 수 있었다. 게다가 툭하면 황태녀로 만들어 달라고 조르는 안락공주까지 합세하자 조정은 생生, 단旦, 정淨, 말末, 축丑[47]이 모두 갖추어진 경극 무대나 다름없었다. 이렇게 떠들썩한 무대에서 중종은 귀머거리이자 장님이었다. 상황이 이렇게 되다 보니 곧 한바탕 폭풍이 불어오리라는 것은 예견된 일이나 다름없었다.

안락공주는 시아버지 무삼사와 짜고 태자를 폐위한 후 황태녀가 되려고 했다. 말도 안 되는 시도였지만 이미 별의 별일이 다 벌어졌던 당나라 조정에

---

47) 경극의 배역으로 성별, 나이, 성격에 따라 생, 단, 정, 말, 축으로 나뉜다. 생은 남성으로 학자, 관리, 무사의 역할이었고 단은 여성 역할을 했다. 정은 전사나 영웅, 왕 역할을 했으며 축은 어릿광대, 말은 단역 배우였다. 각각의 역할은 다시 세분화된다.

서 터무니없는 일이란 없었다. 위기를 느낀 황태자 이중준李重俊은 선수를 쳐서 위 황후와 안락공주를 먼저 죽이려 했다. 707년 7월, 태자와 좌우림군左羽林軍 대장 이다조李多祚, 우우림右羽林 장군 이사충李思衝, 이승황李承況, 독고의지獨孤褘之 등은 황제의 명령을 받았다는 명분으로 우림군 기병 300명을 이끌고 무삼사의 집으로 들이닥쳤다. 이 과정에서 무삼사와 무숭훈武崇訓 및 그 가족과 패거리 십여 명이 목숨을 잃었다. 그 후 숙장문肅章門을 통해 황궁으로 들어간 그들은 내친김에 위 황후와 안락공주, 그리고 상관완아까지 모두 죽이려 했다.

마침 막 연회를 끝내고 침소로 들어가던 중종은 갑자기 소란이 일자 황급히 위 황후와 안락공주, 상관완아를 대동하고 현무문으로 갔다. 그곳에서 우우림장군 유인경劉仁景의 보호를 받으며 반란에 가담한 관리들의 죄를 묻지 않겠다는 내용의 칙서를 발표했다. 예상대로 장수들은 앞다투어 무기를 버리고 중종에게 투항했다. 결국 태자는 끝까지 곁에 남은 두, 세 명의 대신들과 오늘날의 산시陝西 지역까지 도망쳐야만 했다. 그곳에서 잠시 휴식을 취하던 태자는 수행 대신에게 목숨을 잃고 말았다.

태자의 난을 평정하고 세력이 더욱 강해진 위 황후는 황제가 되려는 야심을 감추지 않았다. 이 일로 조정은 들썩이기 시작했다. 안락공주의 남편이 된 무수길武秀吉도 적극적으로 이 일에 가담했다. 게다가 종초객宗楚客을 비롯한 여러 사람들이 힘을 모으니 조정의 대신들도 의견이 나뉘기 시작했다. 그때 정주定州 출신 낭급郞岌이 중종에게 이렇게 간언했다. "위 황후와 종초객은 반드시 반란을 일으킬 것입니다." 중종은 충고를 듣기는커녕 오히려 그를 죽였다. 그러자 허주許州의 사병참군司兵參軍 연흠융燕欽融도 죽음을 각오하고 상소를 올렸다. "음란한 황후가 국정을 마음대로 주무르자 그 친족들이 활개를 치고 있습니다. 안락공주와 무수길, 종초객은 종묘사직을 위협하는 자들입니다." 연흠웅은 중종의 질책을 조금도 두려워하지 않고 당당하게 맞섰다. 그러자 중종도 그를 처벌할 수는 없었다. 하지만 미처 대전을 빠져나가기도 전에 위 황후가 보낸 종초객에게 잡힌 염흠융은 돌계단 위에서 목이 부러져 죽고 말았다. 그 광경을 목격한 중종은 입을 꾹 다물었지만 얼굴에는 불쾌한 기색이 역력했다. 그러자 위 황후와 종초객은 황제까지도 죽이려고 마음먹었다.

710년 6월, 위 황후가 안락공주를 시켜 중종을 독살했다. 중종이 죽었지만 황제가 되려는 위 황후의 계획이 완성된 것은 아니었다. 그런 상황에서 황제의 상을 치르면 혼란이 일어날 것이 뻔했다. 그 틈을 타 누군가가 반란을 일으키면 큰일이었다. 여기까지 생각이 미친 위 황후는 중종의 죽음을 비밀로 하고 측근들을 궁으로 불러 대책을 의논했다. 위 황후는 자신의 오빠 위온韋溫에게 모든 병권을 주었다. 그리고 집안사람인 위첩韋捷, 위탁韋濯, 위기韋琦, 위파韋播 등에게 약간의 병사를 주어 황궁을 보호하게 하는 한편 약 5만여 명의 군대를 소집해 수도를 방어하게 했다. 모든 준비를 끝내놓은 다음 중종의 장례를 치렀다.

장례가 있던 날, 위 황후에게 모든 정사를 맡긴다는 중종의 '유서'가 발표되었다. 삼 일 후, 아무것도 모르는 어린 태자 이중무李重茂가 중종의 영정 앞에서 즉위했다. 황태후가 된 위 황후는 대리 집권을 시작했다.

위 황후의 야심과 욕망은 무측천의 10배 정도로 강했지만 그 재능은 십 분의 일도 되지 않았다. 제후왕들과 대신의 마음이 모두 돌아선 상황에서 정권을 잡았으니 거센 반항에 부딪히는 것은 어쩌면 당연한 결과였다. 이 상황에서 중종 이현李顯의 아우인 이단의 셋째 아들 이융기李隆基는 재능을 감추고 조용히 때를 기다렸다. 무측천이 집권했을 때도 박해를 피하려고 재능과 뜻을 숨기고 살았던 그는 중종이 즉위한 후에도 경거망동하지 않았다. 어렸을 때부터 글 읽기를 좋아했던 이융기는 남다른 총명함과 포부를 가지고 있었다. 일부러 여색과 승마에 빠진 척했지만 그는 언제나 조정의 동향을 유심히 관찰하고 있었다. 이융기는 중종이 갑자기 세상을 떠나고 위 황후가 정권을 잡자 드디어 때가 되었다고 생각했다. 서둘러 태평공주에게 사람을 보내 도움을 요청한 이융기는 직접 병사를 이끌고 장안으로 달려갔다. 미리 연락을 해둔 태평공주의 아들 설숭간薛崇簡도 우림군의 1만 기병과 함께 현무문을 공격해 단숨에 태극전太極殿까지 밀고 들어갔다. 갑자기 들려오는 병사들의 함성에 깜짝 놀란 위 황후는 침상에서 뛰어나와 겉옷도 걸치지 못하고 도망쳤다. 하지만 채 방을 나서기도 전에 병사들에게 목숨을 잃고 말았다. 마침 방에서 단장을 하고 있던 안락 공주는 고개를 돌리기도 전에 몸이 두 동강이 났다. 이름처럼 편안하고 고통 없이 죽은 것이다.

상관완아는 위기의 순간에도 잔꾀를 썼다. 병사들이 들이닥쳤다는 소식을 듣자마자 이융기의 아버지인 상왕相王 이단을 황제로 옹립한다는 조서를 쓴 그녀는 궁녀들을 이끌고 이융기에게로 가서 목숨을 구걸했다. 상관완아가 내민 조서를 본 이융기는 냉정하게 말했다. "너는 함부로 궁의 질서를 어지럽혔는데 어찌 가볍게 용서할 수 있겠느냐? 지금 너를 죽이지 않으면 내 반드시 후회할 것이다!" 그는 즉시 상관완아의 목을 베었다.

위 황후의 난을 평정한 이융기는 위씨와 무씨 세력을 모두 죽였다. 그러자 당나라는 다시 이씨 종실의 손으로 돌아올 수 있었다.

이융기의 아버지 이단은 즉위하여 예전 그대로 예종이 되었고 이융기는 태자가 되었다. 그런데 이번에는 태평공주가 황제가 되려는 욕심을 부렸다. 물론 태평공주의 반란도 실패로 끝났다. 이융기에 의해 절로 쫓겨난 태평공주는 자살로 생을 마감했다. 얼마 후, 이씨 세력이 통치하는 당나라는 또다시 태평성대를 맞이했다.

그리고 중국 봉건 시대의 마지막에 또 다른 '여성 황제', 바로 자희태후가 등장했다. 굳이 무측천이나 가남풍과 비교하지 않더라도 자희태후가 많은 실수를 저질렀다는 사실을 모르는 사람은 없다. 그녀가 정권을 잡은 동안 근대 중국은 엄청난 치욕을 감당해야 했으며 여러 가지 손실을 입었다. 자희태후에 관한 이야기는 여러 책에서 다루어졌으니 여기에서는 언급하지 않겠다.

여기에서 한 가지 이상한 점을 발견할 수 있다. 중국 봉건 사회의 남자들은 모두 여자를 무시했고 억압했으며 심지어 사람 취급을 하지 않기도 했다. 하지만 일단 여인이 정권을 잡으면 남자들은 그가 여자라는 사실도 잊고 마치 보살을 모시듯 정성을 다했고 혹은 그녀들이 처음부터 자신들의 통치자였던 것처럼 잘 보이려고 아우성이었다. 지금까지 중국의 궁궐은 단 한 번도 여인 천하였던 적이 없었다. 그럼에도 불구하고 여인이 정권을 잡은 적도 많았는데 이는 매우 신기한 일이었다.

특히 이상한 것은 인격적으로 훌륭한 황후나 비빈은 그렇다고 쳐도 사악하고 음란한 여인들도 당시 사람들의 존경을 받았다는 사실이다. 아무리 그럴듯한 이유가 있다 하더라도 그토록 원리원칙을 꼬장꼬장하게 따지던 왕공대신들이 하루아침에 권세나 재물에 빌붙는 소인배가 된 것은 어쩌면 중화 민족의 저열한 근성 때문이 아닐까?

사실 예부터 중국의 조상들은 정권을 유지하기 위해서 '법', '술', '세'의 세 가지 조건을 구비해야 함을 강조했다. 즉 남자든 여자든 일단 '세'를 얻는 사람에게 복종해야 하니 그들을 탓할 수도 없는 노릇이다.

여기에서 남녀의 불평등을 호소하는 것은 무의미하다. 아니, 오히려 이 책은 무측천과 같은 여성 황제의 공적을 높이 평가하고 있다. 우리는 이 책을 통해 중국의 역대 황후와 비빈들이 권력을 장악했던 사건을 살펴보고 전통적인 정치의 방법을 이해하며 이를 통해 여인들이 득세를 할 수 있었던 이유를 알 수 있었다.

『사기』, 『한서』, 『후한서』, 『진서』, 『당서』, 『구당서』 등 참고

장수를 부린 유방

루쉰은 『사기』를 "역사가의 빼어난 노래요, 운율 없는 『이소離騷[48]』다"라고 말했다. 탄식과 개탄으로 가득한 시대를 살았던 사마천은 사기를 통해 역사에 대한 슬픔과 분노 그리고 괴로움을 토로했던 것이다. 하지만 사마천이 아무리 불평을 늘어놓았다 할지라도 책은 사실을 토대로 한 진리를 근거로 만들어졌다. 예를 들면 유방을 건달 황제로 묘사하고 맹렬하게 비판하고 폄하했지만 그의 장점도 인정했던 것이 바로 그것이다. 그렇다면 유방은 과연 어떤 장점을 가지고 있었을까?

황제가 된 유방은 낙양의 남궁南宮에 성대한 연회를 열고 신하들을 초대했다. 술이 얼마간 돌자 유방이 의기양양한 표정으로 대신들에게 물었다. "그대들의 도움으로 천하를 얻었으니 그 공을 기리고자 술자리를 열었소. 오늘은 무슨 말이든 주저하지 말고 마음껏 하시오. 그런데 내가 하나 묻겠소. 그대들

---

48) 춘추 전국 시대 말에 초나라의 대시인인 굴원이 지은 중국에서 가장 오래된 장편 서정시

은 왜 내가 천하를 얻었고 항우는 잃었는지 아시오?" 그의 질문에 대신들은
난처한 표정을 감출 수 없었다. 잠시 후, 고기高起와 왕릉王陵이 일어나 말했
다. "폐하는 평소 사람을 대할 때 오만한 반면 항우는 어질고 관대합니다. 하
지만 폐하는 장수를 부려 성을 공격하고 승리하면 아낌없이 상을 내립니다.
그러니 장수들이 목숨을 걸고 명을 받들어 천하를 얻을 수 있었습니다. 반
면 항우는 어진 인재들을 질투하며 의심이 많아서 승리를 해도 상에 인색합
니다. 땅을 얻어도 나누기를 꺼리니 인심을 잃어 천하를 잃은 것입니다." 그
말을 들은 대신들도 고개를 끄덕였다. 그러나 유방이 고개를 저으며 말했다.
"그대들은 하나만 알고 둘은 모르고 있소. 무엇을 얻거나 잃는 것은 모두 사
람을 쓰는 것에 달려 있소. 장막 안에서 꾀를 내고 천 리 밖의 승리를 결정지
을 수 있는 점에서는 나는 장량만 못하오. 또 나라를 다스리고 백성을 위로하
며 차질 없이 군량을 공급하는 것에서는 소하가 가장 뛰어나지. 백만 대군을
통솔하고 전쟁에서 승리를 거두는 데는 한신을 따라갈 수 없을 것이오. 이 세
사람은 모두 시대의 영웅이라 할 수 있는데 나는 바로 그들을 제대로 쓸 수
있었기에 천하를 얻은 것이오. 항우는 범증이라는 인재를 가졌어도 그를 믿
지 않아 나에게 패한 것이오."

그제야 얼굴에 화색이 돈 대신들은 앞다투어 유방에게 축하의 인사를 올
렸다. 유방도 기쁨을 감추지 않고 대신들에게 술을 권하며 마음껏 즐겼다.

확실히 유방의 말은 일리가 있었다. 그는 자신의 성공과 항우의 실패 원인
을 매우 정확하게 분석했다. 이와 관련해서 유방은 한신과도 한바탕 설전을
벌인 적이 있었다. 한신은 유방이 병사 5천도 겨우 통솔할 정도의 능력을 가
졌지만 자신은 병사가 많으면 많을수록 좋다고 자신감을 내비쳤다. 하지만
유방은 수많은 병사를 다스릴 수 있는 한신을 제대로 썼기에 천하를 가질 수

있었다. 한신은 이 사실을 잘 알고 있었기 때문에 쉽게 유방의 곁을 떠나지 못했다.

그렇다면 유방이 한신을 다룬 방법을 살펴보자. 항우가 유방에게 패하자 부장 종리매鐘離昧와 계포季布는 죽기 살기로 도망쳤다. 그러자 유방은 엄청난 현상금을 걸고 두 사람을 잡아들이도록 했다. 달리 도망갈 곳이 없었던 종리매는 고향친구인 한신을 찾아갔다. 옛정을 외면하지 못한 한신은 종리매를 몰래 숨겨주었다. 누군가를 통해 이 사실을 알게 된 유방은 깜짝 놀랐다. 줄곧 한신의 반란을 의심하고 있었는데 종리매를 받아주었다고 하니 의심이 사실로 드러날 판이었기 때문이다. 유방은 한신의 진심을 알아보기 위해 서둘러 종리매를 체포해 자신에게 보내라고 명령했다. 하지만 마음이 약한 한신은 종리매의 행방을 모른다고 거짓말을 했다. 의심이 더욱 깊어진 유방은 몰래 사람을 보내 한신을 염탐하게 했다. 당시 자신의 영지에 도착한 지 얼마 되지 않았던 한신은 위세를 뽐내기 위해 툭하면 병사들을 대동하고 행진을 했는데 그 기세와 위엄이 대단했다. 마침 그 광경을 목격한 유방의 사자는 한신이 반란을 일으키려 한다고 보고했다. 유방은 즉시 장수들을 불러 모아 대책을 의논했다. 대신들은 저마다 입을 모아 병사를 보내 단박에 제압해야 한다고 주장했다. 하지만 유방은 묵묵부답이었다. 얼마 후 유방은 진평에게도 의견을 물었다. 진평은 한신이 정말로 반란을 일으키려 했는지 확신할 수 없었지만 유방의 질문에 어떻게든 대답을 해야 했다. 진평이 물었다.

"다른 장수들은 무어라고 합니까?"

"모두 나에게 병사를 일으켜 토벌하라 권하고 있소."

"폐하는 어떻게 그가 모반을 했는지 알게 되셨습니까?"

"누군가가 나에게 밀서를 올렸소."

"상소를 올린 사람 외에 또 누가 한신의 모반을 고발했습니까?"

"아무도 없소."

"한신은 누군가가 자신에 관한 상소를 올린 것을 알고 있습니까?"

"아직 모르오."

"지금 폐하의 병사들은 한신의 군대를 이길 수 있습니까?"

"불가능하오."

"폐하의 장수 가운데 한신만큼 뛰어난 자가 있습니까?"

"없소."

"지금 폐하의 병사는 한신의 병사만큼 용맹하지 않고 한신만큼 뛰어난 장수도 없습니다. 그런데 만약 병사를 일으켜 그를 토벌하려 들면 애초에 반란을 일으킬 마음이 없었더라도 나쁜 마음을 먹을 수밖에 없습니다." 그의 말이 일리가 있다고 생각한 유방이 말했다. "그럼 어떻게 하면 좋겠소?" 진평이 잠시 생각에 잠긴 뒤 입을 열었다. "저에게 계책이 하나 있으니 잘 들어보십시오. 예부터 천자가 수렵을 나가면 각 영지의 제후들을 만났습니다. 듣자하니 남쪽에 운몽택이라고 하는 명승지가 있다고 합니다. 운몽택으로 수렵여행을 떠난다고 알리시고 제후들에게 진陳땅으로 모이라고 하십시오. 진 땅은 초나라의 서쪽 경계와 맞닿아 있으니 초나라 왕 한신은 반드시 그곳으로 올 것입니다. 그때 미리 병사를 숨겨놓았다가 그를 잡아들이면 됩니다. 그렇게 하면 모든 일을 쉽게 처리할 수 있습니다." 유방은 그의 계책을 따르기로 했다.

얼마 후 유방이 운몽택으로 사냥을 나온다는 소식을 들은 한신은 덜컥 의심이 들었다. 벌써 두 번이나 유방에게 병권을 빼앗겼던 한신은 평소 유방이 자신을 의심하고 경계하는 것을 잘 알고 있었기 때문이다. 한신은 이러지도 저러지도 못하는 상황에 머리가 아팠다. 겁이 나서 가지 않으면 신하의 예를 다하지 않는 것이고 가려고 하니 무슨 화를 당할지 알 수 없었기 때문이다. 그가 주저하자 부하들이 말했다. "대왕은 아무 잘못이 없으십니다. 다만 종리매를 숨겨주어 황제의 명령을 어긴 것이 맘에 걸리니 차라리 그의 목을 베어 폐하에게 바치면 분명히 일이 쉽게 해결될 것입니다. 간단한 방법이 있는데 무엇을 걱정하십니까?" 한신은 곧 종리매를 불러들였다. 그에게서 이상한 낌새를 눈치챈 종리매가 말했다. "한나라가 감히 초나라를 치지 못한 것은 나와 그대가 함께 손을 잡고 모반을 할까 봐 두려워서였네. 그런데 나를 유방에게 넘기면 오늘 죽는 것은 나이지만 내일은 그대가 망하게 될 것일세." 한신이 꿈쩍도 하지 않자 종리매는 한바탕 욕을 퍼부으며 말했다. "그대는 큰일을 할 군자가 아니었군! 내가 왜 그대에게 투항을 했을까!" 말을 마친 그는 검을 빼어들어 스스로 목숨을 끊었다. 한신은 종리매의 목을 가지고 진 땅으로 갔다. 한편 그 소식을 들은 유방은 낙양에서 바로 진으로 달려갔다. 이미 그곳에서 며칠을 기다린 한신은 유방에게 종리매의 목을 보여주었다. 하지만 그를 기다리는 것은 유방의 불호령이었다. "당장 한신을 잡아들여라!" 말이 떨어지기가 무섭게 갑자기 쏟아져 나온 수많은 무사들이 한신을 포박했다.

한신은 모든 것을 체념한 듯 말했다. "교활한 토끼를 잡으면 사냥개를 삶고, 새를 잡으면 좋은 활을 치우며, 적을 물리치면 모신을 죽인다고 하더니 옛말이 하나도 틀리지 않는구나! 이제 천하가 안정되었으니 나는 삶은 사냥개 신세가 되는구나!" 그러자 유방이 말했다. "누군가가 너의 모반을 고발하여 잡아들인 것이다!" 유방은 즉시 사람을 시켜 한신을 가둔 뒤 낙양으로 돌아갔다. 물론 운몽택에서의 사냥 활동은 모두 중지되었고 제후들에게는 올 필요가 없다는 전갈을 보낸 후였다.

낙양으로 돌아온 유방은 한신의 모반을 철저히 조사했다. 그리고 그를 감옥에서 풀어주는 대신 초나라 왕의 지위를 빼앗고 회음후로 강등시켰다.

초나라와 한나라가 싸울 때 한신이 항우를 도왔다면 천하를 차지한 사람은 바로 항우였을 것이다. 만약 한신이 유방을 배반하고 독자적으로 세력을 형성했다면 항우, 유방과 함께 천하를 셋으로 나눌 수도 있었을 것이다. 당시 상황에서 한신은 여러 번 홀로 설 수 있는 기회가 있었다. 많은 이들이 한신에게 왕이 될 것을 권했지만 한신은 주저하며 결국 유방을 따랐다. 한신은 유방의 서한정권 수립에 가장 큰 공로를 세운 사람이었다. 공을 따진다면 그를 왕후로 봉하거나 유방과 같은 황제로 옹립해도 전혀 지나치지 않았다. 하지만 봉건 사회의 법도에 따르면 한 나라에 두 주인이 있을 수는 없었다. 절대 그와 지존의 자리를 나눠가질 수 없었던 유방은 그나마 한신을 왕후로 봉했다. 하지만 이미 굴욕을 느낀 한신은 마음속 가득 원망을 품었다. 이런 감정이 계속되면 분명히 반역을 꿈꾸게 마련이다. 유방은 후환을 막기 위해 선수를 쳤다. 한신의 작위와 권력을 빼앗은 뒤 그의 발을 도성 안에 묶어놓은 것이다. 얼마 후 유방의 아내인 여치가 소하와 짜고 한신을 궁궐로 불러들여 그 자리에서 죽였다.

유방이 천하를 얻은 것은 덕이 있어서가 아니라 능력이 있어서였다. 이렇게 보면 능력만 있다면 건달도 황제가 될 수 있었다. 사실 앞서도 이야기했듯이 중국 역사에서 개국 황제는 건달이거나 지역 유지 출신이었다. 건달은 거리낄 것이 없고 지역 유지는 세력이 있었기 때문이다. 그러니 '지식인'은 한숨을 쉴밖에!

『사기』 참고

제왕의 은신술

중국 역사를 잘 살펴보면 놀라운 사실을 발견할 수 있다. 역사 속의 수많은 황제와 재능 있는 인물이 모두 도회술韜晦術, 재능을 감추는 기술-옮긴이에 뛰어났다는 사실이다. 그들은 상황을 빠르게 파악하고 적절한 대책을 세우는 데 뛰어났다. 도회술을 모르는 제왕이나 대신은 봉건 관료 사회에서 성공하기 어려웠고 심지어 목숨을 잃기도 했다.

지성선사至聖先師, 명나라 때 붙여진 공자의 존호-옮긴이 공자는 처세술의 대가였다. 그렇지 않다면 "작은 일을 참지 못하면 큰일을 망친다"라는 말을 하지도 않았을 것이다. 이런 점에서는 그의 계승자인 맹자가 더욱 뛰어났을지도 모르겠다. 맹자는 "궁할 때는 홀로 자신의 몸을 선하게 하고 일이 잘 풀리면 세상에 나가 활동을 한다"라고 말했다.

중국에는 "처마 밑에 있는 사람은 고개를 숙일 수밖에 없다"라는 유명한 속담이 있다. 권세나 능력이 경쟁자보다 못한 상황에서 적당한 기회가 온 것이 아니라면 반드시 고개를 숙이고 후퇴해야 한다는 뜻이다. 비록 황제라 할지라도 신하에게 고개를 숙여야 할 때가 있었다. "자벌레가 몸을 움츠리는 것은 펼치기 위함이요, 용이나 뱀이 겨울잠을 자는 것은 몸을 보호하기 위함이다"라는 말도 같은 뜻이다.

5대 시기, 촉나라의 후주後主 맹창孟昶은 칭찬받을 만큼 훌륭한 황제는 아니었다. 하지만 그는 꽤 뛰어난 도회술의 대가였다. 934년에 즉위한 그는 사방에 위기가 도사리고 있는 혼란한 시기에 무려 30년 동안이나 한 지역을 다스렸는데 이는 결코 쉬운 일이 아니었다. 비록 재위 시기에 사치와 방탕을 일삼긴 했지만 그는 재치 있고 노련했으며 지략이 뛰어난 정치가였다.

맹창은 겨우 열여섯 살에 즉위했다. 당시의 대신들은 그의 아버지 맹지상 孟知祥 때부터 자리를 지켜온 원로대신들이라 어린 황제는 안중에도 없었다. 이들은 오만하고 사치스러웠는데 공공연하게 법을 어기고 호화로운 집을 지어 엄청난 재물을 낭비했다. 그 때문에 조정의 다른 대신들과 백성의 불만은 점점 커져갔다. 원로대신 가운데 특히 이인한李仁罕과 이조李肇, 장업張業, 조정은趙廷隱의 횡포가 가장 심각했다. 특히 대장 이인한은 막무가내로 자신이 6군을 관리하겠다고 나섰다. 그는 추밀원에 사람을 보내 자신의 요구를 전달하는 한편 학사원의 관리를 시켜 그 요구를 문서로 만들게 했다. 그것은 사실상 반란이나 다름없었다. 대신들의 기고만장한 행동은 맹창을 자극하기에 충분했다. 맹창은 이들 대신들이 자신의 자리를 위협할 것이라는 것을 잘 알았다. 하지만 대놓고 싫은 척을 했다가는 긁어 부스럼이 될 수 있었다. 지금 당장 자신에게는 그들을 막을 힘이 없었기 때문이다. 그런 상황에서 필요한 것이 바로 도회술이었다. 맹창은 우선 이인한의 요구에 따라 그를 중서령으로 임명하고 6군을 주관하게 했다. 얼마 후, 큰 권력을 얻고 오만방자해진 이인한이 아무런 의심 없이 맹창을 알현하기 위해 궁으로 왔다. 맹창은 방심한 이인한을 그 자리에서 붙잡아 처형했다.

방포(方苞)가 지은 『춘추통론(春秋通論)』 5대 10국 시대의 여요자기 마상봉후(馬上封侯)

과거 소무절도사昭武節度使 겸 시중이었던 이조가 새 군주를 알현하기 위해 수도로 왔을 때였다. 그는 지팡이를 짚고 대전에 나와서도 다리가 아프다는 핑계로 맹창에게 무릎을 꿇지 않았다. 하지만 이인한이 죽자 덜컥 겁이 난 이조는 황급히 지팡이를 버리고 무릎을 꿇었다. 맹창은 자신에게 거만하게 굴었던 이조의 관직을 빼앗고 공주^{邛州, 현재의 쓰촨 성(四川省) 치웅라이(邛崍)}로 쫓아버렸다.

이인한의 외조카 장업은 이인한이 죽을 당시 금군을 관리하고 있었다. 금군은 숫자는 적었지만 직접 궁궐의 수비를 담당했기 때문에 장업이 반란을 일으킨다면 맹창에게 매우 위험할 수밖에 없었다. 그래서 맹창은 장업을 재상으로 임명하고 판탁지^{判度支, 재정관}를 겸하게 해 그를 구슬렸다. 장업은 집안에 감옥을 만들어놓고 채무자들을 가두는 악랄함을 보였다. 그는 또 '도세법盜稅法'을 만들어 관리가 세금을 멋대로 거두면 열 배의 벌금을 물게 했다. 그러자 엄청난 벌금을 감당하지 못한 관리들이 다시 백성을 약탈하기 시작했다. 장업의 도세법은 이렇듯 오히려 백성을 더욱 힘들게 했다. 이 사실을 알게 된 맹창은 도세법을 폐지했다. 948년에 충분히 힘을 모았다고 생각한 맹창은 장업을 수도로 불러들여 죽였다. 일이 심상치 않게 돌아가자 성도지휘사^{聖都指揮使} 겸 중서령 조정은은 스스로 자리에서 물러났다. 이렇게 원로대신들을 하나씩 제거한 맹창은 온전히 국정을 장악할 수 있었다.

맹창은 신하들의 간언서를 넣을 수 있는 궤짝을 대전 한 귀퉁이에 놓아두었다. 그러한 노력에도 불구하고 맹창의 명성은 갈수록 나빠졌다. 승마에 미쳐 국정을 돌보지 않았고 방중술에 빠져 양가의 처녀들을 마구잡이로 궁녀로 삼았기 때문이다. 곧 추밀부사 한보정^{韓保貞}의 간언으로 잘못을 깨달은 맹창은 궁녀들을 민가로 내보내고, 한보정에게도 황금을 하사했다. 맹창이 상소를 보고 기분이 나빠지면, 대신들은 상소를 쓴 사람을 밝혀 내서 벌을 내리려 했다. 그때마다 맹창은 오히려 대신들을 말렸다. "당나라 태종이 막 즉위했을 때 우리 손복가^{孫伏伽}가 상소를 올린 적이 있었소. 황제는 그의 언사에 심기가 불편했지만 그 내용만은 칭찬했다오. 그런데 그대들은 어째서 나에게 신하의 충고를 받아들이지 못하게 하는 것이오?" 이 사실을 통해 그가 어느 정도 깨어 있는 군주였음을 알 수 있다.

막 정권을 잡은 초기, 맹창은 전촉前蜀 왕연王衍이 방탕하고 사치스러워 나라가 망한 것을 교훈으로 삼아 근검절약에 힘썼다. 또 직접 관리들의 지침서인 『관잠官箴』을 편찬하여 각 군현에 반포하기도 했다.

"나는 백성을 자식과 같이 염려하여, 날이 저물면 밥을 먹고 날이 밝으면 일어나 옷을 입는다. 내가 그대들을 관리로 임명한 것은 백성이 편안하게 살게 하기 위함이다. 정치를 잘하려면 세 가지를 이루어야 하며해충의 피해가 없어야 하고, 동물들이 교화되어야 하며 아이들도 어짊을 알아야 한다-옮긴이 덕으로 다스린 결과는 칠사七絲, 거문고, 노나라의 복자천(宓子賤)이 단부(單父)를 다스릴 때, 늘 거문고나 뜯으며 시간을 보냈지만 고을은 누구보다 잘 다스렸다-옮긴이에 있다. 일을 처리할 때는 인내심을 가지고 인도해야 하며, 관리가 되면 '유독留犢, 동한의 관리 시묘(時苗)가 지방관으로 부임했을 때 가져갔던 소가 새끼를 낳자 임기가 끝난 후 그 새끼를 두고 돌아왔다는 이야기다-옮긴이'의 규칙을 지켜야 한다. 법을 집행할 때 관대하거나 엄격함은 반드시 근거가 있어야 하며, 현지의 나쁜 풍속을 개선할 수 있어야 한다. 다른 사람의 권익을 침해해서는 안 되며 타인을 고통스럽게 해서도 안 된다. 아래의 백성은 학대하기 쉬우나 하늘은 속이기 어렵다. 세금과 수레는 모두 백성이 준 것이며 나라가 강하고 부유해지려면 반드시 백성이 필요하다. 내가 그대들에게 내리는 작위와 상은 지나쳐서는 안 된다. 그대들의 녹봉은 모두 백성의 피와 땀과 맞바꾼 것이다. 관리는 백성의 부모와 같은데 어찌 그들에게 자애를 베풀지 않을 수 있겠는가? 이 계율을 그대들에게 남기니 부디 내 뜻을 깊이 새기기를 바랄 뿐이다."

그의 『관잠』은 후대의 황제들에게도 어느 정도의 영향력을 미쳤다. 송나라의 태조는 『관잠』 중 "너희의 녹봉은 백성의 기름이다. 아래에 있는 백성을 학대하기는 쉬우나 위에 있는 하늘을 속이기는 어렵다"라는 구절을 뽑아 비석에 새기고 각 주현의 관공서 대청 남쪽에 세워놓게 했다. 이것을 '계석명戒石銘'이라고 했다.

수나라 시대에 양제의 폭정을 참지 못한 백성이 사방에서 구름처럼 들고 일어났다. 그뿐만 아니라 수나라의 관리들도 앞다투어 농민 봉기군에 가담했다. 이런 상황에서 양제는 대신들을 의심하기 시작했다. 특히 속국 출신의 대신들에 대한 의심은 더욱 심해졌다. 여러 차례 중앙과 지방 관리를 지냈던 이연은 가는 곳마다 현지의 영웅호걸들과 친분을 맺고 은덕을 베풀어 명성이 높아졌다. 그 덕에 많은 사람이 그에게 투항해 왔다.

이연의 측근들은 이 일로 이연이 양제의 의심과 질투를 받을까 봐 걱정했다. 바로 그때 이연을 궁으로 불러들이는 황제의 조서가 도착했다. 마침 병이 난 이연이 명령을 따르지 못하자 양제의 의심은 더욱 깊어졌다. 당시 이연의 외조카 왕씨는 양제의 비빈이었다. 양제가 이연이 명을 따르지 않은 이유를 묻자 왕씨는 병이 났기 때문이라고 사실을 말해주었다. 하지만 양제는 여전히 의심의 눈초리를 거두지 않은 채 이렇게 물었다고 한다. "죽을 정도인가?"

왕씨에게서 이 말을 전해 들은 이연은 더욱 조심했다. 양제가 곧 자신의 목숨을 노릴 것을 알았지만, 지금은 맞설 힘이 없었다. 이연은 양제의 의심을 풀기 위해 일부러 뇌물을 받고 여색을 탐하며 사치를 일삼아 명성을 더럽혔다. 과연, 그런 이야기를 전해 들은 양제는 이연에 대해 경계심을 풀었다. 훗날 이연은 반란을 일으켜 수나라를 멸망시켰다.

중국 역사에는 조용히 재능을 숨기고 기회를 기다렸다가 패왕이 된 사람의 이야기가 자주 나온다. 춘추 시대의 초나라 장왕은 '삼 년 동안 울지 않았지만 한 번 울면 세상 사람을 놀라게 한다'는 인물이었다. 조용히 참고 기다리는 것도 모자라 자신을 낮추는 방법으로 타인의 눈을 속인 그는 오랫동안 재능을 펼칠 기회를 엿보았다. 그 기간에 대신들의 속마음을 조용히 관찰하고 그들의 숨겨진 재능을 찾아내는 한편 자신의 능력을 키우고 견문을 넓혀 패업 달성을 위한 기반을 다졌다.

장왕 즉위 이전 초나라의 내정은 긴 시간 동안 혼란을 겪었다. 초나라 장왕의 할아버지 성왕은 중원의 패자가 되려 했지만 성복전투에서 진晉나라에 패하고 말았다. 하지만 정작 일은 내부에서 터졌다. 성왕은 일찌감치 상신商臣을 태자로 낙점했다. 하지만 상신의 잔인한 성격을 염려한 성왕은 마음을 바꿔 또 다른 왕자 직職을 태자로 삼으려 했다. 머리가 좋았던 상신은 사실을 확인하기 위해 연회를 열고 고모를 초대한 후 일부러 화를 돋우었다. 과연, 잔뜩 성이 난 고모가 버럭 화를 내며 말했다. "네 아버지가 너를 죽이고 다른 사람을 태자로 세우려는 데는 다 이유가 있었구나!" 무슨 일이던 여동생과 상의하는 아버지가 분명 이 일을 고모에게 말했을 것이라고 생각한 그의 짐작이 맞았다. 상신은 황급히 스승 반숭潘崇에게 대책을 물었다.

"어떻게 하면 좋겠습니까?"

"태자는 공자 직을 모실 수 있습니까?"

"그럴 수 없습니다."

"그렇다면 초나라를 떠날 수 있습니까?"

"없습니다."

"스스로 큰일을 할 수 있다 생각하십니까?"

"할 수 있습니다."

두 사람은 일을 벌이기로 했다.

기원전 262년, 상신은 궁정의 호위대를 이끌고 궁을 습격해 아버지인 성왕을 죽이려 했다. 평소 곰발바닥 요리를 즐겨먹었던 성왕은 그때도 마침 곰발바닥 요리가 완성되기를 기다리고 있던 참이었다. 성왕이 마지막으로 음식을 먹을 수 있는 시간을 달라고 했지만 상신은 매몰차게 거절하며 이렇게 말했다. "곰발바닥은 잘 익지 않습니다." 더 이상 시간을 끌다간 지원군이 들이닥칠지도 모른다는 생각에 상신은 성왕에게 서둘러 자살을 부추긴 것이다. 상신은 곧 초나라의 목왕穆王이 되었다.

12년 동안 재위했던 목왕이 죽자 그의 아들 려侶가 즉위했는데 바로 초나라 장왕이다. 즉위 당시 어렸던 장왕은 다른 군주들처럼 신속하게 주도권을 잡는 대신 정사는 돌보지 않고 늘 먹고 놀기만 했다. 툭하면 호위병과 후궁들을 이끌고 사냥을 떠나거나 연회를 열고 거나하게 취해 있기 일쑤였다. 그는 미인과 개, 말과 같은 쓸데없는 것을 모으는 데 홀딱 마음을 빼앗겼다. 대신들이 국사를 보고할 때도 잠시를 참지 못하고 자리를 박차고 일어날 정도였다. 결국, 조정의 대소사는 모두 대부들이 처리해야만 했다. 전혀 군주답지 않은 그의 모습에 조정 대신은 물론 백성도 그를 어리석은 군주라고 생각했다.

이런 상황을 두고 볼 수만은 없다고 생각한 일부 올곧은 대신들이 앞다투어 장왕에게 간언했다. 하지만 장왕은 모든 충고를 한 귀로 흘려버렸고, 심지어 대신들이 간언하기 위해 찾아오면 죽이겠다고 엄포를 놓았다.

삼 년이 지나자 나라는 더욱 혼란스러웠지만 장왕은 조금도 바뀌지 않았다. 그때 그의 스승인 두극斗克과 공자섭公子燮이 큰 권력을 거머쥐었다. 두극은 진秦나라와 초나라의 동맹에서 공을 세웠지만 장왕이 보상을 해주지 않자 불만을 품고 있었다. 공자섭도 영윤令尹이 되지 못하자 불평을 입에 달고 살았다. 결국 의기투합한 두 사람은 반란을 일으키기로 했다. 두 사람은 먼저 자공子公과 반승을 보내 서인庶人을 죽이게 했다. 그런 다음 이번에는 자공과 반승을 죽이고 재산을 빼앗으려고 했다. 하지만 겨우 목숨을 건진 반승과 자공은 오히려 그들을 공격했다. 덜컥 겁이 난 두극과 공자섭은 장왕을 협박해 함께 도망쳤다. 여廬땅에 이르자 현지를 지키고 있던 장수 집여戢黎가 두 사람을 죽였다. 결국 장왕은 무사히 업도로 돌아올 수 있었다. 그러한 혼란을 겪고도 장왕은 전혀 바뀌지 않았다.

더 이상 참을 수 없었던 대부 오삼伍參이 죽음을 무릅쓰고 장왕을 찾아갔다. 마침 거나하게 취한 장왕은 양 옆에 정나라와 월나라에서 데려온 미인을 끼고 산해진미가 가득한 술상을 앞에 둔 채 궁녀들의 춤을 감상하고 있었다. 오삼이 대전으로 들어오자 장왕은 다짜고짜 소리를 질렀다. "나의 명령을 듣지 못했느냐? 아니면 죽고 싶어 제 발로 찾아온 게냐?"

오삼은 놀란 마음을 진정시키고 웃으며 말했다. "저는 간언을 하러 온 것이 아니라 대왕께 수수께끼를 내러 왔습니다. 마침 연회가 벌어졌다고 하기에 흥이나 돋우려 한 것이지요. 여태껏 누구도 답을 맞히지 못한 수수께끼이지만 총명하고 지혜로운 대왕께서는 분명히 답을 아실 겁니다." 장왕은 그제야 노기를 거두고 말했다. "그럼 한번 말해보거라." 잠시 숨을 고른 오삼이 천천히 입을 열었다.

"높은 산 위에 한 마리 기괴한 새가 있었습니다. 온몸에서는 오색이 찬란하게 빛나 매우 아름답고 우아했습니다. 하지만 어찌 된 일인지 이 새는 삼년 동안 날지도 않고 울지도 않았습니다. 사람들은 그 새가 무슨 새인지 도무지 알아맞힐 수가 없었습니다."

당시 사람들도 수수께끼를 좋아했는데 이를 '은어隱語'라고 했다. 은어는 반드시 함축된 의미가 있었는데 현재의 수수께끼처럼 단순하지 않았다. 당시 사람들은 '은어'를 이용해 세태를 풍자하거나 황제에게 간언하기도 했다.

오삼의 말을 들은 장왕은 잠시 생각에 잠긴 뒤 말했다. "삼 년을 날지 않았지만 한 번 날면 하늘에 닿겠고, 삼 년 동안 울지 않았지만 한 번 울면 세상을 놀라게 한다. 그토록 비범한 새이니 보통사람들은 알 리 없지."

장왕이 무엇인가 깨달았다고 생각한 오삼은 기쁜 내색을 감추지 않고 말했다. "한 번에 수수께끼를 맞히시다니 대왕의 식견은 참으로 높으십니다. 다만 날지 않고 울지도 않는 새가 사냥꾼의 화살에 맞지 않을까 걱정될 따름입니다." 그의 말을 듣고 흠칫 놀란 장왕은 당장 오삼을 물러가게 했다.

집으로 돌아간 오삼은 대부 소종蘇從과 다음 일을 의논했다. 하지만 곧 잘못을 뉘우칠 것이라 생각했던 장왕은 어찌 된 일인지 몇 달이 지나도록 아무런 변화가 없었다. 조바심이 난 소종이 당장 궁으로 달려가 장왕에게 말했다. "대왕은 초나라의 군주이신데 즉위한 지 삼 년이 지나도록 나라 일은 한 번도 묻지 않으셨습니다. 이렇게 가다가는 폭군이었던 주 임금이나 걸 임금처럼 나라를 망하게 할지도 모릅니다!" 그 말을 들은 장왕은 다짜고짜 검을 빼어들고 소종의 심장을 가리키며 소리쳤다. "나의 명령을 듣지 못했느냐? 감히 나를 모욕하다니 죽고 싶은 것이냐?" 그러자 소종도 지지 않고 말했다. "저는 죽어도 충신이라는 이름으로 남을 것입니다. 하지만 대왕께서는 폭군이 되겠지요. 만약 제가 대왕의 잘못을 바로잡아 초나라를 강하게 만들 수 있다면 죽어도 한은 없습니다!" 말을 마친 그는 얼굴색 하나 바뀌지 않고 장왕의 다음 말을 기다렸다.

소종의 말을 들은 장왕은 여전히 미심쩍은 눈초리로 그를 바라보았다. 그리고 잠시 후, 드디어 무엇인가 결심한 장왕은 검을 버리고 소종을 끌어안으며 감격에 찬 목소리로 말했다. "좋소, 소 대부. 그대야말로 내가 찾던 나라의 기둥이 될 신하요!" 말을 마친 그는 영문을 모른 채 서 있던 무희와 비빈들을 물리치고 소종의 손을 잡아 일으켰다. 그때부터 두 사람은 먹는 것과 자는 것도 잊은 채 나라의 일을 의논했다.

소종은 그제야 장왕의 속마음을 알 수 있었다. 장왕은 삼 년 동안 정사를 돌보지 않았지만 국내외에서 발생한 모든 일을 자세하게 알고 있었고 조정의 대소사와 제후국의 정세도 손바닥 보듯 훤히 꿰고 있었다. 게다가 각종 상황에 대한 대책도 미리 마련해 놓고 있었다. 이 사실을 알게 된 소종은 감격의 눈물을 흘렸다.

장왕은 재능을 감추고 조용히 때를 기다리고 있었던 것이다. 즉위 당시 아직 어렸던 그는 조정의 일을 어떻게 처리해야 할지 잘 몰랐다. 게다가 사람의 마음은 갈대와 같지 않은가? 조정의 대권은 약오^{若敖}씨가 장악하고 있었기 때문에 대신들의 생각을 정확히 알 수 없던 장왕은 더욱 경거망동할 수 없었다. 그래서 장왕은 일부러 나쁜 행동을 하며 대신들을 속이고 사태의 변화를 지켜본 것이다. 삼 년 동안 장왕은 진정한 충신과 간신을 구별해낼 수 있었다. 간언하는 신하를 죽이겠다고 한 것도 죽음을 무릅쓰고 간언하는 올곧은 신하와 아첨을 일삼고 관직과 재물에만 관심이 있는 소인배를 가려내려는 의도였다. 이제 나이가 차고 경험이 풍부해진 데다 모든 상황을 정확하게 파악하게 되었으니 더 이상 자신을 숨길 필요가 없었다.

다음 날, 대신들을 불러 모은 장왕은 그 자리에서 소종과 오삼을 비롯한 충신들을 요직에 임명하고 몇 가지 법령을 반포했다. 또 약오씨의 권력을 빼앗는 한편 흉악한 범죄자를 처벌해 민심을 안정시켰다. 이때부터 '삼 년을 울지 않던 큰 새'는 온 힘을 다해 나라를 돌보며 중원을 차지하기 위해 날개를 펼쳤다. 초나라 장왕은 대단한 지략을 갖춘 인물이었다.

'큰 새'가 울기 시작하자 사람들은 깜짝 놀랄 수밖에 없었다. 당시 초나라에는 심각한 자연재해가 발생했고 주변국의 침략도 끊이지 않았다. 이러한 상황에서 장왕은 용庸나라의 공격을 물리치고 군만群蠻, 파巴, 촉 등 작은 나라를 손에 넣었다. 그런 다음 내정을 보살피자 나라는 점점 부강해지기 시작했다. 간언을 잘 받아들인 그는 신하들의 장점을 잘 이용했다. 게다가 병영제 등 일부 법령을 정비해 군사력도 강화시켰다.

훗날 약오씨의 반란을 평정한 장왕은 몇 번의 전쟁에서 승리를 거두며 춘추오패의 대열에 올랐다. 초나라 장왕은 실패와 좌절을 겪어 어쩔 수 없는 상황에서 자신의 재능을 감춘 것이 아니다. 그는 정권을 더 확실히 장악하기 위해 자발적으로 자신의 재능을 숨기고 인내의 시간을 가졌으며 그 기간에 수양을 하며 지혜와 담력을 키웠다. 중국 역사에서 초나라 장왕 같은 사람은 결코 많지 않았다.

비록 평화 시기라 할지라도 황제는 재능을 키우고 견문을 넓히는 데 힘써야 한다. 동시에 막강한 권력을 가진 신하를 제거해 황제의 위엄을 바로잡고 백성을 사랑하는 관리를 임용하는 것도 아주 중요하다.

조조는 삼국 시기의 걸출한 영웅 유비를 벌써부터 눈여겨보고 있었다. 당시 대부분 사람은 보잘것없는 병력을 가진 유비를 안중에도 두지 않았지만 오직 조조만이 유비가 훗날 자신과 천하를 겨룰 것이라 생각하고 그를 견제했다. 그런 상황에서 만약 도회술이 아니었다면 유비는 벌써 조조에게 목숨을 잃었을지도 모른다. 198년, 소패小沛에 주둔하고 있던 유비는 여포呂布의 습격으로 어쩔 수 없이 조조에게 투항하게 되었다. 조조는 유비의 재능을 높이 사 그를 예주목豫州牧으로 임명했다. 같은 해 10월, 조조를 따라 동쪽 정벌에 나선 유비는 여포를 사로잡아 죽였다. 허도許都로 돌아온 후 조조는 유비를 좌장군으로 임명했다.

줄곧 큰 뜻을 품고 있었던 유비는 잠시 조조에게 의탁하긴 했지만 진심으로 그에게 굽힌 것은 아니었다. 한나라 헌제 유협劉協의 외삼촌이자 거기장군 동승董承은 일찍부터 조조의 독단적인 권력 행사에 불만을 품고 있었다. 그는 포부가 남다른 유비를 한편으로 끌어들여 조조를 없애려 했다. 어느 날, 유비가 묵고 있는 공관으로 찾아온 동승이 옥 허리띠에 숨겨온 천자의 혈서를 보여주며 함께 조조를 없앨 것을 부탁했다. 유비는 흔쾌히 승낙하며 천자의 밀서에 자신의 이름을 쓴 뒤 동승에게 이렇게 말했다. "반드시 신중해야 하며 천천히 기회를 찾아야 합니다. 절대 이 일이 새어나가서는 안 됩니다."

유비는 자신에 대한 조조의 의심을 풀기 위해 거처 뒷마당에 조그마한 텃밭을 만들어 매일 물을 주고 비료를 뿌리며 한가롭게 지냈다. 그렇게 하면 조조가 자신에 대한 경계심을 풀 것이라 생각했기 때문이다. 그 모습을 본 사람들은 유비가 대업에는 관심도 없는 소인배라고 생각했다. 심지어 관우와 장비張飛도 이런 유비에게 불만을 가졌다. 그 모든 것이 유비가 바라던 바였다.

어느 날, 텃밭에 물을 주고 있던 유비에게 술자리에 참석하라는 조조의 전갈이 날아들었다. 유비는 애써 불안한 기색을 감추고 연회에 참석했다. 유비를 본 조조가 웃으며 말했다. "집에서 아주 큰일을 하신다고 들었소." 유비는 너무 놀란 나머지 얼굴이 흙빛으로 변해버렸다. 그런 그의 마음을 아는지 모르는지 유비의 손을 이끌고 후원으로 간 조조는 텃밭을 가리키며 말했다. "현덕玄德, 유비-옮긴이께서 채소 가꾸는 데 심취했다고 들었는데 그것도 결코 쉬운 일은 아니지요." 그제야 마음을 놓은 유비가 말했다. "별로 할 일이 없어서 심심풀이로 키우는 것입니다." 조조가 텃밭 한편에 자리 잡고 있는 매실나무를 가리키며 말했다. "마침 매실이 파랗게 익은 것을 보니 작년에 장수張繡를 토벌하러 갔을 때 병사들이 목이 말라 괴로워했던 일이 떠올랐지 뭐요. 그때 나는 기지를 발휘해 채찍으로 앞을 가리키며 이렇게 말했소. '저 앞에 매실나무 숲이 있다!' 그러자 병사들은 입에 침이 고여 더 이상 목이 마르지 않았소. 오늘 저 매실나무에게 상을 주기 위해 그대를 불러 술이나 한 잔 하자고 한 것이오." 말을 마친 조조는 유비를 정자로 데려갔다. 정자 한가운데에는 이미 청매실 한 접시와 잘 데운 술이 마련되어 있었다. 두 사람은 마주 앉아 이야기꽃을 피우며 술을 마셨다.

술이 반쯤 취했을 때 갑자기 하늘에 먹구름이 드리우더니 천둥번개가 치기 시작했다. 곧 큰 비가 한바탕 퍼부을 듯했다. 조조와 유비는 정자의 난간에 기대어 검은 용과 같이 피어오르는 구름을 바라보았다. 그때 갑자기 조조가 유비에게 물었다. "그대는 용의 변화를 아시오?" 유비가 모른다고 대답하자 조조가 말했다. "용은 커지기도 하고 작아지기도 하오. 또 하늘로 오르기도 하고 때로는 몸을 숨기기도 한다오. 지금은 늦봄이니 용은 기후의 변화에 따라 바뀌오. 마치 한 사람이 뜻을 품고 사해를 종횡하는 것 같다오. 용은 현재의 영웅과도 비교할 수 있소. 현덕 그대는 세상의 온갖 풍파를 겪었으니 반드시 지금 세상의 영웅이 누군지 알 것이오. 내게 한두 사람만 말해보겠소?" 유비가 말했다. "저는 아는 것이 적어 세상사를 잘 알지 못하는데 어찌 영웅을 알아보겠습니까?" 조조가 빙그레 웃으며 말했다. "너무 겸손할 필요는 없소." 유비는 짐짓 아무것도 모르는 척 이렇게 말했다. "회남淮南의 원술袁術은 병력과 군량이 충분하니 영웅이라 할 만하겠지요." 그 말을 들은 조조가 웃으며 말했다. "그자는 무덤속의 백골이니 내 조만간 그를 사로잡을 것이오!" 유비가 난처한 기색을 보이며 말했다. "하북의 원소는 지금 범이 버티듯 기주에 웅크리고 있으니 영웅이라 할 만합니다." 조조는 또 웃음을 터뜨리며 말했다. "원소는 겉으로는 대단해 보이지만 담이 작은 인물이오. 지모가 있지만 우유부단하고 큰일을 하려고 안달이지만 작은 이익 때문에 본분을 잃을 때가 많은데 어찌 영웅이라 할 수 있겠소?" 이어서 유비가 유장劉璋, 장수, 장노張魯 등을 말했지만 조조는 박장대소하며 이렇게 말했다. "그들과 같은 평범한 소인배들을 어찌 거론한단 말이오?" "그렇다면 정말 모르겠습니다." 유비가 손사래를 치며 말하자 조조가 정색을 하고 말했다. "소위 말하는 영웅이란 가슴에 큰 뜻을 품고 용기와 지혜가 있는 사람이라오." 유비가 궁금하다는 표정으로 물었다. "그게 누구입니까?" 조조는 기다렸다는 듯 손가락으로 유비와 자신을 가리키며 말했다. "지금 천하의 영웅이라 불릴 만한 사람은 그대 유사군劉使君과 나뿐이오!"

갑작스러운 조조의 말에 깜짝 놀란 유비는 그만 손에 쥐고 있던 젓가락을 떨어뜨리고 말았다. 그때 마침 우르르 쾅 하고 천둥이 쳤다. 유비는 황급히 젓가락을 주워들고 무안한 듯 말했다. "방금 천둥소리가 너무 커서 젓가락을 놓쳤지 뭡니까?" 그 모습을 본 조조가 웃으며 말했다. "대장부가 어찌 천둥소리를 무서워한단 말이오?" 유비가 말했다. "공자께서 말씀하시기를 갑자기 바람과 천둥이 일면 반드시 변고가 생긴다고 했는데 어찌 두렵지 않겠습니까?" 유비는 이렇게 천둥소리를 핑계로 속마음을 감추었다. 덕분에 조조는 유비가 자신이 생각했던 것만큼 대단한 상대가 아니라고 믿게 되었다. 이렇게 조조는 유비에 대한 경계심을 풀었고 결국 유비에게 원술을 상대하도록 했다. 이를 계기로 유비는 조조의 손아귀에서 벗어나 힘을 키울 수 있었다. 이렇듯 유비는 절묘하게 도회술을 썼던 것이다.

사마씨가 병권을 되찾은 이야기는 중국 역사에서도 아주 유명하다. 그가 성공적으로 병변을 일으킬 수 있었던 것도 모두 도회술 덕분이었다.

삼국 시기 위나라 황제 조방曹芳이 즉위하자 원래 군권을 장악하고 있던 사마의는 태부로 승진했다. 하지만 실질적인 병권은 모두 조상曹爽에게 빼앗기고 말았다. 사마의는 병권을 되찾아오기 위해 고심했다. 도대체 어떤 방법이 좋을까? 그때 떠오른 것이 바로 도회술이었다. 위나라 왕 조예曹睿가 병으로 죽자 사마의와 조상은 고명대신이 되어 집정을 했다. 나이가 어리고 귀족 출신이라 사회 경험이 부족했던 조상은 모든 일을 경험과 지략이 풍부한 사마의에게 맡겼다. 먹고 마시며 사람 사귀는 것을 좋아했던 조상의 문하에는 꽤 많은 사람이 있었다. 어느 날, 대학자 하안何晏이 조상에게 말했다. "위나라는 조씨의 천하이니 아무에게나 맡겨서는 안 됩니다." 그 말을 들은 조상이 아무렇지 않게 말했다. "선제께서 어린 황제를 나와 태위사마의에게 맡기셨으니 당연히 그 명을 따라야지요." 하안이 냉소를 띠며 물었다. "노장군조상의 아버지 조진(曹眞)이 일찍 세상을 떠나신 이유를 아십니까? 태위와 함께 군대를 이끌고 촉을 정벌하러 갔을 때 태위가 여러 번 노장군의 화를 돋우었기 때문입니다." 그 말을 들은 조상은 화를 참지 못하고 심복과 함께 사마의의 병권을 빼앗을 계책을 세웠다.

조상은 문객과 구체적인 방법을 의논한 뒤 조방을 만났다. 그는 사마의의 공이 크니 당연히 태위로 임명해야 한다며 조방을 구슬렸다. 아직 어린 조방은 그 참뜻을 알지 못하고 조상의 말대로 사마의를 불러 태부로 임명했다. 사마의로서는 마른하늘의 날벼락을 맞은 듯했지만 어쩔 수 없이 병권을 지휘할 수 있는 인장을 내놓아야만 했다. 이때부터 병권은 조상의 수중으로 들어갔다. 한시름 놓은 조상은 그때부터 마음 놓고 좋아하는 사냥에 더욱 심취했다. 사냥을 하느라 며칠 동안 수도를 비우기도 하자 그의 동생과 문객들이 걱정스러운 듯 말했다. "그렇게 오랫동안 성을 비우면 누군가가 반란을 일으킬

수도 있습니다." 그러나 조상은 웃으며 말했다. "병권이 내 손안에 있고 사마의는 병으로 집에서 요양을 하고 있는데 무엇을 겁낸단 말이냐?"

얼마 후, 조상의 아우 조희曹羲가 대사농 환범桓范에게 형을 설득해 달라고 부탁했다. 환범까지 나서자 조상은 어느 정도 조심하는 듯했다. 그때 마침 이승李勝이 청주자사로 승진이 되어 임지로 떠나기 전 인사를 하러 왔다. 퍼뜩 좋은 생각이 난 조상은 그에게 태부를 찾아가 작별 인사를 고하는 척하며 동정을 살펴보도록 했다. 그의 분부대로 이승은 사마의를 찾아갔다. 사마의는 초췌한 모습으로 침상에 누워 있다가 두 여종의 부축을 받고 겨우 자리에서 일어나서 그를 맞았다.

이승이 먼저 인사하며 말했다. "곧 청주로 부임을 하게 되어서 인사차 들렀습니다."

그러자 사마의가 불분명한 발음으로 말했다. "병주并州는 흉노와 가까우니 조심하시게."

"청주입니다!"

"그대가 병주에서 왔다고?"

"산동의 청주라고 했습니다."

"막 병주에서 왔다고?"

어쩔 수 없이 이승이 글로 써주자 사마의는 그제야 고개를 끄덕이며 말했다. "청주였구만. 병이 나서 귀도 안 들리고 눈도 안 보이지 뭔가. 조심해서

가시게." 말을 마친 그가 손가락으로 입술을 가리키자 여종이 뜨거운 물을 가져왔다. 여종이 찻잔을 입에 대어주었지만 사마의는 뜨거운 물을 옷에다 몽땅 쏟아버리고 말았다. 사마의는 눈물을 글썽이며 이승에게 말했다. "나는 이미 늙어 살날이 얼마 남지 않았네. 두 아들을 대장군에게 맡기려 하니 자사께서는 대장군 앞에서 두 아들 이야기나 잘 좀 해주시게." 말을 마친 그는 손으로 두 아들을 가리켰다.

이승이 가고 난 후 자리에서 일어난 사마의는 옷을 걸치며 아들 사마사司馬師와 사마소司馬昭에게 말했다. "이승은 돌아가서 이 일을 조상에게 고할 것이다. 그러면 그는 더 이상 나를 의심하지 않겠지. 조상이 다시 사냥을 나가면 손을 쓰도록 하자."

한편 대장군의 거처로 돌아간 이승은 모든 일을 낱낱이 조상에게 고했다. 조상은 매우 기뻐하며 말했다. "그 늙은이가 죽으면 더 이상 걱정이 없겠구나!" 며칠 후 조상은 위나라 왕 조방을 대동하고 어림군과 함께 조상의 제사를 지낸다는 핑계를 대고 사냥을 떠났다. 사마의는 그 기회를 놓치지 않고 아들과 장수들을 이끌고 궁으로 쳐들어갔다. 그는 곽郭 태후를 핍박해 조상이 나라를 어지럽혔다는 죄목을 적은 종지를 쓰도록 했다. 이렇게 성안의 군권을 장악한 사마의는 성문을 굳게 닫아걸었다. 사실 태후의 종지를 받은 조상에게도 방법은 있었다. 아직 대장군의 인장을 가지고 있었기 때문에 엄청난 병력을 이용해 사마의를 토벌할 수 있었던 것이다. 하지만 겁이 많고 머리가 나쁜 그는 문객들의 말을 듣지 않고 오히려 사마의의 꼬드김에 넘어가 대장군의 인장을 그대로 넘겨주고 말았다. 이때부터 모든 권력은 사마씨에게로 돌아갔다.

당나라의 선종 역시 꾀가 많은 인물이었다. 즉위하기 전 그는 무능한 군주 때문에 혼란한 조정을 보고 그 화가 자신에게도 닥칠 것을 두려워했다. 그런 그에게 가장 필요한 것은 바로 도회술이었다. 사람들은 늘 바보 같은 모습을 하고 있는 선종이 백치라고 생각했다. 덕분에 그는 궁 안에서 벌어지는 복잡한 권력 다툼에서 안전하게 몸을 피할 수 있었다. 문종과 무종은 툭하면 연회를 열었다. 연회에 참석한 사람은 선종에게 말을 시키려 온갖 방법으로 놀려 댔는데, 심지어 황제조차 농담을 할 정도였다. 누가 선종이 말을 하게 하는지 내기하는 사람도 있었다. 하지만 사람들이 어떤 말을 하더라도 그는 언제나 입을 꾹 닫고 있었다. 그러던 선종이 황제의 자리에 오르자 완전히 딴 사람이 되었다. 나라 안팎의 대소사를 합리적으로 처리하는 그의 모습을 본 사람들은 그제야 그동안 그가 재능을 숨기고 기회를 엿보고 있었음을 알 수 있었다.

명나라의 성조成祖 주체는 역사적으로 아주 유명한 군주다. 그가 황위에 앉을 수 있었던 것도 모두 재능을 숨겨 때를 기다릴 줄 알았기 때문이다. 원래 그는 연나라의 왕이었는데 미친 척을 하고 시간을 번 덕에 훗날 반란을 일으켜 건문제建文帝를 폐위하고 황위에 오를 수 있었다.

명나라 성조 주체

명나라의 개국 황제 주원장에게는 아들이 많았는데 그 가운데 주체는 침착하고 노련한 것이 주원장과 많이 닮았다. 태자 주표朱標가 병으로 죽은 후 주원장은 주체를 태자로 삼으려 했다. 하지만 많은 대신들은 두 가지 이유를 들며 이를 반대했다. 첫째, 주체를 태자로 삼게 되면 주체의 다른 형제들이 인정하지 않을 것이었다. 둘째, 그것은 전통적인 관습에도 크게 어긋나는 결정이었다. 주원장은 어쩔 수 없이 주표의 둘째 아들첫째는 이미 병으로 죽었기 때문이다을 황태손으로 삼았다. 주원장이 죽은 후 황태손이 즉위해 건문제가 되었다. 건문제는 나이도 어리고 성격도 유약했기 때문에 삼촌들은 더욱 제멋대로 날뛰었다. 원래 주원장은 각 지역의 장수들을 감시하고 반란을 막기 위해 자손들을 친왕으로 삼아 지방으로 보냈었다. 훗날 황제에게서 영지를 하사받은 자손들은 번왕이 되었다. 이들 번왕은 막강한 병권을 가졌는데 영나라 왕은 8만 정예병을 보유했고 연나라 왕 주체는 그보다 훨씬 강력한 군대를 가지고 있었다. 이들에게서 위협을 느낀 건문제는 일부 대신들의 도움을 받아 삭번을 실시했다. 삭번의 과정 중 수많은 친왕이 살해되었는데 그중에는 억울한 죽음을 당한 사람도 있었다. 삭번의 소식이 전해지자 연나라 왕 주체는 마음이 급해지기 시작했다. 마침 주체의 영지였던 연나라는 당시의 수도였던 금릉金陵에서 먼 편이었고 땅이 넓고 병력도 많아서 당분간은 괜찮을 것 같았다. 그러던 어느 날 주체의 모사였던 스님 도연道衍이 말했다. "전하를 보니 천자가 되실 몸입니다." 상사相士 원공袁珙도 주체에게 이렇게 말했다. "전하는 마흔 살이 넘으면 수염이 배꼽까지 자라 반드시 천자가 되실 겁니다. 만약 제 말이 틀리다면 제 두 눈을 도려내도 됩니다." 이들의 부추김에 자신감을 얻은 주체는 적극적으로 병사들을 훈련시키기 시작했다.

한편 도연은 주체의 거처 중앙에 후원으로 통하는 길을 내고 지하실을 만들어 그 속에서 병기를 만들었다. 사방에 두꺼운 벽을 만드는 한편 바깥쪽에 거위를 키워 혹시라도 새어나오는 소리가 들리지 않게 철저하게 방비했다. 그렇게 조심하고 조심했건만 소문은 금세 조정에까지 퍼졌다. 깜짝 놀란 대신 제태齊泰와 황자징黃子澄은 전혀 다른 대응책을 내놓았다. 황자징은 즉시 연나라를 토벌해야 한다고 주장했지만 제태는 먼저 핵심 세력을 기습한 다음 대대적으로 병사를 일으켜 연나라를 쳐야 한다고 주장한 것이다.

제태의 주장을 받아들인 건문제는 왕부시랑 장병張昺을 북평포정사北平布政使로 삼고 도지휘사都指揮使 사귀射貴와 장신張信을 북평도사사北平都司事로 임명하는 한편 도독 송충宋忠을 개평開平으로 보내 연왕부의 병력을 빼내 둔전을 가꾸게 했다. 그리고 각 지역의 병사들을 시켜 산해관山海關을 지키고 금릉을 보호하도록 했다. 모든 일을 마친 건문제는 제후왕들에게 땅을 나누어주었다. 건문제가 자신을 의심한다는 사실을 알게 된 주체는 세 아들 고치高熾, 고후高煦, 고수高燧를 금릉으로 보내 주원장의 추도제를 지내게 했다. 건문제는 교만한 고후를 제외한 주체의 두 아들이 모두 겸손하고 예의가 바른 것을 보고 어느 정도 마음을 놓았다. 추도제가 끝난 후 건문제는 세 사람을 인질로 잡아두려고 했다. 하지만 주체는 그마저도 예견하여 세 아들에게 사람을 보내 자신의 병이 위중하니 빨리 돌아오라는 전갈을 보냈다. 이에 건문제도 어쩔 수 없이 세 사람을 보내주었다. 뒤늦게 그 소식을 들은 위국공 서휘조徐輝祖가 황급히 건문제를 찾아가 고후만이라도 잡아두라고 건의했다. 서달의 아들인 서휘조는 고후의 외삼촌이었다. 그는 건문제에게 이렇게 말했다. "저의 조카 세 명중 고후는 용맹하고 무례하며 불충합니다. 언제든 윗사람을 배반할 수 있기 때문에 훗날 큰 화가 될 수 있습니다. 그러니 그를 가까이에 붙잡아놓고 경거망동하지 못하도록 해야 합니다." 하지만 우유부단한 건문제는 다른 신하들에게 이 일을 의논했다. 모두들 자신이 고후의 보증인이 되어주겠다고 나서자 결국 건문제도 고후를 놓아주고 말았다. 건문제가 곧 자신이 내린 결정을 번복할 것이라 생각한 고후는 서휘조가 아끼는 명마를 훔쳐 재빨리 달아났다. 그는 도망 중에 수많은 관리를 죽인 후에야 겨우 아버지를 만날 수 있었다. 아들을 만난 주체는 감격 어린 목소리로 말했다. "우리 부자가 다시 만난 것은 하늘이 도왔기 때문이다!"

며칠 후, 건문제는 고후가 많은 사람을 죽이고 달아난 것을 질책하며 주체에게 아들을 붙잡아 올 것을 명령했다. 물론 주체는 황제의 명령을 듣지 않았다. 다시 며칠이 지나고 주체의 측근인 교위 우량于諒과 주탁周鐸이 건문제가 보낸 북평도사사 사귀의 함정에 빠져 수도로 압송되어 참수형을 당했다. 두 사람을 죽인 건문제는 이번에는 주체의 죄를 묻는 칙서를 보냈다. 주체가 몰래 군사를 훈련시켜 반란을 도모했다는 내용이었다. 건문제의 압박이 시작되었지만 아직은 때가 아니었다. 주체는 이 상황을 모면하기 위해 절묘한 방법을 생각해냈다. 바로 미친 척하는 것이었다.

그날부터 주체는 머리를 풀어 헤치고 소리를 지르며 길거리를 마구 쏘다녔다. 때로는 남이 먹던 음식을 빼앗아 먹기도 했으며 어떤 때는 대로에 드러누워 낮잠을 자기도 했다. 그러자 사귀를 비롯한 건문제의 측근들이 상황을 살피기 위해 직접 주체의 집으로 찾아갔다. 때는 마침 한여름이었는데 햇볕이 너무 뜨거워 가만히 있어도 땀이 흐를 지경이었다. 하지만 주체의 집 안에서는 큰 화로가 기세 좋게 타고 있었다. 그 옆에 앉은 주체는 양가죽 옷을 입고도 몸을 벌벌 떨며 연신 춥다고 소리를 쳐댔다. 잠시 머뭇거리던 사귀가 다가가 말을 걸자 주체는 알 수 없는 말을 하며 욕만 해댔다. 사귀는 더 이상 말을 하지 못하고 인사를 한 후 자리를 떠났다.

이윽고 궁으로 돌아간 사귀는 주체를 만났던 일을 황제에게 자세히 보고했다. 그의 말을 들은 건문제는 다시는 연나라의 처리 문제로 고심하지 않았다. 사귀와 친했던 주체의 장사長史 갈성葛誠의 충고도 장신과 사귀의 귀에는 들리지 않았다. 한참이 지난 후 주체는 공무를 보고하기 위해 등용鄧庸을 황궁으로 보냈다. 호시탐탐 주체를 노리고 있었던 대신 제태가 이 기회를 놓치지 않고 등용을 붙잡아 고문을 했다. 가혹한 고문을 견디지 못한 등용은 주체의 모반을 하나부터 열까지 남김없이 털어놓고 말았다. 화들짝 놀란 건문제는 즉시 연나라의 관리들을 잡아들이고 주체의 친신 북평도지휘사 장신에게 주체를 체포하게 했다.

주저하던 장신은 먼저 어머니를 찾아가 이 일을 의논했다. 아들의 말을 곰곰이 듣던 어머니가 말했다. "절대 황제의 말을 따라서는 안 된다. 연나라 왕은 천하를 가지기에 손색없는 인물이라 들었다. 그런 그를 네가 잡을 수 있겠느냐?" 장신도 영 마음이 내키지 않았지만 조정에서 계속 명령이 내려오는 터라 어쩔 수가 없었다. 결국 장신은 먼저 주체를 찾아가 상황을 살펴보기로 했다. 그런데 어찌 된 일인지 주체는 병을 핑계로 장신을 만나려고 하지 않았다. 다급해진 장신은 비밀리에 의논할 일이 있다고 말한 후에야 겨우 주체를 만날 수 있었다. 안으로 들어가니 침상에 누워 있는 주체가 보였다. 장신이 침상 아래에 꿇어앉자 주체는 손으로 입을 가리키며 알 수 없는 말을 중얼거렸다. 그 모습을 보고 장신이 말했다. "저한테까지 그러실 필요 없습니다. 무슨 일이든 서슴지 말고 말씀하십시오." 주체가 고개를 갸우뚱거리며 물었다. "지금 뭐라는 것인가?" 장신이 대답했다. "저는 이미 마음을 열었는데 전하는 저를 속이기만 하시니 참으로 너무하십니다. 조정에서는 밀지를 내려 저에게 전하를 수도로 압송하라고 했습니다. 정말 병이 나신 거라면 전하를 수도로 모셔가겠습니다. 그러면 황상도 전하를 어쩌지 못하실 겁니다. 하지만 병이 핑계라면 빨리 다른 계책을 세워야지요."

그 말을 들은 주체가 자리에서 벌떡 일어나며 말했다. "고맙소. 정말 고맙소. 그대 덕분에 우리 가문이 목숨을 구했소." 그 모든 것이 주체의 연극이었다는 사실을 알게 된 장신도 기쁨을 감추지 않고 곧 대책을 의논하기 시작했다. 그러자 주체는 도연과 원공도 불러왔다. 네 사람은 더 이상 시간을 끌지 않고 즉시 행동하기로 했다. 그때 갑자기 광풍이 불더니 폭우가 쏟아지기 시작했고 처마 위의 기왓장이 툭 하고 떨어져 깨지고 말았다. 그 모습을 본 주체의 안색이 변하자 도연이 말했다. "이것은 하늘이 내린 상서로운 조짐인데 어찌 그리 기분 나빠하십니까?" 그러자 주체가 욕설을 퍼부으며 말했다. "헛소리도 유분수지 갑자기 폭풍우가 몰아치는 것이 어찌 상서로운 조짐이라 하는가?" 도연이 웃으며 말했다. "용이 하늘을 나는데 바람이 불고 비가 오는 것은 당연한 것 아닙니까? 처마의 기왓장이 떨어지는 것도 곧 누런 지붕黃 궁을 가리킴-옮긴이으로 바뀐다는 말인데 당연히 길조이지요." 그제야 기분이 좋아진 주체는 서둘러 장병과 사귀를 죽이고 지휘사 팽이彭二의 군대를 물리친 다음 북평성을 평정했다. 그 후 그는 연호를 홍무洪武 32년으로 바꾸고 관리들을 임용한 다음 법령을 반포했다. 그것은 명백한 반란이었다. 그때부터 삼년 동안 고난의 시간을 거친 주체는 결국 건문제를 없애고 황위에 오를 수 있었다. 수도를 북평으로 옮기고 통치를 시작한 그는 중국 역사에서도 비교적 유능한 황제로 꼽히게 되었다.

별의 별일이 다 일어나는 세상사에서 역경과 고난을 피할 수는 없다. 하지만 그것을 어떻게 대하느냐에 따라 일의 결과는 완전히 달라진다. 뜻이 있고 진취적인 사람은 역경을 단련의 기회로 삼지만 그렇지 않은 사람은 의기소침해져 팔자 탓만 한다.

중국 역사를 보면 권력과 이익을 차지하기 위한 정치, 군사 투쟁이 참 빈번하게 발생했음을 알 수 있는데 어떤 때는 눈 깜짝 할 새에 판도가 변하기도 했다. 그런 상황에서 잠깐의 굴욕을 참고 의지를 다지며 기회를 기다리는 것은 성공하려는 사람이 반드시 갖추어야 할 덕목이다. 그렇지만 그것은 아주 낮은 경지에 불과하다. 더 높은 경지의 사람은 의도적으로 자신의 재능을 감추고 상황을 주시한 다음 잠재된 위험을 제거함으로써 앞으로 할 일을 위한 준비 작업을 한다. 중국 역사에서 성공을 이룬 사람들 대부분은 이런 방법을 썼다. "작은 일을 참지 못하면 큰일을 망친다"라는 말이 있다. 그것은 인격 수양뿐 아니라 봉건 관료 사회에서 성공하는 데도 매우 유익하고 훌륭한 방법이다. 이를 잘 실천할 수 있다면 어떤 역경에 부딪쳐도 큰 힘을 들이지 않고 여유롭게 극복할 수 있을 것이다.

『전국책戰國策 』, 『사기』, 『신오대사』, 『명사』 등 참고

제3부

도가의 지혜

"장차 취하고자 한다면 먼저 주어라.^{將欲取之, 必固與之}" "성인에게는 오직 다툼이란 없으므로 이 세상에서 다툴 수 있는 일이란 아무것도 없다.^{夫唯不爭, 故天下莫能與之爭}" 황로도술^{黃老道術49)}의 가장 큰 특징은 마음과 지혜로 천하를 다스리는 것이다. 때문에 도가는 좋은 것은 취하고 나쁜 것은 버리며, 모든 일을 원만하게 처리하고 방해물이 없도록 만드는 처세의 지혜이기도 하다.

---

49) 노자의 주장인 허무지도(虛無之道)가 황제에게서 나왔다고 하여 도교를 황로지학 (黃老之學)이라고도 한다.

도가의 지혜란?

도가 지략이 우수하다고 하는 이유는 인간사에 존재하는 모든 이해관계와 그 관계의 전환을 꿰뚫어보고 그 과정에서 더 큰 이익을 얻는 것을 목적으로 하기 때문이다. 게다가 여기에는 어떠한 원칙도 존재하지 않는다.

'황로도술'의 특징은 마음과 지혜로 세상을 다스리는 것이다. '황로도술'은 자신의 지혜에 대해 무한한 자부심을 가지며 다른 학파를 무시하고 폄하한다. '황로도술'은 다음의 세 가지 이유를 들며 자신들이 모든 학설 가운데 가장 뛰어나다고 주장한다.

첫째, 천하 만물은 모두 드러나지 않은 도道에 지배된다. 도는 절대적이고 영원하며 바뀌거나 다른 것에 의해 더럽혀지지 않는다. 그래서 우리는 도를 깨우치거나 존중하고 따라야만 하는 것이다. 이 '도'를 깨우치지 못하면 '만물의 이치'를 알 수 없기 때문에 쉽게 화를 당하게 된다는 것이다. 실제로 황로의 도는 매우 추상적이며 일정한 기준이 없다. "성인은 마음이 없어서 천지의 뜻을 자신의 마음으로 삼는다"도 같은 뜻이다. 그래서 '황로도술'이 현실에 적용될 때도 구체적인 가치 기준이 없는 것이다. 그것의 유일한 가치는 현존하는 어떠한 구체적인 가치 기준도 지킬 필요가 없다는 기본 바탕 위에 가장 큰 세속의 이익을 얻는 것이다. '황로도술'의 지략은 매우 현실적이고 지혜가 넘친다. 하지만 그것은 정의감이 없고 오로지 현실의 이익에만 관심을 두는 데다 어떠한 인문적인 정서도 포함하지 않기 때문에 종종 어둡고 냉정하다는 평가를 받는다. 사실 중국 역사에서 가장 어둡다는 법가의 지략도 '황로도술'의 영향을 받아 만들어지고 발전된 것이다. 법가 스스로도 법가의 지략에 존재하는 불합리하고 불의한 요소들을 일찌감치 인식했다. 아무리 그렇다 할지라도 법가는 사회에 필요한 존재였다. 그래서 성인들도 '마음'을 가지는 대신 '하늘의 뜻으로 마음을 대신한다'고 말했던 것이다. 법가에는 깊은 철학적 이론이 없다. 그래서 황로지학을 근거로 삼고 이를 바탕으로 스스로를 신성화하는 것이다. '황로도술'은 자연에 순응할 것을 주장한다. 하지만 현실적으로 자연에 순응하는 것이 힘들기 때문에 엄격하고 완벽한 '법률'을 제정한 다음 이를 근거로 천하를 다스리는 것이다. 이렇게 하면 군주는 아무것도 하지 않고 나라를 다스릴 수 있게 된다. 이것이 바로 법가가 탄생하게 된 배경이라 할 수 있다.

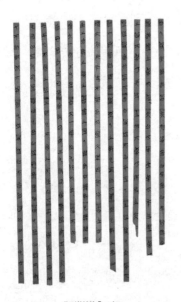

초간(楚簡) 「노자」

두 번째는 '득도得道'다. 득도란 천하 만물의 길흉화복을 분명하고 철저하게 인식하고 그 변화의 이치를 간파하는 것이다.

하지만 단지 간파하는 것만으로는 부

족하다. 여기에서 정신적인 수양과 도를 접목시키는 것, 즉 도에 순응하는 것이 필요한데 실제로는 자연에 순응하는 것이다여기에서 말하는 자연은 조금 모호한 개념으로 천지의 자연과 사회, 자연의 변화규율을 가리킨다. 두 개념은 혼용되어 구분되지 않는다. 어떻게 하면 이러한 정신적 경지에 도달할 수 있을까? '황로도술'은 그 방법을 허虛, 정靜, 일一, 수守에서 찾는다. 『노자』에 나오는 아주 유명한 구절이 바로 이 정신적 수양의 과정을 설명해주고 있다.

> "마음 비우기를 극진하게 하고, 고요함을 지키기를 독실하게 하면致虛極, 守靜篤 만물이 다투어 일어나되, 결국 그들이 근본으로 돌아감을 나는 본다.萬物竝作, 吾以觀其復 무릇 만물은 그처럼 번성하지만, 각각 그 근원으로 돌아가는데夫物芸芸, 各復歸其根 근원으로 돌아감을 고요해진다 하고, 고요해짐을 천명으로 돌아감이라 하고歸根曰靜, 靜曰復命 천명으로 돌아감을 영원함이라 하는데, 이 영원함을 알지 못하면 경거망동하여 화를 입는다.復命曰常, 知常曰明, 不知常, 妄作凶"

  즉 먼저 '마음을 비우는데虛' 비우는 것이 최고조에 달하면 '고요해지니靜' 그 고요함으로부터 천지간의 규율인 '하나됨一'을 느끼고 마지막으로 그 규율에 순응하게 되는데 이를 '지키는 것守'이라고 하는 것이다. '허'는 욕심이 마음을 잠식해 도를 깨우치는 것을 방해하지 못하게 하는 것이다. 만물이 변화하는 이치를 알려면 온전히 마음을 비우고 고요함을 유지하며 정신과 뜻을 맑게 유지해야만 한다. '정'은 조용히 관찰하고 뜻을 굳건히 지키는 것을 말하는데 마음이 들뜨고 경망스러운 것과는 상반된다. 집중하지 못하면 고요해질 수 없다. 그래서 비우는 것은 고요함을 기초로 하고 고요함은 보는 것을 기반으로 삼는 것이다. 고요하게 보는 것은 자신의 감성과 마음을 이용해 무언가를 깨닫는 것이다. 길흉의 순환은 실마리가 있으며, 제대로 볼 수만 있다면 그 운행의 규칙도 알아낼 수 있다. 만물은 인간의 깨달음을 통해 처음으로 돌아가게 되는 것이다. 이 모든 것을 해내면 인간은 천명을 아는 경지에 도달할 수 있다. 이 또한 유가에서 말하는 일종의 수양이라 할 수 있다. 다만 다른 점이 있다면 유가의 수양이 더 수준 높고 정의로운 인격의 경지에 도달하기 위한 것이 목적이라면 황로의 수양은 내면을 정화하고 천지를 통찰해 천지에서 나 자신을 잃어버리는 데 목적이 있다는 것이다. '일'은 다른 곳에 마음을 주지 않고 오직 도를 기본으로 삼아 한마음으로 일하는 것을 뜻한다. '수'는 앞서 말한 경지에 도달한 후 본심을 지키는 것인데 그것이 가능하다면 천하를 다스리는 것도 어렵지 않다. 이 네 가지를 하나로 묶어 실천할 수 있다면 황로지학의 최고 경지인 '현덕玄德'의 지경에 도달할 수 있다.

세 번째, 득도를 한 후에는 이를 잘 이용해야 한다. 즉 도를 구체적으로 현실에 적용하는 것인데 이는 응용의 범주에 속하는 것, 즉 '도술'이라 할 수 있다. 『노자』에는 백성을 잘 다스리려면 먼저 백성에게 봉사해야 한다는 구절이 나온다. 하지만 여기에서 말하는 봉사란 『노자』가 말했던 아래에서 위를 향하는 봉사가 아니다. 그것은 백성의 요구에 순응함으로써 그들이 능동적으로 통치자를 따르게 하는 것이다. 사실 이는 『노자』에서 가장 유명한 취여지도取予之道다.

"장차 취하고자 한다면 먼저 주어라", "성인에게는 오직 다툼이란 없으므로 이 세상에서 다툴 수 있는 일이란 아무것도 없다", "성인은 자신을 뒤에 두지만 다른 사람의 앞에 있게 되고, 자신을 밖에 두지만 사실은 안에 있는데 그것은 자신의 이익을 추구하지 않기 때문이 아닌가. 그래서 저절로 이익이 생기는 것이다."

사실 우리가 알고 있는 성인도 욕심은 있다. 어쩌면 그들은 더 크고 철저한 이익을 원한다. 인간의 사상을 통제하는 것에서 황로도술은 우민정책을 지향한다. "다스림이 무능하면 백성이 순박해지고, 정치가 꼼꼼하면 나라는 황폐해진다"라는 말처럼 어느 정도는 비열하고 몰염치한 정책이라고 볼 수 있다. 그 구체적인 방법은 이렇다. 부드러움으로 강함을 극복하고 지혜로움으로 우둔함을 다스리며 다스리지 않는 것으로 다스리는 것이다. 여기에 대해서는 더 자세히 설명하지 않겠다. 하지만 '자慈'와 '인忍'을 아우르는 처세의 도는 더 깊이 파고들 필요가 있다. 소위 말하는 '자'는 자애를 말한다. 이러한 자애는 부모가 자식을 대하듯 욕심 없이심지어 원칙이 없기도 하다 주는 것을 말한다. 이것은 유가가 강조하는 정의를 바탕으로 한 덕을 행하는 정치보다 더 쉽게 사람의 마음을 얻을 수 있다. 마음에서 우러나오는 자애로움은 사람을 감동시킬 수 있는데 이는 외부의 압력에 의한 복종이 아니기 때문에 오히려 굴복당하는 쪽이 자애로움과 사랑을 느낄 수 있다. 또한 그것은 설득을 통한 복종도 아니기 때문에 감정적으로 소원해질 일도 없고 오히려 기꺼운 마음으로 따를 수 있게 된다. '자'와 깊은 관련이 있는 것은 '인'인데 그것은 바로 인내다. 여기에서 말하는 인내는 일반적인 의미의 그것이 아니다. 그것은 세상사의 모든 변화와 규칙을 자세하게 관찰한 후 마음속 깊은 곳에서 우러나는 일종의 의지다. 이러한 인내는 역경과 고난, 굴욕을 참는 것 외에도 향락을 참고樂之忍, 부유함을 참으며富之忍, 권력을 참고權之忍, 편안함을 참으며安之忍, 즐거움을 참는 것快之忍도 포함한다. 다시 말해 그것은 일종의 수양을 위한 인이자 좋은 것은 취하고 나쁜 것은 피하는 지략이며 모든 일을 원만하게 처리하고 일체의 방해물을 없애는 처세의 지혜이기도 하다. 유가의 인이 더 큰 정의를 위한 행동이라면 도가의 인에는 원칙이 없다.

황로도술은 지략형 문화뿐 아니라 중국의 전체적인 문화에 큰 영향력을 미쳤다. 이 때문에 중국식의 사람을 다스리는 기술은 더 깊고 신비하며 쉽게 받아들일 수 있게 만들어졌다. 도가의 지략과 법가의 지략은 서로 다른 개념이지만 중국인들에게 큰 영향력을 행사한다.

물론 여기에도 배울 점은 있다. 일정한 의미에서 도가의 지략은 인간의 본성과 인간의 도리에 부합하며 인간에 대한 존엄과 존중을 나타내기도 한다. 어떤 시대에는 황로도술 때문에 여유로운 사회적 환경이 형성되기도 했으며 이는 피폐해진 백성과 사회의 회복에 큰 역할을 하기도 했다. 바로 이 점을 감히 부인할 수는 없을 것이다.

소규조수蕭規曹隨

현대 중국어 가운데 역사적인 사실을 토대로 탄생한 고사성어가 적지 않은데 '소규조수'앞 사람이 만든 제도를 답습함을 이르는 고사성어-옮긴이도 그중 하나다. 지금은 새로운 것을 창조하지 않고 진부한 것을 그대로 답습한다는 나쁜 뜻으로 쓰이지만 그 유래를 살펴보면 아주 풍부한 문화적 의미가 내포되어 있음을 알 수 있다.

기원전 193년 7월, 승상 소하가 병으로 죽었다. 여 황후와 혜제는 한나라 고조의 유언을 받들어 제나라 재상 조참曹參을 궁으로 불러들여 소하가 맡았던 승상직을 잇게 했다. 명을 받아 궁으로 온 조참은 여 황후와 혜제를 알현한 후 인장을 받고 승상부로 들어갔다.

당시 조정의 대신들 사이에는 한바탕 소란이 일었다. 소하와 조참은 원래 유방과 함께 맨몸으로 나라를 일으킨 인물로 같은 패현 출신이라 관계가 돈독했다. 하지만 전쟁에서 수많은 공을 세운 조참에 비해 오히려 소하가 더 많은 상을 받자 두 사람의 관계는 점점 멀어지고 말았다. 그런 조참이 이제 승상이 되었으니 예전에 소하가 했던 일을 마뜩찮게 여겨 대규모의 조정이 있을 것이라는 것이 그들의 예측이었다. 때문에 앞날을 알 수 없게 된 관리들의 마음은 흉흉해질 수밖에 없었다. 하지만 예상과 달리 며칠이 지나도록 조참은 모든 일을 예전과 똑같이 처리했다. 공문서를 만들고 나라의 일을 돌보는 것, 인재를 등용하는 것까지 이전의 승상 소하가 했던 것을 그대로 따라 했다. 관리들은 그제야 마음 놓고 각자의 일을 하기 시작했다.

　몇 달이 지나자 조참은 조정 대신들의 사람됨을 정확히 파악할 수 있었다. 쓸데없이 말이나 글솜씨만 화려하고 일 꾸미기를 좋아하는 관리들을 모두 내쫓는 대신 각 지방의 관리 중 나이가 많고 충성심이 깊으며 소박한 사람들로 그 자리를 메웠다. 일을 모두 마친 조참은 그때부터 매일 술이나 마시며 정사를 돌보지 않았다.

　평소 조참과 친분이 있었던 관리와 문객들은 고개를 갸우뚱할 수밖에 없었다. 결국 그들은 조참을 찾아가 직접 이유를 물어보려고 했다. 그런데 조참은 그들을 만나자마자 먼저 술을 권했다. 한 잔을 다 비우기도 전에 또 술을 권하니 금세 취하고 말았다. 그러니 정작 묻고 싶은 것은 말도 꺼내지 못했다. 윗사람이 모범을 보이면 아랫사람이 본을 받게 마련이다. 조참이 매일 술이나 마시고 있으니 아랫사람들도 모두 그를 따라 하기 시작했다. 승상부의 후원에는 작은 정원이 하나 있었는데 관리들은 툭하면 이곳에 모여 앉아 술판을 벌였다. 거나하게 취하면 노래를 부르거나 춤을 추었고 멀리서도 그 소리가 들릴 정도로 왁자지껄했다. 조참도 이 사실을 알고 있었지만 아무 내색도 하지 않았다. 그러자 두 시리侍吏가 도저히 참지 못하고 일부러 핑계를 찾아 조참을 후원으로 안내했다. 하지만 관리들의 술판을 목격한 조참은 오히려 더 흥을 돋우며 아예 본격적으로 술자리를 열어주었다. 그것도 모자라 그들과 함께 먹고 마시며 노래까지 불렀다. 그 모습을 본 시리들은 영문을 알수 없었지만 감히 아무 말도 하지 못하고 자리에서 물러날 수밖에 없었다.

조참은 관리들의 술판을 묵인할 뿐만 아니라 그들의 잘못을 덮어주기도 했다. 부하 관리들은 그에게 감사했지만 조정의 대신들이 이를 그대로 보아 넘길 리가 없었다. 그들은 재빨리 이 사실을 혜제에게 고자질했다. 당시 혜제는 정상적인 상태가 아니었다. 모든 권력을 손에 쥔 어머니 여치가 척희를 잔인하게 죽이고 그의 아들 여의를 독살한 것을 직접 목격한 그는 극도의 절망감과 우울감에 빠질 수밖에 없었다. 그는 정사는 돌보지 않고 하루 종일 궁궐 안에 틀어박혀 허송세월을 보내고 있었다. 혹시 승상이 나를 따라 하는 것인가? 내가 어리다고 얕보는 것인가? 이것저것 의심이 들기 시작할 때쯤 마침 중대부中大夫 조줄曹窋이 입궁했다. 조줄은 조참의 아들이었다. 혜제는 조줄에게 말했다. "집으로 돌아가거든 짐을 대신해 그대의 부친에게 이렇게 물어보도록 하라. 고조가 승천하시고 황제는 나이가 어려 모든 일을 국상에게 맡겼는데 왜 매일 술만 마시고 정사를 돌보지 않는지, 그렇게 해서 어떻게 천하를 다스릴 수 있는지 말이다. 절대 내가 물어보았다고는 말하지 말라." 집으로 돌아간 조줄은 혜제가 시키는 대로 아버지에게 물어보았다.

그런데 버럭 역정을 낸 조참은 조줄을 심하게 매질하며 말했다. "네까짓 것이 세상사를 얼마나 안다고 함부로 입을 놀리느냐? 어서 빨리 입궁해 황제의 시중이나 들어라." 아무 죄 없이 매질을 당한 조줄은 억울한 마음에 집에서 있었던 모든 일을 혜제에게 고해바쳤다. 그 말을 들은 혜제는 더욱 의심이 들었다. 이튿날, 조회가 끝나자 혜제는 조참을 불러 놓고 직접 물었다. "왜 그대의 아들을 매질한 것이오? 사실 내가 그에게 그리 물어보라 시킨 것이오." 그러자 조참은 황급히 꿇어앉아 사죄를 구한 뒤 혜제에게 물었다.

"폐하, 지금 폐하와 고조 중 누가 더 훌륭한 군주라 생각하십니까?" 혜제가 대답했다. "어찌 감히 나를 선제와 비교한단 말이오?" 조참이 다시 물었다. "신하의 재능을 가장 잘 아는 것은 황제라고 했지요. 폐하가 보시기에 예전의 승상인 소하와 소신 중 누가 낫습니까?" 혜제가 머뭇거리며 말했다. "소하가 낫다고 생각하오." 그러자 조참이 말했다. "폐하는 참으로 총명하십니다. 예전에 고조와 승상 소하는 천하를 안정시킨 후 법령과 제도를 완벽하게 만들었습니다. 그 덕분에 지금 폐하는 아무것도 하지 않고도 천하를 잘 다스릴 수 있으며 소신은 그저 직무에 충실하며 이미 만들어 놓은 제도를 준수하는 것만으로도 실수를 줄일 수 있습니다. 앞 사람이 만들어 놓은 것을 잘 지키기만 하면 되는데 더 이상 무엇을 바란단 말입니까?" 그제야 조참의 참뜻을 알게 된 혜제가 한결 누그러진 말투로 말했다. "이제 그대의 뜻을 알겠소. 돌아가서 쉬도록 하시오."

자리에서 물러난 조참은 여전히 예전의 생활을 고수했다. 큰 난을 겪은 백성에게 하루하루 무탈하고 부역과 세금이 가볍다면 그것이 바로 태평성대였다. 덕분에 조참이 다스리던 시기에 그를 칭송하는 노래까지 나오기도 했다.

소하가 제정한 법은 한 자도 밝지 않고 곧지 않은 것이 없네.蕭何爲法, 顜若畵一
조참이 그 뒤를 이어 지켜가며 잃지 않았네.曹參代之, 守而勿失
맑고 공정하게 정사를 돌보니, 백성이 한결같이 편안하네.載其淸淨, 民以寧一

기원전 190년 8월, 삼 년 동안 재상을 맡은 조참이 병으로 세상을 떠났다. 황로지학에 뛰어났던 조참은 '다스리지 않는 통치'를 주장했다. 오랜 전란을 겪은 한나라 초기에 필요한 것은 휴식이었다. 그런 의미에서 보면 조참의 '소규조수' 정책은 당시의 사회에 매우 필요한 것이었다. 물론 이 모든 것이 온전히 조참의 공으로 이루어진 것은 아니었다. 더 자세히 말하면 이미 유방과 소하의 뛰어난 재능과 지혜가 바탕이 되었기에 가능한 일이었던 것이다.

『한서』 등 참고

'부드러움'으로 나라를 세우는 것과 나라를 다스리는 것

부드러움으로 강함을 이기는 것은 중국인이 생각하는 가장 이상적인 처세의 경지다. 부드러움이 강함을 극복할 수 있다는 것은 처세에 대한 중국인의 강한 신념이다.

부드러움 속에 강함이 있고 강함 속에 부드러움이 있으며 강함과 부드러움이 조화를 이루는 것은 중국인이 생각하는 진정한 처세의 방법이다. '태극도'야말로 이 이상적인 처세의 방법을 가장 상징적으로 나타낸다. 동그라미 가운데 백색의 양어陽魚와 흑색의 음어陰魚가 있는데 양어와 음어의 머리와 꼬리가 서로 맞물려 부드럽게 돌며 하나의 원을 그리고 있다. 여기에는 시작과 끝이 없고 머리와 꼬리가 없으며 앞뒤와 높낮음도 존재하지 않는다. 가장 절묘한 것은 음어 안에 양어가 있으며 양어 안에 음어가 있는 것이다. 둘은 서로를 포용하고 자극하며 이로써 서로의 탄생을 촉진시키고 있다. 언젠가 우리는 이러한 처세의 방법을 소리 높여 비판한 적도 있었다. 하지만 정신을 집중하고 이 작은 태극도를 들여다보면 거기에 담겨 있는 우주의 이치를 인정하지 않을 수 없다. 동시에 그것은 인간사를 처리하는 가장 수준 높은 원칙이기도 하다.

여기에서 강조해야 할 점은 역사 속에서건 현실에서건 부드러운 사람에 비해 강한 사람이 더 많다는 사실이다. 부드러움을 주 무기로 삼고 강함을 극복하는 것, 그것을 가장 잘 표현한 것이 바로 '유도柔道'다. 하지만 제아무리 '유도'가 나라와 백성을 다스리는 것이나 개인의 처세에 가장 좋은 방법이라고 해도 인간은 욕심에 사로잡혀 쉽게 화를 내며 순간의 쾌락과 이익에 눈이 멀게 마련이다. 그래서 유도를 제대로 응용하지 못하는 것이다. 중국 역사에는 '유도'를 이용한 처세의 방법이 다양하게 존재하며 이를 이용해 훌륭하게 나라를 다스린 군주도 많이 있었다. 이러한 사실은 '유도'가 '강도剛道'보다 더 효과적이라는 점을 증명해 준다. 유도의 특징은 적은 노력으로 큰 성과와 이익을 낼 수 있는 것이다.

한나라의 개국 황제 유방도 가끔 '유도'를 행하곤 했다. 초나라와 한나라가 대립할 당시 항우는 계포를 이용해 유방을 공격했다. 여러 번 유방을 곤경에 빠뜨렸던 계포는 거의 유방을 사로잡을 뻔했던 적도 있었다. 그래서 유방은 계포라면 이를 갈았다. 막 서한을 세운 유방은 서둘러 계포의 목에 현상금을 걸어 그를 잡아들이려 했다. 감히 계포를 숨겨주는 사람은 본인은 물론 가족까지 죽이겠다는 엄포도 잊지 않았다. 당시 계포는 복양濮陽의 주周씨 성을 가진 사람의 집에 숨어 있었다. 어느 날, 주씨가 계포에게 말했다. "한나라 왕이 그대를 잡기 위해 혈안이 되어 있으니 곧 우리집에도 사람을 보낼 것입니다. 그러니 제 계책을 따르셔야 합니다. 만약 거절하신다면 이 목숨을 끊어

가족을 지키고자 합니다." 계포가 흔쾌히 따르겠다고 하자 주씨는 즉시 계포의 머리카락을 밀고 목에 쇠사슬을 채워 노비로 변장시킨 뒤 당시 명망이 높았던 대협 주가朱家에게 보냈다. 주가는 짐짓 아무것도 모르는 척 계포를 인적이 드문 집에 숨겨 주었다. 얼마 후 낙양으로 간 주가는 여음후汝陰侯 등공滕公을 만난 자리에서 이렇게 말했다. "도대체 계포가 무슨 죄가 있습니까? 주인을 위해 적을 물리치는 것은 신하된 자의 마땅한 도리가 아닙니까? 게다가 항우의 부하를 다 죽일 수도 없지 않습니까? 막 천하를 안정시킨 황제가 개인적인 원한을 갚겠다고 물불을 가리지 않으니 천하 사람들이 황제의 속이 좁다고 비웃을까 봐 걱정입니다. 혹시 현명하고 유능한 계포가 핍박에 못 이겨 흉노나 남쪽의 월나라에 투항이라도 하면 어떻게 되겠습니까? 오자서伍子胥가 초나라 왕의 시신을 꺼내 채찍질을 한 일[50]을 모르십니까? 그러니 당연히 이 일을 황상께도 일깨워 드려야 한다고 생각합니다."

그 말을 들은 등공은 계포가 주가의 집에 숨어 있음을 확신했다. 하지만 그의 말이 일리가 있다고 생각했던 등공은 조회 시간을 이용해 유방을 설득했다. 과연 등공의 이야기를 들은 유방은 즉시 계포에게 사면령을 내리고 낭중으로 봉했다.

유방이 계포의 죄를 덮어주자 인심은 더욱 안정되었고 과거 유방과 사이가 좋지 않아 반란을 일으키려 했던 자들도 나쁜 마음을 접고 진심으로 한나라를 받들기 시작했다. 유방 역시 대범한 군주로 명성이 높아졌다.

---

50) 오자서는 초나라 태자의 스승이었던 아버지 오사(伍奢)와 형 오상(伍尙)이 참언으로 목숨을 잃자 핍박을 피해 도주했다. 훗날 오나라 왕 합려(闔閭)를 도와 오나라를 강대국으로 키운 뒤 초나라를 멸망시킨 후 옛일을 복수하기 위해 아버지를 죽였던 평왕(平王)의 묘를 찾아 시신을 꺼낸 뒤 채찍질을 300번 했다는 이야기다.

동한의 광무제 유수와 비교하면 유방의 유도는 아주 보잘것없었다. 유수는 부드러움으로 나라를 세우고 다스린 대표적인 황제다. 그는 정치와 군사에서도 '부드러움'을 유감없이 발휘했는데 어쩌면 그야말로 중국 역사상 '유도'를 가장 수준 높게 구사한 인물이라 할 수 있을 것이다. 기원전 6년 12월에 태어난 유수는 고조 유방의 9대 손이었다. 아버지 유흠劉欽은 남돈南頓 현의 현령이었는데 유수가 아홉 살이 되던 해에 병으로 세상을 떠났다. 그때부터 유수와 형 유연劉縯은 삼촌의 손에 자랐다. 키가 일곱 척에 수염과 눈썹이 짙고 아름다웠던 그는 입이 크고 코가 오똑해 그야말로 딱 황제의 상이었다. 하지만 농사일에만 몰두했던 그를 주변 사람 모두가 비웃었다. 어느 날 유수가 먼 친척 집에 다니러 간 적이 있었는데 당시 그 집 정원에는 손님들이 북적였다. 마침 도참圖讖, 미래의 길흉화복에 대해 예언하는 술법-옮긴이에 정통했던 주인 채소공蔡少公이 유수를 보자마자 "장래에 유수가 천자가 될 것이다"라고 말했다.

하지만 사람들은 그 유수가 왕망의 대신 유흠이라고 생각했다. 이미 도참에 관심이 많았던 유흠이 아예 자신의 이름을 유수로 바꾼 후였기 때문이었다. 그때 갑자기 사람들 사이에서 웃음소리가 들리더니 누군가 이렇게 말했다. "어찌 나를 보지 않는 것입니까?" 어리둥절한 사람들이 고개를 돌려보니 유연의 아우 유수가 떡 하니 서 있었다. 곧 정원은 한바탕 웃음으로 떠들썩해졌다.

유수가 스물여덟 살이 되던 해, 이미 인심을 잃은 신나라에 자연재해까지 겹

광무제 유수

치자 사방에서 끊임없이 민란이 일어났다. 가장 큰 세력을 자랑했던 녹림과 적미군의 병력은 관군과 맞먹을 정도였다. 이렇게 혼란스러운 시기에 유수는 남양 일대의 흉년을 구실로 형과 함께 병사를 일으켰다. 이때 그의 수하에는 약 7, 8천 명의 병력이 있었다.

곧 현지의 다른 의군 세력과 힘을 합친 유수는 녹림군까지 손에 넣었다. 23년 2월, 녹림군은 민심을 얻기 위해 유현劉玄을 황제로 삼고 연호를 바꾸었다. 그 이후 신속하게 세력을 확장한 녹림군은 곧 왕망을 위협할 만큼 강대해졌다. 그러자 왕망은 사마공 왕읍과 대사도 왕순에게 주력 부대 42만을 주어 녹림군에 맞서게 했다.

대군의 공격을 받은 유수는 양관陽關을 포기한 채 부대원들을 이끌고 곤양昆陽으로 후퇴했다. 당시 곤양을 방어하는 병력은 겨우 8, 9천 명에 불과했다. 반면 약 100리 정도 떨어진 곳에 병영을 설치한 관군의 세력은 어마어마했다. 부하들은 병력을 나누어 후퇴하자고 했지만 유수는 한사코 반대했다. 이럴 때일수록 힘을 모아야만 살 수 있다는 것이 그의 생각이었다. 유수는 직접 13기의 기병을 이끌고 한밤중에 남문으로 달려가 지원을 요청했다. 정릉定陵과 언성郾城 등지의 의군을 설득한 그는 의병 수천 명을 이끌고 몰래 곤수昆水를 건너 적을 습격했다. 갑작스러운 공격에 당황한 관군은 대패할 수밖에 없었다.

곤양전은 중국 역사에서도 적은 병력으로 많은 적을 물리친 성공적인 전투 사례로 꼽힌다. 이 전투는 의군이 신나라 왕조를 멸망시키는 데 결정적인 역할을 하기도 했다. 왕읍과 왕순을 크게 물리친 후 유수 형제의 명성은 날이 갈수록 높아졌다. 하지만 이로 인해 두 사람을 질투하는 세력도 많아졌다. 사실 유연은 유현을 황제로 옹립하는 것을 반대했었다. 이들 형제를 시기하는 사람들은 그것을 구실로 유연을 없애야 한다고 주장했다. 천성이 유약하고 무능한 유현은 자신의 주장이라고는 도통 없는 인물이었다. 다른 사람의 말을 곧이곧대로 믿은 그는 기회를 엿보아 유연을 없애기로 했다. 얼마 후 의군 내에서 분열이 일어났고 그 와중에 유연이 살해당하는 일이 벌어졌다.

당시 부성父城에 있었던 유수는 형의 죽음을 듣고 목 놓아 울었다. 하지만 완성宛城으로 달려가 유현을 만난 그는 어떻게 된 일인지 모든 원인을 자신의 잘못으로 돌리고 형의 죽음에 대해서는 한마디도 언급하지 않았다. 게다가 완성에서 세운 공을 다른 장수에게 돌리기까지 했다. 집으로 돌아온 그는 형의 죽음에 대해 함구하는 것을 잊지 않았다. 유수는 상복도 입지 않고 평소와 다름없이 생활했다. 그 모습을 본 유현이 오히려 더 부끄럽고 무안해질 정도였다. 그 일로 유수를 더 신임하게 된 유현은 그를 파로대장군破盧大將軍으로 삼고 무신후武信侯로 봉했다.

사실 유수는 다른 마음을 품고 있었다. 형의 죽음에 비통해했던 그는 그로부터 수년이 지나도록 툭하면 눈물을 흘릴 정도로 마음이 아팠다. 하지만 지금 자신의 힘으로는 평림平林, 신시新市의 의군들에 맞설 수 없었기 때문에 그저 참을 수밖에 없었던 것이다. 유수는 이런 인내심 덕분에 목숨을 지켰을 뿐아니라 의군 내에서도 동정심과 함께 신뢰를 얻음으로써 훗날 자립을 위한 밑거름을 다질 수 있었다.

의군은 왕망을 죽이고 유현을 낙양으로 모셔갔다. 그때 유현을 따르던 관리들은 모두 천으로 만든 우스꽝스러운 모자를 썼는데 오직 사예교위 유수의 부하들만이 한나라의 옷을 입었다. 그 모습을 본 백성은 수군거리며 말했다. "뜻밖에도 한나라 관리의 위용을 볼 수 있게 되었구나!" 민심은 자연스럽게 유수를 따랐다.

낙양으로 온 유현은 자신과 친하고 능력이 출중한 대신을 하북 일대로 보내 백성을 위로하려 했다. 드디어 때가 되었다고 생각한 유수는 친분이 있는 사람에게 유현을 설득해 달라고 부탁했다. 유현의 허락을 얻은 유수는 대사마의 신분으로 하북으로 향했다. 그곳에서 세력을 넓힌 유수는 곧 동한을 세우기 위한 준비 작업에 착수할 수 있었다.

당시 하북을 장악하고 있던 세 개의 세력 중 가장 강한 인물은 바로 왕랑王郎이었다. 유방의 후예라 자청했던 그는 백성에게 꽤 설득력이 있는 인물이었다. 두 번째는 왕망의 잔여 세력이었고, 세 번째는 동마銅馬, 청독靑犢 등과 같은 농민 봉기군이었다. 유수는 하북의 모든 지역을 두루 다니며 관리들을 만났다. 가는 곳마다 억울한 누명을 쓴 사람의 죄를 사면해주는 등 가혹했던 정치를 뿌리 뽑고 한나라의 제도를 부활시키는 데 힘썼다. 그러자 현지의 관리를 비롯한 모든 백성이 그의 등장을 반겼다.

당시 유림劉林이라는 사람이 유수에게 한 가지 계책을 냈다. "지금 적미군은 황하의 동쪽에 있습니다. 만약 이곳으로 물길을 내면 100만 대군은 하루아침에 물고기 밥이 될 것입니다." 하지만 잔인한 계책을 사용해 민심을 잃고 싶지 않았던 유수는 유림의 계책을 받아들이지 않았다. 유수가 처음 하북에 왔을 당시 병력은 보잘것없었다. 게다가 각 지역은 자치를 하고 있었기 때문에 그의 명령을 들을 리 만무했다. 그런 상황에서 아무리 인재를 모으고 민심을 얻으려 노력해도 유수는 여전히 보잘것없는 병력을 가진 장수에 불과했다. 그는 왕랑 때문에 여러 번 곤경에 빠지기도 했다.

훗날 등우鄧禹, 풍이馮異, 구순, 요기銚期, 경순耿純 등의 인재가 유수의 편이 되었다. 이에 힘을 얻은 유수는 현지 의군의 이름을 빌려 엄청난 병력을 충원할 수 있었다. 거기에다 신도信都, 상곡上谷, 어양漁陽 등지의 관료 집단도 합세하니 그야말로 제대로 터를 잡을 수 있게 된 것이다. '유도'를 행했던 유수는 위엄 대신 덕으로 민심을 설득했기에 한 번 그에게 마음을 연 사람은 여간해서는 그를 떠나지 않았다.

유수는 부드러운 것이 강한 것을 이긴다고 생각했다. 그래서 늘 부드러운 '덕정德政'으로 병사들의 마음을 하나로 모았던 것이다. 그는 자신의 위엄을 세우기 위해 병사를 죽이는 우를 범하지 않았다. 이런 원칙이 가장 잘 드러난 것이 바로 동마의 장수들을 받아들인 일이다. 유수는 자신에게 투항한 동마의 장수들을 모두 후로 봉했다. 하지만 한나라 조정은 그들을 완전히 신뢰하지 않았다. 동마의 의군 대부분이 살인과 약탈을 밥 먹듯이 하던 무리니 쉽게 믿을 수 없다고 생각한 것이다. 의심이 들기는 동마의 장수들도 마찬가지였다. 한나라의 신임을 얻지 못하면 죽는 길뿐이니 마음을 놓을 수가 없었던 것이다. 이런 상황에서 유수는 병사들을 대동하지 않고 혼자 말을 탄 채 동마의 병영으로 들어가 군대를 훈련시켰다. 그 모습을 본 동마의 장수들이 말했다. "소왕蕭王, 유수이 진심으로 우리를 대하니 우리도 죽을 각오로 그를 위해 싸웁시다." 유수는 모든 군사 훈련을 마친 후에야 자신의 병영으로 돌아왔다. 그 때부터 동마의 의군은 유수를 '동마제銅馬帝'라고 불렀다.

왕랑이 죽은 후, 그 거처에서 유수에 관한 수많은 서신이 발견되었다. 제대로 조사한다면 수많은 사람이 목숨을 잃을 것이 뻔했다. 하지만 유수는 편지 봉투를 뜯지도 않고 모두 불태워버리게 했다. 그러자 갈피를 못 잡고 있던 사람들은 점차 유수에게 마음을 열기 시작했다.

25년, 유수의 세력은 더욱 강해졌다. 그때 그의 친구 하나가 '적복부赤伏符, 미래를 예언한 붉은색의 부절—옮긴이'를 바치며 유수가 황제가 되는 것이 '하늘의 뜻'이라고 했다. 연이어 다른 장수들도 권하자 못이기는 척 황제의 자리에 오른 유수는 연호를 건무建武로 바꾸었다. 황제가 된 후에도 농민군과 싸워야 했던 그는 늘 그랬듯 부드러움으로 천하를 다스리려 노력했다. 그 덕분에 그는 더 쉽고 빠르게 대세를 평정할 수 있었다. 유수가 쉽게 낙양을 손에 넣은 사실만 보아도 그렇다. 당시 이일李軼, 주유朱鮪의 30만 병사가 지키고 있던 낙양성은 철벽과 같은 요새였다. 하지만 유수는 이간계를 써서 주유의 손을 빌려 이일을 죽였다. 그런 다음 주유를 설득해 자신에게 투항하게 만들었던 것이다. 주유는 처음부터 순순히 투항을 결심했던 것은 아니다. 사실 유수의 형의 죽음과도 관계가 있었던 주유는 유수의 복수를 내심 두려워하고 있었다. 그 사실을 알게 된 유수는 황급히 사람을 보내 이렇게 말했다. "큰일을 하는 사람은 작은 일에 연연하지 않는 법이오. 만약 그대가 투항한다면 죽이지 않을 뿐 아니라 지금의 작위를 그대로 유지할 수 있게 할 것이오. 나는 절대 허튼소리를 하지 않는 사람이오." 유수는 자신의 말대로 투항해온 주유의 밧줄을 직접 풀어주고 예를 갖추어 대했다.

27년, 적미군의 반숭과 유분자劉盆子가 투항해오자 유수가 말했다. "너희는 도를 어기고 큰 잘못을 범했다. 노인과 약한 자들을 마구 죽이고 나라를 파괴했으며 우물과 부뚜막을 못 쓰게 만든 것이 그 죄다. 하지만 너희도 잘한 일이 있더구나. 첫째, 전쟁을 위해 전국을 누비면서도 조강지처와 자식들을 버리지 않은 것이다. 둘째, 유씨 종실을 군주로 삼은 점이다. 셋째, 도적 떼는 궁지에 몰리면 주인의 목을 들고 와서 투항을 하지만 너희는 유분자를 죽이지 않고 내게 데려온 것이다." 유수는 두 사람의 가족들도 낙양으로 불러들여 살 집과 땅을 나누어주었다. 이렇게 유수는 어떤 상황에서든 상대방의 장점을 찾아내고 칭찬해주었다.

유수는 장수들 간의 불화를 해결하고 다툼을 막는 데도 뛰어났다. 평소 사이가 좋지 않았던 가복賈復과 구순을 불러 묵은 감정을 풀어준 것도 바로 유수였다. 신하의 공은 절대 잊는 법이 없었던 그는 늘 한결같이 사람을 대했다. 정로장군征虜將軍 제준祭遵이 세상을 떠나자 진심으로 슬퍼했던 유수는 그의 관이 하남에 도착하자 소리를 내어 울기까지 했다. 중랑장 내흡來歙이 촉을 정벌할 때 자상을 입고 숨지자 직접 가마를 타고 흰 천을 두른 채 조문을 하러 가기도 했다. 그의 진심에 사람들은 쉽게 마음을 열었다.

유수는 민심을 얻기 위해 벌을 가볍게 하고 상을 후하게 내리는 정책을 썼다. 그는 공신들에게 땅을 하사할 때 최대 100리를 넘지 못한다는 옛 규정을 따르지 않았다. 그는 "옛 나라가 망한 것은 도가 없었기 때문이지 제후들에게 땅을 많이 나누어주었기 때문이 아니다"라고 말했다. 그가 나누어준 식읍 중 가장 넓은 것은 자그마치 6개 현에 이르는 영지였다. 또 그는 꼭 필요한 상황에서만 벌을 내렸다. 설령 처벌을 한다 해도 가장 가벼운 형벌을 내렸으며 절대 함부로 사람을 죽이지 않았다. 등우는 이런 유수를 보고 "군사와 정치가 똑바르며 엄숙하고 상벌은 엄격하면서도 밝다"라고 칭찬을 아끼지 않았다.

중국 역사를 살펴보면 토끼가 죽으면 사냥개를 삶는다던가, 새를 잡으면 활은 치운다, 혹은 적국을 멸망시키면 모신을 죽인다는 이야기가 많이 등장한다. 이 말은 동한의 개국 황제 유수에게는 해당되지 않았다. 그는 늘 한결같이 개국 공신을 대접해 주었다. 이런 점은 그가 '유도'로 나라를 다스렸다는

동한 시대 초 전쟁을 멈추고 생업에 힘쓰는 농민

점을 잘 설명해주고 있다.

그는 황제가 되기 전부터 신하들에게 '위치가 높아지더라도 교만하지 말라'고 신신당부했다. 또 항상 마치 살얼음 위를 걷듯 조심하고 신중할 것도 잊지 않았다. 그 후에도 유수는 언제나 자신과 타인에게 엄격하며 누구에게든 당부를 아끼지 않았다. 그의 행동이 봉건 관료 사회의 분위기를 근본적으로 바꾸지는 못했지만 일정한 역할을 했음은 틀림없었다.

유수는 '유도'로 한나라를 일으켰고 엄격함이 아닌 자애로움으로 군사는 물론 정치, 외교 분야에서도 훌륭한 업적을 남길 수 있었다. 조조가 간사함으로 성공했다면 유수는 '유도'로 천하를 얻었다. 이렇게 보면 유가와 도가의 이론은 더 이상 케케묵은 학문이 아니라는 것을 알 수 있다. 잘 이용하기만 한다면 다른 어떤 처세나 성공의 방법보다 더 효과적일 수 있다. 한 가지 아쉬운 점이 있다면 오랜 시간이 흐르는 동안 이토록 눈부신 유가와 도가가 잔인하고 교활한 인간의 본성에 의해 그 빛을 점점 잃어가고 있다는 것이다.

『한서』 등 참고

신하의 도리

중국의 전통사회에서 신하가 갖추어야 할 도리는 매우 많다. 그중 가장 중요한 것은 강한 권력으로 주인을 위협하거나 의심과 공포를 불러일으켜서는 안 된다는 점이다. 그렇지 않으면 생명이 위험할 수도 있기 때문이다. 위급한 시국과 백성을 구할 만한 재능을 가졌던 관중은 제나라 환공이라는 좀처럼 만나기 어려운 훌륭한 군주를 만나 자신의 뜻을 마음껏 펼칠 수 있었다. 하지만 그의 성공 원인은 그가 정권과 외교권, 특히 군권을 가지지 않았기 때문이었다. 만약 그렇지 않았다면 개혁은 고사하고 일찌감치 목이 달아났을지도 모른다.

제나라의 환공은 관중을 매우 신임했다. 어느 날, 환공이 대전에서 신하들에게 말했다. "관중을 나의 중부仲父. 큰아버지-옮긴이로 삼고 싶은데 그대들의 생각을 듣고 싶소. 찬성하는 사람은 왼쪽에, 반대하는 사람은 오른쪽에 서시오." 환공의 말이 떨어지자 신하들은 각각 오른쪽과 왼쪽에 나누어 섰다. 하지만 동곽아東郭牙만이 꼼짝도 하지 않고 한가운데에 서 있었다. 이를 이상하게 여긴 환공이 물었다. "그대는 왜 중앙에 서 있는 것이오? 혹시 내 말을 듣지 못한 것이오?" 환공의 말을 들은 동곽아가 뜬금없이 이렇게 물었다.

"관중이 천하를 가질 만한 재능을 가졌습니까?"

"당연히 그렇소."

"관중은 큰일을 할 만큼 과감합니까?"

"그렇소."

황제의 대답을 기다린 동곽아가 정색을 하고 말했다. "그렇군요. 관중은 천하를 가질 만한 재능이 있고 큰일을 할 만큼 과감한데 이제 폐하는 그에게 나라의 대권까지 주려 하시니 그가 그 모두를 이용해 제나라를 차지하려 한다면 폐하께서 위험해지지 않겠습니까?" 그의 말을 듣고 등골이 오싹해진 환공이 동곽아에게 말했다. "그대의 말이 맞소." 환공은 원래의 계획을 모두 취소하는 대신 습붕에게 내정을 맡기고 관중에게 나라 바깥일을 돌보게 해 두 사람이 서로 견제하게 만들었다.

한나라의 개국 공신 소하는 유방이 사수에서 형장을 하던 시절부터 알고 지내던 사이였다. 당시 형장은 마을의 작은 소송 사건을 처리했는데, 큰일이 생기면 현의 관리에게 이 일을 상세하게 보고해야 했다. 그래서 유방은 현의 관리들과 잘 알고 지냈다. 소하는 당시 패현의 공조功曹로 유방과 같은 고향 출신이었다. 유방은 법률에 밝은 소하를 매우 존경하며 신임했고, 소하는 유방이 일을 부당하게 처리하면 거리낌 없이 잘못을 지적해주고 실수를 감싸주기도 했다. 두 사람의 사이는 날이 갈수록 친밀해졌다. 소하는 거병 때부터 쭉 유방을 따랐다. 초나라와 한나라가 겨룰 때나 개국할 때도 소하는 최선을 다해 좋은 계책을 냈다. 이 과정에서 소하는 수많은 공을 세울 수 있었다. 자연히 유방은 점점 소하를 의식하고 견제하게 되었다. 초나라와 한나라가 서로 힘을 겨룰 때, 한나라를 떠난 유방은 관중에서 항우와 사 년에 걸친 긴 싸움을 벌였다. 이때 소하는 한중에 남아 유방을 대신해 나라를 지키며 군량과 병력을 보급했다. 소하가 다스린 후부터 한중이 크게 안정되자 백성은 진심으로 그를 따랐다. 소하는 언제나 차질 없이 유방에게 군량을 보급해주었다. 그 모습을 본 유방은 백성이 자신보다 소하를 더 따르지는 않을까 걱정이 되었다. 그는 이런 본심을 감추고 툭하면 인편을 보내 소하를 칭찬했다. 하지만 소하도 이미 유방의 속내를 알고 있었다. 그는 쓸데없는 의심을 피하기 위해 자신의 아들과 친족들을 모두 유방이 있는 전쟁터로 보내 천하를 평정하는 데 힘을 보탰다.

과연 소하의 생각대로 유방은 더 이상 그를 의심하지 않았다. 도성에 그의 핏줄이라곤 남아 있지 않으니 쉽게 딴 마음을 먹지 못하리라는 생각 때문이었다. 유방과 소하의 관계는 예전처럼 다시 돈독해졌다.

역사서에는 이 일을 이렇게 기록하고 있다. 초나라와 한나라가 전쟁을 하던 초기, 한나라 왕 유방은 승상 소하에게 관중을 지키면서 태자 유영을 보좌하고 군현을 다스리며 군량을 조달하게 했다. 기원전 204년, 초나라와 한나라가 형양현재의 허난 성 싱양(榮陽) 동북쪽과 성고成皐, 현재의 허난 성 싱양 쓰수이(汜水)에서 대치했다. 전투는 전에 없이 치열했지만 유방은 툭하면 관중에게 사신을 보내 소하에게 안부를 물었다. 당시 소하는 이 일을 대수롭지 않게 여겼는데 문객 포생鮑生이 찾아와 뜻밖의 말을 말했다.

"지금 한나라 왕은 병사를 이끌고 나라 밖에서 찬바람과 이슬을 맞으며 갖은 고생을 하고 있습니다. 그런 그가 툭하면 사람을 보내 승상을 위로하는 이유가 무엇이겠습니까? 바로 승상을 의심하기 때문입니다. 화를 피하려면 승상의 친족 중 젊고 건강한 자들을 뽑아 형양으로 보내십시오. 그렇게 하면 한나라 왕은 분명히 의심을 풀 것입니다."

그 말을 듣고 크게 깨달은 소하는 즉시 형제와 조카에게 형양까지 군량을 운반하는 일을 맡겼다. 한편 그 소식을 들은 유방은 마음속으로 크게 기뻐하며 직접 그들을 마중 나갔다. 유방이 승상 소하의 소식을 묻자 가족들이 이렇게 말했다. "승상은 늘 대왕의 은덕을 감사하면서 대왕과 함께 고충을 나누지 못하는 것을 안타까워하십니다. 그래서 저희들을 보내셨으니 부디 미약하나마 힘이 될 수 있도록 허락해주십시오." 그러자 유방이 호쾌하게 웃으며 말했다. "나라를 위해 가족도 잊었으니 승상이야말로 진정한 충신이다!" 유방은 즉시 소하의 가족들을 부대원으로 받아들였다. 그 후에도 소하는 유방이 자신을 의심할 때마다 절묘하게 이 문제를 해결했다.

소평召平은 뛰어난 식견을 가진 인물이었다. 진秦나라 시절 동릉후東陵侯를 지냈던 그는 나라가 망하자 평민이 되어 참외를 팔아 생계를 이어나갔다. 사람들은 달콤한 그의 참외를 '동릉과東陵瓜'라고 부르기도 했다. 벌써부터 소평의 재능을 높이 샀던 소하는 관중으로 온 뒤 가장 먼저 소평을 데려왔다. 기

소하

원전 197년 9월, 유방이 진회를 정벌하기 위해 북쪽으로 떠나자 한신이 그 기회를 틈타 반란을 일으키려 했다. 사전에 정보를 입수한 여 황후는 소하의 도움으로 한신을 사로잡아 죽였다. 뒤늦게 이 소식을 들은 유방은 급히 장안으로 사람을 보내 소하를 상국으로 삼고 식읍 5천 호를 하사했으며 500명의 호위부대를 주었다. 대신들은 모두 소하에게 축하인사를 올렸지만 어찌 된 일인지 소평의 표정은 몹시 어두웠다.

소평이 근심 어린 표정으로 소하에게 말했다. "곧 공에게 큰 화가 닥칠 것입니다!" 놀란 소하가 물었다. "그게 무슨 말입니까?" 소평이 대답했다. "지금 황제는 직접 전장을 누비며 갖은 고생을 하고 있지만 공은 편안하게 수도를 지키고 있습니다. 이런 상황에서 한신이 반란을 일으키려 했으니 황제의 눈에는 무슨 일이든 다 의심스러울 것입니다. 그런데도 오히려 두터운 봉작을 내리고 호위부대를 보낸 것은 사실 공을 의심하기 때문입니다. 그러니 곧 화가 닥치지 않겠습니까?" 깜짝 놀란 소하가 황급히 물었다. "그대의 말이 맞습니다. 그렇다면 화를 피할 수 있는 방법은 무엇입니까?" 소평이 말했다. "주상이 내린 봉읍을 사양하고 재산을 털어 군비에 보태십시오. 그렇게 하면 화를 면할 수 있습니다." 소하는 소평의 말대로 상국의 직함만을 받고 봉읍은 거절했으며 재산을 털어 군비에 보탰다. 이 소식에 유방은 어느 정도 의심이 풀리는 듯했다.

기원전 196년 7월, 회남왕 영포가 반란을 일으키자 유방은 또다시 병사를 이끌고 남쪽으로 갔다. 그는 예전과 다름없이 툭하면 사자를 보내 소하의 근황을 물었는데, 사신은 언제나 "폐하께서 군무에 바쁘시니 상국 소하가 도읍에서 백성을 위로하고 군량을 조달하고 있습니다"라고 보고했다. 그 소식을 들은 문객 하나가 소하를 찾아와 말했다. "공의 가족은 곧 큰 화를 당할 것입니다." 깜짝 놀란 소하가 이유를 묻자 문객이 대답했다. "상국으로서 공의 업적은 더 이상 상을 내릴 수 없을 만큼 높습니다. 주상이 툭하면 사람을 보내 공의 상황을 묻는 이유를 아십니까? 관중에 있는 공이 인심을 얻어 나라를 빼앗을까 걱정이 되어서입니다. 만약 그렇게 되면 황제는 돌아올 곳을 잃게 되기 때문이지요. 그런데도 공은 황제의 뜻은 전혀 모른 채 백성을 위해 힘을 쓰고만 있으니 어찌 의심하지 않을 수 있겠습니까? 이렇게 간다면 곧 큰 화가 닥칠 것입니다. 그러니 일부러 백성의 전답을 빼앗고 높은 가격으로 팔아 나쁜 소문이 돌게 하십시오. 황제가 이 소식을 들으면 공과 공의 가족은 모두 무사할 것입니다." 소하는 문객의 말을 그대로 따랐다. 과연 그 소문을 들은 유방은 더 이상 소하를 의심하지 않았다.

영포의 난을 평정한 유방이 장안으로 돌아오던 중이었다. 길에서 만난 수많은 백성이 소하의 악행을 고발하는 내용의 상소를 올렸다. 궁으로 돌아온 유방은 소하에게 상소를 보여주고 웃으며 말했다. "상국은 이런 식으로 백성을 돌본 것이었소? 어서 그들에게 사죄하도록 하시오." 유방이 크게 나무라지 않자 소하는 강제로 빼앗았던 땅의 가격을 더 쳐주거나 원래의 주인에게 되돌려주었다. 곧 백성의 원망도 누그러졌고 유방도 이 일로 인심을 얻을 수 있었다.

한신은 용맹함만 믿고 앞만 보고 뛰었기 때문에 비참한 결말을 맞았다. 반면에 소하는 한신만큼 큰 공을 세우거나 뛰어난 지략을 구사하지는 않았지만 적절한 처신 덕분에 끝까지 목숨을 지킬 수 있었다.

『좌전』, 『사기』 등 참고

자유분방하고 거리낌이 없는 위진풍도

위진풍도魏晉風度란 위진 시기에 생겨난 일종의 특수한 인격 모델을 가리킨다. 자유분방하고 호탕하며 순진하고 자연스러운 특징을 가진 위진풍도는 진실한 생명력에 대한 인간의 열망이자 아름다운 청춘의 표현 방법인데 후대 사람들은 이를 아주 긍정적으로 평가했다.

위진남북조 시대는 '혼란과 다툼의 시기'였다. 정치 투쟁의 판도는 시시각각 바뀌었기에 자칫 잘못된 선택을 하면 그대로 목이 달아날 수도 있었다. 이런 시기에 혼자서 고고한 인격을 지키는 것은 너무 어려운 일이었다.

유씨 종실로부터 황권을 빼앗은 조조의 자손은 나라를 제대로 지켜내지 못했다. 249년, 사마의가 정변을 일으켜 조씨 가문의 삼족을 죽여버린 것이다. "사마소의 마음은 거리의 행인들도 다 안다"라는 말처럼 사마씨는 자신의 야심을 감추지 않고 조위의 정권을 빼앗아 진晉나라를 세웠다. 이 시기에 사마씨 집단은 엄격한 사상 통제를 시작했고, 당시의 유명한 지식인들에게 당근과 채찍을 동시에 사용했다. 그중에서도 가장 이름을 날렸던 '죽림칠현

'竹林七賢'[51]은 처음에는 사마씨 집단과 손을 잡지 않았다. 하지만 곧 '죽림칠현' 중에서도 사마씨 집단에 몸을 맡기는 사람이 생겨났고, 반대로 그들에게 목숨을 잃은 사람도 있었다.

'죽림칠현' 가운데 가장 유명했던 완적은 당시 매우 명성이 높았다. 사마씨 집단의 모든 것을 탐탁지 않게 여긴 완적은 그들과 손잡는 것을 완강히 거부했다. 호탕하고 도도했던 그는 어린 시절부터 나라를 구하겠다는 포부가 있었다. 하지만 불안한 시기를 살았기 때문인지 남다른 신중함으로 개인적인 좋고 싫음을 좀처럼 표현하지 않는 중립적인 태도를 보였다. 그러자 사마씨 집단도 도무지 완적에게서 꼬투리를 잡을 수 없었다.

조상이 정권을 잡았을 때 참군을 명령받았던 완적은 병을 핑계로 고향에 숨어 지냈다. 일여 년이 지난 후 조상이 죽자 사람들은 모두 그의 안목에 감탄을 금하지 못했다. 그는 초야에 묻혀 살며 조정의 부름에 따르지 않았다. 훗날 정권을 잡은 사마씨의 핍박이 두려웠던 그는 마지못해 작은 벼슬 자리를 받아들였다. 그런 그가 제대로 직무를 수행할 리 없었다. 그는 늘 건성으로 일을 처리했다. 하지만 그것 역시 재능을 숨기고 때를 기다리는 일종의 도회술이었다. 이를 통해 사마씨 집단이 자신을 별 볼일 없는 선비라고 오해하도록 만들려는 것이었다.

완적은 술을 좋아하기로 유명했다. 해결하기 어려운 문제가 생기면 그는 늘 잔뜩 술을 마시고 인사불성이 되었는데 그럴수록 그의 명성은 더욱 높아졌다. 사마소는 완적을 자신의 편으로 만들기 위해 갖은 방법을 다 동원했다.

---

51) 위, 진 정권 교체기에 부패한 정치 권력에 등을 돌리고 죽림에 모여 거문고와 술을 즐기며 청담으로 세월을 보낸 일곱 선비로서, 완적(阮籍), 혜강(嵇康), 산도(山濤), 향수(向秀), 유영(劉伶), 완함(阮咸), 왕융(王戎)이다.

생각 끝에 그는 완적의 집에 혼담을 넣기로 했다. 자신의 아들 사마염과 완적의 딸이 결혼을 하면 완벽하게 그를 자신의 편으로 만들 수 있다고 생각한 것이다. 그 사실을 미리 알게 된 완적은 머리가 아플 수밖에 없었다. 물론 사마씨와 사돈이 될 마음은 전혀 없었지만 대놓고 거절하면 목이 달아날 수도 있었기 때문이다. 완적은 늘 하던 대로 술을 마시고 잔뜩 취해버렸다. 혼담을 넣으러 관리가 도착했지만 제대로 대화가 될 리 만무했다. 어쩔 수 없이 다음 날까지 기다렸지만 완적은 여전히 꿈나라를 헤매고 있었다. 얼마 후 사마소가 직접 찾아왔지만 완적은 그때도 술에 취해 있었다. 이런 일이 여러 번 반복되자 결국 사마소는 입 한 번 떼지 못하고 혼담을 취소했다.

　완적은 술에 취해 골치 아픈 문제를 해결할 수 있었다. 하지만 여전히 많은 사람들이 그의 꼬투리를 잡으려고 안달이었다. 종회鍾會도 그런 사람 중 한 명이었다. 완적은 자신을 찾아온 종회에게 언제나처럼 다짜고짜 술을 권했다. 곧 두 사람은 제대로 이야기조차 나눌 수 없을 정도로 취하고 말았다. 이런 일이 몇 번이나 반복되자 종회는 결국 아무런 수확도 없이 돌아가야 했다.

〈고일도(高逸圖)〉

완적은 또 무사히 위기를 넘길 수 있었다.

그러던 어느 날, 보병 병영 요리사의 술 빚는 솜씨가 일품이라 병영에 술이 가득 있다는 소문을 들은 완적은 자진해서 보병 교위 자리를 맡겠노라 말했다. 그때부터 사람들은 그를 완보병阮步兵이라고 불렀다. 그것은 사실 잔혹한 정치 투쟁을 피하기 위한 일종의 해결책이었다.

하지만 정치 투쟁의 소용돌이 속에서 자신을 지키는 것은 불가능했다. 훗날 진공晋公이 된 사마소는 완적에게 자신을 위한 표를 쓰도록 했다. 당시 글 재주가 가장 뛰어나고 명성이 높은 완적의 글이 가장 큰 호소력을 지닐 것이라는 생각 때문이었다. 이런저런 핑계를 대며 글 쓰는 것을 미루었지만 관리들이 끊임없이 재촉하자 결국은 표를 쓸 수밖에 없었다. 세상에서 가장 하기 싫었던 일을 한 그는 곧 마음의 병을 얻어 죽어버리고 말았다.

'죽림칠현' 중 최고의 애주가는 유영이었다. 술을 좋아하고 시를 잘 썼던 그는 음주를 찬양하는 『주덕송酒德頌』을 쓰기도 했다. 후대 사람들은 그를 '주선酒仙'이라고 부르기도 했다. 키가 작고 왜소했던 유영은 생김새가 추하고 성격이 도도해 사람들과 잘 어울리지 못했다. 아무나 사귀지 않았던 그는 완적이나 혜강 같은 사람들과 왕래하며 여러 번 죽림을 함께 여행하기도 했다. 대범한 그는 돈이 있든 없던 신경 쓰지 않고 술을 마셨다. 술은 그와 떼려야 뗄 수 없는 존재가 되었다. 손에는 늘 술이 든 호리병을 들고 작은 수레를 타고 다녔던 그는 어린 시종에게 삽을 들고 자신의 뒤를 따르게 하면서 "내가 술을 먹다 죽으면 아무 데나 묻어버려라. 절대 세속의 예절에 구속되어서는 안 된다"라고 입버릇처럼 말했다.

다른 '죽림칠현'과 마찬가지로 유영 역시 세속적인 것을 경멸했는데 그 표현 방식은 "탕왕과 무왕을 비난하고 주공과 공자를 가볍게 본다"라고 말했던 혜강보다 더 직설적이었다. 그는 가끔 집에서 술을 마시고 기분이 좋아지면 옷을 모두 벗고 알몸으로 미친 듯이 춤을 추기도 했다. 어느 날, 그 모습을 본 한 사람이 체통을 지키지 않는 그를 비웃었지만 유영은 창피해하기는커녕 오히려 그 사람을 조롱하며 말했다. "하늘은 내 집이고 이 집은 나의 옷장인데 그대는 내 바지에 들어와서 무엇을 하는 것인가?" 결국 그 사람은 꿀 먹은 벙어리가 되어 자리를 떠날 수밖에 없었다.

무절제하게 술을 마시던 유영은 결국 술병에 걸리고 말았다. 그래도 여전히 술을 끊지 못하자 그의 아내가 마시던 술을 쏟아버리고 술잔을 깬 뒤 울면서 말했다. "당신은 술을 너무 많이 드세요. 이렇게 가다간 오래 살지 못할 거예요. 그러니 제발 술을 좀 끊으세요." 그 말을 들은 유영이 말했다. "그렇군! 술을 끊어야지!" 아내는 여전히 유영의 말을 믿지 못하며 당장 신에게 맹세를 하라고 다그쳤다. 그러자 유영이 말했다. "좋소! 지금 즉시 술과 고기를 준비해 제사를 지냅시다!" 그 말을 믿은 아내는 즉시 술과 고기를 준비해 유영에게 맹세를 하도록 했다. 유영이 무릎을 꿇고 제를 올리며 중얼거렸다. "나 유영은 술로 이름을 떨쳤으니 한 번 마시면 한 되를 먹고 다섯 말은 마셔야 정신이 맑아지니 아녀자의 말은 들을 것이 못 되는구나!" 말을 마친 그는 아내가 준비한 술을 단숨에 마셔버렸다.

유영과 '죽림칠현'은 보통 애주가가 아니었다. 그들은 어쩌면 술을 핑계로 현실의 잔혹한 정치 투쟁을 피하려 했거나 이를 통해 세상에 대한 불만과 분노를 표출하려 했을지도 모른다. 어쩌면 술을 마시면 좀처럼 토해낼 수 없는 비극적인 생각을 조금이나마 털어버릴 수 있었을지도 모르겠다. 결론적으로 술은 그들에게는 생명이었다. 그래서 그들은 술에게 인격을 부여하기도 했다. 그런 이유로 위진풍도는 술과 깊은 관련성을 가지게 되었다.

왕희지王羲之는 동진 시대의 유명한 서예가로 이름을 떨쳤다. 아름다운 그의 글씨체는 옛것과 새것이 적절히 조화된 것으로 옛것의 찌꺼기는 버리고 알맹이만 취해 새로운 방향으로 발전시켰다고 평가받는다. 한나라와 위나라의 예서隸書의 소박함을 대신해 위진 시기의 문화적 기풍인 대범함과 거침없는 아름다움을 서법에 적용시킨 것이다. 이 서법은 중국 서예 역사에서도 매우 중요한 위치를 차지하고 있다. 사람들은 중국 서예의 기초를 다진 그를 '서성書聖'이라고 부르기도 한다.

왕희지는 사도司徒 왕도王導의 오촌 조카였는데 왕씨 가문은 동진에서 가장 명성이 높은 선비 가문이었다. '옛 시절 세도가의 집을 들락거리던 제비는 이제 백성의 집을 예사로 날아든다'는 구절 중 옛 세도가가 바로 왕씨와 사씨 집안이었다. 당시 태위였던 치감郗監에게 미모가 출중한 딸이 하나 있었다. 치감은 왕씨 집안과 사돈을 맺기 위해 왕도의 집안에 문객을 보내 사윗감을 직접 골라오게 했다. 왕도는 치감이 보낸 문객과 함께 동쪽 방에 모여 있던 아들과 조카들을 하나하나 보여주었다. 각자 자기 일을 하고 있었던 왕씨 집안의 젊은이들은 일제히 왕도가 데리고 온 낯선 사람을 쳐다보았다. 잠시 후 그가 누구인지 알게 된 젊은이들은 황급히 옷깃을 여미고 단정하게 앉아 진지하게 선을 보았다. 문객의 눈에 비친 그들의 모습은 너무나도 부자연스러웠다. 그런데 유독 눈길을 끄는 젊은이가 하나 있었다. 처음부터 문객이 들어오는 것을 전혀 개의치 않았던 그는 침상에 드러누워 음식을 먹으며 흡족한 표정을 짓고 있었다.

집으로 돌아온 문객이 치감에게 말했다. "왕씨 가문의 젊은이들은 그런대로 다 괜찮았습니다. 다만 제가 온 목적을 듣더니 모두 어색한 모습으로 잘 보이려 하는 것이 마음에 걸리더군요. 그런데 오직 한 사람이 제가 온 것도 개의치 않고 침상에 앉아 거리낌 없이 음식을 먹고 있었습니다." 그러자 치감의 얼굴에 화색이 돌며 말했다. "그 젊은이야말로 내가 찾던 사윗감이네!" 그때 침상에 드러누워 배를 드러내고 있었던 사람은 바로 왕희지였다. 치감은 매우 기뻐하며 왕희지에게 딸을 시집보냈다.

벼슬길에 오른 후 근면하게 정치에 임하며 백성을 사랑했던 왕희지는 우군장군右軍將軍과 회계내사會稽內史까지 지냈다. 하지만 상사와 뜻이 맞지 않았던 그는 병을 핑계로 관직에서 물러나 다시는 벼슬을 하지 않았다. 그때부터 그는 자연과 더불어 유유자적한 삶을 살았다. 그가 쉰아홉 살에 세상을 떠나자 조정은 그를 금자광록대부金紫光祿大夫로 봉했다. 하지만 왕희지의 가족들은 그의 유서에 따라 이를 거절했다.

어린 시절부터 뛰어난 서예 실력으로 명성이 자자했던 왕헌지王獻之의 글씨는 아버지 대의 기풍을 이어 받으면서도 새로웠다. 그의 필체는 힘이 있으면서도 우아했다. 왕헌지는 아버지와 마찬가지로 성격이 호탕하면서도 냉정하고 느긋한 인물이었다. 그의 성격은 필체에서도 잘 나타났다. 왕헌지는 예닐곱 살 정도부터 서예를 배웠다고 전해진다.

어느 날, 어린 아들이 글을 쓰는 것을 본 왕희지가 몰래 등 뒤로 가서 붓을

왕희지의 '난정서(蘭亭序)'

낚아채려고 했다. 하지만 아무리 힘을 주어도 붓을 빼앗을 수가 없었다. 겨우 예닐곱 살 아이의 힘이 어찌나 센지 왕희지는 깜짝 놀랄 수밖에 없었다. 하지만 왕헌지는 조금도 놀란 기색 없이 뒤를 한 번 돌아보고는 무슨 일이냐고 물을 뿐이었다.

어느 날, 왕헌지는 큰 붓을 이용해 벽에다 큼직한 정방형의 글씨를 썼다. 사람들은 어린아이가 그토록 큰 글씨를 쓴 것을 보고는 앞다투어 모여들어 글씨를 감상했다. 얼마 후 구경꾼은 수백 명으로 늘어서 왕헌지는 그 가운데 갇혀 꼼짝달싹할 수 없게 되었다. 하지만 왕헌지는 조금도 당황하지 않고 마치 옆에 아무도 없는 것처럼 글을 썼다. 왕희지는 그런 아들의 모습이 매우 대견스러웠다.

한 번은 당시 대권을 장악하고 있던 환온桓溫이 왕헌지를 불러다가 부채에 글씨를 쓰게 한 적이 있다. 그때 왕헌지가 실수로 손에 쥔 붓을 부채에 떨어뜨리고 말았다. 다른 사람이었다면 당황해서 어찌 할 바를 몰랐을 것이다. 하지만 왕헌지는 기민하게 대처했다. 마치 아무 일도 없었다는 듯 검은 점 위에 줄을 긋자 부채 위에는 마치 살아 있는 듯한 암소 한 마리가 순식간에 그려졌다. 그 옆에 글씨까지 더하자 부채는 더욱 아름다워졌다. 그것을 본 환온은 칭찬을 아끼지 않았다. 왕희지는 아들의 신중함과 여유를 보고 이렇게 감탄했다고 한다. "저 아이는 분명히 큰 명성을 날릴 것이다!"

어느 날 저녁, 왕헌지가 침상에 누워 잠을 자려는데 갑자기 도둑 무리가 몰래 방으로 들어왔다. 잠이 깬 왕헌지는 아무 말도 하지 않고 도둑들이 물건을 훔치는 것을 지켜보았다. 잠시 후, 도둑들이 방을 나가려고 하자 왕헌지는 그제야 침착하게 말했다. "그 푸른 담요는 우리집 가보인데 가져가도 소용없으니 그냥 두고 가시오." 깜짝 놀란 도둑들은 물건을 내팽개치고 황급히 꽁무니를 뺐다.

왕희지와 사안謝安은 좋은 친구였는데 집안끼리도 매우 사이가 좋았다. 어
느 날, 왕헌지가 형 휘지徽之, 조지操之와 함께 사안을 만나러 간 적이 있었다.
기분 좋게 인사를 나눈 후 두 형은 사안을 비롯한 다른 문객들과 함께 차분하
게 이야기를 시작했다. 하지만 모두 신변잡기에 관계된 의미 없는 이야기였
다. 왕헌지는 몇 마디 거들고 나서는 입을 꾹 다물고 다른 사람의 이야기를
듣고만 있었다. 세 형제가 돌아간 후 손님들과 사안은 그 가운데 누가 나은지
를 이야기하기 시작했다. 누군가는 휘지의 말투가 온화하고 남들과 달리 비
범하다고 칭찬했고 또 누군가는 조지가 대범하여 틀림없는 인재라고 말했
다. 사안은 당시 인물의 재능을 평가하는 것으로 명성이 높았는데 일단 그에
게 칭찬을 받은 사람은 순식간에 몸값이 100배로 뛰었다. 그런 그는 어린 왕
헌지가 가장 뛰어나다고 말했다. 사람들이 어리둥절한 표정으로 이유를 묻
자 사안이 말했다. "선인은 말이 적다고 했소. 그가 가장 적게 말했으니 분명
히 큰 재능을 떨칠 것이오." 과연 왕헌지는 아버지 왕희지와 더불어 '이성二
聖'으로 추앙받으며 아버지만큼 후세 사람들의 존경과 사랑을 받았다.

중국 역사 속 수많은 선비들은 여러 가지 방법을 통해 화를 피했다. 동한
시기의 법진法眞은 유명한 은사隱士, 세상을 피해 조용히 살고 있는 선비-옮긴이였다. 부
풍扶風 출신이었던 법진의 자는 고경高卿이었는데 아버지 법웅法雄은 남군의
태수를 지내기도 했다. 책 읽기를 좋아했던 법진은 제자백가의 학설에 정통
하여 관서關西 지역에서는 꽤 이름 있는 선비였다.

당시 상황에 비추어보면 명문가 출신인 법진이 관직을 하는 것은 어려운
일이 아니었다. 하지만 성격이 조용하고 욕심이 없던 그는 정치에는 관심이
없었다. 덕분에 그의 명성은 더욱 높아졌다. 익히 그의 명성을 들었던 부풍군

태수가 만남을 청하자 법진도 더 이상은 거절할 수가 없었다. 법진을 만난 태수가 간곡한 목소리로 말했다. "춘추 시기 노나라 애공은 비록 현명한 군주는 아니었지만 공중니孔仲尼, 공자-옮긴이는 기꺼이 그의 신하가 되었습니다. 저는 덕이 없고 헛된 이름만을 가졌지만 그대를 공조로 삼고 싶은데 어떻습니까?" 군수가 그를 공자와 비교한 것은 엄청난 칭찬이었다. 하지만 법진은 관직을 거절하며 말했다. "태수께서 예를 다해 사람을 대하시니 기꺼이 만나드린 것입니다. 만약 저를 관리로 삼으시려 한다면 산속 깊은 곳에 숨어 살겠습니다." 그 말을 들은 태수는 더 이상 관직을 강요하지 않았다. 훗날 조정에서 그를 현량賢良으로 천거하려 했으나 법진은 받아들이지 않았다.

같은 군에 사는 전약田羽은 법진의 학문적 재능과 인격을 높이 사서 여러 번 그를 천거했다. 어느 날, 순제順帝가 서쪽을 시찰할 때 전약이 또다시 법진을 천거했다. 순제는 네 번이나 법진을 불러들였지만 법진은 오히려 더 깊은 산속으로 숨어버리고 말았다. 친구 곽정郭正이 그런 법진을 칭송하며 말했다. "법진은 이름은 유명한데 좀처럼 얼굴을 볼 수가 없네. 그는 이름이 나는 것을 원치 않지만 명성은 그를 따라다니고 공명을 피해 다니지만 공명은 오히려 그를 쫓는구나. 그는 진정한 천하의 스승이다!"

법진이 살았던 동한 시대 후기는 조정 내 관리와 외척 간의 권력 다툼과 당고지화 같은 사건이 빈번하게 발생한 시기였다. 이런 상황에서 법진처럼 여든아홉 살까지 장수를 누릴 수 있었던 선비는 당시에 그리 많지 않았다. 어쩌면 그 가장 큰 이유는 아마도 은신술 덕분이었을 것이다.

『진서』, 『후한서』, 『세설신어世說新語』 참고

도량

지식인들은 왕의 도리를 실현하기 위해 무던히 애썼다. 하지만 이상의 실현과 염원은 좀처럼 들어맞지 않았다. 그래서 지식인들은 분노를 참지 못하고 사회를 비판하며 거리낌 없는 행동으로 세상을 놀라게 했다. 이들의 특이한 행동거지가 바로 위진풍도이며 이는 중국의 지식인들이 줄곧 흠모해온 인생의 방식이기도 하다.

위진풍도는 모든 사람이 바라는 염원이었지만 좀처럼 따라 하기가 쉬운 것은 아니었다. 『세설신어』의 '아량' 부분은 바로 위진 시대 선비들의 대범한 기개를 전문적으로 다루었다. 이 분야에서 가장 뛰어났던 인물은 바로 사안이었다.

언제나 태연하고 느긋한 사안은 어떤 일이 일어나든 좀처럼 놀라는 법이 없었다. 어느 날, 그와 친구들이 함께 배를 타고 바다로 나갔는데 갑자기 광풍이 몰아치고 파도가 거세져 배가 이리저리 흔들리기 시작했다. 배 위에 있던 사람들은 깜짝 놀라 뱃전을 꽉 붙잡고 감히 움직이지도 못했는데 사안은 낯빛 하나 바뀌지 않고 꼿꼿하게 앉아 풍랑을 바라보며 노래를 불렀다. 그 모습을 본 사공은 사안이 굳은 날씨를 즐긴다고 오해하고 온 힘을 다해 노를 저었다. 파도가 더욱 거세지자 사공은 더 힘을 주어 배를 저었다. 다른 사람들은 잔뜩 겁에 질렸지만 체면 때문에 돌아가자는 말도 하지 못하고 있었다. 그때 사안이 침착하게 말했다. "이런 날씨에 도대체 어디로 배를 저어 가려는 것인가?" 사공은 그제야 뱃머리를 선착장으로 돌렸다. 사람들은 극한 상황에서도 당황하지 않는 그의 기백에 감탄을 금치 못했다. 그때부터 사람들은 오직 사안만이 나라를 다스릴 재목이라고 생각하게 되었다.

373년, 간문제簡文帝 사마욱司馬昱이 죽자 효무제孝武帝 사마요司馬曜가 즉위했다. 일찍부터 황위를 노리던 대사마 환온桓溫은 병력을 편성하고 장수를 보내 무력을 뽐냈다. 기회를 봐서 황제의 자리를 차지할 속셈이었다. 그는 병사를 이끌고 수도 근교에 위치한 군사적 요충지인 신정新亭을 차지했다. 그런 중요한 지역을 환온에게 빼앗긴 조정은 겁을 먹을 수밖에 없었다.

당시 조정에서 가장 존경받는 인물은 이부상서 사안과 시중 왕탄지王坦之였다. 예전 왕탄지는 환온이 왕권을 가질 수 있는 기회를 빼앗은 적이 있었다. 이 일로 환온이 자신에게 앙심을 품었을 것이라 생각한 왕탄지는 잔뜩 겁을 먹었다. 사건의 전말은 이랬다. 죽음을 앞두고 있었던 건문제는 주공이 섭정을 했던 것처럼 환온의 섭정을 허락한다는 내용의 유언장을 작성하며 이렇게 말했다. "어린 아들을 잘 보필하는 것이 가장 좋으나 만약 여의치 않다면 경이 그 자리를 대신해도 좋다." 하지만 왕탄지는 건문제의 면전에서 유언장을 찢어버리고 성을 내며 말했다. "천하는 선제사마의와 원제元帝, 사마예의 것인데 폐하께서 어찌 사사롭게 남에게 넘기실 수 있단 말입니까?" 그의 말을 들은 건문제는 생각을 바꾸어 유언장을 고치게 했다. "나라의 대사는 모두 대사마에게 맡

〈동산휴기도(東山攜妓圖)〉

기니 어린 주인을 보좌했던 제갈량과 왕도를 보고 배우도록 하라." 이렇게 환온은 황제가 될 절호의 기회를 잃게 된 것이다. 그런 환온이 병사를 이끌고 오고 있다고 하니 조정 대신들의 마음은 금세 뒤숭숭해졌다. 심지어 환온이 수도로 오는 것은 어린 황제를 폐위시키려는 것이 아니라 왕탄지와 사안을 죽이기 위한 것이라는 말도 나돌았다. 그 말을 들은 왕탄지가 어찌 겁을 먹지 않을 수가 있을까? 하지만 사안은 달랐다. 그는 사람들의 이야기를 듣고도 걱정을 하기는커녕 얼굴색 하나 바뀌지 않았다. 사안은 대장군 환온의 사마를 지낸 적이 있었다. 누구보다 사안의 재능을 잘 알고 있었던 환온이 그를 가만히 둘 리가 없었는데도 말이다.

과연 환온은 왕탄지와 사안을 죽이기 위해 혈안이 되어 있었다. 얼마 후 환온은 왕탄지와 사안을 신정으로 불러들였다. 환온의 부름을 받은 왕탄지는 당황한 나머지 사안에게 상의를 하러 갔다. 평소와 다름없이 평온한 모습의 사안을 본 왕탄지가 말했다. "환온이 병사를 이끌고 이리로 오고 있다고 합니다. 조정에서는 큰 화가 닥칠 것이라 두려워하고 있지요. 이제 우리 두 사람을 신정으로 불러들였는데 이를 어찌하면 좋겠습니까? 그곳으로 간다면 살아 돌아오지 못할 것이 분명합니다." 그러자 사안이 웃으며 말했다. "그대와 나는 나라의 녹봉을 받는 사람들인데 당연히 나라를 위해 힘을 써야지요. 진나라의 존망은 모두 우리의 행동 하나에 달렸습니다." 말을 마친 사안은 왕탄지의 손을 잡고 문 밖으로 나가 바로 신정으로 향했다. 그러자 수많은 조정 관리가 그 뒤를 따랐다.

신정에 도착한 사람들은 잘 갖추어진 환온의 병영을 보고 잔뜩 기가 죽었다. 평소 기개와 명망이 높았던 관리들도 자칫 환온에게 밉보일까 봐서 멀리서부터 머리를 조아리기 시작했다. 왕탄지도 땀을 비 오듯 흘리며 우물쭈물

환온 앞으로 다가가 인사를 올렸는데, 너무 긴장한 나머지 손의 위치를 잘못
두는 실수를 했다.

반면에 사안은 평소와 다름이 없었다. 천천히 환온에게 다가간 그는 조금
도 비굴한 기색 없이 인사했다. "그동안 잘 지내셨습니까?" 이미 사안의 비
범함을 알고 있던 환온도 그 모습을 보고 적잖이 당황을 했다. "좋, 좋소 사
대인. 앉으시오. 앉아."

사안은 아무렇지 않게 자리에 앉았다. 그때 왕탄지 등은 아직도 정신을 차
리지 못하고 온몸을 부들부들 떨고 있었다. 사안은 자리에 앉아 이런저런 이
야기를 했는데 가끔 웃음을 지으며 여유로운 모습을 보였다. 그러자 환온과
다른 모사들도 좀처럼 꼬투리를 잡을 수가 없었다. 이야기를 하며 벽 위에 숨
어 있던 무사들을 본 사안이 은근한 표정으로 말했다. "제후가 덕이 있으면
사방에서 자진하여 방어해주기에 직접 지킬 필요가 없다 들었습니다. 그런
데 명공은 어찌 벽 뒤에 사람을 숨겨두셨습니까?"

그 말을 들은 환온이 무안한 표정으로 황급히 말했다. "군중에서 이미 습
관이 되어 그렇다오. 갑자기 변고가 생기면 어쩔 수 없지 않겠소? 대인이 그
렇게 말하시니 어서 저들을 물리겠소."

이렇게 두 사람은 긴 시간 동안 이야기를 나누었지만 시종일관 품위 있고
신중한 태도의 사안에게 손을 쓰기란 쉽지가 않았다. 반면 왕탄지는 사안과
함께 수도로 돌아올 때까지 바보처럼 아무 말도 하지 못했다. 돌아오는 길에
보니 그의 옷은 땀으로 잔뜩 젖어 있었다. 사안과 더불어 고결한 인품으로 이
름이 높았던 왕탄지였지만 이 일로 두 사람의 격차는 현저하게 벌어졌다.

얼마 후 병이 위독해진 환온은 뜬금없이 조정에 구석을 요구했다. 계속되
는 요구를 거절할 수 없었던 사안은 어쩔 수 없이 이부랑吏部郎 원굉袁宏에게

이를 허락하는 조서의 초안을 작성하게 했다. 글재주가 뛰어났던 원굉은 정성껏 글을 썼지만 사안은 이것저것 트집을 잡으며 계속 고쳐 쓰도록 했다. 이렇게 한 달이 지났지만 여전히 초안을 작성하지 못했다. 글재주는 뛰어났지만 정치 쪽으로는 문외한이었던 원굉은 도무지 사안의 의도를 이해할 수가 없었다. 결국 조서조차 제대로 쓰지 못하는 자신을 탓한 그는 몰래 왕표지王彪之에게 이 일을 상의했다. 그러자 왕표지가 답답하다는 듯 말했다. "그대의 글재주는 그저 장식에 불과한가? 왜 사 상서께서 일부러 글을 고치게 하신다고 생각하지 못하는가? 환공의 병이 위중해 곧 죽을 것 같으니 일부러 시간을 끌려고 하시는 것이 아닌가!" 원굉은 그제야 사안의 참뜻을 알 수 있었다. 결국 사안의 방해로 야심을 이루지 못한 환온은 그대로 세상을 떠났다.

8만 병력으로 진秦의 100만 대군을 물리쳤던 사안은 감정을 드러내지 않고 침착하게 환온의 야망을 좌절시켰다. 그는 진정으로 도량이 있는 사람이었다. 그에 비하면 후대의 학자들은 그 발끝도 따라 갈 수가 없었다.

『진서』, 『세설신어』 등 참고

자慈, 인忍, 변變

황로도술 중 '자'와 '인'은 매우 중요한 구성 성분이다. '자'는 자애를 가리키며 이는 부모가 자식을 대하듯 욕심 없이심지어 원칙도 없다 모든 걸 주는 것을 말한다. 유가가 강조하는 정의의 원칙인 덕을 근본으로 삼는 것보다 높은 경지라 할 수 있다. 그러므로 개인의 수양에서 보면 자애는 정신을 집중하고 맑게 하는 경지로 '감히 세상에 나서지 않는' 것과 같은 처세의 방법이다. 이러한 자애는 쉽게 상대방을 감동시킬 수 있는데 외부의 압력에 의한 복종이 아니기 때문에 당하는 쪽은 충분한 자애와 사랑을 느낄 수 있다. 게다가 설득을 통한 복종도 아니기 때문에 감정이 소원해질 일도 없어 영원히 기꺼운 마음으로 그것을 지킬 수 있는 것이다.

먼저 '자'에 대해 알아보자. 당나라 태종은 특히 '자'에서 뛰어난 면을 보였다. 장손순덕長孫順德은 태종의 장손 황후의 친척 아저씨뻘로 수나라에서 우훈위右勛衛를 지낸 적이 있었다. 훗날 태원으로 도망쳐 이연에게 투항한 그는 고조와 태종의 신임을 한 몸에 받았다. 얼마 후, 태종은 장손순덕을 시켜 도적들을 토벌한다는 명복으로 유홍기와 함께 병력을 모집하게 했다. 채 한 달도 걸리지 않아 1만여 명의 군사를 모은 장손순덕은 태원성에 병영을 설치했다. 고조는 이 태원성에서 군사를 일으키며 장손순덕에게 태종과 함께 곽읍霍邑, 임분臨汾, 강군絳郡을 공략하게 했다. 용감한 장손순덕은 전쟁에서 여러 번 승리를 거두었으며 유문정劉文靜과 함께 수나라 장수 굴돌통屈突通을 사로잡고 섬현을 평정하기도 했다. 장손순덕은 당나라가 수나라를 멸망시키는 과정에서 수많은 공을 세우고 고조와 태종의 신임을 얻을 수 있었다.

고조가 즉위하자 장손순덕은 좌효위대장군左驍衛大將軍으로 임명되고 설국공薛國公으로 봉해졌다.

626년, 이세민이 일으킨 현무문 정변에 참여한 장손순덕과 진숙보秦叔寶는 당나라 태종 즉위에 큰 공을 세울 수 있었다. 황제가 된 태종은 장손순덕에게 궁녀를 하사했다. 장손순덕은 특별 대우를 받으며 자주 황궁에 머물렀다. 얼마 후, 장손순덕의 집사가 뇌물을 받은 일로 고발을 당했다. 당시 법에 따르면 뇌물을 받은 것은 중죄에 해당했다. 하지만 태종은 차마 큰 벌을 내리지 못하고 신하들에게 이렇게 말했다. "장손순덕은 외척인 데다 개국 공신이라 관직도 높고 녹봉도 많아 부유하고 존귀한 몸이지만 한 가지 안타까운 것이 있다면 배운 것이 짧다는 것이다. 만약 그가 학문을 하여 고금의 일에 모두 통달하여 이를 경계로 삼았다면 분명히 지금과 같은 실수는 하지 않았을 것이다. 그가 예법을 어기고 명성이 추락하는 것을 아랑곳하지 않고 재물만 탐하는 것이 실로 안타깝구나!"

태종은 장손순덕을 처벌하는 대신 오히려 대신들 앞에서 그에게 비단 수십 필을 하사했다. 대리사소경大理寺小卿 호연胡演이 이해할 수 없다는 듯 물었다. "장손순덕은 법을 어기고 뇌물을 받았으니 그 죄가 큽니다. 그런데 어찌 비단을 하사하시는 겁니까?" 그러자 태종이 말했다. "사람은 양심이 있고 깨달음이 있다. 그에게는 벌을 받는 것보다 비단을 받은 것이 더 힘든 일일 것이다. 만약 부끄러움을 모른다면 짐승이나 다름없지. 그가 짐승이라면 죽인다 한들 무슨 소용이 있겠느냐?" 그의 예상대로 장손순덕은 오히려 부끄러워하며 죄를 뉘우쳤다.

얼마 후, 장손순덕이 이효상李孝常과 함께 죄를 저질렀다. 당나라 태종도 이번만은 봐주지 않고 그를 면직시켜 버렸다. 1년여가 지난 어느 날, 공신들의 초상화를 보던 태종은 장손순덕의 그림을 보자 불현듯 그가 그리워졌다. 태종은 당장 우문사급宇文士及을 보내 장손무기의 사는 모습을 살펴보고 오게 했다. 우문사급을 통해 장손순덕이 늘 술에 취해 자책하고 있다는 이야기를 들은 당나라 태종은 마음이 아팠다. 대신들 역시 장손순덕이 반성을 하고 있으니 이제 그만 죄를 용서해줄 때가 되었다고 입을 모았다. 태종은 당장 장손순덕을 불러와 택주자사 관직을 주고 예전의 작위와 식읍을 돌려주었다. 이 모두를 본 조정 대신들은 당나라 태종의 마음 씀씀이에 감동했다. 태종은 마

치 자애로운 아버지가 아들에게 잘
못을 바로잡을 기회를 준 것처럼
장손순덕의 잘못을 용서해주었다.
이때부터 대신들은 진심으로 태종
을 따랐다.

당나라 태종의 《온천명(溫泉銘)》

　동오東吳의 손권孫權이 여몽呂蒙을
대한 이야기도 좋은 예다. 어쩌면
손권은 진심으로 여몽을 좋아했을지도 모르겠다. 하지만 그러한 감정 또한
자애로움과 인내심의 도에 부합한다. 이러한 감정은 일정한 정도에서 완전
히 자기 자신을 잃어야만 얻을 수 있다.

　손권 수하의 이름난 장군이었던 여몽은 용맹하고 지략이 있는 데다 충성
심도 깊었다. 손권도 동오를 세우는 데 큰 공을 세운 여몽을 매우 아꼈다. 손
권은 관우를 사로잡고 형주를 평정한 여몽을 남군태수로 임명하고 잔릉후孱
陵侯로 봉한 뒤 후한 재물을 하사했다. 여몽이 한사코 거절했지만 손권도 절
대 양보하지 않았다. 하지만 작위를 정식으로 내리기도 전에 여몽의 지병이
도졌다. 이 소식을 들은 손권은 걱정스러운 마음에 급히 여몽을 궁궐로 불러
왔다. 직접 약을 구하는가 하면 전국에 명의를 찾은 방을 붙여 누구든 여몽
의 병을 고치는 자에게는 황금 천 냥을 하사한다고 공표했다. 손권은 침을 맞
는 여몽의 곁을 지키면서 눈물을 흘리기도 했다. 여몽의 병이 완전히 나을 때
까지 잠시도 마음을 놓지 않았던 그는 자주 병문안을 가고 싶어도 혹시 여몽
이 더욱 힘들까 봐 몰래 문 밖에서 훔쳐보다 오기도 했다. 여몽이 조금씩 음
식을 넘기자 손권도 금세 표정이 밝아졌다. 하지만 병세가 다시 도지면 수심
가득한 얼굴로 연신 한숨을 쉬며 잠도 제대로 자지 못했다. 그러던 어느 날,

여몽의 병이 호전되자 손권은 매우 기뻐하며 전국적으로 사면령을 발표했고 대신들도 저마다 축하 인사를 하러 왔다. 하지만 여몽의 병은 쉽게 낫지 않았다. 병세가 위독해지자 손권은 도사를 불러와 하늘에 기도를 올리며 직접 병상을 지켰다. 하지만 여몽은 결국 세상을 떠나고 말았다. 극도로 상심한 손권은 상복을 입고 며칠 동안 곡기도 끊은 채 여몽의 영정을 지켰다. 손권은 여몽이 죽은 후에도 모든 것을 세심하게 준비했다. 훌륭하고 멋진 무덤을 만들고 시종 300명을 보내 묘를 지키게 했다.

자애로움을 사람을 다스리는 기술로 보는 것이 어렵다면 당나라 태종의 이야기를 하나 더 살펴봐도 좋을 것이다. 그는 이 분야에서 훨씬 노골적이었으니 말이다.

평민 출신 이적은 당나라 태종의 중용을 받았다. 625년과 629년, 두 번에 걸쳐 돌궐을 물리친 그는 큰 공을 세웠다. 훗날 고종이 진왕이 되자 태종은 이적을 광록대부로 삼고 병주대도독부의 장사로 임명했다. 이적은 병주에서 16년을 지내면서 법령을 엄격하게 집행했는데 사람들은 모두 그의 성실함을 칭찬했다. 태종도 가까운 신하들에게 그를 칭찬하며 이렇게 말했다. "수나라 양제는 어질고 현명한 장수들을 선별하여 변경을 다스리지는 않고 그저 성을 쌓아 돌궐의 침략에 방비하려고 했는데 어찌 그리 멍청할 수가 있을까! 내가 이적을 임명해 병주를 지키게 하자 돌궐이 그의 명성에 겁을 먹고 멀

이적

리 도망쳐 버리지 않았는가? 훌륭한 장수를 임명하는 것이야말로 만리장성을 세우는 것보다 훨씬 낫지 않은가?"

641년, 태종이 이적을 불러들여 병부상서로 삼으려고 했다. 그런데 이적이 아직 수도에 도착하기 전에 설연타薛延陀의 아들 대도설大度設이 기병 8만 명을 이끌고 남쪽의 이사마李思摩의 부락을 침입했다. 태종은 이적을 삭주朔州의 행군총관으로 삼고 날랜 기병 3천 명을 이끌고 설연타를 추격하도록 했다. 이적은 청산青山에서 적을 대파하고 그들의 우두머리를 비롯한 5천여 명을 사로잡았다. 그런데 갑자기 이적이 병이 났다. 의원이 수염을 태운 재를 먹으면 낫는다고 하자 태종은 자신의 수염을 전부 잘라 이적에게 보내기도 했다. 크게 감동한 이적은 피가 날 정도로 머리를 찧으며 감사를 표했다. 그 모습을 본 태종이 말했다. "그대 역시 나라의 미래를 위해 힘을 다하는데 그렇게 감사할 필요는 없소."

643년, 고종이 황태자가 되자 태종은 이적을 태자첨사太子詹事 겸 좌위솔左衛率로 삼고 중서문하中書門下 3품으로 봉했다. 태종이 이적에게 말했다. "나의 아들이 새롭게 제위에 올랐소. 그대는 원래 그 부하의 장리였으니 이제 태자궁의 일은 모두 그대에게 맡길 것이오. 그대의 관직이나 경력을 보면 섭섭할 수도 있겠지만 너무 언짢아하지 마시오." 태종은 또 연회에서도 이적에게 말했다. "태자를 조정의 중신에게 맡기려고 이리저리 생각해 보았지만 아무리 생각해도 그대만큼 적당한 인물을 찾지 못했소. 그대는 부디 내 부탁을 거절하지 마시오." 이적은 목이 메어 말을 하지 못했다. 그리고 손가락을 깨물어 태자를 충성으로 보좌할 것을 맹세했다. 잠시 후 이적이 술에 취해 잠이 들자 태종은 자신의 옷을 벗어 덮어주었다.

649년, 병으로 자리에 누운 태종이 고종에게 말했다. "너와 이적은 은혜로 맺어진 사이가 아니다. 이적은 믿을 만한 사람인데 그를 은혜로 묶어놓기 위해 나는 일부러 그를 변경으로 보낼 것이다. 내가 죽은 후 그를 불러들여 복야僕射의 관직을 주어라. 그렇게 너의 은혜를 입은 그는 반드시 충성을 다할 것이다."

태종은 진짜로 이적을 도성 밖으로 쫓아내 첩주疊州 도독으로 임명했다. 얼마 후 즉위한 고종은 당장 이적을 낙주자사로 임명했고 또 얼마 후 개부의동삼사開府儀同三司로 삼고 동중서同中書, 문하門下를 다스리며 국가 기밀을 다루도록 했다. 그해 이적을 또다시 상서좌복야로 봉해 태종이 임종 전에 계획했던 것을 모두 이행했다.

이적은 역사적으로도 타고난 지략가였다. 그런 그가 자신이 이용당하는 것을 모를 리 없었다. 하지만 그는 기꺼이 모든 것을 받아들였는데 그것이야말로 자애로움과 인내심의 가장 수준 높은 경지이자 인간의 약점이기도 하다.

이제 '인'에 대해 이야기해보자. '자'와 밀접한 관계를 가진 것이 바로 '인'이다. '인'은 잔인함이 아니라 인내심을 가리킨다. 하지만 그것은 일반적인 의미의 인내가 아니다. 그것은 사람이 열세에 있거나 부득이한 상황에 놓였을 때 미래의 발전을 위해 취하는 일종의 책략인데 이 역시 일반적인 의미의 책략은 아니다. 그것은 세상사의 변화와 규칙을 관찰한 후 마음속 깊은 곳에서 우러나는 일종의 의지다. 이러한 인내는 역경과 고난, 굴욕을 참는 것 외에도 향락을 참고樂之忍, 부유함을 참으며富之忍, 권력을 참고權之忍, 편안함을 참으며安之忍, 즐거움을 참는 것快之忍도 포함한다. 다시 말해 그것은 일종의 수양을 위한 인이며 좋은 것은 취하고 나쁜 것은 버리기 위한 일종의 지략이자 모든 것을 원만하게 하고 일체의 방해물을 없애는 처세의 지혜다.

삼국 시기의 세 명의 개국 군주 중 가장 힘든 길을 걸었던 사람이 바로 유비라는 사실을 모르는 사람은 없다. 짚신을 엮던 촌부가 촉나라의 개국 군주가 되었으니 그 과정에서 얼마나 많은 시련을 겪었을지는 말하지 않아도 알 수 있다. 유비가 성공을 거둘 수 있었던 가장 중요한 원인은 바로 '인'에서 찾을 수 있다. 유비의 천하는 눈물에서 나왔다는 이야기가 있다. 여기에서 우리는 유비가 얼마나 강한 인내심을 가졌는지 잘 알 수 있다. 그 자신 역시 이런 말을 한 적이 있다. "조조는 조급하지만 나는 너그럽고, 조조는 난폭하지만 나는 어질다. 조조는 사람을 속이지만 나는 진실하고 충성스럽다." 사실은 유비라고 해서 조조의 지략을 쓰고 싶지 않았겠는가? 그가 그럴 수 없었던 것은 조조와 같은 조건을 갖추지 못했기 때문이었다.

유비의 눈물과 인내에 관한 이야기를 살펴보자. 『삼국연의』에 따르면 194년, 익주목益州牧 유언劉焉이 중병으로 세상을 떠나자 조정은 유장劉璋을 익주목으로 삼는 조서를 내렸다. 하지만 유장은 성격이 나약하고 자기주장이라고는 없는 위인이었다. 유장은 서천西天 지역의 장노가 말을 듣지 않자 그 어머니와 동생을 죽였다. 이때부터 유장과 장노는 원수지간이 되었다. 유장은 여러 번 장노를 공격했지만 모두 패했고 군 내부에 병변까지 발생해 상황은 그야말로 풍전등화였다. 유장은 당시 한중을 평정하는 데 힘을 쏟고 있던 조조의 힘을 빌려 장노를 토벌하려 했다.

어느 날, 장노가 병사를 이끌고 서천을 공격하러 온다는 소식을 들은 유장은 급한 마음에 대신들을 모아 대책을 의논했다. 그때 갑자기 누군가가 앞으로 나서며 말했다. "주공, 걱정 마십시오. 제가 조조를 찾아가 도움을 요청하겠습니다. 조조가 돕는다면 장노도 지금처럼 눈을 부릅뜨고 서천을 노릴 수는 없을 것입니다." 그는 익주의 별가別駕 장송張松이었다.

유장은 장송을 대사로 삼고 금은과 보석, 비단 등을 선물로 주어 조조에게 보냈다. 하지만 다른 생각이 있었던 장송은 몰래 서천 지역의 지도를 품에 감추고 허도로 갔다. 허도에 도착한 장송은 매일 승상부로 달려가 만남을 청했지만 삼 일째가 되어서야 겨우 조조를 만날 수 있었다. 장송을 본 조조가 먼저 물었다. "유장은 어찌 지난 몇 년 동안 조공을 바치러 오지 않았는가?" 장송이 겸손한 태도로 대답했다. "길이 멀고 험한 데다 도적 떼가 창궐하여 오지 못했습니다." 그러자 조조가 언짢은 기색으로 말했다. "내가 중원 땅을 이미 다 청소했는데 도적 떼가 어디에 있단 말이냐?" 그의 말에 장송도 지지 않고 맞섰다. "손권, 장노, 유비에게 각각 10만 병력이 있는데 어찌 태평하다 할수 있겠습니까?" 짱구머리에 키는 5척밖에 안 되는 장송이 처음부터 마음에 들지 않았던 조조는 그의 다소 무례한 말을 듣자 버럭 화를 내며 대전 밖으로 나가버렸다. 그러자 사람들은 장송을 나무라며 말했다. "일개 사자가 어찌 그리 무례한 말로 승상의 화를 돋우시오? 다행히 승상이 후당으로 나가버리셔서 큰 화를 면한 줄 아시고 어서 물러나시오!"

장송이 막 일어나서 나가려는데 후당에서 사람이 나와 조조의 말을 전했다. 장송에게 다음 날 서교장西敎場으로 나와 조조의 병사들의 위용을 직접 보라는 것이었다. 다음 날, 장송은 서교장으로 갔다. 교위장 한가운데에 대열을 가다듬고 서 있는 조조의 5만 병사는 빛나는 갑옷을 입고 근엄하게 대열을 지키고 있었는데 깃발마저 늠름하게 휘날렸다. 잠시 후 조조가 동서남북으로 서 있는 대오를 가리키며 장송에게 물었다. "그대의 서천에는 이러한 군대가 있는가?" 장송이 아무렇지 않다는 듯 대답했다. "촉의 군대에는 이러한 병력이나 무기는 없지만 인의도덕이 있지요." 그 말을 들은 조조는 얼굴색이 바뀌며 말했다. "지금 천하에는 무능한 자가 너무나 많다. 나의 군대는 무찌르지 못할 성이 없고 이기지 못할 전투가 없다. 그러니 나를 따르면 흥하고 거역하면 망할 것이다. 알겠느냐?" 그러자 장송이 경멸의 말투로 말했다. "그간 승상의 행적은 익히 들어 알고 있습니다. 과연 공격하면 반드시 무찌르고 전쟁하면 늘 승리했지요. 과거 적벽赤壁에서 주랑周郞, 주유(周瑜)-옮긴이과 맞닥뜨린 일이나 화용도華容道에서 관우와 만난 일, 동관潼關에서 수염을 자르고 옷까지 벗어던지고 도망쳤던 일이나 위수에서 배에 숨어 화살을 피한 일, 이 모두를 천하무적이라 하시는 것이지요?"

장송이 말한 일들은 조조의 일생에서 가장 뼈아픈 실패들이었다. 아픈 곳을 찔린 조조는 노발대발해서 말했다. "네가 감히 나를 도발하는 것이냐!" 그는 즉시 사람을 시켜 장송을 매질하게 하고 쫓아내 버렸다. 객잔으로 돌아온 장송은 그날 밤 당장 짐을 싸서 서천으로 돌아갈 준비를 했다. 길을 가며 장송은 이런 생각을 했다. "원래 서천 지역을 조조에게 바치려 했는데 그가 나를 이렇게 무시할 줄 누가 알았는가? 올 때만 해도 유장에게 큰소리를 쳤는데 이제 돌아가면 웃음거리가 되겠구나. 듣자하니 형주의 유비가 어질고 의롭다 하던데, 차라리 그에게 가서 상황을 한번 살펴봐야겠다." 장송은 목적지를 형주로 바꾸었다.

장송은 흙먼지를 휘날리며 조금도 쉬지 않고 영도의 변경까지 갔다. 그때 저 앞에서 한 무리의 말을 탄 사람들이 오고 있는 게 보였다. 그중 대장으로 보이는 사람이 말을 세우고 장송에게 물었다. "그대는 장별가가 아니십니까?" "그

촉나라 군주 유비

렇소." 장송의 대답에 그 사람은 황급히 말에서 내려 말했다. "저 조운趙雲이 벌써 반나절 동안 기다리고 있었습니다." 장송이 깜짝 놀라 물었다. "혹시 그대가 조자룡趙子龍이시오?" 그가 공손한 표정으로 대답했다. "그렇습니다. 저는 주공의 명령을 받고 장별가를 마중하러 온 것입니다." 조운은 미리 준비해둔 객잔으로 장송을 안내한 뒤 술과 음식을 대접했다. 장송은 기쁨을 감추지 못하며 속으로 말했다. '사람들이 모두 유비가 어질고 의롭다고 하더니 과연 거짓이 아니었구나. 어쩌면 잘못 온 것이 아닐지도 모르겠다.'

다음 날 아침, 조운은 장송과 함께 계속 행군했다. 4, 5리쯤 갔을 때였다. 또다시 앞에서 한 무리의 말과 사람들이 보였다. 유비가 제갈량을 대동하고 직접 장송을 마중 나온 것이었다. 장송은 황송해서 어쩔 줄을 몰랐다. 유비는 먼 곳에서부터 말에서 내려 장송을 기다렸다. 그 모습을 본 장송도 황급히 말에서 내려 인사를 했다. 유비가 말했다. "오래전부터 선생의 명성을 익히 들었지만 만날 방법이 없었습니다. 마침 제가 있는 곳을 지난다고 하시기에 여기까지 나온 것입니다. 괜찮으시다면 형주로 모셔서 잠시 쉴 곳을 마련하여 이야기를 나누고 싶은데, 허락해 주시겠습니까?"

장송은 흔쾌히 유비를 따라 형주로 갔다. 유비는 연회를 열어 장송을 초대했다. 술자리에서 장송이 물었다. "황숙유비를 가리킴-옮긴이이 지키는 형주에는 몇 개의 군이 있습니까?" 제갈량이 대답했다. "형주도 원래 동오에서 빌려온 땅입니다. 예전에는 툭하면 돌려 달라고 재촉했는데 그나마 주공이 동오의 사위가 되신 후로는 잠잠한 편입니다." 장송이 말했다. "동오는 여섯 개 군에 80개 주를 거느리고 있어 나라가 부유하고 백성은 강합니다. 그런데도 무엇이 더 부족하답니까?" 유비가 처량한 표정으로 말했다. "나는 재능과 힘이 모자란데 어찌 감히 헛된 욕심을 부릴 수 있겠습니까?" 그러자 장송이 말했다. "주공은 한실의 종친이시며 세상 사람 모두가 공의 어짊과 의로움을 칭송합니다. 그러니 한 군현은 물론이고 황제가 되어 나라를 다스리신다고 해도 전혀 지나친 것이 아니지요." 유비가 손사래를 치며 말했다. "과찬이십니다. 제가 어찌 그럴 수 있습니까!" 갑자기 연회장이 떠들썩해지며 사람들은 모두 소리 높여 자신의 이야기를 하느라 바빴다. 연회에서 유비는 단 한 번도 서천의 일을 언급하지 않았다. 이렇게 장송은 사흘 동안 형주에 머물렀는데 매일 연회를 참석했지만 어느 누구도 그에게 서천 이야기를 하지 않았다.

사흘 후, 장송이 촉 땅으로 돌아가기 위해 유비에게 작별 인사를 하러 왔다. 유비는 도성 밖에 세운 정자에서 마지막으로 술자리를 열고 장송에게 말했다. "장별가께서 저를 이방인으로 취급하지 않으시고 사흘 동안 이곳에서 머물며 즐겁게 이야기를 나누었는데, 이제 떠난다고 하시니 언제 다시 그 가르침을 들을 수 있을지 모르겠습니다." 말을 마친 그는 눈물을 흘리며 목이 메어 더 이상 말을 잇지 못했다. 장송도 감동하며 말했다. "주공께서 이렇게 관대하고 의로우신 줄 몰랐습니다. 본래 저는 서천을 조조에게 바치려 했지만 그가 오만하고 무례하여 그냥 돌아가던 길이었습니다. 그런데 주공이 이렇게 두터운 덕으로 저를 대해 주시니 그 은혜에 보답하는 것이 도리겠지요. 제가 볼 때 형주는 동쪽으로는 손권이 있고 북쪽으로는 조조가 있어 오래 머물 곳이 못됩니다." 유비가 고개를 끄덕이며 말했다. "저도 그렇게 생각합니다. 하지만 또 어디로 가서 몸을 맡긴단 말입니까?" 그때를 놓치지 않고 장송이 말했다. "익주는 지형이 험하고 땅이 넓으며 백성이 부유합니다. 그곳의 모사 중 상당수가 일찍부터 황숙을 존경하고 있습니다. 만약 형주의 군사와 백성을 이끌고 서쪽으로 오신다면 분명히 대업을 달성하고 한나라 종실을 부흥시킬 수 있을 것입니다."

유비는 여전히 겸손했다. '세 번이나 서주를 양보한三讓徐州' 식의 겸손은 그의 오래된 습관이었다. 유비가 말했다. "제가 어찌 감히 그럴 수가 있습니까. 유장도 황제의 종실이며 촉의 땅을 하사받은 지도 오래되지 않았습니까? 그런 그를 친다는 것이 말이나 됩니까?" 장송이 단호한 표정으로 말했다. "저는 결코 주인을 팔아 영예를 얻으려는 자가 아닙니다. 오늘 주공과 같은 영명한 분을 만나니 그동안 속에 담아두었던 말을 하지 않을 수 없군요. 유장은 비록 익주를 가지고 있지만 성격이 나약하여 인재를 제대로 쓰지 못합니다. 게다가 장노가 북쪽에서 호시탐탐 침략의 기회를 엿보고 있지요. 이런 이유로 익주 사람들은 늘 전전긍긍하며 하루빨리 훌륭한 주인이 나타나기만을 바라고 있습니다. 제가 이번에 길을 떠난 것도 원래는 익주를 조조에게 바치기 위해서였습니다. 하지만 그 도적은 오만하고 간사하며 현사를 무례하게 대하니 제가 마음을 바꾸어 특별히 공을 만나러 온 것입니다. 그러니 부디 서천을 먼저 취하여 기지로 삼으시고 한중을 정벌하여 중원을 손에 넣으십시오. 그렇게 하면 한나라를 회복하고 역사에 이름을 남길 수 있으니 이것이야말로 가장 큰 업적이라 할 수 있습니다! 만약 서천을 얻으시고자 한다면 저 장송이 힘을 다해 돕겠습니다. 그러니 다시 한 번 생각해 보십시오."

하지만 유비는 여전히 고집을 부리며 말했다. "장별가의 마음은 고맙습니다. 하지만 유장은 나와 한 종실인데 만약 그를 공격하면 천하 사람들이 저를 욕할까 봐 걱정입니다!" 장송이 답답한 듯 말했다. "대장부로 태어나서 먼저 큰일을 염두에 두어야지요. 만약 이번 기회를 놓치면 분명히 다른 사람이 서천을 차지할 것입니다. 그때는 후회해도 늦습니다." 하지만 유비는 여전히 걱정스러운 얼굴로 말했다. "듣자하니 촉은 지형이 험하여 수레나 말이 다니기 쉽지 않다고 합니다. 그러니 취하려 해도 좋은 계책이 없습니다." 장송은 그제야 소매에서 지도를 꺼내 유비에게 바치며 말했다. "명공이 제게 베풀어 주신 깊은 정에 감사드리기 위해 이 지도를 바칩니다. 이 지도를 보면 촉 땅의 모든 길을 한눈에 알 수 있습니다." 유비와 제갈량이 지도를 펴보니 도로와 지형, 관부와 군량 창고의 위치가 매우 자세하게 그려져 있었다. 때가 되었다고 생각한 유비는 더 이상 사양하지 않고 연신 손을 모으고 고개를 숙이며 말했다. "푸른 산과 물은 영원히 늙지 않으니, 만약 일이 성공하면 반드시 후하게 갚도록 하겠습니다." 그러자 장송이 말했다. "훌륭한 주인을 만났으니 온 힘을 다해 도와야지요. 어찌 보답을 바라겠습니까!" 말을 마친 그는 길을 떠났다. 제갈량은 조운을 시켜 장송을 수십 리 밖까지 배웅을 한 후에야 돌아왔다.

유비는 장송이 가르쳐준 방법대로 손쉽게 익주를 차지한 후 확실하게 입지를 다질 수 있었다. 어쩌면 유비가 나라를 세우고 황제가 될 수 있었던 시작점도 바로 이쯤이었을 것이다.

유비가 장송을 대했던 태도를 살펴보면 그것은 엄격한 논리관계에 의한 행동 과정이었음을 알 수 있다. 그는 미리 세워둔 계획에 따라 인내심을 발휘한 것이다. 장송처럼 재능 있는 인물도 유비에게 이용을 당했는데 그것 역시 필연이었을지도 모르겠다.

인내는 한 나라를 세울 수도 있다. 성공을 위해서라면 반드시 '인'을 갖추어야 한다. 서한의 개국 황제 유방과 그의 신하 사이에 발생했던 사건 역시 이 점을 잘 설명해준다.

초나라와 한나라의 다툼이 가장 치열하던 시절 한신은 항우가 세운 제나라를 무너뜨렸다. 그때 제후들은 각 지역을 다스리고 있었는데 주인을 배반하고 상대편에게 투항하거나 자립해 나라를 세우는 일이 허다했다. 한신은 다른 사람의 부추김으로 유방에게 사자를 보내 자신을 제나라의 가왕으로 봉해줄 것을 청했다.

사자로부터 한신의 요구를 전해 들은 유방은 노발대발했다. 어려운 상황에 빠진 자신을 도와주기는커녕 이를 구실로 왕 자리를 욕심내는 그가 아니꼬웠기 때문이다. 유방이 한신의 사자에게 한바탕 욕을 퍼부으려던 찰나 장량이 은근한 눈빛으로 그를 말리며 말했다. "지금 한신의 사신에게 싫은 소리를 하면 안 됩니다. 한신이 대왕의 편에 있기 때문에 그나마 초나라에 대적할 수 있다는 사실을 잊지 마십시오. 만약 한신이 대왕을 배신하고 초나라로 간다면 한나라는 분명히 위험해집니다. 한신이 사람을 보낸 것은 대왕의 의중을 떠보기 위한 것입니다. 그러니 지금은 기분 좋게 그를 제왕으로 봉하십시오. 이 문제는 초나라를 물리친 후 이야기를 해도 늦지 않습니다."

장량의 말이 끝나자 유방은 재빨리 표정을 바꾸고 사신에게 말했다. "대장부가 기왕 뜻을 품었으면 진짜 왕이 되어야지 무슨 가왕 따위나 한단 말인가!" 이듬해 2월 유방은 장량에게 인장을 주어 제나라에 있는 한신을 왕으로 봉하도록 했다. 과연 장량의 말은 틀리지 않았다. 줄곧 유방에게 불만을 가졌던 한신은 이번 일로 마음을 다 잡고 유방에게 충성할 것을 결심했다.

한신 역시도 아주 유명한 '인'의 과정을 겪었다. 정치, 군사, 정권투쟁은 매우 복잡하게 발생하는데 단 한순간에 판도가 바뀌기도 한다. 이때는 잠시의 굴욕을 참고 자신의 의지를 다지며 적당한 기회를 찾아야 하는데, 이것은 성공하려는 사람이 반드시 갖추어야 할 마음가짐이다. '자벌레가 몸을 움츠리는 것은 펼치기 위함이요, 용이나 뱀이 겨울잠을 자는 것은 몸을 보호하기 위함이다'라는 말도 같은 뜻이다. 사실 그것은 비교적 낮은 경지다. 더 높은 경지는 주도적으로 이러한 기회를 찾아 각 분야에 잠재된 문제를 해결한 후 앞으로 나가는 것인데 그것이야말로 진정한 의미의 인내라 할 수 있다.

한신이 백정의 가랑이 사이를 지나가며 굴욕을 참아낸 이야기를 모르는 사람은 없다. 한신은 회음 사람이었는데 농사를 짓거나 장사를 하지 않아 그의 집안은 매우 가난했다. 낮은 벼슬 자리를 하려고 해도 기술이 없으니 아무도 써주지 않았다. 한신은 어쩔 수 없이 온종일 빈둥거리며 밥이나 얻어먹으러 다닐 수밖에 없었다. 동네의 정장과 사이가 좋았던 그는 염치불구하고 정장의 집으로 가서 밥을 얻어먹었다. 정장의 아내로서는 그런 그가 곱게 보일 리 없었다. 정장의 아내는 궁리 끝에 때보다 훨씬 이른 시간에 밥을 먹어버렸다. 그래서 한신이 밥을 먹으러 왔을 때는 이미 설거지까지 마친 후였다. 그제야 상황 파악이 된 한신은 다시는 정장의 집에 발걸음을 하지 않았다.

할 수 없이 회음성 아래에서 낚시를 했지만 운이 없는 날에는 빈손으로 주린 배를 움켜쥐고 돌아와야 했다. 마침 물가에서 빨래를 하고 있던 노파가 그 모습을 보고 자신의 밥을 나누어주었다. 배가 무척 고팠던 한신은 사양하지 않고 밥을 먹었다. 이런 일이 몇 번이나 계속되자 한신이 감격한 목소리로 노파에게 말했다. "제가 성공하면 반드시 이 은혜를 갚겠습니다." 그러자 노파는 오히려 역정을 내며 말했다. "사내대장부가 제 힘으로 살아가지 못해 곤궁하게 지내서야 되겠소? 내 보아하니 그대는 키가 일곱 척에 이목구비가 준수하니 왕손이 될 상이구려. 배가 고픈 것 같아 음식을 나누어준 것인데 보답을 바라서야 되겠소?" 말을 마친 노파는 빨래를 들고 사라졌다.

사는 것은 여전히 고생스러웠다. 어쩔 수 없이 한신은 가보로 전해내려 오던 검을 팔기로 했다. 하지만 며칠이 지나도 검은 팔리지 않았다. 어느 날, 한신이 보검을 허리에 차고 거리를 배회하다가 한 백정과 마주쳤다. 백정은 일부러 한신의 길을 가로 막으며 비아냥거리며 말했다. "덩치는 크지만 약골이

구만. 용기가 있다면 그 검으로 나를 찔러보아라. 못하겠다면 내 가랑이 사이를 기어서 지나가야 할 것이다." 말을 마친 그는 길 한중간에 서서 양 다리를 벌리고 한신을 막아섰다.

한신은 백정을 한 번 쓰윽 보고는 고개를 숙이고 가랑이 사이를 지나갔다. 사람들은 모두 한신의 나약함을 비웃었지만 한신은 조금도 부끄러운 기색이 없었다. 사실 한신은 백정을 찌를 용기가 없었던 것이 아니다. 가슴속에 큰 뜻을 품고 있었던 그는 소인배와 시비에 휘말리고 싶지 않았을 뿐이었다. 만약 잠시 화를 참지 못하고 백정을 찔렀다면 도망자 신세가 될 것이 뻔했다. 그래서 그는 상황을 잘 파악하고 잠시의 굴욕을 참은 것이다. 훗날 한신은 유방과 전쟁에 참여하며 많은 공을 세워 회음후로 봉해졌다. 빨래하던 노파에게 보답을 한 것은 물론이고 자신에게 굴욕을 안겨 주었던 백정에게 복수하는 대신 하급 군관 자리를 주기도 했다.

강태공은 여든 살이 되어도 뜻을 세우지 못하고 늘 실패만 거듭하다가 결국 부인과 이혼했다. 하지만 한신과 비교하면 그의 고생은 아무것도 아니었다.

중국 속담에 "처마 밑에 있는 사람은 고개를 숙일 수밖에 없다"라는 말이 있다. 권세나 능력이 경쟁자보다 못하고 적당한 기회가 온 것이 아니라면 반드시 고개를 숙이고 후퇴해야 한다는 뜻이다. 이런 상황에 처하면 사람들은 모두 다른 태도를 취할 것이다. 뜻이 있고 진취적인 사람은 이를 자신을 단련하고 곧 다시 일어나기 위한 휴식의 기회로 삼는다. 이런 사람들은 절대 기가 죽거나 움츠러들지 않는다. 하지만 역경과 좌절을 겪어보지 않는 사람은 모든 것이 끝났다고 생각하고 위축되고 만다. 감히 앞으로 나가지 못하는 이들은 눈앞의 장애물을 넘지도 못하고 다른 사람 탓만 하게 마련이다.

마지막은 '변'이다. 이것의 이치는 아주 간단하다. '자'와 '인'이 수단이라면

'변'은 목적이다. '변'을 통해서만 앞서 말했던 '자'와 '인'을 대가로 얻은 가치를 배가하거나 적절한 보상을 받을 수 있다. 이로써 자신의 목적을 이룰 수 있는 것이다.

중국의 춘추 전국 시대는 매우 재미있는 시기였다. 제후들은 서로 이권을 다투었고 천하는 혼란했으며 각양각색의 사람들이 무대에 나와 자신의 색깔을 드러냈다. 물고기와 용이 함께 섞여 있고 진흙과 모래가 엉켜 있는 혼란한 시대에는 모래에서 사금을 일궈낼 수도 있고 또 가라앉았던 찌꺼기가 수면 위로 떠오를 수도 있다. 이 시기에서 발생했던 수많은 사건들이 이 점을 잘 설명해준다.

당시 가장 강한 세력을 자랑했던 초나라는 줄곧 북쪽으로 세력을 확장해 중원의 패자가 되려고 했다. 그래서 병력을 집중해 중원의 전략적 요충지인 정나라를 공격했다. 정나라는 스스로를 보호하기 위해 이미 서북쪽의 대국으로 자리 잡고 있던 진晉나라와 동맹을 맺어 군사적 지원을 확보해둔 터였다.

그러던 차에 초나라의 군대가 갑자기 정나라를 공격했다. 하지만 진나라가 너무 멀어 지원 병력이 도착하려면 시간이 필요했다.

성 문을 닫아걸고 지원군을 기다릴 것인가, 아니면 초나라와 동맹을 맺을 것인가로 정나라 대신들 사이에는 의견이 분분했다. 사실 상황은 매우 명확했다. 방어를 한다면 결론은 하나, 초나라에게 멸망당할 수밖에 없었다. 정나라의 대부 자사子駟가 초나라와 화평을 맺으려고 하자 자공子孔과 자교子蟜가 반대하며 말했다. "우리는 대국 진나라와 피를 뽑아 마시며 맹세를 했습니다. 입 안의 피가 채 마르기도 전에 맹세를 바꿔서야 되겠습니까?" 그러자 자사와 자전子展이 말했다. "우리는 오직 강대국만을 따른다고 맹세했소. 지금 초나라의 군대가 공격을 해왔지만 진나라의 지원군은 우리를 구하러 오지 않았소. 그렇다면 초나라가 바로 그 강대국이오. 그런데도 우리가 맹약을 어기는 것이 된단 말이오? 게다가 협박으로 한 맹세는 성의가 없다 하였소. 어기더라도 누구도 나무랄 수 없는 것이오. 신령은 성심으로 한 맹세에만 깃드는 법이오. 모든 것을 꿰뚫어보는 신령도 핍박 속에서 진행된 맹약이 신성하지 못하다는 것을 알고 있으니 맹세를 깬다 해도 잘못을 탓하기는커녕 오히려 칭찬을 할 것이오." 이렇게 정나라와 초나라는 동맹을 맺기로 했다. 곧 초나라의 공자 파융罷戎이 정나라의 도성으로 들어와 중분中分에서 맹약을 거행했다.

자사의 말은 매우 절묘했다. 정나라와 초나라의 동맹은 원래 믿음을 져버린 행위였다. 하지만 자사의 말 때문에 한순간에 모두가 인정하는 정의로운 행동이 된 것이다. 자사는 상황에 따라 임기응변에 능한 인물이었으며 탁월한 재능을 가진 달변가였다.

사실 인仁, 의義, 예禮, 지智, 신信을 강조했던 공자도 이러한 '변'에 어느 정도 동의했다. 어느 날, 누군가와 약속을 한 공자가 막 문을 나서며 그 약속을 깨버리고 말았다. 그러자 그의 제자가 물었다. "막 맹세를 해놓고 금방 깨어버리는 것은 좋지 않은 일입니다." 그러자 공자가 말했다. "강요에 의해 어쩔 수 없이 맺은 약속은 신조차도 믿지 않는데 하물며 사람은 어떻겠느냐?"

영포의 난을 평정하는 과정에서 화살에 맞은 유방은 나이가 나이인지라 장안으로 돌아온 후에 병세가 날이 갈수록 위중해졌다. 이때 북방의 연왕 노관盧綰이 또 반란을 일으켰다. 이 소식을 들은 유방은 곧장 번쾌에게 인장을 내려 병사를 이끌고 출정하게 했다. 번쾌가 장안을 떠나자 이를 기다렸다는 듯 그와 사이가 좋지 않았던 누군가가 번쾌를 모함했다. 마침 번쾌를 의심하고 있던 유방은 그 말을 철썩 같이 믿고 말았다. "번쾌 그 놈이 내가 병이 나니 아예 죽기를 바라는 모양이구나!" 유방은 주발을 번쾌의 군중으로 보내 그의 직무를 대행하고 진평에게 번쾌의 목을 가져오게 했다. 유방의 명을 받은 두 사람은 나는 듯이 번쾌가 있는 곳으로 달려갔다.

가는 도중 두 사람이 머리를 맞대고 이 일을 의논했다. "번쾌는 황상의 오래된 신하로 수많은 전공을 세웠습니다. 게다가 그는 여 황후의 동생인 여수의 남편이라 황상은 예전부터 그를 신뢰했습니다. 황상께서 병이 나신 후로는 툭하면 화를 내시고 다른 사람의 말을 쉽게 믿으십니다. 이번에도 번쾌를 죽이면 머지않아 분명히 후회하실 겁니다. 황상이 후회를 하시면 우리에게 그 화가 돌아오겠지요. 비록 우리를 탓하지 않더라도 여 황후는 우리를 가만히 두지 않을 것입니다. 게다가 만약 황상이 곧 돌아가시기라도 한다면 일은 더욱 성가시게 될 겁니다. 차라리 그를 직접 죽이는 대신 장안까지 데리고 가서 황상이 직접 처리하게 합시다." 이렇게 의논을 마친 두 사람은 번쾌의 병영 바깥에 제단을 마련하고 황제의 부절을 이용해 번쾌를 불러들였다. 조서를 읽은 두 사람은 번쾌의 양손을 묶어 수레에 가두었다. 주발은 그곳에 남아 번쾌의 일을 대신했고 진평이 수레를 호송해 장안으로 향했다.

장안으로 돌아오던 중 진평은 유방이 죽었다는 소식을 들었다. 여 황후에게 질책당할 것이 두려웠던 진평은 먼저 장안으로 돌아와 황후에게 그간의 일을 보고했다. 화가 났던 여 황후도 진평이 울면서 잘못을 고하고 또 번쾌가 아직 살아 있다는 것을 확인하자 더 이상 나무라지 않았다. 하지만 여수의 모함이 두려웠던 진평은 자신이 궁에서 머물 수 있도록 해달라고 여 황후에게 간청했다. 여 황후는 진평을 황제의 스승으로 삼아 궁에서 머물게 해주었다. 진평이 온종일 황제의 곁을 지키자 여수도 도무지 꼬투리를 잡을 수 없었다. 한편 여 황후는 번쾌를 풀어주고 원래의 관직과 봉읍을 돌려주었다.

사람들은 삼국 시기의 조조를 간웅이라 한다. 그는 기지가 넘치고 융통성이 있으며 사람의 말투와 안색을 살펴 그 심중을 헤아리는 데 뛰어났다. 동탁이 황제를 핍박해 수도를 차지하고 있을 때 조조가 타고난 임기응변으로 목숨을 구한 일은 『삼국연의』에 이렇게 기록되어 있다.

　　어느 날, 누각에서 대신들을 만난 왕윤王胤, 한나라의 사도이 말했다. "오늘이 내 생일이라 저녁에 여러분들을 내 집으로 모셔 술 한 잔 하고 싶소." 그러자 대신들이 말했다. "그렇다면 반드시 참석해 장수를 기원해 드려야지요." 왕윤은 후당에서 연회를 열었는데 대신들이 모두 참석했다. 술잔이 몇 순배 돌자 왕윤이 갑자기 얼굴을 가리며 대성통곡을 했다. 대신들은 영문을 알 수 없다는 듯 물었다. "귀하신 탄신일에 어찌 우십니까?" 왕윤이 말했다. "사실 오늘은 내 생일이 아니라오. 그저 여러분과 의논할 것이 있는데 동탁의 의심이 두려워 거짓말을 한 것이요. 동탁은 주인을 속이고 권력을 마음대로 휘두르고 있어 나라의 사직이 위험에 처해 있소. 한나라를 세웠던 선조께서 진나라와 초나라를 멸한 일을 떠올려 보면 오늘날 나라가 동탁의 손에 들어갈 것을 누가 생각이라도 했겠소? 그래서 내가 우는 것이오." 그러자 대신들도 모두 따라 울었다. 그때 자리에 앉았던 누군가가 박장대소하며 말했다. "경들께서 오늘도 울고 내일도 운다고 한들 동탁이 죽기나 한답니까?" 왕윤이 보니 효기교위驍騎校尉 조조였다. 왕윤이 성을 내며 말했다. "그대도 나라의 녹봉을 받는 몸인데 어찌 나라의 은혜에 보답할 생각은 않고 웃는 것인가?" 조조가 안색을 바꾸며 말했다. "제가 웃는 것은 다름이 아니라 이렇게 많은 사람이 동탁을 죽일 계책 하나도 내지 못하는 것이 한심해서입니다. 이 몸은 비록 재주는 없으나 동탁의 목을 베어 성문에 걸어놓아 천하를 구하겠습니다." 그 소리를 들은 왕윤이 황급히 자리에서 일어나 물었다. "맹덕에게 좋은 의견이라도 있는가?" 조조가 말했다. "요즘 제가 몸을 굽히고 동탁을 따르는 것은 그를 없앨 기회를 엿보기 위함입니다. 이제 동탁이 저를 믿고 있으니 때가 된 듯합니다. 공께 보검이 있다 들었습니다. 그것을 제게 주시어 동탁을 죽일 수 있도록 해 주십시오. 그렇게 되면 죽어도 한이 없겠습니다." 왕윤이 말했다. "맹덕이 그런 마음이라면 그보다 더 다행스러운 일이 또 어디 있겠나!" 조조는 왕윤이 직접 따라준 술을 뿌리며 맹세를 했다. 이윽고 왕윤에게서 보검을 받아든 조조는 술잔을 비운 다음 먼저 작별을 고하고 자리에서 일어났다. 곧 다른 대신들도 집으로 돌아갔다.

다음 날, 보검을 찬 조조가 승상부로 가서 물었다. "승상은 어디에 계신가?" 시종이 대답했다. "작은 누각 안에 계십니다." 조조가 들어가 보니 동탁은 침상에 앉아 있고 그 곁에 여포가 서 있었다. 동탁이 말했다. "맹덕은 어찌 이리 늦었는가?" 조조가 황송한 듯 말했다. "말이 영 신통치가 않습니다." 그러자 동탁이 여포를 보며 말했다. "서량西涼에서 좋은 말을 진상했으니 봉선奉先이 네가 직접 맹덕에게 한 마리 골라 주도록 해라." 여포가 밖으로 나가자 조조가 속으로 생각했다. '이제 역적 놈이 죽을 때가 되었구나!' 조조는 검을 뽑으려 했지만 힘이 센 동탁이 거세게 저항할까 봐 함부로 나서지 못했다. 그때 뚱뚱한 동탁이 오래 앉아 있지 못하고 몸을 뒤로 돌린 채 자리에 누웠다. 그 모습을 본 조조가 속으로 생각했다. '이때다!'

조조가 황급히 보검을 손에 쥐고 찌르려고 했지만 공교롭게도 동탁의 맞은편에 거울이 하나 있었다. 거울을 통해 이 모습을 본 동탁이 황급히 몸을 돌리며 물었다. "맹덕은 무엇을 하는 것인가?" 그때 여포도 마침 말을 끌고 누각으로 오고 있었다. 조조는 황급히 검을 들고 무릎을 꿇으며 말했다. "저에게 보검이 있어 승상께 바치고자 합니다." 동탁이 검을 받아 보니 칠보 장식에 날이 예리한 것이 과연 보검이 확실했다. 동탁이 여포에게 검을 받아두라고 하자 조조는 칼집마저 풀어 여포에게 주었다.

동탁이 조조를 이끌고 누각에서 나와 말을 보여주자 조조가 말했다. "한번 타 보고 싶습니다." 그러자 동탁은 즉시 안장과 채찍을 가져다주었다. 말을 타고 승상부를 빠져나온 조조는 동남쪽을 향해 냅다 달렸다. 이 모습을 본 여포가 동탁에게 말했다. "아무래도 조조의 행동거지가 수상합니다. 딴 뜻을 품고 왔다가 여의치 않으니 검을 바친 것 같습니다." 동탁이 말했다. "나도 그게 의심스럽다." 그때 마침 이유李儒가 들어오자 동탁이 방금 전 있었던 일을 자세히 이야기해 주었다. 그러자 이유가 말했다. "지금 조조는 처자식 없이 홀로 지내고 있습니다. 그러니 사람을 보내 그를 불러들이십시오. 바로 온다면 검을 바치려 했던 것이 사실이고 핑계를 대고 오지 않으면 공을 해치려 한 것이 분명하니 잡아다 문초를 해야 합니다." 동탁은 즉시 병졸을 보내 조조를 데려오게 했다. 얼마 후 병졸이 돌아와 말했다. "조조는 집에 들르지 않고 말을 타고는 곧장 동문으로 향했다고 합니다. 문을 지키는 관리가 물어보니 '승상의 명령을 받고 급한 일로 가는 중'이라고 했답니다." 그 이야기를 들은 이유가 말했다. "조조가 황급히 꽁무니를 뺀 것을 보니 다른 마음을 먹은 게 틀림없습니다." 동탁도 성을 내며 말했다. "내가 저를 그리도 중용했거늘 감히 나를 해하려 하다니!" 이유가 굳은 얼굴로 말했다. "이 일에는 반드시 공모자가 있을 겁니다. 조조만 잡으면 다 알게 되겠지요." 동탁은 즉시 전국에 조조의 얼굴을 그린 방을 붙이고 그를 사로잡은 사람에게 현상금 천 냥과 만호후의 작위를 내릴 것이라고 덧붙였다. 반면 조조를 숨겨주는 사람은 똑같이 죄를 물을 것이라고 엄포를 놓았다.

전통적인 봉건 관료 사회에서 필승의 비결을 묻는다면 이 세 가지, 즉 '자'
사람의 마음을 얻고, '인'기다리며 기회를 잡고, '변'주도적으로 행동하라을 강조하고 싶다.

『구당서』, 『신당서』, 『삼국지』, 『사기』, 『명사』, 『삼국연의』 등 참고

재상이 된 안자

제나라의 재상 관중은 환공이 춘추오패가 되는 데 큰 도움을 주었다. 그가 죽
은 후 그토록 훌륭한 재상을 찾는 것은 쉽지 않았다. 그 뒤를 이은 안자晏子가
두 명의 군주를 보좌했지만 그리 훌륭한 업적을 남기지는 못했다. 비록 관중
을 따라갈 수는 없었지만 안자는 많은 재미있는 이야기들을 남겼다.

군주를 섬기는 방법은 사람마다, 시대마다 모두 다르다. 중국에는 전통적
으로 "문관은 간언을 하다 죽고, 무관은 전쟁을 하다 죽는다"라는 관념이 있
었지만 안자는 자신만의 독특한 관점이 있었다.

처음 장공은 안자의 간언을 흔쾌히 받아들였다. 조회 때마다 장공은 간언
의 대가로 안자에게 작위와 영지를 하사했다. 하지만 시간이 지나고 장공은
안자를 탐탁지 않게 여겼고 자연히 그의 간언도 한 귀로 흘려버리는 일이 많
아졌다. 그러자 안자는 조회 때마다 그동안 받았던 작위와 영지를 돌려주어
야 했다. 결국 빈털터리가 된 안자는 마차를 타고 집으로 돌아오는 길에 깊은
한숨을 쉬더니 갑자기 껄껄하고 웃었다.

그 모습을 본 안자의 시종이 고개를 갸웃거리며 물었다. "대부께서는 왜
계속 한숨과 웃음을 반복하십니까?" 안자가 대답했다. "나의 주인을 어려움

에서 구해내지 못해 탄식하는 것이요. 결국 원하는 것을 얻었기에 기뻐 웃는 것이다. 이제 죽음을 면하게 되었으니 어찌 기쁘지 않겠느냐?"

얼마 후, 장공은 대신 최저崔杼의 아내와 몰래 정을 통하는 낯부끄러운 짓을 저질렀다. 잔뜩 성이 난 최저는 자신의 집에서 장공을 죽였다. 이 소식을 들은 안자는 당장 최저의 집으로 달려가 문 밖에 떡 하니 버티고 섰다. 그 모습을 본 시종이 물었다.

"대부께서는 군왕을 위해 죽으려 하십니까?"

"그가 나만의 왕이더냐? 왜 내가 죽어야 하느냐?"

"그렇다면 도망가실 겁니까?"

"그것이 내 죄더냐? 왜 내가 도망을 가야 하느냐?"

"아니면 집으로 돌아가시겠습니까?"

그러자 안자가 한숨을 쉬며 말했다. "나의 임금이 죽었는데 어찌 집으로 갈 수 있겠느냐? 백성을 다스리는 사람은 백성 위에 군림해서는 안 되며 대업을 근본으로 삼아야 한다. 신하된 자 또한 밥 먹고 사는 것만을 위하지 않고 나라를 받드는 것을 사명으로 삼아야 하지. 그래서 임금은 나라를 위해 죽고 신하는 임금을 위해 목숨을 내놓은 것이다. 임금이 나라를 위해 도망을 간다면 신하는 그 임금을 위해 함께 도망을 가야 한다. 하지만 임금이 사적인 일로 죽었다면 총애하는 신하가 아니고서야 누가 그를 따라 죽거나 함께 도망을 치겠느냐? 하물며 자신을 미워하는 임금을 죽이는 신하도 있는데 왜 내가 그를 위해 죽거나 도망을 가거나 혹은 아무 일 없이 집으로 돌아갈 수 있겠느냐?"

말을 마친 안자는 최저에게 장공의 시신을 보여 달라고 했다. 곧 대문이 열리고 안자가 안으로 들어오자 최저가 물었다. "그대는 왜 죽지 않았는가? 왜 죽지 않았어?" 안자가 대답했다. "사단이 일어났을 때 나는 자리에 없었고 이미 일이 끝났을 때 나는 그것을 알지 못했소. 그런데 왜 내가 죽어야 하오? 왕을 따라 죽는 것이 고결한 행동인 양 말하는 자는 임금을 훌륭히 섬길 수 없다고 했소. 임금을 따라 죽는 신하가 고상한 인격을 가진 것처럼 말하는 자도 큰일을 해낼 수는 없을 것이오. 혹시 내가 왕의 몸종처럼 목숨이라도 끊어 주인을 따라 가야 한다고 생각하는 것이오?"

안자는 곧 머리에 두건을 쓰고 왼팔을 걷어붙인 채 장공의 머리를 자신의 허벅다리 위에 놓고 곡을 하기 시작했다. 한바탕 곡을 끝낸 후 안자는 그 자리에서 세 번을 뛰더니 문 밖으로 모습을 감추어버렸다. 다들 최저가 안자를 죽일 것이라고 생각했지만 최저는 당시 백성의 존경을 한 몸에 받던 안자를 차마 죽일 수가 없었다.

애첩 영자嬰子가 죽자 경공은 종일 시신의 곁을 지키며 사흘 동안 음식은커녕 물 한 모금도 넘기지 않았다. 어찌나 한자리에만 오래 앉아 있었는지 살가죽이 자리에 그대로 붙어버릴 지경이었다. 주변 사람들이 말렸지만 경공은 고집을 꺾지 않았다.

그 소식을 들은 안자가 경공을 찾아와 이렇게 말했다. "도사와 의원이 찾아와 영자의 병을 고쳐주겠다고 합니다." 그 말을 들은 경공은 뛸 듯이 기뻐하며 안자에게 물었다. "정말 영자의 병을 낫게 해줄 수 있단 말이오?" 안자가 태연한 표정으로 말했다. "두 사람의 의술이 매우 뛰어나다고 하니 한 번 시험해 보십시오. 신령의 힘을 빌리려면 우선 목욕재계를 하셔야 합니다."

경공이 나간 후, 안자는 영자의 시신에 수의를 갈아입히고 베로 감싸서 관에 넣었다. 그러고 나서 경공을 찾아가 말했다. "두 사람이 영자의 병을 고치기 어렵다고 하여 시신을 이미 관에 넣었으니 이를 보고 드리러 왔습니다."

그 말을 들은 경공이 노발대발하며 말했다. "신통한 의원이 있다고 나를 꾀어 내서는 몰래 시신을 염하고 입관까지 하다니, 도대체 나를 임금이라 생각은 하는 것이오?" 안자는 조금도 당황하지 않고 말했다. "죽은 자는 다시 살아날 수 없다는 이치도 모르십니까? 왕이 단정하게 행동하면 신하와 백성은 바르 게 따르지만 괴팍한 행동을 하면 백성도 거역하게 됩니다. 대왕께서는 지금 만물의 이치를 무시하고 기괴한 행동을 하고 계십니다. 그러니 대왕의 곁에 는 악하고 나쁜 무리만 남아 있고 그릇된 행동을 바로잡아줄 신하들은 멀어 지게 되는 것입니다. 대왕께서는 지금껏 아첨하는 무리만 가까이 하고 현명 하고 재능 있는 자들을 내치시니 나라 안은 백성의 신음이 끊이지 않는 것입 니다. 과거 환공은 관중을 중용하여 춘추오패가 되셨지만 훗날 간신 수조竪刁 를 총애하여 몰락하고 말았습니다. 지금 대왕께서는 어질고 현명한 신하는 무시하면서 고작 애첩의 죽음은 비정상적으로 애통해하십니다. 옛날 훌륭한 왕들도 사적인 감정에 빠진 적이 있었지만 늘 적당한 선에서 멈추어 큰일에 영향을 주지 않게 했습니다. 죽은 이를 위한 장례를 치를 때도 지나치게 슬퍼 하지 않았습니다. 그렇지 않으면 건강을 해칠 수도 있기 때문이지요. 이 모두 는 훌륭한 왕이 갖추어야 할 덕목입니다. 영자는 이미 죽어 관에 들어간 몸으 로 다시 돌아올 수 없습니다. 죽은 사람을 위한 관과 의복, 물건이 산 자의 생 활에 영향을 주어서는 안 됩니다. 망자를 위해 울고 그 곁을 지키는 것도 산 자의 건강을 해칠 정도가 되면 안 됩니다. 시신이 부패하도록 장례를 치르지 않는 것은 살아 있는 이에게 해가 됩니다. 감정을 추스르지 못하고 몸을 상 하게 하는 것은 천성을 해치는 것으로 대왕의 과오라 할 수 있습니다. 제후 와 빈객들은 우리나라로 오는 것을 꺼릴 것이며 대신들도 그런 임금을 부끄 럽게 여길 것입니다. 잘못된 행동을 바로잡지 않으면 백성을 올바른 길로 인도할 수 없으며 대왕께서 하고 싶은 대로만 한다면 나라를 지킬 수가 없습니다. 시신이 부패하는 데도 관에 넣지 않은 것은 죽은 자에 대한 모독이며 살아 있는 자에 대한 수치라 들었습니다. 이 모두는 성군의 본성에 위배되는 것이니 자칫하다가는 백성의 버림을 받을 수 있습니다. 이러한 일은 절대 일어나서는 안 되지요." 그의 말을 들은 경공이 무안한 얼굴로 말했다. "거기까지는 생각하지 못했소. 선생께서 이 일을 잘 처리해 주시오." 안자가 다시 입을 열었다. "대신들과 제후국의 빈객들이 모두 밖에 있으니 상은 반드시 검소하게 치르도록 하십시오."

공자는 이 일에 대해 이렇게 평가했다. "찬란하게 빛나는 별은 희미한 달빛과 비교할 수조차 없다. 작은 일을 훌륭히 이루어내는 것도 큰일을 포기하는 것보다는 훨씬 낫다. 덕이 있는 자의 과실은 소인배의 장점보다 더욱 강하다고 하더니 이 모두는 안영을 이르는 말이구나!"

아끼던 신하 양구거가 죽자 경공은 안자에게 이렇게 말했다. "충성스럽게 나를 우러러 섬겼던 양구거를 위해 성대한 장례를 치르고 훌륭한 무덤을 만들어주려 하오." 그러자 안자가 말했다. "감히 묻건대 도대체 그의 어디가 충성스럽다는 것입니까?" 경공이 말했다. "신하들이 내가 좋아하는 것을 준비해놓지 못하면 양구거는 백방으로 그것을 구해 가져다주었소. 그래서 그를 충성스럽다 하는 것이오. 비바람이 부는 날이나 한밤중에도 내가 부르기만 하면 지체하지 않고 달려와 안부를 물었으니 이를 보고 그가 나를 우러러 섬겼다고 하는 것이오." 안자가 고개를 저으며 말했다. "왕의 잘못을 입 밖으로 내뱉으면 미움을 살 것이 뻔하지만 말하지 않는 것 또한 신하의 도리가 아니라 말씀 드리는 것입니다. 신하된 자가 모든 힘을 군왕에게 쏟는 것은 불충이요. 아들된 자가 그렇게 아버지를 대하는 것도 불효라고 들었습니다. 아내된

자가 그렇게 남편을 대하는 것을 질투라고 하지요. 군왕을 섬길 때 반드시 지켜야 할 원칙이 있습니다. 군주가 형제를 가깝게 대하고 예로써 신하를 다스리며 백성에게 은혜를 베풀고 제후에게 신용을 지킬 수 있게 돕는 것이 바로 진정한 충성입니다. 아들은 형제와 부모를 사랑하고 아랫사람을 어질게 대하며 벗에게 신용을 지켜야 하는데 이것을 효라 합니다. 아내는 질투를 하지 않고 모든 첩들이 남편의 사랑을 받을 수 있게 공정해야 합니다. 그것이 바로 아내의 도리지요. 천하의 백성은 모두 대왕의 신하인데 오직 양구거만이 충성으로 대왕을 섬겼다고 하시니 대왕을 아끼고 사랑하는 사람이 그렇게도 적다는 말입니까? 나라의 재물은 모두 대왕의 것인데 오직 양구거만이 자신의 재산을 털어 대왕께 즐거움을 주었다고 하시니 대왕에게 충성하는 사람이 그렇게 적다는 말입니까? 혹시 양구거가 대왕의 눈과 귀를 막았다는 생각은 들지 않으십니까?"

그의 말을 들은 경공이 고개를 끄덕이며 말했다. "그대의 말이 아니었다면 일이 이렇게 심각한 지경까지 온 줄도 몰랐을 것이오!" 경공은 원래의 계획을 취소하고 나라를 다스리는 데 힘썼다. 그러자 제나라는 곧 태평해졌다.

사실 재상으로서 안자가 한 일은 부드러움으로 강함을 극복한 정도였다. 섬세하고 부드러운 간언으로 경공의 부당한 행위를 막은 것이다. 더 큰일이었다면 아마 해낼 수 없었을지도 모르겠다.

평소 술을 즐겨 마셨던 경공은 어느 날 혼자 술을 마시기가 적적한 나머지 한밤중에 다짜고짜 안자의 집을 찾아갔다. 내관이 안자의 집 대문을 두드리며 말했다. "황상 납시오!" 그 말을 들은 안자는 즉시 조복으로 갈아입고 대문 밖을 향해 소리쳤다. "혹시 무슨 변고라도 생긴 것입니까? 나라에 중대한 일이 생긴 것이 아니라면 대왕께서는 어찌 야심한 시각에 저를 찾아오셨습니까?" 경공이 대답했다. "향이 좋은 술과 듣기 좋은 음악이 있어 선생과 함께 나누려고 찾아온 것이오." 그러자 안자가 말했다. "술상을 마련하고 음식을 차리는 것은 다 전담자가 있는데 저는 감히 거들지 못하겠습니다." 그 말이 일리가 있다고 생각한 경공이 시종에게 말했다. "양저穰苴, 제나라의 대장의 집으로 가자." 곧 내관이 양저의 집 대문을 두드리며 말했다. "황상 납시오." 그러자 양저는 서둘러 갑옷을 두르고 병기를 찬 채 바깥을 향해 소리쳤다. "제후국이 반란을 일으켰습니까? 아니면 대신 중 누군가가 반란을 하려 합니까? 그것이 아니라면 대왕께서는 어찌 이리 야심한 시각에 저를 찾아오신단 말입니까?" 경공이 말했다. "향이 좋은 술과 듣기 좋은 음악이 있어 장군과 함께 나누려고 찾아온 것이오." 그러자 양저가 말했다. "술상을 마련하고 음식을 차리는 것은 다 전담자가 있게 마련인데 저는 감히 거들지 못하겠습니다." 그 말에 일리가 있다고 생각한 경공은 또다시 시종에게 일렀다. "양구거의 집으로 가자." 관리가 양구거의 집 문을 두드리며 소리쳤다. "황제 폐하 납시오." 그러자 양구거는 왼손에 거문고를 들고 오른손에는 피리를 든 채 노래를 부르며 경공을 맞으러 나왔다. 그 모습을 본 경공이 말했다. "좋구나! 오늘 밤은 잔뜩 취하도록 마셔보자. 안자와 양저 같은 신하들이 없으면 누가 나를 도와 나라를 다스리겠는가! 또 양구거 같은 신하가 없다면 누가 나와 함께 즐거움을 나누겠는가?"

안자는 어쩌면 관중의 영향을 받았을지도 모른다. 당초 관중과 포숙아와 소홀이 세 공자를 보위하라는 명을 받았지만 소홀은 이를 거절하며 말했다. "100년 후 군주가 세상을 떠나고 누군가가 군주의 명령을 어겨 이미 세워진 군주를 폐위하고 왕위를 빼앗아 천하를 얻으면 나는 살고 싶지 않을 것이오. 하물며 제나라의 정무에 참여하고 군주의 명을 받들어 바꾸지 못하게 하는 것, 군주를 지켜 폐위되지 않도록 하는 것이 내가 해야 될 일이라오." 하지만 관중이 고개를 저으며 말했다. "내 생각은 다르오. 나는 군주의 명을 받고 나라의 종묘사직을 지키는 몸인데 어찌 한 사람을 위해 죽을 수 있겠소? 나라가 망하고 종묘사직이 훼손되고 제사를 지낼 사람이 없어진다면 나는 죽을 것이오. 하지만 이 세 가지 이유가 아니라면 나는 살아야 하오. 내가 사는 것이 나라에는 이익인데 어찌 죽는단 말이오?"

물론 안자는 관중을 본받기는 했지만 그처럼 대단한 포부나 의지는 없었다. 누군가가 이런 말을 했다. "신성하고 현명한 군주는 모두 유익한 친구가 있고 어진 신하가 보좌하며 향락만을 탐하는 대신을 쓰지 않는다. 이 점에서 경공은 뛰어난 군주는 아니었지만 각기 다른 대신을 알맞게 중용했기에 국가를 유지하고 멸망하지 않을 수 있었다."

안영은 관중과 같은 큰 뜻과 지략은 없었다. 또 관중처럼 전체적으로 제나라 경공을 위해 큰 계획을 세우지도 않았다. 하지만 그는 진심으로 경공을 보좌했는데 덕분에 제나라가 망하지 않게 지킬 수는 있었다.

『관자』, 『안자춘추』 참고

진정한 은사

중국인들은 뛰어난 인격과 문학적 재능을 갖추었던 장자莊子를 누구보다 존경하며 지금도 잊지 않고 기린다. 그는 분명히 중국 문화의 중심에 있다. 공자의 '은신'隱身. 몸을 숨기는 것—옮긴이'이 정치와 문화를 결합시킨 '내성외왕'의 인격을 실현시키기 위한 것이라면 장자의 '은신'은 단순한 문화적 활동에 불과했다. 실제로 장자는 '세상을 피해 초야에 몸을 숨겼던' 선비들의 시초로서 깊고 풍부한 철학 사상을 바탕으로 중국의 '은일隱逸, 속세를 피해 숨는 것—옮긴이' 문화를 성숙하게 만들었으며 이를 몸소 실천하기도 했다. 이러한 문화는 중국의 전통 사회 문화 발전에 중요한 영향을 끼치기도 했다.

은사隱士란 무엇인가? 가끔은 풍자의 대상이 되기도 하는 그들은 세상을 피해 숨어 지내는 것 때문에 오히려 더 명성이 높아지기도 했다. 누군가는 그들을 성공을 위해 지름길을 택한 속물이라고 비판하기도 한다. 하지만 남송南宋의 홍매가 지은 『용재수필』에 등장하는 네 명의 은사는 분명히 진정한 은사라고 할 수 있을 것이다.

첫 번째는 자계慈溪, 현재의 저장 성(折江省) 쯔시(慈溪) 동쪽의 장계장蔣季莊으로 송나라 휘종徽宗 시절의 사람이다. 왕안석의 학설을 경멸했던 그는 과거도 보지 않고 문을 닫아건 채 독학으로 시와 서를 공부했으며 사람들과 왕래도 하지 않았다.

고억숭高抑崇은 명주明州, 현재의 저장 성 닝보(寧波)에 살면서 일 년에 서너 번 장계장을 찾아가곤 했다. 장계장은 매번 그가 온다는 소식을 들으면 버선발로 달려 나와 맞았는데 어떤 때는 너무 급해 짚신도 거꾸로 신을 지경이었다. 두 사람은 먹고 자는 것도 잊은 채 작은 방에서 무릎을 맞대고 이야기를 나누었다. 그러다가 고억숭이 떠날 때가 되면 장계장은 먼 곳까지 배웅을 한 후에야 아쉬움을 달래며 집으로 돌아오곤 했다.

장자

두 사람은 사이가 매우 좋았는데 장계장의 명성이 높아지자 사람들은 고억숭을 더욱 부러워했다.

누군가가 궁금함을 참지 못하고 고억숭에게 물었다. "장계장은 사람 사귀는 것을 싫어하는데 어찌 선생과는 사이가 좋습니까? 그 이유가 궁금합니다." 고억숭이 대답했다. "나는 책을 읽다가 이해하지 못하는 구절이 나오면 잘 모아 두었다가 장계장을 찾아가 물어봅니다. 단 한 번의 대화로도 모든 문제가 단박에 해결되지요."

장계장은 대단한 재능과 지혜를 갖춘 인물임에 틀림없었다. 어쩌면 장계장은 자신의 재능을 알아봐준 고억숭에게는 마음을 터놓았을지도 모른다. 흔히 이야기하는 지기知己가 아마 그들을 두고 하는 말이 아닐까?

두 번째는 명주의 깊은 산 속에 살던 왕무강王茂剛이다. 왕무강에게는 동생이 있었는데 형과 달리 학문에는 뜻이 없어 막노동으로 생계를 이어나갔다. 좀처럼 숲 밖으로 나가지 않았던 왕무강은 사람들과도 만나지 않고 오로지 책만 읽었는데 특히 『주역』에 통달했다.

자주 왕무강을 찾아갔던 명주의 통판通判 심환沈煥은 그의 견해와 관점이 이미 책 속의 주석을 훨씬 뛰어넘는다는 것을 알고 놀라움을 금하지 못했다. 하지만 왕무강은 절대 자만하지 않고 늘 겸손했다. 그는 언제나 쉬지 않고 학문을 연구했다.

세 번째는 고주부顧主簿다. 원적이 어디인지 알 수는 없지만 송나라 때 남쪽으로 이주한 후 줄곧 자계에 살았다. 청렴하고 소박했던 그는 가난한 생활에 만족하며 다른 사람의 눈은 신경 쓰지 않았다.

아침에 일어나 그가 가장 먼저 하는 일은 문 밖에서 채소 장수를 기다렸다가 가격을 물어보는 것이었다. 그는 채소 장수가 부르는 대로 값을 쳐주고 물건을 샀다. 다른 음식과 생활 용품도 마찬가지였다. 그러자 장사꾼들도 그를 믿고 절대 바가지를 씌우지 않았다. 이렇게 하루 동안 쓸 물건이 모두 준비되면 그때부터 문을 닫아걸고 책을 읽으며 사람들은 일절 만나지 않았다.

마을 사람들도 이런 그를 존경했다. 사람들 사이에는 제멋대로이고 잘난 체하는 사람에게 "네가 고주부라도 되느냐?"라고 하는 우스갯소리가 떠돌기도 했다.

네 번째는 신주信州 영풍永豊 현현재의 장시 성(江西省) 광평(廣豊)의 주일장周日章이다. 주일장은 성격이 강직하고 청렴하여 사람들의 존경을 받았다. 그는 글방을 열어 학생들을 가르쳤는데 겨우 먹고살 만큼의 학비만 받고 다른 재물은 절대 욕심내지 않았다. 집이 너무 가난해 하루에 한 끼밖에 못 먹는 날이 많아지자 이웃사람들이 자발적으로 먹을 것을 가져다주기도 했다. 굶기를 밥 먹듯 하면서도 아내와 함께 배를 주릴지언정 단 한 번도 구걸하지 않았다.

어떤 때는 엄동설한에 솜옷이 없어서 종이를 덮고 추위를 견디기도 했다. 그때 손님이 찾아오면 기쁘게 뛰어나가 맞았는데 그런 그에게서 가난으로 부끄러운 기색은 전혀 찾아볼 수가 없었다. 그의 그런 태도에 사람들은 모두 감탄을 금치 못했다.

어느 날, 영풍현의 현위 사생射生이 그에게 옷을 갖다 주며 말했다. "선생을 존경하여 드리는 것이니 부디 받아주십시오." 주일장이 웃으며 말했다. "보아하니 옷 한 벌이 녹봉 일만 금과 맞먹는 것 같습니다. 거리낌 없이 받는다면 예의가 아니지요." 결국 주일장은 옷을 받지 않았다.

홍매는 이들 네 군자가 역사에 남을 만큼 훌륭한 인물이라고 평가했다.

도는 은밀하여 형태가 없다. 도가 있는 세상을 만나면 나아가 공격할 수 있고 무도한 세상을 만나면 물러가 지킬 수 있다. 도는 한 시기와 시대, 한 사람과 지역에 구애되지 않는다. 그래서 옛사람은 도는 은밀하여 형태가 없다고 한 것이다. 형태가 없기 때문에 구애를 받지 않는 것은 당연하다. 이 모든 것은 원만하고 넓은 인격을 갖추기 위한 것인데, 이것을 세속을 초월한 해탈이라 부르기도 한다. 사람의 마음이 무거워지는 것은 한 시기와 상황에 얽매여 사소한 일에 너무 몰두한 나머지 스스로 그 덫에서 벗어나지 못하기 때문이다. 공자는 이런 말을 했다. "군자는 마음이 평탄하여 넓디넓고 소인배는 언제나 근심 걱정만 한다."

『용재수필』, 『삼조야기三朝野記』 참고

편안하고 고요하면 멀리 이른다

"담박한 마음으로 뜻을 밝히고 고요한 마음으로 멀리 내다보라"라는 말이 있다. 꽤 그럴듯한 말이다. 하지만 정말로 이를 실행한다면 '뜻을 밝히는 것'은 몰라도 '멀리 내다보는 것'은 힘들지도 모르겠다. 특히 사방에 위험이 도사리고 있고 곳곳에 질투와 음모가 숨어 있는 황궁 안이라면 더 그렇다. 하지만 한나라 화제和帝의 황후 등수鄧綬는 조금은 특별했다.

등수는 동한의 화제 유조劉肇의 황후였다. 그는 다른 황후들과는 달리 특유의 겸손함으로 황후가 되었다. 어릴 때부터 착하고 순했던 등수는 인내심과 양보심이 남달랐다. 등수가 다섯 살이 된 어느 날, 할머니가 머리를 잘라주었다. 그런데 노안으로 눈이 흐릿한 할머니가 실수로 등수의 이마에 상처를 내고 말았다. 하지만 등수는 아픔을 참으며 소리조차 지르지 않았다. 그것을

본 어른들이 이상하다는 듯 물었
다. "어찌 이렇게 아무렇지 않을
수 있느냐? 혹시 아픔을 모르는
것이냐?" 그러자 등수가 말했다.
"아픔을 모르는 게 아녜요. 할머
니께서 저를 어여삐 여기셔서 머

동한 시대의 패옥(佩玉)

리를 잘라주신 것인데 아프다고 소리를 지르면 마음 다치실까 봐 참은 것이에
요." 사람들은 겨우 다섯 살짜리 아이의 말에 감탄을 하지 않을 수가 없었다.

95년, 등수는 궁으로 뽑혀가 화제의 귀인이 되었다. 이듬해, 또 다른 귀인
음陰씨가 가문의 세력을 등에 업고 황후가 되었다. 이때부터 등수는 더욱 겸
손하고 신중하게 행동했다.

등수는 동등한 지위의 사람을 대할 때도 늘 자신을 낮추었고 노비에게도
윗사람 행세를 하는 법이 없었다. 어느 날, 등수가 병이 났다. 당시의 규정에
따르면 외부 사람은 함부로 궁에 들어올 수 없었다. 그런데 화제는 등수의 어
머니와 형제들을 궁으로 불러와 등수를 돌볼 수 있게 특별히 배려해 주었고
날짜 제한도 두지 않았다. 당시로서는 상당한 특혜였다. 하지만 이 일을 알게
된 등수가 화제에게 말했다. "궁은 외인의 출입이 엄격하게 제한되는 곳입니
다. 그런데 신첩의 친지들을 오래 머물게 하는 것은 합당하지 않습니다. 사
람들은 폐하께서 신첩을 사랑하시어 궁의 법도를 어긴다 수군거릴 것이며,
신첩 또한 은총을 받고도 만족할 줄 모른다고 욕을 먹을 것입니다. 제가 남
의 입에 오르내리는 것은 상관없지만 폐하의 위엄과 덕정에 해가 되는 것은
절대 참을 수 없습니다. 이번 결정은 폐하와 신첩에게 아무런 이점도 없으니
부디 거두어주십시오." 그 말을 들은 화제는 감동하지 않을 수 없었다. "다

른 귀인들은 가족들이 궁에 출입하는 것을 영광이라 여기는데 오직 그대만이 진정 나를 걱정하는구나." 그때부터 화제는 등수를 더욱 총애했다. 등수는 화제의 사랑을 듬뿍 받았지만 조금도 교만하지 않았고 오히려 더 겸손하게 행동했다.

그는 음 황후의 성격을 잘 알고 있었다. 음 황후가 황제의 총애를 받는 자신을 질투한다는 것을 어렴풋이 느낀 등수는 더욱 공손하게 행동했다. 그러자 황후도 좀처럼 등수에게 트집을 잡을 수가 없었다. 황제가 연회를 열 때마다 다른 비빈과 귀인들은 경쟁적으로 몸치장을 하고 화려한 옷을 입으며 미색을 뽐냈다. 하지만 등수는 흰 옷을 입고 아무런 장식도 하지 않았다. 세심한 그는 자신의 옷 색깔이 음 황후와 같거나 비슷하면 즉시 옷을 갈아입었다. 음 황후와 함께 황제를 알현할 때는 단 한 번도 정좌한 적이 없었다. 황제가 질문해도 늘 황후가 먼저 답할 수 있게 양보하고, 좀처럼 두 사람의 말에 끼어드는 법이 없었다.

놀라운 사실은 이 모두가 진심에서 우러나는 겸손함이었다는 것이다. 이러한 품성은 황제의 호감을 사기에 충분했다. 반면에 오만하고 질투가 강한 음 황후는 황제의 미움을 받을 수밖에 없었다. 위협을 느낀 음 황후는 몰래 독을 써서 등수를 죽이려 했다. 102년, 못된 계획이 탄로 난 음 황후는 궁에서 쫓겨났고 곧 화병으로 세상을 떠나고 말았다.

음 황후가 죽자 화제는 등수를 황후로 책봉하려 했다. 이를 알게 된 등수는 병을 핑계로 숨어버렸다. 하지만 그의 행동은 화제의 결심을 더욱 굳힐 뿐이었다. 황제가 말했다. "황후는 짐과 한 몸이다. 위로는 종묘를 받들고 아래로는 백성의 어머니이니 등 귀인의 덕과 재능만이 이를 감당할 수 있다." 102년 봄, 등수는 황후가 되었다.

맹자는 이런 말을 했다. "순응하면서 바르게 하는 것이 아녀자의 도리다." 이는 윗사람에게 순종할 줄만 알고 자신의 견해라고는 없는 이들에 대한 날카로운 비판이기도 하다. 하지만 등수는 맹자가 말했던 것과는 완전히 다른 인물이었다. 그는 중국인의 우수한 품성을 대표한다고 말할 수 있다. 그런데 이조차도 봉건 사회의 부정적인 산물로 치부해 버린다면 중국의 역사는 그야말로 칠흑과 같은 어둠뿐이었을 것이다.

『후한서』 등 참고

박수칠 때 떠나라

노자는 이런 말을 했다. "성공하면 이름이 나는데 ^(이를 마다하고) 물러나는 것이 천지의 도다." 중국 사람은 무슨 일을 하던 끝까지 가지 않는다. 봉건 관료 사회에서 '성공한 후 물러나는 것成功身退', 전장에서 '궁한 적을 추적하지 않는 것窮寇勿追' 그리고 상계에서 '적당한 때 물러나는 것見好就收'이 모두 이를 설명해주는 말이다. 이렇게 보면 중국인들은 중용을 잘 아는 것 같다.

이것은 분명히 중국인들이 생활 경험에서 내린 나름의 결론이라 할 수 있다. 『역경』에는 '나쁜 일이 지나고 나면 좋은 일이 온다'라는 말이 있다. 나쁜 일도 극에 달하면 좋은 일이 온다는 말이다. 반대로 좋은 일이 극에 달하면 나쁜 일이 올 수 있다.

남송의 홍매가 쓴 『용재수필』에 이런 이야기가 나온다.

염파廉頗는 평생 무수한 전공을 세웠는데 나이가 들어서도 여전히 공명을 탐하며 은퇴하지 않았다. 진나라가 조나라를 공격할 때였다. 이미 조나라에서 별 볼일 없는 신세가 된 염파는 위나라에서 숨어 지내고 있었다. 조나라 왕은 염파가 아직도 군대를 지휘할 수 있는지 알아보기 위해 몰래 사자를 보냈다. 마음만은 청춘이었던 염파는 아직도 건재하다는 것을 과시하기 위해 엄청난 양의 음식을 뚝딱 먹어치운 후 갑옷을 걸치고 말에 올라탔다. 하지만 염파의 원수인 곽개郭開에게 매수된 사자는 염파가 이미 늙어 공을 세우는 것은 고사하고 고향으로 돌아갈 힘조차 없다고 보고했다.

한나라 무제가 흉노를 정벌하는 과정에서 많은 공을 세운 이광李廣은 여러 가지 이유로 후로 봉해지지 못했다. 그는 포기하지 않고 전장군이 되어 전쟁터로 나가겠다고 청했다. 무제는 한참 동안 고민하다가 겨우 그를 선봉으로 임명했다. 이광은 대장군 위청衛靑을 따라 흉노 정벌에 나섰다. 막 변경의 요새에 도착한 위청은 사로잡은 포로를 통해 흉노의 수령 선우單于, 흉노의 왕—옮긴이의 위치를 알아냈다. 직접 정예병을 이끌고 선우를 잡으러 가던 위청은 이광에게 우장군의 부대와 합류해 동쪽에서 지원할 것을 명령했다. 하지만 그러려면 먼 길을 돌아가야 했다. 게다가 그 지역은 물과 풀이 부족한 곳이라 병영을 설치하기도 힘들었다. 이광은 고심 끝에 이렇게 말했다. "지금 대장군께서는 저에게 동쪽에서 공격하라 명하셨습니다. 하지만 저는 젊은 시절부터 흉노와 싸움을 해왔고 오늘 그들의 우두머리와 싸울 기회를 얻었습니다. 그러니 저를 선봉으로 삼아 그와 죽기를 각오로 싸우게 해주십시오." 이미 황제로부터 나이가 많은 이광을 전투에 참여시키지 말라는 명령을 받은 위청은 그의 청을 허락하지 않았다. 이광도 쉽게 고집을 꺾지 않았다. 결국 대장군 위청은 장사를 시켜 자신의 명령을 적은 종이를 이광에게 갖다 주어 빨리 명령에 따르도록 했다. 화가 난 이광은 위청에게 작별도 고하지 않은 채

길을 떠났다. 속으로 분을 삭이며 우장군 조식기趙食其와 합류한 그는 도중에 길을 잃어 일정에 차질을 빚고 말았다. 결국 그는 뒷일을 감당할 것이 두려워 자살하고 말았다.

한나라 선제 시절에 선령강先零羌이 반란을 일으켰을 때 영평후營平侯 조충국趙充國은 이미 일흔 살이 넘은 나이였다. 하지만 조충국은 한나라 장군 중 자신만한 무장이 없다며 남다른 자신감에 차 있었다. 그는 강족의 반란을 평정하라는 명령을 받았지만 이 과정에서 아들 조란趙卯이 오히려 목숨을 잃고 말았다.

한나라 광무제 시절, 오계五溪 일대에 오랑캐가 반란을 일으켰다. 당시 신식후新息侯 마원馬援의 나이는 이미 예순 살이 넘었다. 하지만 그는 황제 앞에서 말안장에 훌쩍 뛰어오르며 영웅의 기개를 뽐냈다. 그 모습을 본 광무제가 감탄하며 말했다. "노장군의 위용은 조금도 변하지 않았소!" 광무제는 마원에게 반란을 평정하게 했다. 하지만 마원은 허무하게도 호두산壺頭山에서 죽고 말았다. "남자라면 말 위에서 시신이 되어 돌아와야 한다"라는 말을 지킨 셈이었다.

당나라의 위국공 이정李靖이 집에서 요양을 하고 있을 때 토곡혼吐谷渾 족이 변경을 침범했다. 이 소식을 들은 이정은 즉시 승상 방현령을 찾아가 말했다. "제가 늙기는 했지만 야만인들을 대적하기에는 충분합니다. 그러니 반란을 평정하는 것은 문제도 아닙니다."

하지만 반란을 평정하고 돌아온 후 모함을 받은 그는 하마터면 목숨을 잃을 뻔했다. 당나라 태종이 요遼를 정벌하기 위한 대책을 논의하자 그는 여전히 자신감을 보이며 말했다. "이미 늙어 쇠약해졌지만 폐하께서 괜찮으시다면 갑옷을 걸치고 출정하겠습니다."

곽자의

곽자의郭子儀는 여든 살이 넘도록 관내부원사關內副元師와 삭방朔方, 하중절도사河中節度使를 지냈다. 젊은 시절에 이미 수많은 공을 세우고 명성을 날렸던 그가 적당한 시기에 은퇴하고 그 자리를 후배들에게 물려주었더라면 아마 유종의 미를 거둘 수 있었을 것이다. 하지만 끝까지 자리를 지키고 있던 그는 덕종德宗에 의해서 면직되고 말았다.

역사 속에서 이들은 모두 영웅호걸로 이름을 날렸다. 하지만 그들은 공과 명성에 끌려 다녔다. 이렇게 훌륭한 사람도 공과 명성에 집착을 했는데 그보다 못한 사람은 오죽했겠는가? 문신은 장막 안의 계책으로 나라를 보좌하고 무장은 용맹함으로 나라를 지킨다고 했다. 사람이 성공하려는 목적은 명성을 얻기 위함이다. 하지만 그 속에 있는 이치를 아는 사람은 많지 않았다. 안타깝게도 자신을 아끼지 않고 자리에 연연해 후대인의 안타까움을 자아낸 사람은 너무나 많았다.

『용재수필』 참고

다스리지 않고 다스리는 법

'아무것도 하지 않고 다스리는 것無爲而治'은 중국 최고의 이상적인 정치의 방법으로, 시대를 불문하고 모든 왕과 재상들은 적은 힘으로 큰 업적을 세우기를 바랐다. 하지만 이는 결코 쉬운 일이 아니었다. 중국 역사를 쭉 살펴봐도 이를 성공적으로 행했던 사람은 극소수에 불과했다. 홍매가 쓴 『용재수필』에 나왔던 일곱 대신은 바로 그 소수에 속했다.

한나라 초기, 조참은 소하의 뒤를 이어 재상이 되었다. 황로도술을 추종했던 그는 아무것도 하지 않고 백성을 쉬게 하는 데만 힘썼다. 소하가 제정했던 규율을 전혀 손대지 않고 기본적으로 그것을 모두 계승하며 자신은 한가롭게 술을 마시며 아무것도 하지 않았다. 부하들은 감지덕지였지만 이를 이해할 수 없었던 대신들은 앞다투어 혜제에게 이 일을 고자질했다. 혜제가 나무라자 조참은 황급히 머리를 조아리며 사죄를 한 후 이렇게 물었다. "폐하, 지금 폐하와 고조 중 누가 더 훌륭한 군주라 생각하십니까?" 혜제가 대답했다. "어찌 감히 나를 선제와 비교한단 말이오?" 조참이 다시 물었다. "신하의 재능을 가장 잘 아는 것은 황제라고 했지요. 폐하가 보시기에 예전의 승상인 소하와 소신 중 누가 낫습니까?" 혜제가 머뭇거리며 말했다. "소하가 낫다고 생각하오." 그러자 조참이 말했다. "폐하는 참으로 총명하십니다. 예전에 고조와 승상 소하는 천하를 안정시킨 후 법령과 제도를 완벽하게 만들었습니다. 그 덕분에 지금 폐하는 아무것도 하지 않고도 천하를 잘 다스릴 수 있으며 소신은 그저 직무에 충실하며 이미 만들어 놓은 제도를 준수하는 것만으로도 실수를 줄일 수 있습니다. 앞 사람이 만들어 놓은 것을 잘 지키기만 하면 되는데 더 이상 무엇을 바란단 말입니까?" 그제야 조참의 참뜻을 알게 된 혜제가 한결 누그러진 말투로 말했다. "이제 그대의 뜻을 알겠소. 돌아가서 쉬도록 하시오."

조참은 이렇게 삼 년 동안 승상직을 맡으며 백성의 칭송을 받았다. 황로도

술에 뛰어났던 그는 아무것도 하지 않고 다스리는 '무위지도'를 주장했다. 건국 초기에는 백성에게 휴식이 필요하다는 것이 이유였다. 실제로, 당시 상황을 보면 '소규조수'나 '무위지도'는 매우 적절한 정책이었다.

유달리 총명했던 동진의 왕도도 여느 명사들과 다르지 않았다. 원제, 명제, 성제를 보좌한 그는 나라를 다스리는 데 마음을 비우고 순리를 따른다는 '청정무위淸靜無爲'를 주장했다. 나이가 든 그는 정사를 돌보기 위해 과도하게 힘을 들이지 않았다. 이런 행동은 다른 사람의 오해를 사기에 충분했지만 정작 자신은 아무렇지 않게 말했다. "지금 세상 사람들은 내가 아무것도 하지 않는다고 말하지만 후대에는 그것이 나라의 안정에 큰 도움이 되었다고 평가할 것이다."

동진의 또 다른 재상 사안은 남다른 포부와 식견이 있는 사람이었다. 하지만 그에 비해 하는 일은 매우 엉성하고 대충대충이었다. 그는 모든 일을 직접할 필요가 없다고 주장했다. 가볍고 유쾌하게 일해야 나라를 더 잘 다스릴 수 있다는 것이 그의 생각이었다.

당나라의 재상 방현령과 두여회는 이세민을 도와 '정관의치'라는 태평성대를 열었다. 하지만 실제로 그들이 세운 공은 역사의 기록만큼 많지 않았다. 이전 왕조의 제도를 어느 정도 개혁하긴 했지만 기본적으로는 자연에 순응하는 '무위이치'를 주장했기 때문이다.

송나라 초기 조진趙普은 태조 시기의 재상이었다. 민심을 얻고 관리들을 단결시키는 데 열중했던 그는 아랫사람의 잘못에 관대했다. 모든 일을 순리에 맡기고 잘못을 처벌하지 않는 것이 그의 기본적인 방침이었다. 당시에는 사대부들끼리 잘못을 고발하는 일이 비일비재했는데 조진은 이런 고발장을 보지도 않고 미리 준비해둔 두 개의 큰 항아리에 던져 넣었다. 항아리가 꽉 차면 곧바로 불태워버렸다. 그렇게 되니 관리들 사이에 권력 다툼은 아예 없어졌고 나라는 자연스럽게 안정을 되찾았다. 누군가는 그의 행동이 책임감이 없다고 비판하겠지만 당시의 사회 안정과 단결에는 큰 역할을 했음에 틀림이 없었다.

송나라의 이항李沆은 매우 똑똑했지만 겉으로는 바보처럼 보이는 재상이었다. 그는 각종 건의를 담은 조서는 절대 승인을 해주지 않았는데 선대의 법률을 바꾸지 않는다는 것이 그의 방침이었기 때문이다. "내가 충성을 다 할 수 있는 방법은 오로지 이것뿐이며 그것만으로도 충분하다!"

조참, 왕도, 사안, 방현령, 두여회, 조진, 이항은 모두 고명대신으로 높은 지위와 생사를 결정할 수 있는 막강한 권력을 가졌다. 그들은 말재주를 부려 백성의 환심을 사려 한다거나 자신의 명성을 알리기 위해 애쓰지도 않았는데 이런 점에서 보면 그들 모두 훌륭한 재상임에 틀림없었다.

'작위적으로 하지 않지만 이루지 않는 것이 없다'는 결코 아무것도 하지 말라고 가르치는 것이 아니다. 오히려 그것은 사소한 일에 얽매이지 않고 모든 것을 원만하고 포용력 있게 해결할 수 있는 진정한 지혜다. 죽고 죽이는 강경한 도와 비교해볼 때 '무위이치'는 비록 대단한 위엄과 명성은 없지만 가장 총명하고 깊이가 있으며 오랫동안 안정을 유지할 수 있는 진정한 도라고 할 수 있다.

『송사기사본말宋史記事本末』, 『송사』 참고

최고의 선은 물과 같다

도가의 창시자인 노자는 지극한 선은 물과 같다고 했다. 나라를 다스리는 가장 좋은 방법은 사물의 변화 규칙에 순응하는 것이다. 다시 말해 사물의 본성에 따라 모든 것을 처리하면 충돌을 줄일 수 있고 마치 흐르는 물처럼 상황에 맞게 그 모양을 바꾸어 문제를 해결할 수 있다는 것이다. 물은 매우 부드럽지만 모든 사물을 고르게 만들 수 있다. 실제로는 가장 포용력 있고 모든 것을 정복할 수 있는 것이 바로 물이다. 나라를 다스리는 데 이것보다 효과적인 방법이 또 있을까?

염범廉范은 자가 숙도叔度이고 경조京兆 두릉杜陵, 현재의 산시 성(陝西省) 시안(西安) 동남쪽 사람인데 전국 시대 조나라의 명장 염파의 후대이기도 하다. 그는 일찍이 운중云中, 현재의 네이멍구(內蒙古) 퉈커터(托克托) 동북쪽과 무위武威, 현재의 간쑤 성(甘肅省) 우웨이(武威), 무도武都, 현재의 간쑤 성 청(成) 현 등에서 군수를 지냈는데 풍부한 정치 경험을 바탕으로 수많은 공을 세웠다.

동한의 장제章帝의 즉위 초기, 염범은 촉군현재의 쓰촨 성 청두(成都)태수로 임명되었다. 촉나라 백성은 글을 이용해 변론을 펼치는 것을 좋아하고 다른 사람의 장단점을 평가하는 것을 즐겼는데, 다른 사람의 구속을 받거나 자신의 습성을 바꾸는 것을 싫어했다. 염범은 부임한 후 처음에 백성을 교화하려 했지만 아무도 그의 말을 따르지 않았다.

성도는 당시 매우 부유한 성으로 인구도 많고 민가가 밀집해 있었다. 성 안의 주민들은 한밤중에도 일하는 습성이 있었다. 이전의 촉군 태수들은 하나같이 백성에게 야간 활동을 금지했다. 밤에 일하려고 등을 켰다가 화재 사고가 나면 엄청난 경제 손실을 입게 되기 때문이었다. 하지만 백성은 명령을 따르지 않았다. 오히려 몰래 불을 켜다 보니 화재 사고는 더 빈번하게 일어났다. 이에 염범은 야간 활동을 금지하지 않고, 대신 집마다 충분한 물을 준비해서 불이 나면 바로 끌 수 있도록 확실히 대비하게 했다. 새로운 법을 실시한 후 성도에서는 화재 사건이 눈에 띄게 줄어들었고 백성의 생활도 전보다 훨씬 편해졌다. 그러자 백성 사이에 염범의 공을 칭송하는 노래가 퍼지기 시작했다.

"염숙도, 어찌 늦게 왔는가? 불을 밝히게 하시니 백성이 편안하네. 평생 짧은 저고리도 없었는데 지금은 바지가 다섯 벌이네."

염범이 촉을 다스린 방법이 바로 '무위이치'다.

당나라 헌종憲宗 시절의 재상 두황상杜黃裳이 '무위이치'에 대해 매우 멋진 연설을 한 적이 있다. 갓 즉위한 헌종은 대신들을 불러 나라를 다스리는 방법을 물었다. 토론으로 정확한 다스림의 방침을 정하고 싶었던 것이다. 두황상은 탁월한 식견으로 헌종에게 여러 번 좋은 의견을 냈고 삭번 문제를 훌륭히 처리하여 나라의 정권을 공고히 한 공으로 헌종의 신임을 한 몸에 받고 있었다. 헌종이 대신들과 나라를 다스리는 방법을 의논하고자 한 것도 사실은 두황상의 의견을 듣기 위해서였다. 헌종이 물었다. "자고로 어떤 제왕은 모든 정무를 근면하고 성실하게 하여 탁월한 공을 세웠고 또 어떤 제왕은 두 손을 가

석도(石濤)의 〈산수도〉

지런히 모으고 아무것도 하지 않으며 모든 것이 순리대로 되도록 내버려두었소. 그들은 각자 성공한 부분도 있고 실패한 부분도 있는데 어떻게 이 둘을 적당히 취할 수 있겠소?" 두황상이 말했다. "황제는 위로는 하늘과 국가가 부여한 사명을 받들고 아래로는 백성과 주변 민족, 그리고 주변 국가를 보살필 중임을 맡은 몸입니다. 그러니 아침저녁으로 걱정이 끊이지 않아 자신의 여유와 안일을 생각할 수 없지요. 하지만 군주와 신하는 각자의 본분이 있습니다. 국가의 법도도 일정한 질서가 있지요. 천하의 인재를 신중하게 뽑고 그들에게 중임을 주어 법을 제정한 후, 공을 세우면 상을 주고 죄를 지으면 처벌한다고 생각해 보십시오. 이때 선발과 임용, 상벌은 모두 공정해야 하며 모두의 인정을 받아야만 합니다. 그러면 모두 나라를 위해 힘을 다할 것이며 나라가 세운 목표를 실현시키기 위해 노력할 것입니다." 잠시 말을 멈춘 두황상이 다시 입을 열었다. "현명한 군주는 고생스럽게 인재를 찾지만 일단 그 인재를 임용하면 오랫동안 편안할 수 있습니다. 그것은 우나라 순 임금이 청정무위로 나라를 다스린 원인과 같습니다. 소송이나 교역과 같은 번거로운 일은 모두 신하가 처리해야 할 일이며 군주가 직접 나서서는 안 됩니다. 모든 일을 직접 처리하면 결국 한 가지도 제대로 할 수 없게 됩니다."

헌종이 고개를 끄덕이자 두황상이 예를 들어 말했다 "과거 진나라 시황제는 저울을 만들어 무게를 재야 할 정도로 방대한 양의 상소문을 읽었으니 부지런하다고 할 수 있습니다. 또 위나라의 명제는 직접 상소대로 가서 문서를 살펴보았으며, 수나라의 문제가 어떤 일을 의논할 때면 호위병들이 긴 시간 호위하느라 중간에 서로 돌아가며 음식을 먹어 허기를 달래야 했습니다. 하지만 그들의 행동은 당시 사회에 어떠한 이익도 가져다주지 못했으며 오히려 사람들에게 조롱을 받았습니다. 비록 그들의 몸은 고생했지만 그 근본적인 이치와 도리가 틀렸던 것입니다."

그가 마지막으로 말했다. "군주가 가장 금기해야 할 것은 거짓으로 사람을 대하는 것이고 신하가 가장 피해야 하는 것은 충성을 다하지 않는 것입니다. 군주가 신하를 의심하면 신하는 군주에게 불충하게 되어 아래와 위가 한 마음이 될 수 없습니다. 이런 상황에서 올바른 정치를 하는 것이 가능하겠습니까?" 헌종은 그의 말이 구구절절 모두 옳다고 생각했다.

두황상의 식견은 탁월했다. 그가 말한 이치는 절대 불변의 진리로 현재의 관점에서 보아도 매우 합리적이었다.

『후당서』, 『구당서』 등 참고

소식 이야기

"위로는 옥황상제를 모실 만하고 아래로는 백정과 거지를 모실 만하네. 하지만 눈앞에는 좋은 사람이 보이지 않네!"

소식蘇軾이 아우 소철蘇轍에게 했던 말로 그의 일생을 설명하기에 충분한 것이었다.

중국의 봉건 관료 사회는 음모와 핏자국으로 얼룩진 사회였다. 하지만 역사는 공정하다. 만약 정권이 모두 몰염치한 음모가들에게만 넘어갔다면 역사가 지금까지 계속되지 못했을 것이기 때문이다. 교활함이나 간사함을 몰랐던 소식은 평생 아첨이라고는 하지 않고 깨끗하고 청렴한 삶을 살았다. 바로 그 때문에 그의 인생이 순탄하지 못했던 것도 사실이었다. 사실 몇 번이나 죽을 위기를 넘긴 것도 그가 아첨을 하지 못했기 때문이었다. 덕분에 그의 명성이 지금까지 이어지기는 했지만 말이다. 그의 일생은 역사의 공정함을 여실히 보여준다.

그는 평생 권력을 잡은 쪽을 '반대'했다. 그의 인생은 그야말로 '칠전팔기'다. 평생 유배와 좌천을 반복했던 그는 수많은 고난을 겪은 후 해남도海南島에서 북쪽으로 돌아오던 길에 병으로 세상을 떠났다. 소식만큼 "어려움과 고난은 너를 옥으로 만든다"라는 말이 잘 어울리는 사람도 없을 것이다. 정치적인 실패로 해남도로 쫓겨 갔던 그는 가장 힘든 시기에 인격 수양의 최고 경지인 천지天地의 경지에 도달할 수 있었다. 유감스러운 사실은 소식과 같은 사람이 중국 역사에 매우 적었다는 점이다. 이제 소식의 시련과 위대한 인생에 대해 간단하게 살펴보자.

1037년 1월, "산은 높지 않아도 아름답고, 물은 깊지 않아도 맑다"라고 전해지는 사천의 미주眉州 성내 소씨 집안에서 아이가 태어났다. 갓 태어난 아이를 안아 올린 아버지 소순蘇洵은 아기의 등에 난 커다란 검은색 점을 발견하고 기쁨을 감추지 못하며 말했다. "부인, 아이의 등 가운데 있는 큰 점이 꼭 하늘의 별 같으니 이 아이는 반드시 재주가 강물처럼 넘치고 호탕하여 간사한 무리와 어울리지 않는 나라의 기둥이 될 것이오." 말을 마치고 아이의 얼굴을 자세히 바라보던 그는 표정이 금세 어두워졌다. 아이의 양 미간은 넓고 코가 오뚝했는데 초롱초롱한 두 눈은 맑은 샘물처럼 안이 다 보일 정도로 맑았다. 한참 생각에 잠겼던 소순이 부인에게 말했다. "이 아이는 성격이 호탕하고 깨끗하여 임기응변을 모르니 장래에 필히 다른 사람의 모함을 받아 힘든 일생을 보낼 것이오." 어쩌면 후대 사람들이 지어낸 이야기일 수도 있지만, 어쨌든 소순의 말은 아이의 일생을 설명해주기에 충분했다. 이 아이가 바로 북송 시대, 그리고 중국 문화 역사의 거인 소식이다.

소식은 어렸을 때부터 매우 총명하고 영특했고, 박학다식할 뿐만 아니라 하나를 보면 열을 알았다.

열한 살이 되던 해에 그는 아버지의 명으로 〈힐서부黠鼠賦〉를 썼는데 어린아이의 글이라고 믿을 수 없을 정도로 매우 설득력이 있었다. 그 내용을 살펴보자.

소식

소자蘇子, 소식—옮긴이가 앉아 있는데 한밤중에 쥐가 갉는 소리가 들렸다. 침상을 가볍게 두드려 쫓았는데 잠시 조용하더니 다시 기척이 들려 동자에게 촛불을 밝혀보라고 했다. 그런데 주머니에서 소리가 나는 것이다. "아! 쥐가 주머니 속에 갇혀 나오지 못하는구나!" 다시 보니 주머니에는 아무것도 없었다. 촛불을 들고 자세히 살펴보니 주머니 속의 쥐는 죽어 있었다. 동자가 놀라며 말했다. "방금까지는 살아서 갉는 소리가 나더니 어찌 죽어 있는지요? 방금 난 소리는 귀신이 낸 것일까요?" 그런 다음 죽은 쥐를 밖으로 던져버리자 쥐는 재빨리 도망쳤다. 아무리 빠른 사람도 잡을 수 없을 정도였다.

소자가 감탄하며 말했다. "기발하구나, 쥐의 교활함이란! 주머니 속에 갇혀서 나올 곳이 없자 갉는 소리로 주의를 끌더니 죽은 척을 하여 도망치다니. 세상의 생명을 가진 것 중 사람보다 지혜로운 것은 없다고 들었다. 그래서 사람은 용과 뱀, 거북과 기린 등 만물을 다스릴 수 있는 것이 아닌가. 하지만 인간은 쥐 한 마리를 당해내지 못하고 놀란 토끼와 처녀 같은 속임수를 쓴 그 꾀에 빠지고 말았다."

쥐는 죽은 척하면서도 속으로는 적을 생각했다. 만약 누군가가 이런 일을 당했다고 말하면 나는 이렇게 이야기할 것이다. "그대는 배운 것은 많지만 그 이치는 모른다. 세상은 그대를 중심으로 도는 것이 아니라 만물은 함께 존재한다. 그러므로 쥐 한 마리의 갉는 소리로도 모든 것이 변할 수 있다. 사람은 천금의 벽을 허물 수 있지만 솥이 깨지는 소리에 놀랄 수 있고, 용맹한 호랑이를 잡을 수 있지만 벌 한 마리에 얼굴색이 변할 수도 있다. 사실 이것은 대단한 일이 아니다. 단지 평소 마음에 두지 않은 일을 당해 당황한 것일 뿐." 누워서도 웃음이 나오고 앉아서는 깨달음을 얻으니 아버지께서 글을 지으라고 하셔서 이를 적는다.

이 글을 통해 우리는 소식이 결코 고지식하고 케케묵은 관념만 앞세우는 학자가 아니었음을 알 수 있다. 그는 세태를 인정하면서 그 속에서 깊은 철학적 관념을 이끌어냈다. 그는 '관리의 도리'를 몰라 핍박을 받은 것이 아니라 오히려 명성과 이익을 쫓는 벼슬아치의 행동과 미묘한 심리 상태를 정확하게 꿰뚫어 보았다. 바로 그 점 때문에 추악한 관리들에게 물들지 않고 오직 나라와 백성, 정의를 위해 신념을 버리지 않았던 것이다.

전국에서 열린 진사 선발 시험에서 소식은 '형상충후지지론刑賞忠厚之至論'이라는 글로 구양수歐陽修를 비롯한 감독관의 이목을 끌었다. 나라와 백성을 사랑하는 마음을 표현한 이 글에는 사람을 감동시키는 강한 힘과 기백이 넘쳤다. 특히 자유롭게 전례와 고사를 활용한 그의 글은 심사관들을 놀라게 하기에 충분했다. 처음 구양수는 월등히 뛰어난 그의 답안을 일등으로 뽑았다. 하지만 자신의 생각과 정확하게 일치하는 답안이 제자 증공曾鞏의 것이라 생각했던 그는 다른 사람의 의심을 받지 않기 위해 슬며시 답안을 2등으로 내려 뽑았다. 구양수는 나중에야 그것이 소식이 쓴 글임을 알고 깜짝 놀랐다. 소식은 예부에서 진행한 구두시험에서 '춘추대의春秋對義'로 당당하게 일등을 차지했다.

훗날 소식의 감사 편지를 받은 구양수는 감탄을 금치 못하며 이렇게 말했다. "소식의 편지를 읽어보니 그 글솜씨에 흥분이 되어 온몸에 땀이 흐를 지경이다. 그의 글을 읽는 것은 즐겁고도 즐겁다. 나는 이제 은퇴할 몸이니 그가 다른 사람의 눈에 띌 수 있는 기회를 만들어주려 한다. 모두들 내 말을 잊지 않도록 하라. 그렇지 않으면 30년 후 그를 기억할 사람은 아무도 없을 것이다." 당시 명망이 꽤 높았던 구양수는 선비들을 등용하는 결정권을 가지고 있었다. 그런 구양수의 말 덕분에 소식의 명성은 금세 전국으로 퍼져나갔다.

여러 차례 봉상첨판鳳翔簽判 등 지방관을 지낸 소식은 1069년, 다시 개봉으로 돌아와 입직사관入直史官이 되었다. 그때, 신종의 지원을 받은 왕안석이 신법을 실시하자 조정에는 신당과 구당의 양 파가 생겨났다.

변법을 반대한 구당의 대표 인물은 사마광이었다. 사마광은 명성이 높은 원로대신일 뿐 아니라 유명한 학자이기도 했는데 중요한 사학 저서 『자치통감』도 그의 주도로 만들어진 것이다. 한편 왕안석을 대표로 하는 신당은 변법을 주장했다. 왕안석 역시 유명한 학자이자 시인이었다. 당시 왕안석은 다소 급하게 변법 시행을 도와줄 사람들을 뽑았다. 덕분에 사경온射景溫, 여혜경呂惠卿, 서단舒亶, 증포曾布, 장돈章惇처럼 간에 붙었다 쓸개에 붙었다 하는 기회주의자들이 중용되어 왕안석의 신임을 얻었다. 훗날 소식을 핍박했던 그들은 변법이 실패로 끝나는 결정적인 원인이 되기도 했다. 소식은 양당 중 누구의 편도 들지 않았다. 소식은 평소 사마광과 사이가 좋았으며 같은 구양수 문하 출신이었던 왕안석과는 마음을 터놓는 사이였다. 둘 다 친한 사이었기 때문에 둘 중 누구에게도 마음이 기울지 않았을지도 모른다. 하지만 한쪽으로 마음이 가더라도 소식은 결코 개인적인 감정 때문에 자신의 주장을 바꾸지 않았다. 때로는 이 때문에 마음에도 없는 말을 하기도 했다.

선종의 전폭적인 지지와 새로운 조력자들의 도움으로 왕안석의 기세는 더욱 왕성해졌다. 이렇게 힘을 얻은 그는 경제, 문화 분야에서 옛것을 버리고 새로운 법을 시행하기 시작했다. 하지만 소식은 왕안석의 방법에 불만을 가졌다. 개혁의 구체적인 내용이든 인재를 선발하는 방법이든 모두가 불합리하다고 생각했던 그는 신법이 결국 사회 안정과 경제 발전 그리고 조정 세력의 단결에 불리하다고 여겼다. 이런 이유로 그는 왕안석을 격렬하게 반대했다. 왕안석이 과거제를 폐지하고 학교를 개혁하자 소식은 신종에게 상소를 올려 이를 비판했다. "인재를 선발하려면 먼저 인재를 이해해야 합니다. 인재를 이해하려면 인재의 실제 상황, 말과 행동이 일치하는지를 살펴봐야 합니다. 폐하께서 먼 곳에서 벌어지는 일과 나라의 큰일을 모두 제대로 아시려면 맹목적으로 옛것을 버리고 새로운 법을 시행해서는 안 됩니다. 또 실제 상황을 고려하지 않고 신법을 시행하는 자들에게 무조건 힘을 실어주어서도 안 됩니다." 그의 말이 일리가 있다고 생각한 신종이 소식을 불러 물었다. "지금의 법령의 득실은 무엇이오? 만약 내가 잘못한 것이 있다면 주저 말고 말해주시오." 그러자 소식이 말했다. "폐하는 하늘에서 내려준 지각이 있는 군주입니다. 문무를 모두 갖추었으며 어떤 일이든 정확하게 통찰하면서 근면하시지요. 하지만 나라를 잘 다스리고 싶은 마음에 급하게 인재를 뽑고 너무 쉽게 다른 사람의 말을 믿으십니다. 느긋하게 모든 것을 충분히 생각해보신 후 신중하게 처리해도 늦지 않습니다." 그의 말을 들은 신종은 고개를 끄덕였다. 신종은 과거제를 폐지하고 학관을 설치하자는 왕안석의 주장을 받아들이지 않았다.

한편 이 이야기를 들은 사마광은 매우 기뻐하며 소식의 행동을 입이 마르게 칭찬했다. 얼마 후, 왕안석이 경제 분야의 신법 실시를 주장하자 다급해진 사마광은 소식을 자신의 편으로 끌어들여 이를 저지하려 했다.

어느 날, 소식을 찾아간 사마광이 단도직입적으로 말했다. "왕안석이 제멋대로 신법을 시행한다고 날뛰고 있으니 우리 함께 그에게 맞섭시다!" 그러자 소식이 웃으며 말했다. "저는 무엇을 어떻게 해야 하는지 잘 모릅니다." 소식의 뜻을 오해한 사마광이 은근한 표정으로 물었다. "무슨 좋은 계획이라도 있으시오?" 그러자 소식이 안색을 굳히며 말했다. "왕안석이 신법을 시행하는 것은 모두 나라와 백성을 위하기 때문입니다. 절대 개인을 위해서가 아니라 대세를 위한 것이니 칭찬받을 만하지요. 하지만 저는 그 잘못된 방법이 나라와 백성에게 도움이 되지 않는다고 판단해 그를 반대하는 것입니다. 그런데 이제 보니 선왕이 세운 법도는 절대 바꿀 수 없다고 말하는 그대의 주장이 더욱 해로워 보이는군요."

사마광의 『자치통감』

그 말을 들은 사마광은 불 같이 화를 내며 소리쳤다. "너 역시 개보介甫, 왕안석의 자와 한패였구나!" 말을 마친 그는 총총걸음으로 돌아갔다. 이때부터 사마광은 소식을 미워하게 되었다.

소식은 나라와 백성, 황제를 위한 충성심을 바탕으로 무려 2개월에 걸쳐 '상신종황제서上神宗皇帝書'와 '재상황제서再上皇帝書'를 완성했다. 그는 이 글을 통해 왕안석의 신법을 전면적으로 비판하여 조정은 물론 민간에서도 큰 반향을 불러일으켰다. 소식은 이러한 개혁을 황제가 한밤중에 말을 타고 급하게 달리는 것에 비유하며 신하들은 황제를 위해 길을 밝히는 대신 오히려 사납게 채찍질을 해대니 더욱 위험해질 것이라 경고했다. 글 마지막에 그는 황제에게 말에서 내려와 안장을 풀고 말을 배불리 먹인 다음, 날이 밝으면 다시 떠날 것을 권유했다. 이 이야기를 들은 왕안석을 비롯한 신당의 무리는 이를 갈며 소식을 미워했다. 여전히 군자의 기품을 지켰던 왕안석은 그나마 괜찮았지만 그의 일당들은 호시탐탐 소식을 없앨 기회를 엿보았다.

어느 날, 사경온을 시켜 소식을 불러온 왕안석이 대뜸 화를 내며 말했다. "그대는 사마광의 편에 서서 신법을 비난하고 있는데 도대체 속셈이 무엇이오?" 그 말을 들은 소식이 오히려 되물었다. "그 말이 어디에서 나온 것입니까?" 왕안석이 지지 않고 말했다. "인종仁宗 재위 시절 그대는 시대의 병폐를 개혁해야 한다고 주장하며 옛것을 고수하는 것을 반대했었소. 그런데 이제 내가 신법을 시행하니 사마광과 손을 잡고 나를 반대하고 있지 않소?" 소식도 분을 참지 못하고 말했다. "툭하면 내가 사마광과 한편이 되었다고 하는데 나 역시 그가 시대의 흐름을 따라 가지 못하는 것을 비판했다는 걸 알기나 하십니까? 공은 사태의 흐름은 살피지 않고 오로지 업적을 쌓기 위해 무모하게 신법을 시행하니 분명히 천하 사람들의 질책을 받을 것입니다." 이렇게 두 사람의 이야기는 아무런 수확 없이 끝을 맺었다.

얼마 후, 왕안석 신당의 핵심 인물인 사경온이 상소를 올려 소식을 모함했다. 소식이 상을 치르기 위해 고향으로 내려가면서 관용 선박을 통해 소금을 운반했다는 내용이었다. 곧 사실무근으로 밝혀졌지만 조정의 당쟁에 염증을 느낀 소식의 마음은 이미 싸늘히 식어버렸다. 신당은 이 기회를 놓치지 않고 소식을 좌천시켜 항주의 통판으로 보내버렸다.

항주와 서주에서 보낸 몇 년 동안 소식은 수리 시설을 확충하고 수재를 구호하는 등 백성을 위해 많은 일을 했다. 1079년, 소식은 또다시 서주에서 호주湖州로 갔다. 이때 조정 내의 권력 다툼은 이미 정점에 달해 있었다. 왕안석이 선발한 무리는 서로 속고 속이며 알력 다툼을 했다.

1075년, 신종은 왕안석을 복직시켜 재상으로 임명했다. 수년 간의 노력이 물거품이 된 여혜경은 재상 자리를 차지하기 위해 그동안 왕안석과 사적으로 주고받았던 편지들을 신종에게 바쳤다.

원래 왕안석에게 빌붙어 부재상이 되었던 여혜경은 평소 자주 왕안석과 서신으로 왕래를 했었다. 그런데 왕안석의 편지 내용 중에 '위에는 알리지 말라'는 내용이 있었다. 이를 보고 왕안석에게 속았다고 생각한 신종은 그를 면직시켜 다시는 조정으로 돌아오지 못하게 했다. 이렇게 되자 과거 왕안석의 변법을 주장했던 여혜경, 이정李定, 서단 등이 조정의 대권을 장악하게 되었다.

한편 호주에 도착한 소식은 규정에 따라 감사의 뜻을 담은 글을 올려야 했지만 조정에서 벌어진 일을 듣고 화가 난 나머지 다소 과격한 내용의 글을 올렸다. "그 어리석음이 적절하지 않음을 알면 함께 나아가기 어렵고, 그 연로함이 말썽이 되지 않음을 통찰하면 적은 수의 백성은 능히 다스릴 수 있습니다." 그의 글을 본 이정은 속으로 만세를 불렀다. 드디어 소식을 모함할 기회를 찾았다고 생각했기 때문이다. 그는 즉시 서단 등과 손을 잡고 이 글을 증거로 소식을 탄핵할 준비를 했다.

당시 일부 원로대신과 황후의 지지를 얻고 있었던 소식을 무너뜨리는 것은 결코 쉬운 일이 아니었다. 그렇다고 손 놓고 있다가 소식이 재기라도 하면 그때는 일이 더욱 힘들어질 것이 뻔했다. 이정과 서단은 하루빨리 계획을 실행에 옮기기로 했다.

다음 날 아침, 이정은 소식이 쓴 글을 신종에게 보여주며 말했다. "소식이 '그 어리석음이 적절하지 않음을 알면 함께 나아가기 어렵고'라고 한 것은 신법을 반대하고 황제께 불만을 나타내는 것입니다. 또 '그 연로함이 말썽이 되지 않음을 통찰하면 적은 수의 백성은 능히 다스릴 수 있습니다'라고 한 것은 자신의 직위에 대한 불만을 토로한 것으로 그 역시 황제 폐하를 무시한 언사입니다." 이정은 소식의 죄상을 네 가지로 요약했다. 첫째, 잘못을 알면서도 뉘우치지 않았다. 둘째, 그가 오만하며 법도를 어기는 것을 나라 안팎으로 모르는 사람이 없을 정도다. 셋째, 거짓을 말하면서도 잘못을 뉘우치지 않는다. 넷째, 황제가 훌륭한 정치를 펼치는 데도 자신이 중용되지 못함에 불만을 품고 있다.

소식의 글을 읽고 기분이 나빠진 신종은 이정의 말을 가만히 듣고만 있었다. 그러자 이번에는 서단이 '확실한 물증'을 들이밀며 신종의 화를 부채질했다. "소식은 신법을 반대하며 모든 새로운 법령에 시를 지어 비판을 했습니다. 그는 겉으로는 따르면서도 속으로는 다른 마음을 품고 폐하를 원망했으며 신하의 예를 다하지 않았습니다. 폐하께서 백성을 위해 화폐를 발행하셨을 때는 '아이들에게서 좋은 말을 듣기 위해 한 해의 절반을 억지로 성안에서 지낸다'라고 했는가 하면 폐하께서 관리들을 시험하는 신법을 행하셨을 때도 '만 권의 책을 읽어도 율律을 읽지 않아 요, 순 임금을 데려와도 아무런 방법이 없다'라고 했습니다. 또 소금 밀수를 금했을 때도 '석 달 동안 소금이 없었는데 어찌 맛이 없다고 탓만 하랴'고 말했습니다. 폐하는 이 점을 잘 살피셔야 합니다."

서단의 모함은 다분히 악의적이었다. 소식의 글은 모두 신법 시행 이후의 사회적 현상을 묘사한 것으로 결코 비판의 뜻이 없었다. 하지만 서단은 세치 혀를 이용해 소식의 시를 황제에 대한 불만의 근거로 만들어버렸다. 이런 상황에서 진실이 통할 리 만무했다.

한참 망설이던 신종은 소식을 잡아들이라는 명령을 내렸다. 소식이 호주에서 체포되어 수도로 압송되자 부임지의 백성은 모두 눈물을 흘리며 배웅을 나왔다. 개봉으로 잡혀 온 소식은 오대옥烏臺獄에 갇혔는데 이를 역사적으로 유명한 '오대시안烏臺詩案'이라고 한다.

소식이 쉽게 감옥에서 나오지 못하자 그의 아들은 숙부인 소철을 찾아갔다. 길을 떠나기 전 아들은 사람을 시켜 감옥에 고기가 아닌 생선을 넣어 달라고 부탁했다. 하지만 음식을 배달하는 사람이 잘못 알고 그만 고기를 넣어주고 말았다. 이를 본 소식은 비통함을 감추지 못했다. 소식은 미리 아들에게 바깥 상황이 괜찮게 돌아가면 생선을 넣어주고 일이 여의치 않으면 고기를 보내달라고 당부했기 때문이었다. 죽을 날이 멀지 않았다고 생각한 소식은 비통한 마음으로 시를 썼다.

황상은 하늘과 같아서 천하 만물이 봄처럼 소생하는데聖上如天萬物春
어리석은 신하는 자신을 잊고 있네.小臣愚暗自忘身
백 년도 안 되는 인생살이 빚도 채 갚지 못했는데百年未滿先償債
열 식구 살아갈 일도 힘이 드는구나.十口無家更累人
청산 어느 곳엔들 뼈를 묻지 못할까만은是處青山可埋骨
훗날 비 오는 밤 홀로 상심하리라他年夜雨獨傷神

그대와 대대로 형제가 되어與君世世爲兄弟

인간사에서 못다 한 인연을 이어가리.更結人間未了因

소식이 동생 소철에게 보내려던 이 편지는 첩자에 의해 이정의 손으로 들어갔다. 이번에도 소식이 시를 통해 조정과 황제를 비방했다고 생각한 이정은 시를 소매 속에 넣고 부리나케 입궁했다.

이때 조정에는 미묘한 변화가 일고 있었다. 세상을 떠나기 전 조 태후가 신종에게 남긴 유언 때문이었다. 조 태후는 재능이 뛰어나고 충성심이 남다른 소식을 감싸며 절대 모함하는 말 때문에 그를 의심해서는 안 된다고 당부했다. 젊은 혈기에 성급한 판단을 했던 신종도 결코 소식을 죽이고 싶은 생각은 없었다.

하지만 그런 변화를 몰랐던 이정은 다음 날 조회 시간에 시를 바치며 소식을 헐뜯었다. 신종은 아무 말도 하지 않고 시를 읽어본 후 이정에게 내용을 물어보았다. 그러자 이정은 당황할 수밖에 없었다. 소식을 모함하려고 서두르는 바람에 시의 내용을 읽어보지도 않았기 때문이다. 상황이 이렇게 되자 예전 이정을 도왔던 사람들도 앞다투어 소식의 편을 들기 시작했다. 곧 소식은 감옥에서 풀려날 수 있었다.

1080년 2월, 소식은 황주黃州의 단련부사團練副使로 좌천이 되었다. 이곳에서 그는 불후의 명작 〈전적벽부前赤壁賦〉와 〈후적벽부後赤壁賦〉를 썼으며 동파東坡 일대에서 농사를 지으며 수많은 아름다운 이야기를 남겼다.

1085년, 서른여덟 살의 신종이 병으로 세상을 떠나고 겨우 열 살 난 철종哲宗이 즉위하자 고 태후가 대리 집권을 시작했다. 줄곧 왕안석의 신법을 반대했던 고 태후는 정권을 장악하자 가장 먼저 왕안석의 무리를 제거했다. 이 일로 왕규王珪가 재상직에서 물러나고 사마광을 비롯해 신법을 반대하다가 좌천된 인물들이 속속 복직되었다. 소식은 처음에는 등주태수澄州太守로 임명되었다가 나중에는 조정으로 돌아왔다. 소식이 재기하자 이정과 서단 등은 겁을 내며 다시 그를 해칠 기회를 엿봤다.

공교롭게도 그때 요나라에서 사신을 보내왔다. 사신은 대련對聯, 시문에서 대구(對句)가 되는 연(聯)-옮긴이의 상련을 보내오며 삼 일 내에 하련을 지어 올리라고 요구했다. 지어 올린 하련이 적절하면 송을 섬기겠지만 그렇지 못하면 속국 취급을 하겠다고 엄포를 놓았다. 그들의 보내온 대련의 상련은 이랬다.

삼광일월성三光日月星

고 태후는 대신들을 불러 모아 하련을 짓게 했지만 너무 어려운 구절이라 제대로 해내는 사람이 없었다. 그때 누군가가 소식을 추천했다. 유명한 문장가인 소식이라면 분명히 문제를 해결할 수 있다는 말도 잊지 않았다. 반대로 문제를 해결하지 못하면 소식은 졸지에 헛된 명성을 가진 사기꾼이 될 터였다. 고 태후는 그것이 소식을 함정에 빠트리려는 의도라는 것을 알았지만 그의 실력을 믿고 당장 조정으로 불러들였다. 소식은 잔뜩 거들먹거리는 요나라의 사자를 보고는 상련을 읽어보게 했다.

"삼광일월성." 그러자 소식은 갑자기 실소를 터뜨리며 말했다. "우리나라에는 세 살짜리 아이도 대구를 만들 수 있습니다. 조정에는 문무 대신이 가득하니 그냥 놀다 가시지요!" 화가 난 요나라의 사자는 소식이 하련을 지을 용기가 없어 그러는 것이라 생각하고 거듭 재촉했다. 그러자 소식이 말했다. "우리나라의 아이들은 『시경』을 읽습니다. '사시풍아송四詩風雅頌'이라 하면 되

소식의 서예

겠습니까?"

그 말을 들은 요의 사자는 아연실색했고 조정을 가득 채운 대신들도 감탄을 금치 못했다. 여기에서 말한 '풍風', '아雅', '송頌' 중의 '아'는 '대아大雅'와 '소아小雅'로 나뉘는데 모두 '사시四時'를 이룬다. 한 번에 숫자 '사四'와 그 뒤에 오는 세 글자가 대표하는 세 가지 사물의 모순을 해결하면서 '삼광三光'과 절묘하게 어우러진 것이다.

소식은 아예 요의 사자를 가지고 놀았다. "귀국께서 이렇게 대련을 가져 오셨으니 저도 마음 가는 대로 몇 가지 지어보겠습니다. '일궁청신렴一宮淸愼廉', '일진풍뇌우一陣風雷雨', '반통니도장半桶泥塗槳'……" 소식의 말이 채 끝나기도 전에 사자는 창피함에 얼굴을 들지 못하고 도망치듯 자신의 나라로 돌아가 버렸다.

이정과 서단은 오히려 소식을 도와준 꼴이 되고 말았다. 고 태후의 지지를 얻은 소식은 1년 동안 3번이나 승진을 하여 중서사인, 한림학사지제고翰林學士知制誥 겸 시독侍讀이 되었다. 이제 그의 위치는 재상 이상이었다.

한편, 재상이 된 사마광은 신법을 폐지했다. 1086년 3월, 사마광은 정사당 회의를 열고 5품 이상 조정 대신에게 참석할 것을 명령했다. 핵심 의제는 왕안석이 시행했던 신법을 전부 폐지한다는 것이었다. 좌천되었을 당시 직접 신법의 장점을 경험했던 소식은 신법을 전부 폐지할 필요가 없다고 생각해 사마광의 주장에 반기를 들었다.

왕안석의 신법은 오늘날에 보아도 완전히 부정할 만큼 나쁜 것은 아니었다. 북송 이후 '용관冗官, 쓸데없는 관리-옮긴이', '용군冗軍, 쓸데없는 군대-옮긴이', '용비冗費, 쓸데없는 비용-옮긴이' 문제가 매우 심각했는데 왕안석은 이 '삼용三冗'에 대해 기구를 간소화하고 권력을 한데 모아 효율을 높이고 경제를 발전시킬 것을 주장했다. 그의 주장은 매우 정확했다. 문제는 왕안석이 기용한 사람들의 자질이었

「시경」

다. 거기에 구당파의 반대가 더해져 신법은 힘을 얻지 못하고 시행 십수 년이 지나도록 별다른 효과를 거두지 못했다. 그러니 사마광으로서는 당연히 신법을 없애려 한 것이다.

소식도 뜻을 굽히지 않았다. "천하를 잘 다스리지 못하는 원인은 옳은 사람을 등용하지 못해서이지 법 자체에 문제가 있어서가 아닙니다. 지금 신법을 모두 폐지하는 것은 큰 실수라 할 수 있습니다." 그의 말에 회의에 참석한 사람들은 모두 입을 다물지 못했다. 사마광이 알 수 없다는 듯 물었다. "과거에는 그렇게도 신법을 반대하여 신당의 박해를 받더니 어찌 이제는 신당의 편에 서서 이야기를 하는 것이오?" 소식이 지지 않고 말했다. "모든 것은 실정에 맞추어 정해지는 것이며 관리가 되어 정사를 돌보려면 당파 사이의 견해를 따라서는 안 됩니다. 개인적인 관점으로 정치 다툼을 해서는 더욱 안 되지요. 과거 왕안석은 신법을 성급하게 시행했는데 그것은 분명히 옳지 못했

습니다. 하지만 모든 신법을 폐지하는 것도 돌을 껴안고 물에 빠진 사람을 구하는 것과 마찬가지로 옳지 않은 일이지요." 소식의 말을 들은 사마광은 버럭 성을 내며 소리를 질렀다. "신법을 폐지하는 것은 내가 이미 결정한 일이니 다시 거론하지 마시오!" 말을 마친 그는 휑하니 대전을 나가버렸다.

소식도 화가 나 집으로 돌아와 한바탕 욕을 퍼부었다. "황소고집 같으니라고!" 점심을 먹고 난 후 그는 자신의 배를 가리키며 주변 사람들에게 물었다. "이 속에 무엇이 들었는지 아느냐?" 한 여종이 말했다. "문장이지요." 소식이 고개를 젓자 또 다른 여종이 말했다. "그 뱃속은 모두 지략으로 가득 차 있습니다." 소식은 더욱 세차게 고개를 저었다. 그때 애첩 왕조운王朝雲이 웃으며 말했다. "학사님이 조정에 갔다 오시더니 뱃속에 속세와 맞지 않는 것을 가득 담으셨군요." 그러자 소식이 긴 한숨을 쉬며 말했다. "내 마음을 아는 사람은 너뿐이구나!" 이렇게 소식은 구당과 신당 모두의 배척을 받았다. 여기에다 다른 학술적 관점을 지지하는 정이와 정호 등의 낙당洛黨도 그를 공격하니 소식은 그야말로 고립무원의 처지였다.

"대중을 따르자니 내 마음이 부끄럽고 소신을 지키자니 원수들이 공격하여 곧 죽지 않으면 쫓겨나겠구나." 그는 지방으로 보내줄 것을 요청하는 상소를 올렸다. 고 태후도 그의 마음을 이해하고 소식을 용도각학사龍圖閣學士로 임명해 항주로 보냈다.

소식은 항주에서 약 일 년이 넘는 시간 동안 두 번이나 조정으로 돌아오라는 부름을 받았고 두 번이나 부임지가 바뀌었다. 훗날 소식은 병부상서 겸 시독으로 임명되었고 또다시 예부상서 겸 단명전학사端明殿學士로 발탁되었다. 그의 아우 소철도 재상이 되었다.

철종이 열 살이 되던 때부터 소식은 그의 스승이 되었다. 철종은 성격이 고집스러워 남의 말을 듣지 않았고 겉치레에 지나치게 신경을 썼으며 충성스럽고 노련한 사람을 멀리했다. 일부 정적들의 모함으로 철종도 점점 소식을 멀리했다. 철종이 직접 정사를 돌본 후 고 태후가 시행했던 모든 일을 취소했다. 곧 장돈이 재상이 되었으며 여혜경 같은 간신이 다시 득세하기 시작했다. 소식에게 시련이 다가오기 시작한 것이다.

장돈을 비롯한 신당 세력은 거의 대부분 조정에 남아 있었다. 그들은 고 태후의 섭정 기간에 집정한 대신들을 죽이고 감옥에 가두거나 유배를 보내는 등 보복을 했다. 소식도 이를 피해갈 수는 없었다. 소식은 '조정을 비방하고 조롱했다'는 죄명으로 관직을 박탈당하고 광동廣東의 형주燹州로 쫓겨났다. 하지만 도중에 영원군절도부사寧遠軍節度副使가 된 그는 혜주惠州에 정착했다.

혜주에서의 생활은 상상할 수 없을 정도로 고생스러웠다. 하지만 소식은 늘 그랬듯 활달하고 자유로운 태도로 이런 생활을 겸허히 받아들이며 가족들과 땅을 일구며 의미 있는 날들을 보냈다. 현지에서 그는 항주와 서주에서와 마찬가지로 백성을 위해 힘쓰며 수많은 아름다운 이야기를 남겼다.

어느 날, 가족과 함께 즐거운 시간을 보내던 소식은 〈종필縱筆〉이라는 시를 지었다.

하얗게 센 머리 떨어져 흐트러지고 서릿바람 가득한데白髮蕭散滿霜風
작은 다락집의 등나무 침상에 병든 몸을 의지하네小閣藤床寄病容
선생이 봄잠을 달게 잔다는 것을 알고서報道先生春睡美
도인은 새벽을 알리는 종을 가볍게 치네.道人輕打五更鐘

얼마 후, 이 시는 도성에까지 전해졌는데 이를 본 장돈은 질투심에 사로잡

혀 이를 갈며 말했다. "좋다! 봄잠을 달게 잔다고 했겠다! 내 너를 잠도 자지
못하게 해주마!" 1097년 4월 17일, 조정은 소식을 경주별가^{瓊州別駕}로 좌천시
켜 창화^{昌化}로 보냈다.

경주는 현재의 하이난다오^{海南島}로 당시는 온통 황무지였다. 예순두 살의
소식에게 이번 좌천은 박해의 성격을 띤 유배나 다름없었다. 소식은 아예 경
주에 뼈를 묻을 각오를 했다. 이러한 마음가짐은 그의 시에서도 잘 나타났다.

하지만 소식은 경주에서도 강인하고 자유로운 생활 태도를 잃지 않았으며
경주의 문화 발전에 큰 공헌을 했다. 그는 현지 사람 중에서도 훌륭한 인재가
나올 수 있게 도왔으며 언어, 생활 분야에서도 중요한 영향을 미쳤다. 이번
좌천은 소식에게는 불행이었지만 경주 사람들에게는 행운이었던 것이다.

1100년, 스물두 살의 철종이 세상을 떠나고 휘종 조길^{趙佶}이 즉위했다. 그
는 신당과 구당의 관계를 개선하려고 했다. 소식은 경주로 유배를 떠난 지 3
년 만에 다시 조정으로 돌아올 수 있었다. 수도로 돌아오는 길, 소식은 가는
곳마다 문인과 학자, 백성의 환영을 받았다. 1101년, 소식이 도중에 병으로
세상을 떠나자 사방은 모두 울음바다가 되었다.

시^時, 사^詞, 문文, 부^賦, 서書, 화^畵에 모두 뛰어난 소식은 중국 문화 역사에서
도 그와 비길 만한 사람을 찾기 어려울 정도로 독보적인 존재였다. 정직하고
선량하며 강인한 그는 수많은 시련에도 기개를 잃지 않았는데 이는 결코 쉬
운 일이 아니었다.

소식은 속세와는 맞지 않는 사람이었다. 그는 신당이 정권을 장악하자 신
당을 반대하고 구당이 집정할 때는 구당에 반기를 들었는데 덕분에 양당은
번갈아가며 그를 공격했다. 그랬기 때문일까? 그의 일생은 결코 평탄하지 않
았다. 그것은 그의 운명이 얄궂거나 그가 세상사를 몰랐기 때문은 아니었다.

오히려 문제는 그의 정직함과 강인함이었다.

소식의 작품은 중국 문화에서도 큰 의미를 가진다. 그는 초월적인 감정으로 역경을 달관한 삶의 태도를 보였는데 이 역시 매우 중요한 가치가 있다. 그는 다른 사람에게 아부를 하거나 세속에 물들지 않았으며 언제나 당당하고 올곧은 모습으로 시련을 이겨냈다. 이러한 삶의 태도는 중국의 문화와 역사 속에서 오랫동안 큰 영향력을 발휘했다.

소식은 경주에서 매우 힘든 시간을 보냈다. 하지만 그곳에서 그의 사상과 감정의 경계는 이미 현실을 뛰어넘었다. 그는 현실에서 발생하는 모든 일을 심미적인 태도로 대했다. 어떤 일이든 그 일의 구체적인 의미뿐 아니라 생명의 본질까지도 깨닫고 느꼈다. 소식은 "높고 밝음을 극하게 하되 중용의 길을 간다"라는 원칙을 철저히 고수했고 중국 사대부들의 인격수양에서 도달하고자 하는 최고의 경지인 '천지'의 경지에 도달했다. 이러한 이론을 적은 경지는 중국 역사상 누구도 도달하지 못했던 것이었다. 이러한 경지에 대한 문화적 의미와 후대인들에게 끼친 영향력은 매우 컸다.

『송사』, 린위탕林語堂(『소동파전』의 저자) 『소동파전蘇東坡傳』 참고

제4부

종횡가의 지혜

소진蘇秦과 장의는 깊은 역사적 지식과 남다른 배포, 그리고 거침없는 언변으로 각각 남북의 합종(合縱52)과 동서의 연횡連橫53)을 주장했다. 이 두 사람은 당시 천하의 정세를 마음껏 주무르며 종횡무진으로 활약했다.

<hr>

52) 강대국인 진(秦)나라에 맞서 나머지 6개국이 남북의 종(縱)으로 뭉쳐 대응해야 한다는 정책
53) 합종책과 반대로 진나라를 섬기면서 이에 동참하지 않는 나라를 차례로 격파해야 한다는 정책

종횡가의 지혜란?

종횡가縱橫家의 지혜는 중국의 지략 역사에서 가장 몰염치한 내용으로 한 페이지를 채웠다. 그 점은 종횡가에 특정한 정치적 주장이나 가치관이 없다는 사실에서 가장 잘 드러난다. 그들의 행동 원칙은 '동서남북'을 가리지 않고 벼슬자리가 보장된다면 어디든지 달려가는 것이었다.

종횡가는 길고 긴 역사 과정에서 탄생했다. 『한서. 예문지漢書. 藝文志』에는 종횡가의 유파가 고대의 외교관으로 기록되어 있다.

공자는 이렇게 말했다. "시를 300편 외운다 해도 사방에 사신으로 나가 혼자서 대응하지 못한다면, 아무리 많이 외운들 무슨 소용이 있는가?" 또 이런 말도 했다. "사자여! 사자여! 맡은 일을 알맞게 처리하며, 출사의 명령을 받들어 행할 뿐 쓸데없는 말을 덧붙이지 않으니 그것이 그의 장점이다. 하지만 사악한 자들이 종횡가의 학술을 이용하면서 그들은 점차 속임수를 쓰며 성심과 신의를 저버렸다." 공자와 역사가들은 고대에 '행인行人'이라 일컬은 사자, 즉 외교관의 역할을 매우 중요하게 생각했다. 하지만 최초의 '행인'은 오늘날의 외교관이 아니라 예의를 주관하는 관리 정도였다. 『주례』의 '추관秋官'에 등장하는 '대행인大行人'의 직무는 귀한 손님이나 제후들 혹은 왕의 친지를 맞거나 큰 의식의 예를 관장하는 것이었다. '소행인小行人'은 이웃나라에서 온 중요한 손님을 맞이하거나 사자들을 영접하는 일을 했다. 하지만 춘추 시대에 이르자 각 제후국의 '행인'은 『주례』에 쓰인 것과 역할이 크게 달라졌다. 이 시기에 행인은 손님 접대보다는 각 제후국으로 파견되어 외교 임무를 수행하는 것이 주요 임무였다.

『좌전』에는 수많은 '행인'의 뛰어난 외교 발언이 기록되어 있다. 이를 보면 당시 많은 사람이 이해관계를 바탕으로 교묘한 언변을 발휘해 사람을 설득하는 기술을 매우 중요하게 생각했다는 것을 알 수 있다. 전국 시대에 이르자 외교 측면에서 각 제후국 간의 형세가 매우 분명해졌다. 제후국들은 연합合縱해서 진나라에 대항하거나 혹은 각각 진나라와 외교 관계를 수립連橫해 자국을 보호하기도 했다. 그와 함께 벼슬 자리와 봉록을 위해 신의를 저버리는 지식인이 많아졌다. 그들은 외교관 '행인'의 설득 기술을 배워 역사의 흐름에 순응했다. 이런 이유로 중국의 수많은 모사와 책략이 종횡가의 학설에서 비

『좌전』

롯되었다는 말도 생겼다. 이런 시대 배경에서 종횡가들이 전국에 구름떼처럼 나타나기 시작했다.

춘추 전국 시대의 '종횡가'는 한 학파의 명칭이 아니라 그 시기에 활동한 독특한 책략가 집단을 가리키는 말이었다. 종횡가의 지위도 두드러졌다. 자신만의 논리가 있었던 종횡가의 학설은

다른 학설에 비해 큰 명성을 얻기도 했다. 하지만 그중에서도 가장 중요한 것은 학문 자체가 아니라 그들의 직접적이고 현실적인 가치였다. "노하면 각 제후가 겁을 먹었고, 편안하면 천하가 잠잠해졌다"라는 말은 당시에 종횡가가 천하에 미친 막대한 영향력을 가장 잘 보여주는 말이다. 『전국책』에 종횡가의 역할을 긍정적으로 평가한 구절이 있다. "양식 한 말도 허비하지 않고, 병사 한 명도 번거롭게 하지 않으며, 전쟁 한 번 하지 않고, 활시위 하나 끊지 않고, 화살 하나 꺾지 않았지만, 제후들이 서로 가까워진 것이 형제보다 더했다."

　다른 학파와 비교할 때 종횡가에는 실천적인 특징 세 가지가 있다. 첫째, 처음부터 끝까지 한 군주를 섬기지 않는다. 둘째, 일관된 정치적 주장을 하지 않는다. 셋째, 일관된 가치 기준을 정립하지 않는다. 다시 말해 그들은 도덕에 얽매이지 않고 오로지 개인적 이익만을 추구했다. 이러한 종횡가의 대표적인 인물은 소진과 장의다. 전국 시대 후기의 역사를 살펴보면 당시의 국제 관계 대부분이 두 사람의 지략과 언변에 의해 좌우된 것을 볼 수 있다. 처음에 소진이 '합종'을 주장했고, 그다음에 장의가 '연횡'을 들고 나왔다. 두 사람은 전국 7웅을 마치 장기판 위의 말처럼 보고 마음대로 움직였다. 이는 다른 어떤 인류 문명사나 세계 역사에서도 보기 어려운 일이다. 어쩌면 고대 인류 역사에서 가장 걸출한 외교관은 소진과 장의가 아닐까?

　연횡과 합종에 관해 정의를 따지는 것은 일단 접어두자. 어차피 연횡과 합종을 이용한 이들에게 정의감 따위는 없었으니 말이다. 그들에게는 같은 시대를 살았던 장자처럼 높고 맑은 이상도 없었고, 왕에게 '어진 정치'를 가르친 맹자의 고결함도 없었다. 그들의 신념은 오로지 권력과 돈이었으며, 이 밖에 그 어떤 이상이나 고귀한 인성도 없었다. 종횡가들은 권력이라는 가치 기준 아래 속임수와 잔인함, 몰염치함을 거리낌 없이 이용했다. 이런 그들을 한 마디로 요약하자면, '동서남북을 막론하고 관직을 위해서는 무엇이든 하는 자'들이었다.

종횡가의 지혜에도 그들만의 완벽한 논리와 체계가 있다. 『한비자』에 나오는 몇 편의 글 외에도 종횡가의 대표 서적이라고 할 수 있는 『귀곡자鬼谷子』가 바로 그것이다. 각 분야에서의 유세 기술을 집대성한 이 책은 지략 분야에서 꽤 높은 평가를 받는다. 종횡가의 전체적인 모습을 파악하기 위해 먼저 이 책의 내용을 간단히 소개하겠다.

『귀곡자』의 첫 번째 장은 종횡패합縱橫捭闔, 정치나 외교에서 수완을 부려 연합, 분열, 이간, 포용시키는 것─옮긴이과 좌우봉원左右逢源, 일처리가 순조로워 주위의 관계가 매끄럽게 되는 것─옮긴이이라는 유세 기술을 이야기한다. 이 부분은 종횡가들에게 넓은 안목으로 전체적인 정세를 보도록 요구한다. 두 번째 장은 반응에 관해 이야기한다. 지금의 말로 바꾸면, 미리 관련 정보를 모아서 작은 실마리를 토대로 큰 추세를 파악하는 것이다. 세 번째 장은 군주의 심리를 헤아리는 방법을 이야기한다. 설득하려는 상대방의 기분을 맞추는 것을 뛰어넘어 진정으로 나를 좋아하게 해야 한다는 것이다. 네 번째 장은 실제 유세 과정에서 생길 수 있는 실수를 보완하고 기지를 발휘해 자신의 말을 완벽한 사실로 만드는 방법을 이야기한다. 다섯 번째 장은 설득의 방법을 이야기한다. 이 장에서는 상대방의 감정을 자극해 분노를 최대한 폭발시킨 다음, 그것이 어느 정도 누그러졌을 때 설득하라고 충고한다. 그렇게 하면 상대방이 쉽게 나의 의견을 받아들일 수 있기 때문이다. 여섯 번째 장은 너무 직설적인 방법으로 설득하지 말라고 경고하는 내용이다. 처음에 일부러 상대방의 기분을 언짢게 했다가 다시 비위를 맞추는 방법을 써야만 쉽게 뜻을 이룰 수 있다고 한다. 일곱 번째

장은 이치를 밝히고, 여덟 번째 장은 자극과 탐색을 통해 상대방의 반응을 이끌어내고 나아가 상대 쪽의 내부 사정을 파악하는 방법을 이야기한다. 아홉 번째 장은 유세 내용에 드러나는 이해관계를 가늠하는 방법을 이야기한다. 열 번째 장은 성공적인 설득의 전략을 세우는 방법을 이야기한다. 열한 번째 장은 기회를 놓치지 않고 상대방의 의심을 없애 유세에서 일어날 수 있는 문제 상황을 해결하는 방법을 이야기한다. 열두 번째 장은 자신의 주장이 실제 상황에 부합하게 만드는 방법이다. 열세 번째 장은 원만하고 융통성 있게 설득하는 방법을 이야기한다.

종횡가는 춘추 전국 시대의 갖가지 정세를 자신에게 유리하게 만들기 위해 생겨난 특별한 지혜다. 시대의 흐름을 타고 빠른 속도로 발전했고, 또 그만큼 빠른 속도로 사라졌다. 한나라가 다시 한 번 통일 제국을 수립한 후 종횡가의 지혜는 더 이상 쓸모가 없어졌기 때문이다.

종횡가 지혜의 특징은 중국의 민족성에 나쁜 영향을 미쳤다. '젖을 주는 사람이 엄마有奶便是娘'라는 말처럼 일정한 원칙 없이 이익에만 끌려가는 풍토가 생겨난 것이다. 이 밖에 종횡가들이 유세하는 과정에서 남긴 도도하고 거침없는 언사는 중국의 문학에도 어느 정도 영향을 미쳤다.

'동서남북' 어디든 관직만 있으면 된다

시인 베이다오北島는 이런 말을 했다. "비루는 비루한 자의 통행증이고, 고상은 고상한 자의 묘지명이다." 이 말은 한 사람의 인성과 역사의 비극적인 의식 간의 관계를 여실히 보여준다. 하지만 역사는 이러한 비극적인 의식 속에서 굳세게 앞으로 나아갔다.

전통적으로 중국인의 이상은 영웅이 아닌 관리가 되는 것이었다. 관리가 되면 권력이 생기고 권력을 얻으면 부귀영화가 따라오기 때문이었다. 부귀영화만큼 관리가 되는 것의 매력을 잘 나타내는 말도 없을 것이다. 일단 관리가 되면 물질적으로 풍요로워질 뿐만 아니라 많은 사람이 자신을 부러워하는 모습을 통해 허영심도 채울 수 있다. 많은 사람이 나를 존중하고 두려워하니 권력욕도 충족되고 사회적인 인정도 받게 되어 가문을 빛낼 수도 있다. 반면에 영웅은 그렇지 못하다. 중국 역사 속의 대부분 영웅은 비참한 결말을 맞았다. '부귀'를 누리지 못한 것은 물론이고 명예도 타인에 의해서 겨우 얻을 수 있었다. 그래서 중국인은 영웅보다 관리가 되고 싶어 한 것이다.

일단 관리가 되면 그 사람이 과거에 어떤 수단을 썼고 어떤 목적이 있었든 상관없이 모두 성공한 사람이라는 평가를 받는다. 여론이 모두 그의 편이 되기 때문이다. "성공한 자는 왕이요, 실패자는 도적이다"라는 말이 바로 그 뜻이다. 중국인들은 입버릇처럼 "성공과 실패로 영웅을 논하지 않는다"라고 말하지만, 실제로 그러기는 쉽지 않다. 종횡가는 이상이나 원칙을 위해 관리가 되는 것이 아니라 오히려 관리가 되는 것 자체를 목적으로 했다. 춘추 전국 시대에 남북 합종을 주장하여 진나라에 맞서고자 한 소진과 동서 연횡을 이루어 진나라에서 얻은 벼슬 자리를 지키려 한 장의가 가장 전형적인 인물이다. 그들은 높은 관직에 오를 수 있다면 동서남북 어디든 가지 못할 곳이 없었다.

소진은 어느 정도 사회적 지위와 경제력을 갖춘 가문에서 태어났다. 하지만 그는 그 정도에 만족하지 않고 늘 더 높은 사회적 명예에 목말라 했다. 그리하여 그토록 열망하던 명예를 얻기 위해 당시 천하의 정세를 분석하고 나라를 다스리는 방법을 익힌 후 진나라 왕을 설득해서 높은 관직에 오르려 했다.

마침내 소진은 호화로운 담비 가죽 옷으로 한껏 치장하고 황금 백 근을 싣고 진나라로 갔다. 그리고 혜문왕에게 상소를 올렸다. "대왕의 나라는 사방으로 파巴, 촉蜀, 한중漢中과 맞닿아 있어 각 지역의 풍부한 물자를 사용할 수 있습니다. 또 북쪽으로는 좋은 말이 나는 호胡, 대代와 국경을 마주하고 남쪽으로는 무산巫山과 검중黔中이 병풍처럼 둘러싸고 있습니다. 동쪽으로는 효산崤山과 함곡관이 버티고 있지요. 한마디로 진나라는 토지가 비옥하고 인구가 많으며 전차 만 량, 그리고 수많은 영웅과 책사를 갖춘 대국입니다. 또한 토지가 넓고 지형이 험준한 데다 물자가 풍부하여 분명히 하늘에서 내린 나라이자 천하의 영웅이라 불릴 만합니다. 이러한 이점과 대왕의 현명함과 재능을 이용한다면, 제후들을 호령하고 천하를 손에 넣는 것도 시간문제입니다. 바라옵건대 부디 제 이야기를 들어주십시오."

소진이 이토록 호들갑을 떨었지만, 진나라 혜문왕은 냉정함을 유지했다. 막 위나라 출신의 재상이던 상앙을 죽인 후라 다른 나라 출신의 인재가 달갑지 않은 데다 큰일을 하기에는 아직 때가 안 되었다고 생각했기 때문이다. 어쩌면 허풍스러운 소진의 태도가 마음에 들지 않았는지도 모르겠다. 혜문왕은 곧 소진에게 답장을 보냈다. "새도 깃털이 풍성하지 않으면 멀리 날아가지 못한다고 들었소. 지금 우리나라는 예절과 제도가 제대로 갖추어지지 않아 백성을 함부로 징용할 수가 없소. 짐

진신처호부발(秦新郪虎符跋)

도 아직 도덕과 수양이 모자라 백성에게 모범이 되지 못한다오. 정치는 혼란하고 법령도 제대로 갖추어지지 않아 마음 놓고 대신들에게 명령을 내릴 수도 없소. 선생이 천 리 길을 마다하지 않고 달려와 중요한 사실을 일깨워준 것은 고마운 일이나, 아직 준비가 부족하니 모든 것이 갖춰지면 그때 귀한 의견을 듣고 싶소." 진나라 왕은 이런 말로 완곡하게 소진의 청을 거절했다.

소진은 그 후로 1년 동안 진나라에 머물며 같은 내용의 상소를 올렸지만, 진나라 왕은 좀처럼 그의 뜻을 받아들이지 않았다. 가져온 돈이 바닥나고 담비 가죽옷도 다 해진 소진은 결국 아무런 수확도 없이 고향으로 돌아가야 했다. 낡은 짚신을 신고 달랑 책 몇 권 든 봇짐을 맨 그의 모습은 거지나 다름없었다. 그의 가족은 그런 모습으로 돌아온 소진을 냉대했다. 아내는 누더기가 된 남편의 옷을 본체만체했고, 형수는 밥도 해주지 않았다. 부모는 아들과 말을 섞으려 하지도 않았다. 그런 가족의 반응에 의기소침해진 소진은 이를 갈았다. "이 모든 것이 진나라 왕 때문이 아닌가! 내 하루 속히 이 원수를 갚으리라!"

그날 밤 소진은 집 안의 책을 모두 가져다가 방 한쪽에 쌓아놓고 읽기 시작했다. 그중에는 술수를 주로 다룬 강태공의 병법인 『음부陰符』도 있었다. 소진은 마치 보물이라도 되는 듯 그 책을 끌어안고 밤낮이 바뀌는지도 모른 채 푹 빠져들어서 읽었다. 잠이 오면 머리를 대들보에 매달고 송곳으로 허벅지를 찌르며 책 읽기에 매진하면서 힘들다고 느낄 때마다 스스로 자신을 다독였다. "어떤 나라의 임금이라도 내 논리로 설득할 수만 있다면 비단옷과 산해진미는 물론 높은 벼슬 자리도 쉽게 얻을 수 있다!" 1년 동안 열심히 책을 읽고 주변 나라들 사이의 정세를 파악한 소진은 전보다 실력이 월등히 나아졌다. 소진은 자신감으로 가득 찬 얼굴로 말했다. "이제는 정말 누구든지 설득할 수 있다!"

그 후 소진은 노자를 얻기 위해서 형제인 소대蘇代와 소려蘇厲에게 태공병법의 이치를 설명해주었다. 소진의 멋진 분석에 설득당한 소대와 소려는 그에게 넉넉한 노자를 내주었을 뿐만 아니라 자신들도 이 문제를 깊이 연구하여 마침내는 훌륭한 세객이 되었다.

소진은 합종을 주장하여 진나라에 대항할 것을 결심하고 먼저 조나라로 갔다. 조나라 숙후肅侯의 형제인 진양군奉陽君과 친분을 쌓으려 했지만 원하는 바를 쉽게 이루지 못했다. 그래서 북쪽의 연나라로 발길을 돌렸다. 하지만 1년이 지나도록 연나라 문공의 그림자도 볼 수 없었다. 가져간 노자가 바닥이 나자 소진은 어쩔 수 없이 객잔 주인에게 돈을 빌려 하루하루를 연명했다. 그러던 어느 날, 우연히 문공을 만난 소진은 기회를 놓치지 않고 냅다 바닥에 엎드려 문공에게 절했다. 그가 오래전에 진나라 왕을 설득하려 했던 소진이라는 말을 들은 문공은 그를 궁으로 불러들였다. 드디어 연나라 왕을 만난 소진은 그동안 자신이 파악하고 분석한 각국의 정세를 자세히 설명했다. "연나라는 제후국 가운데 결코 대국이라 할 수 없습니다. 영토는 겨우 사방 2천 500리에 지나지 않고 군사력은 전차 600대와 기병 6천, 보병 십여 만 명이 전부지요. 그런데 남쪽으로 마주하고 있는 제나라와 서쪽의 조나라는 모두 연나라보다 강하지만 매년 전쟁이 끊이지 않고, 오직 연나라만 평화를 유지하고 있습니다. 그 이유가 무엇인지 아십니까? 바로 서쪽의 조나라가 그 너머에 있는 강한 진나라의 공격을 막아주기 때문입니다. 지리상 진나라는 조나라를 거치지 않고는 연나라를 칠 수 없습니다. 그런데 조나라가 진나라에 투항하면 진나라는 바로 연나라를 칠 것입니다. 그러므로 대왕께서 조나라와 손잡지 않고 진나라와 동맹을 맺는 것은 옳은 책략이 아닙니다. 만약 조나라의 심기를 건드린다면 그들과 엎드리면 코 닿을 곳에 있는 연나라가 조나라의 침략을 막아낼 수 있겠습니까? 가장 옳은 길은 진나라와 동맹을 끊고 나머지 제후국들이 모두 연합하여 진나라에 대항하는 것입니다. 이렇게 해야만 각 나라는 자신을 지킬 수 있습니다."

연나라 문공은 소진의 말에 매우 동감했지만, 다른 제후들의 반응이 걱정이었다. 그러자 소진이 자신이 직접 각국을 설득하겠다고 나섰다. 문공은 뛸 듯이 기뻐하며 소진에게 마차와 황금을 주고 수행원도 딸려 보내주었다. 곧 조나라에 도착하여 숙후에게 귀한 대접을 받은 소진이 말했다. "중원에서 가장 강한 나라는 바로 조나라입니다. 조나라는 한나라, 위나라와 국경을 마주하고 있으며 진나라가 중원을 차지하려면 반드시 공격해야 할 나라이기도 합니다. 지금 진나라가 감히 조나라를 공격하지 못하는 것은 한나라와 위나라가 방패가 되어주기 때문입니다. 하지만 진나라가 있는 힘을 다해서 두 나라를 공격한다면, 높은 산과 큰 강과 같은 천연의 방패막이가 없는 그들은 쉽게 무너지고 말 것입니다. 그다음에 진나라가 공격할 대상은 바로 조나라입니다. 지금은 각 나라가 진나라와 동맹을 맺고 앞다투어 땅을 갖다 바치지만 진나라의 욕심은 끝이 없습니다. 그들은 천하의 땅을 다 가질 때까지 만족하지 않을 것입니다. 그런 진나라에 대항하려면 어떤 책략을 써야 하겠습니까? 중원의 각 나라에 초나라까지 합치면 그 영토는 진나라의 다섯 배가 되고 병력은 열 배가 넘는데 두려울 것이 무엇이겠습니까? 부디 각 나라의 제후들을 설득하여 동맹을 맺고 6국이 함께 진에 대항하도록 하십시오."

젊고 혈기왕성한 조나라의 숙후는 소진의 제안을 듣고 매우 기뻐하며 그 자리에서 소진에게 마차 100대와 황금 천 냥, 옥벽 100개, 그리고 비단 천 필을 내렸다. 그리고 각국의 제후들에게 진나라를 제외한 6국이 동맹을 맺자고 설득에 나섰다. 그때, 위나라가 자국을 침략해온 진나라에 성 열 곳을 바치며 화친을 청한 일이 벌어졌다. 그 소식을 들은 조나라의 숙후는 이어서 진나라의 공격을 받을까 봐 전전긍긍하며 소진에게 대책을 물었다. 소진은 만일에 대비해 전쟁을 준비하도록 제안하는 한편, 장의를 자극해 진나라의 객경이 되게 했다. 예상대로 객경이 된 장의는 진나라 왕을 설득해 조나라를 공격하지 않게 했다. 이렇게 전쟁을 막은 소진은 다른 나라들을 설득하기 위해 길을 떠났다.

상황이 상황이다 보니 한나라, 위나라, 제나라, 초나라 모두 소진의 말을 기꺼이 따랐다. 소진은 어렵지 않게 혼자서 여섯 제후국의 재상이 되어 여섯 개의 인장을 받았다. 이런 큰 성공을 거두고 돌아가는 소진의 행렬은 유례가 없을 정도로 위풍당당했다. 자신의 성공을 과시하고 싶었던 그는 낙양을 지날 때 부모와 친척들에게 배웅을 나오게 했다. 전갈을 받은 형수는 삼십 리나 되는 길을 빗자루로 깨끗이 쓸어 일행을 맞을 준비를 했는데 정작 소진을 만나서는 얼굴을 쳐다보지도 못했다. 소진의 아내도 먼 곳에 숨어서 남편을 훔쳐볼 수밖에 없었다. 소진이 형수에게 물었다. "예전에는 그렇게 나를 구박하더니 지금은 어찌 이리 공손하십니까?" 형수가 대답했다. "삼촌의 지위가 높아졌고 돈도 많아졌기 때문이지요." 소진이 탄식하며 말했다. "가난한 시절에는 부모조차 아들로 인정하지 않더니, 부귀해지자 모두 두려워하며 벌벌 떠는구나. 그러니 세상을 살면서 어찌 권력과 부귀를 무시할 수 있겠는가!"

기원전 333년, 연나라와 한나라, 제나라, 위나라, 초나라, 조나라 6국은 조나라의 원수洹水에 모여 서로 피를 나누어 마시고, 형제가 되어 함께 진나라에 저항하기로 맹세했다. 이들은 소진을 '종약장縱約長'으로 추대하고 각기 인장을 하사하여 합종과 관련된 모든 일을 그에게 맡겼다.

이렇게 일정한 기간에, 일정한 범위에서, 일정한 정도의 전쟁을 줄인 소진에게 어느 정도 공이 있다고 평가할 수 있을 것이다. 『전국책』에도 합종을 주장한 소진의 공로를 긍정적으로 평가하는 구절이 있다. "양식 한 말도 허비하지 않고, 병사 한 명도 번거롭게 하지 않으며, 전쟁 한 번 하지 않고 활시위 하나 끊지 않고 화살 하나 꺾지 않았지만, 제후들이 서로 가까워진 것이 형제보다 더했다."

하지만 절대 잊지 말아야 할 사실이 있다. 합종을 주장한 그의 동기가 순전히 자신의 벼슬 자리였다는 점이다. 게다가 6국의 합종도 각자의 이익을 위한 한시적인 군사 동맹에 불과했다. 그럼에도 소진이 일군 업적은 결과적으로 매우 대단한 것이며, 그 외교 성과 역시 유례가 없을 정도로 뛰어났다. 하지만 합종은 완벽하게 마무리되지 못했다. 가장 큰 이유는 그 모든 것이 소진이라는 개인의 행동과 방식에 좌우되었다는 것이다.

한편, 6국의 합종 소식을 들은 진나라 왕은 아연실색했다. 그때 대신 공손연이 합종에 가장 먼저 동참한 조나라를 공격하자고 제안했다. 그러자 장의가 황급히 반대하고 나섰다. 막 여섯 나라가 협약을 맺은 상황에서 조나라를 공격하면 다른 나라들이 힘을 다해 도울 것이므로 승리하기 어렵다는 주장이었다. 대신에 그는 느긋하게 나머지 나라들을 공략해 각국의 협약을 깨자고 제안했다. 다시 말해, 전에 위나라가 바친 땅을 돌려주어 다른 나라들의 의심을 일으키고, 진나라 왕의 딸을 연나라에 시집보내 연나라와 동맹을 맺자는 것이었다. 그렇게 하면 6국의 합종은 쉽게 깨질 수 있었다. 장의의 제안에 일리가 있다고 생각한 진나라 왕은 조나라를 공격하려던 생각을 잠시 접었다.

장의의 계책대로 하자 예상대로 연나라와 위나라가 진나라와 우호 관계를 맺으려 했다. 이렇게 돌아가는 상황에 조바심이 난 조나라 왕은 소진을 보내 연나라를 비난했다. 하지만 연나라 왕은 과거에 제나라가 자국 영토이던 성을 빼앗아간 일을 들먹이며 소진에게 도움을 구했다. 소진은 어쩔 수 없이 제나라로 가서 왕에게 말했다. "대왕께서 연나라의 성 열 곳을 돌려주시면 연나라는 감격에 겨워 대왕을 더욱 신임할 것입니다. 그러하면 대왕도 천하를 호령하고 패업을 달성할 수 있을 것입니다." 남다른 야심이 있던 제나라 왕은 사실 6국의 합종에서 우두머리가 되지 못해 심사가 뒤틀려 있었다. 그런데 소진이 자신이 바라는 바를 정확히 짚어내자 흔쾌히 연나라의 땅을 돌려주었다.

그 후, 연나라 왕은 소진이 자신의 어머니와 내연 관계가 되자 더 이상 그를 신임하거나 중용하지 않았다. 소진은 6국의 합종에서 가장 큰 문제는 바로 나라 간의 세력 균형이라는 것을 잘 알고 있었다. 이 균형이 깨지면 합종은 금세 깨질 수밖에 없었다. 소진은 자신에게 냉담한 연나라 왕에게 말했다. "신은 이제 이곳에서 별 쓸모가 없는 듯하오니 제나라로 가서 몰래 연나라를 돕겠습니다." 연나라 왕은 못 이기는 척하며 소진을 보내주었다.

제나라 선왕宣王은 음주가무와 여색에 빠져 사는 위인이었다. 소진은 사방에서 미인을 구해다 바치고, 화려한 궁전을 짓고, 각종 궂은일을 도맡아 하며 왕에게 잘 보이려 애썼다. 그러나 멍청한 선왕에게도 훌륭한 신하들은 있었다. 전문田文 등은 이렇게 가다가는 나라가 망하는 것은 시간문제라고 생각하고, 몰래 소진을 죽일 계획을 세웠다. 전문의 사주를 받은 자객이 곧 소진을 찾아가 배에 비수를 꽂았다. 그러자 소진은 죽어가면서도 제나라 왕을 찾아가 꺼져가는 목소리로 말했다. "제가 죽거든 제 머리를 거리에 내걸고 다른 나라와 몰래 내통했다고 하십시오. 그러면 저를 죽인 자가 재물에 눈이 어두워 제 발로 찾아올 것입니다." 과연 소진의 말대로 하니 범인을 쉽게 잡을 수 있었다. 소진이 죽은 후, 합종의 맹약은 모래성처럼 허물어졌다. 특히 소진이 연나라를 도와 제나라를 망하게 했다는 소문이 퍼지자 제나라와 연나라의 갈등은 더욱 심각해졌다. 이렇게 되자 진나라는 합종을 완전히 깨기 위해 연횡책을 펼치기로 했다.

진나라 혜문왕은 장의를 재상으로 삼고 연횡책을 성사시키도록 했다. 가난한 집 출신인 장의는 소진과 함께 공부했다고 전해진다. 장의도 소진처럼 자신의 명예와 이익을 최우선 목표로 삼는 인물이었다. 벼슬길에 나서기 전, 장의는 매우 어려운 시절을 보냈다. 초나라의 낮은 관직에 있던 그는 어느 날 초나라의 영윤令尹 소양昭陽의 집에서 화씨벽和氏璧을 구경한 적이 있었다. 그때 갑자기 큰 비가 내려서 모두 분주하게 비를 피하는 사이, 화씨벽이 감쪽같이 사라지고 말았다. 소양의 집안 사람들은 옷차림이 남루한 장의를 도둑으로 몰고 죽지 않을 만큼 매질했다. 훗날, 장의는 가사인賈舍人이라는 상인에게서 소진이 조나라의 재상이 되었다는 소식을 듣고 용기 내어 소진을 찾아갔다. 그런데 소진은 시종 거만한 태도로 장의를 무시했다. 이에 잔뜩 화가 난 장의는 속으로 이를 갈며 성공을 다짐했다. 당시 입에 풀칠하는 것조차 어려웠던 장의는 가사인의 도움으로 진나라로 갔다. 가사인은 가산을 털어서 권력가에게 줄을 대어 장의를 진나라의 객경으로 만들어주었다. 장의는 가사인에게 거듭 감사를 표했다. 그런데 가사인이 진나라를 떠나기 전에 뜻밖의 말을 했다. "이 모든 것은 소 재상소진이 그대를 위해 배려한 일입니다. 실은 저도 그의 문객일 뿐입니다. 재상께서는 그대가 조나라의 작은 벼슬 자리에 만족하실까 봐 걱정하셨습니다. 재상은 그대의 재능이 자신보다 뛰어나다고 생각하는데, 작은 나라에서 낮은 벼슬을 하는 것이 가당키나 합니까? 그래서 일부러 그대를 도발하여 진나라로 가게 하셨으니, 진나라 왕을 설득하여 조나라를 공격하지 않도록 해주십시오." 그 말에 장의는 탄복을 금치 못했다. 그때부터 그는 두 번 다시 자신과 소진의 재능을 비교하지 않았다.

이때 진나라 왕이 장의를 재상으로 임명하자 초나라 회왕은 두려움에 떨었다. 과거의 화씨벽 일로 장의가 복수할까 봐 두려웠던 것이다. 그래서 그는 선수를 치기로 하고, 소진의 뜻에 따라 6국과 합종을 맺어 진나라를 공격했다. 그러나 연이은 두 번의 공격은 6국의 단결력 부족과 약한 전투력 때문에 모두 실패로 끝나고 말았다.

싸움은 진나라의 승리로 끝났지만 제나라와 초나라의 세력은 여전히 강했다. 이런 상황에서 진나라가 제나라를 공격하려면 반드시 먼저 제나라와 초나라의 동맹을 깨뜨려야 했다. 진나라는 장의에게 많은 재물을 주어 초나라로 보냈다. 장의는 먼저 초나라 왕의 충신인 근상靳尙을 매수하고, 상商과 우於 땅을 주겠다는 달콤한 제안으로 멍청하고 욕심 많은 회왕을 꼬드겼다. 장의의 말을 철석같이 믿은 회왕은 제나라 왕을 모욕해 동맹을 깨고 진나라와 화친을 맺었다. 그런데 장의가 약속한 땅을 받기 위해 진나라에 갔던 사신이 일 년 후에 돌아와 그의 말이 모두 거짓이었다고 보고했다. 초나라 왕은 불같이 화를 내고 십만 병력으로 진나라를 공격했다. 그러나 초나라는 진나라와 제나라 대군의 협공을 받고 오히려 크게 패하고 말았다.

훗날 초나라 회왕은 검중 땅을 미끼로 삼아 협상을 제안했다. 하지만 또다시 장의의 꼬드김에 넘어가 그를 진나라로 보내주었다. 늘 장의에게 속기만 한 초나라 회왕은 진나라에서 도망쳐 나오던 중에 목숨을 잃고 말았다.

진나라 왕은 큰 공을 세운 장의를 무신군으로 봉하고, 엄청난 재물을 주어 여러 나라를 돌며 연횡책을 성사시키도록 했다. 장의는 먼저 제나라로 가서 선왕에게 이렇게 말했다. "초나라 왕은 이미 진나라 왕과 사돈이 되었습니다. 한나라, 조나라, 위나라, 연나라 4개국도 모두 진나라에 땅을 바치고 화친을 맺었는데 오로지 귀국만 고립무원 상태입니다. 만약 6국이 함께 공격이라도 해온다면 그때는 어떻게 하시겠습니까?" 다음으로 조나라에 간 장의는 무령왕武靈王에게도 같은 말을 하며 제나라를 구실로 연횡을 호소했다. 조나라 무령왕은 지략이 뛰어나고 포부가 큰 인물이었지만, 상황이 급박하다 보니 장의의 말대로 진나라와 화친을 맺기로 했다. 그리고 장의에게 설득당한 연나라의 신군新君은 성 다섯 곳을 진나라에 바치겠다고 약속했다.

이렇게 장의는 임무를 훌륭하게 수행하고 진나라로 돌아갔다. 당시 진나라에서는 혜문왕이 이미 세상을 떠나고 무왕이 즉위해 있었다. 그전부터 무왕은 자신을 싫어한 터라, 장의는 진나라를 떠나기로 마음먹고 왕에게 말했다. "제나라 왕은 저에게 속은 것을 알고 분명히 이를 갈고 있을 것입니다. 이런 상황에서 제가 위나라로 가면 제나라는 분명히 위나라를 공격하겠지요. 두 나라가 전쟁을 하면 대왕께서는 그 기회를 놓치지 말고 한나라를 공격하십시오. 그러면 대왕께서 천하의 주인이 되지 말라는 법도 없습니다." 그 말을 듣고 한껏 꿈에 부푼 무왕은 두말하지 않고 장의를 위나라로 보냈다.

위나라 왕은 장의를 재상으로 삼았다. 이 소식을 들은 제나라 왕은 바로 각국에 서신을 보내 다시 함께 손을 잡고 위나라를 공격하자고 주장하는 한편, 장의의 목을 가져오는 이에게 성 열 곳을 준다는 현상금을 걸었다. 위나라 왕은 조바심을 냈지만 장의는 오히려 느긋했다. 그는 심복인 풍희馮喜를 초나라 사람으로 변장시킨 후 제나라 왕을 찾아가 이렇게 말하게 했다. "대왕께서 장의를 미워하시는 것은 오히려 그를 도와주는 것이 됩니다. 듣자하니 장의가 진나라를 떠나 위나라로 간 것은 모두 계략이라고 합니다. 대왕께서 위나라를 공격하시면 진나라는 그 틈에 한나라를 공격하고 주나라까지 차지할 것입니다. 이를 알면서도 위나라를 공격하신다면 그야말로 그의 계략에 빠지는 것이 아닙니까?" 그의 말에 크게 깨달은 제나라 왕은 바로 전쟁을 포기했다. 이 일로 위나라 왕은 장의를 더욱 신임했다.

기원전 309년에 장의가 병으로 세상을 떠났다. 그의 생애는 '급변하게 변하는 국제 정세'를 여실히 보여주고도 남는다. 당시 중국에서는 남북이 합종을 했는가 하면 또 금방 동서가 연횡하는 형국으로 바뀌었는데, 각 나라의 관계는 매우 미묘하고 복잡했으며 정세는 순식간에 뒤바뀌었다. 오늘날의 복잡한 세계 정세도 당시의 변화무쌍한 국제 관계를 따라가지는 못할 것이다. 특히 주의 깊게 볼 점은 이런 복잡한 국제 관계 대부분이 두 사람의 지략과 언변에 좌우되었다는 사실이다. 두 사람은 일곱 개 나라를 자기 손바닥 위에 올려놓고 가지고 놀았다. 그것이 동서의 합종이든 남북의 연횡이든 그 과정에서 얼마나 많은 사람이 목숨을 잃었든 상관없이 오로지 자신이 부귀영화를 손에 넣을 수만 있다면 두 사람은 어떤 일이든 했다. 이러한 '지략'을 마주할 때, 애석한 마음이 든다.

『전국책』 참고

천하를 손바닥 안에

중국 역사에서도 춘추 전국 시대의 6국 합종은 매우 큰 역사적 사건으로 꼽힌다. 합종은 6국에 대한 진나라의 태도를 바꾸는 계기가 되었는데 그 자체가 매우 짙은 문화적 색채를 띠기도 한다. 이 과정에서 재미있는 사건들이 많이 전해졌는데 이야기의 주인공은 다름 아닌 소진이었다.

연나라에서 조나라로 온 소진은 합종을 주장하며 조나라 왕에게 이렇게 말했다. "천하 사람 모두 대왕의 정의로운 행동을 찬양하며 대왕에게 직접 가르침을 받고자 고대했습니다. 하지만 봉양군奉陽君은 어질고 재능 있는 사람을 질투했고 대왕도 직접 국정을 돌보지 않았기 때문에 타국의 인재들은 대왕께 충성심을 보여줄 기회가 없었습니다. 이제 봉양군은 세상을 떠났고 대왕 또한 타국의 인재를 가까이 하려 하시니 저 역시 대왕께 충성을 다하고자 합니다." 잠시 한숨을 돌린 소진이 다시 입을 열었다.

"대왕의 입장에서 보면 백성이 편안하게 사는 것보다 좋은 일은 없습니다. 백성을 편안하게 하려면 가장 먼저 좋은 이웃을 만들어야 하지요. 좋은 이웃을 만들면 백성은 편해지지만 그렇지 않으면 평생 불안에 떨어야 합니다. 이제 제가 조나라의 이웃 국가에 대해 이야기해 보겠습니다. 제나라와 진나라는 조나라의 최대의 적입니다. 두 나라는 조나라의 백성을 불안에 떨게 하는 원인이기도 하지요. 그렇다고 진나라의 힘을 빌려 제나라를 공격한다면 백성이 불안하기는 마찬가지입니다. 제나라와 손을 잡고 진나라를 공격해도 결과는 같습니다. 보통 한 나라가 그동안 우호 관계에 있던 나라를 공격하려 할 때는 우선 각종 핑곗거리를 찾아 외교 관계를 먼저 끊으려고 합니다. 이제부터 제가 하는 말은 매우 중요한 것이니 절대 밖으로 새어나가서는 안 됩니다. 그러니 우선 주변 사람들을 밖으로 내보내 주십시오. 그래 주시면 성심껏 연횡의 장단점에 대해 설명해 드리겠습니다. 만약 대왕께서 제 말을 들으시면 연나라는 융단과 가죽, 좋은 말이 나는 땅을 바칠 것이며 제나라는 물고기와 소금이 나고 바다와 맞닿아 있는 땅을 내놓을 것입니다. 초나라 역시 귤과

유자가 나는 땅을 바칠 것이며 한나라와 위나라도 앞다투어 자신들의 땅을 내놓을 것입니다. 그렇게 되면 대왕께서는 형제와 친지들을 모두 후로 봉하실 수 있습니다. 예전의 왕들이 영토를 얻으려면 반드시 전쟁을 해야 했습니다. 훌륭한 임금으로 꼽히는 상나라 탕왕과 주나라 무왕도 전쟁을 벌여 수많은 목숨을 희생해야만 자신의 핏줄을 후로 봉할 수 있었지요. 하지만 제 말을 들으신다면 대왕께서는 손가락 하나 까딱하지 않고 그 모두를 얻을 수 있습니다. 그러니 부디 이제부터 제가 하는 말을 귀담아들으시기 바랍니다. 대왕께서 진나라와 손을 잡으시면 진나라는 반드시 한나라와 위나라의 힘을 약화시킬 것입니다. 대왕께서 제나라와 손을 잡으시면 제나라는 초나라와 위나라를 공격하겠지요. 힘이 약해진 위나라는 황하 바깥의 땅을 떼어줄 것이며 한나라는 의양宜陽 땅을 바칠 것입니다. 의양을 바치면 상군上郡의 도로는 막히게 되지요. 황하 바깥의 땅을 바쳐도 길이 막히는 것은 같습니다. 초나라의 힘이 약해지면 조나라는 든든한 지원군을 잃게 됩니다. 그러니 어떤 나라와 손을 잡을지는 반드시 신중하게 생각해야 할 문제입니다.

만약 진나라가 지도를 따라 남하하면 남양은 위태로워집니다. 여기에서 다시 한나라를 공격하면 주나라 종실을 위협하게 되고 조나라도 그들에게 굴복할 수밖에 없습니다. 진나라가 다시 위衛를 근거지로 삼고 기수淇水를 얻게 되면 제나라는 진나라의 신하가 될 것입니다. 탐욕스러운 진나라는 이미 산동 6국을 가졌지만 또다시 조나라를 노릴 것입니다. 진나라 군대가 황하를 건너 장수漳水를 지나 번오番吾를 차지하게 되면 조나라의 수도인 한단을 쉽게 공격할 수 있게 됩니다. 그것은 제가 우려하는 바이기도 합니다.

조나라는 현재 산동의 제후국 중 세력이 가장 강합니다. 조나라의 영토는 사방 2천 리에 이르며 수십만의 병력을 가지고 있습니다. 천 대의 전차와 만

필의 말, 그리고 십 년치의 군량도 보유하고 있지요. 게다가 서쪽으로는 항산恒山과 황하, 장하漳河가 있고 동쪽으로는 청하淸河, 북쪽으로는 연나라가 있습니다. 연나라는 작은 나라이니 걱정할 필요가 없습니다. 각 제후국 중 진나라가 가장 두려워하는 것이 바로 조나라입니다. 그런데 왜 진나라가 조나라를 공격하지 않는지 그 이유를 아십니까? 바로 한나라와 위나라 때문입니다. 한나라와 위나라는 남쪽에서 조나라의 든든한 방패 역할을 해주고 있습니다. 그렇기 때문에 진나라는 먼저 한나라와 위나라를 차지하기 위해 호시탐탐 기회를 노리는 것입니다. 만약 한나라와 위나라가 진나라에 항복하기라도 하면 조나라는 든든한 방패를 잃고 진나라의 위협에 직접적으로 노출될 수밖에 없습니다. 그것이 제가 가장 걱정하는 점입니다.

요제(堯帝)

옛날 요나라의 땅은 겨우 사방 300무 정도였고 순나라는 그나마의 땅도 가지지 못했다고 합니다. 하지만 그들은 결국 천하를 얻었지요. 겨우 병사 100명을 거느렸던 우나라 임금은 훗날 제후들의 왕이 되었고 전차 300대와 군사 3천 명이 전부였던 상나라 탕왕과 주나라 무왕도 천자가 되었습니다. 훌륭한 군주는 영토와 병력이 아닌 재능으로 천하를 호령한다는 말이 이를 잘 설명해줍니다. 그들과 같은 재능과 안목이 있다면 굳이 전쟁을 벌이지 않아도 승리할 수 있는데 대왕께서는 왜 쓸데없는 말에 귀를 기울이셔서 어리석은 결정을 내리려 하십니까? 저는 오래전부터 각 나라의 형세를 열심히 분석했습니다. 그 결과 제후국의 영지를 모두 합하면 진나라의 다섯 배가 넘고 그 병력은 진나라의 열 배라는 사실을 발견했습니다. 6국이 연합을 하여 병력을 집중해 서쪽의 진나라를 공격한다면 쉽게 승리할 수 있습니다. 그런데도 6국은 진나라에게 수모를 당하면서도 신하가 되기를 자처하고 있습니다. 공격을 하는 것과 당하는 것, 정복을 하는 것과 당하는 것은 엄연히 다릅니다. 연횡을 주장하는 사람들은 진나라에 땅을 떼어주고 화친을 하라고 제후들을 부추깁니다. 진나라와 화친을 하게 되면 그들은 화려한 건물을 짓고 음악이나 들으며 희희낙락할 수 있기 때문입니다. 막상 진나라가 위협해 와 나라가 위태로워지면 그 가운데 누구도 군주와 나라를 걱정하지 않을 것입니다. 그들은 오직 자신의 부귀영화를 위해 진나라와 화친을 맺자고 하는 것입니다. 그러니 대왕께서는 이 점을 신중하게 생각하셔야 합니다.

주나라 무왕

　현명한 군주는 어떤 일을 할 때, 간사한 자들의 말을 듣지 않고 유언비어에 귀를 막으며 신하들이 사적으로 무리를 만들어 이익을 도모하지 못하게 막는다고 들었습니다. 제가 이런 제안을 하는 것도 오직 땅을 넓히고 힘을 강화해 대왕의 지위를 굳건하게 만들기 위해서입니다. 그러니 부디 한나라, 위나라, 초나라, 연나라, 조나라와 손을 잡고 진나라에 대항하십시오. 각 제후국의 장수들이 함께 모여 인질을 교환하고 백마를 잡아 피를 마시며 이렇게 맹세하십시오. '진나라가 초나라를 공격하면 제나라와 위나라는 정예병을 보내 초나라를 돕는다. 한나라는 진나라의 후방을 막고 조나라는 황하와 장수를 건너며 연나라는 항산 이북을 지킨다. 만약 진나라가 하나라와 위나라를 공격하면 초나라는 진나라의 후방을 끊고 제나라는 정예병을 보내 도우며 조나라는 황하와 장수를 건너오고 연나라는 운중을 지킨다. 만약 진나라가 제나라를 공격하면 초나라는 그 후방을 끊고 한나라는 성고를 지키며 위나라는 오도午道를 막는다. 아울러 조나라는 황하와 장수를 건너오며 연나라는 정예병을 보내 도움을 준다. 진나라가 연나라를 공격하면 조나라는 상산을 지키고 초나라는 무관에 주둔한다. 동시에 제나라는 발해를 건너고 한나라와 위나라는 정예병을 보내 돕는다. 만약 진나라가 조나라를 공격하면 한나라는 의양에 주둔하고 초나라는 무관으로 향한다. 또 위나라는 황하 서쪽을 지키고 제나라는 발해를 건너며 연나라는 지원 병력을 보낸다. 제후국 중 약속을 깨는 나라가 있으면 나머지 다섯 나라가 함께 공격한다.' 이처럼 6국이 합종을 약속하고 진나라에 맞서면 진나라는 감히 함곡관을 나와 6국을 공격하지 못할 겁니다. 이렇게 되면 천하를 통일하는 것도 어렵지 않습니다."

그의 말을 들은 조나라 왕이 말했다. "나는 나이가 어리고 집정 기간이 짧아 나라를 다스리는 원대한 계획을 아직 세우지 못했소. 하지만 그대를 통해 제후국을 안정시키고 천하를 손에 넣을 계획을 세웠으니 이제 남은 것은 이를 다른 나라에도 알리는 것이오." 조나라 왕은 소진을 무안군으로 봉하고 호화롭게 장식한 마차 100대와 황금 천 냥, 벽옥 100개, 그리고 아름다운 비단을 주어 제후들을 만나게 했다.

처음 진나라 왕 설득에 실패했던 소진은 더욱 성숙해졌다. 그는 정확하게 천하의 대세를 파악하고 상황을 분석한 결과 누구도 반박하지 못할 이론을 세울 수 있었다. 그의 주장을 통해 우리는 소진이 훌륭한 국제관계 전문가였다는 사실을 알 수 있다. 그가 연횡을 깨고 합종을 성공시킬 수 있었던 것은 어쩌면 당연한 결과였을 것이다.

『전국책』 등 참고

안영의 간언의 이치

안영은 춘추 전국 시대에 꽤 이름을 날린 인물이었다. 그가 유명했던 이유는 특출한 정치적 재능을 가졌거나 백성을 위하는 마음이 절절해서가 아니라 바로 그의 재치와 지혜 때문이었다. 『안자춘추』 외에도 수많은 역사서에 그런 그의 행적이 기록되어 있다.

다음은 안영이 왕에게 했던 간언에 관한 이야기다. 어쩌면 이 이야기를 읽고 난 후 가슴이 답답해질지도 모르겠다. 안영 같은 훌륭한 대신이 대놓고 말하지 못하고 마치 배우처럼 어설픈 연기로 왕을 깨우쳐야 했던 답답한 당시의 현실이기 때문이다.

제나라 경공에게는 매우 아끼는 말이 한 마리 있었다. 어느 날, 말을 돌보던 관리가 실수로 그 말을 죽이고 말았다. 사실을 알게 된 경공은 노발대발하며 그 자리에서 창을 꼬나들고 관리를 죽이려고 했다. 그러자 안영이 말했다. "그렇게 하시면 저자는 자신의 잘못이 무언지도 모르고 죽게 됩니다. 제가 대왕을 대신해 그의 잘못을 조목조목 짚어보겠습니다." 안영의 의도를 알지 못했던 경공이 고개를 끄덕였다. 안영은 창을 들고 관리에게 다가가 말했다. "너는 군주를 위해 말을 돌보는 자인데 실수로 그 말을 죽였으니 그 죄는 죽어 마땅하다. 너는 나의 군주가 말을 죽였다는 하찮은 이유로 관리를 죽이게 만들었으니 그 죄도 죽어 마땅하다. 너는 나의 군주가 하찮은 일로 관리를 죽인 사실이 제후국에까지 퍼져 인자하지 못하다는 불명예를 얻게 만들었으니 그 죄도 죽어 마땅하다." 그 말을 들은 경공이 조금도 망설이지 않고 말했다. "그를 놓아주어 내 덕망에 해가 되지 않게 하시오."

청나라 말기의 유명한 학자 송종원宋宗元은 이 사실을 이렇게 평가했다. "군주의 위세는 벼락과 같아서 성을 낼 때는 누구도 그를 거슬려서는 안 된다. 그의 뜻을 쉽게 바꿀 수 없기 때문이다. 말을 키우는 관리는 죄를 지었지만 그렇다고 그것이 죽을죄는 아니었다. 안영은 일부러 과장하여 그의 죄를 따지면서 실제로는 경공의 성급함을 질책했다. 경공 또한 깨어 있는 사람이라서 안영의 말을 듣고 자신의 잘못을 뉘우친 것이다. 안영은 분명 간언에 능한 사람이었다."

어느 날, 누군가가 작은 죄를 지었는데 경공은 길길이 날뛰면서 그의 시체까지 토막을 내라고 명령하며 이렇게 말했다. "누구든 이 일로 간언을 하는 자는 똑같은 방법으로 죽일 것이다." 그때 대전으로 들어온 안영이 왼손에는 범죄자의 머리를 잡고 오른손에는 칼을 쥔 채 경공을 보며 말했다. "예부터 훌륭한 군주는 시체를 토막 냈다고 합니다. 그게 언제부터 시작되었는지 가르쳐주십시오. 저도 그를 따라 하려 합니다." 그 말을 듣고 크게 깨달은 경공은 당장 시체를 토막 내는 형벌을 취소했다.

어느 날, 경공은 7일 밤낮으로 쉬지 않고 술을 마셨다. 경공의 성격을 잘 아는 대신들은 감히 간언을 할 엄두도 내지 못했다. 그 모습을 본 신하 현장이 더 이상 참지 못하고 이렇게 말했다. "벌써 7일이나 술을 드셨으니 이제 그만 하십시오. 그렇지 않으면 제가 목숨을 끊겠습니다." 그 소식을 전해 들은 안영이 경공을 찾아갔다. "현장이 나에게 술을 그만 먹지 않으면 자결하겠다고 했소. 그의 말을 듣자니 임금의 체통이 서지 않고, 듣지 않자니 현장이 죽을 판인데 어떻게 하면 좋겠소?" 경공의 물음에 안영이 대답했다. "현장이 이토록 현명한 군주를 만났으니 얼마나 다행입니까? 만약 그가 평범한 군주를 만났다면 죽어도 벌써 죽었을 것인데 오늘까지 살아 있을 수나 있었겠습니까?" 그의 말을 듣고 뜨끔해진 경공은 다시는 술을 입에도 대지 않았다.

직접적인 간언이 아무런 역할을 하지 못할 때 칭찬을 가장한 간언을 하는 것도 매우 좋은 방법이다. 안영도 이런 방법을 자주 사용했다.

재능은 물론 인과 덕을 모두 갖춘 안영은 임금뿐 아니라 백성의 사랑을 듬뿍 받았다. 다음의 짧은 이야기는 얼핏 보기에는 평범한 듯 보이지만 안영의 처세의 도리를 잘 나타내 주고 있다.

제나라 경공이 한 지역에 대나무를 심고 신하에게 관리하게 했다. 어느 날, 궁 밖을 나갔다가 마침 대나무 밭 근처를 지나던 경공은 누군가가 대나무를 베고 있는 모습을 보았다. 경공은 즉시 나무를 벤 사람을 죽이려고 했다. 이 사실을 알게 된 안영이 경공에게 말했다. "대왕께서는 선왕이신 정공丁公이 일을 어떻게 처리하셨는지 들어보셨습니까?" 경공이 고개를 젓자 안영이 말했다. "곡옥을 공격했을 때 정공은 성 안의 재물을 밖으로 가져나오지 말라는 명령을 내렸습니다. 대신 사람들은 자유롭게 성을 드나들 수 있었습니다. 어느 날, 한 사람이 관을 메고 성 밖으로 나왔는데 경공이 이를 이상하게 여기고 관을 열어보았더니 그 속에 금은보화가 가득했습니다. 관리들은 그 사람을 죽이려고 했지만 경공은 이렇게 말씀하셨습니다. '우리는 무력으로 타국의 성을 함락했고 강한 세력으로 타인의 재물을 빼앗았기에 이미 인과 도에서 멀어졌다. 백성을 다스리는 우두머리는 마음이 넓고 자애로워야 하며 함부로 사람을 죽여서는 안 된다.' 그 말을 들은 관리들은 그 사람을 풀어주었습니다." 그러자 경공이 말했다. "그대의 말이 맞소." 경공은 대나무를 베었던 사람을 풀어주었다.

말은 일종의 예술이다. 이 예술을 어떻게 이용하는가는 매우 중요한 문제다. 같은 상황도 누가 말하느냐, 어떻게 말하느냐에 따라 매우 다르게 해석될 수 있다.

다음의 이야기는 말의 고상함과 무식함을 대조적으로 보여주고 있다. 어느 날, 경공의 등에 큰 종기가 났다. 고자高子와 국자國子가 병문안을 오자 경공이 말했다. "그대들은 내 등에 난 종기를 살펴보도록 하라." 고자가 뒤로 가서 경공의 종기를 만져보았다.

"종기가 뜨거운가?"

"매우 뜨겁습니다."

"얼마나 열이 나는가?"

"마치 불과 같습니다."

"무슨 색깔을 띠고 있는가?"

"덜 익은 배 색깔입니다."

"크기는 어떠한가?"

"먹는 콩만 합니다."

"고름의 모양은 어떠한가?"

"헌 가죽신이 터질 것 같은 모습입니다."

고자와 국자가 떠난 후 안영이 찾아왔다. 경공은 사람을 시켜 이렇게 전했다. "내 병이 위중하여 제대로 옷을 갖춰 입고 선생을 만날 수 없으니 이해해 주시오. 외람되지만 내 병을 한 번 살펴봐 줄 수 있겠소?" 안으로 들어온 안영은 내관에게 손 씻을 물을 떠오게 하고 마부에게 수건을 가지고 오도록 했다. 그는 솔로 손을 깨끗이 씻고 뜨거운 물에 잠시 담가 손을 따뜻하게 한 다음 이불을 들췄다. 그러고는 경공의 다리를 덮었던 요를 다시 잘 덮어준 후 곁에 꿇어 앉아 종기를 만져보았다. 경공이 물었다.

"종기에서 열이 나오?"

"마치 태양처럼 뜨겁습니다."

"무슨 색깔을 띠고 있소?"

"청색의 옥석 같습니다."

"크기는 어떠하오?"

"옥과 같습니다."

"고름 부위는 어떻소?"

"옥을 걸어놓은 형상입니다."

안영이 나간 후 경공이 감탄하며 말했다. "나는 지금껏 저렇게 고상하게 말을 하는 사람을 본 적이 없다. 그는 정말로 저속한 자들과는 다른 인물이로구나!"

안영은 기지가 넘치고 언변이 뛰어났으며 박학다식하여 다른 나라와의 외교관계에서도 특별한 두각을 나타냈다. 하지만 국제적인 명성에 비해 그의 생김새는 그다지 보기 좋지 않았다. 때문에 다른 나라의 임금들은 툭하면 그의 생김새를 놀림감으로 삼기도 했다.

어느 날, 안영이 초나라를 방문했다. 초나라 왕은 일부러 성문 옆의 조그만 문을 열어주어 안영의 왜소한 체격을 비웃었다.

문지기가 안영에게 작은 문으로 들어오라고 하자 안영이 말했다. "개의 나라에 사신으로 왔다면 개구멍으로 들어가야 하지만 초나라에 사신으로 왔으니 이 문으로는 들어갈 수 없습니다." 문지기는 어쩔 수 없이 안영에게 큰 문을 열어주었다.

안영을 만난 초나라 왕이 물었다. "제나라에는 인재가 그리 없소?" 안영의 못생긴 용모를 꼬집은 말이었다. 안영이 아무렇지 않게 대답했다. "제나라는 임치성에만 3천 려閭, 1려는 25가구가 있는데 사람들의 옷소매는 마치 거대한 장막처럼 보이고 땀을 흘리면 마치 비가 오는 것 같습니다. 사람이 너무 많아 어깨와 어깨가 부딪히며 발 디딜 틈이 없는데 어찌 사람이 없을 수 있겠습니까?"

초나라 왕이 이때다 싶어 말했다. "그런데 어찌 그대와 같은 사람을 사신으로 보냈단 말이오?" 그 말을 들은 안영이 빙그레 웃으며 대답했다. "제나라는 재능과 덕을 기준으로 사신을 파견합니다. 어진 나라에는 어진 사자를 보내고 저속한 나라에는 품성이 저속한 사신을 보내지요. 그래서 제가 초나라에 사신으로 온 것입니다."

그 말을 들은 초나라 왕은 아무 대꾸도 할 수 없었다.

안영은 모든 상황에서 재치 있게 대답했다. 아마 초나라 왕보다 훨씬 똑똑한 사람이라 하더라도 안영의 말을 받아칠 수 없었을 것이다.

하지만 초나라 왕은 포기하지 않았다. 그는 일부러 죄인을 호송하는 호위병을 시켜 자신과 안영 앞을 지나가게 했다. 그리고는 짐짓 아무것도 모르는 척 죄인과 호위병을 불러 세워 무슨 일인지 물었다. 미리 왕의 언질을 받은 호위병이 대답했다. "이자는 제나라 출신인데 도둑질을 했습니다." 그러자 초나라 왕이 고개를 돌려 안영을 보면서 말했다. "제나라 사람들은 도둑질을 잘하는 모양이오." 하지만 안영은 얼굴빛 하나 바뀌지 않고 무심하게 말했다. "듣자하니 강회 일대에는 향기 좋고 단 귤이 많이 나는데 일단 강남에만 오면 그 귤이 쓰고 떫은 탱자로 변한다고 합니다. 그 이유가 무엇인지 아십니까? 바로 환경 때문이지요. 저 사람은 제나라에서는 도둑질을 하지 않았는데 초나라에 와서는 도둑질을 했습니다. 그것은 환경 때문이 아니겠습니까?" 할 말이 없어진 초나라 왕이 쓴 웃음을 지으며 이렇게 말했다. "그냥 장난이나 해볼 생각이었는데 오히려 내가 웃음거리가 되고 말았구려. 현명한 사람에게는 마음대로 농담도 해서는 안 되겠소!"

언어의 지혜란 그저 말장난이 아니다. 학문적인 소양과 기개가 있어야만 그것이 언어로 표현될 수 있는 것이다.

세 치 혀로 다섯 개의 성을 얻은 소년 영웅

진나라의 소년 영웅 감라甘羅는 열두 살에 다른 나라에 사자로 파견되었다. 그는 타고난 입담을 무기로 진나라에 큰 이익을 가져다주었다.

진나라의 재상 문신후 여불위는 장당張唐을 사자로 뽑아 연나라에 보내려고 했다. 연나라와 손을 잡고 조나라를 공격해 황하 유역 일대의 영토를 넓히려는 심산이었다. 장당이 여불위에게 말했다.

"저는 예전에 진나라 소왕을 도와 조나라를 공격했습니다. 그 일로 저라면 이를 갈게 된 조나라는 제 목에 100리에 이르는 토지를 현상금으로 걸었습니다. 사자가 되어 연나라로 가려면 반드시 조나라를 지나야 하는데 그들에게 잡힐까 두려워 도저히 갈 수가 없습니다."

여불위는 화가 났지만 더 이상 강요하지 않았다. 그 모습을 본 감라가 물었다. "무엇 때문에 이렇게 화가 나셨습니까?" 여불위가 분을 삭이며 말했다. "내가 직접 장당에게 연나라로 갈 것을 지시했으나 가지 않겠다고 한다. 정말 말이 안 되는 일이지."

이제 겨우 열두 살 난 감라가 말했다. "제가 그를 설득하겠습니다." 그러자 여불위가 더 이상 화를 참지 못하고 소리쳤다. "썩 꺼져라! 내가 직접 말해도 듣지 않는데 너 같이 젖비린내 나는 아이의 말을 들을 것 같으냐?" 하지만 감라는 태연하게 말했다. "공자는 일곱 살짜리 아이를 스승으로 삼았다고 하는데 저는 벌써 열두 살이나 되었습니다. 그렇게 화만 내지 마시고 일단 한 번 맡겨 보십시오." 여불위가 마지못해 동의하자 감라는 곧장 장당을 찾아가 이렇게 말했다. "그대의 공로를 무안군진나라 대장 백기(白起)과 비교하면 누가 더 큽니까?" 장당이 말했다. "무안군은 남쪽의 강대한 초나라를 물리치고 북방의 연나라와도 싸워 여러 번 승리하여 수많은 성을 함락했으니 당연히 나보다 공이 크다. 어찌 나를 그와 비교할 수 있겠느냐."

그럴 줄 알았다는 듯 고개를 끄덕인 감라가 다시 물었다. "그렇다면 응후應侯, 진나라의 옛 재상 범저와 문신후의 권력 중 누가 더 큽니까?"

장당이 대답했다. "응후는 문신후에게 비교도 안 되지."

감라가 정색을 하고 말했다. "선생은 문신후의 권력이 응후보다 훨씬 세다는 것을 잘 알고 계십니다. 당초 응후가 조나라를 공격했을 때, 그의 의견에 맞선 무안군이 함양을 떠나 채 일곱 리도 가지 못하고 두우杜郵에서 목숨을 잃은 사실도 알고 계시지요. 그런데 응후보다 훨씬 세력이 강한 문신후가 직접 연나라로 갈 것을 명령했는데도 듣지 않으시니 선생도 곧 죽은 목숨이겠군요."

감라의 말에 화들짝 놀란 장당이 다급하게 말했다. "나를 일깨워주어 고맙구나. 그럼 너의 말을 듣고 문신후의 명령을 따르도록 하겠다." 장당이 떠나기 며칠 전, 여불위를 찾아간 감라가 이렇게 말했다. "저에게 수레 다섯 대를 주시면 먼저 조나라로 가서 이번 일을 성공시키기 위해 몇 가지 준비를 해놓겠습니다."

진나라 왕의 허락을 얻은 여불위는 감라를 조나라로 보냈다. 조나라의 효왕은 직접 수도 밖까지 나와 감라를 맞이했다. 그런 효왕을 보고 감라가 대뜸 물었다. "대왕께서는 연나라의 태자 단丹이 진나라에 인질로 잡혀간 사실을 아십니까? 그리고 장당이 연나라로 가려는 목적은 아십니까?"

"모두 알고 있다." 조나라 왕의 대답에 감라가 말했다. "연나라의 태자 단이 진나라의 인질이 된 것은 그들이 감히 진나라를 속이지 않겠다는 뜻입니다. 장당이 연나라로 가는 것 또한 진나라가 연나라를 공격하지 않겠다는 약속이지요. 즉 두 나라가 손을 잡고 조나라를 공격해 황하 유역의 땅을 넓히겠다는 겁니다. 그러니 대왕께서는 차라리 성 다섯 곳을 먼저 내놓아 진나라의 환심을 사십시오. 그러면 진나라는 연나라의 태자를 돌려보낼 겁니다. 그때 진나라와 손을 잡고 연나라를 공격하시는 겁니다."

감라의 말을 들은 조나라 왕은 즉시 성 다섯 곳을 진나라에 바쳤다. 그러자 진나라도 연나라의 태자를 돌려보냈다. 조나라는 그 기회를 놓치지 않고 연나라를 공격해 상곡 일대의 성 서른 곳을 함락했으며 그 십 분의 일을 진나라에 바쳤다.

일이 모두 끝나자 진나라 왕은 감라를 상경으로 봉하고 옛날 감무甘茂가 소유했던 땅과 집을 상으로 주었다. 열두 살밖에 안 된 소년이 세상사의 이해관계에 이토록 정통했다는 사실에 감탄이 저절로 나온다.

『전국책』,『경세기모經世奇謀』 참고

진나라로 간 범저, 원교근공책을 시행하다

진나라는 중요한 발전의 시기에 매우 적절한 두 가지 정책을 취했는데 하나는 가까운 적을 공격하고 먼 나라와 화친을 맺는 것이고 또 하나는 분산된 대권을 왕에게 모두 집중시킨 것이었다. 두 가지 정책을 제안한 사람은 바로 범저였다.

범저가 진나라로 오자 소왕은 그를 직접 궁전으로 불러들여 이렇게 말했다. "오래전부터 그대의 가르침을 들으려 했지만 의거義渠의 일이 너무 긴박하다 보니 매일 태후의 지시를 듣느라 시간이 없었소. 이제 일이 모두 마무리되었으니 직접 그대에게 가르침을 청하는 것이오. 나는 언제나 나의 부족함을 느끼고 있었다오. 그러니 제발 어리석은 나를 깨우쳐 주시오." 하지만 범저는 아무 대꾸도 하지 않았다. 자리에 있던 사람들은 범저의 태도에 불쾌한 나머지 안색마저 변하고 말았다.

진나라 왕은 아랑곳하지 않고 오히려 대신들을 모두 물러가게 한 후 무릎을 꿇고 범저에게 말했다. "선생은 나에게 어떤 가르침을 주려 하시오?" 범저는 공손한 표정을 지었지만 그저 "네, 네"라고 성의 없는 대답만 할 뿐이었다. 소왕이 두 번, 세 번 다시 물었지만 범저의 태도는 한결 같았다. 소왕이 여전히 무릎을 꿇은 채 말했다. "혹시 나에게 가르침을 주기 싫은 것이오?" 그러자 범저가 민망한 표정으로 말했다. "감히 그럴 리가 있겠습니까? 당초 여상呂尙, 강태공—옮긴이이 주나라 문왕을 만났을 때 그는 위수에서 고기를 낚고 있었습니다. 문왕은 여상을 처음 만났지만 그의 한마디를 듣고 즉시 태사로 삼아 함께 궁으로 돌아갔지요. 문왕은 여상의 충고를 들어 큰 업적을 세웠으며 천하를 얻어 황제가 되었습니다. 만약 문왕이 여상을 냉대하고 속 깊은 대화를 나누지 않았다면 그토록 위대한 업적을 이루지 못했을 것입니다. 지금 저는 진나라에 잠시 머무는 여행객에 지나지 않고 그동안 대왕과도 교류가 없었습니다. 그런 제가 나라를 위해 충성을 보여주고 싶어도 대왕의 속마음을 알 수 없으니 함부로 입을 열 수 없는 것입니다. 하지만 두려워서 입을 다문 것은 아닙니다. 오늘 대왕의 앞에서 하고 싶은 말을 하고 내일 죽는다고 해도 두렵지 않습니다. 대왕께서 저의 말을 믿고 따르신다면 죽은들 여한이 있겠습니까? 온몸이 문둥이가 되거나 머리를 풀어헤치고 미친 척을 하는 것도 수치스럽다 여기지 않을 것입니다. 오제처럼 현명한 군주나 삼황처럼 인자한 임금들도 언젠가는 죽고, 오패와 같은 현명하고 재능이 있는 사람, 오획烏獲과 같은 장사나 맹분孟賁, 하육夏育과 같은 용사도 죽음을 피할 수는 없습니다. 이 한 목숨 버려 진나라에 도움이 되는 것은 제가 바라는 바이기도 합니다. 그런 제가 무엇이 두렵겠습니까? 자루 속에 숨어 소관昭關에서 도망친 오자서는 낮에는 숨고 밤에만 걷기를 반복해 마침내 능수菱水에 도착했습니다. 먹을 것이 없었던 그는 시장에서 기어 다니며 구걸했지만, 결국에는 오나라를 부흥시키고 합려를 도와 패업을 달성했습니다. 저에게도 오자서처럼 군주를 위해 계책을 올릴 기회가 온다면 평생 감옥에 갇혀 가족과 생이별하더라도 괜찮습니다. 기자와 접여接輿는 몸에 옻칠을 하고 문둥병자 행세를 하거나 머리를 풀어헤치고 미친 척하여 은나라와 초나라의 위협에서 무사할 수 있었습니다. 현명한 군주에게 도움이 된다면 기자와 접여처럼 문둥병자나 미치광이 행세를 한들 욕되다 할 수 있겠습니까? 그런 제가 걱정하는 것은 단 한 가지, 바로 천하의 사람들이 저의 죽음을 보고 대왕께 충성하는 것을 꺼리지 않을까 하는 점입니다. 지금 대왕께서는 위로는 태후의 위엄 때문에 두려움에 떨고, 아래로는 간신들에게 둘러싸여 판단력이 흐려진 상태이십니다. 오랫동안 궁궐에서만 지내셨기에 충성스러운 신하를 구별해내지도 못하십니다. 바로 그런 이유로 나라는 물론 대왕 자신도 위험에 빠지신 겁니다. 저는 어떠한 곤경이나 비난도 두렵지 않습니다. 제가 죽어 진나라에 도움이 된다면 그것만으로도 족합니다."

여전히 꿇어앉아 범저의 말을 경청하던 진나라 소왕이 말했다. "도대체 무슨 근거로 그런 말씀을 하시오? 진나라는 변방에 있고 나 역시 군주로서 무능하고 어리석었소. 선생이 오신 것을 보니 아마도 하늘이 아직 나를 버리지는 않았나 보오. 이제부터 성심껏 선생의 가르침을 받들 것이오. 이 모두는 하늘이 선왕을 사랑하여 그의 후손을 버리지 않은 증거가 아니겠소. 무슨 일이든 위에는 태후가 있고 아래로는 신하들이 있지만 선생이 가르침을 주신다면 기꺼이 받들 것이니 아무것도 의심하지 마시오." 그 말을 들은 범저는 소왕에게 다시 예를 올려 감사를 표한 뒤 이렇게 말했다.

"대왕의 나라는 북쪽으로는 감천甘泉과 곡구谷口가 있고 남쪽으로는 위수와 경수涇水가 둘러싸고 있으며 오른쪽으로는 롱隴과 촉이, 왼쪽으로는 함곡관과 무관, 그리고 효산이 있습니다. 천 대의 전차와 백만의 병사를 바탕으로 제후들과 전쟁을 벌이면 날랜 사냥개가 절름발이 토끼를 쫓는 것처럼 쉽고 빠르게 패업을 이룰 수 있습니다. 그런데도 병력을 파견하지 않고 산동 제후들의 허실을 살피는 것은 양후穰侯가 진심으로 나라를 위해 애쓰지 않기 때문입니다. 지금 진나라가 펼치고 있는 정책은 옳지 않습니다." 소왕이 다급하게 말했다. "진나라의 잘못이 무엇인지 말해주시오."

범저가 대답했다. "지금 대왕의 생각처럼 한나라와 위나라를 건너뛰어 강대국인 제나라를 치려 하는 것은 옳지 못한 책략입니다. 그들을 대적할 병력이 적으면 승리할 수 없고 그렇다고 많은 병력을 보내면 진나라에도 큰 손실을 끼치게 됩니다. 제 추측이 맞는다면 대왕께서는 적은 병력을 보내 그들과 싸우고 싶겠지요. 하지만 나머지 병력을 모두 한나라와 위나라에게 요구하는 것도 도의적으로 맞지 않습니다. 지금은 동맹국도 믿을 수가 없다는 사실을 모두 다 알고 있습니다. 그런 상황에서 이 나라들을 거쳐 제나라를 공격하는 것이 가능하겠습니까? 그것은 허점투성이의 책략에 불과합니다. 예전에 초나라를 공격해 크게 승리한 제나라는 어찌 된 일인지 땅 한 뙈기도 얻지 못했습니다. 당시의 상황 때문에 승리를 하고도 영토를 얻을 수 없었던 것이지요. 그때 제후들은 힘을 모아 오랜 시간 전쟁을 벌여 약해질 대로 약해진 제나라를 공격했습니다. 결국 제나라 군대는 대패했고 왕은 다른 나라로 도망쳐 천하의 웃음거리가 되었습니다. 제나라가 초나라를 공격했을 때 가장 큰 이득을 본 나라는 한나라와 위나라였습니다. 그야말로 강도에게 무기를 쥐어주고 도둑에게 먹을 것을 준 것과 다름없었지요. 그러니 대왕께서는 차라리 먼 나라와 화친을 하고 가까운 나라를 공격하는 '원교근공'의 책략을 취하십시오. 그렇게 하면 전쟁해서 얻는 땅은 오롯이 대왕의 것이 됩니다. 지금처럼 가까운 나라와 화친하고 먼 곳을 공격하는 것은 큰 잘못입니다. 예전 조나라는 중산국을 함락하고 땅은 물론 모든 재물을 차지했습니다. 그러자 다른 나라들도 감히 조나라를 어쩌지 못했지요. 지금 중원에 있는 한나라와 위나라는 지리적인 형세에서 가히 천하의 중추라 할 수 있습니다. 대왕께서 패업을 달성하시려면 반드시 먼저 중추를 장악한 다음 초나라와 조나라를 위협해야 합니다. 조나라가 강대해지면 초나라가 먼저 화친을 맺으려 하고, 초나라가 강대해지면 조나라가 먼저 화친을 맺으려 할 것입니다. 초나라와 조나라가 화친을 맺으면 제나라는 분명히 겁을 먹을 것입니다. 그래서 후한 선물을 가지고 진나라에 찾아올 것입니다. 제나라가 진나라에 화친을 청해 속국이 되면 한나라와 위나라는 쉽게 물리칠 수 있습니다."

그러자 소왕이 물었다. "나는 진작부터 위나라와 화친하고 싶었지만, 워낙 변덕이 심한 나라라 좀처럼 손을 쓸 수가 없었소. 어떻게 하면 그들과 동맹을 맺을 수 있겠소?" 범저가 말했다. "겸손한 태도로 후한 선물을 갖다 바치십시오. 그래도 통하지 않으면 영토를 떼어주십시오. 이도저도 통하지 않으면 군대를 일으켜 전쟁을 벌이시면 됩니다."

결국 진나라는 군대를 일으켜 위나라의 형구邢丘를 공격했다. 형구를 빼앗긴 위나라는 곧 진나라에게 화친을 청했다.

범저가 이번에는 한나라에 관한 책략을 내놓으며 말했다. "진나라와 한나라는 지형적으로 매우 복잡하게 얽혀 있습니다. 차라리 한나라를 진나라의 속국으로 만드십시오. 한나라는 진나라에게 나무의 좀 같은 존재입니다. 전쟁이 일어나지 않으면 별일이 없겠지만 일단 천하가 혼란에 빠지면 진나라에 가장 큰 위험이 되는 존재가 바로 한나라입니다." 진나라 소왕이 말했다. "그 생각을 하지 않은 것은 아니지만 한나라는 쉬운 상대가 아니니 어쩌면 좋겠소?" 그러자 범저가 말했다. "병사를 일으켜 한나라의 형양을 공격하고 성고로 통하는 길을 막으십시오. 북으로는 태행산 입구를 막아 상당上黨 지역의 군대가 지원을 하지 못하게 막으십시오. 빠르게 형양을 손에 넣을 수 있다면 한나라는 세 등분으로 나뉘게 됩니다. 곧 망할 것을 알게 된 한나라가 복종을 하지 않을 수 있겠습니까? 한나라가 따르면 진나라의 패업은 성공하는 것이나 다름없습니다." 소왕이 고개를 끄덕이며 말했다. "좋소."

범저는 또 이런 제안도 내놓았다. "제가 동쪽에 있을 때 제나라의 전단田單은 군주보다 유명했습니다. 진나라의 태후, 양후, 경양군涇陽君, 화양군華陽君은 대왕보다 큰 권력을 갖고 있지요. 모름지기 왕이란 나라의 모든 권력을 장악해야 합니다. 어떠한 구속도 받지 않고 대신들의 생사를 결정할 권리를 가지고 있어야만 왕이라 할 수 있지요. 하지만 태후가 조정을 마음껏 주무르고 양후 역시 멋대로 사자를 파견하면서 대왕께 보고도 하지 않습니다. 경양군과 화양군도 안하무인이기는 마찬가지입니다. 이처럼 한 나라에 실권자가 넷이나 되니 혼란과 패망은 당연한 결과겠지요. 백성도 이 실권자들의 통제를 받으니 이 나라는 왕이 없는 것과 마찬가지라 할 수 있습니다. 이런 상황에서 어찌 군주의 권위가 멀쩡할 수 있으며 모든 법령이 대왕을 통해서 나갈 수 있겠습니까? '나라를 잘 다스리는 군주는 안으로는 권위를 강화하고, 밖으로는 권세를 중시한다'라는 말을 들은 적이 있습니다. 하지만 양후는 대왕의 권세를 등에 업고 제후들에게 멋대로 토지를 나누어주며 자신이 만든 규정을 따르게 하는데 그 말을 감히 듣지 않는 자가 없다고 합니다. 그는 전쟁에서 승리하여 얻은 토지와 재물을 모두 도읍陶邑, 양후의 근거지—옮긴이의 것으로 만들었습니다. 진나라의 힘이 약해지면 제후국의 간섭을 받게 되고 전쟁에서 지면 백성이 군주에게 원망을 품어 큰 화를 불러오게 됩니다. 열매가 너무 많으면 가지가 부러지고 가지가 부러지면 기둥을 해친다고 하지 않았습니까? 이처럼 제후국이 많으면 나라는 위협을 당하고 신하들의 지위가 높아지면 군주의 자리는 위태해집니다. 제나라의 대권을 쥔 요치淖齒는 민왕閔王

의 힘줄을 뽑고 그를 산채로 대들보 위에 걸어두었습니다. 민왕은 비참하게
도 하룻밤이 지나서야 목숨을 잃었습니다. 조나라의 대권을 장악한 이태^{李兌}
는 왕의 아버지를 굶겨 죽였습니다. 진나라의 태후와 양후는 나라의 대권을
마음대로 주무르고 있는데 고릉군^{高陵君}과 경양군이 공공연히 그들을 돕고 있
습니다. 그렇다 보니 백성은 이 나라에 왕이 있는지조차도 모르고 있습니다.
고릉군과 경양군은 요치와 이태 같은 자들입니다. 지금도 대왕을 돕는 신하
가 하나도 없는데 이렇게 가다가는 훗날 대왕의 나라가 다른 성씨를 가진 사
람에게 넘어가지 않을까 걱정이 될 따름입니다."

그의 말을 듣고 덜컥 겁이 난 소왕은 즉시 태후의 권력을 빼앗고 양후와 고
릉군, 그리고 경양군을 수도 밖으로 쫓아냈다. 모든 일을 마친 소왕이 범저에
게 말했다. "과거 제나라 환공이 관중을 '중부^{仲父}'라 부른 것처럼 나 역시 그
대를 '아버지'라 부르고 싶소."

'원교근공'은 진나라의 군사 정책에서 매우 중요한 역할을 했다. 이 정책을
시행한 이후 진나라는 진정한 발전의 시기에 접어들 수 있었기 때문이다. 범
저가 제안했던 이 책략은 당시 진나라뿐만 아니라 중국의 군사 역사에서도
매우 큰 영향을 끼쳤다.

『전국책』 참고

선비 하나를 잃어 나라가 망하다

춘추 전국 시대에 인재는 매우 중요한 역할을 했는데 이들은 심지어 나라의

존망을 결정하기도 했다. 실제로 이 시기에는 '선비 하나를 얻으면 나라가 흥하고 선비 하나를 잃으면 나라가 망한다'는 예를 심심치 않게 볼 수 있었다. 조나라의 멸망도 그랬다.

문신후 여불위가 진나라에서 쫓겨난 후 그의 친신 사공마司空馬는 조나라로 갔다. 조나라 왕은 사공마를 재상으로 봉했는데 마침 그때 진나라가 조나라를 공격해왔다.

사공마는 조나라 왕에게 이렇게 권했다. "저는 진나라의 재상 문신후의 시중을 들었던 사람입니다. 진나라에서 상서를 지낸 적이 있기 때문에 진나라의 상황을 누구보다 잘 알고 있습니다. 지금 저는 조나라의 재상이 되어 조나라의 상황도 손바닥 보듯 훤히 꿰고 있습니다. 대왕께서 생각하시기에 진나라와 조나라가 전쟁을 한다면 어느 나라가 승리를 하겠습니까? 두 나라 중 어느 나라가 더 강하다고 생각하십니까?" 조나라 왕이 대답했다.

"당연히 진나라가 강하오."

"백성의 수는 어떻습니까?"

"진나라가 많소."

"재물과 식량을 보면 누가 더 부유합니까?"

"그야 진나라가 부유하다오."

"두 나라의 재상 중 누가 더 재능이 있습니까?"

"아무래도 그들이 나을 것이오."

"두 나라의 장수 중 누가 더 용맹합니까?"

"그들이오."

"두 나라의 법령 중 어느 것이 더 엄격합니까?"

"진나라가 엄격하오."

모든 대답을 들은 사공마가 말했다. "보아하니 조나라는 여러 분야에서 진나라를 따라가지 못하는군요. 그렇다면 조나라는 곧 망할 수밖에 없겠습니다." 다급해진 조나라 왕이 말했다. "그대가 조나라에 두 마음을 품지 않았다는 것을 잘 알고 있소. 나라를 잘 다스릴 수 있는 방법을 내게 알려준다면 반드시 따를 것이오." 사공마가 말했다. "그렇다면 조나라의 땅 절반을 떼어 진나라에게 뇌물로 바치십시오. 가만히 앉아서 조나라의 절반을 얻은 진나라는 분명 좋아할 것입니다. 진나라는 조나라가 내부적으로 수비를 강화하고 외부에서 제후국들이 지원할 것을 걱정하기 때문에 분명 두말 않고 땅을 받을 것입니다. 일단 땅을 받으면 두 번 다시 조나라를 공격하지 않을 겁니다. 그렇게 되면 조나라는 땅을 절반이라도 지킬 수 있고 백성은 다시 평화를 찾겠지요. 한편 조나라의 영토를 얻은 진나라는 더욱 강성해질 것입니다. 그러면 산동의 제후국들은 자연히 겁을 먹고 힘을 모아 진나라에 대항하려 들 겁니다. 제후들이 일단 합종을 하면 대왕도 거기에 가담하십시오. 합종이 성공하게 되면 조나라는 겉으로는 국토의 절반을 빼앗겼지만 실제로는 6국의 지지를 얻게 됩니다. 6국이 함께 대항한다면 진나라도 더 이상 함부로 조나라를 넘보지 못할 겁니다."

하지만 조나라 왕이 고개를 저으며 말했다. "얼마 전, 진나라가 조나라를 공격했을 때 조나라는 현 열두 곳을 바쳤지만 결과적으로 땅은 땅대로 빼앗기고 병력은 병력대로 약해진 데다 결국 전쟁도 막아내지 못했소. 만약 지금 또 나라의 절반을 바쳐 그들의 세력을 강하게 해준다면 조나라는 더 이상 살아남을 수 없을 것이오. 그러니 다른 계책을 내어주시오." 사공마가 말했다. "저는 젊은 시절 진나라에서 문서를 관장하는 작은 벼슬을 했습니다. 이후에도 별로 높은 관직을 하지 못했으며 지금까지 군대를 이끌고 전쟁을 해본 적이 없습니다. 하지만 대왕께서 허락하신다면 군대를 이끌고 진나라에 맞서 죽을 각오로 싸우고 싶습니다." 하지만 조나라 왕은 그것마저도 끝내 허락하지 않았다. 그러자 실망한 사공마가 말했다. "계책을 내었지만 받아주지 않으시니 더 이상 대왕을 모실 수가 없습니다. 이곳을 떠나겠습니다."

사공마는 조나라를 떠나 평원진平原津을 지났다. 그때, 평원진의 현령 곽유郭遺가 달려 나와 사공마를 맞으며 물었다. "지금 진나라가 조나라를 공격하고 있습니다. 듣자하니 조나라에서 오셨다고 하던데 그곳의 상황이 어떠한지 말해주십시오." 사공마는 자신과 조나라 왕 사이에 있었던 일을 모두 이야기해주며 조나라가 곧 망할 것이라는 말도 덧붙였다. 그러자 평원령이 말했다. "선생의 높은 안목으로 볼 때 조나라는 언제쯤 망하겠습니까?" 사공마가 대답했다. "만약 조나라가 무안군 이목李牧을 장수로 삼는다면 1년이나 지나야 멸망할 것입니다. 하지만 조나라가 무안군을 죽이면 반년이면 끝나겠지요. 조나라에는 한창韓倉이라는 대신이 있는데 아첨을 잘해서 왕과의 사이가 돈독합니다. 그는 질투가 많은지라 재능이나 공이 있는 사람을 모두 눈엣가시로 여기지요. 지금은 위기 상황이니 조나라 왕은 분명 한창의 말을 듣고 무안군을 죽일 겁니다."

과연 조나라 왕은 한창의 말만 믿고 무안군의 직위를 빼앗은 뒤 그 자리에 다른 사람을 앉혔다. 그러고는 변경에서 돌아온 무안군 이목에게 말도 안 되는 죄를 뒤집어씌웠다. 조나라 왕의 명령을 받은 한창이 이목의 죄를 따지며 말했다. "그대가 전쟁에서 승리하고 돌아왔을 때 대왕께서는 술을 한잔 하사하셨고 그대는 술을 받아들고 인사를 올렸다. 그때 손에 비수를 숨기고 있었으니 그 죄는 죽어 마땅하다." 그러자 이목이 억울하다는 표정으로 말했다. "나의 오른팔은 병으로 굽었소. 키는 크지만 팔이 매우 짧아 손이 땅에 닿지 않는다오. 혹시 왕께 예를 올리다가 실수라도 할까 봐서 장인에게 부탁하여 나무 팔을 만들었는데 그때 비수라고 오해했던 것은 바로 그 나무 팔이요. 못 믿겠다면 직접 보여드리리다." 말을 마친 무안군이 나무로 만든 팔을 꺼내 보여주며 간절한 목소리로 말했다. "그러니 왕께 이 일을 잘 설명해주시오." 하지만 한창은 단호한 표정으로 말했다. "나는 왕의 명령을 따를 뿐이니 이 런저런 사정은 봐줄 수가 없소." 어쩔 수 없이 이목은 북쪽을 향해 두 번 절을 올린 뒤 보검을 꺼내며 이렇게 말했다. "신하된 몸으로 궁에서 죽을 수는 없지." 사마문司馬門을 나서며 오른손으로 검을 빼어든 그는 검을 입에 물고 냅다 기둥을 향해 달려들어 목숨을 끊었다.

무안군이 죽고 5개월이 지나고 조나라는 멸망했다. 평원령은 만나는 사람 마다 이 일을 이야기해주며 감탄을 했다. "아! 사공마여!" 사공마의 선견지명 에 감탄한 평원령은 그가 진나라에서 쫓겨난 것이나 조나라를 떠난 것이 결 코 능력이 부족해서가 아니라는 것을 알게 되었다.

결국 사공마라는 인재를 놓친 조나라는 멸망했다. 조나라가 멸망한 것은 나라에 현명한 사람이 없어서가 아니라 현명한 사람을 제대로 쓰지 못했기 때문이었다. 조나라는 사공마라는 인재를 잃었기에 철저하게 나락으로 떨어 지고 말았다. 하지만 인간은 역사의 경험을 잘 기억하지 못한다. 현명하고 능 력 있는 자를 질투하고 아첨을 듣기 좋아하며 자신에게 잘 보이려는 자들만 가까이 하고 싶은 인간의 약한 본성은 높은 자리에 있을 때 더욱더 두드러지 게 마련이다.

『전국책』 등 참고

노중련의 기개

전국시대 사람 노중련魯仲連은 의로운 선비의 모범으로 불리며 후대인들의 칭송을 받았다. 나라가 어려움에 처하고 민족이 위기에 빠졌을 때 중국인들은 늘 그를 떠올렸다. 이 모든 것은 그가 죽음도 두려워하지 않고 위나라와 조나라를 설득해 황제가 되려고 했던 진나라 왕의 야심을 좌절시킨 것과 무관하지 않다. 진나라가 조나라의 수도 한단을 포위하자 위나라 왕은 대장 진비晉鄙를 보내 조나라를 지원하게 했다. 하지만 진나라의 위용에 겁을 먹은 진비는 탕음蕩陰에서 더 이상 전진하지 못하고 사태를 지켜보기만 했다.

위나라 왕은 객경 신원연辛垣衍을 한단성에 잠입시켜 평원군을 만나 다음과 같은 말을 전하게 했다. "진나라가 조나라를 공격하려는 궁극적인 목적은 바로 황제가 되고 싶어서입니다. 예전에 진나라와 제나라가 황제의 자리를 다투었을 때 두 나라의 왕은 모두 자신을 황제라 불렀습니다. 그런데 훗날 진나라 왕이 황제 칭호를 빼앗긴 것은 제나라 왕이 먼저 황제의 제호를 취소했기 때문이지요. 하지만 이제 상황이 달라졌습니다. 제나라의 국력은 그때보다 약해졌지만 진나라는 훨씬 강해졌기 때문입니다. 진나라가 한단을 포위한 진짜 목적은 결코 성을 욕심내어서가 아닙니다. 그들은 겁을 먹은 조나라가 먼저 자신들을 황제라 불러주기를 기다리고 있습니다. 그들의 바람처럼 조나라 왕이 먼저 진나라 왕을 황제로 대접한다면 진나라는 매우 기뻐하며 즉시 공격을 멈출 것입니다." 그 말을 들은 평원군은 주저하며 결정을 내리지 못했다.

그때 마침 조나라를 방문 중이던 노중련이 이 모든 이야기를 듣고 평원군을 찾아가 물었다. "진나라 왕을 황제로 받드는 것을 동의하셨습니까?" 평원군이 조심스럽게 대답했다. "중요한 일인데 어찌 쉽게 결정을 할 수 있겠소? 조나라의 백만 대군은 이미 국경에서 전멸을 당했고 진나라의 군대는 우리 땅 깊숙이 들어와 이미 한단 성을 포위하고 있다오. 이런 다급한 상황에 위나라의 사자인 신원연이 그런 말을 했는데 선뜻 동의할 수도 없고 거절할 수도 없으니 괴로울 따름이오." 그러자 노중련이 단도직입적으로 말했다. "지금껏 공자가 천하에서 가장 현명하고 재능이 있는 군주라고 생각했습니다만 이제 보니 아닌 것 같군요. 위나라의 사자는 어디에 있습니까? 제가 그와 이야기를 해보겠습니다."

평원군은 할 수 없이 신원연을 찾아가 이렇게 말했다. "제나라의 노중련이라는 선생이 마침 한단에 계시니 소개해 드리고 싶소." 그러자 신원연이 말했다. "그는 제나라에서도 신분이 높은 분이라 들었습니다. 저는 위나라의 사신으로 공무를 집행하는 몸이니 만나지 않는 것이 좋을 것 같습니다." 평원군이 난처한 기색을 보이며 말했다. "하지만 이미 그대의 이야기를 해두었으니 거절하지 마시오." 신원연은 하는 수 없이 노중련을 만나러 갔다.

어찌 된 일인지 신원연을 만난 노중련은 한마디도 하지 않았다. 오히려 조바심이 난 신원연이 먼저 입을 열었다. "지금 한단성 안에 남아 있는 사람 대부분은 공자에게 바라는 것이 있습니다. 그래서 위태로운 가운데도 성을 떠나지 않지요. 하지만 선생은 딱히 원하는 것이 있어 보이지 않는군요. 그런데도 성을 떠나지 않는 이유가 무엇입니까?" 노중련이 대답했다. "세상 사람들은 은사 포초鮑焦가 의연하게 죽음을 맞은 것이 아니라고 하지만 그것은 평범한 자들의 추측일 뿐입니다. 보통사람들은 모두 눈앞의 이익만을 탐하며 멀리 내다보지 못합니다. 진나라는 국력은 강하지만 인과 의를 무시하는 나라입니다. 그들은 지독한 방법으로 의로운 선비를 내쫓고 잔혹한 형벌로 백성을 다스립니다. 만약 그런 진나라의 왕이 황제가 된다면 더욱 제멋대로 날뛰며 폭력으로 천하를 다스릴 겁니다. 저는 바다에 뛰어들어 목숨을 끊을지언정 그러한 나라의 백성이 되고 싶지는 않습니다. 그래서 조나라에 조금이라도 힘이 되고자 이 자리에 나선 것입니다." 신원연이 물었다. "선생은 어떻게 조나라를 도울 겁니까?" 그러자 노중련이 자신 있게 말했다. "저는 위나라와 연나라를 설득해 조나라를 돕게 할 것입니다. 제나라와 초나라는 이미 그렇게 하고 있습니다." 그 말을 들은 신원연이 미덥지 않다는 표정으로 말했다. "연나라를 설득해 조나라를 돕는다는 것은 그런대로 이해할 수 있겠지만 제가 바로 위나라 사람인데 어찌 우리를 설득하겠다는 말입니까?" 노중련이 말했다. "아마도 위나라는 진나라가 황제가 될 경우 따르게 될 위험을 알지 못하기에 그런 말을 하는 것일 겁니다. 그 위험을 안다면 반드시 조나라를 도울 겁니다."

신원연이 알 수 없다는 듯 물었다. "진나라의 왕이 황제가 되면 대체 위나라에 어떤 해악을 끼친단 말입니까?" 노중련이 대답했다. "예전에 제나라 왕은 인과 의의 정치를 했습니다. 그는 누구보다 솔선수범하여 주나라의 천자를 받들었습니다. 당시 다른 제후들은 빈곤하고 힘이 없는 주나라 왕실을 등한히 여겼지만 제나라 왕은 열심히 천자를 모셨지요. 그러다가 주나라 열왕烈王이 죽자 제후들 모두 문상을 갔는데 제나라 사자가 조금 늦고 말았습니다. 그때 주나라 대신들은 눈에 쌍심지를 켜고 조나라를 질책하는 글을 보냈습니다. '하늘이 무너지고 땅이 꺼지는 상황에서 주나라 천자는 국정도 돌보지 않고 상을 치르는데 감히 제나라의 전영田嬰이 가장 늦게 도착했으니 반드시 죽음으로 사죄해야 할 것이다.' 제나라 왕은 이를 보고 노발대발하며 '네 어미는 종년이다!'라고 욕을 했지요. 그렇다고 제나라 왕의 '인의'가 땅에 떨어진 것은 아니지만 이 일로 그는 천하의 웃음거리가 되었습니다. 천자가 살아 있을 때 그렇게 열심히 모시던 제나라 왕이 막상 천자가 죽고 나니 차마 입에 담지 못할 욕을 했기 때문입니다. 물론 그것은 모두 주나라의 무리한 요구 때문이었지만 천자의 나라가 신하에게 무리한 요구를 하는 것도 나무랄 수는 없는 일이지요."

신원연이 노중련의 말에 반대하며 말했다. "저는 그 말에 동의할 수 없습니다. 노비 열 명이 한 주인을 모시는 것이 그들의 힘이 모자라서겠습니까? 아니면 지혜가 주인보다 못해서겠습니까? 그들이 그토록 열심히 주인을 받드는 것은 바로 두려움 때문입니다." 노중련이 말했다. "지금 위나라가 진나라의 노비라고 말씀하시는 겁니까?" 신원연이 말했다. "그렇습니다." 노중련이 말했다. "그렇다면 저는 진나라 왕에게 가서 위나라 왕을 삶아 고깃국으로 만들라고 하겠습니다." 그러자 신원연이 펄쩍뛰며 말했다. "어찌 그런 말씀을 하십니까? 진나라 왕이 무슨 이유로 위나라 왕을 삶아 죽인단 말입니까?" 노중련이 태연하게 말했다. "어렵지 않은 일입니다. 믿기지 않는다면 제가 하는 말을 잘 들어보십시오. 예전 귀후鬼侯와 악후鄂侯, 그리고 문왕文王은 걸왕의 제후들이었소. 귀후는 생김새가 예쁘장한 딸을 걸왕에게 바쳤습니다. 하지만 걸왕은 그 딸이 못생겼다는 이유로 귀후를 죽여 잘게 다져 젓갈을 담았습니다. 악후는 그를 감싸주는 몇 마디 말을 했다가 죽임을 당해 육포가 되었지요. 이 모습을 본 문왕은 한숨을 쉬었다는 이유로 100일 동안 감옥에 갇혀 죽을 뻔했습니다. 그 세 사람은 황제가 되기에 충분한 재능을 가졌는데 왜 그런 수모를 당했겠습니까? 반면 죽음을 두려워하지 않고 불의에 맞서 아름다운 이야기로 남은 사람들도 있습니다. 예전 제나라 민왕은 감히 황제를 자처하며 노나라로 간 적이 있습니다. 그때 이유자夷維子가 그를 수행했습니다. 노나라에 도착한 이유자는 그곳의 대신들에게 다짜고짜 이렇게 물었습니다. '그대들은 어떻게 우리 군왕을 모실 것인가?' 노나라 사람들은 평상시의 예절에 따라 이렇게 말했지요. '우리는 소, 양, 돼지를 각각 열 마리씩 잡아 손님을 대접합니다.' 그러자 이유자가 말했습니다. '어찌 그런 하찮은 예절로 우리의 대왕을 대접한단 말인가? 우리의 대왕께서는 천자의 몸으로 직접 제후국을 방문하셨다. 그러니 너희는 궁실의 열쇠를 갖다 바친 후 시종처럼 소매를 걷어붙이고 천자의 시중을 들어야 한다.' 그 말을 들은 노나라 사람들은 성문을 걸어 잠그고 이유자와 민왕이 들어오지 못하게 했습니다. 그러자 민왕은 설나라로 가기로 했지요. 가는 길에 추나라에 들렀는데 마침 추나라는 국상 중이었습니다. 민왕이 문상을 가기로 하자 이유자는 막 즉위한 추나라의 국왕을 먼저 찾아가 이렇게 말했습니다. '천자께서 문상을 오셨으니 제를 올리기 편하도록 죽은 사람의 영정의 방향을 바꾸도록 하라!' 그 말을 들은 추나라 사람들은 이를 완강히 거부하며 말했습니다. '우리가 다 죽는다고 해도 그런 치욕을 당할 수는 없소!' 그들의 서슬에 놀란 민왕은 감히 추나라로 가지 못했습니다. 이렇게 노나라와 추나라 사람들은 함부로 천자를 자처하는 자에게 굽히지 않음으로써 살아서나 죽어서나 훌륭한 평가를 받을 수 있었습니다. 민왕은 다른 나라가 자신을 천자로 대접해주기를 바랐지만 어림도 없었지요. 지금 진나라와 위나라의 병력은 엇비슷하여 두 나라 모두 천하의 강국이라 할 수 있습니다. 단지 전쟁에서 한 번 이긴 것을 이유로 진나라가 황제가 되려 하는 것은 옳지 않습니다. 그런데도 진나라를 황제로 받들려는 한나라와 위나라의 대신들은 노나라나 추나라 백성보다 못한 종놈들이지요!"

잠시 말을 멈추었던 노중련이 다시 입을 열었다. "진나라의 욕심은 끝이 없습니다. 만약 정말 황제가 된다면 다른 나라의 내정에도 간섭할 것이며 나라의 대신들을 임명하는 것에도 참견하려 들 겁니다. 그러면 마음에 들지 않는 자들은 내치고 그 자리를 자신들의 심복으로 채우겠지요. 또 자신의 딸이나 간사한 소인배들을 제후국의 처첩으로 줄 것인데 이런 사람들이 위나라 궁전에 들어오면 위나라 왕의 마음이 하루라도 편할 수 있겠습니까? 그때가 되면 그대는 무엇으로 자신의 자리를 지킬 겁니까?" 그 말을 듣고 크게 깨달은 신원연은 재빨리 자리에서 일어나 감사의 인사를 올렸다. "솔직히 선생이 평범한 사람이라 생각했는데 이제 보니 최고의 식견을 가지셨군요. 이제부터 절대로 진나라 왕을 황제로 받들자는 이야기는 꺼내지 않겠습니다."

이 이야기를 들은 진나라의 장군도 겁을 먹고 병사들을 십 리 밖으로 후퇴시켰다. 그때 마침 위나라의 공자 무기가 병부를 훔쳐 위나라 군대의 지휘관 진비를 죽이고 모든 병권을 장악하는 사건이 벌어졌다. 공자 무기가 직접 대군을 이끌고 공격해오자 진나라는 금세 꽁무니를 빼고 말았다.

일이 모두 끝나고 평원군이 큰 상을 내리려고 했지만 노중련은 완강하게 거절했다. 할 수 없이 술자리를 마련한 평원군이 그 자리에서 황금 천 냥을 주려고 하자 노중련은 이번에도 거절하며 이렇게 말했다. "선비들은 남의 걱정거리를 해결해주고도 보답을 바라지 않은 것에 가장 큰 자부심을 느낍니다. 무언가를 바란다면 장사치와 다를 바가 있겠습니까? 저 노중련은 그런 장사치가 되고 싶지 않습니다." 작별 인사를 하고 그 자리를 떠난 노중련은 다시는 모습을 드러내지 않았다.

훗날 사람들은 두 가지 이유를 들며 노중련을 칭송했다. 첫째, 도도한 기개로 진나라 왕을 천자로 섬기지 않은 것이며 둘째, 다른 사람의 걱정거리를 해결해주고도 보답을 바라지 않은 것이다. 그것은 중국 전통 문화에서도 높은 가치와 의미를 지니는 이상적인 인격의 모습이라 할 수 있다. 덕분에 노중련은 의로운 선비의 대명사가 되어 지금까지 후대인들의 존경을 받고 있다. 그의 위대한 식견과 타고난 언변은 그 인격에 비하면 아무것도 아니었다.

『전국책』,『국어國語』 참고

요새를 무너뜨리려면 내부를 공략하라

한나라 건국 이후부터 무제 시절까지 가장 골치 아픈 문제 중 하나는 바로 이씨 성의 제후들의 세력이 너무 커서 통제가 어려웠다는 점이다. 한나라 경제 시절의 조조晁錯는 무력과 법령으로 삭번을 실시하려 했지만 결과적으로 오나라와 초나라 7국의 난을 일으키고 말았다. 이들은 "조조를 죽이고 천자의 주변을 깨끗이 한다"라는 명분을 내걸고 조조를 죽였다. 하지만 조조를 죽이고도 제후들은 군대를 물리지 않았다. 한나라 경제는 그제야 그들이 군사를 움직인 목적은 조조의 삭번을 폐지하기 위해서가 아니라 정권을 빼앗으려는 것임을 깨달았다. 경제는 결국 나라의 모든 힘을 동원해서 겨우 반란을 진압할 수 있었다. 그러다가 한나라 무제 때 주부언이 매우 획기적인 방법으로 이 문제를 해결했다.

주부언이 황제에게 말했다. "고대 제후들의 영토는 100리를 넘지 못했습니다. 그래서 군주는 제후들을 쉽게 통제할 수 있었지요. 하지만 오늘날 제후들이 가진 영지는 수십 곳의 성이 끊임없이 이어져 있어 사방 천 리가 넘습니다. 태평한 시절에 제후들은 사치하고 음탕한 짓거리를 하며 오만해집니다.

그리고 나라가 위태로워지면 강한 힘을 바탕으로 서로 손을 잡고 반란을 꾀합니다. 지금 법으로 땅을 강제로 빼앗으면 그들은 분명 반란을 일으킬 겁니다. 이전에 조조가 삭번을 시행해 오초 7국의 난이 일어난 것만 봐도 그렇습니다. 그들을 통제하려면 실행 가능하고 원만한 정책을 시행하는 것이 중요합니다. 지금 제후들은 아들이 셀 수 없을 정도로 많습니다. 하지만 오직 첫째 아들만 아버지의 작위와 영토를 계승할 수 있기 때문에 나머지 자식들은 제후의 혈육임에도 땅 한 떼기 얻을 수 없습니다. 그들은 폐하의 너그러움과 자애로움을 느낄 수조차 없습니다. 그러니 폐하께서는 제후의 다른 아들들에게도 땅을 나누어주고 후로 봉해 주십시오. 그러면 그들도 몹시 기뻐하며 두말 않고 폐하의 정책을 따를 것입니다. 이 정책으로 폐하는 제후의 다른 아들들에게 은덕을 보여줌과 동시에 그들의 땅을 더 잘게 쪼갤 수 있습니다. 굳이 땅을 빼앗지 않고도 그들의 힘을 약화시킬 수 있지요."

무제는 무릎을 치며 당장 '추은령'을 시행하게 했다. 이 방법을 통해 한나라는 건국 이후 최대의 골칫거리였던 제후 세력을 완벽하게 통제할 수 있었다. 소위 말하는 '추은령'이란 황제의 은덕을 보여준다는 명목 아래 제후들의 영지를 모든 아들들에게 나누어주는 것이다. 이 정책 때문에 제후의 자손들은 전보다 치열하게 이익을 다투었다. 자연스럽게 제후국의 영토는 잘게 나누어져 세력 또한 약해졌다. 물론 그들도 추은령이 자신들의 세력을 약화시키기 위

양감녹송석월(鑲嵌綠松石鉞)(서한)

한 정책이라는 것을 잘 알고 있었다. 하지만 땅을 마다하는 사람은 없었기에 아무도 이 정책을 반대하지 않은 것이다. 주부언의 계책은 확실히 뛰어났다.

의미심장한 정책 분석의 변론

하나의 지략은 여러 가지로 상황으로 변화할 수 있다. 때문에 각종 발전의 가능성을 충분히 고려하지 않으면 수시로 출현하는 여러 상황에 효과적으로 대처할 수 없다. 아래의 이야기는 모든 책략이 사실은 하나의 체계화된 작업의 산물이라는 사실을 보여준다.

초나라 회왕이 죽은 후 그의 아들은 여전히 제나라에 인질로 잡혀 있었다. 소진이 설공에게 물었다. "왜 초나라의 태자를 인질로 잡고 있으면서도 초나라와 제나라의 접경 지역과 맞교환하지 않으십니까?" 설공이 답답한 듯 말했다. "말처럼 쉬운 일이 아니오. 초나라의 태자가 내 손안에 있기는 하나 새로운 군주가 즉위하면 한순간에 무용지물이 되지 않겠소? 게다가 인질을 미끼로 땅을 요구하는 것은 의롭지 못한 일이라오." 그러자 소진이 고개를 저으며 말했다. "아닙니다. 초나라의 새 군주에게 접경 지역을 돌려 달라고 하십시오. 순순히 준다고 하면 그를 대신해 태자를 죽여주겠다고 하고 거부하면 제후국과 손을 잡고 태자를 새 군주로 옹립하겠다고 협박할 수 있습니다. 그렇게 하면 초나라 동쪽과 제나라의 접경 지역을 손에 넣을 수 있습니다."

소진의 계책은 다양한 가능성으로 발전할 수 있었다. 첫째, 소진이 직접 초나라로 가는 것이다. 둘째, 그러면 초나라 왕이 신속하게 접경 지역을 떼어주게 된다. 셋째, 초나라로부터 더 많은 땅을 받을 수도 있다. 넷째, 태자를 이용해 초나라의 땅을 더 많이 얻을 수 있다. 다섯째, 초나라 왕을 대신해 태자를 풀어줄 수 있다. 여섯째, 태자에게 충언을 한다는 명목으로 그를 제나라에서 떠나게 할 수 있다. 일곱째, 누군가 설공 앞에서 소진의 험담을 할 수 있다. 여덟째, 누군가 초나라 왕에게 소진을 높은 관직에 임명하라고 요청할 수 있다. 아홉째, 사람을 시켜 설공에서 소진을 잘 보살펴 달라고 부탁할 수 있다. 열 번째, 소진이 설공 앞에서 자신을 변호할 수 있다.

구체적인 내용은 이렇다. 우선 소진은 설공에게 이렇게 말할 수 있었다. "아무리 좋은 지략이라도 미리 새어나가면 어떤 효과도 기대할 수 없고 무슨 일이든 단호하게 결정하지 않으면 좋은 결과를 내기 어렵다고 합니다. 지금 대왕께서 초나라의 태자를 인질로 잡고 있는 것도 모두 제나라와 초나라의 접경 지역을 얻기 위해서입니다. 이를 바로 행동에 옮기지 않아 초나라가 생각을 바꾸기라도 하면 그때는 정말 쓸모없는 자를 인질로 잡고 있어 천하의 웃음거리가 되고 말 겁니다." 그의 말을 들은 설공은 이렇게 말할 것이다. "그러면 어떻게 해야 하오?" 소진이 말한다. "제가 대왕을 대신해 초나라로 가겠습니다. 초나라가 즉시 접경 지역을 떼어준다면 우리는 어떠한 대가도 치르지 않고 원하던 것을 얻을 수 있습니다." 설공은 흔쾌히 수락하고 소진을 초나라로 파견할 것이다.

그러면 소진은 초나라 왕에게 이렇게 말할 것이다. "제 생각에 설공은 태자를 인질로 삼아 초나라의 동쪽 변경과 제나라의 접경 지역을 맞바꾸려는 욕심을 가지고 있습니다. 만약 대왕께서 그 땅을 주지 않으시면 태자는 더 많은 땅을 준다 약속하고 그를 한편으로 만들려고 할 것입니다. 그런 다음 자신을 초나라 왕으로 만들어 달라고 요구하겠지요." 그러면 초나라 왕은 이렇게 말할 것이다. "그대의 말을 따르겠소." 그러고는 약속했던 땅을 제나라에 줄 것이다.

그런 다음 소진은 초나라 태자에게 이렇게 말할 것이다. "제나라는 줄곧 태자를 초나라의 새로운 군주로 옹립하려 했습니다. 하지만 초나라 왕은 땅을 바치며 태자를 계속 붙잡고 있어 달라고 부탁했지요. 그런데 제나라는 초나라가 바친 땅이 너무 적어 내심 못마땅해하고 있습니다. 그러니 태자께서는 그들이 준 열 배의 땅을 주겠다고 말씀하십시오. 그렇게 하면 제나라는 분명 태자를 초나라 왕으로 추대할 것입니다." 그러면 태자는 제나라에게 애초 초나라 왕이 주었던 땅의 열 배를 주겠다고 약속할 것이다. 한편 이 말을 들은 초나라 왕은 겁을 먹고 더 많은 땅을 제나라에게 주게 된다.

소진은 또 초나라 왕에게 이렇게 말할 것이다. "제나라는 태자를 인질로 잡고 초나라에 더 많은 땅을 요구하고 있습니다. 지금은 원하는 바를 얻어서 잠잠하지만 그들의 욕심은 여기에서 끝나지 않을 것입니다. 태자가 여전히 그들의 수중에 있는 데다 자신들의 세력이 초나라와 비슷하기 때문에 그럴 수 있는 것이지요. 그러니 저는 태자가 제나라를 떠나도록 설득하겠습니다. 태자가 제나라를 떠나면 제나라는 더 이상 태자를 핑계로 땅을 요구할 수 없습니다. 그 기회를 틈타 대왕께서는 제나라와 우호 관계를 맺으십시오. 그러면 제나라는 분명 초나라에 복종할 것입니다. 결과적으로 대왕께서는 잠재적인 우환인 태자를 없애고 제나라와도 좋은 관계를 유지할 수 있습니다." 초나라 왕은 매우 기뻐하며 소진에게 두 나라가 우호 관계를 맺는 데 도움이 되어 달라고 부탁할 것이다. 그런 다음 소진은 초나라 태자를 설득해 제나라에서 떠나게 만든다. 그는 우선 태자에게 이렇게 말할 것이다. "지금 초나라 왕은 나라의 실권을 모두 장악하고 있습니다. 그런데 그대는 제나라에 더 많은 땅을 주겠다고 헛된 약속을 했지요. 제나라가 과연 그 말을 믿겠습니까?

듣자하니 초나라와 제나라가 곧 화친을 맺는다고 합니다. 만약 그 일이 성사되면 태자의 처지는 위험해질 것입니다. 그러니 빨리 이 위기를 벗어날 방법을 생각해야 합니다." 태자는 분명 소진에게 방법을 물을 것이다. 태자는 곧 소진이 마련해준 수레를 타고 쉬지 않고 달려 제나라를 떠나게 된다. 일이 모두 끝나면 소진은 설공에게 사람을 보내 이렇게 말할 것이다. "소진은 대왕께 태자를 잡아두라고 말했지만 그것은 모두 초나라를 돕기 위한 계책이었습니다. 소진은 대왕께서 자신의 진짜 의도를 알지 못하도록 초나라 왕에게 더 많은 땅을 떼어주도록 건의했습니다. 듣자하니 소진은 태자를 설득해 제나라를 떠나게 만들었다고 합니다. 그 의도가 무엇인지 대왕께서는 아직도 모르십니까?" 이야기를 들은 설공은 당연히 소진에게 악감정을 품게 될 것이다.

그런 후 소진은 초나라 왕에게도 사람을 보내 이렇게 말할 수 있다. "소진은 설공을 설득해 태자를 붙잡아 두라고 했습니다. 또 대왕을 초나라의 군주로 만든 것도 그의 힘이 컸습니다. 게다가 땅을 떼어주는 조약을 맺거나 태자를 제나라에서 떠나게 한 것도 모두 소진이 한 것입니다. 그런데 누군가가 설공에게 소진의 험담을 했다고 합니다. 이제는 우리가 그를 도와주어야 할 차례입니다." 그 말을 들은 초나라 왕은 소진을 무정군武貞君으로 봉한다. 소진이 초나라에서 벼슬 자리를 얻게 된 것이다.

원하는 것을 얻은 소진은 설공에게 경리景鯉을 보내 이렇게 말한다. "대왕께서 천하 사람들의 존경을 받는 것은 어진 선비를 뽑아 나라를 다스리고 있기 때문입니다. 지금 소진은 천하에서 가장 뛰어난 모사로 알려져 있으며 보기 드문 인재입니다. 그런 소진을 중용하지 않으면 천하의 선비들이 모두 소진을 따르게 될 것입니다. 그렇게 되면 제나라는 위험에 빠지게 되겠지요. 지금 소진은 초나라와 매우 가깝게 있습니다. 빨리 그를 한편으로 만들지 않으면 오히려 원수가 될지도 모릅니다. 그러니 지금 당장 소진을 불러들여 중용하시고 이 기회에 초나라와도 우호 관계를 맺으십시오." 그러면 설공은 예전의 나쁜 감정을 풀고 소진을 중용하게 될 것이다. 소진이 낸 계책은 이렇게 다양한 사태로 발전할 수 있었다. 게다가 앞서 한 이야기 모두 이치에 들어맞고 응용 가능성도 매우 높았다. 모든 가능성은 소진이 노력만 한다면 모두 실현될 수 있었고 그 실현은 상반된 결과를 이끌어 올 수도 있었다. 여기에서 우리는 사건이 다양하게 발전할 수 있는 가능성을 보았다. 놀라운 사실은 엄숙한 정치와 역사도 때로는 술수가의 손에 철저히 놀아날 수 있다는 점이다.

중국의 역사서는 대부분 사실을 기재한다. 하지만 앞서 소개한 이야기는 『전국책』에서 따온 것으로 첫째 단락을 제외하고는 모두 추측에 의한 기록이었다. 이는 결코 쉽게 볼 수 있는 것이 아니다.

『전국책』, 『좌전』, 『삼사습유三史拾遺』 참고

나라와 백성을 다스리는 것

자산子産은 춘추 전국 시대에 유명한 정치가였다. 그가 정권을 잡고 있던 당시 정나라는 전에 없이 부흥했는데 공자도 그런 그를 입이 마르게 칭찬했다. 그는 인과 덕으로 나라와 백성을 다스렸을 뿐 아니라 늘 나라를 위한 훌륭한 계책을 내놓았다. 다음은 자산과 자피子皮가 인재를 선발하고 이용하는 방법에 대해 나눈 이야기다.

춘추 시대 정나라의 자피는 나라의 대권을 장악하고 정사를 돌보고 있었다. 그는 인재 선발 능력이 뛰어난 자산에게 나라를 맡기려고 했다. 자피는 자신의 말을 잘 듣는 윤하尹何를 매우 총애했다. 어느 날, 자피가 자산에게 말했다. "윤하에게 내 영지를 다스리게 할 생각인데 그대의 의견은 어떻소?" 자산이 심각한 얼굴로 말했다. "그는 아직 어리고 나라를 다스리는 방법을 깨치지 못했습니다. 그러니 현의 태부로 삼는 것은 바람직하지 않습니다." 자피가 그렇지 않다는 듯 말했다. "그는 매우 신중하고 내 말도 잘 들으니 나를 배반할 일은 없을 것이요. 무슨 일이든 배우면 되니 그에게 기회를 주면 분명 다스리는 방법을 깨칠 수 있을 것이오."

자피가 고집을 꺾지 않자 자산이 고개를 저으며 말했다. "안 됩니다. 사람이라면 좋아하는 자에게 득이 되려고 하지요. 하지만 공이 누군가를 좋아하면 오히려 그를 상하게 할 수 있다는 사실을 아셔야 합니다." 자피가 어리둥절해하자 자산이 말했다. "다스리는 방법을 모르는 윤하에게 정사를 맡기는 것은 칼을 쓸 줄 모르는 사람을 주방장으로 삼는 것과 같습니다. 그렇게 하면 날카로운 칼에 손가락을 다치기밖에 더 하겠습니까?"

자피는 아무 말도 하지 않고 자산의 말을 곰곰이 곱씹었다. 자산은 자피가 기분이 나쁜 것이라 생각하고 이렇게 말했다. "공은 정나라의 대들보입니다. 대들보가 끊어지면 집은 무너지고 맙니다. 그렇게 되면 그 집안에 사는 우리는 모두 깔리게 되지요. 그러니 어찌 진실을 이야기하지 않을 수 있겠습니까?" 자피가 황급히 말했다. "말해보시오. 어서 말해보시오." 잠시 말을 멈추고 자피를 바라보던 자산이 물었다. "공에게 아름다운 비단이 있다고 가정해보십시오. 한 번도 옷을 만들어보지 않은 사람에게 재단을 맡기실 수 있겠습니까?" 자피가 고개를 저으며 말했다. "아까워서 그럴 수 있겠소?" 그 모습을 본 자산이 차분하게 말했다. "옷은 몸을 가리는 것이지만 영지는 공의 가족과 생명을 보호하는 곳입니다. 그것의 가치는 아름다운 비단보다 훨씬 귀중합니다. 그런데 어찌 다스릴 줄 모르는 사람에게 맡기려 하십니까? 공부를 한 다음 관리가 되었다는 소리는 들었어도 관리가 되는 것을 공부와 단련의 수단으로 삼았다는 소식은 듣지 못했습니다. 그래도 굳이 고집을 꺾지 않으신다면 분명 큰 피해를 당하실 겁니다. 사냥을 예로 들어보지요. 활을 쏘고 마차를 몰 수 있는 사람만이 사냥감을 잡을 수 있습니다. 하지만 활도 쏠 줄 모르고 마차도 몰 줄 모르는 사람이 사냥을 나간다면 마차에 타는 순간 어떻게 하면 마차가 뒤집히지 않을까 생각만 할 텐데 어찌 사냥감을 잡을 수 있겠습니까?"

생동감 넘치는 비유였다. 나라와 백성을 다스리는 것은 '사냥'과 같다. 사냥할 줄 모르는 사람이 무슨 마음의 여유가 있어 사냥감을 잡을 수 있단 말인가! 결국 수레가 뒤집혀 죽거나 맹수에게 해를 당할 수밖에 없다. 마찬가지로 나라와 백성을 다스릴 능력이 있는 사람에게 관직을 맡기느냐 아니면 일단 관리로 임용한 다음 구체적인 방법을 배우게 하느냐는 결과가 뻔히 보이는 문제다. 자산은 아끼는 옷감과 영지를 비교하며 경고를 한 것이다.

그 말을 들은 자피가 감탄해서 말했다. "좋소! 좋아! 나는 정말 어리석었소. 군자는 앞으로의 큰일을 걱정하고 소인배는 눈앞의 작은 일을 걱정한다고 들었소. 나는 실로 군자가 아니었구려. 나는 몸을 가리는 옷감은 아까워하면서도 나를 보호해주는 영지의 가치는 모르고 가볍게 여겼소. 예전에 나는 그대가 정나라를 다스리고 내가 가족을 다스리면 나라가 부강해질 것이라 생각했는데, 지금 보니 내 가족도 그대가 다스려야 할 것 같소!"

『좌전』 참고

지략으로 사람을 살린 추양

추양鄒陽은 서한 시기의 유명한 문학가이자 풍부한 지략을 갖춘 인물이었다. 그는 양나라 왕에게 모반을 하지 말라고 간언했다가 감옥에 갇힌 적이 있었다. 아래는 그의 뛰어난 지략을 잘 보여주는 이야기다.

양나라 **효왕**문제의 아들 유무(劉武)를 말한다. 어머니의 깊은 사랑을 받았다은 한나라 경제의 유능한 대신 원앙袁鷘을 죽인 이유로 경제의 미움을 샀다. 경제는 노발대발하며 당장 이 일을 조사해 관련자를 처벌하려 했다. 겁을 먹은 효왕은 추양이 자신에게 했던 충고를 떠올렸다. 효왕은 즉시 추양을 풀어주고 감사와 미안함을 표하며 황금 천 냥을 하사한 뒤 경제의 화를 풀 대책을 물어보았다.

뛰어난 재능을 가졌던 추양은 탁월한 지략가이기도 했다. 그는 기묘한 계책을 잘 내기로 유명한 기인 왕 선생과도 안면이 있었다. 왕 선생은 이미 여든 살이 넘었지만 여전히 나라를 위한 수많은 계책을 내고 있었다. 추양은 자문을 구하기 위해 왕 선생을 찾아갔다.

모든 이야기를 전해 들은 왕 선생이 말했다. "이런 일은 매우 골치 아픈 문제네. 군주가 원한과 분노를 품으면 반드시 신하를 죽여 분을 풀려고 들지. 태후 같은 존귀한 분이나 형제간의 깊은 정으로도 막을 수 없는데 신하는 오죽하겠는가? 그러니 왕 장군王長君을 찾아가 인정에 호소해보게. 분명 그대를 위해 힘을 써줄 것이네."

"감사합니다. 선생의 가르침대로 하겠습니다." 그는 서둘러 작별을 고하고 장안의 왕 장군을 만나러 갔다. 왕 장군은 경제가 총애하는 왕王 미인의 오빠였다. 장안에서 며칠을 머물며 적당한 기회를 얻은 추양이 왕 장군을 찾아가 이렇게 말했다. "장군 주변에 인물이 없어서 저를 써달라고 온 것이 아닙니다. 단지 우둔하고 배운 것이 없는 제게 문제가 하나 있어 도움을 청하고자 온 것입니다." 왕 장군이 거절하지 않자 추양이 계속해서 말을 이어갔다. "장군께 황상의 총애를 받는 여동생이 있다 들었습니다. 그런데

양나라 효왕묘 사신 벽화

지금 장군의 행동에는 문제가 있습니다. 모두 다 그 사실을 알고 있지요. 황제는 원앙이 죽임을 당한 일을 조사하라고 명령했습니다. 만약 조사가 끝까지 진행되어 일의 전말이 밝혀진다면 효왕도 죽음을 면치 못할 것입니다. 그러면 사랑하는 아들을 잃은 태후도 괴로워하시겠지요. 그렇다고 대놓고 황제를 원망할 수도 없으니 그 화는 분명 황제가 가장 아끼는 비빈이나 신하에게 돌아갈 것입니다. 그러면 장군의 처지도 애매해질 겁니다."

그 말을 들은 왕 장군이 황급히 물었다. "그러면 어찌해야 하겠소? 좋은 방법이 있다면 알려주시오."

잠시 뜸을 들인 추양이 입을 열었다. "황제 폐하가 이번 일로 효왕을 추궁하지 못하도록 설득하시면 됩니다. 그러면 태후도 내심 장군에게 감사할 것입니다. 자연히 그 마음은 장군의 여동생에게도 전해지겠지요. 그렇게 태후와 폐하의 총애를 한 몸에 받게 되면 장군의 여동생 지위는 더욱 굳건해질 겁니다. 그러니 제 말을 잘 생각해 보시기 바랍니다."

그래도 마음이 놓이지 않았는지 추양이 쐐기를 박으며 말했다. "예전에 순임금의 동생 상象은 하루 종일 어떻게 하면 형을 죽일까만 생각했습니다. 하지만 천자가 된 순 임금은 오히려 그에게 유비有阜의 땅을 주었습니다. 어진 사람은 자신의 형제를 오랫동안 미워하거나 원수로 대하지 않고 오히려 더

깊은 애정을 쏟습니다. 그래서 후대인들이 그들을 찬양하는 것입니다. 순 임금 역시 이 때문에 후대의 칭송을 받는 성인이 되었지요. 그러니 이 일을 예로 들어 천자를 설득하십시오. 어쩌면 천자도 효왕의 일을 더 이상 추궁하지 않을 것입니다.”

왕 장군은 추양의 말대로 적당한 기회를 찾아 황제에게 간언을 했다. 결과는 추양의 예상대로였다. 이런 종류의 일은 대놓고 바른 소리를 해서는 결코 좋은 결과를 기대할 수 없다. 여기에서 효과적인 것이 바로 우회 전략인데 중요한 것은 간언을 하는 사람이다. 적당한 사람을 선택하려면 일의 이해관계를 잘 따져봐야 한다. 왕 장군은 경제가 총애하는 사람이기도 하지만 일이 잘못될 경우 가장 큰 화를 당할 수도 있는 위치에 있었다. 그런 그가 가장 유용하고 효과적인 인물임은 의심할 여지가 없었다. 경제를 설득할 때 들었던 예시 역시 심사숙고 끝에 나온 것이었다. 황제라면 누구나 다른 사람으로부터 성인이라는 평가를 받고 싶게 마련이다. 성인이 되고자 했던 경제는 왕 장군의 설득을 쉽게 받아들일 수 있었다. 왕 선생과 추양의 지략은 감탄을 자아내기에 충분했다.

『사기』 참고

소대의 합종

우리는 역사의 ‘규칙’을 즐겨 말한다. 하지만 역사를 살펴보면 이들 ‘규칙’이 매우 탄력적이라는 사실을 쉽게 발견할 수 있다. 때로는 술수가들이 역사를 손바닥 안의 떡 주무르듯 하기 때문이다.

소진이 죽자 합종의 우두머리를 잃은 6국은 눈앞의 이익 때문에 그간의 약속을 깨고 진나라에 잘 보이려 안달이었다. 그러자 소진의 아우 소대蘇代가 진나라의 '죄상'을 열거하며 먼저 연나라 소왕을 설득했다. 그의 연설은 다른 제후들에게도 큰 영향력을 미쳤다.

사실 연나라 왕은 진나라의 화친 요구에 두말 않고 응하려 했다. 그러자 소대가 그를 막으며 말했다. "초나라는 적積 땅을 얻었지만 더 많은 영토를 잃었습니다. 제나라도 송 지역을 얻었지만 훨씬 많은 땅을 빼앗겼지요. 두 나라는 적과 송 지역을 얻은 이유로 진나라를 받들지는 않을 겁니다. 그 이유를 아십니까? 땅을 얻은 국가들이야말로 진나라에 깊은 원한을 가지고 있기 때문입니다. 진나라의 목적은 오직 하나, 천하를 손에 넣는 것입니다. 그들은 인과 의를 저버리고 폭정을 일삼지요. 잔인한 진나라는 가장 먼저 초나라에게 이렇게 경고했습니다. '촉 지역의 군대가 빠른 배를 타고 문汶에서 출발하여 여름에 불어난 강물을 타고 남하하면 닷새면 수도 영郢에 도달한다. 한중의 군대도 대파산大巴山에서 출발하여 불어난 강물을 타고 남하하면 나흘이면 오저五渚에 도달할 수 있다. 내가 완宛 동쪽에서 군대를 모아 수隨 지역을 공격하면 아무리 총명한 모사나 용맹한 장수라도 계책을 세우거나 분노할 겨를도 없이 패배할 것이다. 그런데도 그대들이 천하의 제후와 손을 잡고 함곡관을 공격하는 것은 얼마나 터무니없는 짓인가?' 그 말을 들은 초나라 왕은 16년 동안 진나라를 봉양했지요. 진나라 왕은 한나라에도 같은 경고를 했습니다. '내가 소곡少曲에서 병사를 일으키면 열흘 안에 태행산에 이르는 모든 길을 막을 수 있다. 그 기세를 몰아 평양을 공격하면 이틀이면 6국이 전부 들썩거릴 것이다. 또 양주兩周를 지나 진晉 땅을 공격하면 사나흘 만에 그대들의 나라를 모두 점령할 수 있다.' 겁을 먹은 한나라는 이때부터 진나라를 섬겼습니다. 진나라는 위나라에게도 이렇게 말했습니다. '내가 안읍安邑을 공격하고 중요한 길목을 막으면 한나라의 태원을 가지는 것은 식은 죽 먹기다. 또 지도軹道땅을 따라 남양, 봉릉封陵, 기정冀亭을 차지하고 양주를 포위한 다음 앞쪽에는 노련한 궁수를, 뒤쪽에는 긴 창을 든 병사를 태운 빠른 배를 불어난 강물 위에 띄운다면 위나라의 수도 대량大梁은 눈 깜짝할 사이에 사라지고 말 것이다. 또 백마白馬강의 수로를 열면 제양濟陽이 사라지며 숙서宿胥의 물길을 트면 허虛 땅과 돈구頓丘도 없어질 것이다. 또 육로를 통해 공격하면 하내河內를 쉽게 차지할 수 있고 수로를 통해 공격하면 대량은 금세 우리의 것이 된다.' 이 말을 믿은 위나라도 진나라를 섬기기 시작했습니다. 원래 안읍을 공격하려 했던 진나라는 혹시라도 제나라가 지원군을 보낼까 봐서 일부러 송 지역을 제나라에 준 것입니다. 송나라 왕은 나무로 진나라 왕의 형상을 만들고 얼굴에 화살을 쏘아 저주를 한 적이 있었습니다. 그래서 진나라 왕은 줄곧 송나라 왕을 못마땅하게 생각했습니다. 하지만 송나라와 진나라는 거리가 너무 멀고 수많은 장애물로 막혀 있습니다. 만약 제나라가 송나라를 공격하고 그 땅을 차지할 수 있다면 결과적으로 진나라가 송나라를 가지는 것이나 다름없습니다. 진나라는 이미 안읍을 차지하고 중요한 도로를 모두 장악하고 있습니다. 그래서 송나라를 공격하는 것이 제나라의 과실 때문이라고 핑계 댈 수 있지요. 진나라는 제나라를 공격하고 싶었지만 제후들이 지원군을 보낼까 걱정하여 오히려 제나라를 제후들에게 주고 이렇게 말했습니다. '제나라는 나와 맺은 네 번의 약속을 모두 깼고 그중 세 번은 제후들과 연합하여 감히 진나라를 공격했다. 때문에 나는 제나라와 같은 하늘을 이고 살 수 없는 원수지간이 된 것이다. 나는 반드시 제나라를 멸망시킬 것이다!' 진나라는 의양과 소곡을 이미 얻었고 인藺과 석石을 손에 넣었습니다. 그래서 제나라를 공격한 죄를 6국에게 떠넘긴 것이지요. 위나라를 공격하려면 초나라와 좋은 관계를 맺어야 했기에 진나라는 남양을 초나라에 넘겼습니다. 그러면서 이렇게 말했지요. '나는 한나라와 교류를 끊기 위해 균릉을 공격한 것이다. 초나라가 그 과정에서 이득을 얻는다면 그것은 진나라가 얻은 것이나 다름없다.' 그 말을 들은 위나라는 황급히 동맹국을 배신하고 진나라와 손을 잡은 것입니다. 진나라는 한나라의 길을 봉쇄한 것을 초나라의 잘못이라 핑계를 댔습니다.

진나라 병사가 임중林中에서 포위되었을 때 진나라는 그제야 연나라와 조나라의 중요성을 깨달았습니다. 그래서 연나라에게 교동膠東을 주고 조나라에게 제서를 준 것입니다. 또 위나라와 화친을 맺고 공자 연을 인질로 주었습니다. 그러자 위나라 장수 공손연은 진나라 군대를 시켜 조나라를 공격하게 했습니다. 조나라 군대는 이석離石에서 패배를 당하고 마릉馬陵에서도 참패를 했습니다. 이렇게 되자 더욱 위나라를 함부로 할 수 없게 된 진나라는 엽葉 지역과 채蔡 지역을 위나라에게 주었습니다. 하지만 그 후 진나라는 조나라와 화친을 맺어 위나라를 위협하기 시작했습니다. 위나라는 쉽사리 땅을 내놓으려 하지 않았지요. 이렇게 보면 진나라는 곤경에 빠졌을 때만 태후와 양후를 시켜 타국과 화친을 맺으려 했습니다. 그러다가 싸움에서 이기면 어머니와 외삼촌도 모두 속였지요. 진나라는 제나라 교동의 일로 연나라를 문책하고 교서의 일로 조나라를 질책했습니다. 또 엽과 채 땅의 일을 구실 삼아 위나라를 공격했으며 송나라를 멸한 것으로 제나라의 죄를 따졌습니다. 이처럼 진나라는 타국을 한편으로 만들었다가 또 배반하고 질책하는 일을 반복하고 있는데 이는 끝이 없이 계속 이어지는 둥근 고리와도 같습니다. 게다가 진나라 왕은 사람을 벌레 죽이듯 하는데 어머니나 외삼촌도 그를 막을 수가 없습니다. 진나라는 용가龍賈, 안문岸門, 봉릉, 고상高商, 조장趙莊전투에서 수백만 명을 죽였는데 운 좋게 살아남은 사람 대부분도 죽은 자의 유족이었습니다. 이 밖에도 서하西河의 바깥쪽과 상낙上洛 땅, 삼천三川과 진 지역의 전쟁으로 한나라, 조나라, 위나라 백성 절반이 목숨을 잃었습니다. 이처럼 진나라가 일으킨 전쟁의 피해가 엄청난데 연나라와 조나라 조정의 일부 대신들은 자신의 군주에게 진나라를 받들어야 한다고 부추기고 있으니 너무나도 걱정스럽습니다."

소대의 말을 들은 연나라 소왕은 진나라로 가는 것을 포기하고 소대를 중용했다. 곧 연나라는 소진이 살아 있을 때처럼 다른 나라들과 손을 잡고 진나라에 대항했다.

『전국책』등 참고

합종을 깬 장의

장의는 춘추 전국 시대에 연횡을 주장한 대표적 인물이다. 진나라는 장의의 연횡책을 시행한 이후 외교와 군사 분야에서 신속한 발전을 거듭했고 이를 바탕으로 6국을 통일할 수 있었다. 아래는 장의가 진나라 혜왕을 설득해 연횡 정책을 실시하게 한 이야기다. 이 이야기에서 장의는 천하의 대세에 대한 정확한 정치적 통찰력과 탁월한 지략을 유감없이 보여주었다.

장의가 진나라 혜왕에게 말했다. "자신도 잘 알지 못하는 일에 대해 함부로 의견을 나누는 것은 밝은 지혜가 아니며, 잘 알고 있는 사실에 대해 이야기하지 않는 것은 불충이라는 말을 들은 적이 있습니다. 신하로서 군주에게 진실을 말하지 않는 것은 불충이자 죽을죄입니다. 그래서 오늘 제가 아는 모든 것을 말씀 드리려 하니 잘 생각해서 결정해 주십시오."

세객들이 본격적인 의견을 말하기 전 주로 하는 말이었다. 잠시 말을 끊은 장의가 입을 열었다.

"들자하니 북쪽의 연나라와 남쪽의 조나라에 초나라 세력을 더하고 거기에 제나라 및 조나라의 일부 세력까지 끌어들여 다시 한 번 합종을 형성해 진나라에 맞서려고 한답니다. 이 얼마나 가소로운 일입니까? 보통 나라가 멸망하는 경우는 세 가지 정도인데 그때가 되면 오직 재능 있는 사람만이 혼란한 상황을 수습할 수 있다고 합니다. 신이 보기에 지금이 바로 그런 상황입니다. 옛사람은 부패한 정치를 하는 나라가 깨끗한 정치를 하는 나라를 공격하면 저절로 망하고, 무력으로 일어선 나라가 인을 베푸는 나라를 공격해도 반드시 패배한다고 했습니다. 민심을 거스르는 나라가 민심에 순응하는 나라를 공격해도 결과는 마찬가지입니다. 지금 6국은 나라가 궁핍하고 곡식 창고가 비었는데도 군대를 확충하고 백성을 전쟁터로 내몰고 있습니다. 이런 상황에서 아무리 날카로운 검과 도끼로 위협한다 해도 백성은 최선을 다해 싸우지 않을 겁니다. 게다가 그들 나라는 상벌도 불분명하니 실패는 불 보듯 뻔합니다." 장의는 이어서 진나라의 상황을 이야기했다. "반면 지금 진나라가 전쟁을 한다고 하면 상벌이 엄격하기 때문에 공이 있는 자던 없는 자던 모두 나라를 위해 죽을힘을 다해 전쟁에 임할 것입니다. 진나라의 백성은 부모의 품 안에서 곱게 자라 태어나서 한 번도 전쟁을 경험해보지 못했으며 선천적으로도 전쟁을 좋아하지 않습니다. 하지만 일단 전쟁이 일어난다면 굳은 각오로 용감하게 적의 검에 맞서며 불길에라도 뛰어들 것입니다. 이들이 죽을힘을 다해 싸우는 것은 현명한 군주가 사기를 북돋우고 상벌을 엄격하게 실시하기 때문입니다. 이런 병사는 일당백의 능력을 갖추고 있습니다. 지금 진나라의 땅은 사방 천 리를 넘으며 백만 대군을 보유한 데다 법령과 상벌이 엄격하고 명확하며 믿음직합니다. 또한 지리적으로 우세해 각 제후국보다 훨씬 유리합니다. 이러한 조건을 바탕으로 대응한다면 제후국을 조종하고 합병하는 것은 문제도 아닙니다. 재물과 식량이 부족하고 백성이 불안하며 사방에서 복종하지 않는 것은 대왕께 잘못이 있거나 진나라의 자원이 부족해서가 아니라 신하들이 최선을 다해 명령을 이행하지 않기 때문입니다."

이어서 장의는 진나라에 과거의 성공과 실패 사례를 자세히 분석해주었다. "이전에 제나라가 남쪽의 초나라를 공격하고 동쪽의 송나라, 북쪽의 연나라, 서쪽의 진나라를 도발한 적이 있습니다. 그때 중원에 위치한 한나라와 위나라는 제나라에 힘을 보탰습니다. 병력이 충분하고 법령이 사방을 떨쳤던 제나라는 어떤 전쟁이든 늘 승리했습니다. 이렇게 5국을 크게 격파한 제나라는 단 한 번의 실패로 멸망했습니다. 그렇게 보면 전쟁은 분명 나라의 생사존망과 관계된 대사이지요. 잡초를 뽑을 때는 뿌리까지 없애야 함을 잊지 마십시오. 과거 초나라와 전쟁을 벌인 진나라는 큰 승리를 거두고 영도와 동정호洞庭湖, 강남 등지를 손에 넣었습니다. 황급히 동쪽을 도망간 초나라는 진陣 땅에 주둔하게 되었지요. 그때 계속 진군했더라면 진나라는 아마 초나라 땅을 모두 차지할 수 있었을 것입니다. 일단 초나라를 손에 넣으면 백성과 영토도 모두 진나라의 소유가 되고 그 기세를 몰아 동쪽의 제나라와 연나라, 중간의 조나라, 위나라, 한나라를 모두 공격할 수 있었을 겁니다. 그랬다면 쉽게 패주가 되어 제후들의 참배를 받고 나머지 나라들도 모두 진나라에 복종을 했겠지요. 하지만 진나라의 신하들은 오히려 군대를 후퇴시켜 초나라와 화친을 맺었습니다. 초나라 사람은 무너진 나라를 바로잡고 흩어진 백성을 불러모은 뒤 새로운 군주를 옹립하고 제사를 부활시켰습니다. 어느 정도 정신을 차린 그들은 다시 한 번 제후들을 모아 진나라에 대항하고 있습니다. 그때 진나라는 패주가 될 첫 번째 기회를 잃은 셈입니다. 그러다가 천하의 제후가 화양華陽에 주둔하여 진나라에 저항하려 한 적이 있었습니다. 그때도 대왕께서는 계책을 꾸며 적군을 격파할 수 있었습니다. 대군이 위나라의 수도 대량을 포위한다면 열흘 안에 대량을 함락시킬 수 있었습니다. 대량이 함락되면 위나라는 완전히 우리의 손에 들어오겠지요. 그러면 초나라와 조나라는 합종의 맹약을 깰 것이며 조나라는 곤경에 처하게 됩니다. 조나라가 위험해지면 초나라도 고립무원의 처지가 됩니다. 이렇게 동쪽으로는 제나라와 연나라를 공격하고 가운데의 한나라와 조나라 그리고 위나라를 공격하는 겁니다. 이렇게 하면 한 번에 패자가 될 수 있고 제후국도 사방에서 참배를 올 것입니다. 하지만 진나라의 신하들은 오히려 군대를 후퇴시켜 위나라와 화평을 맺었습니다. 위나라는 멸망한 나라를 수습하고 유민을 불러 모아 새로운 군주를 옹립하고 제사도 회복했습니다. 이렇게 대왕께서는 두 번째 기회도 놓치셨습니다. 이전에 정권을 잡았던 양후는 무리하게 공적을 세우려 했습니다. 그 때문에 평생 전장을 떠돌아다녀야 했던 병사들의 원망은 하늘을 찌를 듯했고 나라 안의 백성 역시 극심한 고통에 시달렸습니다. 그런 이유로 진나라는 패주가 될 수 없었으니 세 번째 기회도 잃은 셈이지요. 조나라 백성은 각지에서 몰려온 사람들로 구성되었기 때문에 법령을 잘 준수하지 않아 관리가 힘듭니다. 상벌도 제멋대로이고 지리적 형세도 매우 불리한 데다 군주도 백성을 함부로 부립니다. 그것은 나라가 망하는 지름길이나 다름없습니다.

게다가 조나라는 장평長平에 주둔하며 한나라와 상당 지역을 갖기 위해 다투고 있었습니다. 그때 대왕께서는 계책을 이용해 조나라를 격파하고 무안을 함락했어야 합니다. 조나라 내부에는 대신들 간에 불신이 팽배하여 분열이 생기고 있으며 수도 한단은 사람이 살 수 없을 지경이었습니다. 그 기회에 한단을 공격하여 하간河間까지 손에 넣고 다시 상당을 공격했어야 합니다. 그렇게 하면 대군代郡의 36개 현과 상당上黨의 17개 현을 손쉽게 차지할 수 있었을 겁니다. 동양東陽과 하외河外는 싸움을 하지 않고도 제나라의 손으로 들어가고 중호지中呼池 이북 역시 쉽게 연나라의 것이 되었겠지요. 이렇게 조나라를 점령하면 한나라는 분명 멸망할 것이고 한나라가 멸망하면 초나라와 위나라도 존립할 수 없습니다. 단 한 번의 싸움으로 한나라를 멸망시키고 위나라에 큰 손해를 끼치며 초나라를 제어할 수 있었습니다. 뿐만 아니라 동쪽의 제나라와 연나라의 힘을 약화시킨 후 마지막으로 백마강의 물길을 열어 위나라를 물에 잠기게 할 수도 있었겠지요. 한 번에 한나라, 조나라, 위나라 삼국을 멸망시키면 합종의 연맹은 깨어지게 됩니다. 그러면 아무것도 하지 않아도 제후들이 먼저 찾아와 복종을 할 것입니다. 하지만 대왕의 신하들은 오히려 병사를 물려 조나라와 화친을 맺었지요. 대왕의 영명하심과 진나라 군대의 강대함으로도 패업을 달성하지 못하고 오히려 패배한 나라의 웃음거리가 된 것은 폐하의 신하들이 우둔하고 나약해서입니다."

장의는 조나라를 예로 들어 설명했다. "망해야 할 조나라는 건재하고 패주가 되어야 할 진나라는 오히려 웃음거리가 되었는데 이 때문에 제후들은 진나라 모신들의 능력을 꿰뚫어볼 수 있었습니다. 첫째, 진나라는 앞선 교훈을 무시하고 오히려 모든 병력을 동원해 한단을 공격했지만 긴 시간이 지나도 성을 함락시키지 못했습니다. 그러자 병사들은 갑옷과 투구를 벗어던지고 후퇴를 했지요. 제후들은 이 일을 통해 진나라의 실력을 가늠할 수 있었습니다. 둘째, 군대가 퇴각한 후 이읍에게 병력을 모아 다시 전쟁에 나서게 했지만 이기기는커녕 또다시 후퇴했습니다. 이 일로 제후들은 진나라의 실력을 다시 한 번 가늠할 수 있었습니다. 셋째, 제후들은 진나라 신하들의 실력을 꿰뚫어보고 아군의 병력을 정확하게 파악했습니다. 그렇게 되면 합종을 깨기는 무척 어려워집니다. 지금 진나라의 병사들은 피로에 지쳤고 백성은 거듭되는 전쟁에 생기를 잃은 지 오랩니다. 나라 역시 그동안 모든 것을 모두 써버려 창고는 텅 비었고 토지도 황폐해졌습니다. 이런 상황에서 제후들이 더 긴밀히 연합해 진나라에 대항하고 있으니 대왕께서는 이 점을 잘 살피셔야 합니다."

진나라의 몇 가지 문제점을 꼬집은 장의는 혜왕에게 이렇게 충고했다. "옛사람은 매일 신중한 것이 가장 좋은 처세라고 말했습니다. 모든 일에 신중하면 화를 피하고 천하를 얻을 수 있습니다. 어떻게 그 사실을 알 수 있을까요? 과거, 천자가 된 걸왕은 백만 대군을 이끌고 전쟁에 참여했습니다. 당시 좌군은 여전히 기곡淇谷에 있었고 우군은 원수에 도착했습니다. 그때 기곡의 물이 마르고 완수의 물이 끊어졌다고 하니 그들의 병력이 얼마나 컸는지 충분히 상상할 수 있을 겁니다. 하지만 주나라 무왕은 겨우 3천 명의 병사를 이끌고 단 하루 만에 적의 수도를 격파한 뒤 걸왕을 사로잡았습니다. 이윽고 걸왕이 죽고 상나라가 없어졌지만 백성 중 누구도 슬퍼하지 않았습니다. 그동안 걸왕이 백성을 학대했기 때문입니다. 진나라의 지백은 삼국의 군대를 이끌고 진양에서 조양자를 포위한 뒤 맹공을 퍼부었습니다. 여러 날이 지나도 결판이 나지 않자 지백은 성안에 물을 퍼부었습니다. 곧 집안의 부뚜막에서 개구리가 뛰어다닐 정도로 성안은 모두 물바다가 되었습니다. 진양이 곧 함락될 것은 불 보듯 뻔한 사실이었지요. 하지만 오만하고 경솔한 지백은 오히려 한나라와 위나라를 몰아붙여 모반을 하게 만들었습니다. 조양자는 한나라, 위나라와 손을 잡고 지백을 공격했지요. 곧 진나라는 멸망했고 조양자는 대업을 달성할 수 있었습니다. 지금 진나라는 땅이 넓고 물자가 풍부하며 상벌과 법령이 엄격한 데다 지세가 유리한 것이 모든 제후국 가운데 가장 뛰어납니다. 이런 조건이라면 제후국을 합병하고 천하를 가지는 것도 어렵지 않을 것입니다."

마지막으로 장의는 연횡책을 제안하며 이렇게 말했다. "제가 죽음을 무릅쓰고 대왕을 만나러 온 것은 제후들의 합종을 깨고 진나라를 패주로 만들기 위해서입니다. 만약 제 제안을 시행하고도 조나라와 한나라를 멸망시키지 못하고 초나라와 위나라를 복종시키지 못하며 제나라와 연나라를 한편으로 만들 수 없다면 그때는 저를 죽여 허튼 책략을 내놓은 자들에게 경고를 하셔도 됩니다."

장의의 말은 당시의 상황을 잠시나마 정리할 수 있을 정도로 대단했다. 여기서 우리는 세객이 결코 말만 잘하는 사람이 아니라 실제로는 정치가와 외교관을 합쳐놓은 인물이라는 사실을 알 수 있다. 세객들은 다음과 같은 자질을 갖추어야 한다. 첫째, 방대한 역사적 지식을 갖추어야 하는데 특히 각국의 사정을 손바닥 보듯 훤히 꿰뚫어야 한다. 둘째, 독자적인 견해를 갖고 있어 다른 사람들이 보지 못한 것을 보고 말하지 않은 것을 말해야 하며 어떤 문제에 대해서 깊은 분석을 함으로써 군주를 일깨워야 한다. 셋째, 남보다 큰 배짱과 기개가 있어야 하며 어떤 상황에도 주눅 들지 않는 자신감과 거침없는 언변을 갖추어야 한다. 소진과 장의는 이 모든 자질을 갖추었기 때문에 전국시대의 유명한 세객이 될 수 있었다.

진나라는 상앙의 변법, 범저의 원교근공 등 정치적, 군사적으로 중요한 몇 가지 정책을 통해 발전할 수 있었다. 그중 장의가 합종을 깨기 위해 제안했던 연횡 정책은 군사, 외교적으로 진나라의 발전에 큰 영향을 미쳤다. 이는 중국의 역사 발전에도 어느 정도의 역할을 했다. 이를 보면 세객의 역할이 결코 무시할 수 없었다는 점을 잘 알 수 있다.

『전국책』, 『전국종횡가서戰國縱橫家書』 등 참고

이필의 간언

이필李泌은 중국 역사상 매우 독특한 인물이라 할 수 있다. 초야에 묻혀 지낸 그는 때가 아니라고 생각하면 절대 벼슬 자리에 나서지 않았다. 황제의 부름도 그를 움직이지 못했다. 그런 한편, 그는 자신이 생각하기에 때가 되었다 싶으면 주저 없이 황제에게 자신을 내던졌다. 안사安史의 난이 채 평정되지 않았을 때, 대부분 사람은 처세의 정확한 방향을 잡지 못하고 섣불리 아무 결정도 내리지 못했다. 하지만 세 명의 황제를 모신 이필은 여러 번의 위기를 훌륭하게 벗어났으며 복잡한 상황을 자유자재로 이용해 자신에게 유리하게 만들었다.

그가 당나라 덕종德宗을 설득한 이야기를 살펴보자. 이 이야기에서 우리는 마치 거친 파도를 손바닥 안에서 갖고 노는 듯한 대담함과 천둥번개에도 허둥대지 않는 느긋함을 느낄 수 있다.

당나라 덕종 시절, 누군가가 대장大長, 태자비 소비(蕭妃)의 모친공주가 주술로 어

당나라 덕종

떤 사람을 저주했다고 고발했다. 덕종은 노발대발하며 대장공주를 궁 안에 가두고 태자를 엄하게 질책했다. 이 일로 태자가 소비와의 이혼을 요구했지만 덕종은 쉽게 결정을 내릴 수가 없었다. 고민 끝에 덕종은 이필에게 이 일을 의논했다. "서왕舒王이 나이가 들더니 그렇게 효성스럽고 형제간에 우애가 넘친다고 하오. 게다가 어질고 의롭다고 칭찬이 자자하니 그를 잘 키

워 보는 것이 어떻겠소?" 모함을 믿은 덕종은 태자를 폐위하고 서왕을 태자로 봉할 생각이었던 것이다. 그 속내를 모를 리 없던 이필이 이렇게 말했다. "폐하는 어찌 하나밖에 없는 아들을 폐위하고 다른 사람을 태자로 책봉하려 하십니까? 친아들을 의심하시면서 다른 사람의 아들은 믿을 수 있으십니까? 서왕의 효심이 지극하다고는 하나 그 마음이 언제 바뀔지는 아무도 모릅니다." 그러자 덕종이 안색을 바꾸며 말했다. "대놓고 내 의견에 반대하다니 가족의 목숨이 걱정되지도 않소?" 하지만 이필은 조금도 동요하지 않고 말했다. "제 가족을 아끼기에 감히 말씀드리는 것입니다. 제가 눈앞의 이익을 탐한다면 아쉬운 대로 참고 견디며 제 몸을 보전했겠지요. 그랬다면 훗날 폐하는 반드시 후회하며 저를 원망하실 것입니다. 그리고 저를 죽이시겠지요. 저는 이미 늙어서 사는 것에 미련이 없지만 그 일로 제 아들이 죽고 조카가 대를 잇는다면 제삿밥도 얻어먹지 못하게 됩니다." 말을 마친 이필이 눈물을

흘리자 덕종도 울며 말했다. "그렇다면 이 일을 어떻게 처리해야겠소?" 그러자 이필이 대답했다. "이는 매우 큰일이니 신중하게 처리하셔야 합니다. 자고로 아버지와 아들이 서로 의심하여 망하지 않은 나라를 보지 못했습니다. 폐하는 건녕왕建寧王이 어떻게 죽임을 당했는지 잊으셨습니까?" 덕종이 말했다. "건녕 왕숙은 억울하게 죽었소. 숙종肅宗의 성격이 너무 급했소." 이에 이필이 말했다. "과거에 저는 건녕왕이 죽자 관직을 사양하고 다시는 천자의 곁에서 벼슬하지 않으리라 맹세했습니다. 다시 폐하의 재상이 되었지만, 또 비슷한 상황에 놓이고 말았습니다. 당시 선제代宗(代宗)는 건녕왕이 죽은 후부터 불안에 떨었습니다. 벼슬 자리를 떠나던 그날, 저는 선제를 위해 '황과대사黃瓜臺辭' [54]라는 시를 낭독했습니다. 그러자 숙종은 건녕왕을 죽인 일을 후회하며 눈물을 흘렸습니다."

마음이 한결 누그러진 덕종이 이필에게 물었다. "당나라도 정관과 개원 연간에 태자를 바꾸었는데 왜 멸망하지 않은 것이오?" 이필이 대답했다. "이전에 승건承乾, 태종이 옹립한 태자의 모반이 발각되자 태종은 그의 외삼촌 장손무기와 조정 대신 수십 명을 보내 그를 심문하게 했습니다. 사건의 전말이 밝혀지자 누군가가 이렇게 청원했습니다. "폐하, 부디 아버지와 같은 자비로 태자의 목숨을 살려주십시오." 그 말을 들은 태종은 위나라 왕 태泰를 폐위시켰습니다. 지금 폐하는 숙종의 성격이 급한 것도 알고 건녕왕의 죽음이 억울하다는 것도 아시니 얼마나 다행인지 모릅니다. 폐하는 지극히 작은 일도 자세히 살필 능력을 갖추셨으니 옛일을 거울삼아 온 마음으로 살피시면 태자가 모

---

54) 당나라 태자 이현(李賢)이 지은 것으로 친어머니인 무측천이 모자의 정을 중시하여 더 이상 아들을 잔혹하게 살해하지 않을 것을 바라는 마음을 오이를 심고 따는 것에 비유하여 쓴 시다.

함을 당했다는 사실을 쉽게 아실 수 있을 겁니다. 정말로 불법을 저질렀다면 정관 연간의 법령대로 당장 그를 폐위시키고 황손을 옹립하십시오. 그러면 100년 이후에 천하를 장악하는 사람은 여전히 폐하의 자손일 것입니다. 개원開元 당시 무혜비武惠妃가 태자 이영李瑛을 중상 모략했습니다. 이 일로 이영의 형제들이 모두 죽임을 당하자 백성의 원망과 분노는 하늘을 찌를 듯했습니다. 제왕들은 이를 경계로 삼아야 하는데 어찌 그를 본받으려 하십니까? 게다가 태자는 궁궐에 살며 외부 사람과 접촉한 적도 없고 외부의 일에 간섭을 한 적도 없는데 어찌 다른 마음을 품었다고 의심하십니까? 폐하께 태자를 험담한 사람들은 모두 간사한 자들입니다. 비록 진나라의 민회愍懷와 같이 친필 서한이 있거나 태자 영이 입었던 갑옷과 같은 증거가 있다 해도 믿지 못하는데 어찌 아내의 어머니가 죄가 있다 하여 같이 벌을 받게 할 수 있습니까? 폐하가 이 일을 저에게 의논하신 것이 얼마나 다행인지 모르겠습니다. 저는 제 가족의 목숨을 담보로 삼아 감히 말씀드릴 수 있습니다. 태자는 결코 모반할 마음이 없었습니다. 그럼에도 폐하께서 양소楊素, 허경종許敬宗, 이임보李林甫와 같은 무리의 말을 믿는 것은 친아들이 아닌 서왕에게 천하를 빼앗기는 결과를 가져올 뿐입니다."

덕종이 말했다. "그대의 말은 잘 알겠소. 내 우선 마음을 가다듬고 내일 다시 생각해봐야 할 것 같소." 눈물이 그렁그렁한 이필은 자신의 홀笏, 관리가 임금을 알현할 때 조복에 갖추어 손에 쥐던 패―옮긴이을 꺼내 덕종에게 바치며 말했다. "그렇게 하신다면 폐하 부자는 예전의 좋은 관계로 돌아갈 수 있습니다. 하지만 후궁으로 가시거든 반드시 혼자서 이 일을 생각하십시오. 절대 폐하의 뜻을 신하들에게 알려서는 안 됩니다. 만약 일이 새어나가면 누군가는 이를 서왕에게 알릴 것이고, 그러면 태자가 위험해지십니다." 덕종이 말했다. "무슨 말인지 알겠소."

다시 하루가 지나고, 연영전延英殿에서 홀로 이필을 만난 덕종이 울면서 말했다. "그대의 진심 어린 충고가 아니었다면 틀림없이 나중에 크게 후회했을 것이오. 태자는 어질고 의로워 분명히 모반하지 않았소." 이필은 머리를 조아려 황제에게 축하를 올리고, 이 기회를 빌려 고향으로 돌아가겠다고 청했다.

송종원은 이필의 진심 어린 말과 탁월한 견해가 황제의 마음을 울렸다고 평가한다. 이필은 황태자의 자리를 지켜주기 위해서 필요하다고 생각하는 때는 주저하지 않고 입을 열었다. 역사서의 기록에 따르면 당나라 시대에 이필은 세 명의 군주를 섬겼다고 한다. 이 과정에서 그는 황족 간의 다툼을 훌륭하게 해결하며 여러 번 위험에서 벗어날 수 있었다. 세상 사람들은 그를 한나라의 장량과 비교하지만, 따지고 보면 이필의 처지는 장량보다 복잡하고 골치가 아팠다. 장량은 활달하고 대범한 군주를 섬겼지만 이필의 군주는 성격이 급하고 의심이 많으며 의기소침했기 때문이다. 태자의 폐위와 옹립은 외부인이 함부로 이야기할 수 없는 민감한 문제다. 설득력이 약하면 황제의 마음을 돌릴 수 없고, 지나치면 황제의 노여움을 살 수 있기 때문이다. 역사적으로 황실 내부에 문제가 생기거나 의심이 일어나면 대부분 신하는 아무 말도 하지 않고 자기 자리를 지키려 애썼다. 자칫 잘못하다가는 관직이나 목숨을 잃을 수 있기 때문이다. 물론 이런 사람들은 언급할 가치도 없다. 거리낌 없이 자신의 의견을 이야기하는 사람들은 황제의 아픈 곳을 건드린 대가로 화를 피할 수 없었다. 결과적으로 황태자를 위해서도 별 도움이 안 되니 차라리 입을 닫고 있느니만 못하다. 하지만 이필은 덕종의 서슬에도 전혀 위축되지 않고 할 말을 다했는데 그 진실한 태도는 황제를 감동시키기에 충분했다. 특히 얼마 전에 발생한 건녕왕의 죽음을 예로 든 것은 매우 절묘한 선택이었다. 황제가 쉽게 이해할 수 있는 이야기를 예로 들어 반복해서 간언하고 잘못을 바로잡게 한 그는 결국 덕종의 마음을 돌릴 수 있었다.

『구당서』, 『신지낭新智囊』 등 참고

남의 것을 가져다 내 것으로 만들기

춘추 전국 시대에 제후들은 저마다 권력을 다투었는데 그 과정에서 가장 중요한 것은 인재였다. 당시에는 '선비 하나를 얻으면 나라가 흥하고, 선비 하나를 잃으면 패망한다'는 일이 심심치 않게 일어났기 때문이다. 여기에서 진秦나라의 발전은 우리에게 많은 생각을 하게 한다. 이름도 전해지지 않던 소국 진나라는 마침내 천하의 패자가 되었다. 가장 중요한 시기에 타국 출신의 인재들이 결정적인 역할을 한 덕분이었다.

　진나라는 원래 변방의 작은 나라로 제후국의 명부에 이름조차 올라 있지 않았다. 하지만 주나라 평왕이 서융을 쫓아낼 때 수백 명의 지원군을 보낸 덕에 천자의 주목을 끌었다. 천자는 진나라가 일정한 범위 내에서 토지를 개간할 수 있도록 허락했다. 진나라는 이때부터 제후국에 이름을 알릴 수 있었다. 하지만 여전히 작았던 진나라는 정나라나 제나라와 같은 동방의 대국과 어깨를 나란히 할 수 없었다. 진나라의 임금도 이를 잘 알고 있었다. 그런 나라를 발전시키기 위해서는 반드시 대외 개방을 하여 '외국'의 인재를 끌어모아야 했다.

　진나라 목공은 진나라 인재 정책의 창시자라고 할 수 있다. 그는 집정 기간에 온 힘을 다해 인재를 발탁했다. 양가죽 다섯 장으로 백리해를 데려 왔으며 예를 다해 진晉 나라의 건숙蹇叔을 뽑아왔다. 또 서걸술西乞術과 백을병白乙丙, 공손지公孫枝 등을 중용한 덕분에 진나라의 정치와 군사는 하루가 다르게 발전했다. 타국 출신의 문인과 무장들은 진나라를 위해 죽음도 불사했다. 덕분에 진나라의 정치, 군사, 경제, 문화는 전보다 한층 더 발전할 수 있었다.

300년이 지나서도 진나라는 여전히 발전을 거듭했다. 하지만 그렇게 강대한 진나라도 천하를 통일하는 것은 매우 어려운 일이었다. 이때 위衛나라의 위앙衛鞅, 상앙-옮긴이이라는 사람이 나타났다. 그의 재능을 단박에 알아챈 진나라 효공은 당장 변법을 실행하게 했다. 위앙의 변법을 통해 법치를 실현한 진나라는 신속하게 발전하기 시작했다. 하지만 6국을 통일하는 과정에서 진나라를 가로막는 것은 너무 많았다. 한 나라를 공격하면 다른 나라가 신경이 쓰여서 막 손에 넣은 영토를 어쩔 수 없이 포기해야 하는 경우가 비일비재했기 때문이다. 그래서 진나라는 몇 년 동안 고생하고도 이렇다 할 결과물을 얻지 못했다. 그때 진나라 효왕은 위魏 나라에서 온 범저를 재상으로 삼았다. 그러자 범저는 효왕에게 '원교근공'이라는 계책을 내놓았다. 먼 곳에 있는 제후국과 화친을 맺고 가까이 있는 국가는 공격하는 정책이었다. 이렇게 진나라는 땅 한 뼘을 얻으면 그것을 온전히 자신의 것으로 만들 수 있었기에 예전처럼 얻었다 잃었다를 반복하며 고심하지 않아도 되었다. 거기에다 먼 곳의 우호 국가로부터 동정과 지지를 얻어낼 수도 있었다. 과연 큰 효과를 발휘한 범저의 외교 정책은 진나라의 천하 통일에 든든한 밑거름이 되었다.

하지만 진나라 시황제가 중국을 통일하려던 시기 진나라 사람들은 정국거 사건으로 타국 출신 인재들을 배척하기 시작했다. 진나라 왕족과 대신들은 시황제에게 이렇게 말했다. "각 제후국의 인재들은 자신의 나라를 위해 겉으

로만 진나라를 받드는 척하는 것입니다. 그러니 그들을 모두 이 나라에서 쫓
아내야 합니다." 이 일로 초나라 출신인 이사도 진나라에서 쫓겨날 수밖에
없었다.

억지로 국경에 도착한 이사는 마지막으로 용기를 내어 '간축객서'라는 글
을 써서 시황제에게 보냈다.

"진나라의 신하들이 객경을 축출할 것을 의논했다 들었는데 이는 잘못된 것
입니다. 진나라의 목공은 사방으로 어질고 유능한 자를 찾아다녔는데 서쪽의
융에서는 유여를 데려왔고, 동쪽에서는 백리해를 구했으며, 송나라에서는 건
숙을 얻었습니다. 또 진晉나라의 비표, 공손지도 데려왔습니다. 이들 다섯 사
람을 임용했기에 목공은 20개의 나라를 통일하고 서쪽의 패자가 될 수 있었
습니다. 진나라 효공은 상앙을 임명해 신법을 시행하고 풍속을 바꾸어 나라를
더욱 부강하게 만들었습니다. 백성은 진심으로 나라를 위해 힘을 다하고 제후
들은 진나라를 존중하며 명을 받들었습니다. 이어서 진나라는 초나라와 위나
라를 크게 물리치고 천 리의 영토를 확장하여 지금까지 통치를 계속하고 있습
니다. 혜문왕은 장의의 계책을 받아들여 낙양 일대를 얻었고 서쪽의 파, 촉 지
역과 북쪽의 상군, 남쪽의 한중, 그리고 구이九夷의 땅을 차지하고 초나라의
언과 영 지역도 통제하게 되었습니다. 또 동쪽의 험준한 호뢰관을 차지하고
비옥한 토지를 얻음으로써 6국의 합종을 깨고 각국의 항복을 받아냈습니다.
범저를 얻은 진나라 소왕은 그의 제안을 받아들여 양후를 없애고 화양군을 내
쫓아 왕실의 권력을 강화시켰으며 권세가들의 권력 독점을 막고 제후들을 합
병하여 제업을 달성했습니다. 이들 4대 군왕은 모두 타국 출신의 객경을 임용
해 진나라에 큰 공헌을 하게 했는데 객경이 도대체 무슨 잘못을 했다고 쫓아

내십니까? 만약 그때 네 분의 군주가 축객령을 내렸다면 나라는 지금처럼 부강해지지 못했을 것입니다. 지금 폐하는 곤산에서 가져온 옥과 화씨벽을 이용해 옷을 장식하십니다. 또 태아太阿라는 보검을 허리에 차고 천리마를 타며 청록색의 봉황 깃털로 만든 깃발을 꽂고 거북 등껍질로 만든 북을 진열해놓고 감상하시지요. 폐하는 진나라에서 나지도 않는 이 보물들을 매우 아끼십니다. 진나라에서 나는 것만 사용한다면 야광벽夜光璧으로 대전을 꾸미거나 무소의 뿔과 상아로 만든 장식품을 진열할 수도 없습니다. 조나라와 위나라의 미녀도 폐하의 궁에 들일 수 없으며 북방의 좋은 말과 나귀도 마구간에 들여올 수 없겠지요. 강남의 금석金錫도 사용할 수 없고 서촉에서 나는 단청으로 색을 입힐 수도 없습니다. 사람을 기쁘게 하는 진귀한 물건을 타국에서 생산된다는 이유로 사용을 금지하면 지금 귀에 걸고 있는 귀고리나 비단으로 만든 옷, 화려하게 수놓은 장식도 모두 폐하에게 바칠 수 없습니다. 우아하고 아름다운 미녀들도 폐하의 옆을 지키지 못하겠지요. 질그릇을 두드리며 넓적다리를 후려치고 쟁을 켜고 노래를 부르는 것은 진나라의 음악입니다. 하지만 폐하가 진나라의 음악을 버리고 퇴폐적이고 귀를 즐겁게 하는 정나라와 위나라의 음악을 들으시는 이유는 무엇입니까? 외국의 음악이 폐하의 눈과 귀를 즐겁게 하기 때문이 아닙니까? 그런데도 어찌 인재만은 예외가 됩니까? 일의 옳고 그름도 따지지 않고 진나라의 출신이 아니면 무조건 내쫓는다는 것은 폐하가 여색과 가무만 밝히고 인재는 홀대한다는 것을 잘 보여주는 것이기도 합니다. 그렇게 하시면 천하와 제후들을 잘 다스릴 수 없습니다. 땅이 넓으면 많은 물건이 나고 나라가 크면 각양각색의 백성이 있기 마련입니다. 병력이 강한 나라의 병사들은 용감하며 전쟁을 잘합니다. 태산은 작은 흙덩이도 사양하지 않기 때문에 그렇게 높은 것이고 황하와 바다는 한 방울의 물도 마다하지 않기 때문에 그렇게 넓고 깊은 것입니다. 무릇 왕이라 하면 자신에게 충성을 바치는 신하와 백성을 거절하지 않아야 큰 덕을 쌓을 수 있습니다. 그렇게 하면 사방의 땅은 경계를 세울 수 없을 만큼 넓어지고 백성도 국경을 따지지 않고 진나라로 모여들며 1년 사계절 수확물이 풍부해져 신마저도 복을 줄 것입니다. 오제와 삼왕이 천하무적일 수 있었던 원인도 이것입니다. 하지만 지금 폐하는 단지 타국 출신이라는 이유로 훌륭한 신하들을 내쫓아 오히려 다른 제후국을 도와 힘을 키워주게 만드십니다. 이것이 강도에게 먹을 것을 주고 적에게 무기를 주는 것과 다를 바가 무엇입니까? 사람들이 진나라에서 생산되지 않은 물건을 보물로 여기는 것처럼 타국 출신의 수많은 선비들이 이 나라를 위해 충성을 바치려고 합니다. 그러나 폐하는 객경을 내쫓아 오히려 적의 힘을 키우고 자신의 힘은 약화시키시니 어찌 나라가 위태롭지 않을 수 있겠습니까?"

편지의 내용에 크게 감동한 진나라 시황제는 서둘러 축객령을 취소하고 이사의 직위를 회복시켜 주었다.

"산은 높아짐을 싫어하지 않고 바다는 깊어짐을 마다하지 않네, 주공은 어진이가 오면 먹던 것도 토하고 만나니 천하의 인심이 모두 그에게로 돌아갔네." 조조가 적벽대전을 앞두고 읊은 이 시는 이사가 강조했던 인재의 중요성을 잘 보여준다.

진나라의 발전사를 보면 중요한 시기마다 외국 출신의 인재가 큰 역할을 했음을 쉽게 발견할 수 있다. 여기에서 우리는 인재를 얻는 사람이 천하를 얻는다는 원칙을 알 수 있다.

『육신주문선六臣注文選』, 『사기』 참고

자신을 추천한 모수

쓰려고 들면 보이는 것이 모두 뛰어난 인재이지만 버리려 들면 천지가 똥이다. 어떤 인재는 처음부터 모든 재능을 드러내지만 대부분은 주머니 속에 고이 숨어 있다가 때가 되면 재능을 펼친다. 어떤 사람을 주머니 속에 넣을 것인가? 누구를 선택하는가에서도 그 사람의 수준을 알 수 있는 법이다.

진나라가 조나라의 수도 한단을 포위해 맹공을 퍼붓고 있을 때 조나라 왕은 평원군을 초나라에 보내 도움을 요청했다. 조나라를 맹주로 추대해 합종을 맺고 진나라에 대항하자는 내용이었다. 평원군은 지혜와 용맹함을 모두 갖춘 식객 스무 명과 함께 초나라로 갈 것을 약속했다. 평원군이 문하의 식객들을 불러놓고 말했다. "담판이 성공으로 끝난다면 가장 좋겠지만 성공하지 못하면 어떻게든 초나라 왕을 굴복시켜 많은 사람들이 보는 앞에서 맹약을 확정지어야 하오. 그렇게 하지 않으면 나는 조나라로 돌아오지 않을 것이오. 이제 그대들 가운데 훌륭한 인재를 뽑아 함께 초나라로 갈 것이오." 그렇게 열아홉 명을 뽑았지만 나머지 한 명을 좀처럼 선택할 수가 없었다.

그때 평원군 문하의 식객 중 모수毛遂라는 사람이 찾아와 자신을 추천하며 이렇게 말했다. "대왕과 함께 초나라로 갈 스무 명의 인재 중 하나가 모자란다고 들었습니다. 저를 뽑아 수를 채우십시오." 평원군이 의아하다는 듯 물었다. "내 문하에 온 지 몇 년이나 되었소?" 모수가 말했다. "딱 삼 년이 되었습니다." 그러자 평원군이 말했다. "재능 있는 사람이 세상을 사는 것은 송곳을 주머니에 넣어두는 것과 같아서 그 날카로움 때문에 저절로 주머니를 뚫고 나오기 마련이오. 그런데 그대는 내 문하에 들어온 지 삼 년이나 되었지만 지금껏 그 누구도 그대를 칭찬하거나 추천하지 않았으며 그대의 이름조차 듣지 못했는데 그것은 그대가 특별히 뛰어난 점이 없어서가 아니오? 그런 그대를 데려갈 수는 없으니 그냥 남아 있으시오." 모수가 자신 있게 말했다. "저는 오늘 대왕께 저를 주머니 속에 넣어 달라고 온 것입니다. 만약 제가 대왕의 주머니 속에 들어갔다면 송곳 끝이 아니라 자루까지 뚫고 나왔을 것입니다." 결국 평원군은 모수를 함께 데려가기로 했다. 하지만 열아홉 명의 식객들은 서로 눈짓하며 모수를 비웃었다.

초나라에 도착한 모수는 나머지 식객들과 천하의 형세에 대해 열띤 토론을 벌였는데 모두 탄복하지 않는 사람이 없었다. 한편 아침 일찍부터 시작된 평원군과 초나라 왕의 이야기는 점심때가 되어서도 끝날 줄을 몰랐다. 그러자 열아홉 명의 식객이 모수를 부추기며 말했다. "선생께서 나설 차례요." 모수는 칼자루를 움켜쥐고 잰걸음으로 대전까지 나아가 평원군에게 말했다. "합종은 초나라에 이익이 아니면 해가 되니 두 마디 말이면 충분합니다. 그런데 아침부터 시작된 담판이 점심때가 되도록 끝나지 않은 이유는 무엇입니까?" 그 모습을 본 초나라 왕이 평원군에게 물었다. "저자는 누구입니까?" 평원군이 말했다. "저를 따르는 가신입니다." 그러자 초나라 왕이 모수를 엄하게 꾸짖으며 말했다. "어서 내려가지 못하겠느냐! 너의 주인과 이야기를 하고 있는데 이게 무슨 무례냐!"

하지만 모수는 조금도 당황하지 않고 칼자루를 쥔 채 초나라 왕을 쳐다보며 말했다. "대왕은 이곳에 초나라 사람이 많은 것을 믿고 감히 저를 꾸짖으십니다. 하지만 지금 저와 대왕의 거리는 겨우 십 보 정도니 아무리 초나라 사람이 많다 한들 대왕의 목숨은 제 손에 달려 있습니다. 그런데 어찌 제 주인 앞에서 저를 욕보이십니까? 듣자하니 상나라 탕왕은 겨우 칠십 리밖에 안 되는 땅으로 천하를 통치했고 주나라 문왕은 백 리밖에 안 되는 적은 땅으로 천하의 제후들을 복종하게 했는데 과연 그것이 그들의 병사가 많아서였겠습니까? 그것은 그들이 당시의 상황을 완벽하게 장악하고 자신들의 위력을 과시했기 때문입니다. 진나라의 백기白起는 얼간이에 불과합니다. 그는 수만 병사를 이끌고 초나라와 교전을 벌여 첫 번째 전투에서는 영도와 언성을 손에 넣었고 두 번째 전투에서는 이릉夷陵을 불태워 없앴으며 세 번째 전투에서는 대왕의 조상에게 커다란 치욕을 안겨줬습니다. 그것은 초나라 사람에게는 100년이 지나도 풀 수 없는 원한으로 남았습니다. 조나라 왕조차 이 일에 모멸감을 느끼고 있지만 대왕께서는 어쩐 일인지 전혀 수치심을 느끼지 못하십니다. 합종의 맹약은 초나라를 위한 것이지 조나라를 위한 것이 아닙니다. 그런데도 제 주인 앞에서 저를 욕보이시는 겁니까?" 그 말을 들은 초나라 왕은 즉시 태도를 바꾸며 말했다. "그렇소. 그래. 모든 것이 선생이 말한 대로요. 그러니 나는 힘을 다해 합종의 맹약을 이행할 것이오." 그러자 모수가 강경한 태도로 물었다. "합종의 맹약이 확정된 것입니까?" 초나라 왕이 즉시 대답했다. "정하였소." 모수는 곧바로 초나라 왕의 신하들에게 명령을 내렸다. "닭과 개, 말의 피를 가져오라!" 모수는 동으로 만든 대야를 두 손으로 받쳐 들고 무릎을 꿇은 후 초나라 왕에게 말했다. "대왕은 먼저 피를 마셔 맹세를 하여 합종 맹약에 대한 진심을 보여주십시오. 대왕께서 먼저 마시면 그다음은 나의 주인이며 마지막은 제 차례입니다."

이렇게 평원군과 초나라 왕은 합종을 하기로 약속했다. 모든 임무를 완성하고 조나라로 돌아온 평원군은 감탄해서 이렇게 말했다. "이제 함부로 인재를 보는 내 안목을 자랑하지 않을 것이다. 그동안 나는 수백, 수천 명에 이르는 인재를 뽑았지만 하마터면 모 선생을 놓칠 뻔하지 않았는가? 선생을 데려간 덕분에 우리 조나라의 위치는 더욱 높아지고 단단해졌다. 언변이 탁월한 그의 입은 백만 대군보다 위력이 있는데 감히 내가 인재를 보는 눈이 뛰어나다고 할 수 있겠는가!"

모수가 자신을 천거한 이야기는 모두가 아는 유명한 일화다. 이 이야기에서 중요한 것은 모수가 초나라와 진나라의 합종을 성사시킨 것이 아니다. 여기에서 눈여겨봐야 할 것은 인재를 잘 관찰하고 알아보는 안목의 중요성이다. 어떤 사람이든 겉모습만 보고 함부로 얕봐서는 안 된다. 조건만 갖추어진다면 모든 사람이 인재가 될 수 있기 때문이다.

『전국책』, 『사기』 등 참고

말 한마디로 열 개의 성을 받아낸 소진

춘추 전국 시대는 지식인들이 자유롭게 정치를 논하던 시기였는데 이 시기에 가장 환영을 받았던 사람들이 바로 종횡가다. 종횡가는 단순한 사기꾼이나 강호의 술사가 아니다. 그들은 실질적인 재능을 갖춘 뛰어난 인재다. 루쉰은 "아첨도 능력이라 절대 아무렇게나 해서는 안 된다"라고 말했다.

이제 한마디 말로 열 개의 성을 되찾은 소진의 이야기를 살펴보자. 진나라 혜왕이 연나라 태자에게 딸을 시집보냈다. 그해기원전 329년에 마침 연나라 문후文侯가 세상을 떠났고 태자가 즉위해 역왕易王이 되었다. 연나라 역왕이 막 즉위하여 국상을 치르던 어수선한 시기에 제나라 선왕이 연나라를 공격해 성 열 곳을 빼앗았다.

그러자 역왕이 소진에게 말했다. "그대가 가장 먼저 연나라로 갔을 때 내 아버님의 도움으로 조나라의 왕을 만날 수 있었고 그 덕에 6국의 합종을 맺고 명성을 얻을 수 있었소. 지금 제나라는 조나라를 먼저 공격한 다음 우리 연나라를 공격했소. 그대가 합종을 주재했는데 지금 이러한 상황이 되었으니 천하가 모두 그대를 비웃을 것이오. 그러니 이제는 우리를 도와 빼앗긴 땅을 찾아주어야 할 것이오."

소진이 송구스러운 표정으로 말했다. "반드시 대왕을 위해 온 힘을 다하겠습니다."

제나라 왕을 만난 소진은 먼저 머리를 숙여 축하의 인사를 한 다음 고개를 들어 애도를 표했다. 그 괴상한 모습을 본 제나라 왕이 물었다. "처음엔 축하 인사를 하더니 무슨 연유로 또 애도하는 것이오?" 소진이 굳은 얼굴로 말했다. "아무리 배가 고픈 사람도 까마귀밥은 먹지 않는다고 했습니다. 간에 기별도 가지 않아 먹지 않은 것과 같기 때문입니다. 연나라는 비록 약소국이지만 진나라의 사위 국가입니다. 대왕께서는 연나라의 땅을 욕심내면서도 이 일로 강대국 진나라와 원수가 되는 것은 생각조차 하지 않으셨습니다. 연나라 뒤에 숨어 있는 진나라를 보지 못하셨기 때문이지요. 연나라를 공격하면 진나라를 끌어들이는 것과 마찬가지인데 그것이야말로 배고픈 사람이 까마귀밥을 먹는 것과 무엇이 다릅니까? 연나라의 그깟 영토는 제나라에게 아무것도 아닌데 대왕께서는 오히려 화를 부르고 계십니다."

그 말을 들은 제나라 왕은 깜짝 놀라 낯빛까지 변하며 물었다. "어떻게 하면 좋겠소?" 그러자 소진이 대답했다. "훌륭한 사람은 화를 복으로 바꾸고 실패를 승리로 전환할 수 있다고 했습니다. 제 말을 들으신다면 즉시 연나라의 성을 돌려주십시오. 아무 조건 없이 성을 돌려받은 연나라는 분명히 기뻐할 것입니다. 그리고 진나라에도 사자를 보내십시오. 그들과 우호 관계를 맺기 위해 연나라의 땅을 돌려주었다고 하면 진나라도 분명 좋아할 겁니다. 결과적으로 제나라는 불필요한 싸움을 줄이는 대신 두 나라와 친교를 맺을 수 있습니다. 그렇게 하여 연나라와 진나라를 한편으로 끌어들이면 제나라가 천하를 호령하는 것도 어렵지 않습니다." 소진이 다시 한 번 강조하며 말했다. "땅을 얻은 진나라는 자만할 것이고 그 틈을 타 대왕께서는 천하를 얻어 패업을 달성하게 되실 테니 어찌 기쁘지 않겠습니까?"

제나라 왕이 말했다. "좋소. 그대의 말이 맞으니 따르도록 하겠소."

그래서 제나라는 연나라에 성지를 돌려주었다.

말 한마디가 천금과 같다는 이야기가 있다. 소진은 말 한마디로 연나라를 위해 성 열 곳을 돌려받을 수 있었다. 그의 말이 얼마나 중요한 가치가 있는지 알 수 있는 이야기였다.

『귀곡자』, 『전국책』, 『사기』 등 참고

제5부

병가의 지혜

병가에서는 "싸우지 않고 적을 굴복시키는 것이 최선이다^{不戰而屈人之兵}"라고 말하며, "적을 알고 나를 아는 것^{知彼知己}", 또 "주력을 피하고 약한 곳을 공격하는 것^{避實就虛}"을 중요하게 여긴다. 병가의 지혜를 잘 이용하면 군사적으로 승리를 거둘 수 있을 뿐만 아니라 정치와 사업에서도 성공할 수 있다.

병가의 지혜란?

병가의 지혜는 중국의 지략 역사에서 가장 냉정한 한 페이지를 장식한다. 온정이 흐르는 유가의 지혜와 비교하면 병가의 지혜는 냉정한 이성이며, 심지어 가장 큰 이익을 얻기 위해서는 못할 것이 없는 피도 눈물도 없는 이성과도 같다.

병가의 지략에는 몇 가지 특징이 있다.

첫째, 다른 사상의 지략과 비교할 때 병가의 지략은 나아갈 방향이 분명하다. 병가는 평등의 원칙을 중시하며, 그것은 곧 무원칙의 원칙이다. 다시 말해 지켜야 할 원칙 같은 것은 없고, 오로지 상대방을 이기면 승리자요, 성공한 사람이 된다. 병가의 지혜를 이용하는 이들에게는 어떠한 평가와 판단의 원칙도 없다.

"성공하는 자는 왕이요, 실패하는 자는 도둑이라." 승패와 영웅에 관한 병가의 관념을 설명하는 데 이처럼 딱 들어맞는 말도 없을 것이다. 물론 전쟁은 정의로운 전쟁과 정의롭지 않은 전쟁으로 구분된다. 하지만 그것은 전쟁 전과 후의 것이다. 전쟁을 준비하고 평가하는 것은 전쟁 자체에 속하지 않으며, 전쟁 외의 일이다. 이른바 정의의 사도나 정의로운 전쟁은 모두 일종의 정치적인 표현이며, 직접적으로 전쟁에 속하지 않는다. 전쟁은 인도주의 원칙을 유린하고 인간관계의 협력 원칙을 파괴하며 인의도덕을 부정하는 행위다. 두뇌 싸움이든 진짜 전쟁이든 본질 면에서는 더 이상 인의도덕이나 어떠한 원칙도 따지지 않는다. 전쟁에서 이른바 '정의'의 원칙은 모두가 가장 큰 이익을 얻기 위해 채택하는 무원칙의 원칙을 말한다. 전쟁에 인도주의라는 가면을 씌우는 사람은 모두 거짓말쟁이다. 사실 그들도 각자의 이익을 위해 무원칙의 원칙을 채택한 것이다.

병가 지략에서 평등성이란 적대적인 양측이 유일한 하나의 원칙, 즉 어떠한 원칙도 없다는 원칙을 서로 인정하고 준수하는 것을 공개적으로 선언하는 것을 의미한다. 병가 지략의 도덕성은 적대적인 양측이 절대평등과 자유의 조건에서 공개적으로 경쟁하는 것을 의미한다. 그래서 병가의 지략을 이용하는 정치, 인간관계, 비즈니스 상황에서는 도덕보다는 주로 '계산'을 이용한다.

둘째, 병가에서도 덕과 인정을 따진다. 다만, 부정不情을 대정大情으로 삼고 부덕不德을 대덕大德으로 삼을 뿐이다. 일찍이 "적에게 너그러운 것은 백성에게 잔인한 것이다"라는 말이 유행하기도 했는데, 이 말은 앞서 말한 병가 지략의 특징을 잘 보여준다. 병가의 지략을 이용한 싸움의 승패는 백성의 화와 복, 이해득실, 나아가 생사존망과 직접적인 관계가 있다. 그래서 병가는 반드시 이해관계를 극대화하는 관점에서 문제를 바라본다.

병가는 자신의 감정을 통제하지 못하면 본인에게 해가 되고 상대방에게 무정할수록 자신에게는 이득이라고 말한다. 노자도 "성인이 어질지 않아서

백성을 짚으로 만든 강아지처럼 여긴
다"라는 말을 했다. 성인도 목표를 실
현하기 위해 백성의 일시적인 이익은
돌보지 않는다는 말로, "높은 덕은 자
랑하지 않아도 저절로 드러나고, 높
은 인 또한 자랑하지 않아도 저절로
드러난다"가 바로 그 말이다.

노자

셋째, 앞서 말한 것이 병가 지략의
문화적인 특징이라면, 병가 지략의 총괄적인, 그리고 가장 큰 특징은 바로 일
체의 감정적 요소를 배제한 냉정함으로 꼽을 수 있다. 이 냉정한 상태에서 가
능한 모두의 수단을 동원해 가장 큰 승리를 얻어야 한다. 이 특징의 가장 중
요한 점은 개인 수양에 힘써 강한 이성으로 감정을 극복해야 한다는 것이다.
어떤 상황에서도 감정이 지나쳐서는 안 된다. 그렇지 않으면 실패할 수 있기
때문이다. 『노자』는 실제 전쟁을 근거로 하여 전쟁과 정치의 경험을 철학적
으로 집대성한 책이다. 『노자』는 병가의 사상이 형성되는 데 큰 영향력을 미
쳤으며, 심지어 병가의 조상으로 불리기도 한다. 노자는 "뛰어난 무사는 무
력을 사용하지 않고 전쟁에 뛰어난 사람은 성내지 않는다"라고 말했다. 이는
병가에서 말하는 이성으로 화를 다스리는 기본적인 요건을 강조한다. 훗날
병가의 수많은 학자가 이 이론을 발전시켰는데, 그것을 철혈 이성의 경지로
올려놓았는가 하면 병가가 반드시 갖추어야 할 조건이자 전체적인 원칙으로
삼기도 했다.

하지만 사람은 감정의 동물이므로 완전히 이성적이기는 어렵다. 그래서
병가는 몇 가지 수양 방법을 제안했다. 자신의 마음을 순수한 경지로 끌어올

려 외부의 간섭에 구속되지 않는 상태로 만드는 것이다. 실제로 이러한 경지에 도달하기란 매우 어려운 일이다. 이를 위한 중요한 조건은 욕심과 걱정을 버리는 것이다. 욕심과 걱정이 있으면 자신의 감정을 통제하기가 어려워서 병가의 지략을 가장 알맞게 이용할 수 없기 때문이다. 노자는 이에 대해 "욕심낼 만한 것을 보이지 않으면 백성의 마음을 어지럽게 하지 않는다"라고 말했다. 이처럼 병가는 쉽게 욕심을 일으킬 수 있는 사물을 의식적으로 피해야 한다고 강조한다.

넷째, 전체적으로 보면 병가는 자신만의 완벽한 기술 체계를 갖추고 있다. 이는 다른 학파와는 다른 점이다. 다른 학파는 지략을 써도 대개 그 사실을 감추고 자신이 다른 사람에게 계책을 쓴다는 것을 인정하지 않으며, 더군다나 지략의 기술을 공개하지도 않는다. 대부분 학파에서 쓰는 지략이 음모의 색채를 띠고 있기 때문이다. 그와 달리 병가의 지략은 확실히 드러난다는 의미에서 '양모陽謀'라고 할 수 있다. 이런 특징 덕분에 병가는 지략의 기술 체계가 크게 발전할 수 있었다.

『손자병법』만 하더라도 13개의 주석본을 더해 비교할 수 없이 방대하고 풍부하며 깊고 완벽한 체계를 형성했다. 그럼 우선 『손자병법』을 토대로 병가 지략의 기술 체계를 간단히 알아보자.

『손자병법』은 전쟁에 임하는 실천 방법을 일곱 가지로 나누었는데 이를 '모병칠법'이라고 한다. 첫째, 대군이 싸울 때는 속전속결해야 한다大軍速戰. 속전속결은 대군이 전쟁할 때 기본 원칙이다. 대군이 전쟁에 나서는 것은 나라가 기울어질 정도로 엄청난 영향을 미치므로, 반드시 속전속결해야 한다. 둘째, 적의 사기를 끊는 것이 최상이다伐謀爲上. 이는 전투에서 힘보다는 지략이 중요함을 말한다. 즉 싸우지 않고 적을 굴복시키는 것이 가장 좋은 책략이라는 것이다. 셋째, 적을 알고 나를 알아야 한다知彼知己. 전쟁에서 승리를 얻기 위한 기본 전제로, 반간계와 속임수를 쓰는 근거이기도 하다. 넷째, 먼저 지키고 나중에 공격한다先爲守勢, 後爲攻勢. 이는 병사를 신중하게 이용하는 원칙이기도 하다. 먼저 수비하는 사람은 대개 최후의 승리자가 된다. 다섯째, 주력은 피하고 약한 곳을 친다避實擊虛. 이는 허와 실을 이용하는 지략이다. 여섯째, 우회함으로써 더 빨리 가고 해로운 것을 이득으로 바꾼다以迂爲直, 以患爲利. 즉 싸움에서 불리한 상황이 되면 인내하며 속임수를 써야 한다. 일곱째, 융통성을 발휘해 임기응변해야 한다靈活變通. 흔히 전쟁에 임하는 장수는 군주의 명령을 따르지 않아도 된다고 한다. 이는 실제 상황에 근거하여 장수가 융통성을 발휘해야 한다는 원칙에서 비롯된 것이다.

여기서는 병가의 지략이 전쟁에만 활용되는 것이 아니라는 점을 알고 넘어가자. 병가의 지략은 중국의 역사는 물론 문화와 정신, 백성의 말과 행동에도 영향을 미쳤다. 그뿐만 아니라 황제와 왕족 간의 권력 다툼이나 백성의 일상생활에도 중요한 역할을 했다. 이처럼 중국의 모든 것에 병가 지략의 발자국이 깊게 찍혀 있다고 해도 무방하다. 병가의 지혜는 지략을 중시하는 중국 문화의 한 부분이고 도덕과 평등을 중시하는 중국 전통 문화에도 부합하므로 깊은 의미에서는 전통 문화에도 영향을 주었다고 볼 수 있다.

손빈과 방연

『손자병법』은 병가의 최고 경전일 뿐만 아니라 인류 문명사의 기적이라고 할 수 있다. 책이 쓰인 춘추 전국 시대뿐만 아니라 오늘날에도 그 안에 담긴 지혜는 매우 큰 영향력을 발휘하고 있다. 군사 전략에서도 경전과 같은 지도적 역할을 할 뿐만 아니라 정치, 비즈니스, 처세 등 다른 분야에서도 막대한 영향력을 발휘한다. 특히 오늘날 수많은 사람이 『손자병법』의 가치를 중시하며 세계 각국에서 앞다투어 『손자병법』을 연구하고 있다.

전국 시대의 손빈孫臏은 『손자병법』의 저자인 손무孫武. 손자─옮긴이의 후손으로 그 자신도 위대한 군사가였다. 그가 쓴 『손빈병법』은 역사를 지나오며 많은 부분이 없어지긴 했지만, 남아 있는 부분만으로도 그의 책 또한 병가의 아주 위대한 저작이었음을 충분히 알 수 있다. 하지만 그에게는 손무만큼의 행운이 따르지 못했다. 그는 보통사람은 견디기 어려운 고난을 겪었다. 손빈과 방연龐涓의 이야기는 중국 사람이라면 모르는 이가 없을 정도로 유명하다.

춘추 전국 시대란 두 시기를 합쳐서 부르는 말로 진晉나라가 삼등분된 이후를 전국 시대라고 한다. 당시 멸망한 진나라를 삼등분하여 나누어 가진 한나라, 조나라, 위나라가 계속 승승장구하고 있었다. 그 가운데 위나라의 세력이 가장 강했는데, 야심만만한 위나라 혜왕은 진秦나라의 인재 채용 정책을 본받아 상앙과 같은 인물을 발탁해 나라를 다스리고자 했다. 그는 엄청난 돈을 들여 현사들을 초빙했는데, 그중에 방연이라는 인물이 있었다. 방연은 자신이 당대에 유명한 귀곡자의 제자라고 소개했다. 당시 이름을 날렸던 귀곡자는 종횡가의 시조이며 군주 설득의 기술을 주로 다룬 『귀곡자』를 집필하기도 했다. 『귀곡자』의 내용을 보면 그 저자가 보통사람이 아니라는 사실을 쉽게 알 수 있다. 하지만 좀처럼 모습을 드러내지 않았던 귀곡자는 한사코 벼슬자리를 마다했다. 위나라 왕은 그런 귀곡자의 제자이자 유명한 종횡가인 소진과 장의의 동문 방연을 절대적으로 신임했다.

방연은 곧 대장에 임명되었고, 그의 아들 방영龐英과 조카 방총龐葱, 방모龐茅

도 모두 장군이 되었다. '방가군龐家軍'으로 불린 이들은 뛰어난 실력으로 병마를 잘 조련해 위나라와 송나라, 노나라 등을 공격해서 모두 승리를 거두었다. 동쪽의 대국인 제나라도 군대를 보내 위나라를 공격했지만, 방연에게 패하고 돌아갔다. 이때부터 위나라 왕은 더욱 방연을 신임했다.

방연의 동문인 손빈은 손무의 후대로 덕과 재능을 겸비한 대단한 인재였다. 특히 스승 귀곡자에게서 손자의 병법을 배운 그의 지략은 더욱 비범해졌다. 어느 날, 묵자의 제자인 금활리禽滑厘가 귀곡자를 찾아왔다가 손빈을 보게 되었다. 그는 한눈에 손빈의 재능을 알아보고 산을 내려가서 각국의 군주를 도와 전쟁을 막을 것을 권했다. 그러자 손빈이 겸손하게 말했다. "제 동문인 방연이 이미 하산했습니다. 그가 일단 길이 생기면 저에게도 연락하겠다고 약속했습니다." 그의 말을 들은 금활리가 이상하다는 듯 말했다. "방연은 이미 위나라에서 높은 벼슬을 하고 있다고 들었네. 왜 그대에게 편지를 보내지 않았는지 모르겠지만, 내가 위나라에 가게 되면 한 번 물어보겠네."

전쟁을 결사반대했던 묵자의 문하에는 수많은 제자가 있었다. 이들은 엄격하게 기율을 지키고 전쟁을 막기 위해서는 죽음도 불사했기 때문에 당시 묵자의 영향력은 대단했다. 그의 말 한마디로 강대국 초나라가 송나라 공격을 포기하자 모든 나라의 군주들은 묵자를 극진히 대접했다. 한편, 위나라로 간 금활리는 위나라 왕에게 손빈과 방연 사이에 있었던 일을 말해주었다. 그 말을 들은 위나라 왕은 즉시 방연을 불러 왜 손빈을 데리고 오지 않았는지 물었다. 방연이 난처한 기색을 보이며 대답했다. "손빈은 제나라 사람입니다. 지금 우리는 제나라와 적대 관계에 있는데 그가 온다면 분명히 제나라를 위한 꿍꿍이가 있어서일 것입니다. 그래서 편지를 보내지 않았습니다." 그러자 위나라 왕이 안색을 굳히며 물었다. "그렇다면 다른 나라의 인재는 쓸 수 없다는 말이오?" 말문이 막힌 방연은 어쩔 수 없이 편지를 써서 손빈을 불러들였다.

손빈과 이야기를 나눈 위나라 왕은 그의 재능과 식견이 방연보다 훨씬 뛰어나다는 것을 알아챘다. 그래서 그를 부군사副軍師로 임명해 군사인 방연을 돕게 하려 했다. 그 말을 들은 방연이 황급히 말했다. "손빈은 제 사형이고 재능이 저보다 뛰어난데 어찌 제 아래에 둘 수 있겠습니까? 차라리 그를 먼저 객경으로 삼으십시오. 그가 공을 세우면 그때 제 자리에 그를 쓰십시오." 사실 방연은 다른 꿍꿍이가 있었다. 일단 손빈이 자신과 권력을 다투게 되지 않도록 손을 써놓고, 기회를 봐서 몰래 그를 없애려 한 것이다. 당시 객경은 실권은 없었지만 보통 신하보다는 지위가 높았다. 그래서 손빈은 방연이 자신을 위한다고 생각해 매우 감격했다.

방연은 손빈의 가족이 모두 제나라에 있는 줄 알고 그가 위나라에 오래 머물지 않을 것으로 생각했다. 그래서 그는 이렇게 물었다. "왜 가족을 이곳으로 데려와 함께 살지 않으십니까?" 그러자 손빈이 말했다. "가족은 제나라 왕에게 모두 죽임을 당했고 나머지는 뿔뿔이 흩어져 행적을 찾을 수가 없다네." 그 말을 들은 방연은 당황했다. 손빈이 계속 위나라에 남는다면 자신의 자리를 넘겨줄 수밖에 없기 때문이었다.

반년 후, 제나라에서 온 사람이 손빈에게 편지를 전해주었다. 제나라로 돌아오라는 형의 편지였다. 손빈은 편지를 전해준 사람에게 이렇게 말했다. "나는 이미 위나라의 객경이 된 몸이라 함부로 돌아갈 수가 없소." 그리고 답장을 써서 형에게 전해 달라고 부탁했다.

손빈의 편지는 뜻밖에도 위나라 왕의 손에 들어갔다. 편지를 본 위나라 왕이 방연에게 물었다. "손빈이 제나라를 그리워하는 것 같은데 어쩌면 좋겠소?" 드디어 기회가 왔다고 생각한 방연이 말했다. "손빈은 대단한 재능을 갖춘 인물이니 지금 제나라로 돌아간다면 우리에게 매우 위험한 인물이 됩니다. 먼저 제가 그를 설득해 보겠습니다. 계속 위나라에 남기를 원한다면 아무 문제가 없겠지만, 떠나려 한다면 제가 천거한 사람이니 제가 처리하도록 해 주십시오." 위나라 왕이 고개를 끄덕였다.

물론 방연은 손빈을 설득하지 않았다. 그는 오히려 손빈을 부추기며 이렇게 말했다. "형님에게 편지를 받았다고 들었는데 어찌 한 번 가보지 않으십니까?" 손빈이 아쉬운 표정으로 대답했다. "형님은 나에게 돌아오라고 하시는데, 지금은 때가 아니라 생각하네." 방연이 그 기회를 놓치지 않고 말했다. "사형께서는 오래전에 집을 떠나서 그동안 줄곧 가족과 연락이 닿지 않았습니다. 그러던 중에 형님이 찾으시니 마땅히 고향으로 가서 가족을 만나고 조상에게 제사라도 올리셔야지요."

위나라 왕이 허락해주지 않을 것이라 지레 짐작하고 형의 청을 거절했던 손빈은 방연이 먼저 긍정적으로 말해주자 거듭 감사를 표했다. 다음 날, 손빈은 위나라 왕에게 두 달 동안 고향에 다녀오는 것을 허락해 달라고 청했다. 그 말을 듣고 위나라 왕은 손빈이 그동안 제나라와 몰래 연락해 왔다고 단정했다. 그래서 그 즉시 손빈을 잡아들여 심문하게 했다. 방연은 깜짝 놀란 척하며 왕에게 손빈을 풀어달라고 간곡히 청했다. 얼마 후, 방연이 난감한 표정으로 손빈을 찾아와 말했다. "대왕께서 크게 노해 당장 사형을 죽이려 하셨으나 제가 거듭 용서를 비니 목숨만은 살려주기로 하셨습니다. 하지만 경형黥刑, 죄인의 이마나 팔뚝, 귓전에 먹으로 죄명을 새겨 넣는 형벌—옮긴이과 빈형臏刑, 정강이뼈를 잘라내는 형벌—옮긴이을 피할 수 없을 것 같습니다."

그 말을 들은 손빈은 위나라 왕에게 분노했지만, 자신을 변호해준 방연에게만큼은 거듭 감사 인사를 했다. 얼굴에 문신을 새기고 정강이뼈가 잘린 손빈은 그때부터 걷지 못하고 기어 다녀야 했다.

그는 늘 자신을 보살펴주는 방연에게 감격해 어떤 방법으로든 보답하고 싶었다. 어느 날 손빈이 필요한 것이 있느냐고 묻자 방연이 기다렸다는 듯 말했다. "사형의 조상 대대로 내려오는 손자의 병법을 글로 써주십시오. 사형과 함께 그것을 익혀 후대 사람들에게 전하고 싶습니다." 한참 생각에 잠겼던 손빈은 그의 요청을 승낙했다. 그러나 내용을 생생하게 외우고 있다고 해도 막상 그것을 글로 쓰기란 결코 쉬운 일이 아니었다. 게다가 손빈은 지독한 형벌로 극심한 통증에 시달렸기에 아무리 기를 써도 하루에 겨우 열 글자 정도밖에 쓸 수 없었다. 마음이 급해진 방연은 성아誠兒라는 시종에게 수발을 맡겨 손빈이 글을 쓰는 데 전념할 수 있게 했다. 손빈의 가엾은 모습을 보고 측은한 마음이 든 성아가 다른 시종에게 물었다. "방 군사는 어찌 이토록 손 선생을 재촉하여 병법을 쓰게 하는 겁니까?" 그러자 시종이 목소리를 낮추며 말했다. "아직도 모르느냐. 방 군사가 손 선생을 살려둔 것은 다 병법 때문이다. 일단 병법이 완성되면 그도 죽은 목숨이지."

그들이 하는 말을 엿들은 손빈은 깜짝 놀라서 그동안의 일을 되짚어보았다. 그러다 순간적으로 무언가를 깨달은 그는 비명을 지르다가 그만 기절했다. 주변 사람들이 깨워 의식을 되찾은 손빈은 이미 제정신이 아니었다.

그날부터 손빈은 머리를 풀어헤치고 두 눈에 초점을 잃은 채 닥치는 대로 물건을 던졌다. 그동안 고생해서 쓴 병법도 모두 불 속으로 던져버렸다. 게다가 땅에 떨어진 것도 아무렇지 않게 주워 먹었다. 그러자 시종들이 황급히 방연을 찾아가 말했다. "손 선생이 미쳤습니다."

방연이 서둘러 달려와서 보니 손빈은 엎드린 채로 박장대소를 했다가 또 어느 순간 엉엉 울었다. 방연이 이름을 부르니 손빈은 머리를 찧으며 소리쳤다. "스승님, 살려주십시오! 스승님, 살려주십시오!" 손빈이 진짜로 미쳤는지 확신할 수 없었던 방연은 그를 돼지우리에 가두었다. 손빈은 여전히 울다가 웃다가를 반복하고, 그러다 지치면 돼지우리 가운데서 엎드려 코를 골며 잤다. 그렇게 며칠이 지났지만 방연은 여전히 마음을 놓지 않고 사람을 시켜 그를 감시하게 했다. 어느 날, 손빈에게 밥을 갖다 주던 사람이 술과 안주를 들고 와 낮은 목소리로 말했다. "선생이 방연에게 치욕을 당한 일은 잘 알고 있습니다. 여기 몰래 술과 음식을 가져 왔으니 어서 드십시오. 기회를 봐서 구해드리겠습니다." 말을 마친 그는 눈물을 흘리며 손빈의 표정을 살폈다. 하지만 손빈은 멍한 얼굴로 대꾸했다. "누가 네가 가져온 썩은 음식을 먹는다더냐? 내 것이 더 맛있다!" 그러고는 술과 안주를 바닥에 쏟아버리고 돼지 똥을 한 움큼 집어 입 안에 밀어 넣었다.

이 일을 전해 들은 방연은 그제야 손빈이 극심한 고통을 이기지 못하고 미쳤다고 믿었다. 그때부터 그는 손빈에게 감시인을 붙여두기만 하고 더는 신경 쓰지 않았다.

미친 손빈은 대낮에는 길거리에 누워 있다가 밤이 되면 돼지우리로 기어갔다. 때로는 거리의 사람들이 준 음식을 먹고, 실없이 웃거나 알 수 없는 소리를 늘어놓았다. 그렇게 오랜 시간이 지나자 위나라 수도 대량에서 그를 모르는 사람이 없을 정도가 되었다. 아무도 그가 미쳤다는 것을 의심하지 않았다. 매일 보고를 받던 방연도 손빈이 더는 자신과 경쟁할 수 없으리라 여기고 그를 죽이려던 결심을 거두었다. 이렇게 해서 손빈은 그나마 목숨을 부지할 수 있었다.

그러던 어느 날 밤, 남루한 옷을 입은 한 사람이 슬그머니 손빈의 옆에 앉았다. 잠시 후 그 사람이 손빈의 옷깃을 끌어당기며 속삭이듯 말했다. "나를 알아볼 수 있겠느냐?" 손빈이 깜짝 놀라서 자세히 쳐다보니 금활리가 아닌가! 손빈은 눈물을 펑펑 쏟으며 감격에 겨운 목소리로 말했다. "조만간 이곳에서 죽을 것으로 생각했는데 선생을 만나 뵙게 될 줄은 몰랐습니다. 하지만 조심하십시오. 방연이 보낸 사람이 매일 저를 감시합니다." 그러자 금활리가 말했다. "그대의 억울한 사정은 이미 제나라 왕에게 말해두었네. 제나라 왕이 순우곤淳于髡을 위나라로 보내 모든 것을 준비해 두었으니, 그대는 순우곤의 마차에 숨어 제나라로 떠나면 되네. 다른 사람을 그대로 변장시켜서 이곳에 이틀 정도 있게 할 것이네. 그대들이 위나라 국경을 넘으면 나도 도망칠 것이니 아무 걱정하지 말게."

금활리는 재빨리 손빈의 옷을 벗겨서 그와 비슷하게 생긴 사람에게 입힌 후 바닥에 누워 있게 하고, 손빈을 마차에 숨겼다. 그다음 날 위나라 왕이 방연에게 제나라의 사자 순우곤을 국경까지 호위하게 했다. 그리고 이틀 후, 거리에 누워 있던 손빈이 감쪽같이 사라졌다. 방연은 사람을 시켜서 주변 강가와 우물 안까지 모두 찾아보았지만 좀처럼 손빈의 행방을 찾을 수가 없었다. 위나라 왕의 추궁이 두려웠던 방연은 그가 강물에 빠져 죽었다고 거짓으로 보고했다.

한편, 제나라의 대장 전기田忌는 남다른 재능이 있는 인물이었다. 정직하고 덕망이 높았던 그는 손빈이 제나라로 온다는 소식을 듣고 직접 국경으로 마중을 나갔다. 그리고 손빈을 영접하고 자신의 관저에 머물게 하며 극진히 대접했다. 손빈과 깊은 이야기를 나눈 전기는 그의 재능에 감탄하며 그와 같은 인재를 만난 것을 행운으로 여겼다. 그리고 그때부터 매일 밤낮을 손빈과 함께하며 그에게 가르침을 청했다.

당시 전기는 제나라 왕족들과 돈 내기 경마를 자주 했는데, 매번 경주에서 져 큰돈을 잃었다. 그 모습을 보고 손빈이 말했다. "다음번 내기에서는 가장 큰돈을 걸어보십시오. 반드시 이기게 해드리겠습니다." 선뜻 이해할 수는 없었지만 누구보다 손빈을 믿은 전기가 대답했다. "선생의 말을 듣고 제나라 위왕威王에게 황금 천 냥을 걸겠습니다." 시합이 다가오자 손빈이 전기에게 말했다. "제나라의 좋은 말은 모두 왕궁에 모여 있습니다. 만약 말의 등급에 따라 시합을 한다면 왕족의 말을 이기기는 어렵습니다. 그러니 대장의 하등 말과 왕족의 상등 말, 대장의 상등 말과 왕족의 중등 말, 그리고 대장의 중등 말과 그들의 하등 말이 시합하게 하십시오. 그러면 한 번은 지고 두 번은 이기게 됩니다."

그대로 따른 전기는 시합에서 두 번 이겨 황금 천 냥을 딸 수 있었다. 놀란 위왕이 이긴 비결을 묻자 전기는 손빈이 알려준 계책을 솔직히 고했다. 그의 말을 듣고 위왕이 손빈의 현명함에 감탄하자 전기는 기회를 놓치지 않고 왕에게 손빈을 추천했다. 대화를 시작하고 바로 손빈의 재능을 알아본 위왕이 병법에 관해 물었다. 손빈은 왕의 질문에 조금도 막힘없이 대답했고, 당시의 국제 형세를 훤히 꿰뚫는 그의 식견에 그 자리에 모인 모든 사람이 감탄을 금치 못했다. 위왕은 손빈이야말로 천하를 손에 넣고 나라를 부강하게 할 대들보와 같은 인재라고 생각했다. 얼마 후, 손빈은 제나라의 군사軍師가 되었다.

기원전 353년 10월, 위나라 군대가 조나라를 공격하여 지루한 싸움을 벌인 끝에 수도 한단을 손에 넣었다. 하지만 그 밖의 상황은 위나라에 매우 불리하게 돌아가고 있었다. 위나라의 후방이 비어 있는 틈을 타 진나라가 위나라의 소량少梁을 공격해서 손에 넣었고, 초나라가 위나라 남쪽의 저수睢水 지역을 점령했기 때문이다. 이때 위나라는 조나라와 오랜 전쟁을 치르느라 힘이 약해졌고 병사들도 매우 지친 상태였다. 드디어 위나라를 공격할 때가 되었다고 생각한 제나라 위왕은 대군을 보내 조나라를 도와주기로 했다.

손빈은 휘장을 친 수레에 앉아 대장군 전기에게 책략을 내놓았다. 전기는 지원 병력을 이끌고 직접 조나라의 수도 한단으로 가려고 했다. 하지만 당시 상황을 날카롭게 분석한 손빈은 전기에게 '적이 비운 요새를 공격하고 위나라를 포위해 조나라를 구하는 전략'을 제안했다. 적을 정면 돌파하지 않고 가장 약한 부분을 공격해서 적군이 스스로 물러나게 하는 방법이다. 이렇게 하면 수동적이던 입장을 능동적으로 바꾸어 승리의 기회를 찾을 수 있다. 손빈이 전기에게 말했다. "엉킨 실을 풀려면 무작정 힘만 줘서는 안 되며, 싸움을 말리려는 사람이 무기를 들고 위협해서도 안 됩니다. '피실격허避實擊虛'의 책략을 사용하면 적은 자연히 조나라에서 물러날 것입니다." 그의 말이 일리가 있다고 생각한 전기는 바로 손빈의 계책을 따르기로 했다. 손빈은 자신이 세운 계책을 자세히 설명해주었다. "지금 위나라는 조나라에 맹공을 퍼붓고 있습니다. 정예병을 모두 동원해 전투를 치르는데 싸움이 길어져서 병사들이 지친 상태입니다. 한편 위나라의 수도를 지키는 병사들은 모두 나이가 많고 약한 자들로 긴 시간 동안 성을 지키느라 역시 지쳤을 것입니다. 그러니 위나라의 수도 대량을 치고 교통의 요지를 점령하여 적들의 방비가 허술한 곳만 집중적으로 공격하십시오. 그러면 위나라의 병사들은 반드시 조나라를 포기하고 수도를 지키기 위해 돌아올 것입니다. 병서에 '갑옷을 벗어 던지고 밤낮을 쉬지 않고 두 배의 속도로 행군하여 백 리 거리를 달려가 승리를 다투면 모든 장군이 포로로 잡힌다'라는 말이 있습니다. 우리가 위나라의 수도를 공격하면 조나라를 구하는 것은 물론이고 위나라 군대가 지친 틈을 타 맹공을 퍼부어서 싸움에 이길 수 있습니다. 이때 우리의 군대는 적의 주력부대와 정면으로 충돌하는 것을 피하니 손실을 줄일 수도 있지요." 손빈의 계책에 크게 만족한 전기는 당장 위나라의 수도 대량으로 진군했다.

이 소식을 들은 방연은 당황해서 어쩔 줄을 몰랐다. 막 한단을 손에 넣은 그는 군사들을 쉬게 할 틈도 없이 군대의 대열을 정비하고, 한단에 소수 병력만 남긴 채 나머지 군대를 이끌고 서둘러 대량으로 향했다. 방연의 이런 행동은 병가의 금기를 깬 것이다. 하지만 당시 방연으로서는 별다른 수가 없었다. 전쟁으로 피곤한 몸을 쉬지도 못하고 먼 길을 가다가 혹시 적의 습격을 받으면 삼군의 장수가 모두 사로잡히는 것은 불 보듯 뻔한 일이다. 방연도 이 점을 모르지 않았으나, 상황이 어쩔 수 없으므로 서둘러 대량으로 달려간 것이다. 위나라 군대가 계릉桂陵 근처까지 갔을 때, 전기와 손빈이 미리 보내놓은 제나라의 주력부대가 그곳에 매복하고 있었다. 제나라 군대는 충분히 휴식하여 체력을 비축해 놓은 데다 사기도 높아 피로에 지친 위나라 군대를 쉽게 물리칠 수 있었다. 이렇게 되자 위나라는 이미 얻은 한단을 조나라에 돌려주고, 어쩔 수 없이 자세를 낮추어 제나라와 화친을 맺어야 했다.

계릉 전투에서 운 좋게 목숨을 건진 방연은 그로부터 십 년 후 마릉馬陵 전투에서 운명을 달리했다. 방연이 목숨을 잃은 사건의 전말은 이렇다.

위나라의 혜왕은 대단한 야심가였다. 그는 조용히 군대를 재정비하며 다시 조나라를 공격할 기회를 노렸다. 기원전 342년, 제나라의 대장 전기가 모함을 받아 병권을 모두 빼앗기자 혜왕은 그 틈을 타 방연에게 대군을 이끌고 조나라를 공격하게 했다. 조나라는 한나라와 함께 위나라에 맞섰지만 거듭 패하고 말았다. 다급해진 한나라는 급히 제나라에 사신을 보내 도움을 청했다. 이에 제나라 위왕은 대신들을 모아 대책을 강구했다. "지금 당장 한나라에 지원군을 보내는 게 좋겠소, 아니면 조금 더 시간을 끄는 것이 좋겠소?"

누군가는 가만히 앉아서 싸움을 지켜보자고 말했다. 그때, 이미 누명을 벗고 대장직에 복귀한 전기가 당장 한나라에 지원군을 보내야 한다고 주장했다. "빨리 한나라를 구하지 않으면 그들은 분명히 위나라에 투항할 것입니다. 그렇게 되면 세력이 강해진 위나라는 반드시 제나라를 위협하겠지요. 그러니 빨리 한나라를 도와주어야 합니다."

대신들 사이에 의견 차이가 좀처럼 좁혀지지 않자 위왕이 손빈에게 의견을 물었다. "어찌 군사는 한마디도 하지 않으시오? 좋은 의견이 있다면 말씀해보시오." 손빈이 대답했다. "위나라는 자국의 강한 군사력을 믿고 약한 나라를 공격하고 있습니다. 한나라가 싸움에 패해서 위나라에 항복하면 형세는 제나라에 불리해지겠지요. 그러니 반드시 한나라를 구해주어야 합니다. 하지만 두 나라는 이제 막 싸움을 시작해 모두 사기가 높습니다. 그런 때 지원 병력을 보내는 것은 한나라를 대신해 우리가 화살받이가 되는 것이나 다름없습니다. 이렇게 되면 주도권은 한나라에 넘어가게 됩니다. 그러니 너무 빨리 한나라를 구하러 가는 것은 좋지 않습니다."

그의 말이 일리가 있다고 생각한 위왕이 다시 물었다. "그렇다면 군사의 의견은 무엇이오?" 손빈은 차분히 대답했다. "사실 위나라는 벌써부터 조나라와 한나라를 공격할 마음을 품고 있었습니다. 먼저 한나라에 지원군을 보내주겠다고 알리십시오. 믿는 구석이 생긴 한나라는 전력을 다해 싸울 것입니다. 그러면 위나라의 힘을 크게 약화시킬 수 있겠지요. 게다가 한나라 군대가 사력을 다해서 싸우면 위나라도 맹공을 퍼부을 것이고, 다급해진 한나라는 더 간절하게 도움을 청할 것입니다. 그때 기회를 보아 한나라와 동맹을 맺으면 그들을 우리의 속국으로 만들 수 있습니다. 그동안의 치열한 싸움으로 위나라도 많이 지친 상태일 테니, 그때 지원군을 보내면 최소한의 손실로 최대한의 효과를 얻을 수 있고 자연히 높은 명성도 얻게 될 것입니다."

손빈의 계책이 마음에 쏙 든 위왕은 즉시 한나라에 사자를 보내 지원 병력을 보내주겠다고 약속했다. 제나라의 지원을 약속받은 한나라는 용기를 내어 죽기 살기로 위나라 군대에 저항했다. 하지만 이후 다섯 번에 걸친 싸움에서 거의 모두 패해 더욱 다급하게 지원 병력을 요청했다. 제나라 위왕은 이때를 놓치지 않았다. 전기, 전영을 장군으로 삼고 손빈을 군사로 삼아 한나라로 보냈다.

전기는 손빈의 계책에 따라 직접 한나라를 구하는 대신 10여 년 전과 마찬가지로 위나라의 수도인 대량을 먼저 공격하기로 했다. 이 소식을 들은 위나라 장군 방연은 이번에도 어쩔 수 없이 눈앞의 한나라를 포기하고 서둘러 위나라로 군대를 돌렸다.

하지만 이번은 지난번과 달랐다. 위나라 군대의 군사력은 여전히 강했고, 막 한나라와의 싸움에서 거듭 이긴 터라 군사들의 사기도 높았다. 그래서 방연은 손빈을 겁내지 않았다. 한편, 방연이 위나라로 돌아온다는 소식을 들은 손빈은 직접 군대를 이끌고 맞서는 대신 전기에게 이렇게 말했다. "용맹하고 사나운 위나라 군대는 줄곧 제나라 병사들을 담이 작고 겁이 많다고 무시했습니다. 용병에 뛰어난 사람이라면 이 상황을 자신에게 유리하게 만들어야 합니다. 병서에는 '백 리를 행군해 승리를 다투면 상장군上將軍, 가장 높은 계급의 장군-옮긴이이 사로잡히고 오십 리를 쫓아가 싸우면 병사 절반만이 목적지에 도착할 수 있다'라고 했습니다. 그러니 우리는 겁을 먹고 도망치는 것처럼 꾸며 위나라 군대가 우리를 쫓아오게 만들어야 합니다." 전기가 손빈에게 물었다. "어떻게 유인한다는 말입니까?" 손빈은 위나라 군대의 자만심과 속전속결을 바라는 심리를 이용하기로 했다. "병사들에게 위나라 국경에 10만여 명의 밥을 지을 아궁이를 설치하게 하십시오. 다음 날은 하루 행군할 거리만큼 이동해서 아궁이 수를 반으로 줄이고, 그다음 날에는 또 절반으로 줄이게 하십시오. 방연은 이를 보고 제나라 군대에 탈영자가 많아진 것으로 생각하고 더욱 오만한 마음으로 추격할 것입니다. 그때, 군대를 미리 매복시켰다가 그들을 공격하면 됩니다."

방연은 대군을 이끌고 위나라로 돌아왔다. 그는 제나라 군대와 결전을 벌이려 했는데 예상 밖으로 제나라 군대는 동쪽으로 후퇴했다. 사흘 동안 제나라 군대의 뒤를 쫓은 방연은 제나라 군대가 머물렀던 곳에 아궁이의 수가 점점 줄어드는 것을 발견하고 내심 기뻐하며 말했다. "제나라 병사들이 겁쟁이라는 것은 알았지만 공격한 지 사흘 만에 군대를 이탈하는 자가 반이 넘을 줄은 생각도 못했구나." 그는 보병대를 후방에 배치하고, 날랜 기마대를 이끌고 이틀이 걸리는 길을 하루 만에 달려 제나라 군대를 바싹 추격했다.

손빈은 방연의 부대가 밤쯤이면 마릉에 도착할 것으로 예상했다. 그가 보기에 마릉은 길이 좁고 험준하며 양쪽이 나무가 빽빽한 산으로 둘러싸여 있어 그야말로 매복하기에 최적의 장소였다. 손빈은 병사들에게 나무를 베어 길을 막고 큰 나무의 껍질을 벗겨서 그 위에 '방연, 이 나무 아래서 죽다!'라는 글자를 새기게 했다. 그리고 길 양쪽에 솜씨 좋은 궁수 만 명을 숨겨놓고, 이렇게 명령했다. "오늘 밤 불빛이 보이거든 그곳을 향해 화살을 쏘아라."

그날 밤, 손빈의 예상대로 방연의 군대가 마릉에 도착했다. 앞서 가던 위나라의 정탐병이 보고했다. "앞쪽은 길이 막혀 전진하기가 어렵습니다." 병사들에게 나무를 치우라고 명령하고 진척 상황을 지켜보던 방연의 눈에 희미하게 글자가 보였다. 방연은 바로 횃불을 피워 글자를 비추게 했다. 불빛에 비친 글자를 보고 깜짝 놀란 그는 황급히 후퇴 명령을 내렸지만, 때는 이미 늦은 후였다. 길 양쪽에 매복해 있던 제나라 병사들이 일제히 화살을 쏘자 위나라 군대는 혼비백산해서 허겁지겁 도망치기 시작했다. 이때 중상을 입은 방연은 싸움에서 진 것을 알고 크게 낙심한 나머지 스스로 목숨을 끊었다. 제나라 군대는 그 기세를 몰아 위나라 군대를 추격해 태자 신申을 사로잡았다.

이 싸움은 중국 역사에서 아주 유명한 전투로 기록되어 있다. 그 유명한 '위위구조圍魏救趙, 위나라를 포위해 조나라를 구한다—옮긴이'라는 사자성어도 바로 이 전투에서 유래했다. 그러나 그 어떤 군사 전술보다 중요한 것은 그 속에 담긴 문화적 의미다. 손빈과 방연의 이야기에서 우리는 질투는 결국 자기 자신을 망하게 할 뿐이라는 불변의 진리를 깨달을 수 있다.

『사기』참고

왜 배수일전이라 하는가?

아주 오랫동안 사람들은 한신의 배수일전背水一戰, 물을 등져 퇴로를 없애고 죽을 각오로 싸움에 임하는 전략—옮긴이을 오해했다.

사 년에 걸친 초나라와 한나라의 대립 과정에서 유명한 전투가 많이 전해지는데, 가장 대표적인 것은 바로 한신이 조나라를 평정한 전쟁이다. 이 전투는 인류의 전쟁사 중에서도 매우 중요한 의미가 있다.

기원전 204년 10월, 한신은 한나라 왕 유방의 명을 받고 장이張耳와 함께 병사 수만 명을 이끌고 조나라로 출격했다. 이 소식을 들은 조나라 왕 헐歇과 재상 진여陳餘는 한나라 군대가 지나는 정형井陘, 태행산의 8개 계곡 중 하나, 현재의 허베이

성 징싱(井陘)현 북쪽에 있는 징싱산의 징싱관 입구에 20만 대군을 집결시키고 유리한 지형을 이용해 한나라 군대와 결전을 벌이기로 했다. 원래 친구 사이였던 장이와 진여는 죽음을 함께 나눌 정도로 막역했지만 서로 다른 주인을 섬긴 탓에 원수가 되었다. 그래서인지 두 사람은 서로의 성격을 누구보다 잘 알았다.

남다른 식견을 가진 조나라 광무군廣武君 이좌거李左車가 진여에게 다음과 같은 계책을 올리며 말했다. "한신이 황하를 건너면서 위나라 왕과 하열夏說을 포로로 잡았다고 합니다. 지금은 천 리 길을 달려와 조나라를 공격하고 있는데 그 기세가 자못 날카롭습니다. 하지만 '천 리를 달려와 먹을 것이 부족하면 병사들은 배고픈 기색이 역력하다'는 옛말이 있습니다. 정형의 길은 마차가 다니기 불편하고 말을 타기도 쉽지 않으니 한나라는 대열의 뒤쪽에 보급품을 배치했을 것입니다. 그러니 신이 정예병 3만 명을 이끌고 작은 길로 가서 그들의 후방을 침투해 퇴로를 끊겠습니다. 그러면 대왕께서는 지형을 이용해 방어만 하시면 됩니다. 이렇게 진퇴양난의 상황에서 보급품마저 끊긴 한나라는 단 며칠도 버티지 못할 겁니다." 하지만 진여는 감히 속임수를 쓸 수 없다는 이유로 이좌거의 계책을 받아들이지 않았다.

당시 상황에서 보면 이좌거의 계책은 꽤 훌륭했다. 만약 진여가 그의 계책을 받아들였다면 한신은 분명 큰 곤경에 처했을 것이다.

한편 이 소식을 들은 한신은 마음 놓고 정형 입구에서 삼십 리 떨어진 곳에 대영을 설치했다. 밤이 깊어지기를 기다린 한신은 기병 2천 명에게 한나라의 깃발을 들고 정형의 입구 좌우에 매복할 것을 지시했다.

한신은 병사들에게 이렇게 당부했다. "우리가 후퇴하면 조나라 군대는 반드시 우리를 추격할 것이다. 그때 너희는 빠른 속도로 적의 진영을 점령하고 아군의 깃발을 꽂아야 한다." 모든 당부를 마친 한신은 병영을 정리해 정형까지 바로 돌진했다. 어슴푸레 날이 밝아오자 한신은 병사들을 위로하며 말했다. "지금은 마른 식량으로 허기를 달래지만, 조나라 군대를 격파한 후에 다시 병영을 꾸리고 아궁이를 지어 따뜻한 음식을 만들어 먹자!" 한신은 정예병 1만여 명에게 저수派水를 건너 배수진을 치게 했다.

병사들을 배불리 먹이지 않고 배수진을 치는 것은 병법에서도 매우 금기하는 전략이다. 스스로 퇴로를 끊는 것은 상식적으로도 납득이 되지 않는 전술이었다. 그 모습을 본 조나라의 장수들은 속으로 한신을 비웃었고 일부에서는 그의 능력과 자질마저 의심하기 시작했다. 한나라 군사들도 의아하기는 마찬가지였지만 한신의 신출귀몰한 용병술을 잘 알고 있었기에 더 이상 이유를 따져 묻지 않았다.

날이 환하게 밝아오자 한신과 장이도 저수를 건너 싸울 준비를 했다. 한신이 장이에게 말했다. "조나라 군대는 유리한 지형을 점령하고 있소. 그러니 우리의 대장이 나서지 않는 한 맞서 싸우지 않을 것이오." 한신은 병사들을 시켜 대장의 기를 들게 한 뒤 장이와 함께 정형 입구까지 진격했다. 진여는 한신이 직접 소규모의 병사를 이끌고 진격하는 것을 보자 아무 의심 없이 응전했다.

두 나라의 군대가 혼전을 벌이자 사상자가 속출했지만 좀처럼 우열을 가리기는 힘들었다. 하지만 계속 시간을 끌다가는 병력이 적은 한나라가 질 것은 뻔했다. 한신은 바로 이런 적군의 심리를 이용해 그들을 요새에서 꾀어내려 했다. 적당한 때가 되었다고 생각한 한신은 아군에게 깃발과 병기를 버리고 천천히 후퇴할 것을 명령했다. 그 모습을 본 조나라의 군대는 적이 버리고 간 병기와 갑옷을 줍느라 한순간에 흐트러지기 시작했다. 모두들 전리품을 주워 상을 받으려는 심산이었다. 진영을 지키던 장수들도 적이 달아나는 것을 보고 전리품을 줍기 위해 진채의 문을 열고 밖으로 나왔다.

그때, 갑자기 포향이 울리더니 매복해 있던 한나라의 병사들이 갑자기 뛰쳐나왔다. 당시 진영을 지키는 조나라 병사의 수는 얼마 되지 않았는데 거기에다 진채의 문도 열려 있는 상태라 조나라 병영은 금세 어지러워졌다. 한나라 군대는 재빨리 적의 병영을 뚫고 들어가 정형을 차지한 후 조나라의 깃발이 있던 자리에 한나라의 기를 꽂았다.

그때 한신과 장이는 병사들을 이끌고 배수진을 치고 있었다. 그 모습을 본 진여는 한신에게 퇴로가 없는 데다 자신들의 후방을 칠 적이 없다는 생각에 안심하고 공격을 퍼부었다.

당시 한나라 군대의 상황은 매우 어려웠다. 앞에는 몇 배가 넘는 적이 있고 뒤로는 물이 가로막혀 있어 도망을 칠 수도 없었다. 절체절명의 위기에 처한 그들은 싸움에서 이기지 못하면 죽을 수밖에 없었다. 한나라의 병사들이 어쩔 줄 모르고 있을 때 한신은 말 등에 올라 검 끝으로 조나라 군대를 겨누며 용맹하게 외쳤다. "우리의 뒤는 죽음뿐이다. 조나라 병사를 죽여야만 우리가 살 수 있다. 다행히 적의 병영은 아군이 이미 차지했으니 이제 마음 놓고 싸워라!" 한나라 병사들은 한신과 장이를 따라 죽을힘을 다해 싸우며 앞으로 나아갔다.

그때 시간은 이미 정오가 되어 가고 있었다. 진여는 당장 한나라 군사를 무너뜨리기 어렵다고 생각하고 잠시 병사들을 수습했다. 점심때가 되어 허기진 데다 싸움의 주도권을 잡고 있으니 죽기 살기로 적과 싸울 필요가 없다고 판단했기 때문이다. 게다가 적의 기세를 꺾기 위해서라도 너무 급하게 공격을 할 필요는 없었다. 어차피 뒤쪽은 물이라 한나라 군사는 도망갈 곳도 없었다. 여러 상황을 고려한 진여는 일단 병사들에게 점심을 먹인 뒤 다시 싸움을 시작하기로 했다.

하지만 막 정형의 병영에 도착한 조나라의 군대 앞에 보이는 것은 다름 아닌 한나라 군대의 깃발이었다. 그제야 한나라 군에게 요새를 점령당한 사실을 알게 된 조나라의 대열은 금세 흐트러지기 시작했다. 마침 그때 한나라의 군대가 앞뒤에서 협공을 시작했다. 기습을 당한 조나라 병사들은 크게 동요하며 사방으로 도망쳤다. 진여가 혼란한 상황을 수습하려 도망자들의 목을 베긴 했지만 역부족이었다. 어쩔 수 없이 그도 병사들과 함께 저수의 절벽까지 밀려가고 말았다. 이곳에서 한나라 병사에게 포위당한 그는 스스로 목숨을 끊었다. 이것이 바로 그 유명한 배수일전의 전말이다.

한신은 조나라 군대를 격파하고 진여를 죽인 후 양襄나라 까지 쫓아가 조나라 왕 헐의 목을 베었다. 한나라는 별다른 힘을 들이지 않고도 조나라를 손에 넣을 수 있었다.

배수일전은 병법에서 말하는 '사지에 빠져야만 살아남게 되고, 멸망할 처지가 되어야만 존재하게 된다'의 전법에서 나온 것으로 아군의 퇴로를 끊어 죽기 살기로 싸움에 임하는 전술이다. 이 전술은 살아남고 싶은 병사들의 강한 욕구를 이용하여 잠재적인 전투력을 높일 수 있다는 장점이 있다. 하지만 동시에 매우 위험한 전술이기 때문에 완벽한 계책을 수반하지 않으면 쉽게 사용해서는 안 된다. 병사들을 모조리 사지로 내몰 수 있기 때문이다.

한신의 배수일전은 몇 가지 특징이 있다.

첫째, 한신은 긴박한 상황에서 어쩔 수 없이 선택한 것이 아니라 주도적으로 이 계책을 이용했다. 덕분에 느긋하게 모든 전략을 준비할 수 있었다. 마속馬謖도 가정街亭 전투에서 이 전술을 썼지만 한신과 달리 수동적으로 선택한 것이기 때문에 실패할 수밖에 없었다. 한신의 배수일전은 완벽한 계획하에 선택된 것으로 우리가 잘 알고 있는 '배수진'과는 다르다. 우리가 익히 알고 있는 배수진은 마속의 그것에 훨씬 가깝다. 이처럼 한신의 배수일전은 능동적으로 적을 공격한 탁월한 지략이었다.

둘째, 한신의 배수일전은 체계적인 전략이었다. 처음 손빈은 적진으로 들어가는 중요한 입구를 손에 넣었다. 그리고 새벽에 출격한 적군이 점심때쯤 병영으로 돌아갈 것도 미리 계산해두었다. 점심때까지만 버티면 싸움을 멈추고 병영으로 돌아간 적이 일대 혼란에 빠질 것도 모두 예상한 것이다. 조나라 군대는 한신이 배수진을 쳐서 퇴로가 없는 것을 보고는 급하게 적을 공격할 필요가 없다고 생각했다. 게다가 전쟁은 한나절 만에 끝나는 일도 아니었기에 점심때가 되자 잠시 공격을 멈추기로 한 것이다. 한신은 정예병을 이끌고 싸움에 응하면 점심때까지는 버틸 수 있을 것이라고 확신했다. 이것이 바로 적을 알고 나를 아는 것이다.

셋째, 한신의 계책은 겉으로 보기에는 매우 위험했지만 실제로는 고도로 계산된 가장 안전한 전술이었다. 그 이유는 무엇일까? 그가 걱정한 것은 조나라 군과의 싸움이 아니라 오히려 그들이 병영의 문을 굳게 닫아걸고 싸움에 응하지 않는 것이었다. 하지만 일단 요새를 나오면 모두의 상황은 같아진다. 백전노장 한신이 진여를 두려워할 리 없었다. 한신이 매복해둔 군대는 조나라 군대의 중요한 길목을 함락할 수는 없어도 이미 요새를 빠져나온 진여의 후방을 공격할 수는 있었다. 이들은 한신을 구하기에는 충분한 병력이었다. 이런 점에서 보면 그의 계책은 가장 안전한 전술임에 틀림없었다.

넷째, 한신의 군대는 연이은 승리로 사기가 높았으며 일당백의 전투력을 갖추고 있었다. 한신이 걱정했던 것은 적에게 식량 보급로를 차단당하고 좁은 산길 때문에 전진하지 못해 병사들의 사기가 꺾이는 것이었다. 그래서 그는 속전속결을 원했던 것이다. 진여를 요새 밖으로 꾀어낸 것이 바로 그 때문이었다. 보통사람들이 그의 깊은 뜻을 알기는 쉽지 않았다.

이렇게 보면 한신의 '배수일전'은 우리가 알고 있는 배수진이 아니라 고도로 계산된 함정이었던 것이다. 대단한 지혜를 가진 사람이 아니라면 결코 쓸 수 없는 책략임에 분명했다.

『사기』, 『한서』 참고

기인 열전

중국 역사에는 수많은 기인奇人이 있다. 기인을 기이하다고 하는 것은 속세에 얽매이지 않지만 천하를 다스리기에 충분하고 세상에 나오면 '천지의 정신과 홀로 왕래하며' 가난함을 걱정하지 않고 명성을 쫓지 않기 때문이다. 또 그들은 빈곤과 부귀를 따지지 않고 어느 것에도 구속되지 않아 늘 거리낌 없이 행동한다.

기인들은 늘 옛 왕조가 쇠퇴하고 새 왕조가 나타날 때 세상을 향해 재능을 드러낸다. 난세에 영웅이 난다거나 기인이 나타난다는 것이 바로 그 말이다.

어떤 사람을 기인이라 할 수 있을까? 전장을 누비며 적을 죽이는 장수는 기인이라 할 수 없다. 장막 안에서 계책을 내고 나라를 다스리는 모사도 기인은 아니다. 소위 말하는 기인이란 과거의 것에 통달하고 미래를 내다보며 세상사를 통찰하고 길흉화복을 점칠 수 있는 사람이다. 그들은 하늘의 이치와 인간사의 관계를 조화롭게 처리하면서 모든 일을 느긋하게 바라볼 수 있는 능력이 있다. 다시 말해 세상을 종횡무진하면서도 속세를 초월할 수 있는 사람이 바로 기인이다.

중국 역사 최초의 기인은 무왕이 걸왕을 토벌했을 때를 살았던 강자아^{강태}일 것이다. 강자아는 대단한 재능을 가졌지만 시대를 잘못 만나 어쩔 수 없이 자신의 뜻을 펼칠 기회를 기다리고 있었다. 그는 되는 일이라곤 하나도 없는 사람이었다. 조그만 장사를 하려고 해도 하늘은 늘 그의 편이 아니었다. 한번은 돈을 빌려 겨우 차린 국수 가게에 강풍이 불어 국수가 모두 날아가는 바람에 본전도 못 건진 일도 있었다. 하지만 그는 포기하지 않고 나쁜 운이 바뀌기만을 기다렸다. 늘 위수 가에 앉아서 낚시를 하던 그는 좀처럼 물고기를 잡지 못했다. 그도 그럴 것이 그의 낚싯바늘은 곧게 펴져 있었기 때문이다. 밥을 갖다 주러 왔던 아내는 그 모습을 보고 속이 터질 수밖에 없었다. 하는 수 없이 남편이 밥을 먹는 사이 낚싯바늘을 구부려 고기를 잡았지만 돌아온 것은 남편의 타박뿐이었다. "놔두시오. 잡힐 만하면 잡히겠지. 모든 일은 순리대로 해야 하는 법. 그렇게 억지로 해서는 안 된다오." 결국 아내마저도 그의 곁을 떠났다. 하지만 그는 여전히 때를 기다렸다. 그가 여든 살이 되던 해, 주나라 문왕이 찾아와 함께 세상으로 나갈 것을 청했다. 직접 마차를 끌고 위수로 와서 하염없이 자신을 기다리는 문왕의 모습에 감동한 강태공은 그 길로 산에서 내려와 문왕을 돕기로 했다.

강태공은 지략이 뛰어났을 뿐 아니라 도술에도 일가견이 있어서 비바람을 부르고 콩을 뿌려 병사를 만들었다고도 한다. 무왕이 걸왕을 토벌하는 과정에서 큰 공을 세운 그는 높은 벼슬을 하사받았다.

진나라에서 한나라로 교체되던 시기를 살았던 장량도 기인이라 할 수 있다. 그를 기인이라고 부르는 데는 네 가지 이유가 있다.

첫째, 전 재산을 털어 한나라에 복수를 맹세한 그는 자객을 시켜 박랑사博
浪沙에서 진시황을 암살하려 했다. 비록 실패하긴 했지만 그의 용기와 강단을
두고 모든 사람이 기인다운 행동이었다고 입을 모아 칭찬했다.

둘째, 기이한 인연으로 병법을 배웠다. 어느 날, 길을 가던 장량이 한 노인
을 만났다. 노인은 다짜고짜 장량에게 자신이 떨어뜨린 신발을 주워서 신겨
달라고 했다. 장량은 불평하지 않고 신발을 주워 노인의 발에 신겨 주었다.
그 모습을 보고 흡족한 표정을 지은 노인은 다음 날 새벽에 같은 장소로 나오
면 병법을 전해주겠다고 약속했다. 장량이 두 번이나 약속 장소로 갔지만 늘
노인이 먼저 도착해 있어서 병법을 건네받을 수 없었다. 결국 마지막 기회를
얻은 장량은 아예 그 전날 밤부터 약속 장소로 나가서 날이 밝을 때까지 기다
렸다. 그런 그의 인격과 재능을 높이 산 노인은 흔쾌히 병법을 전수해주었다.
부지런히 병법을 배운 장량은 탁월한 군사가로 변모할 수 있었다. 어른들이
아이들에게 윗사람을 공경하라고 가르치기 위해 종종 이 이야기를 들려주기
도 한다.

셋째, 수많은 지략으로 유방을 어려움에서 구하고 항우를 물리쳐 서한의
개국공신이 되었다.

넷째, 성공한 뒤에도 명예나 이익을 탐하지 않고 스스로 자리에서 물러나
유방과 여치가 공신들을 죽일 때도 화를 면할 수 있었다. 그는 그저 열심히
병법을 익히며 고고하고 깨끗하게 생을 살다 갔다.

유기 역시 기인으로 꼽는다. 지금까지 전해지는 수많은 이야기들을 살펴
보면 유기는 점술에 능통했고 바람과 구름을 불러오는 신통한 능력도 있었
는데 마치 『수호전水滸傳』에 등장하는 공손승公孫勝, 수호전에 등장하는 모사이자 양산박
의 부군사를 맡고 있는 네 번째 두령-옮긴이과 같았다고 한다. 그래서인지 그의 이름을

빌려 풍수지리나 길흉화복을 예지하는 『추배도推背圖』와 같은 책들이 생겨나기도 했다. 하지만 미신적인 색채를 걷어내고 보면 유기는 뛰어난 학자요, 군사가이자 정치가이며 독보적인 지혜를 가진 지식인이었다.

유기의 자는 백온伯溫으로 절강 청전青田 사람이었다. 1311년 유기는 대대로 농사를 지으며 공부를 하는 가문에서 태어났다. 절강은 송나라 이후부터 문화와 교육이 발전해 인재들이 많이 배출되었는데 그 덕분에 '천산천수천수재千山千水千秀才, 지역 곳곳에 과거 급제자가 있다는 말-옮긴이라는 명칭을 얻었다. 유기의 조상은 원래 풍패豐沛 지역 출신으로 송나라에서 관직을 지내다 훗날 송나라가 남쪽으로 옮겨가자 이를 따라 절강의 청전으로 이동했다. 유기의 할아버지도 남송의 태학상사太學上舍를 지냈는데 박학다식하고 천문과 지리에도 통달했으며 정직하고 정의로운 성격이라 원에 반대하는 봉기군을 조직하기도 했다. 이렇게 유명한 가문에서 태어난 유기는 어렸을 때부터 큰 뜻을 품고 강직하고 굳센 인물로 자랐다.

역사 기록에 따르면 유기는 어릴 때부터 재능이 뛰어났다고 한다. 특히 한번 들은 것을 똑똑히 기억해 사람들이 모두 놀랄 정도였다. 유기의 집 근처에 책방이 하나 있었는데 서당을 다닐 때면 항상 이곳을 지나가야 했다. 어느 날, 천문과 관계된 책을 골라잡은 유기는 아무렇지 않게 책을 펼쳐 쓱 하고 훑어본 뒤 서당으로 갔다. 다음 날, 다시 와서 책을 보던 유기는 그 전날 읽은 내용을 모두 외우고 있었다. 책방의 주인이 놀라고 기특한 마음에 책을 선물로 주려고 하자 유기가 말했다. "책의 내용을 이미 외우고 있으니 안 주셔도 됩니다."

그의 스승은 보통사람은 알아들을 수도 없는 이야기를 자주 하는 유기가 장차 큰 인물이 될 것이라 확신했다. 열일곱 살이 된 유기는 부학府學,지방의 재

정으로 서민 자제들에게 유학(儒學)을 가르치는 교육기관-

옮긴이을 떠나 괄창산括蒼山의 석문동石門洞으로 가서 당시 유명한 선비 정복초鄭復初에게서 '이정二程, 북송의 정호와 정이-옮긴이'의 이학을 배웠다. 이 기간에 그는 여러 분야의 책을 두루 읽었는데 특히 정통 경사자집經史子集, 중국의 옛 서적 중에서 경서(經書), 사서(史書), 제자(諸子), 시문집을 가리킨다-옮긴이 이외에 의학, 농업, 점술, 수학, 천문, 지리에 관한 잡서에도 관심을 보였다. 이렇게 유기는 청년 시절부터 풍부한 지식을 쌓아 훗날 정치와 군사 영역에서 종횡무진할 수 있는 기반을 닦아놓았다.

〈장량납리도(張良納履圖)〉

하지만 유기의 청년 시절은 결코 순탄하지 않았다. 1333년 진사에 합격한 그는 강서 고안高安현의 현승이 되었다. 당시 원나라 조정의 정국은 매우 불안했다. 무능한 통치자가 가혹한 세금을 징수해 백성을 괴롭히자 전국 곳곳에서 쉴 새 없이 농민 봉기가 일어났다. 이런 상황에서 뜻 있는 선비들은 사태를 관망하며 일을 꾸밀 기회를 찾거나 혹은 직접 의군에 투항하기도 했다. 원나라 조정에는 진심으로 나라를 위하는 사람은 거의 없었다. 유기도 마찬가지였다. 비록 현령이라는 낮은 관직에 있었지만 그도 원나라에 모든 것을 바칠 생각은 없었다. 그는 주의 깊게 민심을 살피며 사회에서 벌어지는 각종 문제를 이해하고 분석하려 노력했다. 물론 원나라의 관리로서 공무를 이행해야 했던 그는 늘 정직한 지식인의 양심에 입각해 모든 일을 처리했다.

1340년, 관리들의 아첨과 알력 다툼에 염증을 느낀 그는 관직을 버리고 고향 청전으로 내려와 숨어 살기 시작했다. 하지만 유기의 인품과 재능을 잘 알고 있었던 절강행성은 또다시 그를 불러 유학부제거儒學副提擧라는 관직을 맡겼다. 이번 관직은 자신의 성격과도 잘 맞을 것이라 생각했던 유기는 즉시 이를 받아들였다. 하지만 관료 사회는 그야말로 어둠천지였다. 그렇다고 성격을 바꿀 수도 없었던 그는 관리들의 위법 행위를 서슴지 않고 비난했다. 그를 못마땅하게 생각한 사람들에게 탄핵을 당한 유기는 다시 한 번 분노하며 관직을 떠났다.

1351년 즈음, 방국진方國珍 형제가 투항과 저항을 반복하며 온주溫州, 태주台州, 경원慶元 등지를 점거하고 툭하면 해상에 출몰했다. 조정이 이들 진압에 애를 먹자 그 피해는 고스란히 연해 일대의 백성에게로 돌아갔다. 무능한 원나라의 관리들은 유기를 절동원사부도사浙東元帥府都事로 임명해 이들을 토벌하려 했다. 유기는 그들의 세력을 분열시키기 위해 방국진 형제를 제외한 누구도 처벌하지 않겠다고 공표했다. 예상대로 그들 세력은 동요하기 시작했다. 의롭지 못한 방국진 형제에게 일찌감치 불만을 품었던 병사들은 앞다투어 투항을 해왔다. 상황이 이렇게 되자 방국진 형제도 백기를 들 수밖에 없었다. 하지만 어처구니없게도 유기는 멋대로 명령을 내려 조정의 기강을 흔들었다는 이유로 오히려 문책을 당했다.

1358년, 유기는 세 번째로 관직을 버리고 고향으로 돌아갔다. 이 시기 그는 풍자적이고 교훈적인 짧은 이야기를 한데 묶은 우언집寓言集『욱리자郁離子』를 썼다. 그는 부패한 정치와 현실에 대한 분노와 인생에 대한 자신만의 견해를 책 속에 담았는데 그의 작품은 중국 문학사에도 어느 정도의 공헌을 했다고 볼 수 있을 만큼 뛰어났다. 이때 유기의 나이는 이미 마흔이 넘었다. 스무 살에 진사에 합격해 이십 년 동안 관직에 있었던 그는 여러 차례 관직을 버리고 고향으로 내려갔다. 하지만 그는 실망하지 않고 언젠가는 자신의 재능을 펼칠 기회가 올 것이라 생각하고 때를 기다렸다.

곽자흥郭子興이 죽은 후 주원장의 세력은 빠른 속도로 발전했다. 주원장은 주승朱升이 주장한 '성벽을 높이 쌓고 식량을 축적하며 왕이 되는 것을 미룬다高築墻, 廣積糧, 緩稱王'는 계책을 받아들인 덕분에 몽고인의 공격에도 피해를 입지 않고 빠르게 세력을 키울 수 있었다. 주원장의 군대는 기율이 엄격하기로 명성이 높았는데 어느 곳을 가든 현지의 인재들을 수소문해 중용했다. 처주處州를 점령한 주원장은 당시 고향에 머물고 있던 유기를 서둘러 데려오려 했다. 벌써부터 주원장의 명성을 들었던 유기였지만 그의 사람됨을 잘 몰랐고 이미 20년 동안의 관직 생활에 염증을 느낀 터라 선뜻 부름에 응하지 않았다. 하지만 주원장은 실망하지 않고 다시 손염孫炎을 보내 예를 갖추어 쓴 친필 편지를 전달하게 했다. 진심이 담긴 주원장의 편지를 읽은 유기는 손염이 다시 한 번 주원장의 재능과 인품을 설명해주자 드디어 마음을 열고 이렇게 말했다. "나는 벌써 관직에서 물러나 서호西湖에서 한가롭게 지냈소. 그러다가 서북쪽에 나타난 상서로운 모양의 구름을 보고 십 년 후 금릉에서 그 징조가 다시 나타날 것이라 단언했다오. 지금 주씨 세력은 어진 선비를 예로 대하니 천하는 분명히 그의 것이 될 것이오."

주원장의 사람이 된 유기는 당시 주원장이 처한 상황을 정확하게 분석한 후 '시무18책時務十八策'을 제안했다. 제안을 들은 주원장은 흥분을 감추지 못했다. 전쟁터에 가보지도 않고 천하의 대세를 정확하게 꿰고 있는 유기야말로 불세출의 영웅이라 생각했기 때문이다. 주원장은 즉시 예현관禮賢館을 지어 유기를 머무르게 한 뒤 지기知己와 같은 심복으로 삼았다.

당시, 동쪽에는 장사성張士誠이, 서쪽에는 진우량陳友諒이 주원장을 위협하고 있었는데 그들의 세력은 주원장보다 강했다. 이들은 힘을 합쳐 주원장을 없애려고 했다. 주원장의 부대는 사기가 넘쳤지만 동서에서 협공을 당하면 속수무책으로 당할 수밖에 없었다. 때문에 주원장이 가장 시급하게 해결해야 할 과제는 장사성과 진우량을 없애는 것이었다. 정확한 책략을 쓴다면 계속 세력을 키울 수 있지만 그렇지 않으면 꼼짝없이 장사성과 진우량에게 먹힐 판이었다.

이 문제에 대해 주원장은 허심탄회하게 유기에게 가르침을 청했다. 주원장이 말했다. "부디 나를 버리지 마시오. 그대가 하는 말은 모두 따를 것이니 좋은 계책이 있다면 말해주시오." 유기가 기다렸다는 듯 말했다. "명공은 금릉을 차지하고 있는데 이곳의 지세는 대단히 유리합니다. 하지만 동쪽의 장사성과 서쪽의 진우량에게 여러 번 공격을 당하셨지요. 천하를 얻으려면 가장 먼저 그 두 사람을 없애야 합니다."

주원장도 바로 그 문제 때문에 골머리를 앓고 있었지만 도무지 좋은 방도가 떠오르지 않았다. 그는 미간을 찌푸리며 유기에게 말했다. "두 사람의 세력이 그렇게 강한데 어떻게 없앨 수 있단 말이오?"

유기가 명쾌하게 말했다. "적을 제압하려면 속도를 잘 조절해야 하며 병사를 움직이려면 전후의 순서를 잘 따져야 합니다. 제가 보기에는 먼저 진우량을 공격한 다음 장사성을 처리하는 것이 좋을 것 같습니다."

주원장이 고개를 갸우뚱하며 물었다. "장사성은 진우량보다 세력이 약하오. 모든 장수들이 약한 자를 먼저 공격하여 강한 자의 날개를 꺾어야 한다고 주장하오. 먼저 약한 곳을 치고 다시 강한 곳을 공격하는 것은 병법의 이치이기도 하오. 그런데 어째서 약한 자를 두고 강한 쪽을 먼저 치라고 하는 것이오?"

유기가 말했다. "지금의 형세를 보면 병법의 구애를 받을 필요가 없습니다. 장사성은 제 몸 하나 지키기에 급급한 자입니다. 그는 원대한 뜻이라고는 없어 굳이 복잡한 일을 만들고 싶어 하지 않습니다. 만약 명공께서 온 힘을 다해 진우량을 친다면 그도 감히 경거망동하지 못하고 금릉을 공격하지 않을 것입니다. 반면 진우량은 황제가 되려는 야심을 품고 호시탐탐 금릉을 노리고 있습니다. 게다가 장강의 상류를 점하고 있어 강물을 따라 남하하기가 쉽지요. 남다른 야심으로 다른 영웅을 없애려고 하는 그야말로 가장 위험한 적이라 할 수 있습니다. 병력을 집중해 장사성을 공격하면 그 틈을 타 진우량이 치고 나올 것인데 그렇게 되면 우리에게 퇴로가 있겠습니까? 진우량을 먼저 친다면 장사성의 존망은 우리의 손에 달렸는데 두려울 것이 무엇이겠습니까? 먼저 진우량을 없애고 장사성을 쓸어버린 뒤 서쪽의 섬서를 공격하고 북쪽의 대도로 치고 올라가면 천하를 도모하지 못하란 법도 없습니다."

그의 말은 제갈량의 '융중대隆中對, 유비와 제갈량이 처음 만나 천하의 대세를 나눈 장소로 두 사람의 대담을 일컫기도 한다—옮긴이'에 버금가는 것으로 주원장은 흥분으로 온몸이 땀범벅이 될 정도였다. 그 후 주원장은 유기의 책략에 따라 천하를 평정하고 명나라를 건립했다.

유기는 실제 전쟁에서도 많은 공을 세웠다. 유기가 주원장의 군중에 도착한 지 채 두 달도 되지 않았을 때 진우량은 서수휘徐壽輝를 앞장세워 대군을 이끌고 장사성과 함께 동서에서 협공을 시작했다. 당시 적에 비해 주원장의 세력은 보잘것없었다. 그래서 장수 중에는 전쟁을 하자고 하는 쪽과 도망을 가자는 쪽, 심지어 투항을 하자는 쪽도 있었다. 그러나 유기는 단호하게 말했다. "먼저 도망을 가자고 하는 장수들의 목을 베어야 승리할 수 있습니다. 진우량이 서수휘를 앞세워 위협을 하는 마당에 도망갈 곳도 없고 투항해도 죽기는 마찬가지입니다. 지금으로선 죽기를 각오하고 싸우는 수밖에 없습니다. 진우량은 세력은 크지만 의롭지 않기 때문에 사기도 그리 높지 않고 장시간 행군을 한 터라 피로에 지쳐 있습니다. 하지만 우리는 수비를 하는 쪽이고 병사들도 모두 한마음인 데다 쉬면서 힘을 비축해두었습니다. 그리고 매복도 해두었으니 반드시 이길 수 있습니다. 게다가 진우량은 교만하고 지략이 부족합니다. 교만하고 흉악한 군대는 반드시 망한다는 교훈도 있으니 여러 모로 볼 때 우리가 승리할 이유는 충분합니다."

유기의 말은 주원장과 장수들에게 용기를 북돋아주기에 충분했을 뿐 아니라 당시의 형세에도 정확하게 맞아떨어졌다.

진우량은 전쟁 초기에 어마어마한 세력을 등에 업고 몇 번의 승리를 거두었다. 하지만 태평太平을 점령하고 서수휘를 죽인 그는 스스로 황제가 되어 국호를 한漢이라고 불렀다. 그때부터 그의 세력은 내리막길을 걷기 시작했다. 얼마 후 주원장의 요새에 더 깊숙이 들어온 진우량은 유기에게 포위되어 손발이 다 묶이고 말았다. 결국 그는 제대로 힘 한 번 써보지 못하고 지기만 하다가 강주江州까지 쫓겨 갔다. 물가에 지어진 요새 강주는 성벽이 대부분 물속에 있어서 방어하기는 쉽고 공격하기는 어려운 곳이었다. 주원장이 며칠 동안 공격했지만 좀처럼 성을 함락할 수 없었다. 강주가 철옹성이라고 생각한 진우량은 속 편하게 잠을 청했다. 하지만 몰래 성벽의 높이를 잰 유기는 견고한 사다리를 만들어 전함의 뒤쪽에 설치하고 어둠을 틈타 조용히 성벽으로 다가갔다. 날랜 병사들은 사다리를 타고 성 벽을 올라가 공격을 시작했다. 갑작스러운 공격에 놀란 진우량은 하늘에서 신병神兵이 내려왔다고 생각하고 황급히 처자식만을 대동한 뒤 배를 타고 남창南昌으로 도망쳤다. 훗날 유기는 파양호鄱陽湖 대전에서 주원장을 도와 진우량을 죽임으로써 큰 공을 세웠다.

유기는 한림아韓林兒를 소명왕小明王으로 봉하는 문제에 대해서 주원장을 비롯한 다른 이들과 반대 입장에 섰다. 사실 주원장은 한림아를 왕으로 봉하는 것을 찬성했다. 원나라의 관심을 한림아와 진우량에게 돌려 자신의 세력을 키울 시간을 벌려는 심산이었다. 하지만 모든 것을 따져 볼 때 한림아를 왕으로 받드는 것은 백해무익한 일이었다.

1361년 정월, 주원장은 금릉의 중서성에서 제단을 쌓고 소명왕이 있는 곳을 향해 절을 올렸다. 모든 대신들이 주원장을 따라 절을 올렸지만 유기는 꼼짝도 하지 않았다. 그 모습을 본 주원장이 이유를 묻자 유기가 대답했다. "한림아는 한산동홍건군의 수령의 아들이긴 하지만 아무 공로도 세우지 못한 일개 목동에 불과합니다. 게다가 그는 조씨 성도 아닌 한씨 성이면서 송나라의 후예라도 우기고 있습니다. 송나라는 망한 지 이미 오래되었고 민심도 수습되지 않았는데 왜 이전 왕조의 연호를 빌려 쓰려고 하십니까? 대장부가 큰일을 하려면 다른 사람의 힘을 빌려서는 안 됩니다. 그들의 연호를 계속 빌려 쓴다면 이후에도 자립할 수 없습니다." 주원장은 그 자리에서 당장 자신의 뜻을 바꾸지는 않았지만 이미 유기의 말에 마음이 움직이고 있었다. 훗날 한림아를 구하러 갔다가 진우량에게 크게 패할 뻔한 그는 그제야 유기의 말을 확실히 믿게 되었다. 결국 주원장은 한림아를 죽이고 자립했다. 당시의 상황에서 보자면 아주 정확한 결정이었다.

유기는 명나라 개국에서 세 가지 공을 세웠다.

첫째, 정확한 정책 방향을 제시해 한림아의 통제에서 벗어나 자립했으며 인심을 모아 천하가 복종하게 만들었다.

둘째, 정확한 전략 방침을 제정해 먼저 진우량을 공격한 다음 장사성을 물리쳤다.

셋째, 각 전투에서 여러 가지 훌륭한 계책을 냈다.

가장 중요한 것은 그가 개국 이후에도 일관되게 인으로 천하를 다스릴 것을 주장했다는 것이다. 주원장이 나라와 백성을 다스리는 방법을 묻자 유기는 이렇게 대답했다. "백성을 다스리는 방법은 오직 너그러움과 인자함밖에 없습니다." 강직한 그는 옳지 않다고 여기는 일이라면 당시 강한 세력을 자랑하던 문신의 대표 인물 이선장에게도 과감히 맞섰다. 그는 이선장의 어떠한 위협과 요구에도 의견을 굽히지 않았다. 어사중승이었던 그는 이선장의 친신과 탐관오리 이빈李彬을 죽였는데 이 일로 조정은 물론 민가까지 떠들썩해졌다. 훗날 이선장의 모함을 받은 그는 과감하게 벼슬 자리를 버리고 고향으로 돌아갔다.

유기는 사람을 보는 눈이 정확했다. 주원장이 겉으로는 너그럽지만 사실 의심이 많고 성격이 급하다는 것을 잘 알고 있었던 그는 벼슬 자리에 연연하지 않고 될 수 있으면 주원장과 가깝게 지내지 않으려 했다.

한번은 주원장이 이선장 대신 자신을 승상의 자리에 앉히려고 하자 유기는 손사래를 치며 이렇게 말했다. "선장은 높은 공을 세운 원로대신으로 각 장수들의 관계를 원만히 해결할 수 있으니 그를 내치는 것은 적절치 않습니다." 그러자 주원장이 이상하다는 듯 물었다. "선장은 줄곧 그대의 단점만을 이야기했는데 그대는 어째서 그의 좋은 점만 말하는 것이오? 나는 그대를 우승상으로 삼고 싶은데 그대의 생각은 어떠하오?" 그러자 유기가 머리를 조아리며 말했다. "승상을 바꾸는 것은 대전의 기둥을 바꾸는 것과 같습니다. 반드시 크고 좋은 목재를 골라야 하지요. 만약 보잘것없는 목재를 쓴다면, 두 동강이 나지 않으면 쓰러지게 되어 있습니다. 저는 작은 재목인데 어찌 우승

상이 될 수 있겠습니까?" 그러자 주
원장이 물었다. "그렇다면 양헌은 어
떠하오?" 유기가 대답했다. "재능은
있습니다만 승상의 그릇은 못 됩니
다. 승상은 마치 물과 같이 마음이
한 곳으로 치우치면 안 되는데 양헌
은 그러지 못합니다." 주원장이 또
물었다. "왕광양은 어떠하오?" 유기

가 대답했다. "그릇이 작은 데다 포부는 더 작습니다." 주원장이 마지막으로
물었다. "호유용은 어떻소?" 유기가 머리를 세게 흔들며 말했다. "절대 안 됩
니다. 승상이 나라를 다스리는 것은 마치 마차를 모는 것과 같습니다. 호유용
은 마차를 잘 몰 수 없는 위인인 데다가 심지어 바퀴마저 망가뜨릴 겁니다."

　하지만 주원장은 그들 모두에게 돌아가며 승상직을 맡겨보았는데 결과는
유기의 예상을 조금도 벗어나지 않았다. 양헌은 법을 어겨 죽임을 당했고, 왕
광양도 사형을 당했으며, 호유용은 모반을 일으켰는데 그 일로 3만 명이 죽
었다. 이선장도 이 일에 연루되어 가문이 몰살당했다. 유기의 사람 보는 눈은
정확했다.

　호유용은 유기가 주원장에게 자신을 비판한 것을 못마땅하게 생각했다.
그래서 승상이 된 후 유기의 아들을 모함하고 유기가 왕의 묘 자리를 차지했
다고 탄핵했다. 이미 관직에서 물러나 고향에서 한가로운 나날을 보내던 유
기는 갑자기 도성으로 끌려가 심문을 당했다. 결국 사실 무근으로 밝혀져 고
향으로 돌아오긴 했지만 그 일로 마음의 병을 얻은 유기는 1375년, 예순다섯
살의 나이로 세상을 떠났다.

역사 속에는 갖가지 인간 군상이 출현한다. 그 속에는 보통사람, 영웅, 큰 뜻을 가진 어진 선비, 위대한 성현, 특별한 인재가 있지만 기인은 그리 많지 않았다. 기인은 봉황의 깃털이나 기린의 뿔처럼 귀한 존재였다. 사람들 역시 이렇게 쉽게 볼 수 없는 기인이 나타나기를 간절히 바랐다.

『명사』, 『명사기사^{明史紀事}』, 『명사기사본말^{明史紀事本末}』 참고

높은 자리에 있는 사람은 외로운 법

임금을 섬기는 것은 호랑이를 모시는 것과 같다는 말이 있다. 마치 마른하늘에 날벼락처럼 느닷없이 화를 내는 군주의 성격은 좀처럼 가늠할 수 없으니 임금을 모시는 것은 고도의 예술이라고도 할 수 있다. 관료 사회에서 성공한 사람이라면 누구든지, 그가 뛰어난 정치가인가 아닌가를 논하기 전에 뛰어난 술수가라고 불러도 절대 틀린 말은 아니다. 조금만 경솔하거나 아주 작은 실수에도 같은 벼슬아치들에게 배척을 당할 수도 있고, 더 심각하면 황제의 미움을 사 자신의 목숨은 물론 부모 형제에 사돈에 팔촌까지 비명횡사할 수 있기 때문이다. 그래서 성공한 관리들을 정치가로 부르는 것보다는 차라리 '관료 사회의 예술가'라는 별명으로 부르는 것이 더 적절할지도 모르겠다.

흔히 중국의 봉건 관료 사회를 큰 염료 항아리에 비교하기도 한다. 한 번 빠지면 온몸이 붉게 물드는 것을 피할 수 없기 때문이다. 하지만 거기에도 분명 '썩지 않고 물들지도 않는^{拒腐蝕, 永不沾}' 기개를 가진 사람들이 있었다. 그렇지 않았다면 중국의 봉건 사회는 그야말로 암흑천지였을 것이다.

기원전 548년, 제나라의 재상 최저^{崔杼}는 자신의 아내인 당강^{棠姜}과 간통을 한 장공을 죽였다. 원체 여색을 밝히고 음란했던 장공의 죄는 죽어 마땅했지만 당시의 관념으로 볼 때 신하가 임금을 죽이는 것은 결코 용납할 수 없는 일이었다. 재미있는 것은 신하가 군주를 죽이거나 아들이 아버지를 죽였을 때는 '죽이다^殺'라고 하지 않고 '시해하다^弑'라고 한다는 것이다. 이처럼 '죽이다'라는 동사도 신분에 따라 달리 썼다.

원래 막강한 권력을 가졌던 최저는 장공이 죽자 잠시 제나라의 대권을 장악했다. 그는 당시의 관습에 따라 역사 기록을 주관하는 태사백^{太史伯}을 불러 장공의 죽음에 관한 일을 쓰게 했다.

최저가 말했다. "선군이 병으로 죽었다라고 써주시오." 그러자 태사백이 말했다. "역사는 반드시 사실을 써야 합니다. 그것이 바로 태사의 본분이지요." 일개 태사가 감히 자신의 의견에 반박하리라 생각하지 못했던 최저는 매서운 표정을 지으며 되물었다. "그렇다면 뭐라 쓸 것이오?" 태사백이 말했다. "다 쓰고 나면 알게 되실 겁니다." 최저는 태사백이 기록을 마치기를 기다렸다가 냉큼 죽간을 집어 들어 글을 읽어 내려갔다. "여름 오월, 최저가 임금을 시해하다." 글을 본 최저가 말했다. "고쳐 쓰시오. 그렇지 않으면 그대를 죽일 것이오." 태사백이 지지 않고 말했다. "죽이려면 죽이십시오. 하지만 고쳐 쓸 수는 없습니다." 최저는 그 자리에서 태사백을 죽였다. 당시 관습에 따르면 형이 죽으면 아우가 그 자리를 대신해야 했다. 형의 죽음을 전해 들은 태사백의 아우 태사중이 한걸음에 달려와 죽간에 기록을 마쳤다. 하지만 그가 쓴 내용도 태사백과 같았다. 놀란 최저가 성을 내며 말했다. "어찌 죽음을 두려워하지 않는가! 그대의 형이 어떻게 죽었는지 모르는가!" 태사중이 말했다. "태사는 자신이 쓴 역사가 진실이 아닌 것을 두려워할 뿐 죽음 따위는 겁내지 않습니다." 최저는 태사중마저도 죽여버렸다. 이윽고 그의 자리를 이은 태사숙도 두 형들과 마찬가지 이유로 목숨을 잃었다. 그러나 넷째 태사계도 "여름 오월, 최저가 임금을 시해하다"라고 쓰고 최저에게 말했다. "사람을 죽일수록 당신의 잔인함과 포악함은 세상에 더 드러날 것이오. 내가 아니더라도 누군가는 그 일을 사실대로 쓸 것이니 아무리 사람을 죽여도 진실은 변하지 않소." 말을 마친 태사계는 모든 것을 체념한 듯 목을 길게 빼고 죽음을 기다렸다.

차마 태사계까지 죽일 수는 없었던 최저가 한숨을 쉬며 말했다. "그 모든 것이 나라를 위한 것이었지만 죄명은 어찌해도 씻을 수가 없구나. 다만 후대의 사람들은 나를 이해해주겠지." 말을 마친 그는 태사계를 돌려보냈다.

집으로 돌아가던 태사계는 죽간을 안고 가던 남사씨와 마주쳤다. 그를 본 남사씨가 감개무량한 얼굴로 말했다. "그대도 죽을 것이라 생각하고 내가 그

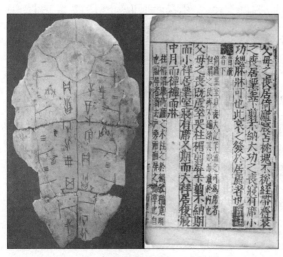

고대 사관의 기록

자리를 대신하러 가는 길이었다오." 태사계가 쓴 죽간의 내용을 본 남사씨는 그제야 안심하며 함께 집으로 돌아갔다.

꼬장꼬장한 태도로 윗사람의 명령에 불복하는 것은 당시로써는 '죽어 마땅한' 죄였다. 그렇다면 한마음으로 황제를 위해 충성을 다하는 것은 죽을죄일까, 아닐까? 그것도 방법이 서투르다면 어김없이 죽을 수밖에 없었다. 한나라 문제와 경제 시기 주아부가 좋은 예다.

주아부는 한나라 개국 공신인 주발의 아들로 명장의 후예답게 병법에 통달하고 군대를 잘 다스렸다. 하지만 그는 황제와 그 친족들의 마음을 잘 헤아리지 못해 결국 굶어 죽는 비극적인 결말을 맞아야 했다.

기원전 162년, 주아부가 조후條侯로 봉해졌다. 후로 봉해지기 전 삼 년 동안 하내의 군수를 지냈던 주아부는 문·무 두 분야에서 모두 상당한 공을 세웠다. 기원전 166년, 흉노의 선우가 기병 4만 명을 이끌고 조나朝那와 소관蕭關을 침략했다. 그들은 북지北地의 군위郡尉를 죽이고 감숙 성甘肅省의 진원鎭原 동남쪽까지 밀고 들어왔다. 당시 흉노의 정찰병은 한나라의 수도인 장안에서 겨우 300리 정도밖에 떨어지지 않은 곳에서 정탐을 벌였다. 이 일로 조정은 발칵 뒤집어졌다. 그러자 한나라 문제는 백성을 위로하며 흉노와의 화친을 추진하는 한편 적극적으로 전쟁을 준비했다. 이 과정에서 주아부는 하내에서 관중으로 임지를 옮겨 장안의 수비를 담당하게 되었다.

주아부가 진짜 유명해지기 시작한 것은 세류細柳에 주둔하면서부터였다. 기원전 158년, 흉노의 기병이 두 길로 나누어 공격을 해왔는데 선봉대가 태원군까지 진격해오자 감천甘泉과 장안까지 위급함을 알리는 봉화가 끊이지 않았다. 문제는 흉노의 남하를 저지하기 위해 중대부 영면令勉을 거기장군으로 임명해 호구狐口를 지키게 했다. 또 소의蘇意를 장군으로 삼아 구주句注에 주둔하게 했으며 장무張武도 장군으로 임명해 북지를 수비하게 했다. 아울러 장안의 동쪽, 서쪽, 북쪽에 병사를 배치에 흉노의 침입에 대비하는 것도 잊지 않았다. 축자후祝慈侯 서려徐厲가 위북극문渭北棘門을 지키고 종정宗正 유예劉禮가 패상을 지키며 주아부가 세류에 주둔했다.

한나라 무제는 검소하고 신중해 중국 역사상에도 보기 드문 인품을 가진 황제였다. 그는 직접 서군과 북군을 시찰했는데 가는 곳마다 병사들이 아무런 거리낌 없이 자신을 영접하자 덜컥 겁이 났다. 이런 상황에서 혹시 흉노가 기습을 한다면 속수무책으로 당할 수밖에 없었기 때문이었다. 하지만 주아부의 군중에 도착하니 상황은 완전히 달랐다. 사마천이 쓴 『사기. 강후주발세기絳侯周勃世家』에 이에 관한 자세한 기록이 나온다.

한나라 문제가 직접 병영으로 가서 병사들을 위로했는데 마차가 군영 안으로 들어가도 막는 사람이 하나도 없었다. 장군 이하의 각 장령도 말을 타고 나와 극진하게 황제를 영접했다. 그런데 세류에 도착해보니 장수와 병사들이 모두 날카로운 검을 들고 갑옷을 입었으며 쇠뇌 틀에도 화살이 장전되어 있었다. 황제의 선행관이 먼저 영문에 도착하자 문지기 병사들은 즉시 그를 막아섰으며 아무도 들어가지 못하게 했다. 그러자 선행관이 문지기 병사에게 말했다. "황제 폐하의 마차가 곧 도착할 것이오!" 그러자 영문을 지키던 도위都尉가 말했다. "군영에서는 장군의 명령만 들을 뿐이오. 천자가 오신다는 이야기는 듣지 못했소. 장군이 외부인의 출입을 엄격하게 통제하라고 하셨소." 잠시 후 황제의 마차가 도착했지만, 도위는 여전히 문을 열어주지 않았다. 황제는 어쩔 수 없이 시종에게 부절을 주어 주아부에게 보이고 이렇게 전하게 했다. "황제께서 직접 군을 위로하러 오셨다." 주아부는 그제야 문을 열어줄 것을 명령했다. 그러자 문을 지키던 도위가 황제와 수행원들에게 이렇게 말했다. "장군께서는 군영 안에서 어떤 사람도 수레를 타고 달릴 수 없다고 명령하셨고, 이를 어기면 참수형에 처하게 되오." 황제는 어쩔 수 없이 사람을 시켜 말고삐를 잡고 천천히 가게 했다. 군영 안에 들어가자 주아부는 무릎도 꿇지 않고 황제를 영접하며 이렇게 말했다. "갑옷을 입고 있어 절을 올릴 수가 없으니 군대에서의 예로 맞겠습니다." 주아부의 모습에 감동한 문제는 몸을 일으켜 수레 앞의 나무를 부여잡고 굳었던 낯빛을 풀었다. 그리고 사람을 보내 주아부에게 이렇게 말하게 했다. "황제께서 예를 갖추어 장군을 위로하신다." 위로를 마친 황제의 마차는 즉시 군영을 떠났다.

수행원들은 그 상황을 보면서 식은땀을 흘렸다. 주아부가 한나라 왕실을 위해 군대를 지휘하기는 하지만 황제에게 무례하게 굴었기 때문이다. 하지만 황제는 오히려 감격하며 이렇게 말했다. "그야말로 진정한 장군이다! 요전에 가본 패상과 극문에서는 군영의 규율이 주아부와 비교하면 어린애 장난과도 같았다. 그 두 부대는 기습에 쉽게 당할 수 있지만 주아부는 누구도 무찌를 수 없을 것이다!" 문제의 말을 들은 대신들은 그제야 마음을 놓았다.

사실 아무리 주아부의 행동이 나라와 임금을 위한 것이라 해도, 문제는 내심 불쾌한 생각이 들었을 것이다. 그의 행동은 황제의 자존심을 해치고 허영심에 상처를 내기에 충분했다. 그래서 황제는 주아부를 중용할 수는 있어도 좋아할 수는 없었을 것이다. 다행히도 명군인 문제는 황제로서의 자존심보다 나라를 더욱 중요하게 여겼다. 그는 세상을 떠나기 전에도 태자 유계^{한나라}_{경제}에게 이렇게 말했다. "나라에 전란과 같은 위중한 일이 생기거든 주아부에게 중임을 맡기도록 하라."

그렇다면 어리석은 군주는 과연 어떨까?

한나라 경제 초기, 조조가 삭번을 주장하자 벌써부터 반란을 꿈꾸었던 오나라, 초나라를 비롯한 7국이 연합해 난을 일으켰다. 위기 상황에 이르자 경제는 불현듯 문제가 임종 때 남긴 말을 떠올렸다. 그는 즉시 양쪽에 늘어서 있는 대신들 가운데에서 주아부를 찾아내 태위로 임명하고 난을 평정하도록 했다. 주아부는 겸손을 떨거나 황제에게 감사하는 한마디도 없이 묵묵히 임무를 받았다. 드디어 마음을 놓은 경제였지만 속으로는 주아부의 무례함이 불쾌했다. 어쩌면 자신을 무시하는 것이 아닌가 하는 의심마저 들기도 했다.

반란군의 장수 유비가 출병을 준비할 때 그의 수하인 대장 전록백田綠伯이 이렇게 말했다. "병력을 한데 모아 서쪽으로 진군해서 한나라의 주력 부대를 곧바로 공격한다면, 기발한 계책이 없는 한 실패할 것이 뻔합니다. 차라리 저에게 병사 5만 명을 주시면 강회를 따라 북쪽으로 올라가서 회남과 장사를 공격하고, 무관으로 들어와 대왕께 힘을 보태겠습니다. 그렇게 하면 분명히 이길 수 있습니다." 그러자 오나라의 태자가 왕에게 말했다. "이미 배신자라는 낙인이 찍힌 마당에 다른 사람에게 병력을 맡기면 또다시 배반당할 것입니다." 그 말에 오나라 왕은 전록백의 계책을 따르지 않았다.

그때 청년 장수 한 명이 오나라 왕에게 이렇게 말했다. "오나라 병사들은 대부분이 보병이어서 험준한 지형에서 전쟁하기에 유리합니다. 반면에 한나라 병사들은 기병과 전차가 많아 평지 전투에 유리하지요. 그러니 평지를 지나서 직접 공격하기보다는 차라리 신속하게 서쪽으로 진격해 낙양성에 있는 군량 창고를 점령하는 것이 낫습니다. 군량을 차지하고 험한 지세에 기대어 제후들을 호령하면 군이 함곡관에 들어가거나 한나라의 수도인 장안을 함락하지 않아도 천하를 평정한 것과 다름없습니다. 만약 천천히 행군하면서 성읍을 공격할 병력을 자꾸만 쪼개면 한나라의 전차와 기병들이 빠른 속도로 양나라와 초나라의 교외에 도착할 텐데, 그렇게 되면 한나라를 물리치고 천하를 손에 넣으려는 우리의 계획은 실패로 끝나게 됩니다."

하지만 오나라의 노장들은 모두 그의 의견에 반대했다. "젊은이가 용맹하기는 하나 중대한 책략은 잘 모르는 것 같습니다." 오나라 왕은 그 의견마저도 받아들이지 않았다. 지금 와서 하는 말이지만, 이 두 계책을 시행했더라면 주아부가 그토록 빨리 반란을 평정할 수는 없었을 것이다.

계책을 사용할지 여부는 순간적인 판단에 달려 있다. 안타깝게도 도대체 무엇이 그 판단에 영향을 미쳤는지는 자세히 나와 있지 않았다. 주아부 역시 심사숙고 끝에 행군의 노선을 선택한 것이 아니라 우연히 한 장령이 제안한 의견을 받아들인 덕분에 승리할 수 있었다. 만약 그 장령의 제안이 없었더라면, 그리고 주아부가 반란군의 습격을 받았더라면 결과는 어땠을까?

오초 7국이 반란을 일으키자 한나라 경제는 주아부를 태위로 임명해 그들을 평정하게 했다. 주아부의 군대가 수도 장안을 출발해서 패상에 도착했을 때, 그의 부하 조섭차趙涉遮가 이렇게 충고했다. "오나라 왕이 죽음도 불사하는 무리를 끌어모은 지 이미 오래입니다. 이번에 그는 장군께서 오는 것을 미리 알고 그 길목인 효崤와 민渑 지역에 매복해 두었을 겁니다. 대군이 움직이는 데 가장 중요한 것은 민첩성과 보안입니다. 여기에서 우로 방향을 틀어 남전藍田을 지나 무관을 통과한 후 낙양까지 가면 이틀 정도가 더 걸립니다. 그렇지만 낙양은 충분한 무력을 갖춘 요지입니다. 그들의 무기고로 치고 들어간 다음, 포를 쏘는 소리를 내고 북을 울리십시오. 그렇게 하면 적군은 하늘에서 신병이 내려왔다고 생각할 겁니다."

들어보니 과연 훌륭한 계책이었다. 주아부는 낙양에 도착한 후 사람을 보내 효 지역을 정탐하게 했는데 과연 적군이 매복해 있었다.

주아부는 형양에서 군대를 모은 후 보루를 높이 쌓고 방어만 할 뿐 좀처럼 나서서 싸우지 않았다. 당시 오나라의 공격을 받은 양나라는 급하게 주아부에게 도움을 요청했다. 유리한 지형을 점령한 주아부는 양나라를 오나라에게 내어주는 한이 있더라도 응전하지 않겠다고 대답했다.

양나라 왕은 한나라 경제의 아우이자 태후가 매우 사랑하는 아들이었다. 어쩔 수 없게 된 양나라 왕은 경제에게 사람을 보내 도움을 요청했다. 당연히 경제는 주아부에게 지원 병력을 보낼 것을 명령했다. 하지만 태위 주아부는 황제의 명령을 듣는 대신 오나라와 초나라 군대의 후방을 공격해 식량 보급로를 차단했다. 그렇게 되자 오나라 군대는 전진하지도 못하고 식량도 운반해오지 못해 쫄쫄 굶을 수밖에 없었다. 이때 주아부가 파견한 정예병이 습격을 하자 오나라 군대는 맥도 못 추고 쫓겨 가고 말았다.

주아부가 7국의 난을 평정하자 사람들은 앞다투어 그의 공을 칭찬했으며, 경제도 이 일로 그를 중용했다. 하지만 대세를 위해 태후의 사랑하는 아들이자 황제의 동생을 내팽개친 대가는 혹독했다.

기원전 150년, 주아부가 승상으로 임명되었다. 승상은 문관 중 가장 높은 직책으로 천자를 도와 각종 국사를 처리하는 요직이었다. 하지만 높은 만큼 위험한 자리이기도 했다. 게다가 주아부와 같은 성격이라면 그 위험은 더 커질 것이 뻔했다.

가장 먼저 주아부를 곤경에 빠뜨린 사람은 다름 아닌 양나라 왕 유무였다. 유무와 경제는 모두 두 태후의 소생으로 다른 형제가 없어 더욱 각별한 사이였다. 둘째 아들을 특별히 아꼈던 두 태후는 평소에도 아낌없이 유무에게 상을 내리곤 했다. 궁 안에서 자신의 위치를 잘 알았던 유무도 늘 입궁하면 경제의 수레 주변을 맴돌고, 나올 때는 같은 수레에 타고 사냥을 나갈 정도로 황제와의 친분을 과시했다. 그런 인물이 주아부를 미워하게 되었으니 그 결과는 보지 않아도 알 수 있을 것이다.

나라를 다스리는 것 외에는 아무것에도 관심이 없던 주아부는 점점 양나라 왕의 미움을 샀다. 양나라 왕은 입궁할 때마다 어머니 두 태후에게 주아부의 험담을 했다. 그런 일이 계속되자 두 태후는 점차 무엇이 거짓이고 진실인지 분간하기조차 어려워졌다. 게다가 유무의 말이 전부 거짓이라고 할 수도 없었다. 어쨌든 똑같은 사실에 대한 해석은 보는 사람의 관점에 따라 달라지기 때문이다. 두 태후도 아들의 말을 믿고 경제에게 주아부의 험담을 늘어놓았다.

기원전 153년, 황제의 큰아들 유영劉榮이 황태자가 되었다. 하지만 태자의 어머니 율희栗姬에 대한 마음이 식은 황제는 유영 대신 유철劉徹을 태자로 책봉하려 했다. 중국의 봉건 사회에서 태자를 책봉하는 것은 국가의 대사였다. 장래 나라의 운명이 태자의 손에 달렸기 때문에 조금이라도 실수가 있으면 장차 큰 재난이 닥칠 수도 있었다. 때문에 큰아들을 폐위하고 어린 아들을 태자로 삼는 것은 절대 있을 수 없는 일이었다. 주아부도 아무 이유 없이 태자를 폐위하면 나라에 큰 혼란이 닥칠 것이라 생각했다. 천성이 솔직해서 돌려 말할 줄 몰랐던 주아부는 '고집스럽게' 경제에게 맞섰다. 결국 경제가 얼굴을 붉히며 '태자를 폐위하는 것은 집안일이니 외부인이 상관하지 말라'고 하자 주아부도 더 이상 할 말이 없었다. 주아부는 경제의 마음을 돌려놓지 못했을 뿐 아니라 이 일로 경제의 미움을 사고 말았다.

기원전 147년, 두 태후가 경제에게 황후의 오빠 왕신王信을 후로 봉해 달라고 요청했다. 눈치가 빨랐던 왕 황후는 사사건건 두 태후의 비위를 잘 맞춰서

궐내에서도 승승장구하고 있었다. 하지만 외척을 후로 봉한 선례가 없었기 때문에 주아부의 반대를 걱정했던 경제는 미리 이 일을 의논하고자 했다. 아니나 다를까 주아부는 펄쩍 뛰며 이렇게 말했다. "고조 황제께서는 제후들과 피를 나눠 마시며 유씨가 아닌 자는 왕이 될 수 없고 공이 없는 자는 후로 봉하지 않는다고 맹세했습니다." 주아부는 유방의 이야기까지 들먹이며 황제를 나무랐다. "왕신은 황후의 오빠이긴 하지만 아무 공적도 없습니다. 그런 그를 후로 봉하는 것은 고조의 규칙을 깨는 것과 같습니다." 경제는 화가 치밀어 올랐지만 주아부의 말이 틀린 것도 아니었기에 속으로 분을 삭일 수밖에 없었다. 이 일로 경제는 물론 왕신까지 주아부에게 앙심을 품었다. 왕신은 양나라 왕과 몰래 짜고 주아부를 음해하기 시작했다.

얼마 후, 흉노의 우두머리 여섯 명이 투항해오자 경제는 매우 기뻐하며 그들을 열후로 봉하려 했다. 그중 한 사람은 한나라에서 흉노로 투항한 장수 노관盧綰의 손자로 이름이 타지他之였다. 노관은 벌써부터 한나라로 돌아오려 했지만, 결국 타향에서 쓸쓸한 죽음을 맞았다. 그리고 그의 아들도 한나라에 몰래 들어왔다가 병으로 죽은 일이 있었다. 그런데 이번에 노타지가 다른 여섯 명의 장수와 함께 한나라로 귀순한 것이다. 주아부는 노타지를 후로 봉하는 것에 반대했다. "그의 조상은 한나라를 배신하고 흉노에게 투항했는데 지금은 흉노를 배반하고 한나라로 왔습니다. 만

한나라 고옥(古玉)으로 만든 흉노인

약 그런 자를 후로 봉한다면 신하로서 군주에게 불충한 것을 어떻게 질책하실 겁니까?" 하지만 경제는 주아부의 의견을 무시하고 여섯 사람을 모두 후로 봉했다. 사실 주아부의 말이 모두 맞거나 틀리다고 말할 수는 없었다. 어떤 문제든 보는 사람에 따라 의견은 모두 달라질 수 있고 결정은 구체적인 상황을 근거로 해야 하기 때문이다. 경제가 주아부의 의견을 받아들이지 않은 것은 그의 말이 틀려서가 아니라 이번만큼은 그에게 지지 않겠다는 결심이 더 컸기 때문일 것이다. 그제야 황제의 마음을 눈치챈 주아부는 병을 핑계로 관직에서 물러날 것을 청했다. 경제는 당연히 말리지 않았다.

만약 모든 일이 여기에서 끝났다면 그나마 괜찮았을 것이다. 정작 더 큰 문제는 경제가 그동안 높은 공을 세우고 명망도 높아진 주아부를 시기하고 의심하기 시작한 것이다. 경제는 주아부가 정말 아무 욕심도 없는 것인지 시험해보기로 했다. 어느 날, 경제가 주아부를 궁으로 불러들였다. 이미 관직에서 물러났지만 여전히 수도에 머물고 있었던 주아부는 황제의 명령을 받고 즉시 입궁했다. 주아부는 대전에 홀로 앉아 있는 경제에게 인사를 올렸다. 그와 형식적으로 몇 마디를 나눈 경제는 함께 밥을 먹자고 청했다. 주아부는 감히 거절하지 못하고 자리에 앉았다. 그런데 음식상에는 술잔 하나와 커다란 고깃덩이만 덩그러니 놓여 있을 뿐 숟가락과 젓가락도 보이지 않았다. 황제가 자신을 모욕한다고 생각한 주아부는 화를 누르며 시종에게 말했다. "젓가락 한 쌍을 가져오라!" 하지만 시종은 못들은 척하며 미동도 하지 않았다. 주아부가 다시 입을 열려던 찰나 경제가 노한 목소리로 말했다. "아직도 만족하지 못하시오?" 그 말을 들은 주아부는 부끄럽고 후회스러운 마음에 관모를 벗고 무릎을 꿇은 채 연신 사죄했다. "그만하고 일어나시오." 경제의 말에 몸을 일으킨 주아부는 아무 말도 할 수 없었다.

며칠 후 경제가 보낸 사자가 주아부을 찾아와 당장 입궁하여 심문에 응하라는 황제의 명령을 전했다. 주아부는 자신의 마지막 날이 얼마 남지 않았음을 직감했지만 무슨 죄를 지었는지는 도무지 알 수가 없었다.

주아부가 입궁하자 심문을 맡은 관리가 편지 한 통을 보여주었다. 주아부는 편지의 내용을 아무리 읽어봐도 도대체 무슨 말인지 알 수가 없었다. 사실 나이가 많았던 주아부는 아들에게 장례에 필요한 물건들을 미리 준비하도록 시킨 적이 있었다. 그 과정에서 주아부의 아들이 조정에서 사용하는 목재와 갑옷 500벌을 다량으로 구매했는데 물건을 더 싸게 구입하기 위해 인부들을 부리고도 임금이나 물건 값을 제때 치르지 않았다. 결국 이 일에 원한을 품은 인부들이 황제에게 상소를 올렸고 경제는 이때다 하고 주아부를 불러들여 심문을 한 것이다. 그간의 일을 전혀 모르고 있었던 주아부는 아무 대답도 할 수 없었다. 그러자 심문관은 주아부가 죄를 인정하지 않는다며 경제에게 보고했다. 경제가 노발대발하며 말했다. "꼭 그의 대답을 들을 필요는 없다!" 황제는 다짜고짜 주아부를 대리사大理寺, 사법을 관장하는 중앙기관—옮긴이로 넘겨 심문하게 했다. 아버지가 옥에 갇히자 놀란 아들은 그제야 그동안의 일을 빠짐없이 말해주었다. 이야기를 모두 들은 주아부는 아무 말도 하지 않고 깊은 한숨만을 내쉬었다.

대리경大理卿이 주아부에게 물었다. "왜 모반을 하려 했는가?" 그러자 주아부가 말했다. "내 아들이 산 물건은 모두 장례에 필요한 것인데 어찌 모반을 했다 하시오?" 딱히 반박할 말이 없었지만 이미 황제의 의중을 잘 알고 있었던 대리경은 어떻게 해서라도 구실을 찾아야 했다. 바로 여기서 정말 말도 안되는 판결이 나왔다. "너는 살아서가 아니라면 죽어서라도 모반을 하려 한 것이다!"

그제야 모든 내막을 알게 된 주아부는 그 뒤로는 어떤 죄명이 추가되어도 더 이상의 항변을 포기했다. 감옥에 갇힌 후 닷새 동안이나 아무것도 먹지 않은 그는 결국 굶어 죽고 말았다. 시대의 명장의 마지막은 그렇게 비참하게 끝을 맺었다.

주아부는 임금과 나라가 별개라는 사실을 알지 못했다. 나라는 공公이지만 임금은 사私다. 임금에게 충성하는 것이 반드시 나라를 사랑하는 것은 아니요, 나라를 사랑하는 것이 반드시 임금에 대해 충성하는 것은 아니라는 말이다. 봉건 사회에서 이론적으로는 임금과 나라가 하나이며 나라를 임금의 집안이라고 볼 수 있지만 사실은 그와 다르다. 그렇기 때문에 임금의 사적인 이익 실현을 방해하고 나라의 이익만을 꾀한다면 큰 화를 당할 수밖에 없다. 임금이 하는 번지르르한 말도 사실은 자신의 욕심을 정당화시키기 위한 것일 뿐이다. 정말로 임금과 나라가 하나라면 중국 역사에 그토록 많은 왕조가 나타나고 사라지지는 않았을 것이다.

'살아서가 아니라면 죽어서라도 모반을 한다'는 판결은 아마 인류 역사상 전무후무할 것이다. 하지만 마냥 말이 안 된다고 볼 수도 없다. 전통 중국 사회에서 가장 이치가 통하지 않는 곳이 바로 기생집과 궁궐이라고 이야기한 적이 있다. 사회의 최하층인 기생집은 돈이 바로 이치가 되는 곳이다. 한편 사회 최상위층인 궁궐의 중심은 바로 권력이다. 바로 이런 이유 때문에 기생집과 궁궐에서는 일반적인 이치와 상식이 통하지 않는 것이다. 그렇게 보면 기생집과 궁궐은 근본적으로 같은 곳이라 할 수 있다.

『한서』, 『자치통감』 등 참고

명사의 전쟁

적은 병력으로 적의 대군을 격파한 비수淝水 전투는 중국 전쟁사에서 매우 유명한 전투로 꼽힌다. 재미있는 것은 이 전투의 주인공이 영웅이나 군사가가 아니라 몇 명의 명사라는 점이다.

383년 8월, 전진前秦의 황제 부견苻堅이 직접 백만 대군을 이끌고 안강安江 오른쪽에 있는 동진東晉을 공격했다. 난데없는 적의 공격에 동진의 수도 건강建康, 현재의 장쑤 성 난징 시은 순식간에 아수라장이 되었다.

357년에 즉위한 부견은 자신을 대진大秦의 천왕이라고 불렀다. 지략이 남달랐던 그가 즉위 초기에 온 힘을 쏟아 나라를 돌본 덕분에 전진은 갈수록 국력이 강해졌다. 몇 년 후, 관중 일대를 안정시킨 그는 전연前燕 정권을 멸망시키고 북방의 광활한 토지를 손에 넣었다. 그리고 이번에는 강남의 동진을 호시탐탐 엿보기 시작했다. 그때, 적지 않은 신하가 동진에는 장강이라는 천연의 방어막이 있고 인재도 많아 공격이 쉽지 않으니 우호 정책을 펼치고 그런 한편으로 선비鮮卑, 강羌, 갈羯족이 난을 일으키지 않도록 단단히 방비해야 한다고 주장했다. 하지만 부견은 오만하게 말했다. "우리 군사들의 말안장을 장강에 던지면 그 물길이 막힐 정도인데 그게 무슨 천연 요새라는 말인가?" 383년에 부견은 전국에서 병마를 모집해 백만 대군을 조직하고 남쪽으로 진군했고, 그 행렬은 무려 천 리에 이르렀다. 이에 동진 왕조는 사안謝安을 정토대도독征討大都督으로 임명했다. 사안은 아우 사석謝石과 조카 사현謝玄에게 8만 병력을 주어 전진 황제 부견에게 맞서도록 했다.

양측의 병력 차이가 현저했으므로 동진의 병사들은 불안할 수밖에 없었다. 불안한 마음에 사현이 사안에게 전략을 물어보았지만, 돌아온 것은 '모든 것을 준비해두었다'는 대답뿐이었다.

　형이지만 유명한 명사인 사안에게 꼬치꼬치 캐물을 수 없었던 사현은 다른 사람을 시켜 넌지시 대책을 물어보게 했다. 그런데 사안은 대답은 하지 않고 그들과 친구들을 데리고 산 속에 있는 별장으로 유람을 떠났다. 별장에서 사안은 군사와 관련된 이야기는 절대 하지 못하게 하고, 사현과 별장을 건 내기 장기를 두었다. 사실 장기를 두자고 한 것은 사안이 사현의 배포를 시험해보려는 의도에서였다. 평소 사현은 사안과 장기를 두면 항상 이겼지만 이날은 걱정 때문인지 내리지고 말았다. 그러자 사안이 조카 사현에게 말했다. "나를 이기면 이 별장을 주마."

　장기를 다 둔 그는 사람들과 산으로 놀러 나갔다가 밤늦게 돌아왔다. 그러고는 그제야 병사들을 조직해서 출전을 명령했다. 이 소식을 들은 동진의 장수 환충桓沖이 사안에게 편지를 보내 정예병 3천 명을 파병해서 수도의 방어를 돕겠다고 했다. 사안은 이를 정중하게 거절했다. "조정에서 이미 충분한 병력과 무기를 준비해두었으니 환공은 서쪽 지역의 방어에 신경 써주시오." 그 말을 들은 환충은 부하들에게 이렇게 말했다. "사안석射安石, 사안의 자가 안석이다은 재상의 도량은 있으나 군사를 잘 모른다. 지금 대군이 국경을 압박하는데도 한가롭게 놀러나 다니고 전쟁 경험도 없는 젊은이들을 보내서 싸우게 하니, 나라의 앞날이 불 보듯 뻔하다. 어쩌면 우리 모두 전진의 포로가 되겠구나!"

　한 달 후 부견의 아우 부융符融이 먼저 부대를 이끌고 수춘壽春, 현재의 안후이 성 서우(壽) 현을 공격했는데 그 기세가 사뭇 날카로웠다. 그들은 회하를 방패로 삼아 동진의 군대를 위협했다. 그러나 사석과 사현 등은 전진의 대군에 겁을 먹고 감히 나서지 못했다. 그때 부견이 이어서 직접 8천 기병을 이끌고 밤낮을 쉬지 않고 달려왔다. 그는 동진 병사들이 마음이 약해졌으리라 생각하고 상서 주서朱序를 보내서 어서 투항하라고 권했다. 그런데 동진 출신인 주서는 일찌감치 다른 마음을 먹고 있었다. 그는 사석과 사현에게 은밀하게 말했다. "전진은 백만 대군이 있지만 현재 모든 병력이 전장에 도착한 것은 아닙니다. 그 대군이 한자리에 모두 모인다면 절대 이길 수 없을 겁니다. 그러니 속공을 펼쳐 선봉을 무너뜨리십시오. 그렇게 해서 사기를 높이면 분명히 적을 무찌를 수 있을 겁니다."

주서의 제안을 받고 사석이 주저하며 망설이자 보국장군輔國將軍 사염謝琰이 말했다. "기회를 놓치면 적을 무너뜨릴 수 없습니다. 빨리 결정해야 합니다!" 사석은 그들의 말을 따르기로 하고, 주서에게 전진의 군대 내부에서 호응하게 했다.

11월, 사현은 용양장군龍驤將軍 유뢰지劉牢之에게 병사 5천 명을 주어 낙간洛澗에 주둔한 전진 군대를 습격하게 했다. 이 싸움에서 유뢰지는 적의 장수 열여덟 명과 병사 1만 5천 명을 죽였다. 이후 사석과 사현은 그 기세를 몰아 수륙 양공 작전을 펼쳐 비수까지 진격했다.

한편, 낙간 전투의 패배 소식을 들은 부견은 서둘러 망루에 올라가 아래를 살펴보았다. 동진의 군대가 질서정연하게 대열을 이루어 물밀 듯 밀려오는 광경을 본 부견은 놀라움을 감추지 못하며 다시 동남쪽의 팔공산八公山을 바라보았다. 온 산에 자라난 나무와 풀들은 모두 동진 군마의 먹이였다. 그 모습을 본 부견은 경악을 금치 못하며 말했다. "누가 동진을 약소국이라 했는가!" 속으로 겁이 났지만 상황을 돌이킬 수도 없는 노릇이었다. 부견은 각 군대에 명령을 내려 수춘성을 지키게 하고, 비수에 이르는 연안까지 병력을 배치해서 전열을 가다듬고 적을 맞을 준비를 했다.

전진의 군대가 연안에 대오를 꾸린 것을 보고 사현은 속전속결할 수 없게 되었다고 판단했다. 그는 부견에게 사자를 보내 말을 전했다. "그대의 군대가 우리 땅 깊숙이 들어온 것은 전쟁을 하기 위해서요. 그런데 지금 물가에 진을 치고 있어 우리 군이 강을 건너 서로 창칼을 맞댈 수 없으니 이를 어찌 전투라 할 수 있겠소? 그대의 군대가 조금만 물러나 우리가 강을 건넌 후 정식으로 겨루어봅시다."

그러자 부견의 장수들이 말했다. "그들의 청을 들어주어서는 안 됩니다. 적은 수가 적고 우리는 많으니 차라리 그들을 저쪽 편에 묶어두고 강을 건너지 못하게 하는 것이 안전한 계책입니다." 하지만 승리에 욕심이 난 부견이 반박했다. "우리는 먼 길을 왔으니 속전이 유리하다. 우리가 뒤로 약간 물러난 후 그들이 강을 절반 정도 지났을 때 속공을 펼치면 쉽게 승리할 수 있지 않겠는가?" 부융이 부견의 의견에 동의하자 전진의 군대는 후퇴를 시작했다.

비수 강가에 철옹성처럼 진을 치고 방어하던 전진의 병사들은 갑자기 떨어진 후퇴 명령에 고개를 숙이고 뒤로 물러났다. 많은 병사가 영문을 모른 채 앞 사람이 하는 대로 따라할 뿐이었다. 동진의 군대는 강을 건너오면서도 이쪽 편을 향해 화살을 마구 쏘아댔다. 그때 부견의 진영에 있던 주서가 갑자기 큰 소리로 외쳤다. "전진이 패했다. 어서 도망쳐라! 어서!" 그 소리를 들은 병사들은 우왕좌왕하며 뒤쪽으로 미친 듯이 뛰기 시작했다. 그들을 막으려던 부융도 인파에 떠밀려 바닥에 쓰러지고 말았다. 그리고 곧 모두 강을 건넌 동진 군대가 닥치는 대로 전진의 병사들을 죽이기 시작했다.

장수 부융이 죽자 전진 군대의 대열은 순식간에 무너지고 말았다. 도망가려는 사람들이 서로 밟고 밟히는 가운데 죽은 자만 부지기수였다. 들판은 모두 시체로 뒤덮였고, 강물에 던져진 시신이 어찌나 많은지 물길이 끊길 정도였다. 두려움에 떨며 도망가던 전진의 병사들은 바람 소리, 새소리를 듣고도 추격병이라고 착각해 화들짝 놀랐다. 부견도 화살을 맞고 혼자서 회하 북쪽으로 도망쳤다. 이 싸움으로 동진은 예전에 잃었던 땅을 대부분 찾을 수 있었다.

사석과 사현은 빠르게 사람을 보내 사안에게 비수대첩의 승전보를 알렸다. 그때 집에서 장기를 두고 있던 사안은 승전보를 듣고도 표정 하나 바뀌지 않은 채 계속 장기를 두었다. 손님들이 무슨 일이냐고 묻자 사안은 대수롭지 않게 말했다. "아이들이 적군을 물리쳤다고 하오." 그 소식을 들은 사람들이 앞다투어 축하 인사를 올렸지만 사안은 기쁜 내색도 없이 계속 장기를 두었다. 잠시 후 손님들이 모두 돌아가고 나서 방으로 들어간 사안은 그제야 몹시 기쁜 내색을 드러내며 급하게 문지방을 넘다가 나막신의 앞니가 부러진 줄도 몰랐다.

역사서에서도 비수 전투는 매우 재미있게 묘사되어 있다. 모든 전투처럼

문징명(文徵明)의 〈난정수계도권(蘭亭修禊圖卷)

칼과 검이 등장하는 것이 아니라 명사들의 생활 모습이 그대로 드러나기 때문이다. 아슬아슬한 전쟁 상황에서도 시적 정취를 보여주는 이 전투는 마치 시인이 시를 짓는 것과 같은 우아한 장면을 연출했다. 특히 이 전쟁에서는 사안의 '도량'이 특히 부각되었는데 이는 고대 전쟁사에서도 특별한 의미가 있다. 당시의 문화 정신을 반영한 이 전투는 모두가 동경하는 모습이기도 했다.

하지만 동진의 승리에도 우연성은 있었다. 전진의 군대는 비록 병력은 많았지만 병사들의 마음이 제대로 잡히지 않은 상태였다. 그렇기는 해도, 부견이 군대를 움직이는 데 조금만 신중했더라면 그 엄청난 수적 우세를 이용하여 얼마든지 승리할 수 있었을 것이다. 그랬다면 우리는 사안의 '도량'을 볼수 없었겠지만 말이다.

『진서』, 『세설신어』 등 참고

비운의 영웅 항우

영웅이란 무엇인가? 사실 진정한 영웅은 이상에 따라 생활하고 감정에 의해 행동하는 인물이다. 비록 대업은 이루지 못했지만 많은 사람들이 항우를 기리는 원인도 바로 여기에 있다.

항우가 실패한 가장 큰 원인은 바로 범증을 잃은 것이다. 진평이 범증을 없애기 위해 반간계를 썼기 때문이다. 구체적인 상황은 모두 달라도 반간계의 본질은 변하지 않는다. 그 본질이란 바로 상대방의 의심을 이용해 내 목적을 달성하는 것이다.

초나라와 한나라가 힘을 겨루던 초기와 중기, 유방은 매우 불리한 위치에 있었다. 하지만 결국 실패한 것은 항우였다. 항우의 실패는 그의 성격과도 큰 관계가 있다. 유방은 건달 출신이지만 충언을 잘 받아들인다는 장점이 있었다. 그는 인재를 잘 쓸 줄 알았으며 큰일을 위해서는 어떤 대가도 아까워하지 않았다.

반면에 항우는 영웅으로 꼽혔지만 선천적으로 지도자의 인격은 갖추지 못했다. 그의 덕이란 고작 '여인의 자애로움' 정도였다. 전쟁에서 늘 먼저 싸움에 나서고 병사들의 생활에 관심을 아끼지 않았지만 상에는 인색한 그였다. 장군을 임명할 때 쓰는 인장을 다 새겨놓고도 주기가 아까워서 손에 쥐고 있다가 모서리가 다 닳을 정도였다고 하니 그 인색함이 어느 정도인지 알 수 있을 것이다. 그는 독단적이고 우유부단했으며 의심이 많았다. 진평은 바로 이런 성격을 이용해 항우의 가장 유능한 조수를 없앤 것이다.

기원전 204년, 초나라와 한나라가 형양과 성고에서 대치했다. 항우의 병사들이 형양을 에워싸고 군량 보급로를 차단하자 한나라는 그야말로 큰 위기에 처했다.

시간이 길어지자 방어는 더욱 어려워졌다. 한나라는 어쩔 수 없이 항우에게 사신을 보내 평화협정을 맺자고 요구했다. 홍구鴻溝를 경계로 삼아 형양과 성고 동쪽 지역을 초나라가 갖고 서쪽 지역을 한나라가 가져 천하를 둘로 나누자는 내용이었다. 한나라의 제안을 들은 항우는 귀가 솔깃했지만 범증이 이를 말리며 말했다. "유방은 오늘이 아니면 내일이라도 패할 겁니다. 그는 예전 홍문鴻門의 연회에서도 약속을 한 번 어겼던 적이 있습니다. 지금 그를 없애지 않으면 나중에 분명 큰 화를 당할 것입니다." 그의 말이 맞다고 생각한 항우는 평화 협정을 거절하고 형양을 무섭게 공격하기 시작했다.

협정이 실패로 끝나자 형양 성 안은 날이 갈수록 근심이 쌓여갔다. 어느 날, 유방이 답답한 듯 진평에게 물었다. "이토록 어지러운 천하를 도대체 언제쯤 평정할 수 있겠소?" 그러자 진평이 대답했다. "대왕이 걱정하는 자는 바로 항우겠지요. 제가 알기론 항우의 수하에 충신이라고는 범증과 종리매뿐입니다. 그에게 충성스럽고 재능 있는 신하는 많지 않습니다. 항우는 천성이 의심이 많고 오만하여 큰일을 할 만한 재목이 못됩니다. 그러니 대왕께서는 거금을 써서 초나라 사람을 매수해 유언비어를 퍼뜨린 후 그들이 서로 의심하게 만드십시오. 그런 다음 기회를 보아 공격하면 초나라를 쉽게 무너뜨릴 수 있습니다."

그 말을 들은 유방이 말했다. "금과 은은 아깝지 않소. 초나라를 무너뜨리고 한실을 부흥시킬 수 있다면 내가 가진 재물을 다 써도 좋소." 그는 당장 황금 4만 근을 진평에게 준 뒤 계획을 실행하도록 했다.

황금을 받아 나온 진평은 집으로 돌아가서 심복 몇 명을 불러 모았다. 진평의 명령에 따라 초나라 병사로 위장한 심복들은 황금을 숨겨 몰래 초나라 진영에 잠입했다. 그들은 곧 초나라 왕의 측근들을 매수해 유언비어를 퍼뜨렸다. 며칠 후, 큰 공을 세웠지만 상을 받지 못한 종리매가 한나라와 손을 잡고 초나라를 멸망시키려 한다는 소문이 사방으로 퍼져나갔다. 내심 이를 걱정하고 있던 항우는 소문이 들려오자 더욱 종리매를 의심하기 시작했다.

항우는 사건의 진상을 알아보기 위해 평화협정을 맺는다는 명목으로 한나라에 사자를 보내 성내의 동정을 살피게 했다. 그 소식을 들은 진평은 유방과 함께 함정을 만들고 초나라의 사자가 걸려들기를 기다렸다.

형양성으로 들어온 초나라의 사자는 곧바로 유방을 알현했다. 그러나 유방은 술에 취한 척하며 몇 마디를 나눈 후 진평에게 사신을 접대하게 했다.

사신을 객관에 데리고 간 진평은 산해진미가 가득한 술상을 대접했다. 그러고는 짐짓 아무것도 모르는 표정으로 사신에게 물었다. "범아부范亞父, 범증는 잘 계시지요? 혹시 그의 편지를 가지고 오셨습니까?" 갑작스러운 말에 어리둥절해진 사자는 이내 정색하며 말했다. "나는 초나라 왕의 명령을 받고 화친을 맺으러 온 사자이지 결코 아부가 보낸 사람이 아니오."

그 말을 들은 진평은 깜짝 놀란 표정을 지으며 말했다. "방금 한 말은 농담입니다. 그대는 초나라 왕께서 보낸 사신이셨군요!" 말을 마친 그는 자리에서 일어나 도망치듯 나가버렸다. 사신이 막 음식을 먹으려는데 갑자기 시종 몇몇이 들어와 산해진미를 모두 치워버리고는 보잘것없는 음식을 상 위에 올려놓았다. 잔뜩 화가 난 사신은 인사도 하지 않은 채 주린 배를 움켜쥐고 초나라 병영으로 떠났다.

병영에 도착한 사자는 즉시 항우를 만나 자신이 보고 들은 것을 과장해서 항우에게 고했다. 그러고는 범증이 한나라 왕과 몰래 연락을 하고 있으니 늘 조심하라는 당부도 빼놓지 않았다.

물론 진평이 쓴 반간계는 그리 높은 수준이 아니었다. 조금만 신중했더라면 쉽게 알아차릴 수 있는 계책이었지만 원래 의심이 많고 성격이 급한 항우는 그대로 진평이 친 덫에 걸려들고 만 것이다.

사자의 말을 들은 항우가 노발대발하며 말했다. "오늘 보니 그 늙은이가 유방과 내통을 한다는 소문이 사실이었구나!" 그는 즉시 사람을 보내 범증을 잡아 들여 심문할 것을 명령했다. 주변에서 말리는 통에 실행에는 옮기지 못했지만 항우는 더 이상 범증을 믿지 않았다.

늘 항우에게 충성했던 범증은 항우가 자신을 의심한다는 것도 모른 채 유방을 무너뜨리기 위해 동분서주했다. 범증은 항우가 유방과 화친을 맺는다는 핑계로 온 힘을 다해 공격하지 않는 것을 나무랐다. 그러자 항우가 결국 화를 참지 못하고 말했다. "속히 형양을 공격하라는 너의 말을 듣는다면 내 목이 달아나겠지!" 길길이 날뛰는 항우의 모습을 본 범증은 원래 성격이 급하고 의심이 많은 항우가 또 어디서 헛소문을 듣고 자신을 의심한다고 생각했다. 그러자 그도 더 이상 참지 못하고 말했다. "이제 천하의 대세가 이미 정해졌으니 대왕께서 하고 싶은 대로 하십시오. 소신은 이미 늙고 쇠약해졌으니 고향으로 돌아가 해골이라도 장사를 지낼 수 있게 허락해 주십시오." 말을 마친 그는 즉시 자리를 떠났다. 항우도 그런 그를 애써 말리지 않았다.

본영으로 돌아간 범증은 인편을 시켜 항우가 주었던 인장을 돌려보낸 뒤 짐을 싸서 동쪽으로 떠났다. 그는 일단 먼저 초나라로 돌아갔다가 적당한 때 유방에게 몸을 맡기기로 결정했다. 하지만 분을 삭일 수 없었기 때문인지 등에 종기가 생기고 말았다. 용하다는 의원은 모두 찾아다녔지만 긴 여정으로 지친 데다 나이도 많았던 범증은 곪아터진 종기에서 피가 멈추지 않아 결국 죽고 말았다. 수행을 하던 사람은 범증의 시신을 거소居巢, 현재의 안후이 성 챠오(巢) 현로 가져가 장례를 지내주었다.

유방과 비교해보면 항우는 분명 영웅에 더 가까운 인물이었다. 용맹하고 전쟁에 능했으며 고난을 두려워하지 않고 솔직한 데다 의리가 있었고 부하를 아꼈다. 그는 산을 뽑을 만한 힘과 천하를 덮을 만한 기개를 가진 인물이었지만 그러한 성격과 소양은 오히려 황제가 되는 데는 방해물이 되었다. 그에게는 유방과 같은 몰염치함이나 교활함, 잔인함과 음흉함이 없었으며 위대한 지략도 없었다. 바로 그런 이유 때문에 진평의 반간계에 걸려 충신을 잃은 것이다. 항우는 비록 실패했지만 그의 영웅적 면모는 영원한 매력으로 남아 있다. 비극적인 영웅일수록 사람의 마음을 더욱 움직이는 법이다. 이 비극적인 결말은 어쩌면 영웅을 더 찬란하고 매력적으로 만들었을지도 모르겠다.

『사기』, 『자치통감』 등 참고

천고 제일의 반간계

반간계란 무엇인가? 반간계란 상대방이 직접 방어막을 허물게 하는 계책이
다. 헛소문이나 날조된 정보를 이용해 상대방을 혼란에 빠지게 만드는 것이
반간계의 구체적인 방법이다.

반간계는 중국의 군사 전투에서 종종 사용되었다. 반간계는 2천 년 전의
병서 『손자병법』에서 체계적으로 다루어졌는데 여러 계책 중 으뜸으로 꼽히
기도 한다. 아울러 가장 위험하기 때문에 함부로 사용해선 안 되는 계책이기
도 하다.

요새를 가장 쉽게 무너뜨릴 수 있는 방법은 안을 공략하는 것이다. 옛사람
들은 이 사실을 정확하게 파악하고 있었다. 『손자병법』의 「용간편用間篇」에서
손자는 반간계를 꽤 높게 평가했다. "고로 전군 가운데 가장 친한 사람을 첩
자로 써야 하며 누구보다 후한 상을 주고 비밀리에 이용해야 한다. 어질고 현
명한 자가 아니면 첩자로 쓸 수 없으며 인의가 없으면 첩자를 쓸 수 없다. 세
심하고 치밀하지 못하면 진실한 정보를 얻을 수 없으니 미묘하고 미묘하도
다! 첩자를 쓰지 않는 곳이 없도다. 일을 하기도 전에 새어나가면 첩자는 물
론이고 이를 발설한 사람도 모두 죽임을 당한다." 반간계를 쓰는 사람이 얼
마나 중요한지 알 수 있는 글이다. 이렇게 까다롭고 위험한 반간계는 일단 성

공하면 매우 큰 효과를 얻을 수 있다. 손자는 반간계를 쓰는 사람의 지혜와 도덕성을 누차 강조하며 늘 신중할 것을 당부했다. 이처럼 반간계는 가장 위험한 동시에 가장 효과적인 계책이라 할 수 있다.

유구한 역사를 가진 중국에는 전쟁이 끊이지 않았는데 그 덕분인지 중국은 세계적으로 술수와 지략이 가장 발달한 나라로 꼽힌다. 다른 나라나 민족과 비교해보면 중국은 이 분야에서 가히 으뜸이라 할 수 있다. 하지만 이토록 지략이 발달한 나라에서도 한두 가지 계책으로 전쟁의 승패와 나라의 존망이 결정 나는 일은 극히 드물었는데 그중 유일하게 반간계만이 이러한 효과를 기대할 수 있었다.

모든 종류의 술수와 지략이 총출연하는 『삼국연의』는 정치, 군사, 외교, 인사 분야의 지략을 총망라한 백과사전이라고도 할 수 있을 것이다. 후대의 문학과 군사 분야에 거대한 영향력을 미친 이 책을 읽어보면 수많은 계책 중 오직 하나, 바로 반간계만이 역사적 전환점에서 중대한 역할을 했음을 알 수 있다. 주유가 조조의 손을 빌려 채모蔡瑁와 장윤張允을 죽인 것도 반간계에 해당한다. 『삼국연의』의 '장간도서蔣幹盜書' 편에 전해지는 이 이야기는 매우 흥미진진하고 재미있다.

동한 말기, 위나라, 초나라, 오나라의 형세가 아직 확정되지 않았을 때 조조는 천자를 끼고 제후들을 호령했다. 그는 수십만 대군을 백만 대군이라 하면서 단 한 번에 손권의 동오東吳 정권을 멸망시키려고 했다. 조조는 형주荊州를 함락한 후 투항을 해온 채모와 장윤을 수군도독水軍都督으로 임명해 수군을 조련하게 했다. 원래 조조의 병사는 대부분이 육군이라 수전에 약했다. 그런데 채모와 장윤이 이들을 잘 조련하면 뛰어난 수군을 보유한 동오도 더 이상 안심할 수는 없는 상황이었다. 동오의 도독 주유는 조조의 수군 영채가 질서

정연한 것을 보고 걱정을 감출 수가 없었다. 그때 마침 조조의 참모인 장간蔣幹이 주유를 찾아왔다. 장간은 원래 주유의 친구였는데 세치 혀로 동오를 설득해 투항을 받아내겠다고 호언장담을 하고 그를 찾아온 것이었다.

주유는 지략이 없고 허풍을 잘 떠는 장간을 이용해 채모와 장윤을 없애기로 결심했다. 푸짐한 술상을 차리게 한 주유는 옛 친구와 회포를 풀 것이니 누구도 전쟁에 관해서는 언급하지 말라고 엄포를 놓았다. 이를 어기면 목을 베겠다는 서슬 퍼런 명령에 장간은 당황할 수밖에 없었다. 만약 주유를 설득할 수 없다면 사람들의 비웃음을 피하기 위해 무엇이라도 가져가야만 했다. 이렇게 주유는 다급해진 장간이 앞뒤 가리지 않고 편지를 훔치도록 하려고 미리 미끼를 던져 놓았다.

오랜만에 만난 두 사람은 주거니 받거니 하며 코가 비뚤어지도록 술을 마셨다. 거하게 취한 주유는 장간을 자신의 침소로 데려간 뒤 먼저 잠들어버렸다. 주유의 예상대로 여기저기를 살피던 장간은 한눈에도 중요해 보이는 편지함을 들여다보았다. 그 속에서 채모와 장윤의 이름이 쓰여진 봉투를 발견한 장간은 떨리는 마음을 진정시키며 재빨리 내용을 읽어보았다. "우리는 눈앞의 이익 때문에 조조에게 투항한 것이 아닙니다. 상황이 급박하여 어쩔 수 없이 내린 결정이지만 기회를 보아 그의 목을 베어 바칠 것입니다. 조만간 다시 사람을 보내 연락을 드릴 것이니 절대 의심하지 마십시오."

장간은 마치 귀한 보물이라도 얻은 듯 편지를 품에 넣고 그 길로 조조의 진영으로 내뺐다.

원래부터 의심이 많았던 조조는 편지를 보자마자 두 사람을 불러 들여 이렇게 물었다. "지금 그대들에게 직접 동오를 공격하라고 하고 싶은데 어떻겠소?" 그러자 채모와 장윤이 대답했다. "아직 수군의 훈련이 덜 되었으니 공격을 할 수 없습니다." 장간의 정보가 사실이 되는 순간이었다. 조조가 갑자기 성을 내며 말했다. "군대의 조련이 끝나면 내 머리를 주유에게 갖다 바치겠지!" 조조는 즉시 두 사람을 참수하게 했다.

하지만 조조는 똑똑한 사람이었다. 두 사람의 잘린 머리를 본 그는 그제야 무언가 깨달은 듯 소리쳤다. "내가 계략에 빠졌구나!" 그렇다고 자신의 잘못을 인정할 수도 없었던 그는 주위에 이렇게 소리쳤다. "두 사람은 군법에 태만하여 내가 참수했다!"

한편, 이 소식을 들은 주유는 그제야 마음을 놓으며 말했다. "내가 걱정하던 두 사람을 없앴으니 무슨 걱정이 있으랴!" 만약 두 사람이 죽지 않았더라면 서서徐庶가 알아챈 방통龐統의 연환계連環計는 금방 들통이 났을 것이고 그 유명한 적벽대전도 일어나지 않았을 것이다. 어쩌면 동오 정권도 조조에게 멸망당했을지도 모를 일이었다.

주유가 반간계를 이용해 채모와 장윤을 죽인 것은 역사적 증거가 없다. 그러나 사람들은 문학 작품에 대해 역사적 근거를 따지지는 않는다. 독자들이 받아들일 수 있다면 그것만으로도 충분하기 때문이다.

반면에 청나라의 누르하치가 이용한 반간계는 역사적인 사실로 기록되어 있다. 누르하치는 만주족의 한 부락 출신이다. 별다른 문자가 없던 만주족이 읽는 책이라고는 한족의 조잡한 소설이나

누르하치

희곡 정도뿐이었다. 그런 그들이 가장 소중하게 여기며 항상 손에서 놓지 않았던 것이 바로 『삼국연의』였다. 청나라 장수들은 늘 『삼국연의』를 몸에 지니고 다녔다고 전해진다.

산해관으로 세력을 뻗어나갈 당시 누르하치의 숙적은 명나라의 명장 원숭환袁崇煥이었다. 자칭 '승리하지 못할 적도 없고 공격하면 늘 물리치는戰無不勝, 攻無不克' 만주족의 영웅 누르하치는 영원寧遠 전투에서 원숭환에게 패해 수많은 장수를 잃고 자신도 심각한 부상을 입어 결국 숨지고 말았다.

원숭환은 명나라 북방의 관문을 굳게 지키며 청나라 군대에 여러 번 타격을 입혔다. 그러자 청나라는 주유가 반간계를 써서 채모와 장윤을 죽인 것처럼 유언비어를 퍼뜨려서 명나라의 숭정제崇禎帝가 원숭환을 의심하게 했다. 결국, 이 일로 숭정제는 원숭환을 능지처참했다. 이처럼 명나라가 스스로 만리장성을 무너뜨리자 청나라는 쉽게 중원으로 들어올 수 있었다. 『삼국연의』의 작가도 아마 자신의 작품 때문에 중화민족의 몇백 년 운명이 바뀌게 될 줄은 생각하지 못했을 것이다. 이런 점에서 보면 반간계는 실로 위대한 계책이었다.

이야기를 하다 보니 한숨이 저절로 나온다. 어쩌면 원숭환이 죽었기 때문에 청나라 군대는 그토록 쉽게 산해관으로 진격할 수 있었을 것이다. 또 어쩌면 원숭환이 죽었기 때문에 중국의 북방은 진정한 요새를 잃었고 이 때문에 만주족이 중원으로 들어와 청나라를 세워 200년이 넘게 왕조를 지속시킬 수 있었을 것이다. 모두 '어쩌면'이라는 추측에 불과하지만 원숭환의 죽음이 명 왕조의 동북 수비에 큰 타격을 가져왔다는 사실은 절대 부정할 수 없다. 그렇다면 원숭환이 어떻게 '매국노'로 낙인이 찍혀 능지처참을 당했는지 그 전말을 살펴보자.

1630년 어느 날, 북경의 한 시장이 한순간에 인산인해를 이루었다. 엄청난 인파가 '매국노'의 마지막을 보기 위해 몰려든 것이다. 그중에는 매국노의 고기를 잘근잘근 씹으면서 자신이 진정한 염황炎黃의 자손이자 정의의 군자라는 것을 증명하려는 자도 있었고 이참에 소심한 성격을 고치고 귀신을 쫓아보려는 사람도 있었다. 잠시 후, '매국노'가 수레에서 끌려 나와 능지처참 형을 선고받았다. 소위 말하는 '능지처참'이란 온몸의 살을 딱 천 번 저며 내는 형벌로 죄인은 가장 마지막 칼질에 목숨을 잃는다. 살을 많거나 혹은 적게 저며 내면 집행관이 큰 벌을 받았다. 예리한 칼로 살갗부터 도려내는데, 절대 혈관까지 칼을 넣어서는 안 된다. 그러면 죄인이 금방 죽어버리기 때문이다. 이렇게 도려낸 살점은 금세 경매에 붙여져 사람들에게 팔려 나갔다. 그 값은 한 점에 은자 2냥 정도였다. 살점을 산 사람은 그것을 한 입에 털어 넣고 씹어 먹으며 죄인에게 '매국노'라고 욕을 하는데 사흘째가 되면 이 '매국노'는 극심한 고통을 이기지 못해 죽고 만다. 그러면 사람들이 '매국노'의 내장을 사려고 난리다. 온몸의 살점이 잘게 저며져 죽은 이 '매국노'는 바로 명나라 말기 민족의 영웅 원숭환이었다.

만력萬曆, 1573~1620년 초기 청나라는 중국 대륙의 동북쪽에서 세력을 일으켰다. 1583년, 누르하치는 할아버지가 남긴 열세 명의 기갑병을 이끌고 거병을 시작해 20년이 넘는 전쟁을 거쳐 여진족을 정복한 후 후금後金 정권을 수립했다. 1618년, 누르하치는 만주족에 대한 명나라의 업신여김과 모욕을 '칠대한七大恨'으로 규정짓고 이를 하늘에 고하는 한편 명나라를 공격하기 시작했다. 이듬해는 요동의 요지인 무순撫順을 점령하고 명나라 군을 연이어 대파했다. 매일 여색에 빠져 정사를 돌보지 않던 명나라 신종神宗은 황급히 요동경략遼東經略 양호楊鎬에게 십만 대군을 준 뒤 네 갈래 길로 나누어 맞서 싸우게 했지만 전군이 몰살되고 말았다. 명나라 조정은 또다시 웅정필熊廷弼을 요동으로 보내어 전쟁을 벌이게 했다.

바로 그때 신종이 세상을 떠나고 그의 아들 광종光宗이 즉위했다. 하지만 약을 잘못 먹은 그는 황제가 된 지 한 달 만에 비명횡사했고 황위는 광종의 아들 주유교朱由校가 계승했다. 그가 바로 희종熹宗으로 연호는 천계天啓였다.

열다섯 살 어린 나이에 황제가 된 희종은 성격이 유약하고 나라 일에 관심이 없는 데다 노는 것만 좋아했다. 황제의 유일한 낙은 어린 환관과 숨바꼭질을 하거나 목공예를 하는 것이었다. 특히 목공예에 천부적인 재능을 보였던 그는 꽤 수준 높은 장식품을 만들기도 했다. 어린 황제는 모든 정사를 태자 시절 자신을 돌봤던 환관 위충현魏忠賢에게 맡겼다.

정권을 거머쥔 위충현은 온갖 나쁜 일을 저지르며 정직한 신하들을 함부로 죽이고 중국 역사상 가장 큰 사당인 '엄당閹黨'을 결성해 나라를 어지럽혔다. 조정이 이 모양이니 변방의 수비가 어떨지는 보지 않아도 뻔했다. 요동에 도착한 웅정필은 백방으로 노력하며 겨우 상황을 안정시켰다. 하지만 일부 관리들이 웅정필을 모함하자 조정은 원응태袁應泰를 대신 보내 요동의 군사를 담당하게 했다.

원응태는 수리 공정에는 뛰어난 재능을 보였지만 군사에 대해서는 문외한이었다. 경솔하게 전쟁에 임했던 그는 참패를 당할 수밖에 없었다. 그러자 조정은 어쩔 수 없이 웅정필을 다시 불러들였다. 하지만 웅정필과 사사건건 의견이 맞지 않았던 병부상서 장학명張鶴鳴은 웅정필의 부하인 왕화정王化貞을 매수했다. 결국 공을 세우기에 급급해 상사의 명령을 듣지 않은 왕화정 때문에 명나라 군대는 또다시 참패했다. 조정은 무작정 왕화정과 웅정필을 체포했으며 장학명을 면직시켰다. 이런 상황에서 원숭환이 역사 무대에 등장했다. 원숭환은 광동 동관東莞 사람으로 원적은 광서 오주梧州 등藤현이었다. 천성이 관대하고 배포가 있었으며 군사에 정통했던 그는 젊은 시절부터 변방의 방어에 큰 뜻을 두었다. 1619년 진사에 합격한 원숭환은 복건 소무邵武의 지현知縣으로 부임했다.

1622년, 관직을 구하기 위해 북경으로 간 원숭환은 친구들과 담론을 나누면서 요동의 군사에 관한 정곡을 찌르

원숭환

는 의견을 발표해 어사 후순侯恂의 주의를 끌었다. 후순은 곧 조정에 그를 천거했고 조정은 원숭환을 병부직방사주사兵部職方司主事로 임명해 방어 임무를 맡겼다.

명나라는 송나라와 마찬가지로 문관을 신임했으며 무관을 믿지 않았다. 황제는 무관의 권력이 커지면 모반할 것이라고 생각해서 문관에게 전쟁을 지휘하게 했고, 그 밖에도 여러 가지 제약 때문에 명나라는 늘 전쟁에서 패할 수밖에 없었다.

원숭환이 병부주사가 된 지 얼마 지나자 않아 왕화정이 싸움에서 크게 패했다. 한순간에 조정은 아수라장이 되었으며 사방에서 유언비어가 난무하는 등 인심마저 흉흉해졌다. 그러자 원숭환은 몰래 말을 타고 혼자서 산해관으로 가 지형을 살폈다. 얼마 후 북경으로 돌아온 그는 상사에게 산해관 바깥의 형세를 상세하게 보고하며 이렇게 말했다. "병마와 군량만 있으면 혼자서도 산해관을 지킬 수 있습니다." 다소 거만한 말이었지만 조정은 그를 병비첨사

兵備僉事로 승진시켜 주었다.

산해관에 간 초기에 원숭환은 요동경략 왕재진王在晋의 수하에서 관내의 일을 맡았다. 당시 왕재진은 산해관의 수비에만 신경을 쓰고 있었다. 하지만 원숭환은 산해관을 지키기 위해서는 방어 전선을 북쪽으로 이동시켜 영원寧遠에 성을 쌓고 군대를 주둔시켜야 한다고 생각했다.

조정의 대신들은 영원이 너무 멀어 수비하기 어렵다는 이유로 원숭환의 의견에 반기를 들었다. 하지만 그들은 산해관을 국경으로 삼는 것이 얼마나 위험한 일인지 알지 못했다. 기존의 방어선을 고수한다면 북경의 성벽이 국경이 되는 형국이기 때문에 일단 산해관이 적에게 뚫리면 수도까지 적의 공격을 막을 수 있는 것은 하나도 없었다. 반면 원숭환의 말대로 영원 지역에 성벽을 쌓으면 나라로서는 또 하나의 굳건한 방어벽을 가지게 되는 것이었다. 여기에서 적의 침입을 막는 것은 기존의 만리장성을 기준으로 방어하는 것보다 훨씬 안전하고 믿을 수 있는 방법이었다.

대학사 손승종孫承宗은 섣불리 의견을 밝히는 대신 직접 산해관 바깥을 시찰한 후 원숭환의 의견을 지지했다. 얼마 후 조정은 왕재진 대신 손승종을 요동 주사로 임명했으며 원숭환과 부장 만계滿桂를 보내 영원에 주둔하게 했다.

1622년, 영원에 도착한 원숭환은 즉시 성벽을 세웠다. 영원은 산해관에서 200여 리 떨어진 곳인데 이곳에 성벽을 짓는 것은 국경 방어에도 큰 도움이 될 수 있었다. 원숭환은 성벽의 높이를 3장 2척1장은 10척으로 3.03미터에 해당한다—옮긴이, 너비를 3장으로 정하고 그 위에 다시 6척 정도의 담을 쌓았다.

원숭환이 솔선수범하여 장병들의 사기를 돋운 덕에 이듬해 견고한 성벽이 완성될 수 있었다. 높고 두터운 영원 성벽은 청나라의 습격을 막을 수 있는 가장 중요한 방어벽이 되었다. 이때부터 원숭환은 무려 10여 년 동안 변방 방어 업무를 담당했다. 원숭환이 죽기 전까지 청나라 부대는 여러 번 침입을 시도했지만 단 한 번도 이 영원성을 넘지는 못했다.

몇 년에 걸친 원숭환과 손승종의 노력으로 명나라 변방의 방어력은 날이 갈수록 강해졌다. 동시에 명나라 군대도 능동적인 공격을 펼쳐 그동안 잃었던 땅들을 되찾아 방어 전선을 북쪽으로 수백 리나 옮길 수 있었다. 차근차근 변방 방어에 대한 계획을 실행시켜 나간 원숭환도 수많은 공을 인정받아 승진을 거듭했다. 처음 병비부사兵備副使가 된 그는 다시 우참정右參政으로 승진했다. 주사 손승종의 직위도 날이 갈수록 높아졌다. 하지만 변경 지역의 수비는 강화되었지만 조정의 부패는 날이 갈수록 심각해졌다. 위충현이 마구 권력을 휘두르자 정직한 대신, 특히 동림당東林黨은 더 이상 이를 두고 볼 수 없었다. 이들이 앞다투어 상소를 올리자 위충현은 극단적인 방법으로 양련楊漣 등 이른바 '전육군자前六君子[55]'라 불리는 대신 여섯 명을 죽였다. 이때 청나라에 저항하며 큰 공을 세운 웅정필도 죽임을 당했다. 반대파를 진압한 후 위충현은 더욱 기고만장해졌다. 그는 자신을 '구천세九千歲'라 부르며 닥치는 대로 뇌물을 받아 재산을 축적했다. 손승종이 자신의 말을 듣지 않자 위충현은 고제高第라는 친신을 파견해 그 자리를 대신하게 했다.

고제는 허풍과 아부밖에 모르는 위인이었다. 겁이 많던 그는 영원성에 도착하자마자 성이 싸우거나 방어하는 데 적합하지 않다며 철수를 명령했다. 반면에 광동 출신의 원숭환은 '뚝심'이 있었다. 그는 고제의 말에 반기를 들며 군사상 전진만 있을 뿐 후퇴는 없다고 주장했다. 영원에서 후퇴하면 모

---

55) 위충현에게 반기를 든 6명의 대신 양련, 좌광두(左光斗), 위대중(魏大中), 주조서(周朝瑞), 원화중(袁化中), 고대장(顧大章)으로 모두 억울하게 옥에서 죽었다.

든 전선이 붕괴될 것이라고 엄포를 놓았다. 원숭환의 상사였지만 담이 작은 문관 출신 고제는 어쩔 수 없이 금주錦州와 기타 거점의 병력만을 산해관으로 철수시켰다. 그렇게 하자 영원성은 마치 광야의 한복판에 서 있는 외로운 나무처럼 적의 위협에 그대로 노출될 수밖에 없었다. 누르하치가 기다리던 기회가 드디어 온 것이다. 1626년, 누르하치는 3만 병력을 20만 명이라고 부풀려 퍼뜨리고 직접 영원성을 공격했다. 위충현이 보낸 고경략은 성벽의 요새 안에 들어 앉아서 강 건너 불구경을 하듯 원숭환이 패망하기를 기다렸다. 하지만 외로운 성에서 고작 1만 병력만을 거느린 원숭환은 조금도 겁내는 기색 없이 격렬하게 저항했다. 그 유명한 영원대첩이 시작된 것이다.

1626년 2월, 금주와 대, 소릉하大, 小菱河, 행산杏山, 연산連山, 탑산塔山의 보루를 모두 점령한 누르하치의 팔기병의 기세는 매우 날카로웠다. 19일, 누르하치는 드디어 영원성 아래에 도착했다. "우리의 30만 대군이 공격하면 이 성은 반드시 무너질 것이다!" 누르하치의 말에 원숭환이 대답했다. "끝까지 의를 저버리지 않고 지킬 것이니 투항이란 없다! 너희가 30만 대군이라고는 하나 나에게는 하찮은 군대로 보일 뿐이다!"

누르하치는 먼저 영원성을 물샐틈없이 포위해 밖으로 향하는 모든 연락망을 끊어버렸다. 지원군이 오지 못하게 막으려는 의도였지만, 사실 고제도 지원 병력을 보내줄 마음은 없었다. 하지만 원숭환은 조금도 두려워하지 않고 총병總兵 만계와 참장參將 조대수祖大壽에게 네 개의 문의 수비를 맡긴 뒤 성 밖의 백성을 안으로 들어오게 했다. 그리고 백성을 조직해서 병사들을 위해 물과 밥을 나르게 했다. 동시에 혈서를 써서 병사들의 사기를 북돋았다. 또 산서 지역에 사는 병사들의 가족을 성 안으로 불러와 영원성과 운명을 같이하게 만들었다. 이렇게 성 안의 모든 인원이 힘을 합쳐 방어하는 가운데, 누르하치의 군대가 공격을 퍼붓기 시작했다.

누르하치의 군대는 용맹하며 전쟁에 능했다. 훗날 이자성李自成, 명나라 말기 농민 반란군의 지도자의 농민군도 '변발한 병사가 왔다'는 한 마디면 달아나기에 바쁠 정도였다고 하니 그들의 용맹함은 말하지 않아도 알 수 있을 것이다. 영원성을 공격할 때도 그들의 위용은 그대로 드러났다. 철갑옷을 두 겹이나 껴입은 누르하치의 병사들은 화살과 돌의 공격에도 아랑곳하지 않고 사다리를 타고 성벽으로 올라갔다. 일부 병사들은 철갑 전차의 엄호를 받으며 성벽 아래에 여러 개의 땅굴을 팠다. 하지만 그들 못지않게 원숭환의 군대도 용맹했다. 그들은 성벽 위에 설치한 홍이대포紅夷大炮 10문으로 적에게 심각한 타격을 입혔다. 또 성벽 위의 낮은 담벼락 안에 긴 나무 궤짝을 놓아 밖으로 향하게 한 다음 그 안에서 병사들이 적군에게 화살을 퍼붓고 돌멩이를 던졌다. 그리고 기름과 유황에 담가둔 솜에 불을 붙여서 던지자 성벽을 기어오르던 적군들도 견디지 못하고 아래로 떨어지고 말았다. 이렇게 원숭환은 적군의 맹렬한 공격을 차근차근 물리쳤다.

문인 출신인 원숭환은 제갈량처럼 마차를 타고 직접 전투를 지휘했다. 그의 가장 큰 장점은 바로 신중함이었다. 적이 맹렬한 기세로 성을 공격해도 그는 조금도 당황하지 않고 병사들과 함께 돌을 운반해 성벽을 보수했다. 이번 전투에서 그도 여러 군데 부상을 입었다. 하지만 적들이 후퇴할 때도 용맹한 병사들을 조직해 성 아래로 추격을 펼친 그는 적을 죽이고 10만여 개의 화살을 수거했다.

21일, 한밤중에 성을 습격한 누르하치의 군대는 또다시 대패하고 말았다. 닷새 후인 26일, 거듭되는 패배로 전력에 심각한 타격을 입은 후금의 군대는 어쩔 수 없이 성의 포위를 풀고 후퇴했다.

적이 후퇴하자 원숭환은 고상한 선비의 기개를 유감없이 드러내며 누르하치에게 서신 한 통을 보냈다. "노장老將께서는 수십 년 동안 전장을 누비면서 승리하지 않는 전투가 없었지만 이번에 저에게 지셨으니 이 모두는 하늘의 뜻인 것 같습니다." 그러자 누르하치도 말 몇 필과 함께 '다음에 다시 싸우자'는 내용의 서신을 보냈다.

대포의 공격을 피하지 못해 부상을 당한 누르하치는 수레에 누워 참담한 마음으로 돌아가야 했다. 그는 긴 한숨을 쉬며 부하들에게 이렇게 말했다. "스물다섯 살에 병사를 일으켜 이기지 못한 전쟁이 없었고 성공하지 못한 공격이 없었는데 영원성만은 가지지 못했구나!" 우울한 마음을 이기지 못한 그는 등에 난 종기가 덧나 몇 개월 후 심양沈陽 서쪽으로 사십 리 떨어진 원계보瑗鷄堡에서 세상을 떠났다. 그때부터 후금의 부대는 원숭환을 존경하면서도 두려워했다.

영원대첩의 승전보가 날아들자 조정은 금방 환호로 휩싸였다. 고제가 지원 병력을 보내지 않은 이유로 면직되자 병부상서 왕지신王之臣이 그 자리를 대신했다. 원숭환은 사품四品 우첨도어사右僉都御使로 승진된 후에도 계속 전쟁을 벌여 고제가 잃어버렸던 땅을 되찾을 수 있었다.

누르하치가 죽은 뒤 그의 아들 황태극皇太極이 즉위했다. 황태극은 뛰어난 재능과 지력을 겸비한 중국 역사에서도 보기 드문 위대한 통치자였다. 그는 잠시 영원성 공격을 포기하고 조선을 공략하는 정확한 책략을 취했다. 당시 명나라와 청나라는 더 큰 계획을 위해 잠시의 휴식이 필요한 시기였다. 명나라는 성을 쌓고 병사들을 조련해야 했으며 청나라는 조선을 공격해 얻은 재물로 통치 기반을 강화해야 했다.

이러한 필요에 의해서 원숭환은 황태극에게 화친을 요청했다. 황태극도

이를 마다할 리 없었다. 하지만 명나라 황제와 수많은 대신들이 이를 결사 반대했다. 예전부터 명나라의 속국이었던 후금의 황태극에게는 화친을 논할 자격조차 없다는 이유였다.

황태극은 명나라와 화친이 결정되지 않은 상황에서도 과감하게 조선을 공격했다. 그러자 원숭환은 금주에 성벽을 쌓고 대, 소릉하 등지의 방어를 강화하는 한편 조선에 지원군을 보냈다. 하지만 조선이 너무 빨리 백기를 드는 바람에 명나라 군대와 황태극의 군대는 직접적으로 충돌하지는 않았다.

조선과의 전쟁에서 크게 승리한 황태극은 여기에서 얻은 재물로 통치 기반을 강화시킬 수 있었다. 자신감을 얻은 그는 원숭환이 무너진 성벽을 수리하고 병사들을 훈련시켜 병력을 키우는 것을 두고 볼 수만은 없었다. 화친이 성사될 가능성도 없어보이자 황태극은 차라리 전쟁을 일으키기로 했다.

1627년, 대군을 이끌고 요서遼西의 수많은 군사 요충지를 공격한 황태극은 대, 소릉하를 함락한 후 그 기세를 몰아 금주를 공격했다. 5월 11일부터 6월 4일까지, 장군 조솔교趙率敎가 군사를 이끌고 황태극과 격전을 벌였다. 싸움에서 큰 피해를 입은 청나라 군대는 금주를 손에 넣을 수 없었다. 금주 공격이 뜻대로 되지 않자 황태극은 이번에는 화살을 영원성으로 돌렸다. 하지만 원숭환도 죽을힘을 다해 영원성을 지켰다. 황태극은 어쩔 수 없이 다시 금주를 공격했지만 워낙 철통 방어를 하고 있었기 때문에 좀처럼 성을 함락시킬 수 없었다. 그때는 마침 한여름이었는데 싸움에 지친 황태극의 병사 대부분이 더위를 먹었다. 병사들의 사기가 바닥에 떨어지자 황태극은 어쩔 수 없이 후퇴 명령을 내려 심양으로 돌아왔다.

한편, 전쟁에서 승리를 거둔 원숭환은 겨우 한 계급 승진에만 만족해야 했다. 원숭환이 위충현의 사람이 아니었기 때문에 부당한 대우를 당한 것이다.

원숭환이 진사에 합격했을 때 시험을 주관했던 감독관이나 그를 추천한 사람 모두 위충현의 반대파인 동림당의 우두머리였다. 그래서 '영원대첩'과 '영금대첩寧錦大捷'에서 큰 공을 세운 원숭환은 오히려 위충현의 미움을 살 수밖에 없었다. 위충현의 무리는 나날이 명성이 높아지는 원숭환을 금주에 지원군을 보내지 않았다는 이유로 탄핵했다. 원숭환은 어쩔 수 없이 관직에서 물러나 고향 광동으로 돌아갔다.

그해 8월, 숨바꼭질과 목공예에 빠져 있었던 희종 황제가 세상을 떠났다. 희종은 자식이 없었기 때문에 그의 친동생인 주유검朱由檢이 즉위해 이듬해 연호를 숭정崇禎으로 바꾸었다. 즉위 당시 겨우 열일곱 살이었던 숭정제는 형과는 달리 나이는 어려도 매우 총명하고 재능이 있었다. 암암리에 엄당을 제거한 후 위충현을 자살로 내몬 그는 교묘하고 철저하게 조정의 암적인 존재들을 정리했다. 위충현이 죽은 후 그에게 아부했던 대신들은 죽거나 군대에 징발되었으며 그간 배척당했던 원숭현은 다시 기용되었다.

1628년 7월, 원숭환은 조정의 부름을 받고 고향에서 북경으로 왔다. 숭정제는 원숭환과 요동 지역의 방어에 대한 심도 깊은 논의를 했고 그의 말과 계책에 전적으로 동의했다. 원숭환이 군량 공급을 방해하는 모든 간섭을 없애달라고 요구하자 숭정제는 흔쾌히 이를 승낙했다. 원숭환은 다음과 같은 내용의 요동 방어 책략을 주장했다.

첫째, 요동 사람에게 요동의 수비와 경영을 맡긴다. 둘째, 공격이 아닌 수비를 우선으로 한다. 셋째, 서두르지 않고 신중하게 행동해 허가 아닌 실을 취한다. 가슴 속에 큰 뜻을 품고 있었던 숭정제는 원숭환의 제안에 모두 동의하며 그의 뜻을 따르기로 했다.

숭정제는 원숭환에게 보검을 하사하여 그에 대한 믿음과 지지를 보여준 뒤 그에게 영원의 방어 임무를 모두 맡겼다. 하지만 원숭환이 영원에 도착하기도 전에 난리가 일어났다. 군량이 부족해지자 병사들이 반란을 일으킨 것이다. 당시 무능한 조정의 감시가 소홀한 틈을 타 관리와 지주들이 국고를 모두 털어갔기 때문에 병사들에게 먹을 것을 보급해 줄 수가 없었다. 원숭환은 황제의 재산을 털어서라도 식량을 보내 달라고 건의했지만 재물을 목숨처럼 아끼는 숭정제는 불같이 화를 냈다. 그때부터 황제는 원숭환을 미워하며 그 전처럼 신임하지 않았다. 얼마 후, 원숭환이 피도皮島의 대장 모문룡毛文龍을 죽이자 숭정제는 더욱 그를 의심하기 시작했다.

　요녕의 남쪽 해안에 위치한 피도는 지리적으로 매우 중요한 섬이었다. 북쪽으로는 청과 맞닿아 있고 동쪽으로는 조선을 견제할 수 있으며 서남쪽으로는 교동반도의 봉래蓬萊와 등주登州를 보호하고 있었기 때문이다. 피도를 지키던 장수 모문룡은 금나라에 맞서 싸워 공을 세웠지만 이후에 위충현의 양아들이 되어 재물을 탐하고 나쁜 짓을 일삼으며 불법을 자행했다. 그리고 황태극에게 "그대는 산해관을 갖고, 나는 산동을 차지하겠다"라는 편지를 보내 반란을 계획하기도 했다. 원숭환은 언제 문제를 일으킬지 모르는 모문룡을 없애기로 했다. 1629년 7월 모문룡을 사로잡은 원숭환은 그의 열두 가지 죄상을 열거한 후 보검으로 목을 베었다.

　원숭환은 모문룡을 죽일 수밖에 없었던 원인과 과정을 자세히 보고했지만 숭정제는 단지 결과만을 보고 그의 의도를 의심했다. 하지만 당시 원숭환이 황태극에게 전력으로 대항하고 있었기 때문에 더 이상 질책하지는 못했다.

　황태극은 모든 면에서 자신들을 앞서가는 명나라와 평화협정을 맺으려 했지만 오만한 숭정제는 절대로 허락하지 않았다. 원숭환이 중간에서 조정을 했지만 일은 끝내 성사되지 않았다. 1629년 11월, 궁지에 몰린 황태극은 십

만여 명의 병사를 이끌고 원숭환이 주둔하고 있던 영서^{寧西} 지역을 피해 북경으로 직접 진격했다. 힘든 행군을 거친 그들이 죽을힘을 다해 장성을 공격하고 준화^{遵化}를 압박하자 명나라 군대도 패하고 물러설 수밖에 없었다. 준화를 손에 넣은 후금의 군대는 직접 수도로 밀고 들어왔다. 그때 군대를 이끌고 수도로 향한 원숭환은 가는 길마다 병사를 배치해 후금 군의 퇴로를 끊었다.

11월 10일, 원숭환이 계주^{薊州}에 도착하자 후금의 군대는 계주를 돌아 서쪽으로 진격해 삼하^{三河}, 향하^{香河} 등의 성을 함락했다. 원숭환은 수도를 지키기 위해 서둘러 병사를 이끌고 광거문^{廣渠門} 바깥에 주둔했다.

후금의 맹렬한 공격에 겁을 먹은 숭정제는 혼비백산했고 수도는 일대 혼란에 휩싸였다. 그런 와중에 원숭환의 지원군이 왔다는 소식을 들은 숭정제는 그제야 마음을 놓았다. 원숭환은 피로한 부대원들을 성안으로 들여 휴식을 취하게 해달라고 요청했지만 이미 그를 의심하고 있었던 숭정제는 갖은 핑계를 대며 거절했다. 하다 못한 원숭환이 외성에라도 주둔하게 해달라고 간청했지만 숭정제는 이마저도 거절하며 속히 후금과 교전을 벌이라고 재촉했다.

수도를 구하기 위해 먼 길을 달려 온 원숭환의 병사들은 지칠 대로 지쳐 있었지만 황제의 재촉 때문에 어쩔 수없이 후금의 군대와 싸움을 시작했다. 실력이 엇비슷했던 양군은 오랫동안 대치했다. 그 과정에서 원숭환도 양쪽 옆구리 아래에 화살을 맞아 부상을 당했다. 얼마 후 더 이상 버티지 못한 후금의 부대가 남해자^{南海子} 근처까지 후퇴했다. 이를 본 숭정제는 또다시 원숭환을 닦달해 적을 추격하게 했다.

그때 이미 명나라 지원부대가 각 지방에서 수도로 몰려오고 있었다. 대군의 지휘권도 모두 원숭환의 손에 있었지만 아직 결전의 시기가 무르익은 것은 아니었다. 이 상황에서 만약 성 밖으로 나가 교전을 벌인다면 후금의 군대가 죽기를 각오하고 대응할 것이고 자칫하다가는 오히려 쫓기게 될 수도 있었다. 정말 그렇게 되면 수도도 눈 깜짝할 사이에 함락당할 수밖에 없었다. 이런 이유 때문에 원숭환은 나가서 싸우는 대신 수비에 힘을 썼다.

하지만 숭정제는 적극적으로 싸우지 않는 원숭환을 의심했다. 그는 병권을 장악한 원숭환이 자신을 위협해 황제의 자리를 빼앗거나 혹은 자신을 위협해 강제로 후금과 화친을 맺게 할 것이라 생각했다. 이런 생각이 들자 원래 오만한 그의 자존심은 심각한 상처를 입고 말았다.

그때 후금의 군대는 성 밖에서 학살과 약탈을 일삼으며 교외 지역의 백성에게 큰 피해를 입혔다. 게다가 교외의 땅을 소유하고 있던 환관과 관리들도 이번 일을 통해 피해를 입을까 봐 전전긍긍했다. 순식간에 모든 사람의 원망이 원숭환에게 돌아갔다. 그리고 얼마 후, 원숭환이 후금의 병사들을 몰고 와서 황제를 핍박해 화친을 맺으려 한다는 유언비어가 퍼지기 시작했다. 한순간에 소문은 눈덩이처럼 불어났고 원숭환을 '매국노'라고 부르는 사람들도 생겨났다. 인심은 흉흉해졌고 더 이상 진실과 거짓을 따지기도 힘들어졌다. 백성은 성벽 위에서 원숭환의 병사의 머리 위로 돌멩이를 던지며 '매국노의 병사'라고 욕을 해댔다. 그 일로 돌에 맞아 죽은 병사가 부지기수였다. 그 이야기를 들은 숭정제의 의심은 더욱 커졌다. 바로 그때, 황태극은 『삼국연의』에 나오는 장간의 반간계를 쓰기로 했다.

이 일이 있기 전 후금의 군대는 명나라 궁궐에서 말을 기르던 양춘揚春과 성덕成德이라는 환관 두 명을 사로잡았다. 군대가 후퇴하자 황태극은 부장副將 고홍중高鴻中과 참장 포승선鮑承先, 영완성寧完成에게 두 사람을 감시하게 했다. 이들 셋은 후금에 투항한 중원 출신 사람이었다. 밤이 되자 포승선과 영

완성은 황태극이 시킨 대로 '귓속말'을 하기 시작했다.

"이번에 후퇴하는 것은 싸움에 져서가 아니라 황상의 계책 때문이라지. 혹시 폐하께서 혼자 말을 타고 적진 부근으로 간 것을 그대도 보았는가? 적진에서 두 명의 군관이 나와 폐하를 만난 후 오랫동안 이야기를 나눈 뒤 돌아갔다고 하더군. 폐하께서 원숭환과 약속을 하신 게 있으니 분명 이길 수 있을 것일세." 마침 옆에 누워 있던 두 명의 환관은 자는 척하며 모든 이야기를 똑똑히 들었다. 다음 날, 적군이 '소홀'한 틈을 타 도망친 양춘은 즉시 궁으로 가서 숭정제에게 이 일을 보고했다.

원래 의심이 많고 모진 성격의 숭정제는 그 말을 곧이곧대로 믿어버렸다. 그는 즉시 원숭환을 성으로 불러들여 옥에 가두었다. 그 광경을 본 원숭환의 부장 조대수는 영문을 모른 채로 성을 나가 명령을 기다릴 수밖에 없었다.

사흘 후 황제의 명령이 내려왔다. 적과 내통하여 반역을 꾀한 원숭환을 붙잡았으며 원숭환을 제외한 어느 누구의 죄도 따지지 않겠다는 내용이었다. 그 소식을 들은 원숭환의 병사들은 대성통곡을 했고 욕설을 퍼부으며 그를 구출하겠다는 사람도 있었다. 하지만 진짜 그렇게 한다면 반란을 일으키려 했다는 의심이 사실이 되기 때문에 함부로 행동할 수도 없는 노릇이었다.

분을 참지 못한 조대수는 즉시 병사를 이끌고 금주로 돌아갔다. 조대수가 돌아가자 숭정제는 그제야 후금의 공격이 걱정되기 시작했다. 그는 원숭환을 시켜 조대수에게 돌아오라는 편지를 쓰게 했다. 이상한 논리였다. 숭정제는 정식으로 명령을 내리는 대신 관리들을 시켜 원숭환을 설득하게 했다. 원숭환은 당연히 그들의 청을 거절했다. 정식으로 황제의 명령을 받지 않고 사적으로 편지를 써서 군대를 수도로 불러들이는 것은 말도 안 되는 행동이었기 때문이다. 하지만 숭정제는 좀처럼 자신의 잘못을 인정하지 않았다. 결국 여러 사람의 설득에 못이긴 원숭환은 '나라가 위중하다'는 내용의 편지를 조대수에게 보냈다. 조대수는 숭정제가 보낸 사자를 적으로 간주했지만 원숭환의 친필서한을 보고 머뭇거릴 수밖에 없었다. 그때 조대수의 어머니가 이렇게 말했다. "네가 가지 않으면 원독사의 죄명만 가중될 뿐이다. 하지만 네가 싸움에서 이긴다면 그를 감옥에서 꺼내 줄 수도 있지 않겠느냐." 어머니의 말을 들은 조대수는 병사를 이끌고 수도로 돌아갔다. 도중에 그는 청나라 군대가 점령한 성 두 곳을 탈환했으며 후금 군대의 퇴로도 막았다.

황태극은 원숭환이 감옥에 갇혔다는 소식을 듣고 매우 기뻐했다. 이미 북경 남쪽에서 20킬로 정도 떨어진 양향良鄉을 손에 넣은 그는 즉시 노구교盧泃橋로 돌아갔다. 그곳에서 그는 명나라 군대를 공격해 장수들을 사로잡고 병사들을 마구 죽였다. 이 일로 수도는 일대 혼란에 휩싸였다. 하지만 조대수가 돌아온다는 소식을 듣자 후방이 막힐 것을 걱정한 황태극은 화친을 청하는 서신을 보낸 뒤 산해관에서 천천히 후퇴했다.

후금의 병사들이 후퇴하자 숭정제는 또 고집을 피우기 시작했다. 그때 조정은 물론 민간에서도 원숭환의 억울함을 호소하는 사람들이 앞다투어 상소를 올렸다. 손승종은 시문을 바치며 원숭환의 편을 들었으며 많은 이들이 원숭환 대신 벌을 받겠다고 나섰다. 그 와중에도 원숭환은 부하들에게 온 힘을 다해 적에 맞서 싸우라는 편지를 썼다. 6개월 후 후금의 군대는 만리장성 밖으로 쫓겨났다.

하지만 원숭환의 죄명과 형벌은 이미 결정이 나 있었다. 다만 그 시기가 정해지지 않았을 뿐이었다. 결국 숭정제는 후금의 군대가 만리장성 밖으로 모두 쫓겨난 다음에 원숭환을 죽이기로 했다. 원숭환이 죽던 날, 북경성 안의 인심은 그야말로 흉흉했다. 사람들은 모두 그의 고기를 먹고 가죽을 베고 자려고 안달이었다. 단 한 번의 반간계로 견고한 성은 무너지고 한 나라가 사라졌으니 정말로 등골이 오싹해질 수밖에 없을 것이다. 반간계를 천고 제일의 계책으로 꼽는 것이 조금도 이상하지 않는 이유다.

『사기』, 『좌전』, 『전국책』, 『청사고』 등 참고